Laurent F. Carrel

Leadership in Krisen

Laurent F. Carrel

Leadership in Krisen

Ein Leitfaden für die Praxis

2., vollständig überarbeitete
und aktualisierte Auflage

GABLER

Bibliografische Information der Deutschen Nationalbibliothek
Die Deutsche Nationalbibliothek verzeichnet diese Publikation in der
Deutschen Nationalbibliografie; detaillierte bibliografische Daten sind im Internet über
<http://dnb.d-nb.de> abrufbar.

1. Auflage 2004 nur bei Verlag Neue Zürcher Zeitung, Zürich
2., vollständig überarbeitete und aktualisierte Auflage 2010

Alle Rechte vorbehalten
© 2010 Verlag Neue Zürcher Zeitung, Zürich
Lizenzausgabe für Deutschland und Österreich: © Gabler Verlag | Springer Fachmedien Wiesbaden GmbH

Lektorat: Ulrike M. Vetter

Gabler Verlag ist eine Marke von Springer Fachmedien.
Springer Fachmedien ist Teil der Fachverlagsgruppe Springer Science+Business Media.
www.gabler.de

Umschlaggestaltung: KünkelLopka Medienentwicklung, Heidelberg
Gestaltung, Satz: Claudia Wild, Konstanz
Druck und buchbinderische Verarbeitung: Kösel GmbH, Altusried-Krugzell
Gedruckt auf säurefreiem und chlorfrei gebleichtem Papier

ISBN 978-3-8349-2622-7

Inhalt

Teil II (B)
Übergang zur Führung nach der Krise

Teil II (C)
Führung vor der Krise

Teil IV (A)
Leadership in Krisen ist lernbar

Teil IV (B)
Auf dem Weg zur Selbstführung und persönlichen Reife: Leadership Coaching zur Unterstützung des Lernprozesses

> Zielsetzung und Nutzen

Seit Erscheinen der ersten Auflage von *Leadership in Krisen* sind krisenhafte Situationen noch zahlreicher, virulenter und vor allem komplexer geworden. Trotzdem stellen wir fest, dass es mit der Krisenvorbereitung, ebenso wie mit den Kompetenzen zur erfolgreichen Führung in Krisen und den erforderlichen Leadership-Qualitäten, enorm harzt. Weshalb ist das so?

Einerseits haben wir den Eindruck, dass nach wie vor nur teilweise die Bereitschaft besteht, sich intensiv mit dem Phänomen Krise auseinanderzusetzen. Zudem werden die Vorteile einer guten Krisenvorbereitung von Organisationen und Unternehmungen, auch für den «courant normal», nicht erkannt. Führung in der Krise schüttelt man nicht aus dem Ärmel, wie oft in Selbstüberschätzung bzw. Unterschätzung eigener Verwundbarkeit angenommen wird. Deshalb stellen wir vielerorts ein recht unprofessionelles Vorgehen bei der Führung vor, in und nach Krisen fest, das insbesondere auch als Folge mangelhafter Ausbildung und fehlender Krisenübungen erklärt werden kann. Nach wie vor heisst die Konsequenz: Man tritt in die Krise ein mit dem, was man hat.

Die zweite Auflage wurde deshalb mit dem Ziel in Angriff genommen, den Führungsverantwortlichen noch griffigere, noch praktikablere und unmittelbar nutzbare Hilfestellungen zur Verfügung zu stellen. Der Leitfaden wurde vollständig überarbeitet, aktualisiert und überdies neu gegliedert. Auf eine Vielzahl eher wissenschaftlicher Erkenntnisse wurde verzichtet, dies zugunsten praxisbezogener Einsichten und Konsequenzen, die auf den Erfahrungen des Autors im Bereich der Ausbildung, Führung und des Leadership Coaching basieren; laufend werden Folgerungen in Form von Fazits für den Leader gezogen.

Aktuelle Krisen verlangen nach einer neuen Denk- und Führungskultur, der Krisenmanager muss durch den Leader in Krisen ersetzt werden. Dabei liegt uns die stets von Neuem erhärtete Erkenntnis am Herzen, dass Leadership in Krisen – dank erfolgreicher Selbstführung und Coaching – erlernt werden kann. Damit lassen sich auch Hindernisse in den Turbulenzen des Alltags besser überwinden und Ziele erfolgreicher realisieren.

Zielpublikum

Der Leitfaden will einen breiten Kreis von Interessierten ansprechen, individuelle Führungsverantwortliche und Ausbilder ebenso wie grosse oder kleine Unternehmen, Organisationen oder Institutionen, die sich vorbereiten, um in Krisen erfolgreich zu bestehen.

Angewandte Methode

Grundlage des Leitfadens bildet eine jahrelange Beschäftigung mit der Thematik in Theorie und Praxis in verschiedensten Gebieten. Das Quellenmaterial der zweiten Auflage wurde gestrafft, es berücksichtigt neuste Erkenntnisse und die Literatur, primär aus dem englischsprachigen Raum, in dem die Leadership-Diskussion zurzeit am intensivsten geführt wird. Das Ziel, dass jeder Teil des Leitfadens gesondert gelesen werden kann, führte bewusst zu geringfügigen Überschneidungen.

> Weshalb Sie diesen Leitfaden Erfolg bringend nutzen können:

**Teil I: Krisen verstehen, Führungsbegriffe klären.
Erkenntnisse und Konsequenzen für den Leader**

Heute ist es ein Muss, sich mit Krisen auseinanderzusetzen, niemand wird von ihnen verschont. Das Buch setzt sich mit den Wesensmerkmalen neuartiger und komplexer Krisen und den Vorteilen eines guten Krisenverständnisses auseinander. Dadurch können Sie Krisen vorbeugen und besser mit ihnen umgehen, Sie vermögen verborgene Chancen zu entdecken und zu nutzen.

Wir beleuchten eingangs vier Hauptgründe, warum wir ungenügend auf Krisen vorbereitet sind und weshalb Krisen nicht verstanden werden. Wir verzichten, Krisen in ein Definitionskorsett zu zwängen und beleuchten dafür deren Facettenreichtum. So können wir aus jedem einzelnen Wesensmerkmal einer Krise unmittelbar Folgerungen für mögliche Handlungsoptionen und Entscheide herleiten. Wir unterscheiden Krisen von Notfällen und Katastrophen, weil dieser Unterscheidung nach wie vor zu wenig Beachtung geschenkt wird. Die praktische Bedeutung liegt darin, dass sich die Anforderungen und Erwartungen an die Führung in einem Notfall im Wesen und in einzelnen Teilbereichen von der Führung in der Krise unterscheiden. Deshalb sind in Krisen auch unterschiedliche oder zusätzliche Führungsfähigkeiten und Führungsqualitäten erforderlich, was wiederum in der Ausbildung der Verantwortungsträger und bei der Krisenkommunikation Berücksichtigung finden muss. Laufend ziehen wir bei unseren Erläuterungen Zwischenerkenntnisse für den Leader in Form von Fazits.

Was ist zu tun? Voraussetzung, um in der turbulenten Situation einer Krise eine gemeinsame Sprache zu finden und anschliessend koordiniert und rasch entscheiden zu können, ist ein gemeinsames Verständnis von Krisenphasen, von typischen Stadien einer Krisenspirale und möglicher Krisenparteien. Essenziell ist ebenso, dass wir typische Führungstätigkeiten und Anforderungen an die Führung besser verstehen. Wir befassen uns anschliessend mit der Illusion, «Krisen zu beherrschen» und mit den drei tödlichen Klippen bei der Führung in Krisen.

Führungsbegriffe klären: Entscheidend wichtig erscheint uns, Führungsbegriffe zu klären, insbesondere die Führung in Krisen vom Notfallmanagement abzugrenzen. Wir beantworten die Fragen: Ist Handeln und/oder Entscheiden gefordert? Sind Checklisten und/oder Führungsgrundsätze hilfreich? Anhand praktischer Beispiele leiten wir über zu den fünf wesentlichen Inhalten und Tätigkeiten der strategischen Führung in Krisen und der Führung mit Werten und Zielen.

Der Leader in Krisen: Wir sind überzeugt, dass moderne Krisen nach einer neuen Denk- und Führungskultur verlangen, und dass der Krisenmanager durch den Leader in Krisen zu ersetzen – oder mindestens zu ergänzen – ist. Er ist ein Experte im Bereich zwischenmenschlicher Beziehungen mit hervorragender Kommunikationsfähigkeit. Er denkt kreativ und in Gesamtzusammenhängen und ist in soliden Werten verankert. Er ist ein Kapitän mit Vision und einer Geisteshaltung, die erlaubt, Erfolg versprechende Gelegenheiten einer Krise zu erkennen, rasch zu entscheiden und diese zu nutzen. Er ist lernbegierig und im Bereich der persönlichen Führung lernfähig

Teil II (A): Führung in der Krise. Was ist zu tun? Was kann ich in Krisen tun?

Das Problem lautet konkret und direkt: Was kann ich tun, um in krisenhaften Situationen ein Mass an Führung, an Leadership zu entwickeln, um der Krise nicht passiv und erduldend ausgesetzt oder bloss zum reaktiven Handeln verurteilt zu sein? Der in der Folge beschrittene Lösungsweg basiert einerseits auf einprägsamen Führungsgrundsätzen und andererseits auf daraus abgeleiteten, offen formulierten Kernfragen. Zusammen erfüllen sie die Funktion eines Hilfsmittels zur Entscheidfindung in unübersichtlichen oder chaotischen Situationen.

Eingangs befassen wir uns mit Führungsverhalten, das Krisen verschlimmert und mit den wichtigsten Leitgedanken zur Führung in Krisen. Ausserdem geht es darum, die rationalen Aspekte und die Intuition bei der Führung in Krisen, die Bedeutung der Reihenfolge und Kadenz der Führungstätigkeiten zu verstehen sowie häufig zu beobachtende Entscheidungsfallen zu vermeiden. Den Grundsätzen und Kernfragen haben wir sieben entscheidende Führungsaktivitäten zugrunde gelegt, die in der Krise unterschieden werden können und die von jedem Führungsverantwortlichen, jedem Krisenteam oder Stab wahrzunehmen sind. Zudem befassen wir uns mit den drei permanenten Führungsaktivitäten in der Krise: der Information und Kommunikation, der Regelung des Führungssystems und der Nachrichten- und Informationsbeschaffung.

Herzstück von Teil II sind die Führungsaktivitäten in der Krise, die systematisch so gegliedert und mit Skizzen veranschaulicht sind, dass sie unmittelbar für die Praxis Anwendung finden können. Sie sind in realen Krisen vielfach erprobt und so vereinfacht worden, dass sich nicht nur Profis, sondern auch Novizen der Krisenführung rasch zurechtfinden. Aus der Beobachtung der Probleme von Krisenstäben haben wir eine Matrix als praktische Hilfe zur Denkmethodik der systematischen Lagebeurteilung entwickelt und Kommunikationsbarrieren zwischen dem Krisenstab und den Entscheidungsträgern identifiziert. Entschlussfassung und Entscheidung sind die Kuminationspunkte der Führungstätigkeit, gefolgt von deren Umsetzung und Vollzug, den Kontrollen, der Eventual- und Folgeplanung. Zur Erleichterung der Arbeit der Krisenstäbe und Krisenteams haben wir ein auf unsere Darstellung angepasstes Ablaufschema zum Führungsprozess und zur Planung der Führungsrapporte beigefügt.

Teil II (B)

Führung nach der Krise: In der Reihenfolge befassen wir uns vorerst mit der Führung in der Krise. Die Tendenz zu reagieren, statt vorzusehen, ist offenbar entwicklungsgeschichtlich bedingt und entspricht dem Instinktverhalten. Ist die Krise gemeistert, fragen wir uns: Was ist falsch gelaufen? Und erst nachher gelangen wir zur Einsicht, wie wichtig die Führung vor der (nächsten) Krise ist. Krisenaustritt und Genesung sind aktiv herbeizuführen und zu gestalten. Dazu gehören die Evaluation der Führung während der Krise sowie die Umsetzung der Erkenntnisse in Lehren.

Teil II (C)

Führung vor der Krise: Wir legen das Schwergewicht auf praktische Führungshilfen. Dazu gehören die Früherkennung von Krisen und die Frühwarnung – wir nennen sie den operativen Frühwarnradar –, zudem das Situation Monitoring und das Festlegen von Indikatoren. Vorsorgliche Massnahmen zur Krisenprävention, zur Führung in der Krise und zur Schadensminimierung gehören zu dieser Betrachtung. Aus vielfältiger Beobachtung beschäftigt uns die Frage, warum Frühwarnung oft ohne Folgewirkung bleibt.

Ausbildung, Übungen und Training sind zentrale Instrumente, um sich auf Krisen vorzubereiten. Im Mittelpunkt steht dabei die mentale Vorbereitung auf krisenhafte Situationen. Durch gezielte Weiterbildung werden das Wissen und die Erfahrung von Einzelpersonen, Stäben oder Organen einer Krisenorganisation zur Führung in der Krise erhalten und verbessert. Dies zahlt sich in Krisen mannigfach aus. Wir konkretisieren anhand einer Liste Ausbildungsmassnahmen, die in einem Ausbildungskonzept enthalten sein können.

Führung vor, in, nach Krisen: Abschliessend ziehen wir das Fazit aus Teil I und II in 18 Leitsätzen für «den Chef».

Teil III: Leadership-Qualitäten, um in Krisen zu bestehen

Im dritten Teil stellen wir uns der Frage, welche grundlegenden Führungsqualitäten in Krisensituationen zum Erfolg verhelfen. Führungsverantwortliche sind keine Übermenschen, weshalb wir pragmatisch auf individuell vorhandenen Stärken und einem nur teilweise ausgeschöpften Potenzial aufbauen. Jedes Individuum verfügt über eine einzigartige Zusammensetzung spezifischer Führungsfähigkeiten, über spezielles Wissen und Können, aber auch über persönliche Kompetenzen und Erfahrungen und über einen eigenen Führungsstil. Gleichzeitig weist der Leader ebenfalls individuelle Defizite und Schwächen auf. Durch die spezifische Zusammensetzung von Stärken und Lücken sind auch die Voraussetzungen zum Erfolg in der Krise für jede Führungspersönlichkeit in jeder Situation unterschiedlich. Entscheidend sind demnach die eigene Anpassungsfähigkeit und das Bestreben, sich mit Teams zu umgeben, welche die eigenen Talente ergänzen.

Der Begriff Leadership: Es gibt eine Vielzahl von Leadership-Definitionen. Wir gehen in unserer Betrachtung von einer ganzheitlich verstandenen Leadership aus, deren Basis die Selbstführung, eine hohe emotionale und spirituelle Intelligenz, Erfolg versprechende Führungsqualitäten und Charakter bilden. Aspekte des Dienens und der Verantwortung grenzen Leadership klar und nachprüfbar von der verwerflichen Führung und Verführung ab. Die zentrale Einsicht, dass Sie in Krisen weder andere verstehen noch motivieren oder führen können, wenn Sie sich nicht selbst verstehen, sich nicht selbst motivieren oder sich nicht selbst führen können, führt zur Aufforderung, dass der Erwerb von Leadership seinen Ausgangspunkt bei der persönlichen Standortbestimmung und der Selbsterkenntnis nehmen muss. Sie setzt den persönlichen Entwicklungsprozess zur Selbstführung in Gang, die zur Basis der Führung anderer und echter Leadership wird und auch in Krisenturbulenzen Bestand hält. Wir haben einen überzeugenden Ansatz zur Identifikation und Förderung von Leadership-Qualitäten gefunden, der auf die individuellen Bedürfnisse abgestimmt ist. Als Hilfsmittel stellen wir ein Lebensrad und einen Sextanten zur Krisennavigation zur Verfügung, der die sechs entscheidenden Führungsqualitäten enthält.

Das Rad des Lebens widerspiegelt mit seinen Ecken und Kanten den momentanen Stand der individuellen Persönlichkeitsentwicklung des unvollkommenen Leaders in sechs Bereichen. Die Nabe des Lebensrades oder die innere Mitte stellt den zentralen Wesenskern der individuellen Führungspersönlichkeit dar. Diese Mitte bildet Ausgangspunkt zur Selbstführung und dient als Quelle der Standortbestimmung, der Formulierung einer Vision und einer Krisenstrategie. Das Lebensrad ist in steter Bewegung und deshalb Triebfeder des lebenslangen Lernens und Voraussetzung für Individuen, Unternehmungen oder Organisationen, sich weiterzuentwickeln.

Um das Rad des Lebens ordnet sich ein Hexagon an, auf dessen Eckpunkten sechs grundlegende Führungsqualitäten in Krisen aufgeführt sind. Die grundlegenden Führungsqualitäten basieren auf spezifischen Führungsfähigkeiten, auf Kompetenzen der emotionalen und spirituellen Intelligenz bzw. auf Qualitäten, die dank persönlicher Führung erworben oder fortentwickelt wurden. Die Schlüsselkompetenzen sind eine persönliche Auswahl und unseres Erachtens Voraussetzung für herausragende Leistung und Erfolg in der Krise. Es sind: (1) ein positives Selbstverständnis, (2) die Klarheit des Denkens, das Bewahren von Ruhe, (3) ausgewählte, in Krisen besonders wichtige Qualitäten und Kompetenzen der emotionalen Intelligenz, (4) Mut und Entschlossenheit zur Entscheidung, (5) die offene Kommunikationsfähigkeit, (6) Wissen und Können, Sachkunde und Fachkompetenz bei der Führung in Krisen. Das Hexagon symbolisiert ein Hilfsmittel, um durch die stürmischen Wasser einer Krise zu steuern, wir nennen es deshalb den Sextanten der Krisennavigation.

Teil IV (A): Leadership in Krisen ist lernbar

«Leaders are made, not born.» Wir werden immer wieder gefragt: Ist Leadership lernbar oder muss ich mich einfach mit meinen angeborenen Fähigkeiten begnügen? Unsere eindeutige Antwort basiert auf Erfahrung und wissenschaftlicher Erkenntnis: Leadership ist lernbar, sie ist grösstenteils erworben, nicht angeboren. Leid, Verlust oder Schaden, die wir in Krisen erleiden, sind starke Motivatoren zum Lernen und zur Veränderung. Man kann sich aber sehr wohl auf die Führung in Krisen vorbereiten, um potenziellen Schaden zu verhindern. Oft werden sich Chefs von Unternehmen oder Organisationen erst in der Krise schmerzhaft bewusst, dass sie im «courant normal» den Anforderungen gewachsen, in der Krise aber überfordert sind. Sie haben sich nie entsprechende Leadership-Qualitäten erworben und werden in losbrechenden Krisen selbst Teil des Problems. Oftmals sind sie massgeblich für die Auslösung von Führungs- oder Vertrauenskrisen verantwortlich.

Leadership Learning ist Chefsache: Lebenslanges Lernen ist kein Schlagwort, sondern eine Notwendigkeit, um den steigenden Herausforderungen gewachsen zu sein und den Anschluss an die neuen Entwicklungen nicht zu verpassen. Führungskräfte verlangen von Mitarbeitenden, dass sie ständig dazulernen, dies gilt auch für sie selbst. Die Notwendigkeit, sich täglich zu bemühen, ist eingestandener Weise nicht einfach, sonst hätten wir viel mehr überzeugende Leader. Die lebenslange Leadership-Entwicklung ist eine harte und anspruchsvolle Herausforderung, die nur eine Minderheit anpackt. Obschon wir viele Voraussetzungen und innere Ressourcen hierzu besitzen, ist es unser Entscheid, ob wir sie pflegen, ihnen eine Richtung geben und zu ihrer Weiterentwicklung Zeit und Kraft opfern. Aus langjähriger Erfahrung fassen wir die wichtigsten Beweggründe, weshalb Ausbildung und Training in Organisationen und Unternehmungen auf die lange Bank geschoben werden, zusammen und zeigen Strategien zur erfolgreichen Überwindung der Pflichtversäumnisse auf.

Anschliessend führt Sie dieser Teil von der Frage: Wer lernt, warum (nicht)? zu den Lerninhalten und Lernmethoden: Wie erlerne ich Führung in Krisen? Der Leitfaden zeigt einen praktischen und im Leadership Coaching erprobten Weg auf, wie Sie Leadership in Krisen – dank erfolgreicher Selbstführung – erlernen. Im Teil «Individuelle Fähigkeitsentwicklung zur Führung in der Krise» richten wir das Hauptaugenmerk auf die Selbstentwicklung, die persönliche Reife als Voraussetzung zur Führung in Krisen und auf die Grenzen der Veränderung bzw. auf die Grenzen des Erfolgs.

Teil IV (B): Auf dem Weg zur Selbstführung und persönlichen Reife: Leadership Coaching zur Unterstützung des Lernprozesses

Nach über zehn Jahren praktischer Erfahrung mit Leadership Coaching sind wir in unserer Überzeugung gestärkt, dass dies die wirksamste und nützlichste Form der Unterstützung von Leadern zur erfolgreichen Führung in Krisen ist. Im Vordergrund stehen Hilfeleistungen zur Entwicklung der Selbstführung und Förderung der persönlichen Reife. Dabei richtet sich der Coach vollumfänglich nach den Bedürfnissen des Führenden aus. Er ist nicht Berater, sondern ermutigt den Leader zur Selbsterkenntnis, zur realistischen Standortbestimmung, zur systematischen Lagebeurteilung und zum Entwickeln kreativer, selbst konzipierter Lösungsansätze und eigener Strategien; dieser behält die Eigenverantwortung für alle Entscheide (Entscheidungs- und Ergebnisverantwortung). Kurz zusammengefasst: Aufgabe des Coach ist es, einen Leader in wirkungsvoller Weise beim Gestalten von Veränderungsprozessen im Führungsverhalten zu unterstützen, damit diese rascher zum Erfolg führen.

Wir konzentrieren uns dabei auf das Was, d. h. auf die Inhalte, die Gegenstand des Leadership Coaching in Krisen sein müssen und beschränken uns bezüglich des Coaching-Prozesses (das Wie) auf wenige Aspekte: (1) die Bereitschaft, Verantwortung für das eigene Verhalten zu übernehmen, (2) der Wille, die Anwendung der Grundmechanismen des Zielesetzens weiterzuentwickeln, (3) sich die Fähigkeit anzueignen, Einstellungen und Gewohnheiten zu verändern, (4) die Kommunikationsfähigkeit mit sich selbst aktiv zu trainieren.

Auf dem Weg zur Entwicklung der Selbstführung blicken wir aus einer veränderten Perspektive auf den Sextanten der Krisennavigation zurück und ziehen Konsequenzen für den Leader. Die sechs Führungsqualitäten haben dank persönlicher Reife neue Dimensionen hinzugewonnen, der Nutzen für Führende in Krisen hat sich vervielfacht. Die folgenden Erkenntnisse sind gleichzeitig Themen, Ziele als auch positive Ergebnisse des Leadership Coaching von Führungspersönlichkeiten: (1) positives Selbstverständnis: Sieger geben niemals auf, (2) Klarheit des Denkens: ein ruhender Pol im Krisenchaos, (3) «Ich» und die «vielen andern» im Krisenteam: im Gleichgewicht dank Empathie und Vertrauen, (4) «Krisenmut ist Löwenmut», (5) offene

Kommunikation: kein Wachs in den Ohren, (6) Wissen und Können: die Kriseneinfältigkeit ablegen.

Aus dieser Sicht stellen wir uns die Frage: Was ist Erfolg in der Krise? und zeigen dank dem tieferen Verständnis von Selbstführung und Leadership Coaching neue Perspektiven auf. In der Öffentlichkeit wird man den persönlichen Führungserfolg oder -misserfolg primär am Resultat des Krisenverlaufs messen und mit dem positiven oder negativen Ausgang einer Krise verknüpfen. Das Schwarz-Weiss-Denken lautet in der Regel: Gewinner oder Verlierer, Opfer oder Täter. Aus Sicht des Leadership Coaching und im Verständnis einer reifen Führungspersönlichkeit ist dies eine zu einschränkende Sicht der Dinge. Erfolg ist nicht nur das äusserlich feststellbare Resultat und die positive Konsequenz, dass wir Ziele beharrlich verfolgt und auch erreicht haben bzw. dass unsere Führungsfähigkeiten zum positiven Durchbruch führten. Die Chance, in Krisen erfolgreich zu sein, bleibt eng mit der Aussicht auf Misserfolg und als Folge mit dem Risiko verbunden, seine Position als Leader zu verlieren. Deshalb sind von uns nicht nur Fähigkeiten verlangt, um mit der Krise umgehen zu können, sondern auch innere Stärken, um den eigenen Sturz zu überleben. Zur Selbstverantwortung in Krisen gehört deshalb auch, Rückschläge zu verarbeiten und mit Niederlagen umzugehen. Im Leadership Coaching legen wir höchstpersönliche Massstäbe fest, die den Erfolg nach eigenen Vorgaben definieren.

Selbstführung und Entwicklung der eigenen Leadership sind Teil eines lebenslangen Reifeprozesses. Die Notwendigkeit, sich täglich zu bemühen, ist eingestandener Weise nicht einfach, sonst hätten wir viel mehr überzeugende Leader. Die Leadership-Entwicklung ist eine unspektakuläre Herausforderung, die nur eine Minderheit anpackt. Sicher macht man rascher Fortschritte, wenn man die Unterstützung eines Leadership Coach in Anspruch nehmen kann.

Auf dem Weg zur Selbstführung: Der Leadership Coach als Weggefährte. Im letzten Teil geht der Leitfaden auf vier Elemente eines erfolgreichen Coaching-Lernprozesses ein und schliesst mit der Überzeugung: Leadership in Krisen ist lernbar. Den Weg kennen Sie erst, wenn Sie ihn gegangen sind, der vorliegende Leitfaden will Sie ermutigen, aufzubrechen. Der Weg entsteht im Gehen.

> Krisen verstehen, Führungsbegriffe klären. Erkenntnisse und Konsequenzen für den Leader

1.   Warum sind wir ungenügend auf Krisen vorbereitet?

Allgegenwärtige Krisen

Es ist paradox: Auf der einen Seite ist der Krisenbegriff in unserem Sprachgebrauch allgegenwärtig und wird täglich gebraucht – zum Teil auch missbraucht. Auf Schritt und Tritt stellen wir fest, dass es kriselt und empfinden viele Zustände als krank oder jedenfalls nicht mehr als gesund oder normal.[1] Rundum entdecken wir Krisensymptome und krisenhafte Entwicklungen im persönlichen oder familiären Umfeld, am Arbeitsplatz, in Unternehmen der Wirtschaft, in Organisationen und Institutionen, in unserem gesellschaftlichen, politischen oder ökologischen Umfeld sowie auf globaler Ebene. Wir vermuten, dass Krisen sowohl zahlenmässig als auch bezüglich ihrer Heftigkeit und komplexen Auswirkungen in Zukunft noch zunehmen werden. «We have become a crisis-plagued society. Our deepest fear is that we have become a crisis-prone society – that is, that the potential for experiencing large-scale major crises has become a permanent and irreversible feature of modern societies.»[2]

Krisenbogen

In den vergangenen zehn Jahren haben wir mehrere Hundert Krisen analysiert und ausgewertet und diese in acht Bereiche eingeteilt. Im Zentrum dieses Krisenbogens stehen wir selbst, einerseits als Betrachter und andererseits als Betroffene, umgeben von einer vielgestaltigen Krisenumwelt.[3]

In jüngster Zeit haben sich unsere bewusste Wahrnehmung von Krisenzuständen und unsere Sensibilität erweitert, wir fühlen uns dadurch noch verletzlicher und psychologisch anfälliger. «Noch nie haben so viele Menschen über so viele Krisen nachgedacht, diskutiert, eindringliche Warnungen ausgestossen, aufgerüttelt und auf Abhilfe gesonnen und etwas dagegen getan wie

Der «Krisenbogen»

gegenwärtig, und ein Ende ist nicht abzusehen.»[4] Weshalb denn, so fragen wir erstaunt, sind wir nicht besser auf Krisen vorbereitet?

Trotzdem ungewappnet?

Liegt es an der rapiden Zunahme, der Neuartigkeit oder wachsenden Komplexität von Krisen? Sind wir ungewappnet, weil unsere Risikobeurteilungen nicht genügen, Frühwarnungen versagen, wir falsche Vorkehrungen getroffen haben? Oder liegt es an uns selbst? An mangelnden Leadership-Qualitäten, an fehlender mentaler Flexibilität? Können wir uns nicht auf die neuen Herausforderungen einstellen, weil wir selbst in einer Krise stecken und nicht wissen, was zu tun ist? Bringt Karl Popper das Krisendilemma auf den Punkt wenn er sagt: «Alles Wissen ist Vermutungswissen. Niemand ist im Besitz sicheren Wissens, die Meinungsführer des Krisendiskurses so wenig wie ihre Kritiker»?[5] Ist mangelndes Wissen nicht gleichzeitig ein wesentliches Krisenelement? «Einige … Grundsätze, die für die Politik ebenso gelten wie für die Wirtschaft, drohen in der Krisenbewältigung vergessen zu gehen. Einer lautet, dass wir nie genug über die Zukunft wissen.»[6]

26

Vier Ursachen stehen im Vordergrund

Sicher gibt es vielfältige Gründe und ebenso viele Antworten auf die gestellten Fragen. Aus langjähriger Beschäftigung mit der Thematik und unseren Beobachtungen stellen sich vier Ursachen in den Vordergrund. Ermutigend ist, dass alle vier von uns im positiven Sinn verändert werden können – sofern wir anerkennen, dass Notfall- und Krisenbereitschaft eine vordringliche Führungsaufgabe ist.

1.1 Erster Grund: menschliche Faktoren und mangelnde Leadership

Vogel Strauss als Wappentier

Wenn wir zu Firmen oder Organisationen gerufen werden, um die Krisenbereitschaft zu verbessern, stellen wir oft mit Bedauern fest: Hier steht Vogel Strauss als Wappentier hoch im Kurs. Den Kopf in den Sand stecken, «weil nicht sein kann, was nicht sein darf», wird mehr praktiziert, als man annehmen könnte. «… One of the most significant barriers to effective crisis management (CM) is denial.»[7] Mögliche Entwicklungen werden verdrängt, man wiegt sich in Sicherheit, «eine doch eher unwahrscheinliche Krise schon irgendwie zu managen», «schliesslich praktiziere man jeden Tag Krisenbewältigung». Die vielen Ausflüchte lassen sich in drei Aussagen zusammenfassen: «no need, no time, no money» – kein Bedürfnis, keine Zeit, kein Geld oder keine Ressourcen, sich auf Krisen vorzubereiten. Oftmals fallen diese Ansichten auch unter den Begriff der «unbewussten Inkompetenz», wie wir dies nennen. Man ist sich der mangelhaften Vorbereitung gar nicht bewusst und hat sich nie vertieft mit der Krisenproblematik befasst. Nach dem Grundsatz: «Was ich nicht weiss, macht mich nicht heiss», fühlt man sich weder zu unangenehmen Erkenntnissen gedrängt noch dazu, notwendige Konsequenzen zu ziehen.

> **Fazit:** Die Palette der in den Vordergrund geschobenen Gründe, nichts zu tun, weist stets auf mangelnde Leadership hin, diese manifestiert sich ebenfalls in der reflexartigen Angst vor praktischen Krisenübungen. Wenn solche vorgeschlagen werden, bemüht man sich tunlichst, dieses Thema rasch zu begraben.

Krisenbereitschaft als Teil der Unternehmenskultur?

«Every type of crisis can happen to every organization. Only the particular form of crisis varies by organization, not the fundamental threat itself.»[8] Trotzdem bestehen offensichtlich in jeder Organisation oder Unternehmung unterschiedliche Auffassungen über die Bedeutung und das Mass einer angemessenen Notfall- und Krisenbereitschaft.

Die innere Kassandra

Auch auf der individuellen Ebene mag es menschlich erklärlich sein, weshalb man sich nicht mit Krisen befassen will. Man verdrängt die Möglichkeit ihres Eintretens, weil uns dies daran erinnert, dass in unserer Welt nichts, aber auch gar nichts von Bestand ist und Krisen Bestehendes radikal infrage stellen und uns letztlich an die eigene Endlichkeit mahnen.

Fehlende «unité de doctrine»

Wenn die Krisenthematik bzw. die Krisenvorbereitung nicht selbstverständlicher Teil einer Firmenkultur ist, wie z.B. die Sicherheitspolitik oder die Risikopolitik, dann fehlt es offenbar an Leadership und einer «unité de doctrine» über Sinn und Wert der Krisenbereitschaft. «Many executives at well-managed companies secretly believe that they can work their way out of a crisis when the time comes without having a plan beforehand. As a result, they treat crisis preparation as a less-than-useful scenario-planning exercise that, if it must, can be conducted sporadically. That attitude won't change until companies create organizational mechanisms that make Crisis Management a top priority.»[9]

> Fazit: Echte Leadership verlangt, die Schutzbehauptung abzulegen, man könne sich nicht auf Krisen vorbereiten. Dies setzt Charakter und Mut voraus, dies sind Pfeiler der Vorbildsfunktion eines Chefs in Krisen.

1.2 Zweiter Grund: Bedeutung und Nutzen der Krisenbereitschaft werden nicht erkannt

Kein Auge für Vorteile und Nutzen guter Krisenbereitschaft

In einer bildlichen Darstellung zeigen wir zu diesem Aspekt als Metapher einen mit seiner Axt wuchtig zuschlagenden Holzfäller.[10] Der hart arbeitende Baumfäller stellt den voll- bis überbeschäftigten Manager, den Macher, den operativ-taktischen Umsetzer dar. Er ist vom Morgen bis spät am Abend unter enormem Entscheidungs- und Handlungsdruck und im Dauerstress. Dann lassen wir auf dem Bild mittels Animation eine kleine Kettensäge einmarschieren, die sich die Frage nach der Krisenbereitschaft im Fall eines Orkans erlaubt. Ohne aufzublicken antwortet der Axt schwingende Holzfäller: Ich habe weder Zeit noch das Bedürfnis, mich mit dieser Frage auseinanderzusetzen. Offenbar neigen Topmanager bezüglich Krisenbereitschaft zu übertriebenem Optimismus, wie eine global durchgeführte Studie zum Schluss kommt, «weshalb in vielen Firmen entsprechend wenig Vorkehrungen gegen allfällige Kriseneinwirkungen getroffen worden sind».[11]

Oder ist der Grund dieser Aussage nicht vielmehr, dass die Bedeutung und der Nutzen einer guten Notfall- und Krisenbereitschaft – auch für den «courant normal» – nicht erkannt werden? Man übersieht, dass die effiziente Kettensäge, die in dieser Metapher für Notfälle oder Krisenzeiten entwickelt wurde, im Vergleich zur Axt auch im stressigen Alltag als Werkzeug nutzbringend zu gebrauchen wäre.

> Fazit: Gut auf Krisen vorbereitete Organisationen und Unternehmen sind auch für herausfordernde Situationen des «courant normal» besser gewappnet und erfolgreicher, dies haben empirische Untersuchungen gezeigt.[12]

Anforderungsreicher Alltag = Krise?

Ebenso ist die Aussage zu hinterfragen: Wir bewältigen ja jeden Tag Krisen. Sie geht davon aus, dass sich erfolgreiche Führung gleichsam aus dem «courant normal» ohne grössere Anpassungen in eine Führung unter erschwerten Bedingungen oder gar in die Führung während Krisen überführen lässt. Dies, so wird argumentiert, weil die heutige «normale Führung» mehr und mehr durch anspruchsvolle und rasch wechselnde Herausforderungen und durch ein dauerndes Change Management geprägt ist.

> Fazit: In der Tat ist der Übergang in die Krise häufig von fliessender Natur. Gleichwohl unterscheidet sich die Führung in Krisen bezüglich ihrer inneren Qualität und Intensität von einer Führung unter erschwerten Bedingungen. «The nature of crises – that is, the types of crises and their qualities – has changed dramatically.»[13] Krisen resultieren nicht allein aus der gebündelten Kulmination einer Vielzahl von Herausforderungen an die Führung. Sie befasst sich über das Management komplexer Probleme hinaus mit existenzbedrohenden Situationen, tief greifenden Veränderungsprozessen und Wandlungen, oftmals in höchster Ungewissheit, unter enormem Zeitdruck und begleitet von intensivem, persönlichem Stress.[14]

Krisenpermanenz als neue Normalität?

Mit der Forderung nach «Leadership in a permanent crisis» könnte man im Gegenzug argumentieren, die neue Krisenwirklichkeit habe das Business as usual obsolet gemacht, und erst ein gekonnter Umgang mit Krisensituationen erlaube den Fortbestand einer Organisation auch in ruhigeren Zeiten, falls diese je zurückkehren: «Are you waiting for things to return to normal in your organization? Sorry. Leadership will require new skills tailored to an environment of urgency, high stakes, and uncertainty – even after the current crisis is over … The immediate crisis … merely sets the stage for a sustained or even permanent crisis of serious and unfamiliar challenges.»[15] Gibt es demnach den «courant normal» nach unserer Vorstellung von Normalität überhaupt noch? B. Johansen charakterisiert die neue Normalität als «VUCA-World», geprägt durch «volatility, uncertainty, complexity, ambiguity».[16] Mit andern Worten, «die Krise ist für den modernen Menschen das Normale».[17] «The abnormal has become the new normal state of affairs.»[18]

Führungstätigkeiten, die in Krisen und im «courant normal»
zu beherrschen sind

Deshalb können Führungsverantwortliche, die Mühe bekunden, die Bedeutung und den umfassenden Nutzen der Krisenbereitschaft zu erkennen, unter andern mit folgenden Fragen konfrontiert werden:
- Wie können Unternehmen oder Organisationen, wenn sie in der heutigen Wettbewerbslage bestehen wollen, sicherstellen, dass auch ungünstigste Entwicklungsmöglichkeiten und deren Eskalation in Betracht gezogen werden?
- Wie weisen sie die Mitarbeitenden an, in Szenarien vorauszudenken? Wie entwickeln und fördern sie das systemische, vernetzte Denken in Gesamtzusammenhängen, um nicht von mannigfachen Konsequenzen getroffener Entscheide überrascht zu werden?
- Wie können proaktiv (unternehmens-)kritische Prozesse und Schlüsselpersonen identifiziert und geschult werden, um eine kontinuierliche Geschäftstätigkeit bzw. die Bewältigung von Kernaufgaben einer Unternehmung oder Organisation sicherzustellen?
- Weiss die Führungsequipe, wie komplexe Probleme mit einer Vielzahl von Personen unter enormem Zeitdruck und in hoher Ungewissheit strukturiert zu lösen sind?
- Wie werden im Lessons-Learned-Prozess die sogenannten Lern-Loops möglichst kurz gestaltet, damit Erkenntnisse nicht erst nachträglich Verwendung finden, sondern unmittelbar in die Aktionsführung der Krisenbewältigung einfliessen können? (Act-learn-act-learn approach[19])

Fazit: Dies sind alles typische Führungstätigkeiten, die sowohl in Krisen als auch in der normalen Geschäftstätigkeit oder in schwierigen Situationen beherrscht werden sollten. Nur, in Krisenzeiten müssen wir diese Aufgaben noch besser meistern, um die Führungsfähigkeit aufrechtzuerhalten. Es geht um unsere Kompetenz, das Richtige richtig zu tun – angesprochen sind unsere Kriseneffektivität und Kriseneffizienz.

1.3 Dritter Grund: Aus Krisen werden keine Lehren gezogen oder diese werden nicht umgesetzt

Dornenvoller Lernprozess

Wir stellen sowohl im öffentlichen wie auch im privaten Bereich fest, dass die Auswertung von Krisen – der Lessons-Learned-Prozess – ein steiniges und ungeliebtes Pflaster ist. Erlebte Beispiele belegen eindrücklich, dass es auch hier der menschlichen Natur zu entsprechen scheint, Unangenehmes möglichst rasch zu vergessen. «Deckel drauf und nicht mehr darüber sprechen», heisst die Devise.

Was macht den Vorgang, aus Krisen Lehren zu ziehen oder diese umzusetzen, so dornenvoll? Man könnte meinen, wir würden alle davon profitieren und wir wären besser auf künftige Turbulenzen vorbereitet. Nach unseren Beobachtungen sind fünf gewichtige Hindernisse zu überwinden. An dieser Stelle erwähnen wir vorerst nur die psychologische Hürde der Angst, auf die andern vier Hindernisse werden wir im Teil II (B), «Führung nach der Krise», eintreten.

Angst vor unbequemen Erkenntnissen

Topmanager an der Spitze und Führungsverantwortliche fürchten, es könnten in der Retrospektive Schwächen aufgezeigt und Fehler aufgedeckt werden. Verbunden mit Fragen nach den Verantwortlichkeiten lauert die Gefahr eines Karriereknicks oder anderer persönlicher Nachteile.

Dann ist es die Angst, dass Erkenntnisse ans Tageslicht kommen, die ultimativ nach Veränderung rufen, nach der Notwendigkeit einer Neuausrichtung der bis jetzt hochgehaltenen Zustände. Nach Krisen gibt es keine bequeme Rückkehr zum Status quo ante des Business as usual.[20] Wir können, wie man im Militärischen zu sagen pflegt, nicht einfach wieder den «letzten Krieg vorbereiten» und bloss aus Beobachtungen der Vergangenheit auf die Zukunft schliessen. Ein aktuelles Beispiel ist die Terrorabwehr: «... auch Sicherheitsfachleute meinen, dass es nicht der Weisheit letzter Schluss sein könne, auf Attentate zu warten, um nachher der Kontrollkette ein weiteres Glied einzusetzen.»[21]

Wenn Erkenntnisse der Vergangenheit in die Irre führen

Wenn wir nicht höchst unwahrscheinliche Ereignisse mit in unsere Überlegungen einbeziehen, sind das naive Projektionen. Nassim Nicholas Taleb nennt es in seinem Bestseller, *The Black Swan*, das Dilemma des «Rückwärts-Lernens» (The dilemma of learning backward). Was, wenn alle Beobachtungen der Vergangenheit für die Zukunft unwesentlich oder falsch sind bzw. uns in gefährlicher Weise in die Irre führen? (How improbable events shape the world we live in[22]). Eine einfachere und weitverbreitete Reaktion ist, in diesem Fall auf das sogenannte «blame game»[23] auszuweichen, im Schwarzpeter-Spiel die Schuld an der Krise andern in die Schuhe zu schieben. Dies konnte man wieder eindrücklich beobachten im Fall der Krise um die Schweinegrippe N1H1 und der Schuldzuweisungen betreffend Hysterie («Der grösste Medizinskandal des Jahrhunderts») oder wegen der späten bzw. verspäteten Verfügbarkeit oder dann wegen der Überkapazitäten der Impfstoffe, sei es in der Schweiz oder in andern Ländern.[24]

Krisenauswertung bedingt Leadership

Krisen sind sui generis, verlangen nach Veränderungen und einer Neuausrichtung unseres Denkens und Handelns. Bestehendes infrage zu stellen ist unbequem und verlangt, Widerstände zu überwinden.[25] Deshalb ist Krisenauswertung Chefsache. Nach der Krise ist vor (der nächsten) Krise,[26] ohne den Einbezug der Chefetage kann die Krisenvorbereitung nicht ernsthaft wahrgenommen werden. Im Wissen, dass die Resistenz gegen eine systematische Krisenauswertung gross sein kann, trägt der Chef diese selbstkritisch mit und lebt vor, dass ohne eingestandene Fehler kein Fortschritt möglich ist. Interessieren muss ihn insbesondere, ob die Krise als günstige Konstellation zur Veränderung, zur Stärkung der Position, zur Wahrnehmung von Wettbewerbsvorteilen oder als Chance für Wandel und Innovation genutzt werden kann.[27]

> Fazit: Die nächste Krise kommt bestimmt – insbesondere wenn es fakultativ bleibt, Lehren zu ziehen.

1.4 Vierter Grund: Die «Hyperintention-Planung» gefährdet das gewünschte Resultat

Übersteigerte Akribie zur Selbstlegitimation

Wenn mancherorts der Krisenvorbereitung kaum Beachtung geschenkt wird, treffen wir im Gegenzug auf geradezu überbordende Planungen, meist auf unterer Stufe zur Selbstlegitimation kleiner Königreiche, z. B. im Business Continuity Management oder im Risikomanagement. Prall gefüllte Ordner legen Zeugnis ab, dass die umfassende Verschriftlichung als Versicherung und Absicherung favorisiert wird. Die akribische Planung umfasst u. a.: multiple, aber nicht kohärente Risikoanalysen mit hohem Detaillierungsgrad; segmentierte, aber nicht koordinierte Vorkehrungen und Massnahmenpakete diverser Abteilungn z. B. im Bereich Early Detection, Early Warning, gestützt auf unterschiedlichste Szenarien; ins Detail gehende Checklisten, Standing Operating Procedures und Aktionsplanungen; viel Theorie betreffend präventive Massnahmen ohne praktische Übungen. Man meint, jegliche Vorkommnisse im Griff zu haben und wiegt sich in einem fatalen Sicherheitsglauben. Bemerkenswert ist, dass sich diese Art der Vorbereitung fast ausschliesslich an einem mechanistischen Ursache-Wirkungs-Denken von Ereignissen orientiert, und nicht an einem systemischen Ansatz, wie er für komplexe Krisen unabdingbar ist.[28]

Überbordende Planung mit Grenznutzen

Wir haben für dieses erstaunliche Phänomen, das wir in der Praxis regelmässig antreffen, einen Terminus der Psychologie entlehnt und nutzen den Begriff, den Viktor Frankl in seiner von ihm begründeten Logotherapie geprägt hat. Er besagt, dass wenn wir ein Resultat übersteigert herbeisehnen – in diesem Fall den Erfolg dank einer extensiven und bis ins Detail geplanten Krisenbereitschaft –, wir damit paradoxerweise das Eintreten des gewünschten Resultats gefährden oder gar verhindern. Die Aktionsplanung ist bis zu einem gewissen Grad wertvoll, dann gibt es – wie beim Übertraining im Sport – einen Sättigungsgrad, einen Grenznutzen.[29] Mehr Planung generiert keinen zusätzlichen Nutzen, sie verhindert im Gegenteil eine Leistungssteigerung, und es kommt zum Leistungsabfall, allerdings wirkt sich dies nicht wie im Sport unmittelbar, sondern erst im Krisenfall aus.

> Fazit: In den Worten von Friedrich Dürrenmatt könnte man zu bedenken geben: «Je planmässiger die Menschen vorgehen, desto wirksamer vermag sie der Zufall zu treffen.»[30] Oder auf die Wilhelm Busch zugeschriebene Feststellung verweisen: «Erstens kommt es anders, und zweitens als man denkt …»

Perfekte Krisenvorbereitung als Illusion

Für die komplexe Krisensituation gilt die Erkenntnis des im April 2008 verstorbenen Edward Lorenz, dem Begründer der Chaostheorie: Die Voraussehbarkeit nicht linearer Entwicklungen ist sehr beschränkt.[31] Perfekte Krisenvorbereitung ist wie die perfekte Wettervorhersage eine Illusion. Die Nichtvorhersagbarkeit bleibt ein Charakteristikum komplexer Systeme.[32] «Krisen gibt es immer wieder, mitten in friedlichen Phasen»,[33] deshalb gibt es auch keine Patentrezepte gegen Finanzkrisen. Zudem gilt die «Nichtvorhersehbarkeit wirtschaftlicher und gesellschaftlicher Entwicklungen».[34]

Höchst Unwahrscheinliches mit extremen Auswirkungen

Die «Hyperintention-Planung» blendet ein weiteres Phänomen aus, auf das wir bereits hingewiesen haben: das Auftreten höchst unwahrscheinlicher Ereignisse, die nicht voraussehbar waren und ausserhalb unseres Vorstellungsvermögens liegen (das plötzliche Auftauchen eines «Black Swan», der als inexistent galt, wie Taleb dieses Phänomen nennt).[35] Solche höchst unwahrscheinlichen Ereignisse (highly improbable events) können extreme Auswirkungen auslösen, sie verändern unsere Welt oder unser Weltbild grundlegend, sie werfen Annahmen, die als unerschütterlich galten, über den Haufen.[36]

> Drei Konsequenzen für den Leader:
> Fazit (1): Bei der Krisenvorbereitung sollen gesunder Menschenverstand, Augenmass und Anpassungsfähigkeit wegleitend sein.

Wir sollten nicht nur detaillierte Checklisten aufstellen und systematische Eventualplanungen durchführen, sondern vor allem unsere mentale Flexibilität zur Aktionsführung und Anpassungsfähigkeit trainieren. Eine feststellbare negative Folgewirkung der Hyperintention ist, dass Planer in der Aktionsführung (wie z. B. in der Krise um die N1H1-Pandemie) in den eigenen Planungskonstrukten gefangen bleiben. Sie wurden, wie der Sprecher des Bundesamtes für Gesundheit selbstkritisch feststellte, «Gefangene ihres eigenen Gerüsts».[37] Heute sind deshalb die Anforderungen an die Anpassungsfähigkeit eines Leaders (adaptive Leadership[38]) stark gestiegen.

> Fazit (2): Mentale Flexibilität trainieren hat höchsten Stellenwert.

Wegen der hohen Unsicherheit, wie sich komplexe Krisen entwickeln und eskalieren können, ist der mentalen Fortbildung der Führungsverantwortlichen grösstes Gewicht beizumessen. Ein Chef muss in turbulenten Zeiten nicht einfach Planungen umsetzen, sondern drängende Fragen beantworten können wie z. B.: Was wollen wir warum erreichen? Er soll eine Vision, Ziele, eine Absicht kommunizieren, um der Angst zu begegnen und in der sich stets verändernden Situation Wege aus der Ungewissheit aufzuzeigen.[39] Es war in diesem Sinn irritierend, wie das Bundesamt für Gesundheit nicht müde wurde, inmitten der Krise um die Schweinegrippe zu betonen, es gehe alles nach Plan.[40]

Hyperintention manifestiert sich in ähnlicher Form auch im Phänomen des Sicherheitsparadoxon, bei dem das übermässige Streben nach Sicherheit, z.B. die Sicherheitshysterie aus Terrorangst, einen Sicherheitswahn und zugleich Verunsicherung und Unsicherheit erzeugen kann.[41] Die Folge sind hohe Kosten, Zeitverlust, eine Geisteshaltung von Angst und Misstrauen.[42] Deshalb plädiert J. C. Ramo gegenüber der Terrorismuskrise für eine Haltung der «heroischen Gelassenheit».[43] Zudem ist das Bekämpfen ausgesonderter Risiken, die Krisen auslösen könnten, selbst mit Risiken verbunden. So ist die Verminderung der Risiken in einem Bereich mit der Erhöhung in einem andern Bereich verbunden, wir können mit beschränkten Ressourcen nicht alles tun. Deshalb ist es eine vordringliche Leadership-Aufgabe, Prioritäten zu setzen – auch wenn dieser Entscheid wiederum mit Risiken behaftet ist. Trotzdem: Ohne Risiken einzugehen oder günstige Gelegenheiten zu nutzen, können wir auch nicht gewinnen.[44]

1.5 Weitere Gründe ... und Fazit ungenügender Krisenvorbereitung

Es gibt weitere Gründe und Erklärungen, weshalb wir uns ungenügend oder gar nicht auf Krisen vorbereiten. Etwa, wenn sich Warner (Whistle blower[45]) kein Gehör verschaffen können oder mundtot gemacht werden oder wenn kontroverse Erörterungen risikoreicher Entwicklungen von wortmächtigen Interessengruppen unterbunden werden.[46]

Fazit: Wenn die Wurzeln eines Baums erst beim Ausbruch des Sturms zu wachsen beginnen, ist es zu spät – man tritt in die Krise ein mit dem, was man hat.

2. Warum werden Krisen nicht verstanden?

2.1 Erster Grund: Facettenreichtum von Krisen vs. Definitionskorsett

Mannigfache Krisenvorstellungen: Was stellen wir fest?

Wenn man im Frühjahr 2010 bei Google den Begriff Crisis Management eingegeben hat, erhielt man über 40 Millionen Hits. Auf Sites unter den ersten zehn Hits haben wir über 80 Begriffe gefunden, die für sich in Anspruch nehmen, wichtige Aspekte des Krisenmanagements zu umschreiben. Bei diesem Befund geht es nicht bloss um Semantik, hinter den 80 Begriffen stecken unterschiedliches Fachwissen, und damit spezielle Fachausbildungen und eine Vielzahl von Fachexperten. Diese Spezialisten haben ihre eigene Sicht, was eine Krise ist und verwenden hierzu ihre eigens entwickelte Fachsprache.

Dieses Phänomen manifestiert sich auch in der Praxis: In der Ausbildung von Krisenteams in unterschiedlichen Branchen erhalten wir auf die Frage, welche Ereignisse für sie in ihrem Tätigkeitsbereich eine Krise darstellen, kontrastreiche, um nicht zu sagen widersprüchlichste Antworten. Jede Branche und Fachrichtung hat offenbar ihre eigene Krisenvorstellung.

Unterschiedliche Krisendefinitionen

Es ist deshalb kaum verwunderlich, dass es unterschiedliche Definitionen der Krise in verschiedenen wissenschaftlichen Disziplinen, so u.a. in der Medizin, der Ökonomie, der Theologie und Philosophie, der Geschichte oder den Politikwissenschaften gibt. Bereits dieser Umstand weist auf die Schwierigkeit hin, eine allgemein gültige Definition zu finden. Zum Grundverständnis einer Krise dient am besten der medizinische Krisenbegriff, der sich aus dem Griechischen «krisis, krino/krinein», «scheiden, auswählen, die Scheidung, Entscheidung» ableitet. In der Medizin spricht man von einem Wendepunkt, einer entscheidenden Phase, den kritischen Tagen einer Krankheit. Die Intensität der Krankheit steigert sich auf dem Höhepunkt zum Schlechten, zur Verschlimmerung, zu Zerstörung oder Tod, oder sie leitet über zum Guten, zum Abklingen, zu fortschreitender Verbesserung des Zustandes und zur Heilung.[47]

Ambivalenz des Krisenausgangs

Damit wird, wie im chinesischen Doppelzeichen (Danger and Opportunity) enthalten, auf die Ambivalenz der Krisensituation verwiesen.[48] Es bleibt offen, ob der Ausgang eine positive oder negative Wendung nimmt. Dies ist zur Abgrenzung einer Krise von Katastrophen oder Notfällen mit stets negativen Konsequenzen (im folgenden Punkt 2.2) von entscheidender Bedeutung. In jedem Fall wird beim Krisenausgang das Bisherige durch etwas Neues abgelöst, es gibt – wie wir bereits festgestellt haben – keine Rückkehr zum Status quo ante.[49]

Mit dem Aspekt der Chance in der Krise ist nicht gemeint, wie stets kolportiert wird: Hast du den Schaden, zeigt sich dem lachenden Dritten eine einmalige Gelegenheit, bzw. hat ein Krisengewinner einen geschäftlichen Vorteil, wie im Fall der Pandemiekrisen die Pharmaindustrie oder im Fall der Terrorangst in den USA die blühende Sicherheitsindustrie.[50] Gemeint ist die Herausforderung, wenn man selbst in der Krise steckt, eine Chance zu entdecken und zu nutzen.

Krisen sind persönlich

Krisen sind letztlich immer persönlich. Entscheidend ist, was eine Situation oder ein Ereignis subjektiv zur Krise macht, weil Krisen im Kopf stattfinden. Es ist müssig, mit Betroffenen, die ein Event, eine Situation oder Ereignis als Krise empfinden, über ihre «Response» oder Reaktion zu diskutieren, also darüber, was sie als Ergebnis wahrnehmen.

E = «Event», Situation, Ereignis
R = «Response», Reaktion darauf
O = «Outcome», Wahrnehmung als Ergebnis

Entscheidend ist die eigene Betroffenheit, wir nehmen die Situation als Bedrohung unserer Existenz wahr, sie gefährdet unser Wertgefühl oder unsere Anerkennung. Die Perzeption der Verwundbarkeit ist abhängig von der zeitlichen und örtlichen Unmittelbarkeit zum Ereignis, von der eigenen Stabilität und Verankerung in einem tragenden Wertesystem. Meine Response ist auch eine Folge persönlicher Einstellungen und Erfahrungen.

Warum Definitionen (nicht) hilfreich sind? Fallbeispiel UBS

Und schliesslich fragen wir, ob eine Definition den betroffenen Organisationen oder Unternehmungen geholfen hat, eine Situation besser als Krise zu erkennen bzw. in der Situation das Richtige zu tun. Nehmen wir als Fallbeispiel die UBS, deren Definition gelautet hat: «Eine Krise ist ein Ereignis, welches unsere Fähigkeit, Geschäftsrisiken zu bewirtschaften und zu kontrollieren, beeinträchtigt»,[51] eine Definition, die dem Gedankengut des Business Continuity Planning entlehnt ist. Wir waren, zusammen mit über 6000 Aktionären, als Kleinaktionär an der denkwürdigen ausserordentlichen Aktionärsversammlung im St.-Jakobs-Stadion vom 27. Februar 2008 in Basel zugegen. Das manifeste, fast peinliche Unvermögen der Führungscrew der

UBS, Leadership in einer eskalierenden Krisensituation vorzuleben, war schlicht umwerfend. Der völlige Mangel an Empathie und emotionaler Intelligenz, der über Stunden sowohl in den Antworten als auch visuell auf der Grossleinwand verdeutlicht wurde, hatte für den Beobachter Textbuchreife. Bei jeder neuen Wortmeldung demonstrierte man offenkundige Unfähigkeit zu lesen – geschweige denn zu verstehen -, was von enttäuschten Aktionären quasi in übergrossen Lettern an die Wand der St.-Jakobs-Halle geschrieben wurde. So wenig die Erklärungen der UBS überzeugten, weshalb man trotz Risikomanagement als Folge von «Verwerfungen in den USA» in die Krise geschlittert war, so wenig gelang es, Vertrauen in die Führungscrew zurückzugewinnen. Dass Marcel Ospel das Fazit der Versammlung an der folgenden Pressekonferenz «mit grosser Zufriedenheit» zur Kenntnis nahm, zeigte überdeutlich, dass die bestehende Definition der UBS in keiner Weise dazu beitrug, die wachsende Vertrauenskrise zu erkennen bzw. entsprechend zu handeln.[52]

Welche Erkenntnisse und Konsequenzen können wir ziehen?

> **Fazit (1):** Was vordergründig als Begriffswirrwarr erscheint, ist in Tat Ausdruck des Facettenreichtums von Krisen. Ein allgemein gültiges Definitionskorsett ist für die Krisenwirklichkeit zu eng, stattdessen sind kooperativ Handlungsstrategien zu erarbeiten.

Negativ könnte man erstens feststellen, dass bezüglich Krisen ein babylonischer Begriffswirrwarr besteht und viele Fachbereiche dies ausnutzen, um ihre Wichtigkeit zu unterstreichen und ihre Position zu stärken. Positiv kann man festhalten, dass dieser Umstand Zeugnis für den grossen Facettenreichtum des Krisenaspektes ablegt. Macht es Sinn, sich deshalb den Kopf zu zerbrechen, ob wir für «Krise» eine einheitliche Definition finden, oder wäre es nicht nutzbringender, wenn sich die vielen Experten und Fachspezialisten im Einzelfall über ihre Sichtweise und Perspektive austauschen, um kooperativ Handlungsstrategien, eine «unité de doctrine» zur Lösung des anstehenden (Krisen-)Problems zu entwickeln?

Es ist unseres Erachtens wenig hilfreich, das vorherrschende, breite Krisenverständnis verschiedener Disziplinen und Branchen in ein allgemein gültiges Definitionskorsett schnüren zu wollen – obschon dies immer wieder versucht wird. Eine Definition ist stets eine erläuternde Bestimmung, die nicht nur zur Klärung beiträgt, sondern die facettenreichen und heterogenen Wesensinhalte von Krisen zwangsläufig stark eingrenzt. Eine Definition der Krise, die Allgemeingültigkeit beansprucht, kann kaum auf verschiedenartige Krisentypen übertragen werden oder verleitet zu raschen und meist vereinfachenden Lösungen.

> **Fazit (2):** Krisenmerkmale liefern unmittelbar Hinweise für erfolgreiches Entscheiden und Handeln.

Als Grundlage eines umfassenderen Verständnisses der komplexen Krisensituation und zur Wahrung unserer Handlungsfähigkeit bemühen wir uns im Gegenteil, ihre wichtigsten Elemente – aus der Sicht divergenter Disziplinen – zu veranschaulichen und zu umschreiben. (Hierzu haben wir eine Krisenmatrix entwickelt, vgl. im Folgenden Pt. 3.3.) Der immanente Vorteil ist, dass die sich manifestierenden Krisenmerkmale als Hinweis für erfolgreiches Entscheiden und Handeln dienen können. Aus jedem erkannten Wesensmerkmal einer Krise können unmittelbar Folgerungen hergeleitet werden. Sie leisten damit einen entscheidenden Beitrag zur Beantwortung der Frage: «Was ist in Krisen zu tun?» Dies ist im Endeffekt *der* entscheidende Vorteil, weshalb das Herausarbeiten von Krisenmerkmalen sinnvoller und ergiebiger ist, als danach zu streben, die vielfältigen Aspekte von Krisen in eine allgemeingültige Definition zu integrieren. So oder so müssten wir aus der starren Definition anschliessend in jedem Einzelfall wieder mühsam Konsequenzen für das Entscheiden und Handeln ableiten.

> **Fazit (3):** Wer sagt, es sei eine Krise? Statt eines Automatismus zur Einberufung der Krisenorganisation ist die Situation im Einzelfall zu beurteilen. Dies ist eine Leadership-Aufgabe diverser Führungsstufen.

Im Bereich der Führungsorganisation und im Führungsprozess ergibt sich daraus folgende, oft übersehene Konsequenz: In der Praxis hat sich nicht bewährt, eine Krisenorganisation als Automatismus, gestützt auf eine im Voraus definierte Krisenschwelle oder aufgrund einer Krisendefinition einzusetzen. Vielmehr ist zu fragen: Wer sagt, es sei eine Krise? Kann das Ereignis auf operativer Stufe mit Notfallstäben bereinigt werden? Besteht im Gegenteil die Gefahr, dass der lokale Notfall zu einer Krise mit strategischer Dimension und weittragenden Konsequenzen eskalieren kann, z. B. in Form einer Reputationskrise für die gesamte Organisation?[53] Ist es deshalb angebracht, die Krisenorganisation bereits frühzeitig einzuberufen?

Die Beurteilung ist eine Leadership-Aufgabe diverser Führungsstufen

Zu diesen Fragen gibt es keine Standardantworten: Die Beurteilung eines Ereignisses, der jeweiligen Situation und der Lageentwicklung bleibt eine Leadership-Aufgabe, an der sich Chefs diverser Führungsstufen und Führungsebenen beteiligen müssen. Keine Definition oder Krisenschwelle wird ihnen diese Entscheidungsverantwortung abnehmen. Nur so können wir im entscheidenden Moment unsere Handlungsfreiheit wahren und in Würdigung der Situation über den Kriseneintritt entscheiden. Zum gleichen Zeitpunkt, zu dem wir entscheiden, ja, die Krisenorganisation ist einzurichten, müssen wir auch die Führungs- und Vorgehensverantwortung, die Entscheidungs- und Ergebnisverantwortung und die Kommunikationsverantwortung im Einzelfall festlegen. Dies ist beim Start in eine komplexe und dynamische Verbundkrise ein anforderungsreicher Schritt, der nicht vordefiniert, sondern wohlüberlegt sein will.

2.2 Zweiter Grund: Krisen landen im gleichen Topf wie Notfälle, Katastrophen, Skandale oder Konflikte

Die begriffliche Zuordnung bleibt schwierig, aber notwendig

Krisen werden zweitens nicht verstanden, weil verwandte Situationen im begrifflichen Eintopf landen. Dabei ist die Unterscheidung einer Krisensituation auf der begrifflichen und inhaltlichen Ebene von einer Sachlage, die wir als Notfall, Katastrophe, Skandal, Konflikt, Krieg oder Risiko bezeichnen, möglich.[54] In der Praxis gibt es trotzdem immer wieder Schwierigkeiten bei der Zuordnung.

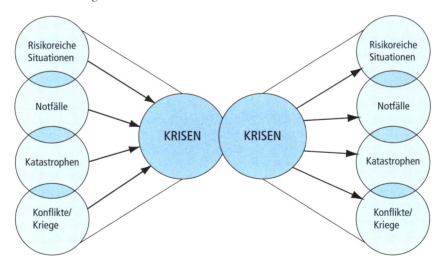

Dies hat verschiedene Gründe:
- Zum einen können wir mannigfache Ursache-Wirkungs-Ketten feststellen. Risikoreiche Situationen, Notfälle, Katastrophen, Skandale, Konflikte und Kriege können auf bereits latent vorhandene Krisen hinweisen oder diese zum Ausbruch bringen.

- Aber auch das Umgekehrte ist möglich, dass Krisen risikoreiche Situationen auslösen oder Notfälle, Katastrophen, Konflikte oder Kriege zur Folge haben.
- Inhaltlich können komplexe Krisen zudem Aspekte einer Katastrophe, eines Notfalls, eines Konflikts, ja sogar eines Krieges mit enthalten. Allein das Risiko ist wegen der Ambivalenz des Ausgangs ständiger Begleiter jeder Krise.
- Schliesslich ist die Unterscheidung immer auch eine Frage der subjektiven Perspektive der Stakeholder. Krisen sind «sui genereris», haben viele Gesichter, die subjektiv auch sehr unterschiedlich wahrgenommen werden, für die einen sind sie eine Katastrophe, für andere die Chance des Lebens.

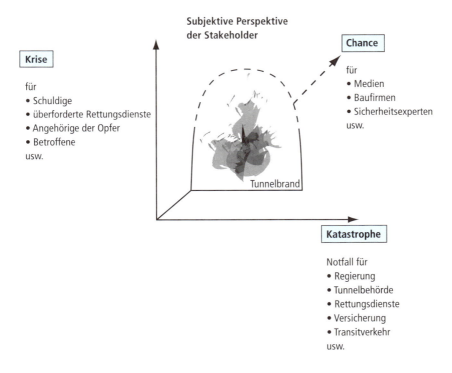

Aus diesen Feststellungen können wir folgende Erkenntnisse ableiten:

Fazit (1): Nur dauerhafte (nicht einfache) Krisenlösungen führen zum Austritt aus der Krise.

Die dauerhafte Lösung einer komplexen (Verbund-)Krise verlangt in der Regel nach komplexen Lösungsstrategien. Nur im Ausnahmefall werden einfache Antworten genügen. Deshalb ist bei der Führung in der Krise, ebenso wie beim Entwickeln einer Strategie zum Austritt aus der Krise, ein Lösungsansatz anzustreben, der all jene Situationen mit berücksichtigt, die als Ursache, Folge oder Teil einer Krise zu betrachten sind: Ohne dass man eine risikoreiche Situation bereinigt, einen Notfall bewältigt, bei einem Skandal reinen Tisch macht, Kritik und Gerüchte richtigstellt (Blame or Rumor Management [55]), den Schaden nach einer Katastrophe minimiert, einen Streit, Konflikt oder einen Krieg beendet, werden der Austritt aus der Krise und deren umfassende und dauerhafte Lösung (closure) kaum oder nur temporär möglich sein.

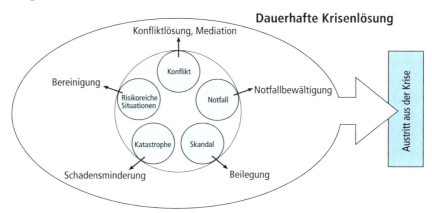

Dauerhafte Krisenlösung

Fazit (2): In komplexen Krisen ist ein unterschiedliches Denken, Führen und Kommunizieren erforderlich als in Notfallsituationen. Auch an die Ausbildung der Führungsverantwortlichen sind unterschiedliche Anforderungen zu stellen.

Die Unterscheidung einer Krisensituation von Notfallsituationen oder Katastrophen macht auch deshalb Sinn, weil das Denken und Handeln durch unterschiedliche Muster geprägt sind. So wird in technisch komplizierten Bereichen (wie bei Notfällen oder Katastrophen ausgelöst durch den Bruch eines Staudamms, als Folge einer Flugzeugkatastrophe, eines Stromausfalls oder eines Störfalls in einer Nuklearanlage) ein mechanistisches Ursache-Wirkungs-Denken sichtbar. Eventualplanungen enthalten deshalb detaillierte Checklisten. Ein unterschiedliches Denken ist erforderlich, wenn es darum geht, eine komplexe Krise gesamtheitlich und systemisch zu erfassen. Dies trifft z. B. im Fall einer ökologischen Krise, Finanzkrise, politischen Krise, Vertrauens- oder Reputationskrise zu.

Unterschiedliche Anforderungen an die Ausbildung

Dank der Unterscheidung können wir erkennen, dass nicht nur die Anforderungen und die Erwartungen an die Führung und die Kommunikation different sind. Als Konsequenz sind auch an die Ausbildung der verantwortlichen Führungskräfte, damit sie in Notfällen oder Krisen bestehen, unterschiedliche Anforderungen zu stellen. (Mehr darüber unter Punkt 5, «Notfallmanagement von Führung in Krisen unterscheiden» und in Teil III, «Leadership-Qualitäten, um in Krisen zu bestehen»).

2.3 Dritter Grund: die Komplexität von Krisen

Einfachheit nachdem (nicht bevor) man das Problem verstanden hat

Drittens ist die zunehmende Komplexität von Krisensituationen eine Herausforderung sondergleichen. In Anlehnung an die medizinische Sichtweise der Krisendefinition können wir folgern, dass Krisen wie ein lebendiger Organismus ein komplexes und dynamisches Innenleben aufweisen, deshalb spricht man auch von der «Anamnese einer Krise». Facettenreichtum und Komplexität von Krisen zu verstehen bedingt einen hohen mentalen Aufwand, der oft als zu mühsam und zeitraubend gescheut wird, zu rasch ist man mit einfachen Lösungen zur Hand.[56] Dabei vergisst man, was der Lateraldenker Edward De Bono trefflich festgestellt hat: «True simplicity comes from thorough understanding. Simplicity before understanding is worthless. It is simplicity *after* understanding that has value.»[57]

Gefangen in dreifacher Komplexität

Erschwerend wirkt sich aus, dass wir mit einer dreifachen Komplexität konfrontiert sind. Nicht allein (a) neuartige Krisen, sondern ebenfalls (b) die Eigenheit der Betroffenen selbst als auch (c) das Krisenumfeld sind höchst komplexer Natur.

(a) Komplexität neuartiger Krisen

Einerseits setzt sich eine «Verbundkrise» mit facettenreicher und komplexer Struktur (wie die ökologische Krise der Klimaerwärmung, die Finanz- und Wirtschaftskrise, oder die Pandemiekrise) aus verschiedenen Teilkrisen zusammen.[58] Die einzelnen Teilkrisen können die Folge in sich vernetzter Ursache-Wirkungs-Ketten sein. Wir sprechen auch von «Krisen in der Krise», «Parallelkrisen», «Simultankrisen» oder «Doppelkrisen»,[59] Gesamthaft besteht eine oft nur schwer überblickbare und durchschaubare, sich dynamisch verändernde Situation, die widersprüchlich und paradox erscheinen mag.[60] Die

Teilkrisen haben einen zeitlichen Verlauf, der unter sich als auch in Bezug zum Verlauf der Verbundkrise als Ganzes unterschiedlich ist. Zudem können Teilkrisen ihre innere Struktur und ihre Erscheinungsform in einem dynamischen Krisenverlauf verändern oder sich zu Folgekrisen entwickeln.[61]

Es besteht ein eigentliches Krisendurcheinander: «Crises are not only ill-structured problems but messes as well. At the very least, they are parts of messes. The eminent systems scientist Russ Ackoff defines a mess as a system of problems that is highly interactive – that is, strongly coupled. In other words, a mess is the product of the interactions among all of the various problems that constitute the mess. In short, a crisis is an ill-structured mess, a highly interactive set of problems each of which is ill-structured in itself.»[62]

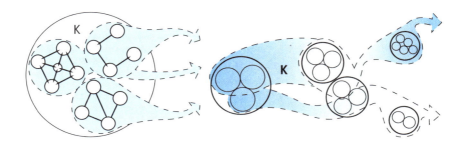

(b) Betroffene sind in selbst gestellter «Komplexitäts-Falle» gefangen

Erschwerend tritt zweitens hinzu, dass auch die Wesensart der Betroffenen selbst komplexer Natur ist. Zum grossen Teil haben sie sich die Falle selbst gegraben, indem sie die strukturellen Aspekte ihrer Organisation bzw. die funktionellen Entscheidungsmechanismen, Handlungsabläufe, Prozesse usw. derart verkomplizieren (complexity creep[63]), dass sie in Krisenzeiten nur langsam und mit herkulischem Aufwand reagieren können.[64] Als Beispiel können wir global tätige Unternehmungen und Grossfirmen nehmen oder Organe und Institutionen der Finanzwelt, der Staatengemeinschaft, der Europäischen Union oder auch das komplexe Regierungssystem der föderalen Schweiz. Sie alle sind in der «Komplexitätskrise» gefangen, wie John L. Mariotti in seinem Buch *The Complexitiy Crisis* trefflich aufzeigt: «Companies all over the world are struggling with a crisis and most don't realize that it is a crisis of their own making. They have created more products, customers, markets, suppliers, services and locations, but complexity has destroyed the fruits of their labours.»[65]

(c) Komplexes Krisenumfeld

Erschwerend tritt drittens hinzu, dass auch das heutige Krisenumfeld von höchst komplexer Natur ist. Wir denken u. a. an das soziale, gesellschaftspolitische, wirtschaftliche und ökologische Umfeld oder die Medienlandschaft. Wegen der vielfältigen Vernetztheit und gegenseitigen Beeinflussung variabler Krisenelemente ist eine Vielzahl von Stakeholdern betroffen. Die Anspruchsgruppen ihrerseits haben unterschiedliche Erwartungen und verfolgen widersprüchliche Ziele.[66]

> **Die Komplexität von Krisen, Erkenntnisse und Konsequenzen für den Leader:**
>
> **Fazit (1): Man kann ein Problem nicht lösen, wenn man es nicht verstanden hat.**

«Define the problem first – solve it second», wie man im englischen Volksmund sagt. Man sollte den Leuten deshalb nicht vorschwatzen, komplexe Krisen könnten rasch auf einfachste Weise gelöst werden.

> **Fazit (2): In komplexen Krisen ist eine neue Denk- und Führungskultur erforderlich.**

Komplexe Krisen verlangen nach einer neuen Denk- und Führungskultur. Die ineinandergreifende, dreifache Komplexität kann offensichtlich allein nicht mit einem linearen Denkansatz verstanden werden und wir bleiben erfolglos, falls wir die gleichen mechanistischen Denk- und Lösungsansätze wie bei der Bewältigung von Emergencies, Notfällen oder Katastrophen anwenden. Dort können die Ziele relativ präzis umschrieben werden, was zur Bewältigung komplexer Krisen meist nicht der Fall ist. Bei Notfällen sind Handlungsvarianten ebenso voraussehbar wie die Kriterien zu deren Beurteilung. Konfrontiert mit komplexen Krisen, mit der Komplexität der Betroffenen und einer komplexen Krisenumwelt entwickeln sich aus den vielen Variablen unterschiedlichste Szenarien, aus denen sich eine grosse Zahl von Handlungsvarianten ableiten lässt. Es sind viele Wechselwirkungen oder Interaktionen zwischen den Teilen des Systems (Systemkomponenten) zu berücksichtigen. Die dargestellten Krisensituationen sind «offenen Systemen» gleichzusetzen, d. h., sie stehen im Kontakt mit ihrer Krisenumgebung und weisen einen gewissen Grad von Selbstorganisation und Selbstregulation auf. Sie sind in der Lage, aufgrund von Informationen und derer Verarbeitung das innere Gleichgewicht, ihre Balance zu verstärken. Anleihen beim vernetzten Denken und aus der Systemtheorie können weiterhelfen.[67]

> **Fazit (3): Statt «Krisenbeherrschung» gilt es, Systemstabilität anzusteuern.**

Die Herausforderung lautet nicht «Krisen in den Griff zu bekommen», eher geht es darum, Krisen zu steuern, zu regulieren, zu lenken oder krisenhafte Situationen unter Kontrolle zu bringen (Control of a high variety system). Einfache Systeme können gut gelenkt werden. Je komplexer ein System, desto grösser werden seine Verhaltensspektren und umso variantenreicher reagiert es auf äussere Einflüsse. Starke äussere Eingriffe haben oft kaum Wirkung, im Gegenzug bringen minimale Eingriffe das ganze System zum Kippen.[68] D. h., es wird umso schwieriger, dieses unter Kontrolle zu bringen. Primär visieren wir die Erhaltung oder das Zurückgewinnen von Systemstabilität an, sei es durch Steuerungsmassnahmen, Regulierung oder Massnahmen zur Stärkung der Selbstorganisation. Eine Antwort, wie das zu tun ist, gibt uns das Gesetz von der erforderlichen Varietät («The law of requisite variety», W. Ross Ashby's Law, britischer Neurophysiologe und Kybernetiker).[69] Es besagt: «Only variety can absorb variety.» Mit andern Worten: Man kann Komplexität nur mit Komplexität steuern. «Im Kampf gegen die Komplexität» empfiehlt dies auch John L. Mariotti, wenn er sagt, eine Erfolg versprechende Strategie bestehe darin, sich die Komplexität zum Verbündeten zu machen und als Wettbewerbsvorteil zu nutzen («To use complexity for competitive advantage»).[70] Die heutigen Diskussionen, wie die Stabilität der Finanzsysteme sicherzustellen ist, zeigen, dass wir hier erst am Anfang stehen.[71]

> **Fazit (4):** Die Unvermeidbarkeit komplexer Krisen ist in Rechnung zu stellen.

Komplexe Systeme reagieren zu einem gewissen Grad auf Steuerungsmassnahmen von aussen, wie dies z. B. in der Finanzkrise und der «Too Big to Fail»-Problematik mittels Regulierung angestrebt werden soll (u. a. mit Eigenkapitalregulierung oder international koordinierten Liquiditätsregulierungen, Einlegerschutz, Aufsicht, Steuerung der maximalen Bankengrösse, Aufsplitten einer Krisenbank usw.).[72] Hinzu treten allerdings Wechselwirkungen zwischen präventiven und kurativen Regulierungen und schliesslich ist der «Faktor Mensch» zu berücksichtigen, der sich durch eine Reihe subjektiver Variablen auszeichnet, wie Vertrauen, Risikoscheu, Wahrnehmungen oder Zeitpräferenzen.[73] Es ist offensichtlich, dass diese menschlichen Faktoren von Experten nach wie vor unterschätzt werden.[74] «Deshalb ist es notwendig, nicht nur den rationalen Aspekt der Vermögensallokation, sondern auch das emotionale, manchmal gar irrationale Element des Entscheidfindungsprozesses von Individuen zu verstehen …».[75]

Die Kombination aller Faktoren führt zur Einsicht, dass komplexe Krisen letztlich unvermeidbar sind. «Angesichts der Dynamik der Wirtschaft, bewirkt durch immer neue Technologien, neue Finanzinstrumente, neue Exportmöglichkeiten in aufstrebenden Volkswirtschaften, neue Umweltanforderungen, Engpässe aufgrund knapper werdender Rohstoffangebote … usw. erweist sich die Hoffnung auf Vermeidung von Krisen als unrealistisch.»[76] Weil 100 %

wirksame Früherkennung, Frühwarnung und Krisenprävention angesichts der Nichtvoraussehbarkeit komplexer Systeme eine Illusion bleiben, wird die Wichtigkeit einer guten Krisenvorbereitung umso grösser.[77]

> **Fazit (5):** Dualistische Handlungsstrategien sind Erfolg versprechend: Es gilt sowohl Reduktionismus anzustreben als auch die Komplexität für unsere Zwecke zu nutzen.

Mögliche Lösungs- und Handlungsstrategien stehen im Spannungsfeld einerseits von Reduktionismus und andererseits dem Bestreben, die Komplexität nutzbar zu machen. Bei der Frage, was in Krisen zu tun ist, treten wir in ein Spannungsfeld gegensätzlicher Forderungen.

Auf der einen Seite wollen wir ein komplexes System steuern, beeinflussen, lenken d. h. wir streben danach, dieses so gut wie möglich zu verstehen, um es zu beeinflussen (use complexity). Nur dank diesem vertieften Verständnis können wir erfolgreiche Lösungsstrategien entwickeln.

Auf der andern Seite müssen wir in der chaotischen und bedrohlichen Situation Ordnung machen, einen Überblick gewinnen, Teilprobleme bilden, komplexe Sachverhalte vereinfachen, um sie greifbarer zu machen, dazu ist ein gewisser Reduktionismus («to make it simpler», «to conquer or reduce complexity») unausweichlich.

So dient z. B. eine Systemvereinfachung zur Reduktion der Komplexität unserer Organisation oder Unternehmung im «courant normal» der Krisenprävention: «Naheliegend ist, dass Unternehmen mit einem zu komplexen Geschäftsmodell in Zeiten der Krise besonders für Verluste anfällig sind. Einfache, überschaubare Strukturen haben den unbestreitbaren Vorteil, Entscheide rasch fällen zu können, wenn ein Sturm im Anzug ist.»[78]

> **Fazit (6):** Es sind Instrumente zu entwickeln, um die Krisenkomplexität zu erfassen und zu nutzen bzw. um die Handlungsfreiheit zu wahren.

In der Folge schlagen wir konkrete Instrumente vor, die einerseits dazu dienen, die Krisenkomplexität zu erfassen bzw. zu nutzen, und andererseits sehen wir Massnahmen vor, die unsere Handlungsfähigkeit sicherstellen, indem die Komplexität vereinfacht wird. Konkrete Beispiele sind u. a.:

(a) Führung vor der Krise: Bereits vor der Krise favorisieren wir eine holistische Betrachtungsweise, z. B. durch eine interdisziplinäre Arbeitsweise bei der Risikobeurteilung, beim Erarbeiten vernetzter Szenarien, beim Erstellen einer gemeinsamen Vision zur Krisenbereitschaft bzw. beim Erarbeiten einer Portfolio-Strategie zur Krisenprävention und Krisenvorbereitung. Gleichzeitig fördern wir eine interdisziplinäre Krisenausbildung und Krisenübungen.

(b) Führung in der Krise: Die Krisenerkennung erfolgt unter Einbezug aller Führungsstufen. Bei der Lagebeurteilung zur Krisensteuerung pflegen wir einen intensiven interdisziplinären Dialog im Verbund aller Betroffenen oder Stakeholder. Zusätzlich werden wir durch einen klug zusammengesetzten Krisenstab unterstützt, in dem vielfältige und auch kritische Sichtweisen vertreten sind. Damit stellen wir sicher, dass strategisches und gesamtheitliches Denken in die Betrachtungsweise einfliesst.

(c) Im Führungsprozess sind neue, adäquate Arbeitsmethoden zu entwickeln, welche die Aktionsplanung und Aktionsführung in komplexen Krisensituationen in einfacher und praktischer Weise unterstützen. Dies wird in Zukunft eine der grössten Herausforderungen sein und die bis anhin vorhandenen Führungsunterlagen grundlegend verändern. Auch hier stehen wir erst am Anfang.

(d) Bei der Führung nach der Krise geht es um einen «Lessons Learned Prozess» aus gesamtheitlicher und strategischer Sicht.

> **Fazit (7): Zu Leadership und persönlicher Führung.** Aus den vielfältigen Ausdrucksformen und Gesichtern komplexer Krisen können wir eine weitere Folgerung ziehen, sie lautet: Der Krisenmanager ist durch den Leader in Krisen zu ersetzen – oder mindestens zu ergänzen.

Er weist zusätzlich jene besonderen Eigenschaften auf, die wir vom erstklassigen Kapitän – wie im Kapitel 7.3 (5) «Strategisch führen» dargestellt – erwarten: Er denkt kreativ und in Gesamtzusammenhängen. «The best leaders of the future will embrace complexity and the skills needed to harness it.»[79] Er ist ein Kapitän mit Vision, in soliden Werten verankert und im Bereich der persönlichen Führung lernfähig.[80]

> Um in komplexen Krisensituationen wegweisende Entscheidungsmöglichkeiten zu entdecken, braucht es mehr als Intelligenz im IQ-Bereich. Des Leaders «whole new mind»[81] verfügt über weit entwickelte Kompetenzen im Bereich der emotionalen, sozialen oder spirituellen Intelligenz.

2.4 Vierter Grund: die Neuartigkeit von Krisen

Akzentuierte Tendenzen

Viertens macht es uns die fortschreitende Entwicklung neuartiger Krisen nicht leicht, diese zu verstehen. In der ersten Auflage von *Leadership in Krisen* haben wir den Krisen der Zukunft ein ganzes Kapitel gewidmet.[82] Dabei haben wir verschiedene Risikoaspekte, die zu krisenhaften Situationen führen, sowie neuartige globale Risiken ebenso wie die objektiven Gründe der Zunahme von Risiken untersucht. Unsere früheren Erkenntnisse haben ihre Gültigkeit nicht verloren. Einzelne Tendenzen – insbesondere die subjektiven

Aspekte der Risiko- und Krisenperzeption und ihre Folgen – haben sich in neuen Krisen tendenziell verstärkt, wie wir dies in der globalen Finanz- und Wirtschaftskrise bzw. in der Pandemiekrise erlebten. Auch die früher erwähnten Gründe unserer steigenden Verwundbarkeit und sinkenden Belastbarkeit haben sich akzentuiert. Allerdings wiesen wir schon damals darauf hin, dass auch Aussagen und kurzfristige Prognosen zur «Krisenlandschaft der Zukunft» zusehends unsicherer und in den Turbulenzen unserer Zeit mit Vorsicht zu geniessen sind.[83] Auch hier gilt es zu beherzigen: «Nichtwissen zu erkennen kann helfen, lebensbedrohende Fehler zu vermeiden. (...) Wer aber vermeidet, sich in falscher Sicherheit zu wiegen, trifft bessere Entscheidungen als jemand, der sich auf eine Prognose verlässt, die man letztlich so nicht machen kann.»[84]

Wir beschränken uns an dieser Stelle auf neun ausgewählte Aspekte, die sich unseres Erachtens seit Erscheinen der ersten Auflage noch verstärkt haben:

(1) Hiobsbotschaften geben den Ton an

Das aus der griechischen Wortwurzel «rhiza» – «das Umschiffen einer Klippe» – abgeleitete Risikoverständnis weist auf den Aspekt hin, ein Ziel oder gehegte Erwartungen aufgrund dazwischen liegender Störprozesse möglicherweise nicht zu erreichen. Die Erwartung auf Erfolg verbindet sich mit der Gefahr zu scheitern. Eigenes Verhalten und unsere Entscheide beeinflussen, ob es gelingt, sich eröffnende Chancen – als ungewisser Nebeneffekt des Risikos – zu packen. Bei diesem Risikoverständnis müsste deshalb, wie bei der Krise als günstige Gelegenheit, eine optimistische Voraussicht mit enthalten sein. Die menschliche Psychologie zeigt jedoch, dass in Krisen die gegenteilige Tendenz überhand nimmt: Unser «geistiges Auge» fokussiert zusehends auf negative Aspekte wie auf Schmerzen, Angst und Verlustempfinden. Beispiele sind Kontrollverlust: Ich fühle mich überwältigt; Bedeutungsverlust: Was ist der Sinn? Zukunftsverlust: Wohin führt die Krise? Zuneigungs-, Struktur- oder Territorialverlust: Was verbindet mich noch, gibt mir Sicherheit? Was ist meine Rolle und Bedeutung in der Krise? Wo gehöre ich hin? Identitätsverlust: Wer bin ich, welchen Werten bin ich noch verpflichtet?[85]

Bedenkenträger vs. Chancenwitterer

Deswegen haben jene, die die negativen Aspekte des Risikos ins Zentrum ihrer Überlegungen stellen, das Sagen, die «Chancenwitterer» das Nachsehen. Warum sorgte die Schweinegrippe für so viel Verunsicherung? Neues macht offenbar eher Angst als Altbekanntes und Menschen verhalten sich oft nicht rational.[86] Die Pioniere psychologischer und experimenteller Ökonomik,

Smith und Kahneman (Wirtschaftsnobelpreisträger 2002), haben in der «Prospect Theory» den starken Hang des Menschen aufgezeigt, Verluste zu vermeiden. Das individuelle Verhalten in Krisen in Form einer Verlustaversion rührt davon, dass Menschen kurzfristige Verluste psychologisch stärker gewichten als Gewinne. Der «Status Quo Bias» ist die Folge: Menschen neigen dazu, sich gegen Veränderungen zu wehren. Weil Verluste immer viel stärker empfunden werden als Gewinne, ist es leichter, die potenziellen Verlierer einer Veränderung in der Krise zu mobilisieren als die potenziellen Gewinner, die mögliche Chancen zur Veränderung nutzen möchten.[87]

> Fazit: Um nicht Gefangener der eigenen, negativen Wahrnehmung zu werden, ist ein Geheimrezept herausragender Leadership in Krisen die Fähigkeit, bewusst Gegensteuer zu geben und auf ein positives Ergebnis, den Weg aus der Krise zu fokussieren. Dieser willentlich gewählte Fokus prägt, wie wir die Krise wahrnehmen und bestimmt, wie wir agieren oder reagieren und befreit uns aus dem Misserfolgskreislauf.[88]

(2) Funktionale Differenzierung der Gesellschaft

Die funktionale Differenzierung der Gesellschaft, die sich Hand in Hand mit einer vielfachen Spezialisierung entwickelt hat, verstärkt sich weiter. Sie ist kombiniert mit einer wachsenden Abhängigkeit und Vernetzung einzelner Teilsysteme.[89] Man kann argumentieren, dass Krisen dadurch mehr und mehr zu einem systemimmanenten Phänomen moderner Zivilgesellschaften geworden sind. Auf der andern Seite könnte die Vernetzung auch zur Steigerung der Redundanz genutzt werden. Dieses Phänomen schlägt sich in etwas abgewandelter Form auch in global tätigen Grossfirmen nieder. Wir treffen eine Vielzahl von Spezialisierungen an, die alle auch zur Risikominderung und präventiven Krisenvorsorge beitragen können. So finden wir Spezialisten – die alle historisch gewachsenen, kleinen Königreichen vorstehen – u.a. in den Bereichen: Safety, Security und IT-Sicherheit, Legal and Compliance, Quality Control, Business Continuity Planning und Business Continuity Management, Risikopolitik und Risikomanagement, Forecasting, Issues und Reputation Management usw. (vgl. im Einzelnen Teil II (C), «Sinn und Aufgabe der Krisenprävention», 4.1). Nur, sind ihre Bemühungen unter dem Dach einer gemeinsamen Vision der Notfall- und Krisenbereitschaft aufeinander abgestimmt und koordiniert? Nach unserer Beobachtung ist das kaum der Fall und – wie wir im Abschnitt Hyperintention gezeigt haben – sind Vollzug von Koordination und Kooperation zur dornenvollen Leadership Aufgabe geworden.

> Fazit: Führungsverantwortliche müssen sich zur Risikominimierung einer Unternehmung proaktiv mit den divergenten Bemühungen zur Krisenprävention auseinandersetzen. Ausserdem ist es anspruchsvolle Chefsache, dem Silo-Denken die Stirn zu bieten und aus den Beiträgen der Spezialisten Synergien zur Krisenvorsorge zu schöpfen und koordiniert zu nutzen.[90]

(3) Sektorielles Denken, Kommunikationsprobleme

Erschwerend wirkt sich zusätzlich aus, dass im zunehmend sektoriellen Denken wachsende Kommunikationsprobleme zwischen den Vertretern der Teilsysteme festzustellen sind.[91] Niemand hat mehr die Gesamtübersicht, jeder hat in seinem Teilsystem aus dem Blickwinkel seiner Logik recht. Die jeweils andere Sicht der Dinge ist «falsch» und deren Vertreter sind in der Krise als Konfliktgegner zu bekämpfen.[92]

> Fazit: Die Konsequenz ist, Risikobeurteilungen mit einem konstruktiven Dialog zu begleiten, um die Bedenken und Sorgen verschiedenster Stakeholder mit in den Entscheidfindungsprozess einzubeziehen.[93]

Da dies wegen der scharfen Interessengegensätze oft nicht möglich ist, ist mindestens die Einsicht zu fördern, dass die Vielstimmigkeit im Meinungsstreit komplexer Entscheidungsverfahren und kontroverse Erörterungen einen hohen Stellenwert einnehmen sollten und im Grunde alle von einer fairen Streitkultur gewinnen.[94]

(4) Stark aufgegliederte Verantwortlichkeiten

Verantwortlichkeiten sind so stark aufgegliedert, dass sich «im Zeitalter der Hilflosigkeit»[95] niemand für das Ganze zuständig oder verantwortlich fühlt. «Der Rückversicherer hat seine Risiken nicht im Griff – die Verantwortung für das Debakel übernimmt niemand.»[96] Die Folge sind gegenseitige Schuldzuweisungen[97] und ein eklatanter Vertrauensverlust der Öffentlichkeit.[98]

Vertrauen wird zum Schlüsselfaktor,[99] ob die Öffentlichkeit konstruktiv auf Krisen reagiert.[100] Vertrauen bildet sich langsam und kann schlagartig und mit katastrophalen Folgen in die Brüche gehen. Die Öffentlichkeit fühlt sich mit einem Schlag verraten, Überreaktion und Panik können die Folge sein.[101]

> Fazit: Glaubwürdige Leader müssen, trotz aufgegliederter Verantwortlichkeiten und komplexer Strukturen und Abläufen, Verantwortung für das Ganze übernehmen.[102]

(5) Wahrnehmung wachsender Risiken

Die Wahrnehmung wachsender Risiken (was als wahr genommen wird) und steigender Verwundbarkeit empfinden viele als schwere Belastung.[103] Eine solche Sichtweise der Wirklichkeit wirkt verunsichernd und ruft Orientierungslosigkeit und Angst hervor, wie im Fall der N1H1-Pandemie beobachtet.[104] «Es ist menschlich, bei Ungewissheit besonders ängstlich zu reagieren. Wenn Menschen gar keine Anhaltspunkte über die Wahrscheinlichkeit von Entwicklungen haben, ziehen sie sich ins Schneckenhaus zurück. Verhaltensexperimente haben gezeigt, dass sich die Leute auf eine Art Überwinterungsstrategie einrichten, wenn sie nicht mehr mit den gewohnten Wahrscheinlichkeiten rechnen können.»[105] Mehr und mehr sind bei der Führung in der Krise auch Aspekte der Massenpsychologie und des «kollektiven Stresses» zu berücksichtigen, z. B. Panik oder im Gegenteil Verweigerung[106] als Folge der Ungewissheit.[107]

> Fazit: Leadership in Krisen verlangt von den Führungsverantwortlichen ein hohes Mass an Empathie und Kommunikationskompetenz.[108]

(6) Hilflosigkeit

Durch die globale Dimension von Krisen hat sich das Empfinden von Hilflosigkeit verstärkt. Wir sind krisenhaften Entwicklungen ausgeliefert mit sehr beschränkter Möglichkeit persönlicher Einflussnahme, zudem ist die Datenlage oft unsicher, unvollständig oder umstritten.[109] Krisen sind nicht nur von zusehends unüberschaubarerer Komplexität, sie sind – auch inhaltlich und geografisch – von grenzüberschreitender Volatilität.[110] Neuartige Krisen sprengen sämtliche Grenzen: die räumlichen und die zeitlichen Grenzen, aber auch die Grenzen des Vorstellbaren. Weder lokale noch regionale oder nationale Strategien erscheinen bei globalen Krisen als chancenreich.

> Fazit: Es gilt «Wahre Werte, statt hohle Worte»[111], Leader müssen deshalb ein Gefühl von Sinn, Bedeutung und Wert jedes Einzelbeitrages zum Gelingen des Ganzen vermitteln, etwa im Sinn des Wahlkampfmottos von Barack Obama: «Together: yes we can».[112]

(7) Solides wankt

Stabile Ordnungen und Paradigmen geraten ins Wanken. Krebsartig unterwandern Krisen auch Bereiche, die wir als solide und vor Krisen gefeit eingestuft hatten – wie die Altersvorsorge, das Gesundheitswesen, das Bil-

dungswesen, die Banken, unsere Infrastrukturen, in den USA die Unverletzlichkeit des eigenen Territoriums. «The changes that are currently underway
are not only complex and systemic – they are also paradoxical and contradictory, which makes them much harder to perceive and interpret.»[113]

> Fazit: Aufgabe der Leadership ist in diesem Fall, überfällige Kurskorrekturen im Denken
> zu erwirken. Sei es, eine neue Geisteshaltung oder neue Werte vorzuleben und danach
> zu trachten, die kriselnden Organisationen oder Institutionen in neue Richtungen zu
> führen, eine Veränderung herbeizuführen, um die Krise als günstige Konstellation zu
> nutzen. Weder heute noch morgen genügt hierzu bloss ein Ausweis als Schönwetter-
> kapitän.[114]

(8) Emotionalisierung, Mediatisierung und Politisierung

Die zunehmende Emotionalisierung, Mediatisierung (oder gar Boulvardi-
sierung) und Politisierung von Krisen verstärkt die Bedeutung psychologischer Aspekte. Durch die zeitverzugslose Information, durch die Kraft des
Bildes erhöht sich unser Bewusstsein von Unsicherheit und Angst.[115] Unsere
subjektive Befindlichkeit wird von den Medien direkt angesprochen.[116] Wir
werden eingeladen, unserer Betroffenheit, unserer Hilfs- und Spendebereit-
schaft, aber auch unserem Ärger oder unserer Wut Ausdruck zu verleihen. Die
Medien schlagen nicht nur globale Brücken zwischen Krisenopfern und
Zuschauern, sie machen uns indirekt zu Stakeholdern, zu Empfänger von
Hilfsappellen[117] oder mindestens zu zahlenden «TV-Krisen-Gaffern». In unserem Bewusstsein verlieren wir mehr und mehr den Sinn für räumliche Distanz. Krisenberichterstattung ist profitabler denn je, sie hat Unterhaltungs-
wert, steigert Auflagen und Einschaltquoten, unsere Betroffenheit lässt sich
gewinnbringend vermarkten.[118] Durch die Mediatisierung nimmt auch die
Politisierung zu, weil sich eine Krise für die Geschädigten oder Betroffenen als
Instrument anbietet, rascher Gehör und Hilfe zu erhalten.[119]

> Fazit: Der Leader kann sich dem hohen Mediendruck nicht entziehen, indem er z. B.
> andere als Sprecher vorschiebt. Der Leader muss durch kongruentes Tun und Sagen
> seine Führungsstärke glaubhaft unter Beweis stellen, insbesondere wenn es darum
> geht, Unangenehmes zu kommunizieren.[120]

(9) Unerbittlicher Zeitdruck

Mit der Erwartung nach «Instant Information», nach Echtzeitinforma-
tion rund um die Uhr, steigt der Entscheiddruck auf Krisenstäbe exponentiell.
Für Situationsanalysen mit Tiefgang, umfassende Problemerkennung bleibt

nur mit Mühe Zeit. Kaum sind erste Massnahmen beschlossen, werden dem Absender die negativen Folgen seines Fehlentscheides in «real time» zurückgespiegelt.

> Fazit: Die rasche Lern- und Anpassungsfähigkeit des Führenden in Krisen werden auf eine harte Probe gestellt. «In this context, leadership is an improvisational and experimental art».[121]

3. Was ist zu tun? Krisen und Anforderungen an die Führung besser verstehen

Primär sollten wir uns bemühen, Krisen und die Anforderungen an die Krisenführung besser zu verstehen. Dies bedingt vordringlich, dass wir uns mehr Wissen über deren wachsende Komplexität aneignen. Es gilt unser systemisches Denken zu entwickeln und gesamtheitliche Lösungsansätze zu suchen, dabei können die im Folgenden vorgeschlagenen Hilfsmittel dienlich sein. Wir müssen den Mut haben, unablässig Fragen zu stellen, statt stets rasche Antworten zu favorisieren. Zudem wollen wir einen intensiven, interdisziplinären Dialog pflegen und die Krisenteams oder Krisenstäbe entsprechend klug und differenziert (smart and diverse) zusammensetzen. Als Grundlage unserer Überlegungen dient die Erkenntnis, dass die Krisenführung meist an den gleichen drei Klippen zerschellt. Kennen wir sie?

Zweitens geht es darum, sich besser auf Krisen vorzubereiten und drittens Leadership-Qualitäten zu fördern und zu nutzen, die in Krisen Erfolg versprechend sind.

3.1 Durch Krisen navigieren: drei Klippen der Führung

Warum laufen wir in Krisen auf? Die Antwort lautet, dass die hauptsächlichen Klippen der Führung in Krisen zu spät oder nicht erkannt werden, zudem sind es nach unserer Beobachtung immer dieselben drei Bereiche. Um erfolgreich durch Krisen zu navigieren, müssen wir alle drei meistern und dabei ihre vielseitigen Wechselbeziehungen im Auge behalten.

(1) Menschliche Faktoren

Erste und unerbärmlichste Klippe sind die menschlichen Faktoren, an denen die Führung zerbricht. Im Mittelpunkt von Krisen stehen Menschen, die erfolgreich entscheiden und handeln, oder aber: Sie sind überfordert, verzweifelt, hoffnungslos übermüdet und versagen. Entscheidungsträger, die die Krise lösen sollten, geraten selbst in eine tiefe Krise.

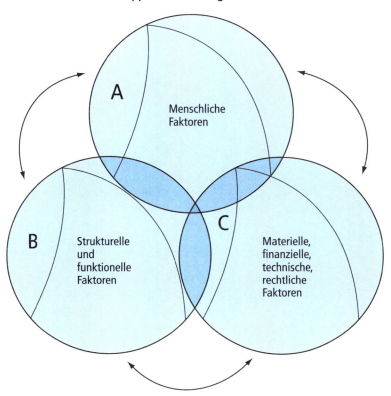

Klippen der Führung in Krisen

A — Menschliche Faktoren

B — Strukturelle und funktionelle Faktoren

C — Materielle, finanzielle, technische, rechtliche Faktoren

(2) Strukturelle und funktionelle Faktoren

Strukturelle und funktionelle Faktoren können sich als herausfordernde Klippen für die erfolgreiche Krisennavigation erweisen. Die strukturellen Aspekte von Organisationen, Institutionen und Unternehmungen, die sich in der Krise befinden, beeinflussen die Einhaltung des gewählten Kurses. So können mangelnde Kenntnis oder Nichtberücksichtigung von Kompetenzabgrenzungen oder Zusammenarbeitsregelungen die erfolgreiche Krisenführung verhindern. Andererseits können das Nichtbeherrschen von Prozessen, Entscheidmechanismen, Handlungsabläufen oder des Führungsrhythmus ebenso wie ein mangelhafter Informations- und Kommunikationsverlauf zum ernsthaften Stolperstein werden.

(3) Materielle, finanzielle, technische, rechtliche Faktoren

Die dritte Klippe bilden unterschätzte materielle, finanzielle, technische oder rechtliche Faktoren, auf die man aufläuft. Unzulängliche technische Führungs- und Informationssysteme, nicht funktionierende Übermittlungs- und Verbindungsmittel, die im entscheidenden Moment fehlen, veraltete Führungseinrichtungen sowie ungenügende materielle oder finanzielle Ressourcen können Massnahmen, welche die Krise einer Lösung zuführen sollen, rasch zum Stranden bringen.

Die Erkenntnis lautet: Leadership in Krisen ist ins Zentrum zu stellen

Durch Turbulenzen navigieren Unternehmungen und Organisationen nur mit Erfolg, falls Leadership in Krisen als Chefsache wahrgenommen wird und alle drei Klippen Beachtung finden: «If today's organizations are to respond effectively to the crises they face, then they will need a chief crisis officer. There is no longer any excuse for every organization's not having a full-time, senior executive in charge of the crisis capabilities of his or her organization».[122]

> Fazit: Wir müssen der Führung in Krisen den ihr gebührenden Stellenwert beimessen, was unseres Erachtens nach wie vor unzureichend der Fall ist: «We cannot expect to win new wars with old tactics. Crisis leadership has to move from the periphery of organizations to their very center. This means that all organizations need to be redesigned around crisis leadership.»[123]

3.2 Nutzen eines guten Krisenverständnisses

Die Vorteile guter Kenntnisse der Krisenklippen sind evident. Statt in der Folge «Todsünden in Krisen» aufzuzählen, stellen wir in positiver Weise den Nutzen eines guten Krisenverständnisses in den Vordergrund, der verspricht, die Klippen erfolgreich zu umschiffen.

(1) Die Vorteile vor der Krise sind, dass wir dank eines guten Krisenverständnisses unsere Krisenachtsamkeit schärfen. Wir empfangen auch schwache Frühwarnsignale, hören auf Whistle Blowers, verbessern die Krisenprävention und bereiten uns effektiver auf Krisen vor.

(2) Während einer Krise besteht der Nutzen eines guten Krisenverständnisses darin, dass wir mit den Herausforderungen der Krise besser umgehen können. Wir wissen, auf welche Aspekte wir besonders achten, auf welche Entwicklungen und Eskalationsmöglichkeiten wir uns einstellen können. Unsere Sinne auf frühe Anzeichen einer negativen Entwicklung sind geschärft. Unsere Kenntnisse erlauben uns, in Szenarien vorauszudenken,

diese geistig durchzuspielen und pro-aktiv, d. h. den Ereignissen zuvor-kommend (nicht re-aktiv), zu handeln. Die Auseinandersetzung mit der Vielschichtigkeit von Krisen hat unser systemisches Denken und unsere Betrachtungsweise in Gesamtzusammenhängen weiterentwickelt. Ein gutes Krisenverständnis führt dazu, dass wir Konsequenzen von Entschei-den und Handlungen im Rahmen einer Gesamtschau zu Ende denken. Wir nutzen vernetztes Denken zu unseren Gunsten, das bei komplexen Problemlösungen allgemein, in Krisen speziell notwendig ist.

(3) Chancen entdecken und nutzen: Wenn sich Krisen abzeichnen, konzen-trieren wir uns primär auf deren Risiken und Gefahren. Das ist auch rich-tig so. Trotzdem: Ein vertieftes Verständnis von Krisen gibt uns die innere Motivation, systematisch nach inhärenten Chancen Ausschau zu halten. Dank eines vertieften Krisenverständnisses sind wird besser in der Lage, auf dem Krisenhöhepunkt die Wende zu unseren Gunsten herbeizufüh-ren, die Krise zum Wandel und zur Innovation zu nutzen.

(4) Das Krisenverständnis dient als solide Basis zur Führung, sei es während, nach oder vor einer Krise. Die geistige Auseinandersetzung mit Krisen ist eine Erfolg versprechende Voraussetzung für Kriseneffektivität und Kri-seneffizienz. Wir schaffen beste Voraussetzungen, um in Krisen richtig zu entscheiden und das Richtige richtig zu tun.

(5) Die Vorteile eines guten Krisenverständnisses nach der Krise: Wir sind in der Lage, heilsame Erkenntnisse und Lehren für die Zukunft zu ziehen. Da wir uns bewusst sind, dass die Krisenbewältigung von Misserfolgen, temporären Rückschlägen oder Fehlern begleitet wird, die immer auch wichtige Informationen liefern, sind wir lernfähig. Unser Verhalten, unser Plan, unsere Strategie waren nicht adäquat oder haben versagt, unsere Einstellung oder Vorbereitung waren nicht Erfolg bringend. Damit nut-zen wir Krisen als Triebfedern zum Lernen und können uns deshalb besser auf künftige Herausforderungen vorbereiten. Erkenntnisse und Lessons Learned helfen uns neue Ziele zu setzen, eine unterschiedliche Vorgehens-weise zu wählen und unsere Erkenntnisse und Lehren schrittweise nutz-bringend umzusetzen.

(6) Wir müssen Krisen verstehen, um Erfolg versprechende Anforderungen an die Leadership und Einsichten in den Leadership-Lernprozess zu gewinnen. Welche Leadership-Qualitäten und -Kompetenzen sind als Basis einer erfolgreichen Führung in der Krise erforderlich bzw. welche wollen wir stärken, weiterentwickeln oder neu erwerben? Die Aussage «Krisen finden im Kopf statt», verweist auf die subjektive und emotionale Komponente des Krisenempfindens. Das Führungsverhalten in kritischen Situationen wird von Einstellungen, Verhaftungen und Gewohnheiten geprägt, das dank des Leadership-Lernprozesses verändert werden kann. Auch wenn wir uns nicht erhoffen können, krisenimmun zu werden, kön-nen wir doch unsere Resistenz und Resilienz in Krisen verbessern.

3.3 Vier Instrumente zum besseren Krisenverständnis: die Krisenmatrix als erstes Instrument

Wir leuchten in der Folge (anstelle einer Definition) Krisen mittels einer Matrix genauer aus.

> Die Krisenmatrix enthält einerseits inhaltliche Elemente, die der genaueren Bestimmung der Krise dienen, und andererseits Eigenschaften und hervorstechende Charakteristika, welche die Krisensituation umschreiben.

In der ersten Auflage hatten wir die Matrix zum besseren Verständnis von Krisen mit zahlreichen Beispielen untermauert und mit Skizzen illustriert. Inzwischen haben wir die Krisenmatrix in der Praxis mit Erfolg im Führungsprozess und bei der Lagebeurteilung angewendet. Sie unterstützt die Aufgabe des Krisenteams in bester Weise, eine erste provisorische Krisenanalyse und eine vorläufige Synthese zur Problemklärung vorzunehmen und Sofortmassnahmen einzuleiten. Deshalb beschränken wir uns an dieser Stelle, die Krisenmatrix im gerafften Überblick darzustellen. Dafür zeigen wir in Teil II (Kapitel 5, «Das Krisenproblem erfassen») das methodische Vorgehen mithilfe der Krisenmatrix im Detail.

Ziel und Zweck der Krisenmatrix

(a) Im Einzelnen dient die Krisenmatrix dem Bestreben – zusammen mit weiteren hier vorgestellten gedanklichen Konstrukten –, ein komplexes Krisenproblem zu gliedern, im Chaos «Ordnung» zu schaffen, um besser mit dem Phänomen Krise umgehen und sich untereinander friktionsloser verständigen zu können.

(b) Die verworrene Situation zu strukturieren, ist insbesondere in der Anfangsphase einer Krise entscheidend, wenn bei der ersten, provisorischen Lage- und Krisenbeurteilung die dringliche Frage zu beantworten ist: Worum geht es?

(c) Ziel der Matrix ist, dass aus ihr unmittelbar Erkenntnisse für mögliche Handlungsoptionen und Entscheide abgeleitet werden können.

(d) Mit dem Instrument der Krisenmatrix beugen wir den typischen Denkfehlern bei komplexen Systemen vor. Insbesondere begegnen wir der Tendenz, sich lediglich auf Ausschnitte der Gesamtkrise zu beschränken, wechselseitige Beziehungen und die Dynamik der Entwicklung einzelner Krisenelemente zu vernachlässigen, Nebenwirkungen unbeachtet zu lassen und einseitige oder bloss kurzfristige Krisenlösungen zu entwickeln.

(e) Sie ist auch hilfreich bei der Führung nach der Krise, um die entscheidenden Erkenntnisse und Lehren zu ziehen.

Die Krisenmatrix im Überblick:

Inhaltliche Elemente zur genaueren Bestimmung der Krise	Eigenschaften und Charakteristika der Krise
(1) Welche Faktoren haben die Krise ausgelöst?	(a) Ein Einzelereignis? Eine Mehrzahl von Ereignissen? Kausale und vernetzte Ereignisketten? Systeminstabilitäten? (b) Absichtliches, mut- oder böswilliges bzw. fahrlässiges menschliches Handeln oder Unterlassen? «Hausgemachte» Nachlässigkeit, Missmanagement, Fehlentscheidungen durch Insider? (c) Sagen: wie Kritik, Vorwürfe, Anschuldigungen, Medienkampagne, Desinformation, Gerüchte? (d) Kombination aller Faktoren a–c.
(2) Auftreten und Häufigkeit: Wie ist die Krise ausgebrochen?	(a) Überraschend, unerwartet, unvorhergesehen mit rasch ansteigender Zeitdauerkurve, impulsartig? (b) Progressiv, schleichende Entwicklung, zunehmend gravierende Folgen, fortschreitende Verschlimmerung bis zum Ausbruch der Krise?

	(c) Einmaligkeit der Krise?
	(d) Als Wiederholung einer sich periodisch einstellenden Krise? Handelt es sich um einen absehbaren Krisenzyklus?
(3) Wie verläuft die Krise nach dem Ausbruch? Der zeitliche Krisenverlauf?	(a) Steigerung bis zur Klimax, nach dem Höhepunkt abfallende Zeitdauerkurve? Dynamischer Intensitätsverlauf, zeitlich befristeter Lebenszyklus der Krise?
	(b) Prozesshaftes An- und Abschwellen des Krisenzustandes? Plötzliche Ausschläge der Krisenkurve in nicht überschaubarer Zeitperiode oder zähflüssiger, schleichender Verlauf? Führen untaugliche Vorkehrungen zu immer neuen Ausschlägen, zur permanenten Krise oder Dauerkrise?
	(c) Verbundkrisen: Haben die Teilkrisen einen unterschiedlichen – eskalierenden oder abschwellenden – zeitlichen Verlauf, unter sich, aber auch im Vergleich zur Gesamtkrise?
(4) Wie ist die Krisenstruktur, die «innere Qualität» der Krise?	(a) Einfache Krise mit relativ simpler, innerer Struktur? Folgen die Ereignisse einer linearen Ursache-Wirkungs-Kette?
	(b) Komplexe Krise, «Verbundkrise», mit facettenreicher, komplexer Struktur? Besteht die Verbundkrise aus einzelnen Teilkrisen, die sich dynamisch verändern? Vielfältige Vernetztheit und gegenseitige Beeinflussung einer Vielzahl von Krisenelementen?
	(c) Verändert die komplexe Krise bzw. die Verbundkrise ihre innere Struktur und ihre Erscheinungsform? Wechselt sie ihren «Aggregatszustand»? Sind die unterschiedlichen Folgewirkungen für eine Vielzahl von Stakeholdern spürbar?
(5) Was sind die Folgen und Konsequenzen der Krise?	(a) Ambivalenz der Krise, führt sie zu Schaden oder Nutzen? Komplexität der Folgen der Krise?
	(b) Folgen auf das ordentliche Führungssystem: Werden Führungsorganisation, Führungsprozess, Führungsinfrastruktur, Ressourcen stark gefordert, überfordert, genügen sie nicht mehr? Müssen sie zwingend den Anforderungen der Krise angepasst werden? Sind Hierarchien, Entscheidverfahren zu kompliziert und zu langsam?
	(c) Ist die Folge ein materieller Schaden an Leib und Gut? Droht ein immaterieller Schaden, der Verlust an Vertrauen, Ansehen, Reputation, Glaubwürdigkeit, Stabilität, Handlungsfähigkeit zur Interessenwahrung?
	(d) Sind positive Folgen und Chancen in Form von gestalterischen Möglichkeiten für Veränderungen, Entwicklung und Fortschritt wahrzunehmen? Kann die Krise als Vorreiterin

für das Change Management genutzt werden, als Wegbereiter von Neuanfang und Neuorientierung?

(e) Sind neben den kurz- und mittelfristigen Folgen, Langzeitfolgen, strategische Konsequenzen zu beachten? Müssen Spätfolgen, evtl. ein Wiederaufleben oder eine Wiederholung der Krise befürchtet werden?

(f) Handelt es sich um negative oder destruktive Folgen, die willentlich herbeigeführt wurden? Wurde die Krise absichtlich ausgelöst, um positive Folgen und Veränderungen zu erwirken?

(g) Was sind die Folgen einer komplexen Verbundkrise auf Teilbereiche eines Gesamtsystems? Wie manifestieren sie sich bezüglich Intensität und Wirkung und in zeitlicher Hinsicht auf die verschiedenen Teile des Systems, einer Organisation oder Unternehmung? Umfasst die Krise das Gesamtsystem, die Gesamtorganisation, das gesamte Unternehmen oder nur Teilbereiche?

(h) Hat die Krise weitere Krisen im Sinn einer Kettenreaktion ausgelöst? Ist sie selbst Folge oder Ursache einer Krise?

(6) Was macht die Situation subjektiv zur Krise? Wie steht es um die persönliche Perzeption der Krisensituation?	(a) Die persönliche Wahrnehmung der Situation als Krise: Wird eine akute Bedrohung von Interessen, Werten oder Gütern, ja der Existenz glaubhaft angenommen? Werden starke emotionale Reaktionen ausgelöst? Stimmen subjektive Perzeption und eine objektivierte Beurteilung überein? Wie ist der Grad der eigenen Bedrohung und Betroffenheit? Das Ausmass des Gefühls eigener Verletzlichkeit und Verwundbarkeit? Sind wir zeitlich unmittelbar betroffen? Wie steht es um die räumliche Nähe zur Krise? Wie beurteilen wir die eigene Stabilität und Verankerung in tragenden Werten? Wie beeinflussen Einstellungen, gemachte Erfahrungen und subjektive Perzeption die Führung?
	(b) Wie wird der immaterielle Schaden (siehe 5 c) subjektiv beurteilt?
(7) Warum sind wir in der Krise gefordert? Was sind die bestimmenden krisenimmanenten Stressfaktoren?	(a) Beurteilen wir die Krise als persönliche Herausforderung, zu bestehen oder zu scheitern? Steht uns die Angst im Nacken?
	(b) Empfinden wir einen unerbittlichen Zeitdruck, zu entscheiden und zu handeln?
	(c) Lastet eine grosse Unsicherheit und Ungewissheit auf uns? Leiden wir unter mangelnder Information? Sind wir überrascht und schlecht auf die Krise vorbereitet?

	(d) Ist unsere gewohnte Führungsfähigkeit infrage gestellt? Sind wir einem enormen Anpassungsdruck ausgesetzt, diese auf die ungewohnte Situation abzustimmen?
	(e) Beurteilen wir das Risiko der Verschlimmerung und Eskalation der Krise als hoch, falls nicht, zu spät oder falsch entschieden wird?
(8) Wie zeichnet sich unsere Führung in Krisen aus? Wie sind unsere Entscheide und unser Handeln zur Krisensteuerung geprägt?	(a) Ergänzen wir die gewohnte Führung als auch eintrainiertes Verhalten für schwierige Situationen mit noch intensiverer und kreativer Denkarbeit? Ist unsere Tätigkeit geprägt von Management-Denken (Crisis Management) oder Entscheiden und Handeln im Sinne strategischer Führung in Krisen?
	(b) Beschränken wir uns auf handlungsbetonte Ereignisbewältigung (operativ-taktisches Handeln) oder stehen strategische Entscheide im Vordergrund? Lautet die Kernfrage: Welcher Weg führt aus der Krise? Geht es darum, Ziele, Prioritäten, Weg und Mitteleinsatz, Werte, realistische Visionen zu kommunizieren?
	(c) Erweist sich die Führung (Leadership) zur Krisenbewältigung von entscheidender Bedeutung? Werden die Steuerung der Krise und deren Ausgang durch Führungsqualitäten der Verantwortlichen massgeblich beeinflusst?
(9) Elemente der Kommunikation in Krisen: Was sagen wir, wie, wann, wem? Wie bedeutungsvoll sind die Medien in der Krise?	(a) Wie eng ist die Verkettung von Krise und Medien? Wurde sie von diesen ausgelöst, am Leben erhalten, massgeblich mitbestimmt?
	(b) Werden durch die Krise erhöhte Erwartungen und Anforderungen an die Information und Kommunikation gestellt? Wird der Informations- und Kommunikationsaspekt zur treibenden Kraft zur Steuerung des Krisenverlaufs?

3.4 Die Unterscheidung von Krisenphasen als zweites Instrument

Ziel und Zweck

Zweites Instrument, um in den Turbulenzen einer Krise eine gemeinsame Sprache zu finden, ist, mittels Krisenphasen die Hauptaufgaben der Führungstätigkeit zu definieren. Hierzu unterscheiden wir die Phasen der Führung vor, in und nach Krisen. Die Differenzierung hilft zu erkennen, was der Entscheidungs- oder Handlungsbedarf in der jeweiligen Phase ist, der dadurch leichter verstanden und einsichtiger kommuniziert werden kann. Die Unterscheidung von Krisenphasen erleichtert auch die gezielte Vorbereitung auf

Krisen, insbesondere das Festlegen von Ausbildungsprioritäten, und im Nachhinein die zielgerichtete und systematische Auswertung.

Da sich in Wirklichkeit einzelne Phasen komplexer Krisen überlappen können und verschiedenste Tätigkeiten parallel auszuführen sind, erleichtert die Unterscheidung spezifischer Krisenphasen ebenfalls die Zusammenarbeit und die Koordination jener Verantwortungsträger, die für einzelne Tätigkeiten zuständig sind.

Tätigkeiten der Führung in, nach und vor der Krise

Führung vor der Krise

Früherkennung von Krisen und Frühwarnung
Es geht darum, die für das Entstehen einer Krise relevanten Signale und Indikatoren aus einer Flut von Informationen herauszufiltern und zu bewerten oder die entscheidrelevante Information im Gegenteil erst mühsam ausfindig zu machen. Krisenzeichen frühzeitig wahrzunehmen ist die Voraussetzung für Frühwarnung und Krisenprävention.

Proaktive Massnahmen zur Führung in der Krise
Es geht darum, vorausschauend ein Team oder einen Krisenstab zu organisieren, Führungsverfahren festzulegen und Führungseinrichtungen zu bestimmen und Ressourcen bereitzustellen.

Krisenprävention

Mit rechtzeitigen Massnahmen und verantwortungsbewusstem Handeln will man einer Krise vorbeugen.

Ausbildung, Training, Controlling des Vorbereitungsstandes sind wichtige Massnahmen zur Vorbereitung auf eine Krise. Training und Ausbildung sind insbesondere für die mentale Vorbereitung auf Krisen entscheidende Faktoren.

Kriseninformation und Kommunikation

In allen Phasen ist die Information und Kommunikation von entscheidender Bedeutung. Die Führung setzt sich aus «Tun und Sagen» zusammen. Das Tun bewirkt die Veränderung von Sachverhalten, das Sagen die Veränderung von Wahrnehmungen. Kommunikation durch Worte und Taten bildet den Kerngehalt der Führung in Krisen.

Permanente Führungsaktivitäten in der Krise

Das Führungssystem, d.h. die Führungsorganisation, den Führungsprozess, die Führungsinfrastruktur und die benötigten Ressourcen an die Entwicklung der jeweiligen Situation anzupassen, ist eine Daueraufgabe der Führungstätigkeit.

Die Nachrichten- und Informationsbeschaffung mit dem Ziel, den Schaden zu ermessen, die Unsicherheit zu reduzieren bzw. die Problemlösung zu erleichtern, ist ebenfalls ein Dauerprozess bei der Führung in, nach und vor der Krise.

Führung in der Krise

Es geht darum, Krisenprobleme zu erfassen, einer Lösung zuzuführen, Entscheide zu fällen, diese umzusetzen, zu vollziehen.

Krisen müssen, wenn sie nicht vermieden werden können, eingedämmt werden, d.h. es soll verhindert werden, dass sie eskalieren, sich ausbreiten, Kettenreaktionen oder weitere Krisen auslösen. Man will der Krise die Spitze brechen, mit ihr umgehen, indem man ihren Verlauf steuert, das Beste aus ihr macht, sie bestmöglichst als Chance nutzt.

Übergang zur Führung nach der Krise

Krisenaustritt

Mit Entschlossenheit sollen ein rascher Austritt aus der Krise (Closure), die Genesung (Recovery), ein Wiederaufbau bzw. das Etablieren einer neuen Ordnung angestrebt werden.

Die Evaluation, wie vor und während der Krise geführt wurde, dient als hilfreiche Basis einer zukunftsgerichteten Führung nach der Krise.

Krisennachbereitung führt zur Umsetzung der Erkenntnisse in Lehren (Lessons Learned). Aus der Analyse der Stärken und Schwächen, aus einer (selbst-)kritischen Rückschau gilt es, wichtige Informationen zu gewinnen, um die Krisenvorbereitung und die zukünftige Krisenführung zu verbessern.

Krisenvorbereitung
Der Kreis schliesst sich. Auf Krisen kann man sich dank einer gründlichen Auswertung durchgestandener Krisen vorbereiten. Die Analyse von Fallstudien (Case Studies), ähnlicher Krisen oder Krisenszenarien bzw. ein Erfahrungsaustausch sind hierzu nützlich.

3.5 Typische Stadien einer Krisenspirale erkennen als drittes Instrument

Obschon jede Krise einzigartig («sui generis») ist, können wir trotzdem eine Abfolge ähnlicher Krisenstadien oder Etappen der Krisenentwicklung beobachten. So u. a.:

(a) Überraschung: Früherkennung oder Frühwarnung haben versagt, das Ereignis trifft uns unerwartet. Wir sind ungenügend oder schlecht auf die Situation vorbereitet. Es herrscht hohe Unsicherheit und Ungewissheit. Die komplexe Situation ist schwer überblickbar.

(b) Fehlende oder unvollständige Information: Obwohl Information oft im Übermass vorhanden ist (Informationsflut), fehlt der entscheidende «Informations-Puzzlestein», wenn er am dringendsten benötigt wird.

(c) Turbulente, chaotische Zustände, eskalierender Verlauf der Ereignisse – Was ist zu tun? Was ist zu sagen? Wer spricht? Die rasche Eskalation der Krise zieht einen hohen Ressourcenbedarf nach sich, es besteht das Risiko einer Verschlimmerung.

(d) Verlust der Kontrolle – real oder empfunden – es herrscht Konfusion.

(e) Bedeutende Interessen und Werte stehen auf dem Spiel – es droht deren Schädigung, Zerstörung, Verlust. Kernaufgaben können nicht mehr erfüllt werden. Die Existenz ist gefährdet.

(f) Recherchen und intensive Kritik von aussen – durch Medien, Parlament, Aufsichtsbehörden, Öffentlichkeit usw. Die Beanstandungen führen auch zu Kritik von innen – durch den Verwaltungsrat, ein Aufsichtsorgan oder von Angestellten. Immer hat offenbar jemand die Krise im Voraus sehen kommen und erfolglos gewarnt.

(g) Information und Kommunikation sind in der Defensive. Belagerungsmentalität macht sich breit – man igelt sich ein, verbarrikadiert sich, die Anwälte haben mit «no comment» das Sagen. Die Krisenverursacher reagieren mit einer Politik des Dementis.

(h) Panik, Verwirrung, Schrecken oder Lähmung brechen aus – es herrscht Ratlosigkeit, wie das Problem zu bewältigen ist.

(i) Starke Emotionalisierung der Krise, die sich u. a. in subjektiven Risikobeurteilungen, in der Krisenkommunikation, in der Medienberichterstattung und in Überreaktionen niederschlägt.

(j) Das Führungssystem ist unter enormem Druck. Ordentliche Führungsstrukturen und Verfahren zur Entscheidfindung sind gestört, überfordert oder werden verunmöglicht. Die Führung «verliert die Pedale», sucht bei einer Task Force Zuflucht. Einrichtungen zur Führung und Kommunikation sind inadäquat und beeinträchtigen dadurch eine effiziente Führung.

(k) Unerbittlicher Zeitdruck, rasch das Richtige zu entscheiden und es richtig zu tun. Die Führungskräfte sind zusehends überlastet, übermüdet, gereizt, die Teamfähigkeit nimmt ab.

(l) Die Betroffenen konzentrieren sich auf kurzfristige Aktionen, Handlungen und Massnahmen. Die Aufmerksamkeit ist nur auf die unmittelbare Gegenwart gerichtet – als Ersatz auf die Frage, was längerfristig erreicht werden soll.

(m) Salamitaktik der Schuldanerkennung unter wachsendem, äusserem Druck.

(n) Dass in einer krisenhaften Situation immer auch Chancen verborgen sind, bleibt unentdeckt.

Den Abwärtstrend stoppen

In jedem einzelnen Stadium sind wir mit der Frage konfrontiert: Welches sind wesentliche Führungsaktivitäten, um diese Entwicklung mit Gegensteuer zu bremsen oder gar umzukehren? Was ist z. B. gegen die ausbrechende Belagerungsmentalität zu tun, sei es vorbeugend oder reaktiv? Was kann den Abwärtstrend, der eine Unternehmung oder Organisation in die Existenzkrise reisst, stoppen? [124]

> Fazit: Der Leitfaden wird in Teil II mit Listen von Kernfragen zur Krisenführung hilfreiche Unterstützung leisten, um die Entscheidungs- und Handlungsfähigkeit in der negativen Spirale des Krisenprozesses zurückzugewinnen. Dies erlaubt uns, im Abwärtstrend den Aufwind zu entdecken oder, wie ein Pilotensprichwort besagt, es soll uns gelingen, «to turn typhoons into tailwinds».[125]

3.6 Wer ist Krisenpartei? Stakeholder-Palette als viertes Instrument

Stakeholder Awareness

> Um das Fazit vorwegzunehmen: In der Praxis können wir immer wieder beobachten, wie entscheidend wichtig es ist, dass Überlegungen zu potenziellen Stakeholder-Interessen und Stakeholder-Wahrnehmungen in eine umsichtige Krisenvorbereitung einbezogen werden. Sie müssen integrierter Teil der Strategie zur Krisenprävention bzw. zur Führung und Kommunikation in Krisen sein.

Im konkreten Krisenfall sollten deshalb alle als wesentlich erachteten Stakeholder-Interessen identifiziert werden und gebührend Berücksichtigung finden. Insbesondere sind sie ins Informations- und Kommunikationskonzept einzubeziehen. In der Krise um das schweizerische Bankgeheimnis manifestierten sich in eindrücklicher Weise eine mangelnde Stakeholder-Awareness und die ungenügende Berücksichtigung der Vielfalt der Anspruchspartner.[126]

Stakeholder-Begriff

Im Krisensprachgebrauch hat sich der Begriff Stakeholder eingebürgert. Der Stakeholder ist wörtlich übersetzt der «Verwahrer der Wetteinsätze»[127]. «At stake» bedeutet «auf dem Spiel stehen», es stehen z. B. gewichtige Interessen oder Werte auf dem Spiel.[128] «Stakeholders are all those parties, including organizations, that affect or are affected by major crises. In today's world, all organizations are impacted by innumerable stakeholders.»[129] Stakeholder ist eine breite Umschreibung aller Anspruchspartner, unmittelbar oder mittelbar Betroffener, aller Involvierten oder Interessierten, aller Akteure oder Zuschauer, die bei der Krisenprävention und Krisenvorbereitung sowie bei der Krisenführung und insbesondere bei der Information und Kommunikation Beachtung finden müssen.[130] Um Transparenz zu schaffen und um die Handlungskonsequenzen besser einstufen zu können, sollte man versuchen, die grosse Zahl von Stakeholdern in Gruppen einzuteilen.[131] Dabei können je nach Problemstellung unterschiedliche Kriterien und Unterscheidungsmerkmale Verwendung finden. Zudem unterscheiden wir die von Entscheiden, vom Tun und die vom Sagen betroffenen Stakeholder.[132]

Grosse Zahl von Anspruchspartnern in der Krisenführung berücksichtigen

Bei der Führung in Krisen gilt es, sich rasch der involvierten Stakeholder-Kreise bewusst zu werden. In vielen Fällen bringt die Nachforschung eine überraschend grosse Anzahl ans Tageslicht. Erwartungsgemäss nimmt mit zunehmender Komplexität und Vernetzung von Krisen auch die Zahl der bei der Führung bzw. Information und Kommunikation zu berücksichtigenden Stakeholder zu. Diese können unterschiedlichste Sichtweisen haben: «Indeed, the more important the problem, then the more likely that each stakeholder will have a different definition. Each sees the problem from his of her unique perspective. For instance, why should we expect, that every important stakeholder should have the exact same definition of what a crisis is ... ?»[133]

Stakeholder-Palette ist für die Krisenkommunikation von zentraler Bedeutung

Es gilt nicht nur im Auge zu behalten, wie unser Verhalten, sondern auch wie unsere Verlautbarungen von den Stakeholdern beurteilt werden, wie wir «wahr-genommen» werden. Im Verlauf einer Krise sind unsere vitalen Interessen «at stake». Die Wahrnehmung der Stakeholder kann entscheiden, ob es uns gelingt, gestärkt, und nicht geschwächt oder gar zerstört aus einer Krise zu treten. Sind wir die Bösewichte, die verantwortungs- und rücksichtslosen Krisenverursacher? Sind wir die alleine Schuldigen und tragen die volle Last der Verantwortung? Oder sind wir bloss leidtragende Opfer einer bösartigen Gerüchtekampagne und skrupellosen Verleumdung? Werden wir als rücksichtslose oder im Gegenteil als rücksichtsvolle Krisenmanager mit Herz wahr-genommen? Wird dem Motto «We care» geglaubt, nach dem wir uns stets von Fürsorge für die Betroffenen leiten lassen, oder wird uns Arroganz und Zynismus vorgeworfen?[134]

> Fazit: Es ist ein Handicap, falls man sich bei Ausbruch einer Krise nur ungenügend der breiten Palette von Stakeholdern bewusst ist oder wenn man es versäumt hat, im «courant normal» und lange vor Ausbruch der Krise aktiv gute Beziehungen zum Stakeholder-Kreis zu pflegen. Solche Kooperationen kann man nicht erst in der Krise aufbauen, sie müssen schon vorher bestehen. Tragende Beziehungsnetze und Vertrauen vermögen oftmals den tiefen Fall und Niedergang in der Krise aufzufangen.[135]

4. Wie ist Krisenvariationen zu begegnen? Eine Portfolio–Strategie zur Krisenprävention und Krisenvorbereitung entwickeln

4.1 Der Portfolio-Gedanke als Grundlage der Vorsorge

Wie kann sich eine Organisation, eine Institution oder ein Unternehmen gezielt auf Krisen vorbereiten, angesichts der grossen Variation möglicher Krisensituationen? Dieses Unterfangen wäre einfacher zu bewerkstelligen, wenn es gelingt, die Vielfalt krisenhafter Situationen auf Krisentypen zu reduzieren, mit deren Hilfe adäquate Verhaltensstrategien erarbeitet werden können. Die Forscher Mitroff/Pearson haben nach eingehenden Untersuchungen bei rund 1000 Unternehmen fünf «Krisenfamilien» und als Gegenmittel sogenannte «Präventionsfamilien» gebildet.[136] Wichtig aus der Untersuchung von Mitroff/Pearson ist für uns die Erkenntnis, dass Krisentypen selten allein oder isoliert auftreten. Ihre Aspekte sind miteinander verbunden und lösen oft Kettenreaktionen durch mehrere «Krisenfamilien» hindurch aus.

Dies wiederum führt zur Erkenntnis, dass eine umsichtige Strategie zur Krisenprävention und Krisenvorbereitung auf mehreren Standbeinen ruhen muss, deshalb wählen wir den Namen Portfolio-Strategie.

Fazit: Der Portfolio-Gedanke rät, dass eine Organisation oder ein Unternehmen sich auf mindestens einen Krisentyp pro «Krisenfamilie» – die wir in der Folge Krisengruppe nennen – vorbereiten sollte. Entsprechend wird sie zur Krisenprävention auch mindestens eine präventive Massnahme pro Krisengruppe ins Auge fassen. Es erscheint unklug, sich nur auf eine Krisengruppe zu konzentrieren, wenn wir wissen, dass unsere Verwundbarkeit auch von Krisentypen anderer Gruppen herrühren kann.

4.2 In acht Schritten zu einer Portfolio-Strategie zur Krisenprävention und Krisenvorbereitung: die Vorteile pragmatischer Systematisierung

Im Vergleich zu Mitroff/Pearson schlagen wir ein wesentlich einfacheres und praktischeres Vorgehen in drei Phasen bzw. acht Schritten zur Bildung von Krisentypen und Krisengruppen vor. Die Krisengruppen werden in einem Krisenportfolio zusammengefasst, das die Grundlage einer Portfolio-Strategie zur Krisenprävention und Krisenvorbereitung bildet.

Das vorgeschlagene Vorgehen hat folgende Vorteile:

(a) Dank der Erarbeitung eines Krisenportfolios und (im siebten Schritt), von Szenarien ist das Vorgehen geeignet, die komplexe Natur neuartiger Krisensituationen vollumfänglich zu berücksichtigen. Trotzdem bleibt es einfach durchzuführen, Teams können unter Anleitung rasch brauchbare Resultate erzielen. Die Unterstützung durch Ingenieurbüros, die auf das Risikomanagement spezialisiert sind, ist hierzu nicht notwendig.

(b) Es setzt eine interdisziplinäre Teamarbeit voraus, die neben objektiven Kriterien auch subjektive Risikobeurteilungen und wertvolle, individuelle Erfahrungen zulässt. Die bestimmende Einflussmöglichkeit einer verantwortungsvollen Leadership wird im Vorgehensprozedere gewährleistet.

(c) Das Vorgehen fördert kreatives Denken und Handeln und erlaubt – im Gegensatz zu traditionellen Risikoanalysen – auch das Miteinbeziehen von proaktiven Zukunftsüberlegungen sowohl zu Risiken als auch zu Chancen.

(d) Die Methode erlaubt, die Krisenvorbereitung pragmatisch zu systematisieren und hat den Vorteil, dass sie parallel zu strategischen Planungen oder eingebettet in Zukunftsstrategien einer Organisation oder Unternehmung entwickelt werden kann. Das Resultat ergänzt bereits bestehende Überlegungen, die im Rahmen des Risk-Management-Prozesses und der Business-Continuity-Planung angestellt wurden. Die Krisenachtsamkeit und Krisenprävention werden als integrierter Teil der Unternehmenskultur gefördert.

(e) Das Prozedere ist dynamischer Natur. Ergebnisse können jederzeit ergänzt oder weiterentwickelt werden.

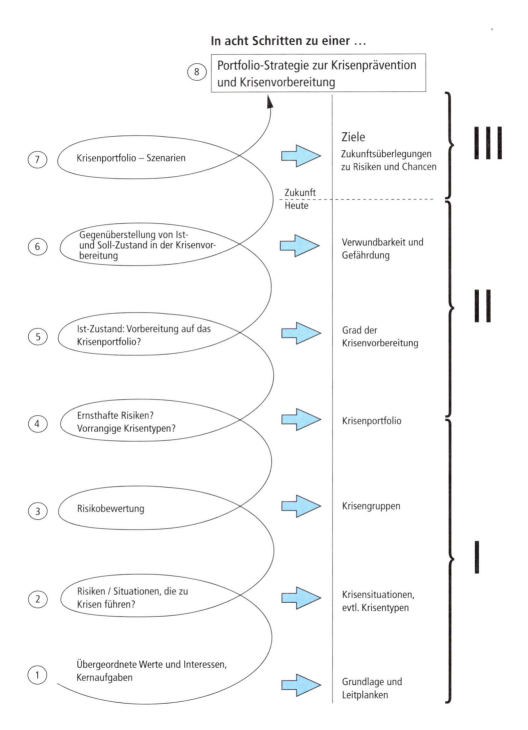

In acht Schritten zu einer …

(8) Portfolio-Strategie zur Krisenprävention und Krisenvorbereitung

III

(7) Krisenportfolio – Szenarien

Ziele
Zukunftsüberlegungen zu Risiken und Chancen

Zukunft
Heute

(6) Gegenüberstellung von Ist- und Soll-Zustand in der Krisenvorbereitung

Verwundbarkeit und Gefährdung

II

(5) Ist-Zustand: Vorbereitung auf das Krisenportfolio?

Grad der Krisenvorbereitung

(4) Ernsthafte Risiken? Vorrangige Krisentypen?

Krisenportfolio

(3) Risikobewertung

Krisengruppen

I

(2) Risiken / Situationen, die zu Krisen führen?

Krisensituationen, evtl. Krisentypen

(1) Übergeordnete Werte und Interessen, Kernaufgaben

Grundlage und Leitplanken

4.3 Phase I: Erarbeiten eines Krisenportfolios

> *(1) Erster Schritt: Übergeordnete Werte, Interessen und Kernaufgaben festlegen. Ziel ist, eine dauerhafte Grundlage und Leitplanken einer Portfolio-Strategie zur Krisenprävention zu schaffen.*

Ausgangslage des Prozesses bilden das Festlegen und die allgemeine Akzeptanz von übergeordneten Interessen und Werten, die unter allen Umständen, auch in Krisensituationen, mit Priorität zu schützen sind bzw. die Bezeichnung von Kernaufgaben, die stets zu erfüllen sind (wie im Business Continuity Management).[137] Welche erachten wir als verteidigungswürdig, welche sind stets hochzuhalten? Hat man diesbezüglich unterschiedliche Vorstellungen, muss man sich vorerst auf verpflichtende Basiswerte oder gemeinsame Interessen einigen?

> *(2) Zweiter Schritt: Identifikation von Risiken und Situationen, die zu Krisen führen können. Ziel ist, potenzielle Krisensituationen zu erkennen, um diese wenn möglich in Krisentypen zusammenzufassen.*

Bestandesaufnahme risikoreicher Situationen

Vorerst gilt es, diejenigen Risiken und Situationen aufzulisten, welche die Organisation oder das Unternehmen in eine Krise stürzen könnten. In einem ersten Umgang kann das Erstellen einer umfassenden Liste solcher Risiken und Situationen in einem gut organisierten Gruppen-Brainstorming, mit der Flow-Methode oder in Einzelanhörungen erfolgen.

Krisensituationen, evtl. Krisentypen

Basierend auf der Vielfalt der risikoreichen Situationen, die zu potenziellen Krisen führen können, geht es anschliessend darum, wenn immer möglich zusammenfassende Krisentypen zu bilden. Unseres Erachtens ist es hilfreicher, wenn nicht gegebene Kategorien übernommen werden, sondern die Betroffenen die Auswahl und Benennung der Krisentypen selbst vornehmen, z. B. «Krisen ausgelöst durch Naturkatastrophen», «Reputations- oder Imagekrisen», «Krisen als Folge von psychopathischem Verhalten» usw.[138]

Objektive und subjektive Gesichtspunkte

Die Zuordnung der einzelnen Risiken bzw. Situationen, die zu Krisen führen, wird – gleich wie deren Auswahl – nicht nur objektiven Kriterien folgen, sondern eine subjektive Beurteilung mit enthalten. So können schädigende Gerüchte z. B. dem Krisentyp «externe Angriffe» oder der internen, schlechten Moral der Belegschaft und deshalb einem Krisentyp «interne Arbeitsmoral» zugeschrieben werden. Um die intern erarbeitete Liste potenzieller Risiken und Krisensituationen zu verifizieren, ist es nützlich, zusätzlich die Beurteilung aussenstehender Personen einzuholen.[139]

> *(3) Dritter Schritt: Risikobewertung. Ziel ist, potenzielle Risiken und Situationen, die zu Krisen führen können bzw. die Krisentypen in Krisengruppen zusammenzufassen.*

Im dritten Schritt werden die risikoreichen Situationen, die zu Krisen führen können, oder die bereits gebildeten Krisentypen mithilfe eines Ansatzes, der sich an der Risikoanalyse orientiert, in Gruppen eingeordnet, welche die Bedeutsamkeit der Herausforderung widerspiegeln.

Wahrscheinlichkeit des Eintretens

Wir orientieren uns in einer Matrix einerseits nach der Wahrscheinlichkeit ihres Eintretens (Probability). Sie enthält eine vertikale Skala, die von sehr unwahrscheinlich – unwahrscheinlich – wenig wahrscheinlich – wahrscheinlich – sehr wahrscheinlich bis zu äusserst wahrscheinlich reicht. Bei der Eintretenswahrscheinlichkeit fragen wir uns zudem: Ist das Eintreten nicht nur wahrscheinlich, sondern ist es auch denkbar (Possibility)?[140] Bei dieser Beurteilung ist immer ein Grad Spekulation enthalten, das Einordnen der Risiken in Krisengruppen zwingt uns jedoch zu einer vorläufigen Entscheidung.

Potenzielle Auswirkungen

Die horizontale Achse andererseits enthält die potenziellen Auswirkungen (Consequences) auf die Organisation oder das Unternehmen. Den Schaden und die Tragweite des Ereignisses ordnen wir nach Härtegrad und Heftigkeit mittels einer Skala von sehr gering – gering – mittel – gross – katastrophal bis zu vernichtend ein. Bei den möglichen Auswirkungen berücksichtigen wir neben dem materiellen, objektivierbaren Schaden ebenso immaterielle Schädigungen: die subjektive Perzeption von Imageverlust, Reputationsschaden, Verlust an Vertrauen und Glaubwürdigkeit, Stabilität oder Ansehen. Es sind Folgen, die a priori schwer zu objektivieren oder in Geldwert umzusetzen sind.

> Die Matrix (Wahrscheinlichkeit des Eintretens, potenzielle Auswirkungen) ergibt so **vier Krisengruppen**:
> (a) Hohe Eintrittswahrscheinlichkeit mit weniger schwerwiegenden Auswirkungen.
> (b) Hohe Eintrittswahrscheinlichkeit mit zum Teil schwerwiegenden Auswirkungen.
> (c) Kleine Eintrittswahrscheinlichkeit mit zum Teil schwerwiegenden Auswirkungen.[141]
> (d) Kleine Eintrittswahrscheinlichkeit mit weniger schwerwiegenden Auswirkungen.

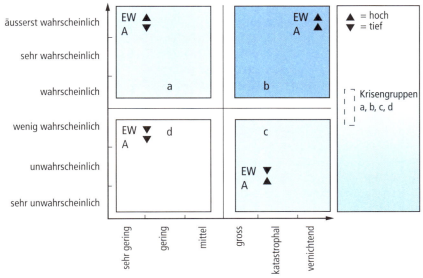

Krisengruppen
Wahrscheinlichkeit des Eintretens = EW (Probability/Possibility)

äusserst wahrscheinlich	EW ▲
	A ▼
sehr wahrscheinlich	
wahrscheinlich	a

EW ▲
A ▲

b

▲ = hoch
▼ = tief

Krisengruppen
a, b, c, d

wenig wahrscheinlich — EW ▼
A ▼

d

c

unwahrscheinlich — EW ▼
A ▲

sehr unwahrscheinlich

sehr gering gering mittel gross katastrophal vernichtend

Potenzielle Auswirkungen = A
(materieller/immaterieller Schaden)

Risikobewertung statt Risikoanalyse

Wohlgemerkt: Wir streben nicht nach wissenschaftlich begründeten Ergebnissen. Es geht hier nicht um eine objektive oder statistisch erhärtete Risikoanalyse, sondern vielmehr um eine Risikobewertung, um subjektive Risikobeurteilungen (Risk Assessment) der Verantwortlichen, die gleichzeitig eine fruchtbare Diskussion von Grundsatzfragen und Risikoüberlegungen in Gang setzen soll. Diesen Ansatz wählen wir auch aus der Erkenntnis, dass wissenschaftliche Methoden zur Risikoanalyse aus verschiedenen Gründen von beschränktem Wert sind.[142]

Restrisiken

Die Beurteilung der Risiken führt zu Überlegungen – falls diese Diskussion nicht bereits im ersten Schritt geführt wurde – welche Risiken aus Kosten-Nutzen-Gründen oder aus der Gegenüberstellung von Aufwand und Ertrag zu akzeptieren bzw. zu vernachlässigen oder zu ignorieren sind. Man spricht dann von einem akzeptierbaren oder akzeptablen Risiko bzw. Restrisiko. Der Risikowert wird im normativen Sinn für zumutbar erklärt – z. B. das

Risiko, das Mitarbeiter einer Firma oder Organisation tagtäglich im Strassenverkehr auf sich nehmen.[143]

> *(4) Vierter Schritt: Pro Krisengruppe (Wahrscheinlichkeit/Auswirkungen) werden die für uns ernsthaftesten Risiken, die zu Krisen führen können, bzw. die vorrangigen Krisentypen ausgewählt. Ziel ist, ein spezifisches Krisenportfolio zusammenzustellen.*

Auswahl und Begründung des Krisenportfolios

Im vierten Schritt sind Prioritäten zu setzen: Mit welchen Herausforderungen soll sich die Organisation oder die Unternehmung in erster Linie befassen? Es gilt aus den Gruppen a–c die ernsthaftesten Risiken, die zu Krisen führen können, oder bereits zusammengefasste Krisentypen auszuwählen. Dabei ist die Begründung der getroffenen Auswahl entscheidend. Die Beurteilung der Bedeutung stützt sich nicht ausschliesslich auf die erwähnten Faktoren der Eintretenswahrscheinlichkeit und der Auswirkungen, sondern auf eine Reihe weiterer Überlegungen. So misst sich die Ernsthaftigkeit potenzieller Krisen ebenfalls am Grad der Gefährdung der (im ersten Schritt) festgelegten

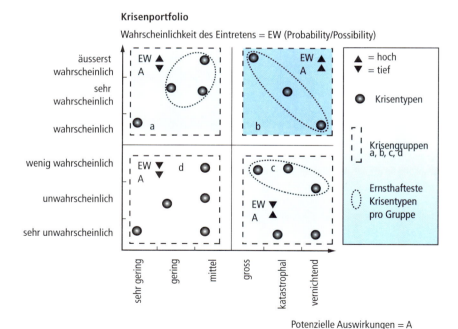

Werte, Ziele und Aufgaben. Sind unverrückbar geltende Grundsätze oder Prinzipien des Leitbildes, ethische Grundwerte oder deklarierte Sicherheitsstandards gefährdet? Könnten vorrangige Kernaufgaben nicht mehr erfüllt werden? Die Beurteilung berücksichtigt aber auch den eigenen Wissensstand, das Training im Umgang mit spezifischen Krisentyen bzw. die Erfahrung mit krisenhaften Ereignissen.[144]

Die Krisengruppe (d) wird wegen der kleinen Eintrittswahrscheinlichkeit und den geringen Konsequenzen vorerst zurückgestellt. Sie kann später bei der Entwicklung eines Best Case oder optimistischen Szenarios wichtige Hinweise liefern.

Ergebnis der Phase I: Das Resultat bildet das Krisenportfolio, an dem sich die Strategie zur Krisenprävention oder Kriseneindämmung ausrichten muss.

4.4 Phase II: Verwundbarkeit und Gefährdung erfassen

(5) Fünfter Schritt. Wir fokussieren auf die Frage: Worauf konzentriert sich die Krisenvorbereitung in Tat und Wahrheit? Ziel ist, den tatsächlichen Grad der Krisenvorbereitung (Crisis Preparedness) ausfindig zu machen und erste Erkenntnisse für möglichen Handlungsbedarf – im Hinblick auf das Krisenportfolio – zu identifizieren.

Grad der Krisenvorbereitung

Im fünften Schritt stellt sich folgende Frage: Wie bereitet sich die Organisation bzw. das Unternehmen konkret auf das ausgewählte Krisenportfolio vor, das die ernsthaftesten Situationen bzw. Krisentypen pro Gruppe enthält? Diese Frage gilt es zu beantworten, falls sich die Krisen isoliert abspielen, als auch wenn sie, als Folge gegenseitiger Verwicklung, kumulative Aspekte einer Verbundkrise aufweisen. Können Massnahmen identifiziert werden, die geeignet sind, der Krise vorzubeugen oder sie in Grenzen zu halten? Wiederum empfiehlt sich, die Innensicht durch eine Betrachtungsweise von aussen zu ergänzen.

Tatsächliche Vorbereitung?

Dem Vorbereitungsgrad auf das ausgewählte Krisenportfolio wird anschliessend die Nachfrage gegenübergestellt: Für welche Krisen plant und bereitet sich die Organisation oder die Unternehmung in Tat und Wahrheit vor? Bereitet sie sich lediglich auf die bekannte «letzte Krise» vor? Weshalb vernachlässigt sie die Vorbereitung auf die potenziell ernsthaftesten Krisen der Zukunft? Was sind die Hauptgründe, dass sie dies unterlässt bzw. was sind die grössten Hindernisse zum Handeln?

> *(6) Sechster Schritt: Die Gegenüberstellung von Ist- und Soll-Zustand in der Krisenvorbereitung. Ziel ist, wesentliche Elemente der Verwundbarkeit und Gefährdung zu erfassen.*

Die Gegenüberstellung der aktuellen Krisenvorbereitung mit dem gewünschten Vorbereitungsgrad auf die potenziell ernsthaftesten Krisen fördert wesentliche Elemente der jetzigen Verwundbarkeit und Gefährdung zutage.

> Ergebnis der Phase II: Die vorläufigen Erkenntnisse über die Verwundbarkeit und die Gefährdung bilden erste Grundlagen zur Entwicklung einer Portfolio-Strategie zur Krisenprävention und Krisenvorbereitung.

4.5 Phase III: Zukunftsüberlegungen zu Risiken und Chancen, Szenarien entwickeln

> *(7) Siebter Schritt: Die Entwicklung von Krisenszenarien. Ziel ist, die Momentaufnahme im Krisenportfolio mit Zukunftsüberlegungen zu erweitern. Es geht darum, die Reflexion mit Aspekten einer nicht linearen Entwicklungsdynamik komplexer und unberechenbarer Krisen zu vertiefen und mit Chancen und Elementen positiver Entwicklungen zu ergänzen.*

In den sechs vorangehenden Schritten sind wir einem Prozess der strukturierten Ideenfindung und Meinungsbildung gefolgt, der massgeblich von Wissen (Fach- und Hintergrundwissen), Know-how, Fakten und Daten, Entwicklungstrends, Wahrscheinlichkeitsüberlegungen sowie persönlicher Erfahrung und Einschätzung geprägt ist. Schrittweise haben wir diese Überlegungen und Beurteilungen, durch die Bildung von Krisengruppen und eines Krisenportfolios, einer Synthese zugeführt.

Den Blick von heute in die Zukunft richten

Jetzt gilt es, aus dem ausgewählten Krisenportfolio plausible Szenarien, in sich schlüssige Denkmodelle ohne Aussagen zur Wahrscheinlichkeit zu entwickeln.[145] Dabei bilden die Krisengruppen und das Krisenportfolio, die gedanklich in die Zukunft weiter entwickelt werden, die Basis der Szenarien. Szenarien sind, im Rahmen der Portfolio-Strategie, Produkte der Phantasie, die vorausschauend danach trachten, im Nebel hoher Unsicherheit und Komplexität einer krisenhaften Zukunft, sich abzeichnende Diskontinuitäten zu antizipieren. Mit dem Bau von Szenarien wird dem Umstand Rechnung getragen, dass (trotz Bildung von Krisengruppen und eines Krisenportfolios) Unsicherheiten im Bereich des menschlichen Verhaltens oder des immateriellen Schadens verbleiben. Durch Szenarien können diese Berücksichtigung finden, so ist insbesondere die menschliche Psyche schwer abzuschätzen: «Human behavior is a prevailing risk factor in most cases, but is difficult to evaluate.»[146] Erfahrungsgemäss wird eine ansehnliche Zahl von Krisen durch Insider-Sabotage oder Attacken ausgelöst.[147]

Was sind Szenarien?

Der Begriff «Szenario» findet für alle möglichen Denkweisen Verwendung. Shell verfügt über langjährige Erfahrung mit Szenarien und nimmt eine führende Rolle bei deren Anwendung ein. Sie fasste den Szenariogedanken wie folgt zusammen: «Scenarios are carefully crafted stories about the future embodying a wide variety of ideas and integrating them in a way that is communicable and useful. They help us link the uncertainties we hold about the future to the decisions we must make today.» Ihre neuste Definition lautet: «Scenarios provide alternative views of the future. They identify some significant events, main actors and their motivations, and they convey how the world functions. We use scenarios to explore possible developments in the future and to test our strategies against those potential developments.»[148]

Welches sind entscheidende Elemente von Krisenszenarien?

Wenn wir diese theoretischen Grundlagen auf die Krisenthematik übertragen, können wir folgende acht Anforderungen an Krisenszenarien formulieren:

(a) Es sind immer Varianten von Krisenportfolio-Szenarien zu entwickeln, die mit positiver/optimistischer und negativer/pessimistischer Ausrichtung (Worst-Case- vs. Best-Case-Szenarien[149]) Alternativen eines differenzierten und kontrastreichen, aber überschaubaren Bildes der Zukunft zeichnen. Durch den Kontrast gegensätzlicher Szenarien werden unsere Flexibilität und Adaptionsfähigkeit auf spätere, sich wirklich ereignende Krisensituationen erhöht und unser Denken in Alternativen gefördert. Es ist umstritten wie hilfreich es ist, sich immer die schlimmstmöglichen Folgen auszumalen, weshalb wir mit optimistischen Szenarien ein Gegengewicht bilden.[150]
(b) Krisenszenarien sind weder Zukunftsvoraussagen noch Prognosen, sie dienen vielmehr als Denkanstösse, geistige «Turngeräte». Sie bilden die Grundlage einer Diskussion über künftige Entwicklungen bzw. Situationen, um zu einer gemeinsamen Sprache, einer «unité de pensée» zu finden. Sie dehnen nicht nur unser Vorstellungsvermögen (stretch the mind) über mögliche Vorgänge, sie geben uns auch Auskunft über die Denkweise des Teams, das mit der Krisenvorbereitung betraut ist («to communicate insights»).

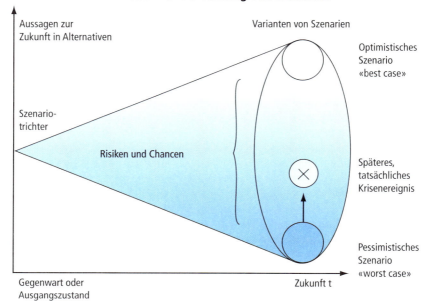

Denkmodell zur Darstellung von Szenarien[151]

Aussagen zur
Zukunft in Alternativen

Varianten von Szenarien

Optimistisches
Szenario
«best case»

Szenario-
trichter

Risiken und Chancen

Späteres,
tatsächliches
Krisenereignis

Pessimistisches
Szenario
«worst case»

Gegenwart oder
Ausgangszustand

Zukunft t

(c) Das Erarbeiten von Krisenszenarien ist mit Vorteil Teamarbeit. Gemeinsam stellen wir uns nicht die Frage: Was wird geschehen? – sondern: Was
werden wir tun, falls es geschieht? Bei der Szenarioentwicklung im Team
lernen wir unsere unterschiedlichen Denkweisen und Verhalten, Reaktionen und Emotionen kennen. Bei der Erörterung und Diskussion von
Entwicklungsmöglichkeiten und möglicher Handlungsoptionen wächst
das gegenseitige Vertrauen in unser Entscheidungs- und Handlungsver-
mögen. Eine wohl durchdachte Auswahl der Mitglieder des Szenarioteams
ist für ein erfolgreiches Resultat sehr wichtig und präjudiziert die
spätere Akzeptanz der Szenarien.[152]

(d) Krisenszenarien sind zukunftsgerichtet. Sie wollen verhindern, dass wir uns
auf «den letzten Krieg», d. h. die «letzte Krise» vorbereiten und uns vorwiegend an der bekannten Vergangenheit orientieren. Wir legen den Zeithorizont der Szenarien je nach Bedürfnis fest. Langfristige Krisenszenarien
haben vor allem eine erzieherische Funktion, sie verdoppeln unsere Denk-
anstrengungen, weil wir uns mit verschiedenen Zukunften beschäftigen.

(e) Auch wenn Krisenszenarien an deren Plausibilität gemessen werden, sollen sie trotzdem Überraschungsfaktoren enthalten. Die Überraschung –
z. B. mittels sogenannter Wild Cards[153] oder Black Swans[154] – ist das
geeignetste Mittel, um die Kreativität zu stimulieren und aus stereoty-
pem, traditionellem Denken (in-the-box thinking) auszubrechen.

(f) Szenarien geben die Möglichkeit, die in Schritt sechs im Ansatz disku-
tierte Verwundbarkeit und Gefährdung besser zu verstehen. Die Verwundbarkeit ist nicht nur ein Resultat aus der Gegenüberstellung von
Ist- und Soll-Zustand der Krisenvorbereitung, sondern zusätzlich eine
Funktion der Führungsfähigkeit in Krisen. Sie wird erhöht oder vermindert durch:
  - eine Führungskultur der Krisenbereitschaft;
  - Krisenerfahrung;
  - die Widerstandskraft, Belastbarkeit und Elastizität einer Organisa-
    tion oder Unternehmung in turbulenten Zeiten (Resilience) oder
    durch ihre strategische Elastizität und Spannkraft;[155]
  - die Fähigkeit, Rückschläge einzustecken und sich rasch zu erholen;[156]
  - den Grad der Vorbereitung und die Ausbildung auf Krisensitua-
    tionen.
(g) Krisenportfolios haben sich primär zur Identifikation von Risiken und
damit nur indirekt zum Erkennen von Chancen geeignet. Demgegenüber
fokussieren Krisenszenarien nicht einseitig auf negative Konsequenzen,
sondern schenken auch positiven und nützlichen Entwicklungen und
Chancen verschiedener Krisentypen ein Augenmerk. Deshalb ist das Sze-
nario-Denken ganz besonders geeignet, sich frühzeitig Gedanken über
mögliche günstige Konstellationen zu machen.
(h) Szenarien sind zentrale Instrumente bei Übungen, in der Ausbildung und
beim Training zur Krisenvorbereitung. «To prepare for the next crisis: …
Use scenario analyses to understand the various ways a crisis might
unfold – and plan how your company would respond to each.»[157]

Der Bau von Krisenszenarien

Der konkrete Bau von Krisenszenarien ist ein anspruchsvoller Prozess.[158]
Wir haben uns die Arbeit allerdings enorm erleichtert, weil die bereits getrof-
fenen Vorarbeiten – in Form von Schritt eins bis sechs – eine hervorragende
Basis für den Szenariobau bilden. Ohne diese Vorbereitung sind die notwen-
digen Vorarbeiten in der Regel sehr zeitaufwendig und ziehen nach unserer
Erfahrung vielfältige Koordinationsmassnahmen nach sich.
Durch die Ausarbeitung eines Krisenportfolios haben wir uns zudem über
Annahmen und Einstellungen, (current assumptions and mental models) der
Entscheidungsträger Klarheit verschaffen können. Welche übergeordneten
Werte, Interessen und Kernaufgaben stellen sie in den Mittelpunkt? Wie
bewerten sie Risiken, Verwundbarkeit und Gefährdung? Ihre Ansichten und
Beurteilungen sind uns bekannt und fliessen unmittelbar in die Ausarbeitung
der Szenarien ein. Nachdem wir alternative Krisenszenarien entworfen haben,
untersuchen wir die Auswirkungen der wichtigsten Variablen auf das Szenario.[159]

Ergebnis Phase III: Die Krisenszenarien leisten geistige Vorarbeit zur nun folgenden Strategieentwicklung zur Krisenprävention und Krisenvorbereitung. Trotz gewisser Schwächen gibt es gute Gründe, warum das Szenario-Planen immer noch eine hervorragende Methode und Grundlage für die strategische Planung und die Ausbildung bleibt.[160]

4.6 Achter Schritt: eine Portfolio-Strategie zur Krisenprävention und Krisenvorbereitung

Die Portfolio-Strategie zur Krisenprävention und Krisenvorbereitung, die wir nun in Etappen entwickeln, mündet in konkrete Aktionspläne und Ausbildungsschritte. Die Etappen sind:

(a) ein Gesamtbild der Herausforderungen und Chancen als Grundlage der Leitidee;

(b) die Leitidee zur Krisenprävention und Krisenvorbereitung;

(c) der umfassend konzipierte Einsatz aller Mittel, Massnahmen und Ressourcen zur Krisenprävention und Krisenvorbereitung;

(d) falls die Krisenprävention nicht erfolgreich ist: Massnahmen zur Verminderung der Auswirkungen und

(e) zur Erfolg versprechenden Führung in der Krise;

(f) konkrete Aktionspläne zur Umsetzung der Strategie;

(g) zielgerichtete und nachhaltige Ausbildung;

(h) regelmässige Überprüfung der Portfolio-Strategie.

(a) Gesamtbild der Herausforderungen und Chancen als Grundlage einer Leitidee

Eine Portfolio-Strategie zur Krisenprävention und Krisenvorbereitung orientiert sich – wie der Name sagt – am gesamten Krisenportfolio und damit an allen drei (evtl. sogar an allen vier) Krisengruppen (Wahrscheinlichkeit/Auswirkungen). Sie behält das Gesamtbild der Herausforderungen und Chancen mit ihren möglichen pessimistischen und optimistischen Entwicklungen in Form von alternativen Szenarien im Szenariotrichter im Auge.

(b) Formulierung einer Leitidee zur Krisenprävention und Krisenvorbereitung

Sie orientiert sich einerseits an den (in Schritt eins) aufgestellten, übergeordneten Werten, Interessen und Kernaufgaben, die auch in Krisenzeiten gültig bleiben bzw. zu erfüllen sind.[161] Andererseits berücksichtigt sie Vorgaben und Handlungsanweisungen, die der Krisenprävention und Krisenvorberei-

80

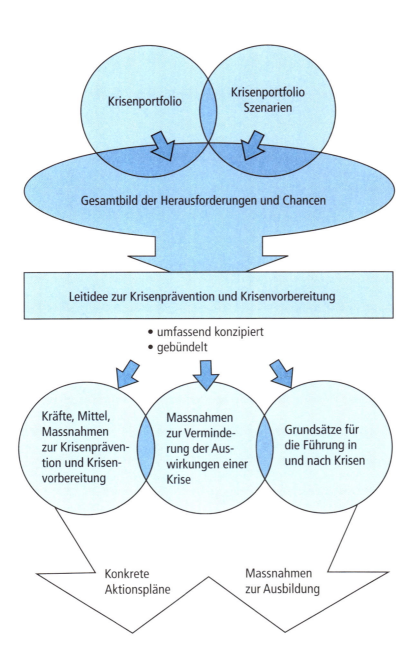

Krisenportfolio

Krisenportfolio Szenarien

Gesamtbild der Herausforderungen und Chancen

Leitidee zur Krisenprävention und Krisenvorbereitung

- umfassend konzipiert
- gebündelt

Kräfte, Mittel, Massnahmen zur Krisenprävention und Krisenvorbereitung

Massnahmen zur Verminderung der Auswirkungen einer Krise

Grundsätze für die Führung in und nach Krisen

Konkrete Aktionspläne

Massnahmen zur Ausbildung

tung dienen bzw. richtet sich an einer Vision, Mission, Zielen oder der Absicht einer bestehenden Krisenorganisation aus.[162]

> Der Prozess zur Formulierung einer Leitidee ist der zentrale Teil der Strategiegestaltung und stellt die Frage in den Mittelpunkt: Welches sind die entscheidenden Erfolgsfaktoren zur Krisenprävention und Krisenvorbereitung?[163]

Eine Leitidee könnte z. B. sein, die Früherkennung und Frühwarnung zu institutionalisieren und ein Ausbildungsorgan zur Krisenvorbereitung zu schaffen, welches im Krisenfall operativer Teil des Kern-Krisenstabes wird,[164] oder gar ein eigentliches Krisen-Kompetenzzentrum ins Leben zu rufen.[165]

(c) Umfassend konzipierter Einsatz aller Kräfte, Mittel und Massnahmen

Jede Portfolio-Strategie zur Krisenprävention und Krisenvorbereitung muss sich am Grundsatz des umfassend konzipierten Einsatzes aller verfügbarer Kräfte, Mittel und Massnahmen messen. Sie darf sich nicht auf einzelne Aktionen pro Krisengruppe oder Krisenszenario beschränken, sondern muss mehrere Massnahmen im Verbund umfassen. Zur Verfügung stehen z. B.:

- Massnahmen, um Risiken zu umgehen, sie zu vermeiden oder sie auf andere (z. B. Versicherungen) zu übertragen.
- Anweisungen zum Schutz und zur Erhöhung der Sicherheit und zur Stärkung der Sicherheitskultur.
- Aktionen zur Reduktion der Verwundbarkeit und zur Schadensminimierung.
- Richtlinien zur Steigerung der Belastbarkeit und der Widerstandsfähigkeit. Die Schaffung von Redundanzen, Backup-Mechanismen und die Diversifizierung.
- Bestrebungen zur Früherkennung von Krisen und zur Frühwarnung.
- Vorsorgliche Schritte zur Führung in der Krise: Zu regeln sind die Organisation des Krisenstabes, das Führungsverfahren, die Ausgestaltung des Führungsraums oder die Anforderungen an die Führungsinfrastruktur.
- Das Vorgehen zur Information und Kommunikation.

(d) Auswirkungen einer Krise reduzieren

Die Portfolio-Strategie befasst sich zusätzlich mit der Möglichkeit, dass die Prävention nicht erfolgreich ist. In diesem Fall sind gebündelte Massnahmen zur Verminderung der Auswirkungen einer Krise vorzusehen und entsprechende Kräfte und Ressourcen bereitzustellen. Konkret denken wir an Vorkehrungen im Bereich der Information und Kommunikation, der Führungsorganisation, des Führungsprozesses und der Führungsinfrastruktur sowie der Nachrichten- und Informationsbeschaffung (vgl. Teil II, [C] 1.).

(e) Führungsgrundsätze in Krisen

Mit der Portfolio-Strategie zur Krisenprävention und Krisenvorbereitung sollten zusätzlich verbindliche Grundsätze für die Führung in Krisen erlassen werden – falls diese in der Organisation oder im Unternehmen nicht bereits vorhanden sind. Sie sollen das Erfassen des Krisenproblems, dessen Lösung sowie die Entschlussfassung und die Umsetzung der Entscheidung regeln und den Übergang zur Führung nach der Krise erleichtern.

> Die Ergebnisse von (a)–(e) münden in konkrete Aktionspläne und Massnahmen zur Ausbildung:

(f) Aktionspläne

Jede Portfolio-Strategie muss zudem in einen verbindlichen Aktionsplan münden, der zum Handeln und zur Umsetzung veranlasst. Er beinhaltet nicht nur klare Zielsetzungen, deren Priorität und den oben beschriebenen, umfassend konzipierten Einsatz aller zur Verfügung stehenden Ressourcen und Mittel. Er koordiniert und regelt deren optimale Abstimmung, befasst sich mit möglichen Hindernissen und Lösungswegen, identifiziert spezifische Aktionsschritte zum Erreichen des Ziels. Wer macht was? Wie? Mit wem zusammen? Und wann? Der Aktionsplan enthält zudem eine Methode zur Fortschrittskontrolle bei der Zielverfolgung und erlaubt rechtzeitig Kurskorrekturen.

(g) Ausbildung und Übungen

«Last but not least» sieht eine wirksame und nachhaltige Portfolio-Strategie zur Krisenprävention immer auch Massnahmen zur Ausbildung vor, (die sich am Krisenportfolio, an den ausgearbeiteten Szenarien und an den Leadership-Anforderungen zur Führung in der Krise orientieren können). Ziel ist es, Erfolg versprechendes Krisenverhalten einzuüben und zu trainieren sowie die geistige Flexibilität und Kreativität in ausserordentlichen Situationen zu erhöhen. Mit gezielter Ausbildung und Übungen werden der Wissensstand und der Erfahrungsaustausch über Risiken und Krisen nachhaltig erhöht und damit die Sicherheitskultur einer Organisation oder Unternehmung gestärkt.

(h) Periodische Überprüfung

Regelmässige Überprüfung der Krisenportfolios und der Portfolio-Strategie zur Krisenprävention und Krisenvorbereitung: Es ist einsichtig, dass in einer sich rasch entwickelnden Umwelt ein einmal erarbeitetes Krisenportfolio und eine Portfolio-Strategie zur Krisenprävention und Krisenvorbereitung der steten Überprüfung und Anpassung bedürfen. Einzelne Schritte müssen deshalb in zeitlichen Abständen kritisch hinterfragt, die Umsetzung des Aktionsplans und der Ausbildung muss evaluiert und wo nötig angepasst werden. Dabei ist auch immer wieder die Ausgangslage mit den festgelegten Zielen, Werten und Aufgaben zu überprüfen.

Schrittweiser Ausbau und Fazit

Mit wachsendem Wissensstand und steigendem Grad der Vorbereitung kann das Krisenportfolio auf zusätzlich ausgewählte Krisen, Krisentypen oder Szenarien ausgedehnt werden.

> Fazit: Entsprechend erweitert sich die Portfolio-Strategie zur Krisenprävention und Krisenvorbereitung schrittweise und erlaubt den Betroffenen, sich immer besser auf potenzielle Krisen vorzubereiten. Indem der Vorbereitungsgrad auf potenzielle Krisen steigt, vermindert sich gleichzeitig die Verwundbarkeit.[166]

5. Führungsbegriffe klären: Notfallmanagement von Führung in Krisen unterscheiden

5.1 Unterschiedliche Anforderungen und Erwartungen an die Führung

Die praktische Bedeutung liegt darin, dass sich die Anforderungen und Erwartungen an die Führung in einem Notfall, einer Katastrophe oder einem Konflikt im Wesen und in einzelnen Teilbereichen von der Führung in der Krise unterscheiden können. Deshalb sind in Krisen auch unterschiedliche oder zusätzliche Führungsfähigkeiten und Führungsqualitäten erforderlich, was wiederum in der Ausbildung der Verantwortungsträger Berücksichtigung finden muss. Auch die Anforderungen an die Information und Kommunikation sind unterschiedlich.[167]

Allerdings ist auch keine scharfe Trennung möglich, weil viele überschneidende Führungsfähigkeiten und -qualitäten sowohl in Notfällen als auch in Krisen Voraussetzung für den Erfolg bilden. Zudem lassen sich aus vergleichenden Auswertungen in der Führungspraxis wertvolle Erkenntnisse finden, die von wechselseitigem Nutzen sind. Im Folgenden betrachten wir die Unterschiede unter dem spezifischen Gesichtspunkt des Handelns im Gegensatz zum Entscheiden.

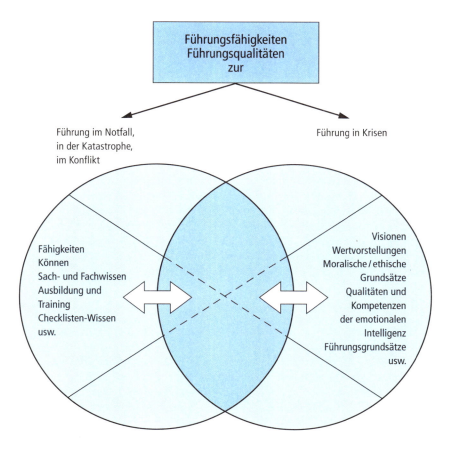

5.2 Handeln vs. Entscheiden?

Stufen der Führung

Betrachten wir die Führungsstufen einer komplexen Verbundkrise vom operativ-taktischen Einsatzleiter auf unterster Stufe bis zum Entscheidungsträger, CEO oder Kontrollorgan auf strategischer Ebene, dann müssen sich alle Verantwortlichen mit Situationen auseinandersetzen, die Charakteristika des Notfallmanagements bzw. der Führung in einer Krise aufweisen können. Als Konsequenz werden je nach der konkreten Situation von den Verantwortlichen unterschiedliche Führungsfähigkeiten und Führungsqualitäten gefordert.

Handeln und/oder Entscheiden

Um diesen Sachverhalt zu verdeutlichen, fragen wir: Was unterscheidet das Management eines Notfalls von der Führung in der Krise?

> Eine erste Antwort lautet: In Notfällen (Emergencies) müssen wir sofort handeln, in der Krise müssen wir primär strategisch entscheiden.

Was bedeutet das? In Krisen sind Entscheide zu fällen, die einem höheren Interesse[168] dienen oder zu einem vorgezeichneten, nach Bedürfnissen und Werten orientierten Ziel führen. Um ein solches Interesse definieren, ein Ziel vorzeichnen zu können oder um Prioritäten zu verändern,[169] ist eine Idee, eine Vorstellung des neuen Zustandes nach der Krise oder der feste Glaube an die Chance einer neuen Ordnung notwendig. Führung in der Krise heisst immer auch Werte, Interessen und realistische Visionen zu kommunizieren. Die Kernfrage jedes Entscheides lautet deshalb: Welcher Weg – oder auch nur Pfad[170] – führt aus der Krise, was soll erreicht werden?[171]

Zeitdruck und Zielsetzung

In Krisen besteht ein hoher zeitlicher Druck zu raschen Entscheidungen, bei Notfällen, Katastrophen, Unfällen zum raschen Handeln, was soll getan werden? «Aufgabe des Notfallmanagements ist es, die Handlungsfähigkeit des Systems zu erhalten. Aufgabe des Krisenmanagements ist es, die Entscheidungsfähigkeit der für das System verantwortlichen Personen sicherzustellen … In vielen Notfällen sind nur wenige Entscheidungen im eigentlichen Sinn zu treffen, aber es muss schnell und richtig gehandelt werden. In ausgeprägten Krisensituationen hingegen muss das Handeln zunächst zurückgestellt werden, bis die handlungsweisenden Entscheidungen getrofen sind.»[172]

Notfallmanagement   **Führung in Krisen**

ENTSCHEIDUNGSBEDARF

HANDLUNGSBEDARF

5.3 Checklisten und/oder Führungsgrundsätze?

Bei Krisen sind nicht Checklisten gefragt, sondern höchstens Führungsgrundsätze, konzise, aber offen formulierte Fragestellungen, ein Behelf als Gedankenstütze.[173]

Demgegenüber kann bei Notfällen oder Katastrophen ein Schwergewicht der Entscheidfindung in die Phase der Führung vor Eintreten des Ereignisses gelegt werden. Mittels Prognosen, Wahrscheinlichkeitsannahmen, systematischer Auswertung und Vergleichen mit ähnlichen Fallstudien können vorbereitete, dauerhafte Verhaltensanweisungen (Standing Operating Procedures, SOP) und Checklisten erarbeitet werden.[174] Diese erlauben bei elektronischen Attacken gegen Rechnersysteme gleich wie bei Grossbränden, beim Flugzeugabsturz, Tunnelbrand, bei Schiffshavarien, Geiselnahmen,[175] nuklearen Störfällen,[176] Erdbebenkatastrophen, Rettungseinsätzen oder Notoperationen[177] eine rasche Intervention, ein rasches Handeln.[178]

Planung und Koordination

Rasch zu handeln ist für die Begrenzung des Schadens sehr wichtig. Oft sind viele Akteure der Blaulicht-Organisationen – wie Rettungsmannschaften, Feuerwehr, Polizei, Militäreinheiten, Sanitätsdienste, Zivilschutz, Ambulanzdienste, Spitäler, Technische Betriebe und Spezialisten, diverse Führungsorgane usw. – beteiligt. Es kommt eine Vielzahl von Stellen zum Einsatz, deren Bemühungen abzusprechen und zu koordinieren sind. Das Ziel ist, dass die vorgesehenen Massnahmen und Abläufe allseits bekannt sind, nach einer kurzen Lagebeurteilung rasch zur Aktion geschritten werden kann und im Ereignisfall die notwendigen Anpassungen an die jeweilige Situation von geringer Dauer sind.

Den Wettlauf gegen die Zeit können wir zusätzlich durch eine Eventualplanung und durch das Erarbeiten sogenannter vorbehaltener Entschlüsse zu unseren Gunsten beeinflussen. Hauptzweck der vorbehaltenen Entschlussfassung ist, geistig mögliche Lageentwicklungen mit dem Ziel durchzuarbeiten, das Vorstellungsvermögen für zukünftige Ereignisse zu entwickeln.[179]

Durch das Vorhandensein dieser Instrumente wird die zeitraubende Phase der Koordination und Abstimmung der grundsätzlichen Vorgehensweise weiter komprimiert. Die grundsätzlichen Absprachen erfolgten bereits beim Erarbeiten der Standing Operating Procedures, der Checklisten oder vorbehaltenen Entschlüsse.

Entscheidfindung in der Krise

Anders präsentiert sich die Situation in den meisten Krisen: Der Entscheidfindungsprozess wird unmittelbar in der Krise ausgelöst und muss zu raschen Resultaten führen.

Wichtigste Entscheide und rasches Handeln werden in die Führungsphase während der Krise komprimiert. Auf vorbereitete Checklisten, standardisierte Verhaltensregeln, Verfahren oder vorbehaltene Entschlüsse zurückzugreifen ist in Krisen, die sich in ähnlicher Form nicht wiederholen, in viel geringerem

Ausmasse oder überhaupt nicht möglich, oft ist dies auch nicht sinnvoll. Trotzdem ist leider festzustellen: «People … have not been educated to formulate complex problems. As a result, far too many people want checklists, clear-cut guides, and simple procedures for doing crisis management (CM).»[180]

Checklisten vs. Führungsgrundsätze

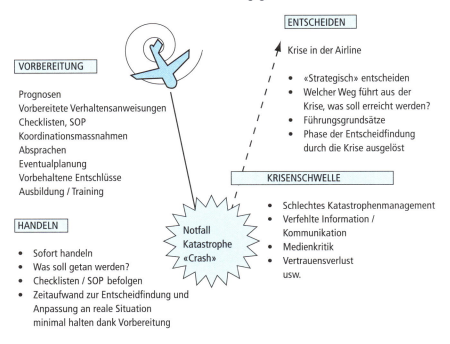

ENTSCHEIDEN

Krise in der Airline

- «Strategisch» entscheiden
- Welcher Weg führt aus der Krise, was soll erreicht werden?
- Führungsgrundsätze
- Phase der Entscheidfindung durch die Krise ausgelöst

VORBEREITUNG

Prognosen
Vorbereitete Verhaltensanweisungen
Checklisten, SOP
Koordinationsmassnahmen
Absprachen
Eventualplanung
Vorbehaltene Entschlüsse
Ausbildung / Training

KRISENSCHWELLE

Notfall Katastrophe «Crash»

- Schlechtes Katastrophenmanagement
- Verfehlte Information / Kommunikation
- Medienkritik
- Vertrauensverlust usw.

HANDELN

- Sofort handeln
- Was soll getan werden?
- Checklisten / SOP befolgen
- Zeitaufwand zur Entscheidfindung und Anpassung an reale Situation minimal halten dank Vorbereitung

5.4 Anforderungen im Vergleich: in Krisen strategisch führen vs. Notfälle oder Katastrophen managen

Wir haben zur praktischen Bedeutung der Unterscheidung festgestellt, dass sich die Anforderungen an die Führung in einem Notfall oder in einer Katastrophe im Wesen und in einzelnen Teilbereichen von der Führung in der Krise unterscheiden.[181]

Um die Unterscheidung zwischen dem Notfallmanagement und der Führung in Krisen klarer hervorzuheben, diene die folgende Gegenüberstellung. Sie verdeutlicht die unterschiedlichen Anforderungen an die Führung, wobei – wie erwähnt – in der Realität sehr oft eine fruchtbare Mischung der beiden Anforderungen festzustellen ist.[182] Sie erhellt auch die Aussage, dass viele Unternehmen gut gemanagt und insbesondere in Krisen schlecht geführt sind.

«Executives must resolve to lead, not merely to manage. There's a major difference. Many organizations are well managed and poorly led because executives address routine problems while ignoring or slighting important matters.»[183]

In Krisen strategisch führen	Notfälle, Katastrophen managen
Leader, die in Krisen strategisch führen und entscheiden, neigen dazu, …	Manager, die in Notfällen oder Katastrophen operativ/taktisch handeln, neigen dazu, …
… das Schwergewicht auf das zu Erreichende, auf Werte, Engagement und zwischenmenschliche Beziehungen zu legen – auf den emotionalen und geistigen Kitt einer Organisation: Was wollen wir warum erreichen? (While Leadership answers the «why» question …	… das Schwergewicht auf das Tun, das Handeln, die rasche Aktion, die Organisation, die Koordination und Kontrolle von Ressourcen zu legen: Was soll getan werden? … management addresses the «how» question e.g. how do we implement the vision in practice?)
… eine Vision zu kreieren (Leadership is about articulating the big picture, promulgating the vision and mission), einen Weg aus der Krise aufzuzeigen und klar erkenntlich zu machen, was eine Institution oder Organisation längerfristig vollbringen kann. (The leader's role is to renew, reinvent and replenish.)	… auf die Erreichung von kurzfristigen Zielen und Aufgaben zu fokussieren (Management is more about interpreting the big picture through identifying tactics. Managers measure, evaluate and monitor.)
… die Organisation in neue Richtungen zu führen – da sie von der Aufrechterhaltung des Status quo unbefriedigt sind – die Krise als Chance zu nutzen. (Leaders create, are often involved in innovation.)	… sich auf die Maximierung von Resultaten zur Schadensbegrenzung, zur Rückkehr zum Status quo ante, auf bestehende Organisationssysteme und Aufgaben zu konzentrieren. (Managers fix things, they are more concerned with the task or process.)
… Ziel und Absicht, weshalb sie etwas entscheiden, zu kommunizieren. (Leaders inspire people.)	… die in SOP, Checklisten, Richtlinien festgelegten Aktionen, Grundsätze und Verfahren zu kommunizieren. (Managers motivate staff on a daily basis.)
… Risiken einzugehen, Veränderungen zu bevorzugen. (Leaders anticipate and initiate change.)	… Unsicherheit zu meiden, sich auf Bewährtes abzustützen, vorsichtig zu agieren. (Managers implement the change and re-engineer processes.)

... ein Gefühl von Bedeutung, Sinn und Wert des Durchstehen und Nutzen einer Krise zu erzeugen. (Leaders coach, setting up mentorship relationships.)	... vereinbarte Aktionen, Handlungen, Massnahmen, die Erfüllung von SOP, Checklisten, Pflichtenheften und Vereinbarungen durchzusetzen. (Managers are engaged in managing, monitoring and training staff.)

5.5 Der Vergleich unterschiedlicher Führungsanforderungen anhand praktischer Beispiele

Train for certainty – Educate for uncertainty (Desert Shield – Desert Storm)

Wie wir gesehen haben, besteht ein gewichtiger, qualitativer Unterschied zwischen einem operativ-taktischen Emergency Management («train for certain emergencies») und den strategischen Anforderungen an die Führung in Krisen («educate for uncertain crises»).[184] Diese Forderung «train for certainty – educate for uncertainty» ist, auf eine Kurzformel reduziert, wie uns kriegserfahrene Offiziere (unter ihnen General Norman Schwarzkopf) in Desert Shield im Dezember 1990 vor Ausbruch der Offensive gegen das besetzte Kuwait den Unterschied an die Führungsanforderungen erklärten.[185] Was dies in der Praxis bedeutet, erlebten wir hautnah 1991 in der Operation Desert Storm, beim Vorstoss unter apokalyptischen Verhältnissen durch die brennenden Ölfelder Kuwaits. Kriege halten sich, ebenso wie Krisen, an keine auch noch so minutiöse Planung, dafür sind sie viel zu komplex. Die Anforderungen an die Aktionsführung in einer komplexen Krisensituation beschränken sich nicht auf die Umsetzung einer Notfallplanung, weshalb auch die Anforderungen an die Führenden nicht identisch sein können. Obschon viele akademische Veröffentlichungen nach wie vor den Unterschied negieren, ist er in der Praxis offensichtlich. Es ist interessant zu verfolgen, wie nun in den amerikanischen Streitkräften wegen der enormen psychischen Belastung der Eingesetzten im Irak oder in Afghanistan die Faktoren der emotionalen Intelligenz bei der Führung gewichtet und in der Ausbildung Berücksichtigung finden.[186]

New York City – 9/11

Beim Terroranschlag am 11. September 2001 in New York City begannen die Rettungsaktionen in Manhattan mit professionellem Notfallmanagement zur Evakuation der Betroffenen und führten, nachdem die Twin Towers einstürzten und auch die Nothelfer bzw. das Krisenreaktionszentrum unter sich begruben, nahtlos zur Führung in der Krise.[187]

London – 7. Juli 2005

Bei den Bombenanschlägen in London im Juli 2005 orientierten die zwölf Chefs der Einsatzkräfte an einer Pressekonferenz am Nachmittag in eindrücklicher Weise über ihr Notfallmanagement, ihre koordinierten Einsätze zur Rettung von Leben und zur Begrenzung des Schadens. Rasches Handeln stand im Vordergrund. Am Abend demonstrierte Premierminister Tony Blair, vom G8-Gipfel in Schottland herbeigeeilt, am Fernsehen Führung in der Krise. Er trat der Verunsicherung in der Bevölkerung entgegen, appellierte an Ruhe, Disziplin und traditionell britische Werte, sich nicht unterkriegen zu lassen. Indem er eine Vision und einen Weg aus der Krise aufzeigte, gewann er Gefolgschaft. Die über Nacht in London auf Hausmauern gesprayten Graffitis «London united» bewiesen, dass man erkannte, wie die Krise gemeinsam zu meistern war.[188]

Rollenspiel

Mit Studierenden machen wir diesen Aspekt im Rollenspiel erfahrbar. Wir schildern ihnen eine ebenfalls persönlich beobachtete Situation bei der Rettung aus einer Gletscherspalte. Wir versetzen sie in die Situation des in 15 Meter Tiefe auf einem Eisvorsprung ausharrenden Opfers und fragen: Welche Führungsqualitäten erwarten Sie vom Rettungschef, den Sie bloss hören, wie er Anweisungen an das Rettungsteam erteilt? Die Antworten sind eindeutig, man erwartet ein rasches, effizientes Handeln zur sofortigen Rettung. Eintrainiertes Vorgehen (Notfallmanagement) soll erfolgreich umgesetzt werden, Charaktereigenschaften des Rettungschefs sind völlig nebensächlich.

Im zweiten Rollenspiel sind die Studierenden in einem Spital tätig, dessen Ärzteschaft streikt, weil sich die Spitalleitung in ungenügender Weise auf eine hochansteckende, gefährliche Epidemie vorbereitet hat. Welche Führungsqualitäten erwarten Sie vom Spitaldirektor in dieser Situation? Über die Fachkompetenzen hinaus werden nun zusätzlich Charaktereigenschaften ins Zentrum der Erwartungen gestellt, wie Vertrauen, Integrität, Verantwortungsbewusstsein, Aufrichtigkeit, Loyalität den Mitarbeitenden gegenüber, offene Kommunikation, Empathie usw. Aus Sicht der Befragten sind sie zur Lösung der Vertrauenskrise essenziell.

Checklisten und/oder Führungsgrundsätze

Auch die Kontroversen um die Befolgung von Checklisten in Situationen, in denen Führung verlangt wird, zeigen den Unterschied auf. So wurde die Besatzung der abgestürzten Swissair 111 nachträglich rehabilitiert, nachdem man ihr anfänglich vorgeworfen hatte, stur nach Checkliste ins Verderben geflogen zu sein.[189] Alle 229 Insassen kamen am 2. September 1998 vor der Küste von Peggys Cove, Nova Scotia, ums Leben. Im Gegensatz übergab Flugkapitän Sullenberger dem Co-Piloten die Aufgabe, nach Checkliste zu versuchen, die Triebwerke wieder zu starten, nachdem der Airbus A320 nach dem Start von La Guardia mit einem Vogelschwarm kollidiert war. Er entschied in den ihm zur Verfügung stehenden dreieinhalb Minuten, die Funkanweisungen zu missachten, nicht an mögliche spätere Anschuldigungen zu denken und die Maschine der US Airways mit 155 Insassen an Bord auf dem Hudson River notzulanden.[190] Alle Insassen konnten am 15. Januar 2009 gerettet werden.

Differenzierung im zivilen Bereich?

Während die unterschiedlichen Anforderungen an die Ausbildung in Streitkräften mit Kriegserfahrung seit Langem erkannt wurden, sind sie im zivilen Ausbildungsbereich zu lange negiert worden. Nun scheint sich die Einsicht durchzusetzen, dass die Ausbildungsschwergewichte im Management und in der Leadership-Ausbildung unterschiedlich zu setzen sind. Gegenüber nach wie vor Uneinsichtigen pflegen wir letztlich ins Feld zu führen, dass sogar die Clubschule Migros die Unterscheidung macht. Sie bietet neben ihren Managementkursen, Leadership-Ausbildung an, mit Inhalten wie Selbst- und Sozialkompetenz, Führungs- und Kommunikationskompetenzen, Selbsterkenntnis, Selbstmanagement oder Konfliktbewältigung.[191]

6. Führungsbegriffe klären: Management von Krisen (Krisenmanagement) oder Führung in Krisen?

6.1 Krisen beherrschen oder in Krisen führen

Wer managet wen? Wer führt?

Vorerst wollen wir klären, ob die zum Erfolg führenden Leadership-Qualitäten primär dazu dienen, eine Krise zu managen und/oder in der Krise strategisch zu führen?[192] Dieser Frage stellen wir unsere Aussage gegenüber: Nicht Chefs haben Krisen im Griff, sondern umgekehrt die Krise den Chef. Wer wen managt, ist oft umstritten – wer führt, ist der Chef.

Diese Kurzformel weist auf die Illusion hin, Krisen zu managen, zu beherrschen. In Tat und Wahrheit sind sie es, die uns im Griff haben. Beides sind Ausdrücke, denen wir täglich begegnen, dabei entspringt der Begriff Krisenbeherrschung eher menschlichem Wunschdenken als der Realität. Krisen zeichnen sich gerade dadurch aus, dass wir die Herrschaft über die Situation verloren, dass wir sie nicht mehr im Griff haben. Auch mit der Übersetzung von Krisenmanagement mit Krisenbewältigung wird nur die finale Zielsetzung angekündigt. Was ist aber auf dem Weg hin zur Bewältigung zu tun?

Führung in Krisen als zutreffender Begriff

Wir bevorzugen und nutzen deshalb konsequent den Begriff Führung in Krisen. Er impliziert am ehesten das Bemühen, den Verlauf der Ereignisse in unserem Sinn zu steuern, mit Entscheiden die Krisenlage zu unseren Gunsten zu beeinflussen, die schädigenden Folgen einzudämmen, sie möglichst gering zu halten und im Gegenzug sich bietende Chancen voll zu nutzen.

> Fazit: Führung in Krisen ist weiter als Krisenmanagement zu fassen und in den Gesamtrahmen kontinuierlicher Anstrengungen zur Krisenprävention und zum Lernen aus Krisen zu stellen. Bei jeder Krise gibt es ein Vorher und ein Nachher. Deshalb findet der Führungsprozess seine Fortsetzung in der Führung nach und seine Ergänzung in der Führung vor der – nächsten – Krise.

Leadership zum Wandel

Die Triebkraft für erfolgreiche Neuorientierung ist Leadership, nicht Management. Leadership ist mit dem Gedanken des Wandels, dem Weg aus der Krise als Vision und Strategie verbunden. «Leadership and management are two distinctive and complementary systems of action. Each has its own function and characteristic activities. Both are necessary for success in an increasingly complex and volatile business environment. Leadership complements management; it doesn't replace it.»[193] Der Krisenforscher Ian Mitroff geht in seiner Kritik noch weiter und meint, dass die Limitationen des Managements Teil des Krisenproblems sind: «Indeed, traditional management is a big part of the problem – it is not the solution.»[194]

6.2 Führung mit Werten und Zielen

«Leadership bedeutet ein Denken in Form von Werten und Werthierarchien».[195] Es geht in Krisen nicht allein um Führungsprozesse und -methoden, sondern zusätzlich immer auch um Führung mit Werten und Zielen oder konkret um Warum-Fragen: Was wollen wir warum erreichen? «During times of turbulence, the decisions a leader makes will be far-reaching. Never lose sight of your company's core values».[196] Werte und Interessen bestimmen die in der Krise verfolgten Absichten und Zielsetzungen, die je nach Krisensituation, Krisentyp, Krisenphase bzw. je nach involvierten Stakeholdern unterschiedlich sind.[197]

Von Leadership erwartet man mehr

Fazit: Aus der Gegenüberstellung von Krisenmanagement und Führung in der Krise ist auch ersichtlich, dass man zusätzliche Erwartungen an die Führungsverantwortlichen hat: «Leadership is the art of accomplishing more than the science of management says is possible».[198]

Dies hat z. B. Konsequenzen auf das Sagen, auf die Kommunikation des Leaders. Die Erwartung ist, dass seine Worte und Taten konsistent sind, er nicht «Wasser predigt» und selbst insgeheim «Wein oder gar Hochprozentiges trinkt» – wie wir das nur allzu oft beobachten konnten.[199]

Unterschiedliche Ausbildungsanforderungen

Fazit: Eine weitere Folgerung ist, dass die Ausbildung der Führungsverantwortlichen dem Unterschied zwischen Krisenmanagement und Leadership in Krisen Rechnung tragen muss.

Sind eher fachliche Kompetenzen, Sach- und Methodenwissen, spezifische Fähigkeiten (Skills) in den Vordergrund zu stellen[200] oder ist das Ausbildungsschwergewicht zur erfolgreichen Führung in Krisen eher auf Aspekte der Weiterentwicklung von Führungsqualitäten, der emotionalen Intelligenz zu legen?[201] (Dieser Frage gehen wir in Teil III und IV des Leitfadens nach.)

6.3 Leader und Manager im 21. Jahrhundert

In der unternehmerischen Welt der Gegenwart mögen die Trennlinien zwischen Management und Leadership fliessender sein. Richtig ist auch, wenn gefordert wird, man müsse «von einem möglichst positiv verstandenen Bild von Management ausgehen, und von dort aus dann fragen, was Leadership darüber hinaus noch zusätzlich bedeutet. Tut man das nicht, dann wird einfach alles Schlechte als Management bezeichnet und alles Gute als Leadership.»[202] «Nobody aspires to being a good manager anymore; everybody wants to be a great leader. But the separation of management from leadership is dangerous. Just as management without leadership encourages an uninspired style, which deadens activities, leadership without management encourages a disconnected style, which promotes hubris.»[203]

Kann man Manager und Leader in einem sein?

Ebenso sind Führende je nach Entwicklung der Situationen gezwungen, von der Managerrolle in die Leaderrolle und zurück zu wechseln. Es kann sein, dass Verantwortliche zuerst oder zeitgleich das Management eines Notfalls oder einer Katastrophe beherrschen müssen und erst als Konsequenz eines Missmanagements oder der Eskalation der Situation eine strategische Führung in Krisen gefordert ist.

> Fazit: Voraussetzung zum erfolgreichen Rollenwechsel ist, dass Sie sich in beiden Bereichen gut auskennen und ausgebildet sind.[204] Dabei stellt sich die Frage, in welchem Umfang jemand Leader und Manager in einem sein kann? Wir meinen, dass dem Grenzen gesetzt sind.[205]

7. Aspekte der strategischen Führung in komplexen Krisen

Wir haben unter Pt. 5.4 postuliert, dass der Führung in Krisen das Adjektiv *strategisch* vorangestellt wird und dass den besonderen Anforderungen an die Führung in Krisen – in Ergänzung zum Notfallmanagement – Rechnung zu tragen ist. In komplexen Krisen strategisch führen heisst unseres Erachtens zweitens, der Intention der Strategie Rechnung zu tragen und strategischen Grundsätzen nachzuleben (wie sie in Teil II zur Darstellung gelangen).[206] Drittens bleibt, ohne menschlich überzeugende Führungsqualitäten, der Begriff strategische Führung eine zwar oft verwendete, aber in sich leere Absichtserklärung ohne glaubwürdigen Inhalt. Deshalb gilt es viertens, die in Krisen entscheidenden Führungsqualitäten bei der Ausbildung zu erkennen, zu fördern oder weiterzuentwickeln (vgl. Teil III und IV).

7.1 Die Intention der Strategie in Krisen

Die Intention einer Krisenstrategie ist nicht aus einer begrifflichen Definition abzuleiten, sondern aus der Sicht der Problem- und Krisenlösung her zu verstehen.

Denken und Handeln in grösseren Gesamtzusammenhängen

Es geht darum, in Krisen das Denken und Handeln in grössere Gesamtzusammenhänge zu setzen und unser Vorgehen im Rahmen weitreichender Zielsetzungen zu entwickeln. Lösungsorientierte Wege aus einer komplexen Krise sind interdisziplinär durchdacht, wobei Gesichtspunkte aus verschiedensten Fachbereichen zu kombinieren sind. Die Krisenstrategie ist zielorientiert und gleichzeitig gesamtheitlich vernetzt, kreativ und innovativ. Sie ist visionär und aus diesen Gründen prospektiv und proaktiv.[207] Beim Wort strategisch denken wir eher an eine konzeptionell weite, in grösserem Rahmen dimensionierte und längere Zeit wirksame Sicht der Dinge. Deshalb gilt es, «am Anfang das Ende zu bedenken».[208]

> Fazit: In Krisen darf unser Handeln nicht daran leiden, dass es zu operationell ausge-richtet ist. Es muss Zeit für Grundsatzdiskussionen geschaffen werden, eine blosse Politik des Feuerlöschens zahlt sich nicht aus.[209]

Schliesslich will die Intention der Strategie nicht nur ausserordentliche Entscheide während einer Krisensituation, sondern auch tägliche Einzelent-scheide vor und nach einer Krise in eine Gesamtsicht einbetten.

Wertorientierte Vision als Orientierungshilfe und Grundlage der Krisenstrategie

Angesichts einer unübersichtlichen Krisensituation und konfrontiert mit vielschichtiger Komplexität, orientiert sich das strategische Denken und Handeln an Werten und Interessen, am Gewichtigen, am Bedeutsamen und Bedeutungsvollen. Die von allen mitgetragenen Interessen («vital interests»), prägen unsere Vision oder Idee, wie der Krise zu begegnen ist, und werden zur Grundlage der Krisenstrategie.[210] Deren Fixsterne sind moralisch-ethische Werte, denen wir uns verpflichtet fühlen:[211] «… leadership is fundamentally about humanity. It is about morality.»[212]

> Fazit: Das Ziel der Strategie ist, dass sich «Werte und Erfolg verbünden.»[213] Um dies zu erreichen, geht es von Anbeginn um Integrität und Ehrlichkeit: «… have a culture of integrity, meaning a culture of honesty, transparency, fairness and strict adherence to rules».[214]

Ganz im Gegensatz zur Finanzmarktkrise, in der sich «das Versagen von Märkten und Moral manifestiert» hat.[215]

7.2 Testfragen zur Krisenstrategie

Die folgenden Testfragen können sowohl bei der Portfolio-Strategie zur Krisenprävention und Krisenvorbereitung als auch bei der Führung in der Krise Verwendung finden.

> Wird eine klare, strategische Absicht oder Leitidee des Handelns formuliert? (Als Ausdruck des Bestrebens, alle Beteiligten auf die gewählte Lösungsvariante zur Zielerreichung auszurichten.)
> Ist in die Krisenstrategie eine Leitidee der Information und Kommunikation inte-griert?
> Machen die Entscheidungsträger ihren ganzen Einfluss und ihre Überzeugungs-kraft bei allen, welche die Strategie mittragen oder an der Problem- und Krisen-lösung beteiligt sind, geltend?

> Sieht die Strategie einen umfassend konzipierten Einsatz sämtlicher zur Verfügung stehender Kräfte, Mittel und Ressourcen im Verbund vor? (Diese Überprüfung nimmt, wie auch die nächste Frage, vor allem das Führungssystem ins Visier.)

> Sieht die Strategie eine systematische Ordnung aller zur Krisenlösung zur Verfügung stehenden Kräfte und Möglichkeiten vor? (Es geht um die planmässige Organisation, die Reihenfolge, Koordination und Kontrolle – insbesondere in zeitlicher und räumlicher Hinsicht – und um die optimale Abstimmung der Massnahmen und Mittel auf allen Stufen, gemäss der Absicht oder Leitidee des Handelns und um deren Umsetzung.)

7.3 Eine Metapher zur strategischen Führung in Krisen

Um die Frage: Was ist strategische Krisenführung? auf eine einfach nachvollziehbare und praktikable Weise zu beantworten, bedienen wir uns – statt einer Begriffsdefinition von Strategie[216] – einer maritimen Metapher, welche die wesentlichsten Inhalte und Tätigkeiten der strategischen Führung trefflich zusammenfasst:

Bei rauer See und schlechter Sicht braucht man fünf Dinge: 1. Die Kenntnis des eigenen Standortes, 2. eine klare Bestimmung des anzusteuernden Ziels, 3. einen funktionstüchtigen Kompass, 4. zuverlässigen, stetigen Antrieb und 5. natürlich erstklassige Kapitäne und Lotsen.[217]

So können wir am Beispiel der Krise um das schweizerische Bankgeheimnis oder der Krise mit Libyen jeden einzelnen Aspekt bis zum heutigen Zeitpunkt als nicht erfüllt betrachten und eindeutig festhalten, dass es an strategischer Führung der schweizerischen Landesregierung fehlte.[218]

1. Die Kenntnis des eigenen Standortes

«Der Abwehrkampf um den Finanzplatz und das libysche Geiseldrama zeigen exemplarisch, wie die Schweiz Mühe bekundet, der Realität ausserhalb des eigenen Territoriums ins Auge zu schauen.»[219] Die Standortbestimmung will eine klare Antwort auf die Frage finden: Wo stehen wir als Land, Organisation oder Unternehmung? In der Krise bedingt dies eine schonungslos offene und (selbst-)kritische Analyse der Situation, ebenso wie das Erkennen eigener Stärken und Schwächen, eigener Verwundbarkeit und Belastbarkeit. Diese Voraussetzung gilt es sowohl auf der individuellen Ebene des Führenden als auch auf höherer Ebene einer Organisation oder Unternehmung zu erfüllen.[220]

> Fazit: Allein die realistische Kenntnis des eigenen Standortes wird uns Klarheit über die Risiken, aber auch über mögliche Chancen einer krisenhaften Situation verschaffen, sie hilft uns, unsere Entscheidungsfreiheit und Handlungsfähigkeit zu wahren, um den richtigen Weg aus der Krise einzuschlagen.

Instrumente zur Standortbestimmung

Während der Krise findet die Standortbestimmung insbesondere beim Erfassen des Krisenproblems und bei der systematischen Lagebeurteilung als Basis möglicher Lösungsvarianten statt. *Vor der Krise* ist das Erarbeiten einer Portfolio-Strategie zur Krisenprävention und Krisenvorbereitung, *nach der Krise* eine konsequente Krisenauswertung das geeignete Mittel, um sich intensiv mit eigenen Stärken und Schwächen auseinanderzusetzen: «In der strategischen Arbeit ist es wie im Leben: Wir lernen aus Fehlern mehr als aus guten Entscheiden.»[221]

2. Die klare Bestimmung des anzusteuernden Ziels

Eine unmissverständliche Zielsetzung setzt voraus, dass wir eine Vision entwickeln, um einen Weg aus der Krise aufzuzeigen und zu verdeutlichen, was wir, unsere Institution oder Organisation längerfristig vollbringen wollen und wie wir die Krise als Chance zu unseren Gunsten nutzen können. Man sollte jetzt nicht in Krisen-Aktionismus verfallen, sondern die Gestaltungsmöglichkeiten wahrnehmen, die zu normalen Zeiten nicht bestünden.[222] Nach dieser Vision richten wir unsere strategische Absicht oder Mission aus.[223]

> Fazit: Im Führungsrhythmus bildet das Festlegen von Zielen und des erwünschten Endzustands nach der Krise integrierter Bestandteil der Führungstätigkeiten zum Erfassen des Krisenproblems, der Problemlösung, Entschlussfassung und Umsetzung von Entscheiden.

3. Instrumente zur Zielverfolgung und Fortschrittskontrolle

In Krisen strategisch zu führen verlangt nach einem funktionstüchtigen Kompass, um die einzuschlagende Richtung zu bestimmen, er dient ebenso der Erfolgs- und Fortschrittskontrolle. Zentrale Instrumente sind die in Teil II dargestellten Führungs- und Kommunikationsprozesse, die Führungsorganisation und die Führungsinfrastruktur, mit dem Herzstück der strategischen Problemerkennung, der systematischen Lagebeurteilung, Entschlussfassung und Umsetzung der Entscheide. Ein Kompass ist aber nutzlos ohne die genaue Kenntnis des eigenen Standortes und ohne eindeutige Zielsetzung. Als Orientierungshilfe benötigen wir – wie oben dargestellt – verbindliche Werte und Prioritäten.[224] Im Nebel komplexer Krisen weisen sie den Weg aus auftauchender Ratlosigkeit, Verunsicherung, Orientierungslosigkeit oder aus dem Entscheidungsdilemma.

> Fazit: «Wahre Werte statt hohle Worte»[225] benötigen wir auch hier, um bei der Krisensteuerung Kurskorrekturen vorzunehmen, wenn wir das Ziel zu verfehlen drohen, wenn wir übersteuert haben oder wenn wir unterwegs die Ziele neu setzen müssen.

Konkret erfolgt dies im Aktionsführungsprozess, in der Folgeplanung oder im Aktionsnachbearbeitungsprozess.

4. Zuverlässiger, stetiger Antrieb in rauer See

Stetiger Antrieb ist notwendig, weil man ein Krisenschiff nur steuern kann, wenn es in Bewegung bleibt, Voraussetzung hierzu ist ein beharrliches Ringen um Handlungsfreiheit zur Umsetzung der deklarierten Ziele.

> Fazit: Zur dynamischen Zielverfolgung gehören ein hohes Mass an Flexibilität, ein intensiver und kontinuierlicher Denk- und Entscheidungsprozess und ein nicht nachlassendes Bestreben, Entscheide in Handlungen, Aktionen und konkrete Massnahmen umzusetzen: «The most creative, visionary strategic planning is useless if it isn't translated into action. Think simplicity, clarity, focus – and review your progress relentlessly.»[226]

Strategien in die Tat umsetzen

Mit Deklarationen, mit Sagen ohne Tun, lässt sich keine Krise bewältigen. Strategy execution is the key. «Without a careful, planned approach to execution, strategic goals cannot be attained.»[227] «Beschlüsse herbeizuführen ist zwar oft nicht leicht. Sie zu realisieren ist aber um Grössenordnungen schwieriger (…) Ständiges Nachfassen, Realisierungskontrolle und Konzentration auf die Finalisierung sind umso wichtiger, je mehr man sich in einer Krisensituation befindet.»[228] Dabei müssen wir den Willen haben, uns zu verändern und zu verbessern, neue, innovative Wege zu suchen, um Hindernisse und Risiken zu überwinden.

> Fazit: Stetiger Antrieb überwindet Störpotenzial in Form gegenläufiger Interessen unserer Opponenten oder uns nicht gut gesinnter Gegenaktionen und Behinderungen. Eine Krisenstrategie zieht derartige Erschwernisse und Widerstände von Anbeginn mit in die Überlegung ein, wie der Antrieb auszugestalten ist.

Strategie und Macht

Dabei ist insbesondere dem Machtfaktor Beachtung zu schenken. Machtanwendung kann als treibender Motor zur Durchsetzung der eigenen Strategie offen oder versteckt eine entscheidende Rolle spielen.[229] Diejenigen, die am längeren Hebel sitzen, bestimmen den Ausgang der Krise zu ihren Gunsten.[230]

> Fazit: Ein nachhaltigerer Antrieb kann deshalb auch darin bestehen, nicht nur zu überzeugen oder Konsens zu finden, sondern auch handfeste Interessenkoalitionen zu schmieden oder zweckorientierte Win-win-Situationen zu schaffen.[231]

Vertrauen als Treibstoff

Im Führungsrhythmus sorgt das Krisenteam für permanenten Antrieb, vom Erfassen des Krisenproblems bis zur Lösung, Entschlussfassung und Umsetzung der Entscheidung. Zentrale Motoren sie insbesondere die Aktivitäten der Information und Kommunikation, die Nachrichten- und Informationsbeschaffung und die stete Anpassung des Führungssystems.

> Fazit: Treibstoff für den Motor des Krisenteams ist sein Vertrauen in eine glaubwürdige und aufrichtige Leadership.[232]

Vertikale Dimension der Strategie

Unter dem vertikalen Antrieb der Strategie bzw. unter operativ treibender Kraft verstehen wir die nachgeordnete Ausführung oder tatsächliche Umsetzung strategischer Entscheide in Krisen. Operative Linienverantwortliche liefern einen entscheidenden Beitrag zum Gesamtantrieb im Verbund.

> Fazit: In einer hierarchisch gegliederten Organisation oder Unternehmung soll allen Stufen eine Mitverantwortung zur strategischen Reflexion zugeordnet werden.

Die Kommandoordnung muss so ausgestaltet sein, dass alle Führungsstufen Gelegenheit haben, einen Beitrag zur Gesamtstrategie zu leisten, etwa bei der ersten Lagebeurteilung und dem Entscheid, ob eine Krisenorganisation eingesetzt werden soll. Taktik und Strategie können ineinander übergreifen, die obersten strategischen Entscheidungsträger sollen bei weitreichenden Entscheiden sehr wohl auch die operative Umsetzung im Auge behalten und taktische Überlegungen anstellen.

5. Erstklassige Kapitäne und Lotsen

Neuartige Krisen verlangen dringlich nach einem neuen Typ von Kapitän und Lotsen.[233] Erstklassig bleibt niemand auf Dauer, es sei denn, Leadership in der Krise wird als permanenter Lernprozess verstanden. Dazu gehört z. B. zu lernen, wie man nicht Erfolg versprechende Einstellungen und Reaktionen verändert (vgl. Teil III und IV).

Kapitän und Kajakfahrer

Wir stellen uns den neuen Typ Kapitän nicht bloss vor, wie er von der hohen Brücke aus weitsichtig durch die Krise navigiert. Dieses statische Bild ist zu ergänzen mit der Forderung, dass er auch versteht, sich im schäumenden Wildwasser turbulenter Krisen («in the new age – the age of turbulence»[234]) durch permanentes Agieren und Reagieren unablässig seine Handlungsfreiheit und Handlungsfähigkeit zu wahren und verschiedene Lösungsvarianten zu optimieren.

> Fazit: Die Dynamik des Krisenumfeldes zwingt, dem Erkennen und Nutzen günstiger und Erfolg versprechender Gelegenheiten höchste Priorität einzuräumen. «Strategy as Simple Rules, advantage comes from successfully seizing fleeting opportunities.»[235]

Experte zwischenmenschlicher Beziehungen

> Fazit: Der neue Typ von Kapitän zeichnet sich durch seine besondere Fähigkeit zur menschlichen Kommunikation aus. Verfügt ein Leader über Führungskompetenz in Krisen, ist er nicht nur lernwillig, sondern ein Experte im Bereich zwischenmenschlicher Beziehungen. Sich und andere führen heisst für ihn, sich und andere besser zu verstehen.

Das Team Kapitän, Lotse und Crew arbeitet im noch engeren Verbund. Im Gegensatz zur alten Garde denkt der Kapitän neuen Typs vernetzter und in verstärktem Masse in Gesamtzusammenhängen. Deshalb sucht er den Dialog und die Kommunikation mit seiner Crew, sie trägt die Strategie hautnah mit und sorgt für stetigen Antrieb. Er macht seinen Einfluss, seine ganze Überzeugungskraft auf das Team und sein Verhalten geltend.[236] Dies insbesondere, falls in der Crew Zweifel an den Fähigkeiten des Kapitäns zur Umsetzung der Strategie laut werden: «Vielerorts hegen die Manager unterhalb des CEO-Niveaus Zweifel an den Fähigkeiten und den Plänen der Unternehmensspitze.» «(…) wenn es um die Frage nach der Kompetenz ihrer Chefs zur Umsetzung der Massnahmen geht, scheinen die Schweizer Kaderleute besonders kritisch (56 %) zu sein.»[237]

Deshalb legt der Kapitän Wert auf den emotionalen und geistigen Kitt seiner Unternehmung oder Organisation. Wie Kitt auf beiden Seiten klebt und verbindet, nehmen Leader Einfluss auf die Geführten, im Gegenzug nehmen die Geführten in Krisen Einfluss auf das Verhalten des Leaders.[238] Er rettet sich im Sturm oder bei Havarie nicht als Erster nach dem Motto: «Je schlechter die Performance, umso höher die Bezüge der Führungscrew»[239] mit einem vergoldeten Rettungsboot,[240] wie dies verschiedene Schönwetterkapitäne und schlechte Leader in letzter Zeit vordemonstriert haben.[241]

> Führung in der Krise. Was ist zu tun? Was kann ich in Krisen tun?

1.1 Führungsgrundsätze und Kernfragen

Die Frage lautet konkret und direkt: Was kann ich tun, um in krisenhaften Situationen ein Mass an Führung, an Leadership zu entwickeln, um der Krise nicht passiv und erduldend ausgesetzt oder bloss zum reaktiven Handeln verurteilt zu sein?

> Der in der Folge beschrittene Lösungsweg basiert einerseits auf Führungsgrundsätzen und andererseits auf daraus abgeleiteten Kernfragen. Zusammen bilden sie den Ausgangspunkt zur Führung in der Krise: Was ist zu tun? Von wem? Wie? Wann? Mit wem zusammen? Und allenfalls wo?

1.2 Führungsgrundsätze als Wegweiser im Krisennebel

Führung in der Krise

Im folgenden Kapitel werden zentrale Führungsgrundsätze mit essenziellen Kernfragen ergänzt, zusammen erfüllen sie die Funktion eines Hilfsmittels zur Entscheidfindung in unübersichtlichen oder chaotischen Situationen.[1] Komplexe Krisen scheren sich einen Deut um Checklisten und Schablonendenken, weshalb Führungsgrundsätze keine unmittelbaren Handlungsanweisungen enthalten, wie sie im Gegensatz in Checklisten und Standing Operating Procedures (SOP) für Notfälle oder Katastrophen enthalten sind.[2]

Gemeinsam dienen sie als hilfreiche Wegweiser, bilden gleichsam ein tragendes Rückgrat («une colonne vertébrale») der Führung in der Krise. Generelle Führungsgrundsätze und ergänzende Kernfragen – anstelle detaillierter Verhaltensanweisungen – sollen verhindern, dass Vorgaben mechanisch oder gar blind umgesetzt werden, was bei Checklisten eine Gefahr darstellt. Oberstes Gebot bleibt, dass sich die Führung in der Krise kreativ und flexibel der jeweiligen Situation anpasst, weshalb sie nur jene Grundsätze verwendet, die zur Lösung der spezifischen Situation hilfreich sind.

> Fazit: Die Führungsgrundsätze geben uns nicht eine geplante Lösung vor, sondern fordern von uns, selbst eine abgestimmte Antwort auf das jeweilige Krisenproblem zu finden. Grundsätze und Kernfragen dienen in diesem Sinn als Gedächtnisstütze und Anstoss zum Tun.

Führung nach und vor der Krise

Im Gegensatz zur Führung in einer Krise, haben Grundsätze und Kernfragen bei der Führung nach und vor der Krise eine unterschiedliche Bedeutung. Da hier kein Zeitdruck besteht, sind sie ein methodisch-didaktisches Hilfsmittel, um in systematischer Weise den Übergang zur Krisennachbereitung, zur Evaluation und Umsetzung der Erkenntnisse in Lehren (Lessons Learned) zu erarbeiten. Dasselbe gilt für die Phase der Führung vor der Krise, in der sie in unterstützender Weise sicherstellen, dass wichtige Aspekte der Krisenvorbereitung, Frühwarnung und Prävention Berücksichtigung finden.

1.3 Herausfordernde, kritische und kreative Fragen als Triebfedern zum Handeln

Kernfragen führen weiter

Um die Führungsgrundsätze umzusetzen, sind vorerst gesunder Menschenverstand und Weitsicht gefragt, über die jeder verfügt. Beides kann man in Krisen leicht verlieren. Deshalb ergänzen und erweitern Kernfragen die Grundsätze. Der so konzipierte Aufbau soll Sie zum schöpferischen Recherchieren weiterer Anschlussfragen anspornen. Das geschickte, unablässige Fragestellen hält Sie geistig in Bewegung, es ist Ihr «innerer Motor», der Sie aus der verengten Perspektive und der Bedrängnis in der Krise zur Aktion und zum Handeln antreibt und Sie auch immer wieder zum gesunden Menschenverstand zurückführt. «Questions are the answer»,[3] Kernfragen sind die Schlüssel, die Ihnen die Türen zu hilfreichen Antworten öffnen. Sie dienen wie die Grundsätze als Orientierungshilfe.

> Die Fragen im Leitfaden sind bewusst allgemein gehalten und offen formuliert, damit sie auf verschiedenste Krisen Anwendung finden. Sie sollen je nach Krise und Situation angepasst und ergänzt werden und dienen als hilfreiche «tool box», als Werkzeug- oder Ersthilfe-Kasten.[4]

In jedem Fall aber sind, ohne Rücksicht auf Vorgegebenes, auch unangenehmste Fragen zu stellen: «Respect no organization chart. Ask impertinent questions. Raise thorny and troublesome issues. Crises do not give a damn for the ways in which we have organized the world … Crises cut across corporate departments, functions and silos. If anything is characteristic of crises, it is that they do not respect human or natural boundaries. ‹Out of the box› and ‹beyond the silos› thinking is an absolute necessity in thwarting crises. Big-picture thinking is necessary to deal with crises. Think the unthinkable. While you may not be able to prevent every crisis, let alone think of each form it will take, you are obligated to do everything in your power to think of all the ‹unthinkables›. Expect the unexpected».[5]

Fazit: Um komplexe Krisensituationen auch nur annähernd in holistischer Weise und in einem systemischen Rahmen erfassen zu können, sind kontroverse, kritische, kreative und innovative Fragestellungen essenziell.

1.4 Führungsverhalten, das die Krise verschlimmert

Selbstkritische Betrachtung ist angesagt

Eine wichtige Führungsqualität in Krisen besteht darin, selbstkritisch seiner Schwächen in Form von Reaktionsmustern gewahr zu werden, welche die Krise verschlimmern können. Kann ich in meinem Krisenverhalten typische Aspekte der «Kampf- oder Fluchtreaktion» («Fight-or-Flight-Notfall-Reaktion) erkennen? Wie:

> Angst, Panik, Feigheit, Nervosität oder Verzweiflung?
> Habe ich die Tendenz, Schreckensnachrichten zu verdrängen, ihnen nicht glauben zu wollen, sie nicht zu beachten? Oder nehme ich Zuflucht zu Vertuschungsmanövern, zu unbegründeten Vorwürfen und Schuldzuweisungen, zum Aufbau von Feindbildern?[6]
> Bin ich verwirrt, resigniert, gelähmt, mutlos, zaudernd? Bevorzuge ich primär Rückzug, Geheimniskrämerei, Flucht in juristische Haarspalterei, um Zeit zu gewinnen?
> Sehe ich im Spiegel Aggression, Wut, Erbitterung, provokatives Verhalten?
> Oder komplementär zur Unterreaktion: konzeptlose, kopflose Überreaktion, überstürztes Handeln, ruhelosen, unbedachten Aktivismus?[7]

Schwächen erkennen, ihnen begegnen

In der Krise treten unsere persönlichen Schwächen intensiver zum Vorschein, da wir von der Situation emotional erfasst werden.[8] Es ist deshalb völlig normal, dass einzelne oben aufgezählte Neigungen in jedem Führungsverhalten zu entdecken sind.[9] Unsere Aufgabe ist, dafür zu sorgen, dass sie nicht überhand und vollständig von unserem Denken Besitz nehmen. Deshalb ist es zwingend notwendig, sich in der Krise regelmässig selbst zu prüfen und von der Situation Abstand zu nehmen. Falls wir eine vertraute Person oder einen Coach zur Seite haben, können wir ihn mit der Aufgabe betrauen, uns zu beobachten und uns, insbesondere vor wichtigen Entscheiden, den Spiegel vorzuhalten oder testend Fragen zu stellen.

Falls wir mit seiner Hilfe im Führungsverhalten Ansätze feststellen, welche die Krise verschlimmern oder sie eskalieren lassen, ist es Zeit zur Besinnung und zur Einsicht, dass wir unsere normalen Schwächen nicht durch Verdrängung oder kompensierendes Verhalten loswerden – wie wir dies bei Leitern von Krisenstäben im Stress leider immer wieder feststellen.

> Fazit: Wenn wir unsere Schwächen anerkennen und uns ihnen stellen, um Gegenmassnahmen zu ergreifen, können wir sie in Schach halten.

Wie Einstellungen und Gewohnheiten verändert werden, legen wir in Teil III und IV dar.

1.5 Sieben Leitgedanken zur Führung in der Krise

Auf dem Weg von der Beurteilung eines Krisenproblems bis zur Entschlussfassung können wir uns an Leitgedanken zur Führung orientieren. Entscheidend ist, dass diese Leitgedanken nicht irgendwo auf Papier stehen, sondern dass sie intensiv diskutiert und anschliessend verinnerlicht werden. Sie haben allgemeine Gültigkeit für alle und können auch als Massstab zur Überprüfung möglicher Lösungsvarianten oder ins Auge gefasster Entscheide dienen. In Führungsbehelfen findet sich zwar eine Reihe nützlicher Leitgedanken,[10] aus der Beobachtung einer Vielzahl von Krisen und erfolgreichem Führungsverhalten erscheinen uns jedoch die folgenden sieben besonders wertvoll zu sein:

(1) Die Initiative ergreifen: «Take Charge!»
Die oberste Maxime des Führungsverhaltens in der Krise lautet, unablässig, ja hartnäckig die Initiative zu ergreifen, vorauswirkend mit Entschlusskraft zu agieren und nicht als Getriebene der Krise bloss zu reagieren.[11] Wir überwinden unseren Hang zur Zurückhaltung und zum Abwarten, um mit Willensstärke den Kurs der Krise mit beeinflussen zu können.

(2) Ziel- und auftragsorientierte Führung ins Zentrum stellen:

Wir konzentrieren uns von allem Anfang an auf unsere Vision des erstrebenswerten Zustands nach der Krise, auf unseren Auftrag, unsere strategische Absichtserklärung und Zielsetzung, die wir erfüllen wollen. Das Motto lautet: «Focus on where you want to go.»

(3) Sich auf Prioritäten konzentrieren und Schwergewichte bilden:

Krisen setzen uns unter Druck, Prioritäten zu ändern. Das Wünschbare muss dem zwingend Notwendigen weichen. Unter Berücksichtigung der Grundsätze der Ökonomie der Kräfte und der Verhältnismässigkeit unserer Entscheide und Massnahmen müssen wir der Zersplitterung unserer Stärken entgegenwirken und uns voll auf die Lösung der Krise konzentrieren. Das Motto lautet: «In crisis deal only with the crisis.»

(4) Klarheit und Einfachheit anstreben:

Unsere Vision vom erstrebenswerten Ausgang der Krise muss einfach und einleuchtend sein. Die Strategie, die wir in der Krise verfolgen, muss dank ihrer Klarheit überzeugen. Die Entscheide sollen mühelos nachvollziehbar, ihre geplante Umsetzung unkompliziert sein. Die Kommunikation in der Krise muss unter Verzicht auf Spezialistenjargon verständlich sein. Das Motto lautet: KISS: «Keep it simple, stupid.» [12]

(5) Handlungsfreiheit und Flexibilität wahren:

Mit Sofortmassnahmen können wir die zur Verfügung stehende Vorbereitungszeit für die Entscheidfindung optimal nutzen oder gar verkürzen. Unsere Entscheide sind so ausgelegt, dass sie Anpassungen an den Krisenverlauf zulassen. Verändern sich die Krisenbedingungen, kann die Zuteilung der Mittel entsprechend verlagert werden. Wir wissen uns die Vorteile der Eventual- und Folgeplanung nutzbar zu machen, wir beschaffen uns fortwährend die notwendigen Nachrichten und Informationen. Wir sind darauf bedacht, stets Reserven an Zeit und Mittel zu schaffen. Wir mobilisieren unsere Flexibilität und Kreativität, um in der Krise Chancen zu finden und zu nutzen. Das Motto lautet: «Be clear about your goals; be flexible about the process of achieving them.»

(6) Zeitgerechtes Entscheiden, Handeln und Umsetzen:

Initiativ angepackte und umgesetzte Führungsaktivitäten werden unwirksam oder lassen die Krise eskalieren, falls die Entscheide zu spät getroffen werden und unser Handeln den Ereignissen hinterher hinkt. Das Risiko einer Fehlentscheidung ist oft geringer als das Risiko die Krise zu verschlimmern, weil Entscheide oder deren Umsetzung auf die lange Bank geschoben werden. «Decisions don't wait.» [13] Das Motto lautet: «Time management enables you to control the sequence of events» oder «A decision delayed is a decision foregone.» [14]

(7) In komplexen, sich chaotisch entwickelnden Krisensituationen ist Führung und Lernen als dynamischer und iterativer Prozess zu verstehen:

Erste Feststellungen, provisorische Erkenntnisse oder Ansätze zur Problemlösung sind dauernd zu hinterfragen. Gegensätzliche Perspektiven, die unablässige Diskussion von Kernfragen, kritische und kreative Denkansätze sind essenziell, um die verworrene Krisensituation integrativ und systemisch zu erfassen. Das Motto dieses dialektischen, sich wiederholenden Prozesses lautet: «Every explanation is up for challenge.»[15] Diese neue Denk- und Führungskultur bildet die Grundlage, um sich in der Aktionsführung mittels eines schnellen und adaptiven Lernzyklus neue Erkenntnisse und Folgerungen unmittelbar und in rascher Folge nutzbar zu machen. Das Motto ist: «Learning by acting». Das Bestreben ist nicht, Ziele rascher zu verfolgen, entscheidend ist, sicherzustellen, dass die richtigen Ziele verfolgt werden.

1.6 Sieben entscheidende Führungsaktivitäten

Der Führung in der Krise haben wir sieben Führungsaktivitäten zugrunde gelegt, die sich in einleuchtender Weise voneinander unterscheiden, und die von jedem Führungsverantwortlichen, jedem Krisenteam oder Stab wahrzunehmen sind. Die Führungsaktivitäten basieren auf der zivilen, betriebswirtschaftlichen und systemorientierten Entscheidungslehre mit nützlichen Anleihen aus der militärischen Methodenlehre.

Die Reihenfolge, nach der die Führungsaktivitäten Berücksichtigung finden, variiert nach Situation und Komplexität der Krise, zur Verfügung stehender Zeit sowie nach individuellem Führungsstil und Führungstyp. Gewisse Führungsaktivitäten sind, wenn immer möglich, *permanent* durchzuführen (P)[16], andere ergeben sich in logischer Folge aus vorangehenden Aktivitäten (LF). In einer fliessenden und komplexen Verbundkrise sind alle sieben Führungsaktivitäten in einem iterativen Prozess im raschen Durchlauf zu wiederholen.

Permanente Führungsaktivitäten in der Krise (P):
> Die Information und Kommunikation ist permanent in den Krisenführungsprozess zu integrieren.
> Das situationsbezogene Anpassen des Führungssystems (Regelung von Führungsorganisation, -prozess, -infrastrukturen und der benötigten Ressourcen) ist eine Daueraufgabe der Führungstätigkeit.
> Die Nachrichten- und Informationsbeschaffung ist ein Dauerprozess bei der Führung in, aber auch nach und vor der Krise.

Führungsaktivitäten im Entscheidfindungsprozess (LF):
> Krisenprobleme erfassen.
> Krisenprobleme einer Lösung zuführen.
> Entschlussfassung und Entscheid.
> Vollzug des Entscheids, gekoppelt mit raschem Lernen und Umsetzen neuer Erkenntnisse.

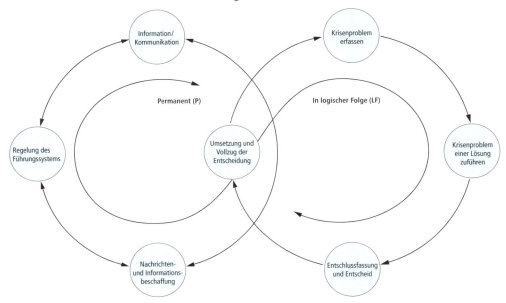

Führungsaktivitäten

1.7 Von der Planung der Krisenlösung zur eigentlichen Führung in der Krise

Streng genommen kann zwischen einer Planungsphase (Aktionsplanung zur Krisenlösung) und der eigentlichen Führung in der Krise (Aktionsführung) unterschieden werden. Der Planungsphase können wir folgende Aktivitäten zuordnen: das Krisenproblem erfassen, die Beurteilung der Krise, um das Problem einer Lösung zuzuführen, bis zur Entschlussfassung und definitiven Entscheidung.

Nach der Beschlussfassung geht es in der Aktionsführung um die Auftragserteilung, die Kontrollen und die Steuerung der weiteren Aktionen, was wir als eigentliche Führung in der Krise bezeichnen können. Die drei permanenten Führungsaktivitäten in der Krise sind sowohl in der Planungs- als auch in der Führungsphase umzusetzen.

1.8 Rationale Aspekte und Intuition bei der Führung in Krisen

Es ist nicht gerechtfertigt zu erwarten, dass Menschen in Krisen logische, rationale Entscheide fällen.[17] In Krisen werden Entscheide gefällt, die sich sowohl auf rationale, vom Verstand her begründete Analysen und Überlegungen stützen als auch auf Intuition, auf emotionaler Intelligenz basieren, oder die sich aus einer Mischung von beiden zusammen setzen.[18]

Intuition

Kreative und intuitive Aspekte erhalten in der Krise grössere Bedeutung, falls eine systematische und rationale Entscheidfindung nicht mehr möglich erscheint. Unter extremem Zeitdruck, bei rasch eskalierender Situation, hohem Risiko und hoher Ungewissheit, relativ einfachem Entscheidungsprozedere tendieren Führende unterer Stufe und mit grosser Erfahrung dazu, Beschlüsse als «gut feeling» intuitiv zu fassen.[19]

Intuition in der Entscheidfindung hat ihren Stellenwert, sie hat aber auch ihre Grenzen und macht vor allem den systematischen und analytischen Entscheidungsprozess nicht überflüssig. «Intuition has its place in decision making – you should not ignore your instinct any more than you should ignore your conscience – but anyone who thinks that intuition is a substitute for reason is indulging in a risky delusion.»[20] Denn gute Bauchentscheide basieren nach neusten Erkenntnissen nicht nur auf bewusster Erfahrung, sondern auch auf viel Wissen.[21]

Erfahrung garantiert den Erfolg nicht [22]

Wir müssen über genügend Selbsterkenntnis verfügen, um kritisch hinterfragen zu können, ob unser «gesunder Menschenverstand» nicht einfach auf tief verhafteten Einstellungen und eingeprägten Gewohnheiten beruht, die den Entscheidmechanismus vorprogrammieren.[23] Da wir die Tendenz haben, eigener Selbsttäuschung zu erliegen, sind eine selbstkritische Überprüfung und das Feedback unserer Umgebung wichtig.[24] Auch der Umstand, jahrelang mit krisenhaften Situationen vertraut zu sein, kann wertvoll oder verhängnisvoll sein, je nachdem, ob die Offenheit bestehen bleibt, in noch nie dagewesenen Situationen neuartig zu entscheiden. Erfahrung kann zu schlechten Entscheiden führen, falls das Denken in der «box of past experiences» gefangen bleibt.[25] Die Selbsterkenntnis hilft auch zur Einsicht: Je grösser die eigene emotionale Belastung, desto wichtiger wird ein systematisches und rationales Entscheidungsverfahren unter Einbezug mehrerer Personen.

Analytischer Entscheidungsprozess

Im Gegensatz neigen Führungsverantwortliche eher zu einem analytischen Entscheidungsprozess unter Abwägung verschiedener Möglichkeiten, je grösser die Unsicherheit ist, bedingt durch ungenaue, unvollständige, veraltete oder nicht rechtzeitig verfügbare Information, ebenso falls sich die Krisensituation langsam entwickelt und die Zeitverhältnisse es erlauben und wenn das Entscheidungsprozedere mehrstufig ist.[26]

Je komplexer und neuartiger die Krisenproblematik, je höher die Führungsebene, je umfangreicher der Kreis der Entscheidungsträger oder Stakeholder, die an der Entscheidfindung beteiligt sind, desto stärker treten rationale Aspekte in den Vordergrund. Dies gilt ebenfalls, je grösser die betroffene Organisation oder Unternehmung ist. Damit wird auch der Krisenstab umfangreicher: Es geht um eine wohlüberlegte Arbeitsteilung, um die Zusammenarbeit einer Mehrzahl von Personen, Stellen oder Organisationen zur Krisenbewältigung. Das Ziel ist, deren Zusammenarbeit und Kompetenzabgrenzung zu regeln oder sicherzustellen, dass eine Vielfalt von Mitteln und Möglichkeiten in die Überlegungen zur Problemlösung integriert werden. Unter diesen Umständen strebt ein partizipativ geführter Krisenstab eine analytische, systematische Entscheidfindung an, die auch bei schwerer emotionaler Belastung auf sorgfältig recherchierten Tatsachen oder genau definierten Annahmen beruht. Damit soll insbesondere irrationalen Einflüssen (Stress-Symptomen, biologischen Einflüssen, Persönlichkeitsmerkmalen und negativem emotionalem Zustand Einzelner) entgegengewirkt werden.[27] Die Hirnforschung erbringt laufend neue Erkenntnisse, die für ein besseres Verständnis der Führung in Krisen wertvoll sind. So z. B. das Forschungsergebnis, dass ein negativer emotionaler Zustand bei der Entschlussfassung (wie irrationale Angst in Krisensituationen) Langzeitwirkung hat und unbewusst auch zukünftige Entscheide beeinflussen wird, selbst wenn wir diese in einer rationalen Verfassung fällen.[28]

Gute Balance als Fazit

Fazit: Eine gute Balance zwischen analytischem Intellekt und gesundem Menschenverstand, der auf emotionaler Intelligenz beruht, kann sehr wohl eine zügige Entscheidfindung in Krisen begünstigen. «Find the balance: It is difficult to find the right balance of head and heart when managing a crisis. You need to determine what you can control, control it, and roll with the rest.»[29]

1.9 Reihenfolge und Kadenz der Führungstätigkeiten

Durch den grundsätzlich gleichbleibenden Prozess der Führungstätigkeiten erlangt ein Krisenstab die nötige Sicherheit zur Führung in der Krise. Der Ablauf ist allen bekannt und eintrainiert, es besteht eine gemeinsame «unité de pensée», wie die Führungsaktivitäten abzuwickeln sind. Die systematische Entscheidfindung erleichtert zudem die Koordination eines ad hoc gebildeten, in wechselnder Zusammensetzung tätigen oder modulartig aufgebauten Krisenstabes. Das gemeinsame Verständnis zwischen allen Mitgliedern des

Stabes bleibt bestehen, selbst wenn Stellvertreter und Ersatzleute einspringen oder im Turnus in Ablösungen zusammenarbeiten.

Zeitlich aufeinanderfolgende Führungstätigkeiten

Die Führungstätigkeit wickelt sich grundsätzlich konsekutiv, stets nach denselben Phasen gegliedert ab, die ihrerseits von unterschiedlicher zeitlicher Dauer sind. Es sind die gleichen gedanklichen Stationen zu durchlaufen, ob man allein rasch einen Entscheid treffen muss oder ob ein interdisziplinärer Krisenstab sich während einer längeren Zeitdauer mit dem Krisenproblem befasst (vgl. Modell a).

Es geht darum:
1. das Krisenproblem zu erfassen,
2. das Krisenproblem einer Lösung zuzuführen, gefolgt von
3. Entschlussfassung und Entscheid,
4. die Entscheide umzusetzen, zu handeln,
5. sie angesichts der veränderten Lage anzupassen, zu korrigieren. – Der Kreis schliesst sich und es geht darum,
1. die neue Lage zu erfassen …

Reihenfolge und Kadenz der Führungstätigkeit

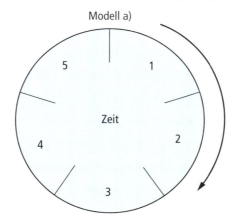

Modell a)

1 Krisenproblem erfassen
2 Krisenproblem einer Lösung zuführen
3 Entschlussfassung und Entscheid
4 Umsetzung und Vollzug der Entscheidung, Handeln
5 Korrigieren, neue Krisenlage erfassen

Der Faktor Zeit beim Führungsablauf und Führungsrhythmus

Unter grossem Zeit- und Entscheidungsdruck werden sich Reihenfolge und Kadenz der Führungsaktivitäten rascher abwickeln und wiederholen (dargestellt durch die kleineren Segmente im Modell b). Vorrangiges Ziel ist die zeitgerechte Entschlussfassung. Die Zeitgerechtigkeit des Entscheides ist in vielen Fällen höher zu gewichten als dessen Qualität, wie wir beim sechsten Leitgedanken zur Führung festgestellt haben.[30] «At some point in the process of making most decisions, you are far better off to make a timely decision based on sufficient but partial data than to do all the things necessary to make a perfect but untimely decision based on waiting for all of the data.»[31]

Reihenfolge und Kadenz der Führungstätigkeit

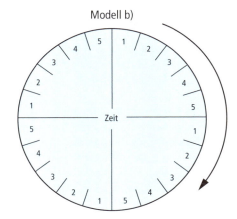

Modell b)

1 Krisenproblem erfassen
2 Krisenproblem einer Lösung zuführen
3 Entschlussfassung und Entscheid
4 Umsetzung und Vollzug der Entscheidung, Handeln
5 Korrigieren, neue Krisenlage erfassen

Das Motto lautet: «Better roughly and quickly than carefully and slowly.» Es ist besser, rasch zu entscheiden, später die Entscheide anzupassen oder zu korrigieren, als abzuwarten in der Hoffnung, auf jeden Fall richtig zu entscheiden.[32] Der Hauptvorteil der raschen Wiederholung des Entscheidungszyklus liegt darin, dass sich das Krisenteam binnen Kurzem der dynamischen Entwicklung der Krise anpassen kann. Der Lernprozess wird beschleunigt (Act-learn-act-learn approach),[33] Erkenntnisse können unmittelbar in die Aktionsführung einfliessen. Dieser Nutzen kann in der Eskalationsphase einer Krise zum ausschlaggebenden Erfordernis werden.[34]

Zu rascher Führungsrhythmus kann überfordern

Oft werden jedoch die Nachteile eines schnellen Führungsrhythmus übersehen. Dauert die Krise längere Zeit, führt er zur raschen Ermüdung des Krisenteams. Diejenigen, die die Entscheide umsetzen müssen, können mit der Kadenz nicht mehr Schritt halten und den steten Wandel nicht nachvollziehen. Im raschen Führungsrhythmus muss der Voraussicht – wie die Entscheide umzusetzen sind und was nachher kommt, also der Folgeplanung – gebührend Bedeutung beigemessen werden.[35]

Autoritativer Führungsstil

In Krisen kann sich, unter erheblichem Zeitdruck, auch ein autoritativer («authoritive») oder gar erzwingender («coercive») Führungsstil durchsetzen, der durch eine abgeänderte Reihenfolge der Führungstätigkeiten rasch Resultate herbeiführen will:[36]

> Krisenproblem erfassen – sofort Entscheiden/Handeln («Do what I tell you», «Come with me», «Follow me») – systematische Analyse – korrigieren …

Nach dem Erfassen des Krisenproblems folgt, gestützt auf Erfahrung, spontaner Intuition oder «Bauchentscheid», der Beschluss, unmittelbar gefolgt vom Handeln. Das kritische Denken und die gründliche Analyse werden aus Zeitgründen später nachgeholt und gleich mit dem erzielten bzw. erhofften Erfolg in Relation gesetzt. Nach der Kontrolle folgt auf der Stelle die Anpassung des Entscheides oder die Kurskorrektur. Beruhigt sich die Situation, geht man in der Folge zum systematischen, konsekutiven Führungsrhythmus über.

Sattelentscheide und Schnellschüsse

«React first, think later» mag in extremen Krisensituationen und in Einzelbereichen angezeigt sein. Einen Entscheid vorher nicht durchdacht zu haben, kann aber auch schwerwiegende, negative Konsequenzen nach sich ziehen.[37] Der Zeitdruck verführt zu «Sattelentscheiden» und «Schnellschüssen aus der Hüfte einsamer Cowboys»,[38] mit denen die Komplexität einer Krise schwerlich bewältigt wird. Oft werden mögliche Nebenwirkungen grob vernachlässigt und es besteht die Gefahr der Übersteuerung und des autoritären Gehabes.[39]

> Fazit: In allgemein gültiger Form kann für die Denkarbeit in Krisen gefolgert werden, dass sie aus einer zweckmässigen Mischung zwischen Voraus-denken, Nach-denken und momentan-situativem Denken besteht. Im Idealfall geht die Denkarbeit dem Entscheiden voraus, unmittelbar gefolgt vom umsetzenden Handeln.

114

Faktor Zeit und die permanenten Führungstätigkeiten

Die drei permanenten Führungsaktivitäten in Krisen (Regelung des Führungssystems, Information und Kommunikation, Nachrichten- und Informationsbeschaffung) können den zeitlichen Ablauf des Führungsrhythmus bremsen oder unterstützend beschleunigen. Anzustreben sind eine schlanke Krisenstabsorganisation und ein effizienter Führungsprozess, in dem möglichst viele Entscheidungsbefugnisse dezentralisiert oder nach unten delegiert werden. Eine zweckdienliche Führungsinfrastruktur nutzt die neuen Informations- und Kommunikationstechnologien (IKT), welche die Nachrichten- und Informationsbeschaffung ebenso wie die Information und Kommunikation erleichtern und unterstützen.[40]

Verlorene Zeit gutmachen?

Der Zwang zum raschen Führungsrhythmus in der Krise kann die Folge mangelnder Voraussicht sein.[41] Wegen fehlender strategischer Führung vor der Krise, dürftiger Krisenvorbereitung und lausiger Ausbildung müssen nun zusätzlich zur Krisenbewältigung 100 Dinge nachgeholt werden. Time-based Management heisst nicht unbedingt schneller zu sein, es beruht wesentlich darauf, früher anzufangen.[42] Das Bild der effektiven Führungskraft ist weithin mit der Vorstellung vom raschen Entscheiden verbunden. Viele Entscheide werden aber weder in ihrer Qualität besser, wenn man sie schneller fällt, noch können sie durch ihre Wirkung die Situation signifikant verbessern.

Strategische Führung vor der Krise zahlt sich in zeitlicher Hinsicht aus

«Am Strategic Planning Institute durchgeführte Studien zeigen, dass Unternehmungserfolg nur zu 20 % durch operative Entscheidungen, zu 10 % durch geschicktes Taktieren, hingegen zu 70 % durch die Strategie bestimmt wird. Daraus leitet sich folgende These ab: Wichtiger als ein schnelles Entscheiden ist das frühzeitige Erkennen von Entscheidungserfordernissen.»[43] Dadurch wird die Wichtigkeit der strategischen Dimension der Führung vor und in Krisen unterstrichen.[44]

Die Kunst des Zuwartens

Nicht – oder noch nicht – zu entscheiden und zuzuwarten kann auch ein weiser Entscheid sein. «Inaction can sometimes be the most difficult – but wisest – action.» Wenn die Risiken zu gross sind und der Wille des Teams nicht vorhanden ist, zu folgen, kann Zuwarten und die Suche nach neuen Lösungen der weisere Entscheid sein,[45] der sogenannte «Learn then act stance».[46] Auch das Gegenteil kann zutreffen, dass das Krisenteam in Selbstüberschätzung nach Aktion drängt und es die Aufgabe des Leaders ist, zum Wohl des Ganzen den Aktivismus zu bremsen.[47]

Kreativität unter Zeitdruck

Untersuchungen haben ergeben, dass sich unter extremem Zeitdruck kreative Lösungsansätze finden lassen, wenn das Gefühl vorherrscht, eine höchst wichtige oder notwendige Mission zu erfüllen, wie dies oft in Kulminationsphasen von Krisen der Fall ist. Sobald die Krise andauert und das Gefühl überhand nimmt, immer die gleichen Buschbrände zu löschen und sich in einer Tretmühle zu befinden, wird das kreative Denken abnehmen.[48]

2. Permanente Führungsaktivitäten in der Krise: Information und Kommunikation

Tätigkeiten der Führung in, nach und vor der Krise

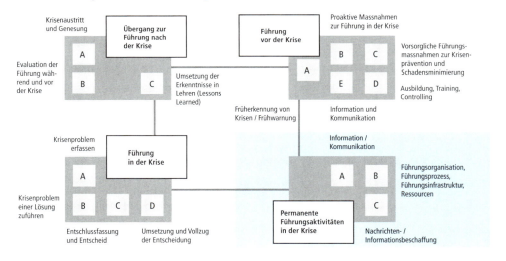

2.1 Bedeutung der Information und Kommunikation in Krisen

Die Führungsspitze muss integral kommunizieren

Wir kommunizieren integral, d.h. sowohl mit unserem Tun als auch mit unserem Sagen oder mit unserem Schweigen: «Communication consists of all the activities that demonstrate, through words and actions, what a leader, and

116

what a business, is all about.»[49] Dadurch werden Information und Kommunikation zur vordringlichen Chefsache.[50] «‹Putting a leader's face on a crisis response is almost a necessity now, whether for potentially fatal product flaws or such annoyances as flight delays›, said Sue Parenio, an associate professor of advertising at Boston University. ‹Americans are so fed up with poor treatment from large corporate bureaucracies›, she said, ‹that they will accept reassurance only from the top official› (…). Consumers have a lot more choices. If one company disappoints them, they are going to go somewhere else. They might live with you through a crisis, but only if they get to hear it from a top guy.»[51] Nur zu oft entziehen sich oberste Entscheidungsträger dieser verantwortungsvollen Kommunikationsaufgabe und halten sich mithilfe vorgeschobener Sprecher vornehm bedeckt. «But these executives are not always willing to play the part of company spokesman … chief executives usually leave the news conferences to others … The general makes the grand rhetorical statement, (…), and you send the foot soldiers out to deal with the arrows slung by journalists.»[52]

Unser Verhalten erklären

Krisen erfolgreich zu steuern erfordert – neben Entscheiden und Tun – das kontinuierliche Sagen, was wir warum tun, was unsere Motive und Beweggründe sind, wie wir der Krise und ihren schädlichen Auswirkungen begegnen wollen, und was letztendlich unsere langfristigen Ziele sind.[53]

> Fazit: Die Kommunikation in Krisen beeinflusst die Wahrnehmung (was als wahr genommen wird) und damit das in uns gesetzte Vertrauen und unsere Reputation.[54]

«Die Formulierung und Durchsetzung einer modernen Kommunikationspolitik sichert die Kommunikationskompetenz. Zum andern geht es um die Reduktion von Reputationsrisiken. Kontroversen können rechtzeitig entschärft werden. Es entsteht Respekt bei verschiedenen Anspruchsgruppen, wenn ein Unternehmen verantwortungsbewusst mit öffentlicher Kritik umgeht. Gute Signalerkennung auf der Basis eines proaktiven Ereignismanagements vermindert die Krisenanfälligkeit und stärkt das Immunsystem eines Unternehmens. Agieren, nicht bloss reagieren. Ansehen verbessern, Ruf schützen – dies sind zu lernende Lektionen für Unternehmen in unsicheren Zeiten einer Informationsgesellschaft.»[55]

Unerfreuliches kommunizieren

«Flagge zeigen: In einer Krisensituation gehört der Chef auf den Platz – das Kommunizieren schlechter Nachrichten darf nicht delegiert werden».[56] Die Kommunikation bildet deshalb integraler Bestandteil unserer Strategie zur Krisensteuerung, weil wir uns bewusst sind: «Alles, was (in Krisen, sic.) kommuniziert werden muss, ist – gelinde ausgedrückt – unerfreulich. Zweitens: Die Krise selbst besitzt für die Medien und ihr Publikum einen Eigenwert und eine Eigendynamik, unabhängig von ihrem Inhalt, sprich von dem, was wirklich schief gelaufen ist. Die Krise als solche formt und gestaltet die Emotionen der ‹Zuschauer›, also jener Menschen, die sich brennend und hochinteressiert an der Krise ‹unterhalten›. Schon diese zwei Rahmenbedingungen, der Zwang, schlechte Botschaften kommunizieren zu müssen, und die Faszinationskraft der Krise auf das Publikum, erzwingen eine eigene Form der Kommunikation. (…) Wer den Schaden hat, braucht offensichtlich für den Spott nicht zu sorgen. Diese klammheimliche Freude am Schaden der anderen, dieser Sankt-Florianismus, begleitet jede Krisenkommunikation.»[57] Deshalb folgert der erfolgreiche Wahlkampfleiter von Barack Obama rückblickend: «Unangenehme Dinge bringt man am besten selber an die Öffentlichkeit, weil man dann die Bedingungen der Veröffentlichung bestimmen kann.»[58]

Meinungswettbewerb und Medien

In Krisen nehmen wir am Wettstreit von Meinungen teil. «Moderner Wettbewerb findet in zwei wesentlichen Märkten statt: im Produktemarkt und im Meinungsmarkt. Im Meinungsmarkt konkurrieren Ansichten und Überzeugungen miteinander.»[59]

> Fazit: Zwischen der Berichterstattung der Medien und der Krise besteht eine enge Wechselwirkung.[60] Krisen werden oft zu Krisen bzw. verlieren diesen Status, wenn die Medien sie als solche benennen bzw. wenn sie ihr Interesse an ihnen verlieren und sich andern Themen zuwenden.[61]

Trotz der Unterschiedlichkeit von Krisen interessieren die Medien immer wieder die vier folgenden Fragen:

> (1) Wer ist verantwortlich?
> (2) Wann wurden die ersten Anzeichen des Problems entdeckt, das zur Krise geführt hat?
> (3) Was wurde vorgekehrt, damit sich das Problem nicht zu einer Krise entwickelt? Was wurde versäumt, sodass sich das Problem in der Folge trotzdem zur Krise entwickelte, und was wird jetzt getan?
> (4) Welche Wiedergutmachung gegenüber den Geschädigten ist vorgesehen? Wie kann Schadenersatz geleistet werden? Wie können die betroffenen Interessen vor weiterem Ungemach geschützt werden?

Wie diese Fragen beim Beginn beantwortet werden, entscheidet mit, wie sich die Krise in den Medien weiterentwickelt und wie lange sie dauern wird.[62] Anfänglich klare Information und Kommunikation kann ein Faktor zur Prävention einer weiteren Kriseneskalation sein, katastrophale Kommunikation – wie im Falle des Swissair-«Grounding» – demgegenüber die Krise anheizen.[63]

Information und Kommunikation rund um die Uhr

Dabei sind wir uns bewusst, dass die Anforderungen an die Information und Kommunikation in der Krise erbarmungslos hart geworden sind und professionell wahrgenommen werden müssen. Dies ist die Folge des 24-Stunden-Betriebs grosser Medienunternehmen, gekoppelt mit dem wachsenden Anspruch der Öffentlichkeit auf Echtzeit-Information und der harten Konkurrenz unter den Medien.[64] Zunehmend müssen Kommunikationsverantwortliche in ihrer Strategie der Öffentlichkeitsarbeit und Krisenkommunikation die neuen «Social-media» (wie u. a. Youtube, Wikileaks, Blogs, Twitter, Facebook) einbeziehen.[65]

2.2 Leitsätze der Information und Kommunikation in Krisen

Leitsätze mit Wirkung nach aussen:
1. Wir kommunizieren vordringlich und mit höchster Priorität unser Mitgefühl mit den Betroffenen, unsere Anteilnahme, unsere Sorge um ihr Wohlergehen oder ihr Schicksal. Wir bekunden unser Interesse und unterstreichen unsere Verpflichtung, uns um die Geschädigten zu kümmern. Wir stellen unser Einfühlungsvermögen unter Beweis und richten unverzüglich eine permanente Hotline oder ein Callcenter ein. «In der Krisenkommunikation ist kein Risikodialog und auch kein Risikodiskurs möglich. Wer glaubt, mit den Hinterbliebenen eines Flugzeugabsturzes einen rationalen ‹Diskurs› abhalten, beziehungsweise mit der von einem schweren Chemieunfall betroffenen Bevölkerung in einen ‹Dialog› eintreten zu können, der sollte rasch wieder dorthin zurückkehren, woher diese vielbesungenen Vokabeln kommen: in den akademischen Elfenbeinturm.»[66]
2. Wir treten so schnell wie möglich mit den Medien in Kontakt, stellen ihnen kompetente Gesprächspartner zur Verfügung, wir beantworten alle Fragen und befriedigen die erhöhten Nachrichten- und Informationsbedürfnisse. Wir kommen dem Bedürfnis nach rascher Information entgegen. Wir orientieren uns an einem positiven Berufsbild der Medienschaffenden, wir unterstützen die Bemühungen der Medienleute, ein objektives und ausgewogenes Bild der Krise zu zeichnen. «Die offensive Informationspolitik mittels Medienmitteilungen, Pressekonferenzen etc. kann die Medienberichterstattung also weitgehend kanalisieren und inhaltlich determinieren (…) Folgt auf eine offensive Information während einigen Tagen keine weitere Information seitens der Behörden, beginnen die Medien zu offiziell erhaltenen Informationen systematisch neue Enthül-

lungen oder Pseudoereignissee zu suchen (…). Es wäre deshalb empfeh-
lenswert, eine möglichst kontinuierliche, systematische und leicht voraus-
eilende Informationspolitik zu betreiben, damit der Informierende die
Agenden der Medien bestimmen kann und wenig Zeit für zusätzliche
Recherchen lässt.» [67]

3. Wir wissen um die entscheidende Wirkung und die Macht des Bildes im
   Fernsehzeitalter und nutzen dies auch zu unseren Gunsten aus. «Weniger
   das Wort als das Bild ist entscheidend, damit der Mensch das Wahrge-
   nommene als wahr erachtet.»[68] «Ein starkes Bild verdrängt den Ton, das
   Auge setzt sich gegen das Ohr durch. Und kein Bild heisst keine Reali-
   tät.»[69] So war es während der Amtszeit von Präsident G. W. Bush den
   Medien nicht erlaubt, Bilder von Särgen der im Irakkrieg gefallenen
   Armeeangehörigen zu veröffentlichen.[70]

4. Mit Information und Kommunikation wirken wir der Eskalation der
   Krise und der Konfusion entgegen, wir reduzieren die Ungewissheit und
   dokumentieren, dass wir entschlusskräftig handeln, um den Krisenverlauf
   günstig zu steuern.

5. Wir liefern zweckmässige und zeitgerechte Verhaltensanweisungen an die
   Betroffenen, um den Schaden abzuwenden oder unvermeidliche Schädigungen gering zu halten.[71]

Leitsätze mit Wirkung nach innen:
1. Wir stellen den freien, vollständigen und zeitgerechten Informationsfluss
   zwischen allen an der Krisenführung Beteiligten sicher, dies dient zudem
   der Koordination unserer Führungsanstrengungen. «Ohne interne Aufrichtigkeit kann eine Organisation nicht aufrichtig nach aussen kommunizieren. Sie ist nicht vertrauenswürdig.»[72]

2. Wir orientieren intern laufend über sämtliche Führungsaktivitäten, insbesondere über den neusten Wissensstand und die Krisenlage, über die
   Analyse und Beurteilung der Krise und erste Sofortmassnahmen ebenso
   wie über getroffene Entscheide und deren Vollzug.

3. Um die interne Information und Kommunikationsaufgabe zu erfüllen,
   stellen wir zusätzlich folgende Möglichkeiten zur Verfügung: interne Brie-
   fings im geschlossenen Kreis, schriftliche und vertrauliche Memos, das
   Intranet, Live-Übertragung im geschlossenen Video-Circuit von Konfe-
   renzen, Rapporten oder Entschlussfassung.

4. Wir leben dem Leitsatz nach, der sowohl bei externer als auch interner
   Information Gültigkeit hat, dass alle eintreffenden und versandten Informationen registriert und dokumentiert werden.

*Leitgedanken zum Inhalt eines Informations-
und Kommunikationskonzeptes*

«In der Krise wird auch die Information oft zur Krise».[73] Damit dies nicht eintritt, ist ein Kommunikationskonzept oder eine Strategie zur Krisenkommunikation[74] zu entwickeln, die sich an den unter Punkt 2.4 aufgeführten Kernfragen orientieren kann. Zudem können im Konzept Leitgedanken oder Devisen festgehalten sein wie:

Die Information und Kommunikation :
> ist klar, einfach und verständlich;
> ist offen, in allen Teilen übereinstimmend, wahrheitsgetreu;
> ist rasch und proaktiv;
> schafft Vertrauen und richtet sich gleichermassen nach innen und nach aussen;
> stellt unser Mitgefühl und Einfühlungsvermögen unter Beweis;
> gesteht Schwächen und Nichtwissen unsererseits ein.

Unternehmen und Organisationen haben ähnliche oder detailliertere Devisen erstellt.[75]

2.3 Hemmschwellen gegen offene Information

In den ersten Stadien einer Krise wächst die Zurückhaltung zur offenen Information und Kommunikation mit der Aussenwelt. Insbesondere, wenn nach der Eskalation der Ereignisse und einem realen oder empfundenen Verlust der Kontrolle über die Situation, die Kritik von aussen massiv ansteigt. Eine Belagerungsmentalität macht sich breit, man steht unter dem Eindruck, dass jede Antwort sogleich von den Ereignissen überrollt und hinfällig wird und sucht Zuflucht bei Informationssperren, Maulkorbpolitik, Sprachregelungen oder Geheimniskrämerei.[76]

Gängige Ausreden oder Einwände sind:
* «Es ist nicht unser Fehler!»
* «Die Lage ist unklar, wir müssen vorerst noch zusätzliche Fakten zum Sachverhalt sammeln.» «Wir können noch nichts sagen, weil wir selbst im Ungewissen sind.»
* «Wir möchten überstürzte Reaktionen vermeiden.» «Wir werden die Fragen vorerst prüfen, nicht voreilig kommunizieren.»
* «Die Informationsverantwortlichkeiten werden zurzeit intern geregelt, der Informationssprecher wird sich, sobald bestimmt, zu Wort melden.»
* «Es sind noch juristische Aspekte zu klären.» «Unser Anwalt hat uns für die nächste Zeit zum Stillschweigen aufgefordert.» «Wir können kein laufendes Verfahren kommentieren.»

- «Unser Image und unser Interesse sind vorrangig zu schützen und verbieten uns zu diesem Zeitpunkt eine Stellungnahme.»
- Kurz und bündig: «No comment.»
- usw.[77]

No comment = guilty

Dies mögen nicht bloss kreative Ausflüchte, sondern auch legitime Anliegen sein, sie liefern aber keine stichhaltigen Gründe, um nach aussen zu schweigen.

> Fazit: Die Medien pflegen den Kontakt zu all jenen, die sprechen: Wenn wir schweigen, finden sie andere, die sprechen.

Medienleute neigen dazu, jene im schiefen Licht zu sehen, die eine Politik des «No Comment» verfolgen. In der Öffentlichkeit ist die Antwort «No comment – kein Kommentar» in vielen Fällen gleichbedeutend mit «guilty – schuldig».

Offene Kommunikation trainieren und umsetzen

Die Stakeholder und Öffentlichkeit ebenso wie intern die Belegschaft wollen in Krisensituationen umfassend informiert werden, wer mauert, verspielt Goodwill. Die Krisenkommunikation muss jedoch trainiert werden, stellt W. P. von Wartburg fest und identifiziert sechs Hauptfehler: (1) mangelnde kommunikatorische Bereitschaftsplanung; (2) blosse Informationsvermittlung statt empathische Kommunikation; (3) mangelnde Glaubwürdigkeit des Absenders; (4)technische Ausdrucksweise; (5) Verniedlichung in der Risikokommunikation; (6) Alles-im-Griff-Mentalität.[78]

2.4 Kernfragen zur Information und Kommunikation

Da Information und Kommunikation permanent in sämtliche Führungsaktivitäten einzuflechten sind, gliedern sich die Kernfragen nach der Reihenfolge der Führungstätigkeiten:

Information und Kommunikation bei der Informations- und Nachrichtenbeschaffung

- Erhalten die Informations- und Kommunikationsspezialisten Zugang zu allen für die Krise relevanten Nachrichten und Informationen?
- Wie können ihre spezifischen Feststellungen und Informationen in die Nachrichtenbeschaffung und deren Bewertung einfliessen?
- Kann als Sofortmassnahme eine Medienbeobachtung und Auswertung der Berichterstattung (Monitoring) organisiert werden?

Information und Kommunikation bei der Regelung der Führungsorganisation, des Führungprozesses und der Führungsinfrastruktur

- Wird sichergestellt, dass die Information und Kommunikation Chefsache ist und wie wird sie von der in der Krise verantwortlichen Führung getragen?
- Wie und in welchem Umfang erhalten die Chefs ein entsprechendes Kommunikationstraining?[79]
- Wie und ab wann sind die Informations- und Kommunikationsspezialisten in den Krisenstab integriert?[80]
- Wie wird sichergestellt, dass der Informations- und Kommunikationsrhythmus kongruent mit dem Führungs- und Entscheidungsrhythmus ist oder auf diesen abgestimmt wird?[81]
- Kann als Sofortmassnahme ein Kommunikationszentrum bezogen und Verbindung zu allen Informationsempfängern aufgenommen werden?
- Wie stellen wir sicher, dass die personellen Ressourcen und materiellen Mittel den erhöhten Erwartungen und Anforderungen an die Information und Kommunikation in der Krise gewachsen sind?
- Wie sind die Kooperation und die Koordination bzw. die Kompetenzabgrenzung zwischen den Informationsverantwortlichen in «Silos» grosser Verwaltungen, Organisationen oder Unternehmungen für die Dauer der Krise geregelt? Wie ist die Sachlage geregelt, falls mehrere Informations- und Kommunikationsbeauftragte verschiedener Divisionen, Abteilungen, Stufen usw. im Einsatz sind bzw. falls diverse Stellen an der Führung in der Krise beteiligt sind?
- Wie können wir trotzdem erreichen, dass wir «mit einer Stimme dieselbe Sprache sprechen»?[82]
- Wann wird die Information und Kommunikation auf der Chefetage zentralisiert?
- Setzen wir der Lage angemessene Kommunikationsmittel ein (z.B. Interviews, Pressemitteilungen, Rundfunkdurchsagen, Medienkonferenzen, Versand eines offenen Briefs, Hearings für die Öffentlichkeit, E-Mails, SMS, Betreiben einer Homepage, Blogs, Twitter, Facebook)?
- Wie versetzen wir uns in die Lage, sämtliche Kanäle nicht nur zur Verbreitung sondern auch zum Dialog und zur Informationsbeschaffung zu nutzen?
- Wie, wann, durch wen sind die technischen Mittel zur Information und Kommunikation vorbereitet, auf ihre Funktionstüchtigkeit getestet worden?
- Wie wurden die Betreiber der Hotline oder eines Callcenter vorbereitet, wie bleiben sie auf Dauer einsatzbereit?
- Wie ist sichergestellt, dass alle hereinkommenden bzw. alle nach aussen gesandten Informationen bzw. deren Verteiler registriert und dokumentiert werden?

Information und Kommunikation in der Phase der Erfassung
der Krisenprobleme

- Wie können wir glaubhaft darlegen, dass wir die Krise von Anbeginn in höchstem Masse ernst nehmen, alles Menschenmögliche vorkehren und uns um das Wohlergehen der Betroffenen kümmern?
- Wie stellen wir unsere Empathie, unser Mitgefühl, unsere Anteilnahme und unser Verständnis für die Besorgten und Betroffenen unter Beweis?
- Wie ist geregelt, dass es ab Krisenbeginn eine klare und für alle transparente Verantwortlichkeit gibt bezüglich: Wer spricht? Worüber? Wann? Zu wem? Wird geprüft ob es sinnvoll ist, einen Sprecher zu bezeichnen, der während der Gesamtdauer der Krise regelmässig, medienwirksam und mit hoher Sichtbarkeit vor die Öffentlichkeit tritt? (Diese Person kann, muss aber nicht mit der für die Kommunikation verantwortlichen Charge identisch sein.) Sind dem führenden Sprecher (Lead Spokesperson) bei Bedarf Stellvertreter zu unterstellen?
- Wie können wir unsere wichtigsten Kommunikationspartner identifizieren, um mit ihnen direkt in Verbindung zu treten? Wie können wir die Interessenlage der massgeblichen Stakeholder in der Krise definieren und für sie erste Kernbotschaften formulieren?
- Können als Resultat der Problemerfassung Verhaltensanweisungen und Ratschläge erteilt werden, die es den Betroffenen erlauben, rasch zu handeln und sich so zu verhalten, dass Schaden vermieden oder möglichst klein gehalten wird?
- Wie können wir unser Wissen, unsere Erfahrung sowie erste Sofortmassnahmen kommunizieren, um die Verunsicherung und Ungewissheit zu reduzieren und Ängste abzubauen?
- Wie können wir geplante, zukünftige Massnahmen kommunizieren, um zu unterstreichen, dass wir die Krise proaktiv und zukunftsgerichtet steuern?
- Wie können wir ohne Gesichtsverlust Grösse und Charakter zeigen, indem wir eigene Schwächen, Fehler, Ungewissheit, Unkenntnis eingestehen? Versprechen wir, nicht beantwortete Frage nachträglich zu klären, Antworten nachzuliefern?
- Wie treten wir Gerüchten und Behauptungen entschieden entgegen? Wie wahren wir unsere Vertrauenswürdigkeit und vermeiden so Spekulationen, Behauptungen und voreilige Vermutungen?
- Wie sorgen wir dafür, dass die Schnelligkeit der Medien nicht unterschätzt wird? Wie berücksichtigen wir, dass die Medien evtl. Zugang zu uns nicht bekannten Quellen und sensitiven Insider-Informationen haben könnten, um damit unsere Informationen zu unterlaufen, unsere Behauptungen zu widerlegen?

- In welchem Umfang verfügen wir über vorbereitete Basisinformationen, Fakten, Zahlen, Statistiken, Rechtserlasse, die sofort verfügbar und in der Krise von generellem Nutzen sind, um den grösseren Rahmen, die Lage, unsere grundlegenden Werte und Zielsetzungen darzustellen?

*Information und Kommunikation in der Phase der Lösung
der Krisenprobleme*

- Werden die Ziele und Massnahmen der Informations- und Kommunikationspolitik in überzeugender Form in einem Konzept oder in einem Plan (z. B. in einem Public Information Plan) zusammengefasst?
- Welche Regeln über den Zugang zu den Informationen, deren Vertrieb und Verteilungsmodus enthält das Konzept? Wie tragen sie den vielfältigen Erwartungen der Stakeholder, ihren unterschiedlichen Informationsbedürfnissen Rechnung? Wie entwickeln wir unser Sensorium, um die Unterschiede zu erkennen zwischen dem, was die Führungsverantwortlichen in der Krise beschäftigt und dem, was die Stakeholder, die Betroffenen, die Bevölkerung interessiert, bewegt und sorgt? Wie können wir unsere Information und Kommunikation entsprechend differenzieren?
- Welche «verbündeten Kommunikatoren» können wir in unseren Plan einbinden und für unsere Kommunikationsstrategie nutzbar machen?
- Wie berücksichtigen wir im Konzept frühere Erfahrungen und Erkenntnisse und wie trägt der Plan den spezifischen Besonderheiten einer sich rasch wandelnden Informationslage Rechnung? Wie kann das Konzept rollend überarbeitet werden? Wie können wir die vorbereiteten Leitsätze und Devisen der Information und Kommunikation verwenden oder notfalls anpassen?
- Wie finden angeordnete Zuständigkeiten und Kompetenzabgrenzungen, zur Verfügung stehende Mittel bzw. zeitliche Verhältnisse im Konzept Berücksichtigung?

*Information und Kommunikation bei der Entschlussfassung
und Entscheidphase*

- Wie werden die Informations- und Kommunikationsspezialisten wirkungsvoll in den Entscheidfindungsprozess einbezogen?
- Wie können wir die Information und Kommunikation proaktiv führen, nach dem Motto «make news» (d. h. den Ereignissen vorausblicken und sie aktiv gestalten), um damit die Chancennutzung zu unterstützen?

Information und Kommunikation bei der Umsetzung, beim Vollzug
der Entscheidung

- Was sind unsere Vorstellungen, wer bei der Umsetzung und beim Vollzug der Entscheide unser Zielpublikum ist?
- Wie stellen wir sicher, dass wir uns bei der Umsetzung unserer Entscheidungen an alle relevanten Stakeholder richten, ist die Information und Kommunikation je nach Empfängersegment und Kommunikationsgruppe «benutzergerecht», sprechen wir deren Sprache?
- Wie können wir die Medien (auch die uns gegenüber kritisch eingestellten) unparteiisch behandeln und mit Informationen bedienen?
- Wie und in welchem Umfang sehen wir vor, dass die Führungsspitze (einer Regierung, Organisation, Institution oder eines Unternehmens) zur Erläuterung der Entscheide, für Interviews oder Fragen zur Verfügung steht? Sind wir uns bewusst, dass die Medien sonst in jedem Fall weniger gut informierte Quellen zu Wort kommen lassen? Welche internen Verhaltensanweisungen regeln den Zugang zu den Medien?
- Wie sorgen wir dafür, dass die Führungsverantwortlichen durch die Medien nicht in einem Mass in Beschlag genommen werden, dass dadurch die Führungsfähigkeit behindert wird?[83]
- Wie und in welchem Umfang halten wir Hintergrundinformationen zur Verfügung, um die Genauigkeit und Richtigkeit der Medienberichterstattung zu fördern? Wie stellen wir unrichtige Medienberichterstattung klar? Wie können wir den Medien aussagekräftige Bilder zur Verfügung stellen, die für unsere Entscheide sprechen?[84] In welchem Ausmass haben wir Listen mit allen Empfängern sowie den technisch notwendigen Angaben zur Verbreitung der Information vorbereitet?
- Wie stellen wir sicher, dass durch Regeln der Geheimhaltung, Klassifikation, Sprachregelung oder Informationszugang die Sicherheit oder die erfolgreiche und effiziente Krisenführung nicht gefährdet werden? Wie passen wir die Offenheit der Information den spezifischen Stakeholder-Kategorien an? (Nach dem Motto: Die Gegenspieler hören mit!) Wie können wir zensurierende Massnahmen vermeiden, die nur im Extremfall zu begründen sind und von beschränkter Wirkung sind?
- Haben wir in der Begründung unserer Entscheide alle Risiko-Nutzen-Überlegungen vermeiden können (die an und für sich logisch sind, aber in der Krise weder für die Öffentlichkeit noch für die Medien akzeptabel sind)? Gelingt es uns, im Gegensatz zu Risiko-Nutzen-Überlegungen eine «Null-Risikostrategie» zu kommunizieren, die Gehör findet?
- Bringen wir es fertig, das Schwergewicht der Information und Kommunikation auf unsere erfolgreiche Führung in der aktuellen Krise zu legen, statt unsere «Lorbeeren und Verdienste der Vergangenheit» in den Vordergrund zu stellen?

- Wie kehren wir vor, dass die interne Information (an alle Betroffenen, Interessierten, die Mitglieder des Krisenstabes u. a.) kongruent mit der Information der Aussenwelt ist und dieser in der Regel vorausgeht?
- Wie stellen wir zur Koordination der Führungsanstrengungen den freien, vollständigen und zeitgerechten Informationsfluss zwischen allen am Krisenmanagement Beteiligten sicher und wie orientieren wir über sämtliche Führungsaktivitäten?

3. Regelung von Führungsorganisation, Führungsprozess, Führungsinfrastruktur und Ressourcen als Daueraufgabe zur Sicherstellung der Führungsfähigkeit (P)

3.1 Führungsfähigkeit sicherstellen

Flexibilität der Krisenorganisation

Aspekte des Führungssystems können nur in Ausnahmefällen vor einer Krise so geregelt werden, dass sie unabänderlich Bestand haben. Trotzdem wird zum Teil immer noch geplant oder gehofft, dass insbesondere die Führungsorganisation ab Start in eine Krise definitiv geregelt bleibt. Weil Krisen komplexer und im Verlauf dynamischer geworden sind, steigen die Anforderungen an die Flexibilität der Organisation des Krisenteams oder des Krisenstabes.[85] Die Führungsorganisation muss zwar vor einer Krise in ihrer Grundstruktur geplant werden (insbesondere zur Personalplanung und zu Ausbildungszwecken, siehe 3.8), bei Ausbruch der Krise ist sie, ebenso wie Führungsverfahren oder -einrichtungen und der Ressourcenbedarf, laufend den sich verändernden Gegebenheiten und spezifischen Anforderungen der Krisensituation anzupassen.

Permanenter Anpassungsdruck

Fazit: Die Regelung des Führungssystems wird zur Daueraufgabe der Führungstätigkeit in Krisen. Permanent sind Struktur (die Führungsorganisation) und funktionelle Führungsprozesse (wie die eigentlichen Kernprozesse und Unterstützungsprozesse der Führung) zu ordnen und im materiellen Bereich die zweckdienliche Führungsinfrastruktur (wie Führungseinrichtungen oder Führungsmittel) anzupassen und die notwendigen materiellen Ressourcen bereitzustellen.

Wichtigstes Ziel ist, jederzeit die Führungsfähigkeit sicherzustellen, primär zur Bewältigung der Krise, evtl. aber auch, um parallel die laufende Geschäftsführung wahrnehmen zu können (Business Continuity Management).[86]

3.2 Die Führungsorganisation

Personelles regeln

Zu ordnen sind einerseits die personelle Zusammensetzung des Krisenteams oder des Krisenstabes und andererseits die Gliederung der Krisenorganisation. Im militärischen Sprachgebrauch, der auch im zivilen Bereich Eingang gefunden hat, spricht man von Kommandoordnung und Stabsgliederung. Die Struktur des Krisenstabes soll einsatzorientiert gegliedert sein und eine systematische Stabsarbeit erlauben, die Aufgaben der Stabsmitglieder sind zweckdienlich in Pflichtenheften zu regeln.[87]

Verantwortlichkeiten regeln

Gleichzeitig sind in der Führungsorganisation die Führungsverantwortlichkeiten (Vorgehensverantwortung: Wer führt in welchem Bereich?) ebenso wie die Entscheidungsverantwortung festzulegen (Ergebnisverantwortung: Wer ist entscheidungsberechtigt?).[88] Ob Führungs- oder Entscheidungsverantwortlichkeiten zu delegieren oder auf strategischer Ebene zu konzentrieren sind, ist Teil der laufenden Lagebeurteilung.[89]

Zusammenarbeit und Kompetenzabgrenzungen regeln

In der Kommandoordnung sind die Zusammenarbeit, Unterstellungs- und Unterstützungsverhältnisse, die Kompetenzabgrenzungen und der Dienstweg zwischen den an der Führung direkt Beteiligten zu regeln. Statt zum voraus starre Regelungen zu dekretieren, wie wir das immer wieder sehen, empfiehlt sich zwar, eine Startlösung vorzusehen, anschliessend aber in flexibler Weise den Führungsverbund der wichtigsten Entscheidungsträger und Führungsverantwortlichen, entsprechend der Krisenentwicklung, der eigenen Aktionsplanung bzw. der Aktions- und Kommunikationsführung auszugestalten.

Im Verbund sind auch Mitbeteiligte an der Führung zu berücksichtigen (z. B. eine Allianz von Partnern, mitbetroffene Unternehmen, Organisationen, Institutionen). Es geht darum, sich mit diesen abzusprechen, die Aufteilung der Aufgaben zu regeln, die Kooperation und Koordination sicherzustellen, die «Naht- und Schnittstellen» zu regeln.[90]

3.3 Der Führungs- und Unterstützungsprozess

Kernprozesse regeln

Das Führungsverfahren in Krisen – d. h. die Kernprozesse der Aktionsplanung, Aktions- und Kommunikationsführung bzw. der Aktionsnachbereitung – muss für alle einsichtig geregelt sein. Dies gilt auch für die Unterstützungsprozesse. Für die Führungstätigkeiten der Krisenorganisation im Problemlösungszyklus sind verbindliche Vorgaben zu schaffen: von der Problemerfassung, der Beurteilung der Krisenlage, der Entschlussfassung über den Grundentschluss, die Planentwicklung und Auftragserteilung bis zur Umsetzung der Entscheide im Aktionsführungsprozess. Der Rhythmus der Entscheidungsfindung und Kommunikation ist entsprechend der Krisenentwicklung zweckmässig zu ordnen.

Vertikale Verbindungen sicherstellen

Im Führungsprozess ist eine direkte Verbindung und Kommunikation zwischen dem Krisenstab und der übergeordneten Führung bzw. den Entscheidungsträgern (z. B. der Geschäftsleitung, dem Verwaltungs- oder Stiftungsrat, der Aufsichtsbehörde) und zu den nachgeordneten, operativ Verantwortlichen der Linie (welche die Entscheide umsetzen, wie Direktoren, Divisions- und Abteilungsleiter, Betriebsleiter) zu gewährleisten.

Effiziente Stabsarbeit

Ein gut strukturierter Führungsprozess garantiert eine systematische und effiziente Krisen-Stabsarbeit mit zielgerichteten Rapporten und zeitgerechten Resultaten in Form von Lösungsvarianten. Nach deren Prüfung und Beschlussfassung bzw. nach der Auftragserteilung sorgt der Stab für die kontrollierte Umsetzung der Entscheide. Die Bedeutung des Führungsprozesses wächst proportional mit der Dimension und Komplexität der Krise und dem zunehmenden personellen Umfang der Krisenorganisation.

Begleitende Unterstützungsprozesse

Die Unterstützungsprozesse können vorgelagert laufen, immer müssen sie aber die Kernprozesse begleiten. Es handelt sich einerseits um den Stabssteuerungsprozess, der den reibungslosen und koordinierten Ablauf der Tätigkeiten im Führungsprozess garantiert und zu diesem Zweck die Dienstordnung und den Arbeitsplan des Krisenstabes festlegt. Andererseits geht es um den Lage-Controlling-Prozess, der den Handlungsbedarf, gestützt auf den Vergleich des Soll-Ist-Zustandes, festlegt und schliesslich den Supportprozess, welcher der

Steuerung des Informationsflusses innerhalb des Krisenstabes und einer bedarfsgerechten Verwendung der Führungsinfrastruktur dient.

3.4 Führungsinfrastruktur

Essenzielle Voraussetzung zur Führung und Kommunikation

Um leistungsfähig zu sein, benötigt die Führung eine zweckdienliche Führungsinfrastruktur. Dazu zählen wir die Führungs- und Kommunikationseinrichtungen oder Führungsräumlichkeiten, die Führungsmittel wie Verbindungsmittel und Führungsunterstützungsmittel. Dem Stab muss ein geeignetes Krisenreaktionszentrum zur Verfügung stehen, um die vielen anfallenden Führungsaktivitäten rationell abwickeln zu können. Im Minimum muss ein räumlich getrennter Führungs- und Rapportraum zur Disposition stehen. Zur Not ist auch ein speziell eingerichteter und ausgestatteter Konferenzraum dienlich, der im «courant normal» für andere Tätigkeiten, z. B. die IT-Schulung, genutzt wird. Behelfsmässige oder improvisierte Räumlichkeiten müssen im Krisenfall rasch bezugsbereit sein. Grossunternehmen sehen aus Gründen der Redundanz geografisch getrennte Ausweichzentren vor, falls ein Ereignis die Führung vor Ort verunmöglicht.[91]

Adaptionsfähigkeit der Führungsinfrastruktur

Falls sich die Krise umfangmässig oder räumlich ausweitet, müssen unter Umständen mehrere Krisenreaktionszentren in Betrieb genommen werden. Zusätzlich zum Standort des Hauptsitzes des Unternehmens sind auch in den betroffenen Regionen im In- oder Ausland dezentrale Führungseinrichtungen zu beziehen oder es ist ein mobiles Team zu bilden.[92] Dieser Aufwuchs von Krisenreaktionszentren kann auch in umgekehrter Reihenfolge von unten her erfolgen. Das Krisenteam einer Zweigniederlassung, ein lokaler Stab oder Gemeindeführungsstäbe bleiben im Einsatz, bis regionale, kantonale oder nationale Stellen bzw. Regional- oder Global-Headquarters nach dem Subsidiaritätsprinzip involviert werden.[93]

3.5 Führungsunterstützung, materielle und finanzielle Ressourcen

Supportprozess als konstante Stabsaufgabe

Damit der Krisenstab zeit-, lage- und bedarfsgerecht arbeiten kann, wird der Supportprozess zur Daueraufgabe. Zu den Führungseinrichtungen gehören in wachsendem Ausmass moderne Informations- und Führungssysteme zur Führungsunterstützung sowie Kommunikationssysteme mitsamt einer geeigneten technischen Infrastruktur, Informatik und Telekommunikation

(Telematik). «Rapid and reliable telecommunications in the aftermath of a disaster are at the heart of any effective operations to limit its impact.»[94]

Trotz Technik: Der Mensch bleibt entscheidend

Trotz der Wichtigkeit technischer Hilfsmittel, z. B. wenn computergestützte Systeme zur Entscheidungsvorbereitung (Decision Support Systems)[95] zur Verfügung stehen, zeigt die Erfahrung, dass die Führung von Angesicht zu Angesicht in Krisensituationen unerlässlich bleibt.[96] In letzter Instanz entscheiden Menschen. Stehen keine derartigen, computergestützten Systeme zur Disposition, lohnt es sich, mit einfachen Mitteln den Einfallsreichtum und die Ideen der Mitglieder des Krisenstabes, etwa mittels Brainstorming[97], Mind Mapping[98] oder mit der Flow-Methode[99] zu nutzen.

Ressourcen als Flaschenhals

In gleicher Weise sind materielle und finanzielle Ressourcen zur Bewältigung der Krise frühzeitig bereitzustellen. Ihre Bedeutung wird in der Praxis oft unterschätzt, fehlende Notkredite werden rasch zum Flaschenhals der Krisenführung. Bei einer Eskalation der Krise können die Anforderungen an die Führungsinfrastruktur, die Führungsmittel und an den Ressourcenbedarf rasch in die Höhe schnellen und – falls man ihnen nicht entsprechen kann – zur Verschärfung der Krise beitragen.[100]

3.6 Kernfragen zu den Voraussetzungen der Führungsfähigkeit (vor der Krise zu regeln, in der Krise anzupassen)

Führungsorganisation und Führungsprozess

- Besteht im Minimum eine permanente Grundkonfiguration eines Krisen-Kernteams oder eines Kern-Krisenstabes? Wie sind in der Grundkonfiguration die wichtigsten Interessen, Aufgaben- und Verantwortungsbereiche der Organisation, der Unternehmung oder Institution vertreten, damit im Ereignisfall ohne Zeitverlust aufgabenbezogene Arbeitsstrukturen gebildet werden können? Welche operativ verantwortlichen Linienvertreter aus einzelnen Geschäftsbereichen, Abteilungen, Direktionen oder Ministerien haben im Kernstab Einsitz genommen?
- Weshalb ist die Grundkonfiguration geeignet, als Kern für den Ausbau und die Erweiterung des Krisenteams oder des Stabes im Krisenfall zu dienen? Wie lange und unter welchen Umständen kann der ab Beginn der Krise tätige Kernstab oder das Kernteam alleinverantwortlich im Einsatz bleiben, ab wann sind sie personell auszubauen?

- Wie passen wir die personelle Zusammensetzung des Krisenstabs der sich dynamisch verändernden Situation zweckmässig an, um jederzeit eine zweckdienliche, auf die Problemlösung hin orientierte Krisenstabsorganisation zur Verfügung zu haben? Wo ist umfangmässig die Grenze zu setzen, damit ein möglichst klein gehaltener Krisenstab effizientes Arbeiten garantiert? Wann wird er wegen seines Umfangs zu schwerfällig und in der Entscheidfindung zu langsam?
- In welchem Mass können wir als Zwischenlösung vorsorglich weitere, fachkundige Personen auf Pikett stellen, um den Kernstab gegebenenfalls ohne Zeitverlust zu erweitern?
- Wie und in welchem Umfang kann die Entscheidungskompetenz dezentralisiert oder delegiert werden, um den Problemlösungszyklus zu beschleunigen?
- Wie und wann sind im Krisenstab aufgabenbezogene Untergruppen zu bilden, überflüssige Personen in einen Reservepool überzuführen oder zu entlassen?
- Wie können wir den Krisenstab psychologisch betreuen und mithelfen, Stress im psychischen Ausnahmezustand zu vermindern?[101]
- Wie sind Führungsverantwortung und Entscheidungsverantwortung und wie sind Aufgaben, Funktionen und Verantwortungsbereiche der Teammitglieder geregelt? Wie sind Zusammenarbeit und Kompetenzabgrenzungen im Krisenstab mit den an der Führung Beteiligten transparent geordnet?
- Wie wird eine funktionierende Verbindung und Kommunikation zur entscheidungsbefugten Instanz (zum übergeordneten Führungs-, Aufsichts- und Kontrollorgan) bzw. zu den operativ verantwortlichen Linienvertretern garantiert?
- In welchem Umfang ist die vorgesetzte Führungsinstanz im Krisenteam bereits bei der Entscheidungsvorbereitung angemessen vertreten, um die Evaluation und Auswahl der vorgeschlagenen Lösungsoptionen durch den Entscheidungsträger zu erleichtern?
- Wie können ordentliche Strukturen und Verfahren des «courant normal» für die Krise übernommen werden, damit Eingespieltes nicht ohne Not verändert werden muss? Falls sie als zu schwerfällig und zu langsam beurteilt werden, können sie wenigstens (teilweise) in angepasster und gestraffter Form vom Krisenstab übernommen werden?
- Wie können oder müssen wir die regulären Strukturen und Verfahren zur Erledigung der ordentlichen Geschäftsführung parallel weiter nutzen? Bestehen solche Parallelstrukturen: Wie sind Wechselwirkungen und Kommunikation zwischen den regulären Strukturen und Verfahren sowie den Krisenstrukturen und -verfahren geregelt?[102]

- Wie ist die zeitliche Abfolge der einzelnen Führungstätigkeiten der Krisenorganisation – entsprechend der Krisenentwicklung – in einem strukturierten Arbeitsprozess (Problemlösungszyklus) und Führungsrhythmus (Rhythmus der Entscheidfindung) geordnet? Wie werden sie durch effiziente und systematische Stabsarbeit mit klar gegliederten und protokollierten Rapporten unterstützt?
- Wie wird sichergestellt, dass die Arbeitsmethode allen bekannt ist und bezüglich Standardisierung eine «unité de pensée» besteht?
- Welche Vorkehrungen stellen den Entscheidungsprozess rund um die Uhr sicher?

Führungsinfrastruktur

- Ist es möglich, jederzeit ein zweckmässiges Krisenreaktionszentrum oder eine Führungseinrichtung zu beziehen? Welche Führungs- und Unterstützungsmittel sind vorhanden, wie z. B. Informations- und Führungssysteme zur Führungsunterstützung sowie Verbindungsmittel, Kommunikationssysteme und technische Infrastruktur? Wie leistungsfähig sind sie? In welchem Umfang und wann sind sie zum letzten Mal getestet und als funktionstüchtig beurteilt worden? Wer wurde wann an ihnen ausgebildet, werden sie beherrscht?
- Wie können stationäre Führungseinrichtungen an die besonderen Anforderungen und Bedürfnisse der Führung angepasst werden, z. B. je nach Entwicklung der Krise durch die Bildung eines mobilen Teams zur Krisenführung, das sich an den Ort des Geschehens begibt?
- Wie können wir zur Sicherstellung der Führungsfähigkeit redundante Systeme (z. B. mittels Verbindungsorgane) bereithalten, auf die wir beim Ausfall der Elektronik, bei Störungen im Bereich der Informationsinfrastruktur oder aus Sicherheitsgründen ausweichen können?
- Wie finden die Bedürfnisse der Information und Kommunikation bei der Ausgestaltung der Krisenorganisation, des Führungsprozesses und in der Führungsinfrastruktur die notwendige Beachtung und Berücksichtigung? Wie wird die Notwendigkeit beurteilt, neben dem Krisenreaktionszentrum ein spezielles Kommunikationszentrum zu führen? Wenn ja, sind die Verbindungen jederzeit garantiert?

3.7 Dienende Funktion des Krisenstabes

Der Krisenstab hat grundsätzlich in zweifacher Hinsicht eine zudienende Funktion. Einerseits leistet er den Entscheidungsträgern in allen Führungstätigkeiten gute Dienste, insbesondere beim Beschaffen entscheidungsrelevanter Nachrichten und Informationen, beim Erarbeiten von Lösungsmöglichkeiten und bei der Entscheidungsfindung. Er stellt begründete Anträge an die Entscheidungsträger und verfolgt und kontrolliert die Umsetzung der Beschlüsse und ist für die Eventual- und Folgeplanung verantwortlich.

Andererseits dient der Krisenstab der Linie, d. h. er unterstützt und informiert die zur Umsetzung der Entscheide operativ Verantwortlichen, soweit diese nicht direkt im Krisenstab vertreten sind. Er steht ihnen wo nötig zur Seite, berät sie und hält die Linienverantwortlichen auf dem gleichen Wissensstand. Der Stab hat im Rahmen der Umsetzung der Entscheide bzw. in der Aktionsführung gegenüber den Führungsverantwortlichen auch eine kontrollierende Funktion.

> Fazit: Auf die dienenden Funktionen des Stabes weist auch die Ethymologie: Der Marschall- oder Bischofsstab stützt den Entscheidungs- oder Würdenträger. Falls die Tendenz besteht, dass sich Krisenstäbe selbst zum Marschall erheben, ist dies ein Warnzeichen und möglicherweise Ausdruck willensschwacher oder einflussloser Führungsverantwortlicher.

3.8 Zusammensetzung und Aufgaben eines Krisenstabes

Personelle Ressourcen und Anreize

Es ist eher die Ausnahme, dass professionelle Krisenstäbe zum Einsatz gelangen, denen ausschliesslich die Funktion und Aufgabe übertragen wurde, Krisensituationen zu bewältigen. Die meisten Organisationen und Unternehmungen setzen Personal ein, das in Doppelfunktion zusätzlich für einen Kriseneinsatz vorgesehen und ausgebildet ist. Hierzu greifen sie auf personelle Ressourcen zurück, die bereits im «courant normal» eine anspruchsvolle Aufgabe versehen und oft nicht erpicht sind, diese zusätzliche Verantwortung zu übernehmen. Leute, die bei internen Übungen – unabhängig von Hierarchie und Titel – ihre Begabung als Krisenteammitglied unter Beweis gestellt haben, sind evtl. eher willig. Diese Zusatzaufgabe kann ihren Stellenwert in der Organisation und damit ihre Motivation heben. Eine Zwischenlösung besteht darin, in der Sicherheitsorganisation ein kleines, professionell ausgebildetes Krisenstabsteam mit der Aufgabe der Krisenvorsorge, Krisenauswertung und Ausbildung zu betreuen. Im Krisenfall bildet es den Nukleus des Kernkrisenstabes.

Diversität als Plus

«Gemischte Teams sind smarte Teams», nach unserer Beobachtung ist es von zentraler Bedeutung, dass einer durchdachten personellen Zusammensetzung und klugen Diversität der Krisenorganisation höchste Bedeutung beigemessen wird. In komplexen Krisensituationen ist die multifunktionale Vertretung einer breiten Palette von Fachkenntnissen und Ansichten entscheidend für Erfolg oder Misserfolg. Nur mit hoher Diversität des Krisenstabes können wir sicherstellen, dass unterschiedlichste Lösungsansätze, Entscheidungsmöglichkeiten und auch versteckte Chancen entdeckt werden. Fehlende Diversität in der personellen Zusammensetzung des Krisenstabes wird, wie wir gesehen haben, zur gefährlichsten Klippe, an der die Führung zerschellt.

> **Fazit:** Leadership soll sich nicht scheuen, gleichlaufend zur sich entwickelnden Krisensituation notwendige personelle Umbesetzungen vorzunehmen oder Fehlbesetzungen rasch zu korrigieren.

Gender Diversity leider als Ausnahme

In der Praxis fällt auf, dass sich nur sehr vereinzelt Frauen in Krisenorganisationen vorfinden, was unseres Erachtens ein Manko ist. «Gender Diversity» ist in der Krise von hohem Nutzen: «Männer sind im Aufschwung top, weil sie im Schnitt risikofreudiger sind. Frauen sind in der Krise spitze, weil sie Risiken eher meiden oder aktiv nach Lösungen suchen, um sie klein zu halten».[103] Gendergemischte Teams sind sachlicher und besser, die Entscheidungsfindungen auch. Das hat damit zu tun, dass Frauen qualitativ hochstehende Lösungsansätze suchen, was auch durch Untersuchungen belegt ist.[104]

Krisenteams, die zu enger Zusammenarbeit fähig sind, haben hohen Wert im «courant normal»

Die Ausbildung und Bereitschaft eines klug zusammengesetzten Krisenstabs ist auch für den «courant normal» von hohem Wert: «… for true innovation to occur it is necessary to create an organizational culture that promotes collaboration as a daily activity (…). A successful, collaborative culture encourages the exploration of many ideas, allows time for that exploration, expects failure, and helps employees repurpose ideas for use in other projects.»[105]

Einfache Regeln

Eine Krisenorganisation orientiert sich an den vorne erwähnten Leitgedanken zur Führung, insbesondere am Gebot derKonzentration, der Einfachheit und der Flexibilität. In jedem Fall gilt, auch für einen ad hoc zusammengestellten Krisenstab, dass dieser rasch einsatzfähig sein muss. Das Erfolgsrezept hierzu liegt einerseits in der Konzentration auf eine stark reduzierte Zahl von Regeln, Handlungsanweisungen oder -richtlinien (Standing Operating Procedures), andererseits in der Einfachheit der befolgten Regeln. Die Kunst ist, in kürzester Zeit ein abgestimmtes Zusammenspiel und einen adäquaten Führungsrhythmus sicherzustellen.[106]

Grundkonfiguration des Stabes als Startkapital

Die Grundkonfiguration bzw. die personelle Zusammensetzung des Kernstabes und des erweiterten Stabes dienen vor der Krise einerseits der Ausbildung, andererseits der Personalplanung. Aus dieser Ausgangsbasis starten wir bei Krisenbeginn. Zweckmässig ist, zwischen einem kleineren Kernstab und einem aufwuchsfähigen Zusatzstab zu unterscheiden. Die zum voraus geplante Organisationsstruktur wird sobald als nötig einer situationsbezogenen Krisenstabsorganisation weichen, angepasst an die Aktionsplanung und die Aktionsführung.

Wie kommunizieren wir die Einberufung eines Krisenteams?

Die öffentliche Ankündigung, es sei ein Krisenstab oder eine Krisen-Task-Force gebildet worden, kann ein negatives Signal nach aussen senden, dass die ordentlichen Strukturen überfordert sind. Es ist Aufgabe der Kommunikationsführung, sicherzustellten, dass diese Massnahme positiv verstanden wird. Die Botschaft lautet: Die Situation wird von den Verantwortlichen sehr ernst genommen, es ist ein Zeichen, dass man energisch handeln will.[107]

Aufgaben und Verantwortungsbereiche sowie die wichtigsten Führungstätigkeiten bestimmen die Führungsorganisation

Die Grundkonfiguration des Krisenteams oder Stabes orientiert sich einerseits an den spezifischen Bedürfnissen der Organisation oder des Unternehmens sowie an ihren Aufgaben- und Verantwortungsbereichen. Der Krisenstab muss insbesondere die Belange der operativ verantwortlichen Linienvertreter der Organisation oder des Unternehmens berücksichtigen, indem er dafür sorgt, dass sie in seinen Reihen angemessen vertreten sind. Auf keinen Fall dürfen sich Stäbe und Organe mit Linienverantwortung in der Krise konkurrenzieren.

Andererseits trägt die Führungsorganisation den hauptsächlichen Planungs- und Führungstätigkeiten Rechnung, die in jeder Krise zu erfüllen sind. Besteht nur die Möglichkeit, einen kleinen Krisenstab zu bilden, müssen die Aufgaben gemeinsam im Team oder abwechselnd von einzelnen Mitgliedern des Stabes wahrgenommen werden, dabei sind flache und durchlässige Strukturen zu wählen.[108]

Wichtigste Funktionen im Krisenstab

Ein grösserer Krisenstab kann spezielle Funktionen durch Fachspezialisten oder Expertenteams bearbeiten lassen.[109] Hierzu eignen sich insbesondere:

- Die verantwortliche Führung des Krisenstabes (Funktion des Stabschefs).
- Die Gesamtverantwortung für die Führungsorganisation, den Führungsprozess und die Führungsinfrastruktur (Stabschef evtl. unterstütz durch eine ihm direkt zugeteilte Person).
- Die Nachrichten- und Informationsbeschaffung, Auswertung und Verbreitung; die Krisenumweltanalyse, Stakeholderanalyse, Analyse der Mittel und Möglichkeiten der Gegenspieler (Chef Nachrichten).
- Information und Kommunikation, die Medien- und Öffentlichkeitsarbeit (Informationschef).
- Die Planung des Kriseneinsatzes (eigene Mittel und Möglichkeiten), die Führung in der Krise (Aktionsführung), die Eventual- und Folgeplanung sowie
- die Umsetzung und Kontrolle der gefällten Entscheide, die Aktionsnachbereitung (Einsatzdienste oder Operationen).
- Die Logistik (Betrieb und Unterhalt der Infrastruktur), Transporte und Sicherheit (Supportgruppe).
- Führungsunterstützung (Führungsmittel, Verbindungsmittel, Führungsunterstützungsmittel, Dokumentation und Administration).
- Juristische, finanzielle und politische Fragen sowie Versicherungsfragen (separat oder als Teil der Führungsunterstützung).
- Die Ausbildungsbelange (Planung und Durchführung, Lessons-Learned-Prozess).
- Evtl. eine Business-Gruppe mit Vertretern aus Produktion, Marketing, Verkauf, Forschung und Entwicklung, Human Resources usw.

Krisenbezogene Stabsorganisation

Die Gliederung richtet sich nach dem spezifischen Krisenproblem und nach den zu lösenden Teilproblemen aus. Die krisenbezogene Stabsorganisation ist letztlich ein Resultat der vom Krisenstab selbst vorgenommenen Strukturierung des Problems und der Aktionsplanung.

Wenn der Stab zu einem späteren Zeitpunkt (in der Aktionsführung) konkrete Problemlösungen verfolgt, wird sich seine Organisation den Aufgaben und Zielen anpassen, die zu erfüllen sind. Der flexible Übergang zu einer aufgabenorientierten Gliederung erhöht die Handlungsfreiheit des Krisenstabes und hilft, den Krisenaustritt aktiv zu beschleunigen.

Einen Einfluss auf die Ausgestaltung und Grösse der Krisenorganisation können aber auch weitere Faktoren haben, wie die Zeitverhältnisse oder die in der Grundkonfiguration bereits vertretenen (bzw. fehlenden) Fachkompetenzen der Stabsmitglieder, der Führungsstil des Chefs des Krisenstabes oder der bevorzugte Führungsprozess.

Führungsverbund, integrierter Stab (Joint Staff)

Die Komplexität der Krise kann es ratsam erscheinen lassen, einen integrierten Krisenstab aus verschiedenen Krisenstäben zu bilden, z. B. mit Mitgliedern aus einem globalen Stab, (Global Crisis Team), aus regionalen oder lokalen bzw. aus Führungsstäben einzelner Divisionen einer Unternehmung. Ein Führungsverbund kann auch aus Spezialistenstäben besonderer Dienste gebildet werden (z. B. der Polizei, der Feuerwehr, den Sanitätsdiensten, den Verkehrsdiensten, der Chemiewehr, den Organen zur Notversorgung mit Elektrizität, Wasser, Gas usw.). Das Know-how verschiedener Führungsstufen wird in integrierten Stäben unmittelbar nutzbar gemacht, bei der Umsetzung der Entscheide wird Zeit gespart.[110]

Die Verbindung zum Stab und zur Aussenwelt

Krisenstäbe dürfen nicht der oft beobachteten Tendenz erliegen, ein Eigenleben zu führen bzw. sich abzuschotten. Je nach Ausmass und Umfang der Krise muss der Krisenstab permanent und rund um die Uhr als Anlauf- und Kontaktstelle zur Verfügung stehen. Verbindungen in das Krisenreaktionszentrum und von diesem nach aussen sind erfahrungsgemäss chronisch überlastet, mit Hürden aller Art versehen und ein neuralgischer Schwachpunkt der Führung in der Krise.

Einsatz rund um die Uhr und zeitgerechte Entscheide

Sollen die oben erwähnten Funktionen im 24-Stunden-Betrieb auf längere Zeit aufrechterhalten werden, muss der personelle Bestand mit der Anzahl vorgesehener Ablösungen multipliziert werden.[111] Die technischen Installationen und computergestützten Informations- und Führungssysteme werden im Kampf um zeitgerechte Entscheide zum wertvollen Mittel der Führungsunterstützung, aber nur wenn sie auch unter Stress einwandfrei beherrscht werden.

4. Nachrichten- und Informationsbeschaffung (P)

4.1 Aufgaben

Der Ausbruch einer Krise ist durch Überraschung gekennzeichnet, insbesondere wenn die Früherkennung oder Frühwarnung versagt hat.[112] Uns fehlen Informationen oder es liegen nur unvollständige oder veraltete Nachrichten vor, genau im Zeitpunkt, in dem sie am dringendsten benötigt werden, z. B. zum Auslösen dringlicher Sofortmassnahmen wie keinen Aufschub duldende Handlungsanweisungen. Hinzu lässt der eskalierende Verlauf der Ereignisse den Bedarf an Information sprunghaft ansteigen.[113]

Die Aufgaben der Nachrichten- und Informationsbeschaffung[114] in akuten Krisensituationen sind:

a) Die aktive Informationsgewinnung, die koordinierte Beschaffung von Fakten, Rohdaten oder Zahlenangaben über den Krisensachverhalt (Intelligence Gathering, Fact Finding), aber auch von Informationen über Meinungen, Auffassungen, Standpunkte und Absichten (Information Acquisition).[115]

b) Die Nachrichten und Informationen sollen uns erlauben, die Krisenprobleme zu analysieren und zu verstehen (Information Assessment, Picture Building oder Fusion).[116]
   Die Nachrichten- und Informationsbeschaffung hat insbesondere Fakten zur Sachlage zu sammeln, um den potenziellen Schaden zu ermessen, die Unsicherheit zu reduzieren, Entwicklungs- und Eskalationsmöglichkeiten der Krise zu erfassen.[117]

c) In der Aktionsplanung trägt die Nachrichten- und Informationsbeschaffung zur Beantwortung von Kernfragen und zur Entschlussfassung bei, d. h., sie dient der Sammlung aller Tatbestände, die für die Lösung der Krise wichtig sind.[118] Dies können Angaben zur Krisenumwelt, zu den Mitteln und Möglichkeiten der «Krisen-Gegenspieler», zu Störfaktoren, zur möglichen Entwicklung der Krise oder zu unseren eigenen Mitteln und Möglichkeiten sein. Wesentlich sind ebenfalls Aussagen zu besonderen Nachrichtenbedürfnissen, die als Sofortmassnahmen bei der ersten, provisorischen Beurteilung der Krise angeordnet und beschafft wurden.

d) In der Aktionsführung fällt der Nachrichten- und Informationsbeschaffung die Aufgabe zu, Voraussetzungen zum Erreichen des angestrebten Endzustandes zu erkennen bzw. Erfolgsfaktoren zu liefern, neuralgische Punkte zu signalisieren oder Grundlagen für die Lagerapporte zu beschaffen.

e) Eine weitere Aufgabe im Nachrichtenzyklus besteht darin, erforderliche Analysen zu verfassen, für das Wissensmanagement im Krisenstab Beiträge zu leisten und für die Informationsverbreitung besorgt zu sein.

Beschaffungprioritäten

Fazit: Diese fünf Aufgaben können – ob im politischen, zivilen oder unternehmerischen Bereich – nur zielgerichtet erfüllt werden, falls die Prioritäten der Nachrichten- und Informationsbeschaffung durch die Chefs, in Zusammenarbeit mit den Nachrichtenspezialisten, festgelegt werden.

Unter Berücksichtigung der strategischen Interessenlage und der Prioritäten geht es anschliessend darum, gezielte Beschaffungsaufträge zu erteilen.[119]

Prioritäten vor und nach Krisen

Die Nachrichten- und Informationsbeschaffung ist bei der Führung in der Krise eine zentrale und permanente Aufgabe, sie setzt aber bereits in der Führung vor der Krise ein, u. a. zum Zweck der Früherkennung und Frühwarnung, zur Alarmierung beim Überschreiten der Krisenschwelle oder noch früher bei der Risikobeurteilung, zum Erstellen eines Krisenportfolios oder zum Zweck des «Issues Management». Informations- und Nachrichtenfiaskos können selbst Krisen auslösen.[120]

Die Nachrichten- und Informationsbeschaffung findet ihren Fortgang bei der Führung nach der Krise zum Zweck der Krisennachbereitung, der Evaluation von Stärken und Schwächen oder mit dem Ziel, vergleichende Massstäbe zu setzen (Benchmarking) oder Lehren zu ziehen (Lessons Learned).

Nachrichtenprofis

In grösseren Organisationen, Unternehmen oder in Staatsverwaltungen ist die Nachrichten- und Informationsbeschaffung die Aufgabe von Fachleuten und spezialisierter nachrichtendienstlicher Organe. Sie müssen über eine besondere Ausbildung und ein umfassendes Wissen verfügen: über interne und externe Quellen, über Beschaffungsmethoden sowie über den Vorgang der Aufbereitung, Beurteilung und Verbreitung von Nachrichten. Sie müssen professionelle Lageentwicklungen erarbeiten und diese während einer Krise dauernd fortschreiben und aktualisieren.[121]

Die relevante Nadel im Heustock finden

Eine grosse Herausforderung für die Nachrichtenbeschaffer ist – angesichts der wachsenden Flut offener Informationen und steigenden Entscheidungsdrucks in Krisen -, die zur Entschlussfassung bedeutungsvollen Informationen zeitgerecht herauszufiltern.[122] Hierzu ist ein fortgesetzter Dialog mit den Entscheidungsträgern über die Nachrichtenprioritäten notwendig, wobei auch zu entscheiden ist, wie viele Wissensträger in die Gesamtheit der Informationen einzuweihen sind.[123] Im Kampf gegen den globalen Terrorismus hat sich der interne und externe Beschaffungsverbund bzw. Nachrichtenaustausch im internationalen Rahmen als grosse Herausforderung erwiesen.[124] Oftmals hat niemand die Übersicht, die Informationen bleiben Bruchstücke und es gelingt nicht, Punkte richtig zu verbinden, damit ein Gesamtbild entsteht («to connect the dots».)[125]

Intentionen der Gegenspieler

Ein weiteres Hauptproblem in der Krise ist andererseits, die wahren Absichten (Intentions) der Gegenspieler und Widersacher zu ermitteln. Diese lassen sich aus der Fülle der offen zugänglichen Informationen (Information Retrieval, Open Source Intelligence)[126] nur schwer oder überhaupt nicht erkennen.[127] Die Intentionen bleiben im Dunkeln und gestalten die Beurteilung der Krisenprobleme extrem schwierig.[128] Die wirklich gehegten Absichten in Erfahrung zu bringen, ist nach wie vor die Kernaufgabe eines spezialisierten Nachrichtendienstes:[129] sei dies eines staatlichen Nachrichtendienstes oder sei es eines Nachrichtenbeschaffungsorgans eines Unternehmens, das die Absichten der Konkurrenz in Erfahrung zu bringen versucht, weil diese danach trachtet, aus der Krise Kapital zu schlagen.[130]

Wissen dokumentieren

Angesichts der ungewissen Entwicklung und der Langzeitfolgen einer Krise[131] müssen die Nachrichtenbeschaffer das Informations- und Wissensmanagement (heute weitgehend computergestützt) für zukünftige Entscheide permanent sicherstellen. Die gewonnenen Informationen dienen nach der Krise dazu, das «institutionelle Gedächtnis» der Unternehmung oder der Institution zum «organisationellen Lernen» zu alimentieren.[132] Bei der Führung vor der Krise kann die Wissensdokumentation eine wertvolle Grundlage für Training und Übungen abgeben.

4.2 Kernfragen bei der Nachrichten- und Informationsbeschaffung

- Wird das Festlegen von Prioritäten zur Nachrichten- und Informationsbeschaffung zur Chefsache erklärt und wie wird dies in Zusammenarbeit mit Fachspezialisten der Nachrichtenbeschaffung geregelt: in inhaltlicher, zeitlicher und räumlicher Hinsicht? Wie wird die nachrichtendienstliche Absicht formuliert und durch wen?
- Wie lauten die Antworten auf die dringlichste Frage: Was müssen wir unbedingt, um jeden Preis, auf Biegen und Brechen wissen, um den Schaden zu ermessen, die Unsicherheit zu reduzieren bzw. die Problemlösung zu erleichtern?
- In welcher Form sind die Leader in ihre Verantwortung zur aktiven Führung der Nachrichten- und Informationsbeschaffung eingebunden? Wie wird sichergestellt, dass sie die Bedeutung und die Folgen ihrer Aufgaben(nicht)erfüllung klar erkennen?

- Wie ist die Federführung bei der Beschaffung und bei der Bewertung der Nachrichten geregelt? Wie und durch wen werden Beschaffungsaufträge erteilt?
- Durch welche Vorkehrungen sind die verschiedenen zur Beschaffung bestimmten Organe und Personen in einen Verbund integriert? Werden bezüglich Zusammenarbeit und Koordination ihrer Bemühungen klare Verhältnisse geschaffen?
- Nach welchen Kriterien wird beurteilt, ob die eigenen Mittel und Möglichkeiten bzw. Quellen genügen bzw. ob weitere aktiviert oder neue erschlossen werden müssen?
- Wird im Bring- und Holprinzip gearbeitet, d. h. wie wird die Nachrichtenbeschaffung als aktiver Dialog und nicht als Einbahnstrasse konzipiert?
- Wie werden die relevanten Nachrichten und Informationen aus der Informationsflut zur Analyse, Klärung und Beurteilung der Krise bzw. zur Entschlussfassung herausgefiltert?
- Wie werden im Krisenstab Spezialisten geschult, um gezielt und rasch allgemein zugängliche Informationen im Internet zu nutzen (Information Retrieval und Open Source Intelligence)?
- Sind spezialisierte Nachrichtenbeschaffer auch in der Lage, die Absichten, die «hidden agenda» der «Gegenspieler und Widersacher» zu erforschen?
- Wie werden die Nachrichten gesichtet, um zu unterscheiden, ob sie erhärtete Fakten bzw. offene Fragen enthalten, damit diese mit neu formulierten Nachrichtenbedürfnissen geklärt werden können?
- Wie werden Informationen mittels einer zweiten Quelle validiert?
- Wie wird vorgegangen, um eine Vielzahl von Nachrichten mittels einer strukturierten Analyse, Bewertung und Integration zu einem Gesamtbild zusammenzufügen?
- Wie wird die Informationsverbreitung intern sichergestellt? Wie wird der gesamte Krisenstab laufend über die Nachrichtenlage informiert? Wie viele Wissensträger sollen über alle Details informiert sein («need to know»)?
- Wie ist der Informationsaustausch innerhalb einer hierarchisch gegliederten, komplexen oder dezentralisierten Organisation geregelt und organisiert? Wie in einer Koalition von Interessen- oder Geschäftspartnern, einer Staatengemeinschaft, innerhalb eines föderalistischen Staatswesens oder überall dort, wo für Entscheide Konsens oder eine Mehrheit von Stimmen notwendig ist?

Tätigkeiten der Führung in, nach und vor der Krise

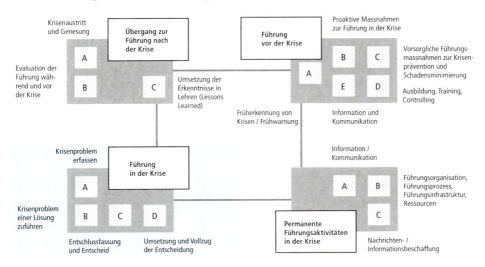

5.1 Aufgaben und Resultate einer ersten Lage- bzw. Krisenanalyse

Bevor wir das Problem beurteilen können, müssen wir erkennen, worum es in der aktuellen Situation überhaupt geht.

Das Krisenproblem erfassen bedeutet:

1. In der Problementdeckung ist die Frage zu klären: Worum geht es? «De quoi s'agit-il?»
2. Eine vorläufige Synthese zur Problemklärung vorzunehmen, d.h., Überblick zu gewinnen, und das Krisenproblem in Teilprobleme zu gliedern.
3. Das Krisenproblem zu beurteilen und einstweilige Erkenntnisse zu gewinnen und deren Konsequenzen zu ermessen bezüglich:
   - Schadensausmass und Risiken
   - Aufgabenstellung, Ziele, Prioritäten
   - Führungssystem
   - Zeitverhältnisse (Dringlichkeit und Zeitplanung)
   - Erste Information und Kommunikation
   - Dringliche Sofortmassnahmen.

Die Aufgabe, das Wesen einer Krise zu erfassen, ist demnach in drei Teilschritten zu lösen:[133]

Das Krisenproblem in drei Teilschritten erfassen

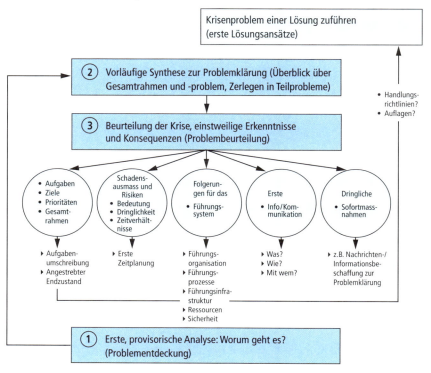

Erster Teilschritt: eine erste, provisorische Analyse der Krise. Worum geht es?

Es geht darum, das Problem zu erkennen und die Frage zu beantworten: «De quoi s'agit-il?» Können wir entdecken, worum es im Kern wirklich geht? Der Fokus einer ersten Analyse liegt auf der Fragestellung, ob wir die Situation überhaupt als Krise anerkennen: Wer sagt, es sei eine Krise?[134] Zeitverlust beim Erkennen des Kernproblems oder eine unzutreffende Lagebeurteilung bei Beginn der Krise können die Folge von Abwehrreaktionen sein und zum Verlust der Handlungsfreiheit führen.[135] (Vgl. Punkt 1.4, «Führungsverhalten, das die Krise verschlimmert».)

In der Anfangsphase müssen lähmende Unsicherheiten und Ungewissheit abgebaut, die noch im Dunkeln liegenden Umstände der Krisensituation geklärt werden.[136] Um Licht in die Krisensituation zu bringen, kann es notwendig sein, unverzüglich Informationen zu beschaffen und zu sichten, Experten oder Spezialisten zu befragen oder beizuziehen, sich an den Ort der Krisenereignisse zu begeben oder eine Erkundung anzuordnen.

144

Zweiter Teilschritt: vorläufige Synthese zur Problemklärung

Im zweiten Teilschritt zur Klärung der Situation geht es darum, sich einen Überblick über die wesentlichen Aspekte einer Krise zu verschaffen, ihre Komplexität zu verstehen, um sie in Haupt- und Teilprobleme zu zerlegen. Wenn möglich fassen wir diese in Aufgabenbereiche zusammen und machen uns erste Überlegungen über die Verantwortlichkeiten zur Problemlösung.

Dritter Teilschritt: Beurteilung der Krise, einstweilige Erkenntnisse gewinnen und deren Konsequenzen ermessen

Drittens führen wir eine einstweilige Beurteilung der Krise durch, d. h. wir setzen uns auseinander mit ihrer Bedeutung, ihrer Dringlichkeit und den Zeitverhältnissen. Wir ermessen das Schadenausmass, prüfen mögliche Risiken und Chancen.[137]

Als Resultat der Problemerfassung geht es darum, erste, sich uns stellende Obliegenheiten zu umschreiben. Hierfür setzen wir uns mit evtl. vorhandenen Aufträgen und den zu erreichenden Zielen, bzw. dem gewünschten Endzustand auseinander. Das Bestreben ist, uns ein klareres Bild darüber zu verschaffen, was wir von uns erwarten bzw. was von uns erwartet wird. In einer überraschend eingetretenen und verworrenen Krisensituation müssen wir evtl. beides selbst definieren. Anschliessend fragen wir uns, was ist sogleich zu tun bzw. sogleich zu sagen? Zudem ziehen wir Konklusionen für das Führungssystem.

> Dies bedeutet im Einzelnen, dass wir als Resultat unserer Problemerfassung Erkenntnisse in den folgenden sechs Bereichen gewonnen haben:
>
> (1) Wir ziehen erste Folgerungen in Bezug auf unsere Aufgaben oder Teilaufgaben (Aufgabenumschreibung) und Aufträge (Auftragsanalyse), die zu bewältigen sind. Welche Ziele und Prioritäten sind zu setzen, die wir unter allen Umständen erreichen bzw. denen wir nachleben wollen (gewünschter Endzustand)? Wir trachten danach, diese Aufgabenumschreibung oder Auftragsanalyse möglichst klar und konzise vorzunehmen und die Ziele verständlich auszulegen. Die Ergebnisse werden mit Vorteil schriftlich festgehalten oder bildlich dargestellt. Dabei sind wir bestrebt, unsere Aufgaben im Gesamtkontext – z. B. der unternehmerischen Zielsetzungen – zu verstehen.
>
> Sind durch vorgesetzte Stellen oder Leitungsorgane wichtige Interessen und vorrangige Werte vordefiniert, stecken entsprechende Handlungsrichtlinien oder zu beachtende Auflagen den Rahmen ab, in dem der Krisenstab vorzugehen hat. Vielleicht zeichnen sich dadurch erste Lösungsansätze ab.
>
> (2) Wir verfügen über erste Erkenntnisse bezüglich Schadensausmass, Risiken und Chancen.

(3) Als Konsequenz können wir die Bedeutung und Dringlichkeit der Teilaufgaben beurteilen und eine erste Zeitplanung realisieren, die in der Folge kontinuierlich und parallel zu den Planungs- und Führungstätigkeiten weitergeführt wird. Die Zeitplanung muss den Zeitbedarf und die zeitlichen Rahmenbedingungen berücksichtigen, sie bestimmen massgeblich die Reihenfolge und Kadenz der Führungstätigkeit.

(4) Wir ziehen erste Konsequenzen für das Führungssystem. Welches ist der unmittelbare Entscheidungs- und Handlungsbedarf betreffend Führungsorganisation (Kommandoordnung und Stabsgliederung) und Ablauf der Führung (Kern- und Unterstützungsprozesse) sowie betreffend die Führungsinfrastruktur (Führungseinrichtungen, Führungsmittel), die Sicherheit bzw. den Ressourcenbedarf? Innerhalb des Krisenstabes lässt sich klären, welche Teilaufgaben von wem zu lösen sind, wir streben von Beginn weg eine aufgabenorientierte Krisenstabsgliederung an.

(5) Wir entscheiden ohne Verzug, wie, mit wem und was zu kommunizieren ist.[138]

(6) Letztlich beschliessen wir dringliche Sofortmassnahmen.[139] Sie haben den Zweck, im Hinblick auf die Entschlussfassung die zur Verfügung stehende Zeit optimal zu nutzen, die Handlungsfreiheit zu wahren und zu erhöhen. Sie werden während der Stabsarbeit kontinuierlich erhoben und beschleunigen den Führungsprozess bis zur Entschlussfassung. Sie dürfen jedoch nicht der eingehenden Prüfung möglicher Lösungen vorgreifen oder die Entschlussfassung präjudizieren. Im jetzigen Zeitpunkt könnten Sofortmassnahmen sein: einen Beschaffungsauftrag von dringlichen Nachrichten und Informationen zur besseren Problemerkennung zu erteilen oder Handlungsbefugnisse zu delegieren.

Wichtig ist, dass Sofortmassnahmen nicht nur beim Start, sondern permanent ab der Problemerfassung getroffen werden. Dies bedingt, dass sie durch den Krisenstab dokumentiert, in der Folge ergänzt oder revidiert werden und ihre Umsetzung kontrolliert wird.

5.2 Das Krisenproblem mithilfe der Krisenmatrix erfassen

Um das Krisenproblem bereits in dieser Phase systematischer zu erfassen, können wir uns an den Fragestellungen der Krisenmatrix orientieren.[140]

(1) Welche Faktoren haben die Krise ausgelöst?

(2) Wie ist die Krise ausgebrochen? Handelt es sich gemäss erster Beurteilung um eine einmalige Krise, eine sich wiederholende Krise, eine wieder auflebende Krise?

(3) Wie wird die Krise voraussichtlich verlaufen?

(4) Wie ist die Kernstruktur der Krise: einfach oder komplex?

(5) Was sind erste Beurteilungen zu möglichen Folgen, Konsequenzen, Auswirkungen und Schäden? Gibt es Ansätze zur Chancennutzung?

(6) Warum beurteilen wir die Situation subjektiv und persönlich als Krise?

(7) Welche Stressfaktoren fordern uns am stärksten heraus? (Die persönliche Betroffenheit, die Unsicherheit und Ungewissheit, der Zeitdruck, zu ent-

scheiden und zu handeln, die Gefahr der Verschlimmerung und Eskalation der Krise?)

(8) Sind erste Möglichkeiten zur erfolgreichen Krisensteuerung erkennbar?

(9) Was sagen wir sofort, wie bedeutungsvoll sind die Kommunikation und die Medien zur Krisenbewältigung?

5.3 Krisenmatrix: methodisches Vorgehen mithilfe von F > E > K

Krisenbeurteilung: methodisches Vorgehen mithilfe der Krisenmatrix

Wir bedienen uns in abgewandelter Form einer Methodik, die in der Stabsarbeit weit verbreitet ist. Ausgehend von Fragestellungen definieren wir Fakten und treffen Feststellungen (F), diese verdichten wir zu Erkenntnissen (E) und leiten aus diesen handlungsorientierte Konsequenzen (K) ab. Im Einzelnen gehen wir bei den Fragestellungen der Krisenmatrix wie folgt vor:

(F) Feststellungen

In einem ersten Schritt führen die in der Krisenmatrix erfragten inhaltlichen Elemente, Eigenschaften und Charakteristika zu einer Sammlung von Aussagen und Fakten, z. B. zur Fragestellung (1) bis (9), Pt. 5.2: (2) Wie ist die Krise ausgebrochen? Oder: (3) Wie wird die Krise voraussichtlich verlaufen? (vgl. auch Teil I, Pt. 3.3). Es sind Feststellungen zum Ist-Zustand oder zu unseren Beobachtungen und Erklärungen der Krisensituation. Die Feststellungen sind beschreibende, evtl. quantifizierbare und messbare Tatsachen oder Hinweise zum Konnex zwischen Aussagen und Fakten.

(E) Erkenntnisse

Im zweiten Schritt verdichten wir unsere Aussagen zu Erkenntnissen. Was zeigt sich? Welche weiteren Einsichten, Fragestellungen und Analysen drängen sich auf? Welche Abweichungen zwischen der aktuellen Lage (Ist-Zustand) und dem definierten Soll-Zustand können wir erkennen? Welches sind die für uns gefährlichsten oder wahrscheinlichsten Krisenentwicklungen? Zeigen sich Pisten eines Erfolg versprechenden Vorgehens? Was sind nächste Planungsschritte?

(K) Konsequenzen

Was ist zu tun? Im letzten Schritt formulieren wir handlungsorientierte Konsequenzen und Massnahmen als Antwort auf die einzelnen Erkenntnisse. Ins Auge fassen wir u. a.: zeitliche Konsequenzen, Konsequenzen auf unsere Führungsorganisation, unsere Führungs- und Kommunikationsprozesse, unsere Handlungsmöglichkeiten, Mittel und Ressourcen.

> Fazit: Das korrekte und zeitgerechte Erfassen der Kernprobleme und der potenziellen Risiken und Chancen einer Krise bildet die grundlegende Voraussetzung, um im nächsten Schritt das Krisenproblem einer Lösung zuzuführen. Dazu kann die oben beschriebene Methode (F>E>K) auch bei allen folgenden Kernfragen zur Anwendung gelangen. Erkennen wir beim Start nicht, worum es wirklich geht, riskieren wir die Krise anzuheizen.[141]

5.4 Kernfragen zur ersten Analyse der Krise
   (Erster Teilschritt: provisorische Analyse, worum geht es?)

- Was ist passiert? Was hat die Krise ausgelöst? Warum und wie ist sie (offen) ausgebrochen? Was sind die Gründe der krisenhaften Situation? Was heizt die Krise an? Liegen die auslösenden Ursachen in strukturellen und funktionellen, menschlichen oder materiell-technischen Faktoren?
- Gibt es erste Erklärungen und Antworten auf die (selbst-)kritische Frage nach der (Eigen-)Verantwortlichkeit? Gibt es Hinweise auf Selbstverschulden, auf die Aktion eines Eingeweihten (Insider)?
- Wie wird die Krise voraussichtlich verlaufen? Besteht die Gefahr der Verschlimmerung und Eskalation der Krise? Handelt es sich um eine sich wiederholende Krise, eine wieder auflebende Krise, eine Dauerkrise oder voraussichtlich um eine einmalige Krise?
- Können wir die Situation einem Krisentyp zuordnen? Wie können wir den Kern der Krise entdecken, deren Inhalt, Ursache und Wirkung ver-

stehen, bevor wir Entscheide treffen, die das Problem unter Umständen noch verschärfen?

- Wer ist betroffen? Können wir erste Aussagen über den Kreis der Stakeholder machen?
- Was ist der mögliche Schaden? Wie schätzen wir die weitere Entwicklung ein, gibt es mögliche Folgeschäden?[142] Wie stellen wir sicher, dass der immaterielle Schaden, gegenüber dem materiellen Schaden, nicht vernachlässigt oder unterschätzt wird?
- Wie können wir in der Krise (oder mindestens in Teilbereichen) Chancen entdecken und nutzen?
- Wie ist die persönliche und subjektive Betroffenheit? Besteht die Möglichkeit, eine erste Analyse aus unterschiedlicher Perspektive vorzunehmen? Können wir uns beraten lassen, damit wir uns nicht in eigene Annahmen verstricken oder die Tatsachen schwärzer sehen, als sie wirklich sind? Können wir wissenschaftliche Meinungsumfragen in Auftrag geben?
- Wie beurteilen wir den Zeitdruck, zu entscheiden und zu handeln?
- Wie wird sichergestellt, dass vorrangige Interessen und normative Werte des Unternehmens oder der Institution bzw. langfristig gültige Ziele und Prioritäten der vorgesetzten Stellen Beachtung finden? Wo sind ethisch-moralische Richtlinien oder übergeordnete Handlungsgrundsätze, welche die Unternehmenskultur prägen, festgehalten? Sind deren Gültigkeit und Verbindlichkeit als Leitplanke zur Führung in der Krise allen bekannt?

5.5 Kernfragen zur Klärung der Krise (Zweiter Teilschritt: vorläufige Synthese)

(In einigen Fällen dienen diese Fragen auch der ersten Analyse der Krise im Teilschritt 1)

- Wie können wir uns rasch einen Überblick über die wesentlichsten Aspekte der Krise verschaffen? In welchen Gesamtrahmen ist die Krise zu stellen?
- Wie können wir ihre Komplexität in Haupt- und Teilprobleme gliedern? Wie sind die Abhängigkeiten (übergeordnet, untergeordnet oder gleichgeordnet) und die Wechselbeziehungen zwischen den Teilproblemen der Krise zu beurteilen?
- Kann die inhaltliche Vielschichtigkeit derart strukturiert werden, dass die Teilprobleme einzelnen, besonders befähigten Personen der Krisenorganisation zur Weiterbearbeitung zugewiesen werden können?

- Wie verlässlich sind die ersten Nachrichten zur Krise? Welche weiteren Quellen sind zu erschliessen? Welche zusätzlichen Informationen benötigen wir bis wann? Sollen wir uns an den Ort der Krise begeben, um uns ein unmittelbares Bild über die Situation zu machen? Wen ziehen wir bei Unsicherheit zur Beratung bei?

5.6 Kernfragen zur einstweiligen Beurteilung der Krise und zu den ersten Konsequenzen (Dritter Teilschritt)

Zu den gestellten Aufgaben und Zielen:

- In welchem Masse müssen wir wegen der Verworrenheit und der chaotischen Krisensituation unsere Obliegenheiten und Ziele selbst bestimmen bzw. haben wir die uns vorgegebenen Aufgaben oder Aufträge verstanden?
- Wie formulieren wir unsere Aufgaben (bzw. Teilaufgaben) und Zielsetzungen zur Lösung der Krise: Was wollen wir erreichen? Was sind unsere Ziele und Prioritäten betreffend den gewünschten Endzustand? Ist die Aufgabenumschreibung klar und konzis?
- Wie finden die durch vorgesetzte Stellen festgelegten Interessen und Werte Berücksichtigung? Sollen wir zu deren Befolgung Auflagen oder Handlungsrichtlinien für den Krisenstab verfügen?
- Müssen wir uns über Richtlinien und Vorschriften, die für den Normalfall gedacht sind, hinwegsetzen?[143] In welchem Umfang erleichtern Vorgehensrichtlinien für den Krisenstab die Fortsetzung der Arbeit? Zum Beispiel, indem Dringlichkeitsstufen zur Bearbeitung von Haupt- und Teilaufgaben oder Auflagen im Vorgehen festgelegt werden?
- Wie beurteilen wir den Arbeitsaufwand zur Lösung der gestellten Aufgaben und Ziele?

Zu den Konsequenzen auf das Führungssystem:

- Falls ein Krisenteam seine Arbeit aufgenommen hat: Wie wird die vorgesetzte Entscheidungsstufe in geeigneter Form von Anbeginn in die Führung mit einbezogen?
- Wie ist der Übergang von der ordentlichen Führung («courant normal») zur Krisenführung mit Blick auf die Organisation und den Führungsprozess geregelt? Wie ist das «Business Continuity Management» zur Erfüllung von Kernaufgaben in die Krisenführung integriert?

150

- Wie wird der Krisenstab aufgabenorientiert gegliedert (zur Bearbeitung von Teilaufgaben z.B. in Arbeitsgruppen/Task Forces)? Aus welchen Überlegungen ist der Krisenstab zu einem integrierten Stab aus verschiedenen Stäben auszuweiten?
- Wie regelt die Krisenstabsgliederung die wechselnde personelle Zusammensetzung einzelner Arbeitsgruppen oder Stabsteile bzw. wie wird in einem Arbeitsplan deren Kooperation und Koordination geregelt?
- Wie kann die Führungseinrichtung unverzüglich bezogen und genutzt werden oder sind Anpassungen notwendig, insbesondere bezüglich Örtlichkeit, Sicherheit oder Ausstattung?
- Müssen im Hinblick auf eine Eskalation der Krise weitere Ressourcen bereitgestellt werden?

Zur Dringlichkeit und zu den Zeitverhältnissen:

- Wie wird die mögliche Dauer der Krise veranschlagt, was ist der erforderliche Zeitbedarf für die Behebung ihrer Folgen? Wie berücksichtigen wir die mittel- und langfristige Dimension der Krisenfolgen?
- Wie beurteilen wir die Dringlichkeit der Haupt- und Teilprobleme?
- Nach welchen Kriterien beurteilen wir, ob der Zeitplan realistisch ist? Sind zeitliche Etappen vorgesehen und in welchem Umfang enthält er Zeitreserven?
- Wie ist die Beurteilung der Zeitverhältnisse, einerseits bezüglich Zeitbedarf der Führungstätigkeiten, andererseits bezüglich effektiv zur Verfügung stehender Zeit? (Zur Lösung der Teilprobleme, zur Beschaffung weiterer Informationen, zum Vollzug beschlossener Sofortmassnahmen, zur Vorbereitung und Umsetzung eines Entscheides.)
- Wird die Zeitplanung parallel zu den Planungs- und Führungstätigkeiten weitergeführt? Wie werden Reihenfolge und Kadenz der Führungstätigkeiten optimal den Zeitverhältnissen und Dringlichkeiten angepasst?

Zur Information und Kommunikation:[144]

- Nach aussen: Was ist sofort zu sagen? An wen müssen wir uns in erster Priorität wenden?
- Wer spricht und wer ist Ansprechpartner für die Betroffenen? Ist ein Sprecher zu bezeichnen oder ist dieser bereits designiert?
- Nach innen: Wie teilen wir die Resultate unserer vorläufigen Erkenntnisse (wie Aufgaben, Ziele, Prioritäten, Handlungsrichtlinien, Konse-

quenzen auf Krisenorganisation und -verfahren, Zeitplanung, Sofortmassnahmen) allen im Krisenstab Tätigen mit?

Zu den Sofortmassnahmen:

- In welchem Umfang sind Massnahmen anzuordnen, die eine Eskala-
  tion, Verschlimmerung oder gar eine Wiederholung der Krise verhin-
  dern?
- Sind Anordnungen zur Wahrung und Erhöhung der Handlungsfreiheit
  zu treffen?
- Welche Möglichkeiten von Sofortmassnahmen der folgenden Liste sind
  u. a. vorzusehen:
  - Zusätzliche Nachrichten- und Informationsbedürfnisse formulie-
    ren und zur Beschaffung in Auftrag geben?
  - Verbindungsaufnahme (z. B. mit den regional oder lokal Verant-
    wortlichen einer Unternehmung)?
  - Orientierungen (z. B. der Geschäftsleitung, anderer Divisionen
    oder Abteilungen der Unternehmung, der Kader einer Organisa-
    tion, der Kantone, des Parlaments, der Medien)?
  - Alarmierung oder Pikettstellung (z. B. weiterer Mitglieder des Kri-
    senstabes)?
  - Regelung des Bereitschaftsgrades des Krisenstabes?
  - Bezug einer Führungseinrichtung am Ort der Krise?
  - Logistische Anordnungen?
  - Die Bezeichnung eines Medienzentrums, Anordnungen zur techni-
    schen Ausrüstung?
  - Massnahmen zur eigenen Sicherheit? Die Sicherung des Krisenge-
    bietes?

6. Krisenprobleme einer Lösung zuführen (LF)

6.1 Aufgabe und Zielsetzung

Systematische Lagebeurteilung und Grundentschluss

Nachdem das Krisenproblem erfasst wurde, geht es bei der nächsten Führungstätigkeit darum, über eine systematische Lagebeurteilung zu Lösungsmöglichkeiten der Krise und zu Entscheidungsoptionen zu gelangen.[145] Das
bedeutet, dass die Erfassung des Krisenproblems, (wie sie im ersten Schritt in
vorläufiger Form durchgeführt wurde) in systematisierter Form fortgesetzt

und vertieft wird. Ziel dieses Arbeitschrittes ist, die Krisenprobleme einer Lösung zuzuführen und dem Entscheidungsträger zu ermöglichen, seinen Grundentschluss zur Krisenbewältigung zu fällen.[146]

Fünf Blickwinkel miteinander vernetzen

Worum geht es? Mit der Komplexität einer Krisensituation konfrontiert, trachten wir danach, das mannigfache Fachwissen und die vielfältigen Erfahrungen, die im Krisenstab vertreten sind, in vernetzter Weise nutzbar zu machen. Dazu bedienen wir uns einer vielfach bewährten Denkmethodik: Es geht darum, aus dem Blickwinkel fünf verschiedener Aspekte (Parameter des Krisenpentagons) eine Analyse der gesammelten Aussagen und Fakten zu machen und diese zu Erkenntnissen zu verdichten, indem wir sie einander systematisch gegenüberstellen (mithilfe der oben beschriebenen Methode: F > E > K). Jede Aussage und Erkenntnis aus jedem Aspekt wird mit den Einsichten aus jedem andern Aspekt konfrontiert. Wir wechseln gleichsam den Betrachtungsstandort um das Krisenpentagon herum. Anschliessend werden aus allen verknüpften und zusammengefügten Erkenntnissen (Synthese) die wichtigsten, entscheidungsrelevanten Konsequenzen ermittelt und beurteilt.

Das Gesamtbild als grösste Herausforderung

Dabei geht es darum, das Gesamtbild zu erfassen: «Treating the Big Picture». «Recognize that rarely is one single thing or event sufficient to cause another. Analyze all contributing factors to get a sense of the Big Picture. Map the full array of forces that contribute to your situation to formulate action plans.»[147] Ein kohärentes Gesamtbild zusammenzufügen, wird zusehends schwieriger. Sind wir mit der Herausforderung konfrontiert, eine unstrukturierte, komplexe oder paradoxe Situation (ill-structured, ill-defined and wicked problem or mess), integrativ zu erfassen, wird altes, lineares Ursache-Wirkungs-Denken zum untauglichen Mittel. Deshalb müssen wir uns bei der Gegenüberstellung der Parameter des Krisenpentagons, ganz bewusst, die gegensätzlichen und einander widersprechenden Perspektiven im Krisenstab zunutze machen.

Tun wir das Richtige? Divergente Auffassungen nutzen

Der Leiter soll die Mitglieder ermuntern, Annahmen und provisorische Erkenntnisse unablässig zu hinterfragen, kritische und kreative Fragestellungen zu diskutieren. Die Hirnforschung zeigt auf, wie wichtig es ist, bei der Entscheidfindung in komplexen Situationen die emotionale Intelligenz aller Krisenstabsmitglieder mit zu berücksichtigen.[148] Im Idealfall führt der dialektische, sich ständig wiederholende Diskurs im Team zum organisationellen

Lernen (journey of learning), um im Endeffekt Verbundlösungen zu finden. Lernen und komplexe Probleme lösen sind im so verstandenen Führungsprozess eng miteinander verbunden. Bei der Dauerfrage: Wie können wir eine Situation zu unseren Gunsten verändern? Wie den gewünschten Soll-Zustand erreichen? steht die Effektivität und weniger die Effizienz, *wie* wir designierte Ziele verfolgen, im Zentrum.

> Fazit: Die alles entscheidende Frage ist: Tun wir das Richtige? Fassen wir die richtigen Ziele und Lösungsansätze ins Visier? Verfolgen wir die richtige Strategie?[149]

Eine Liste oder Matrix der Konsequenzen als übersichtliches Resultat

Um im dialektischen Diskurs die Übersicht zu behalten, werden die sich ergebenden Konsequenzen auf einer Liste (Konsequenzenliste) nachgeführt, priorisiert (zwingende Konsequenzen) und thematisch zusammengefasst. Noch hilfreicher ist die Verwendung einer Konsequenzen-Matrix (vgl. hinten). Die eruierten Konsequenzen dienen als Grundlage der folgenden Planungs- und Führungstätigkeiten. Im Vordergrund steht die Verwendung der Konsequenzenliste als Leitlinie zur Entwicklung verschiedener Varianten der Krisenentwicklung und der eigenen Handlungsmöglichkeiten, die anschliessend zu Lösungsmöglichkeiten der Krise bzw. zu Entscheidungsoptionen führen.

Die systematische Lagebeurteilung zu unterlassen rächt sich

In der Praxis wird dieser Schritt der systematischen Lagebeurteilung, weil er Zeit und intellektuellen Aufwand kostet, oft vernachlässigt oder übersprungen. Nachdem man glaubt, das Krisenproblem erfasst zu haben, schreitet man unverzüglich zur Prüfung von Lösungsvarianten und entscheidet.[150]

> Fazit: Ob eine systematische Lagebeurteilung durchgeführt wird oder nicht, ist der eigentliche Test, wie (un-)professionell ein Krisenstab arbeitet. Mit hoher Wahrscheinlichkeit resultiert im Unterlassungsfall ein Fiasko, insbesondere, wenn wir einer komplexen Krise gegenüberstehen.[151]

Krisenproblem einer Lösung zuführen
Parameter des Krisenpentagons

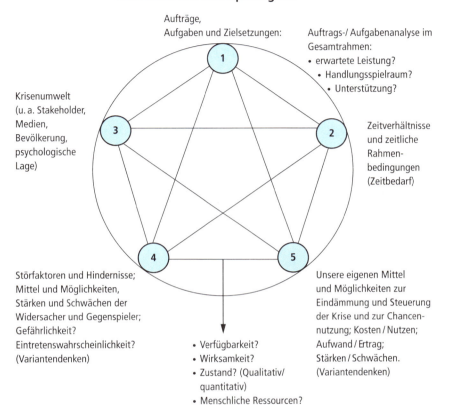

Aufträge,
Aufgaben und Zielsetzungen:

Auftrags-/ Aufgabenanalyse im
Gesamtrahmen:
• erwartete Leistung?
  • Handlungsspielraum?
   • Unterstützung?

Krisenumwelt
(u. a. Stakeholder,
Medien,
Bevölkerung,
psychologische
Lage)

Zeitverhältnisse
und zeitliche
Rahmen-
bedingungen
(Zeitbedarf)

Störfaktoren und Hindernisse;
Mittel und Möglichkeiten,
Stärken und Schwächen der
Widersacher und Gegenspieler;
Gefährlichkeit?
Eintretenswahrscheinlichkeit?
(Variantendenken)

• Verfügbarkeit?
• Wirksamkeit?
• Zustand? (Qualitativ/
  quantitativ)
• Menschliche Ressourcen?

Unsere eigenen Mittel
und Möglichkeiten zur
Eindämmung und Steuerung
der Krise und zur Chancen-
nutzung; Kosten / Nutzen;
Aufwand / Ertrag;
Stärken / Schwächen.
(Variantendenken)

6.2 Parameter des Krisenpentagons

Die fünf verschiedenen Aspekte (Parameter des Krisenpentagons) sind:
(1) Unsere Aufgaben und Zielsetzungen bei der Führung in der Krise (im
    Gesamtrahmen selbst definierter Ziele oder vorgegebener Aufträge, Inter-
    essen, Werte und Prioritäten): Die von uns erwartete Leistung richtet sich
    an der Diskrepanz zwischen dem Ist-Zustand und dem angestrebten Soll-
    Zustand nach der Krise aus. Um diesen festzustellen, setzen wir die Auf-
    gaben- bzw. Auftragsanalyse fort, die wir bei der Problemerfassung begon-
    nen haben. Im Rahmen unserer Mission und Aufgabe sind der zur
    Verfügung stehende Handlungsspielraum bzw. die mögliche Unterstüt-
    zung in die Überlegungen einzubeziehen, ebenso, ob wir – zur Vertiefung

der Lagebeurteilung für die folgenden Aspekte (2–5) – auf weitere, in der Zwischenzeit erbrachte Ergebnisse der Nachrichten- und Informationsbeschaffung abstellen können.

(2) Die Zeitverhältnisse und zeitlichen Rahmenbedingungen: Zu beurteilen ist, wie wir unsere Ziele und Aufgaben zeitlich fixieren und wie sich die Krisenlage in einem bestimmten Zeitraum verändern kann. Ein Augenmerk richten wir insbesondere auf die (oft unterschätzten) Zeitbedürfnisse zur systematischen Lagebeurteilung und Entscheidfindung.[152]

(3) Faktoren der «Krisenumwelt» haben in komplexen Situationen einen wachsenden Stellenwert: Dazu zählen wir nicht nur die natürliche Umwelt, den Raum, den Cyberspace, die politische Umwelt, die von den Stakeholdern geprägte Umwelt, die Medienumwelt, die wirtschaftliche, soziale oder gesellschaftliche Lage oder den «Faktor Mensch». Immer wichtiger wird, die psychologische Lage und Befindlichkeit der Stakeholder, z. B. der betroffenen Bevölkerung, akkurat zu berücksichtigen.[153] Ebenso sind u. a. ideologische, historische, global-strategische, regionale, lokale Aspekte, religiöse Gegebenheiten, Wertvorstellungen, kulturelle Befindlichkeiten oder Ansichten von Minderheiten zu berücksichtigen. Sie alle liefern uns Hinweise für den Rahmen (Frame), in dem wir das richtige Tun und Sagen bzw. die geeigneten Mitteln zur Wirkung bringen wollen. Man kann argumentieren, dass, falls es nicht gelingt, vorgängig ein systemisches Verständnis der Krisenumwelt oder des Umweltrahmens (Environmental Frame) zu erarbeiten, die eigentliche Problemstellung gar nicht verstanden werden kann.[154]

(4) Die Mittel und gefährlichsten Möglichkeiten, die Stärken und Schwächen unserer «Widersacher und Gegenspieler». Gegenspieler können Personen sein wie Kritiker, Problem- und Krisenverursacher oder Konkurrenten.[155] Es können aber auch strukturelle und funktionelle Störfaktoren oder materielle und technische Hindernisse sein, die zu unseren Krisenwidersachern zählen. Dazu gehören im Systemdenken auch Ungleichgewichtsfaktoren, Spannungen, Allianzen von Widerständen, Wettbewerb. Um die Risiken insgesamt zu ermitteln und um daraus resultierende, mögliche Krisenentwicklungen zu erfassen, ist in Varianten bezüglich Wirksamkeit, Gefährlichkeit oder Eintrittswahrscheinlichkeit zu denken.[156]

(5) Unsere eigenen Mittel und Stärken, unsere Möglichkeiten zur Intervention, Eindämmung und Steuerung der Krise, zur Schadensminimierung, zur Chancennutzung, zur Information und Kommunikation, evtl. unterstützt durch eine Allianz Gleichgesinnter. Auch hier ist in Varianten zu denken. Dabei sind die Kosten dem erhofften Nutzen, der Aufwand dem Ertrag gegenüberzustellen.

Wie beim Aspekt (4) gehören wiederum die menschlichen Ressourcen und Aspekte (wie Leistungsfähigkeit, Ausbildungsstand, Stressfaktoren oder Übermüdung), die strukturellen und funktionellen Möglichkeiten sowie die materiellen und technischen Gegebenheiten mit zu unseren Überlegungen.

Konsequenzen fortlaufend erheben, Handlungsrichtlinien entwickeln, einen Grundentschluss fassen

Die oben erwähnte, aus einer ersten Synthese entstandene Konsequenzenliste oder Konsequenzenmatrix wird laufend fortgeführt, ergänzt oder erweitert. Zwingende Konsequenzen können uns wichtige Hinweise zu (4) oder (5) liefern.

> Fazit: Die Liste bzw. die Matrix dienen uns als Grundlage zur Entwicklung eigener Handlungsvarianten und helfen, die erforderlichen Erfolgsfaktoren zu erkennen und Entscheidkriterien festzulegen. Gestützt auf mehrere Varianten, die geprüft und bewertet werden, fasst der Entscheidungsträger (im Entscheidungsrapport) seinen Grundentschluss.

6.3 Eine Konsequenzenmatrix als praktische Hilfe zur Denkmethodik der systematischen Lagebeurteilung

Hilfestellung an limitiertes, menschliches Kombinationsvermögen

Wir stellen immer wieder fest, dass sich Spezialisten theoretisch einig sind, dass eine systematische Lagebeurteilung anhand der fünf Aspekte notwendig wäre. In der Krise stellt die Aufgabe, alle Aspekte miteinander zu verknüpfen und alle Erkenntnisse aus fünf Blickwinkeln zusammenzufügen, offenbar eine zu hohe Anforderung an das menschliche Denkvermögen dar. Dies mag ein Hauptgrund sein, weshalb dieser Schritt in der Praxis zu unrecht oft übersprungen wird.

Um einem Krisenteam oder Krisenstab die anspruchsvolle Tätigkeit der systematischen Lagebeurteilung mittels der «fünf Parameter des Krisenpentagons» zu erleichtern, haben wir eine einfache Matrix entwickelt. Sie kann im Voraus erstellt und vorbereitet werden und ist in der Krise hilfreich und zeitsparend.

Ausgestaltung der Konsequenzenmatrix

Sie enthält auf der horizontalen erstenKopfzeile in Stichworten die Resultate aus der ursprünglich durchgeführten Erfassung des Krisenproblems. Entscheidungsrelevante Faktoren werden als Gedächtnisstütze zu den einzelnen fünf Aspekten vermerkt (1a bis 5a).

Diese können sich im Krisenverlauf verändern, weshalb die Kopfzeile in der Vertikalen möglichst tief sein soll. Auf der zweiten Kopfzeile bleibt Platz

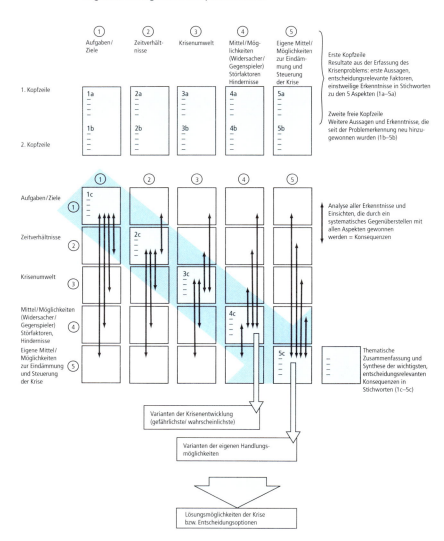

Lagebeurteilung: die Konsequenzenmatrix

① Aufgaben/Ziele
② Zeitverhältnisse
③ Krisenumwelt
④ Mittel/Möglichkeiten (Widersacher/ Gegenspieler) Störfaktoren Hindernisse
⑤ Eigene Mittel/ Möglichkeiten zur Eindämmung und Steuerung der Krise

Erste Kopfzeile
Resultate aus der Erfassung des Krisenproblems: erste Aussagen, entscheidungsrelevante Faktoren, einstweilige Erkenntnisse in Stichworten zu den 5 Aspekten (1a–5a)

1. Kopfzeile

| 1a | 2a | 3a | 4a | 5a |
| 1b | 2b | 3b | 4b | 5b |

2. Kopfzeile

Zweite freie Kopfzeile
Weitere Aussagen und Erkenntnisse, die seit der Problemerkennung neu hinzugewonnen wurden (1b–5b)

① Aufgaben/Ziele — 1c
② Zeitverhältnisse — 2c
③ Krisenumwelt — 3c
④ Mittel/Möglichkeiten (Widersacher/ Gegenspieler) Störfaktoren, Hindernisse — 4c
⑤ Eigene Mittel/ Möglichkeiten zur Eindämmung und Steuerung der Krise — 5c

Analyse aller Erkenntnisse und Einsichten, die durch ein systematisches Gegenüberstellen mit allen Aspekten gewonnen werden = Konsequenzen

Thematische Zusammenfassung und Synthese der wichtigsten, entscheidungsrelevanten Konsequenzen in Stichworten (1c–5c)

Varianten der Krisenentwicklung (gefährlichste/ wahrscheinlichste)

Varianten der eigenen Handlungsmöglichkeiten

Lösungsmöglichkeiten der Krise bzw. Entscheidungsoptionen

vorhanden für die Eintragung weiterer Erkenntnisse und neuer Konsequenzen, die für die Entscheidungsfindung bedeutsam sind. Anpassungen können auch als Resultat der fortschreitenden Nachrichten- und Informationsbeschaffung des Krisenteams erforderlich sein. Das Krisenteam nimmt in der Regel ja nicht bloss eine einzige Beurteilung der Lage vor, es muss die Veränderungen eines sich stetig verändernden Krisenprozesses beurteilen(1b bis 5b).

Da unser Hirn Mühe hat, mehrere Dimensionen gleichzeitig und vernetzt zu verfolgen, wird unter die Kopfzeile eine Matrix gestellt, die auf der Horizontalen und auf der Vertikalen alle fünf Aspekte des Krisenpentagons auflistet. Dank dieser übersichtlichen Darstellung werden sämtliche Konsequenzen, die aus Feststellungen, Erkenntnissen und Einsichten aus der systematischen Gegenüberstellung jedes Parameters mit jedem andern Aspekt gewonnen werden, erfasst. Die Synthese der wichtigsten, entscheidungsrelevanten Konsequenzen wird in Stichworten in die freien Quadrate der Matrix eingetragen (1c bis 5c).

Synthese: Varianten der Krisenentwicklung und eigener Handlungsmöglichkeiten

Die Synthese der Mittel und Möglichkeiten der Widersacher und Gegenspieler bzw. der Risiken, Störfaktoren und Hindernisse (4c) führt zu den Varianten der Krisenentwicklung. Die Synthese der eigenen Mittel und Möglichkeiten, Stärken und Schwächen (5c) führt zu Varianten der eigenen Handlungsmöglichkeiten.

Fazit: Insgesamt bilden diese beiden Synthesen die Grundlage für Lösungsmöglichkeiten der Krise und Entscheidungsoptionen, die den Entscheidungsträgern vorzulegen sind.

6.4 Das Denken in Varianten

Variantenreiche Führung in komplexen Krisen

Übertragen wir Ashbys Varietätsgesetz («Only variety can destroy variety», «Nur Varietät oder Komplexität kann Varietät absorbieren»)[157] auf die Führung in komplexen Krisen, bedeutet dies:

(A) Die Eigenvarietät wird verstärkt: durch anpassungsfähige und flexible Führungssysteme, durch Variantendenken bei der Lagebeurteilung und durch das Erarbeiten verschiedener Lösungsvarianten ebenso wie durch die Eventualplanung vorbehaltener Entschlüsse. Ziel ist, die Zahl der Wahlmöglichkeiten zu erhöhen und den Entscheidungsspielraum zu vergrössern.

(B) Die Fremdvarietät des Krisenumfeldes wird gedämpft: durch eine vorausschauende, proaktive Führung vor der Krise, durch eine Portfolio-Strategie zur Krisenprävention und Schadensminderung, durch die Entwicklung von Szenarien. Alle diese Massnahmen werden wiederum zur Steigerung des eigenen Verhaltensrepertoires beitragen, indem weitere Lösungsvarianten und Chancen der Krise entdeckt werden.

> Fazit: Die Führung in Krisen ist vor allem eine Herausforderung an das kreative Denken. Die Herausforderung besteht darin, dass nie alle erarbeiteten Erkenntnisse, Einsichten oder Handlungsoptionen in einer einzigen Variante oder Lösung Berücksichtigung finden können (vgl. Variantenprüfung).

Scharfsinnige, im Detail durchdachte strategische Varianten entwickeln

Das Denken in strategischen Varianten ist insbesondere bei der Beurteilung der Krisenentwicklung, der Mittel und Möglichkeiten unserer «Widersacher und Gegenspieler» bzw. in analoger Weise bei der Beurteilung unserer eigenen Mittel und Möglichkeiten in detaillierter Weise anzuwenden, wie dies bereits Sun Tzu als Voraussetzung zum Erfolg riet: «Conquerors estimate in their temple before the war begins, they consider everything. The defeated also estimate before the war, but they do not consider everything. Estimating completely creates victory. Estimating incompletely causes failure».[158] Untersuchungen haben gezeigt, dass weniger als vier Handlungsoptionen des Gegenspielers in Betracht gezogen werden. Die meisten betrachten höchstens eine mögliche Gegenaktion in der Auseinandersetzung mit einem Gegenspieler. Wie beim Schach sollten sechs bis sieben Züge durchdacht werden.

> Fazit: Man muss die Fragen durch die Augen und mit der Sichtweise des Opponenten stellen: Wird er überhaupt reagieren? Welche Optionen wird er in Betracht ziehen? Welches sind die wahrscheinlichsten, die er wählt? «To understand how competitors will respond to your next move, evaluate the situation in their terms – not yours.»[159]

Eintretenswahrscheinlichkeit und Gefährlichkeit?

Bei den Varianten der Krisenentwicklung ist ein besonderes Augenmerk auf die Eintretenswahrscheinlichkeit während eines bestimmten Zeitrahmens und die Gefährlichkeit bzw. das Schadensausmass zu richten. Gefährlich ist eine Krisenentwicklung dann, wenn sie uns teilweise oder vollständig an der Aufgabenerfüllung und Zielerreichung hindert.

Die Variantenprüfung: Inhalt, Aufwand und Umfang

Zur Aufgabe des Krisenstabes gehört, plausible und stichhaltige Faktoren zur Analyse und Bewertung ausgearbeiteter Varianten festzulegen. Aspekte können sein: Werden Auftrag, Absicht, Weisungen oder Handlungsrichtlinien des Entscheidungsträgers umgesetzt? Ist die Variante auf den angestrebten Endzustand nach der Krise ausgerichtet? Wie werden die Machbarkeit, die Realisierungschance bzw. der Risikograd beurteilt? Gründen Entscheidkriterien zudem auf Führungsgrundsätzen wie: Verhältnismässigkeit? Rechtmässigkeit? Wahrung der Handlungsfreiheit? Ökonomie der Kräfte? Konzentration und Schwergewichtsbildung? Flexibilität? Sicherheit?

Es ist ein anspruchsvoller Führungsentscheid, wie viel Aufwand und Energie in das Denken in Varianten investiert werden soll. Bestimmend ist sicher auch die zur Verfügung stehende Zeit. Trotzdem hilft das Denken in Varianten, selbst in einem zeitlich sehr komprimierten Entscheidungsverfahren, rasch die Stärken und Schwächen einer Lösungsoption herauszukristallisieren, denn jede weist Vorzüge, Nachteile und Risiken auf.[160] Der Zeitdruck kann sich (wie wir vorne unter Punkt 1.9 gesehen haben) sogar positiv auf die Kreativität auswirken.

Beschränkte personelle Kapazität des Krisenstabes oder verbindliche Vorgaben der vorgesetzten Führung (in Form von Auflagen, Handlungsrichtlinien, politischen Leitplanken oder übergeordneter Interessen und Prioritäten) können den Handlungsspielraum sowie die Anzahl und den Umfang auszuarbeitender Varianten weiter beschränken.

6.5 Entscheidfindungsprozess im Krisenteam

Wie das Wort richtig sagt, ist die Entscheidfindung nicht ein Ereignis, sondern ein Prozess. Das Zusammenarbeitsverfahren im Krisenteam oder Stab wird nicht allein durch die Weisungen und die Steuerung des Leiters oder Stabschefs bzw. durch formelle Regelungen wie die Stabsgliederung oder die Dienstordnung beeinflusst, sondern durch vielfältige, psychologische Faktoren der Teamführung und Teamdynamik.

Anspruchsvolle Leitung des Krisenteams

Erfahrungsgemäss kann die Aufgabe eines Stabschefs oder Krisenleiters angesichts bedrohlicher Krisensituationen äusserst anspruchsvoll werden. Als Leiter der Stabsarbeit trägt er die Führungsverantwortung für das gesamte Führungssystem, er bestimmt auch massgeblich die Moral, das Arbeitsklima und die Disziplin im Stab ebenso wie die interne Information. Zugleich ist er Naht-, leider oft auch Schnittstelle zwischen den Verantwortungsträgern und dem Krisenteam. Er prägt in hohem Masse die Effektivität und Effizienz der Stabsarbeit und lebt vor, dass es im Entscheidfindungsprozess nicht darum gehen kann, primär seine eigenen Überlegungen und Überzeugungen gegenüber den andern Teammitgliedern durchzusetzen.

> Fazit: Der Leiter der Krisenorganisation ist Vorbild und wirkt in den Rapporten darauf ein, dass es im Gegenteil darum geht, in einer konstruktiven Auseinandersetzung die bestmögliche Lösung zu erforschen.

Konstruktive Meinungskonflikte sollen zu besseren Entscheiden führen

Es gilt: «To ensure constructive conflict (…). Open debate that promotes better decisions.»[161] Meinungskonflikte sollen konstruktiv auf einer sachlichen, nicht persönlichen Ebene ausgetragen werden. Darauf ist insbesondere zu achten, wenn durch Übermüdung die Reizbarkeit und die Spannungen im Stab zunehmen.[162] Zur objektiveren Betrachtungsweise kann der Leiter ein A- und ein B-Team bilden. Den Mitgliedern des Stabes wird ermöglicht, mit kritischen Analysen und Repliken Stellung zu den parallel erarbeiteten Vorschlägen zu nehmen. Aus den Empfehlungen werden gemeinsam Erkenntnisse gezogen und Lösungsoptionen erarbeitet. Jedes Teammitglied soll sehen, dass seine Meinung gehört und ernsthaft in Betracht gezogen wird, auch wenn schliesslich andere Überlegungen den Ausschlag geben.

> Fazit: Der Leiter des Krisenstabs muss erkennen, wann er den gedanklich weiterführenden Meinungskonflikt zu Ende führen und entscheiden soll. Dabei muss er auch dem Umstand Rechnung tragen, dass tief greifende Meinungsverschiedenheiten im Stab das weitere Vorgehen beeinflussen und unter Umständen die anschliessende Umsetzung seines Entscheides behindern können.

Mutig Risiken eingehen

Leadership in Krisen, die «Null-Fehler-Entscheidungen» erwartet, lähmt das Krisenteam.[163] Die daraus resultierende Angst wirkt sich negativ auf die Bereitschaft aus, Risiken einzugehen oder unsichere Chancen zu packen. Erfahrungsgemäss werden Konsequenzen aus aktivem Handeln immer stärker gewichtet als Konsequenzen von Unterlassungen, ergo wartet man besser ab.[164] Dies führt dazu, dass kreative Menschen im Krisenstab demotiviert werden. Wenn temporäre Misserfolge Teammitgliedern angekreidet und sie bestraft werden, «melden sie sich innerlich ab» oder verlassen aus eigenen Stücken den Krisenstab.[165] Im Krisenteam verbreitet sich eine gedrückte Stimmung, günstige, aber mit Risiken behaftete Varianten eigener Handlungsmöglichkeiten bleiben ungeprüft und ungetestet. Dem Führenden gelingt es schwerlich, im Team Vertrauen bzw. Selbstvertrauen aufzubauen;[166] die Situation verschärft sich, wenn er selbst unfähig ist, eigene Fehler einzugestehen.

Joint-Leadership-Modell, Theorie[167] und Praxis

Die Einsatzbereitschaft, Loyalität und das Pflichtgefühl eines noch so gut organisierten Krisenteams werden rasch schwinden, wenn den Mitgliedern nicht erlaubt ist, gemeinsame Ziele zu setzen oder sich an der Formulierung einer Krisenmission, einer Leitidee oder Strategie zur Krisenlösung zu beteiligen und den Wandel mitzugestalten. Dazu gehört auch die Freiheit, offen Kritik zu üben. In existenzbedrohenden Krisen werden Angestellte still aus Angst, ihre Kritik könnte gegen sie verwendet werden. Um aus der Krise herauszufinden, ist die Mitarbeit gerade der kritischen und intelligentesten Mitarbeiter essenziell.[168] Zum Beispiel kann dies in Form einer gemeinsam erarbeiteten Vision oder eines «Krisenvertrags» zur Krisenbewältigung erfolgen, um Entscheidungs- und Ergebnisverantwortung kollektiv zu tragen. Gegenseitige Verpflichtungen im Sinne von Spielregeln werden im Geist beiderseitiger Loyalität und einer kooperativ angestrebten Win-win-Situation festgelegt. «Benefits of Shared Leadership (…) a joint leadership model can be useful, especially given that the challenges facing companies are so complex that they require a set of skills too broad to be possessed by any one individual.»[169] Fundament des «Krisenvertrags» sind gemeinsame Wertvorstellungen und das Vertrauen, der Trust-Faktor.[170] Die Verletzung festgelegter Spielregeln zieht Konsequenzen nach sich, die ebenfalls gemeinschaftlich vereinbart wurden.[171]

Diese modernen Forderungen konnten wir – in eher archaischem Umfeld – erfolgreich umgesetzt bei den Muhajedins zur Zeit der sowjetischen Besatzung in Afghanistan beobachten: Ein Angriffsplan wurde so lange verhandelt und durchdiskutiert, bis restlos alle vom Vorgehen ausdrücklich überzeugt und mit diesem einverstanden waren. Wie lange dieser Prozess auch dauerte, entscheidend war, dass die Risiken und Chancen in höchst ungewissen Krisensituationen gemeinsam geschultert wurden.[172]

Warum Krisenteams versagen

Die Teamforschung hat wesentliche Erkenntnisse gewonnen, weshalb Teams versagen, die wir ebenso in der Praxis in Krisenstäben beobachten können.[173] Hervorzuheben sind u.a.:

(a) Es herrscht keine «unité de doctrine», worum es geht, was die zentrale Aufgabenstellung des Stabes ist(«Teams need a compelling direction»). Dem Stabschef gelingt es nicht, das Team bei Beginn der Arbeit sorgfältig darauf auszurichten;

(b) die Auswahl der Mitglieder ist wenig überzeugend, die Folge sind Motivationsprobleme und lausige Arbeit («Lack of commitment, avoidance of accountability, inattention to result»);

(c) das Team ist ad hoc zusammengestellt, die Leute kennen sich kaum und hatten keine Gelegenheit, sich in Übungen näher zu kommen bzw. über längere Zeit zusammenzuarbeiten («newness is a liability»). Die Erkenntnis ist: Je länger ein Team in der gleichen Zusammensetzung zusammenarbeitet, desto effizienter wird es;

(d) das Team (insbesondere der Kern-Krisenstab) ist zu gross;

(e) kritische Querdenker sind nicht gefragt, werden mundtot gemacht («Fear of conflict»), es wird nicht erkannt, wie wichtig sie für den Erfolg sind

(«Deviants are the individuals who are willing to say the things that nobody else is willing to articulate» (…). «Deviant thinking is a source of great innovation»;

(f) es herrscht kein Vertrauensklima («absence of trust»);

(g) es fehlen die unterstützende Struktur und ein Coaching («Teams need a supportive organization and expert coaching»).

Kohärenz, Motivation und Vertrauen des Krisenteams werden zudem stark durch prozedurale Gerechtigkeit beeinflusst, d. h. es wirkt sich für die weitere Stabsarbeit folgenschwer aus, wie die Teammitglieder die Lenkung des Entscheidfindungsprozesses beurteilen. Können sie wie oben beschrieben auf das Entscheidungsverfahren angemessen Einfluss nehmen? Werden sie bei der Entscheidvorbereitung gehört? Werden sie auch im Krisenstress fair behandelt, falls sie eine abweichende Meinung zum Stabschef haben? Wird ihnen auch bei Dissens Respekt entgegengebracht?[174]

Testfragen zur Teamarbeit

Während des Entscheidfindungsprozesses können verschiedene Testfragen zur Überprüfung einer Erfolg versprechenden Teamarbeit Verwendung finden, wie z. B.:

a. In welchem Umfang werden stets mehrere, aus unterschiedlicher Sichtweise erarbeitete Alternativen geprüft?

b. Wie werden im Stab getroffene Annahmen routinemässig hinterfragt und kritisch überprüft?

c. Wie wird im Stab sichergestellt, dass sich eine «unité de pensée» bezüglich der Zielsetzungen und des erwünschten Endzustandes (Soll-Zustand) entwickeln kann?

d. Wie wird in fairer Weise eine konstruktive Auseinandersetzung zur Unterstützung des Entscheidfindungsprozesses gefördert?[175]

Diese Vorkehrungen sollen einem uniformen Groupthinking[176] und Gruppenzwang[177] entgegenwirken und zum Denken ausserhalb eines vorgegebenen Rahmens, «outside the box»,[178] anregen.

6.6 Lösungsmöglichkeiten und Entscheidungsoptionen

Nachdem entscheidungsrelevante Konsequenzen zutage gefördert bzw. Varianten der Krisenentwicklung und der eigenen Handlungsmöglichkeiten ermittelt worden sind, müssen Lösungsmöglichkeiten der Krise und Entscheidungsoptionen erarbeitet werden.

Echte Varianten optimieren

Diese sind einander gegenüberzustellen und im Hinblick auf ihre Vor- und Nachteile, ihre Risiken und Chancen zu beurteilen und zu optimieren (vgl. oben die Überlegungen zur Variantenprüfung). Dabei beschränken wir uns auf echte Varianten, d. h. auf solche, zu denen wir in jedem Fall stehen können. Scheinvarianten und solche taktischer Natur, die primär der Unterstützung der eigenen Argumentation oder der persönlich favorisierten Lösung dienen, sind zu eliminieren.[179]

Die zur Umsetzung Verantwortlichen mit einbeziehen

In diesem Stadium kann es von Vorteil sein, Verantwortliche in die Beratung mit einzubeziehen, die später die Entscheide ausführen müssen. Die Umsetzung der Beschlüsse ohne Komplikationen bedingt, dass die operativen Verantwortungsträger hinter dem Entscheid stehen. «Es muss nicht über alles und jedes Konsens erlangt werden, aber es gilt, dass die für die Realisierung einer Vision, einer Strategie, eines Plans, eines Entscheids usw. Zuständigen ‹an Bord› sind: Sie müssen sich auf einen gemeinsamen Weg einigen und ihre Kräfte darauf konzentrieren, ihn zu gehen.» Schliesslich wird ja vom operativen Management Effizienz erwartet, das heisst, dass sie «die Dinge richtig tun».[180]

6.7 Antrag stellen und (Grund-)Entschluss

Entschlussrapport

Die echten Lösungsvarianten werden dem Entscheidungsträger im Entschlussrapport vorgelegt. Sie sollen zeitgerecht und mit Empfehlung aus der Sicht des Krisenstabes, welcher Option der Vorzug zu geben ist, begründet werden. Der Krisenstab kann auch eine Rangreihenfolge der Lösungsvarianten festlegen. Am besten ist, die Varianten in einem konzisen Briefing dem Entscheidungsträger mündlich vorzutragen und zu erläutern.

Grundentschluss fassen

Der Entscheidungsträger wählt gestützt auf die Präsentation eine Variante aus und fasst seinen Grundentschluss. Anbei kann er die Prüfungskriterien des Krisenstabes übernehmen oder Überlegungen aus eher strategisch geprägter Sicht anstellen oder normativen Grundsätzen folgen: Was können wir, was sollen oder müssen wir im Rahmen des grösseren Ganzen tun? Durch die Auswahl einer Variante bekennt er Farbe, welche Lösungsstrategie zu verfolgen ist. Entscheidet er sich, die Krisensituation kurzfristig unter Kontrolle zu bringen, indem ihre Symptome wie Buschfeuer eines nach dem andern bekämpft werden, (nach dem Motto: «People rush from one crisis to the next, never really fixing problems, just stopping them from getting worse»),[181] oder gibt er Varianten den Vorzug, welche die wirklichen Ursachen einer Krise zu beseitigen versuchen? Unter Umständen muss der Entscheidungsträger beides tun und verschiedene Varianten kombinieren. Bei unvollständigen Informationen und einer sich rasch entwickelnden Lage sieht er sich z. B. gezwungen, laufend kleinere Entscheidungen über Einzelaspekte des Krisenproblems zu treffen, andererseits fällt er Entscheide mit längerfristigen Zielsetzungen, welche die Krisenursachen nachhaltig beseitigen sollen.[182]

Absicht gefolgt von der Planentwicklung

In der Folge muss der Entscheidungsträger seinen Grundentschluss in Form einer ersten Absicht formulieren. Die Absicht legt fest, wie er die Krise bewältigen will, d. h. sie umreisst in groben Zügen, wie, mit welchen Mitteln, in welchem Zeitrahmen er dies tun will (Aktionsführung).

> Fazit: Seine auf den Punkt gebrachten Ausführungen richten den Krisenstab und alle Beteiligten auf ein gemeinsames Ziel aus und ermöglichen dem Stab eine fokussierte Planentwicklung bis zum definitiven Beschluss und zur Auftragserteilung.

Die nicht berücksichtigten Varianten dienen als Grundlage für die Eventualplanung zur Erarbeitung vorbehaltener Entschlüsse.

6.8 Bruchstelle und Kommunikationsbarrieren

Der Vortrag der Lösungsvarianten im Entschlussrapport ist ein entscheidender Schritt im Zusammenspiel zwischen Krisenteam und Entscheidungsträger. Oft beobachtet ist es präzis der Moment, in dem der Krisenstab die Weichen unabsichlich falsch stellt und bei den Entscheidungsträgern keine Gefolgschaft findet.[183]

Für die Kommunikationsbarrieren und den Graben zwischen Krisenteam und Entscheidungsträger gibt es eine Reihe von Gründen, die immer wieder aufs Neue feststellbar sind:

(a) Emotionsbrei

Objektive Fakten, subjektive Beurteilungen und persönliche Emotionen werden nicht genügend auseinandergehalten. Aus den Beurteilungen und Beiträgen beider Seiten, d. h. der Vortragenden und der Entscheidungsträger, entsteht ein Krisen-Emotionsbrei. Die Situation droht emotional bis zum Eklat zu eskalieren, Stab und Entscheidungsträger geraten selbst in die Krise.

(b) Gegensätzliche Erwartungen

Das Krisenteam möchte mit einer umfassenden Analyse die gesamte Komplexität der Krise erfassen. Es sollen möglichst alle, auch vernetzte und langfristige Aspekte wirklichkeitsgetreu aufgearbeitet werden. Die Ausgewogenheit der Analyse führt dazu, dass man vor lauter Bäumen den Wald nicht mehr sieht und dass Raum für unterschiedlichste Interpretationen offen bleibt. Die an und für sich lobenswerte Intention des Stabes und seine hohen Standards können die kurzfristige Entscheidungsfindung erschweren, verzögern oder gar verunmöglichen. Die Entscheidungsträger – insbesondere Politiker oder Verantwortungsträger unter hohem Medien- oder Öffentlichkeitsdruck oder in persönlichen Zwangslagen – erwarten griffige, aussagekräftige, nützliche Optionen, die rasch realisierbar sind. Sie stehen unter Zeitpression und Erfolgszwang und sind an Antworten für heute und morgen interessiert, und (leider) weniger an langfristigen Überlegungen.[184]

(c) Methodische Gründe

Legion sind die methodisch ungeschickten und nicht professionellen Präsentationen, die über das Ziel hinausschiessen. Die Darstellung der Varianten ist zu detailliert, zu langfädig oder zu kurz und oberflächlich. Ein erfahrener Stabschef wird bei der Ausbildung seines Stabes ein Schwergewicht auf konzise und zeitlich straff gefasste Präsentationen legen, die sich auf das Wesentliche konzentrieren. Er kennt die Gefahr, dass eine missratene Präsentation die gute Vorarbeit im Stab im Nu zunichte machen kann und dadurch kostbare Zeit zur Entschlussfassung verloren geht.[185]

(d) Semantischer Graben, unterschiedlicher Kommunikationsstil

«Die Sprache errichtet, wie ein potemkinsches Dorf, eine Fassade des intakten Scheins … eine Sprache aus lauter Euphemismen, die verdecken, was tatsächlich gemeint ist.»[186] Die Fachsprache, der Fachjargon des Krisenteams lösen beim Entscheidungsträger Unverständnis und innere Ablehnung aus. Unklare Begriffe werden unterschiedlich verstanden oder gegensätzlich interpretiert. Technologische Denk- und Ausdrucksweise ohne Fingerspitzengefühl stossen auf pragmatisches, politisches Denken der Entscheidungsträger und damit auf Ablehnung. Die richtige Sprache und den richtigen Ton zu finden ist essenziell, um das aktive Zuhören der Entscheidungsträger zu gewinnen.

(e) Das Nötigungs-Symptom

Der Entscheidungsträger fühlt sich wegen der zeitlichen Dringlichkeit der gestellten Anträge unter Druck und spielt den Ball in Form von Ergänzungsaufträgen an das Krisenteam zurück. Die Präsentation der Varianten wird als Fait accompli wahrgenommen, das verbleibende, eigene Ermessen wird als zu eingeschränkt empfunden. Die Entscheidungsträger sind zu wenig oder zu spät in den Führungsrhythmus des Krisenteams einbezogen worden, sie können die Gründe der Anträge nicht verstehen, die Gedankengänge nicht nachvollziehen.

(f) Diversitätsbarriere

Ein unterschiedliches Wertesystem, Geschlecht, sprachliche und kulturelle Differenzen oder Altersunterschiede führen bewusst oder unbewusst zu Kommunikationsproblemen.

(g) Objektive Hindernisse

Ein ungünstiges oder schlechtes Timing des Vortrags, ein schlecht geeigneter Vortragssaal, ungeeignete Infrastruktur oder nicht funktionierende Technik können die Akzeptanz der Präsentation negativ beeinflussen, auch wenn deren Inhalt gut ist. Mit leerem Magen, zu später Stunde, übermüdet und in lärmigem Umfeld hört sich schlecht zu.

(h) Grassierende Führungsunkultur führt zu Einstellungs- und Verhaltensbarrieren

Ohne gegenseitiges Vertrauen akzentuieren sich negative Gefühle und drängen in den Vordergrund, in der Krisensituation verbreitet sich eine gereizte Stimmung. Es fehlt an Respekt, die Präsentation wird wiederholt unterbrochen, ständig kritisiert. Ablehnung wird in nicht verbaler Form signalisiert oder offen zur Schau getragen. Der Entscheidungsträger ist voreingenommen, er hat seine Meinung bereits vor der Präsentation unverrückbar gebildet. Er widersetzt sich alternativem Denken und vertraut seinem übersteigerten Selbstbewusstsein. Es gibt viele eindrückliche Beispiele, dass zweckdienlicher Rat nicht gehört, überhört oder schlicht nicht geglaubt wird, weil er nicht ins Schema vorgefasster Meinungen passt oder diesem widerspricht. «Fakten haben es schwer, wenn sie nicht ins Weltbild passen.»[187] Auch eine trefflich vorbereitete, logisch hergeleitete Handlungsoption garantiert in keiner Weise, dass die oberste Führung den Erkenntnissen entsprechend entscheidet und handelt.[188]

(i) Unterschiedliche Entscheidungsstile

Wenn die Vorschläge nicht entsprechend dem im «courant normal» vorherrschenden Entscheidungsstil unterbreitet werden, riskiert das Krisenteam, dass sie auf unfruchtbaren Boden fallen.[189]

168

6.9 Krisenprobleme lösen – Kernfragen zu den fünf Beurteilungsaspekten

1. Zu Aufgabe und Zielsetzung

- Wie definieren wir unsere Aufgabe? Wie klären wir unseren Auftrag, unsere Absicht und Zielsetzungen? Wie berücksichtigen wir vorgegebene Interessen, Werte und Prioritäten? Bilden sie eine tragfähige Basis, sowohl für unmittelbar anstehende Führungstätigkeiten als auch für längerfristige Strategien zur Krisenlösung?
- Wie schildern wir den erwarteten und angestrebten Soll-Zustand nach der Krise?
- Wie sehen und erklären wir unsere Aufgabe im grösseren Rahmen bestehender Gesamtzielsetzungen? Wie stellen wir die Aufgaben z. B. in den Gesamtrahmen der Zielsetzung des Unternehmens, der Organisation, der Institution, der Regierungstätigkeit?
- Wie interpretieren wir unseren Handlungsspielraum im Gesamtrahmen und wie beurteilen wir die Unterstützung, die wir von den vorgesetzten Führungsstufen während der Krise erwarten dürfen?

2. Zu den Zeitverhältnissen und zeitlichen Rahmenbedingungen

Entwickelt sich eine Krise in dynamischer Weise, hat der Faktor Zeit (2) auf sämtliche Führungstätigkeiten aller Stufen eine einschränkende Wirkung, weshalb die vier weiteren Krisenaspekte stets an ihm zu messen sind. Als Beispiel verdeutlichen folgende Fragen den Einfluss des zeitlichen Faktors:

- Wie fixieren wir unsere Aufgaben und Ziele zeitlich? Sehen wir uns gezwungen, unsere (Zwischen-)Ziele und Aufgaben innerhalb eines unverrückbar terminierten, zeitlichen Rahmens zu erfüllen?[190]
- Wie beurteilen wir die Zeitdauer und Langfristigkeit einer sich dynamisch entwickelnden Krisenumwelt?[191]
- Wie lange wird die Krise im Blickpunkt der Medien und in den Schlagzeilen bleiben und unseren Kritikern und Widersachern Auftrieb verleihen?
- Welches ist der beste Zeitpunkt, um eigene Möglichkeiten auszuspielen, unsere Sicht der Dinge in Form einer Gegendarstellung publik zu machen, Gerüchten entgegenzutreten?
- Wie packen wir die Chance, durch rasch gefasste Entscheide den Krisenverlauf zu unseren Gunsten zu verändern?

3. Zur Krisenumwelt

Umweltfaktoren – wie das Gelände, auf dem sich eine Katastrophe ereignet, die meteorologischen Verhältnisse oder das Verhalten der betroffenen Bevölkerung – können Erkenntnisse liefern, wie wir unsere Mittel am besten zum Einsatz bringen. Distanzen, Verkehrsmittel und Verkehrswege beeinflussen die Entscheide, wie wir eine von Panik ergriffene Bevölkerung evakuieren oder was der Zeitaufwand hierfür ist. Fragestellungen können sein:

- Wie beeinflusst in einer Führungskrise die Krisenumwelt unsere Mittel und Möglichkeiten, um eine neue Vertrauensbasis zu schaffen sowie unser Bestreben, vertrauensbildende Massnahmen wirksam zur Geltung zu bringen?
- Welches sind für eine Erfolg versprechende Kommunikation die wichtigsten Stakeholder, mit denen wir den Dialog unverzüglich aufnehmen müssen? Ist es die Öffentlichkeit? Sind es das Parlament oder Interessenverbände? Die Kantone? Verschiedene Gemeinden? Ist es eine Region? Sind es internationale Organisationen? Oder Nichtregierungsorganisationen?
- Wie können wir die räumliche Auswirkung der Krise erfassen und eingrenzen?[192]
- Wo ziehen wir die räumlichen Grenzen für eine Kommunikations- oder Public-Relations-Kampagne?
- Wie erarbeiten wir uns ein systemisches Verständnis einer komplexen Krisensituation und welche Faktoren gehören in den Umweltrahmen (Frame), in dem wir agieren?

4. Zu den Mitteln und Möglichkeiten unserer Widersacher und Gegenspieler, zu den Störfaktoren und Hindernissen

- Wie beurteilen wir deren Stärken und Schwächen, deren Zustand, Verfügbarkeit, Wirksamkeit?
- Sind Schwachstellen und Mängel in der Argumentation oder im Verhaltensmuster unserer Widersacher und Kritiker festzustellen? Können wir ihnen unlogisches Denken oder billige Argumente nachweisen?
- Was sind die Motive zur Kritik? Sind Anzeichen einer Ermattung der Kritiklust unserer Konkurrenten festzustellen?
- Wie können wir in Erfahrung bringen, welche Mittel und Möglichkeiten einem erpresserischen Verursacher der Krise zur Verfügung stehen? Welche zeitlichen Rahmenbedingungen sind ihm auferlegt?
- Wie veranschlagen wir die materiellen und technischen Ressourcen unserer Widersacher in qualitativer und quantitativer Hinsicht? Wie die

strukturellen Faktoren, organisatorischen Schwächen? Wie beurteilen wir die funktionellen Faktoren, den langsamen oder sehr raschen Führungsrhythmus der Gegenspieler?

- Wie beurteilen wir unsere internen, hauseigenen Hindernisse und Störfaktoren objektiver, struktureller oder funktioneller Art? Kann die eigene Führung an internen materiellen oder technischen Klippen zerschellen?

- Wie beurteilen wir die mögliche Krisenentwicklung bezüglich: Wahrscheinlichkeit des Eintreffens, Gefährlichkeit gegenüber der Auftragserfüllung, der Zielerreichung, des Schadensausmasses, des Zeitfaktors oder der eigenen Verwundbarkeit?

5. Zu den eigenen Mitteln und Möglichkeiten zur Kriseneindämmung,
Krisensteuerung, Schadenminimierung, zur Chancennutzung,
zur Information und Kommunikation:

- Konzentrieren wir uns auf unsere eigenen (quantitativen, qualitativen) Stärken und stellen diese den Schwächen unserer «Gegenspieler» entgegen?

- In welchem Umfang machen wir uns Überlegungen über den Zustand und die Verfügbarkeit unserer technischen Mittel, insbesondere der Führungsmittel (Verbindungsmittel und Führungsunterstützungsmittel)?

- Wie beurteilen wir die Wirkungsmöglichkeiten unserer Mittel in zeitlicher und räumlicher Hinsicht (insbesondere der Informations- und Kommunikationsmittel)? Wie steht es um die Beweglichkeit der Logistik, um die vielfältigen Medienbedürfnisse zu befriedigen?

- Welche finanziellen Ressourcen stehen zur Verfügung, falls die Krise eskaliert oder längere Zeit andauert?

- Wie nehmen wir eine selbstkritische Beurteilung unserer Führungsfähigkeit in der Krise vor, z. B. was den aktuellen Informationsstand anbelangt, was die Motivation und tatsächliche Leistungsfähigkeit des Krisenstabes betrifft?

- Wie suchen wir aktiv den Beistand und die Unterstützung von Krisenverbündeten? Haben wir Alliierte, Freunde im internationalen Verbund, falls die Krise ihre Wirkung über die nationale Grenze hinaus entfaltet und unsere räumlichen Wirkungsmöglichkeiten eingeschränkt sind? Pflegen wir eine direkte Verbindung zu ihnen?

- Wie nutzen wir unsere strukturellen Vorzüge (organisatorischen Stärken) oder die funktionellen Fähigkeiten (rascher Führungsrhythmus) zu unseren Gunsten aus?

- Wie berücksichtigen wir die Bedürfnisse der Entscheidungsträger nach kommunizierbaren und kurzfristig realisierbaren Entscheidungsoptionen, die zudem eine hohe Erfolgschance haben?

6.10 Kernfragen zum Denken in Varianten

- Wie erarbeiten wir bezüglich der weiteren Entwicklungsmöglichkeiten der Krise Varianten, z. B. eine Krisenentwicklung im günstigsten («best case») oder ungünstigsten Fall («worst case»)?
- Was ist die – in einem bestimmten Zeitrahmen – wahrscheinlichste Krisenentwicklung?
- Was ist bezüglich unserer Aufgabenerfüllung und Zielerreichung die gefährlichste Variante?
- Auf welche Krisenentwicklung sind wir am wenigsten vorbereitet?
- Welche Variante könnte uns im ungünstigsten Zeitpunkt, am schlimmstmöglichen Ort treffen?
- Denken wir, bezüglich der Beurteilung der Mittel und Möglichkeiten unserer Widersacher und Gegenspieler bzw. in analoger Weise bei der Beurteilung unserer eigenen Mittel und Möglichkeiten, in echten Varianten?
- Wie wenden wir das Denken in Varianten auch unter Zeitdruck an, um rasch die Stärken und Schwächen, die Vor- und Nachteile, die Risiken und Chancen einer Lösungsoption herauszukristallisieren?
- Wie berücksichtigen wir beim Denken in Varianten verbindliche Vorgaben der vorgesetzten Führungsstufen (Auflagen, Handlungsrichtlinien, Prioritäten, politische Leitplanken)?

6.11 Kernfragen zum Antrag von Entscheidungsvarianten

- Wie stellen wir sicher, dass die Vorlage der Varianten an den oder die Entscheidungsträger zeitgerecht erfolgt?
- Wie begründen wir die Auswahl und Beschränkung der Anzahl präsentierter Varianten?
- Wie sorgen wir vor, dass ausschliesslich echte Varianten vorgetragen werden, die dem Entscheidungsträger ein wirkliches Entscheidungsermessen zugestehen?
- Wie stellen wir sicher, dass objektiven Fakten der Analyse und die subjektive Beurteilung der Synthese klar auseinandergehalten werden?
- Wie begründen wir die Anträge stichhaltig? Mit welchen Argumenten geben wir aus der Sicht des Krisenstabes eine Empfehlung ab, welcher Option der Vorzug zu geben sei?

- Wie stellen wir sicher, dass die Präsentation methodisch geschickt und stufengerecht abgewickelt wird? Dass sie gut vorbereitet, wenn möglich vortrainiert und nach Zeitplan abläuft? Wie wählen wir die richtigen Sprecher aus?
- Wie wird die Fachsprache erklärt und komplizierte Sachverhalte allgemein verständlich dargestellt? Sind die Begriffe allen klar, werden sie einheitlich verwendet? In welchem Umfang wird Gelegenheit für Verständnisfragen eingeräumt?
- Was ist zu sagen und was nicht, damit die wesentlichsten Erkenntnisse nicht unter einem Berg von Informationen verschüttet werden? Droht Gefahr, dass wir den Entscheidungsträger unter sogenanntem «Information Overload» erdrücken?
- In welchem Umfang wird die Präsentation mit zeitlicher Reserve geplant, sodass Einwände und abweichende Beschlüsse der Entscheidungsträger im Rapport noch Berücksichtigung finden können?
- Wie werden die Entscheidungsträger frühzeitig und in geeigneter Form in den Führungsrhythmus des Krisenteams einbezogen, damit sie später die Beweggründe der Anträge verstehen?
- Wie wird bei der Vorbereitung der Präsentation auf die Diversität geschlechtlicher, sprachlicher und kultureller Kommunikationsfaktoren Rücksicht genommen? Wie wird die Diversität als Chance genutzt?
- Nach welchen Kriterien werden der Ort und die Infrastruktur für die Präsentation der Anträge ausgewählt? Wie wird die Funktionstüchtigkeit der technischen Installationen geprüft und wird ein Probelauf der Präsentation durchgeführt?
- Wie werden mögliche Einstellungs- und Verhaltensbarrieren geistig durchlaufen und eine Eventualplanung vorgenommen, was bei schwerwiegenden Kommunikationsproblemen zu tun ist? Wie stellt der Krisenstab den Entscheidungsstil der vorgesetzten Stellen in Rechnung, damit der Antrag der empfohlenen Variante auch Gehör findet?

7.1 Planentwicklung

Bindeglied zwischen Aktionsplanung und Aktionsführung

Nach dem Entschlussfassungsrapport und dem Vorliegen des Grundentschlusses des Entscheidungsträgers geht es darum, das Bindeglied zwischen der Aktionsplanung und der anschliessenden Aktionsführung zu erarbeiten. Die Absicht des Entscheidungsträgers ist für die detaillierte Planung wegleitend, mit welchen Mitteln und Massnahmen die Krisenbewältigung in räumlicher und zeitlicher Hinsicht an die Hand genommen werden soll (Planentwicklung).

Negative Konsequenzen, falls Phase übergangen wird

Auch diese Zwischenphase wird oft und zu unrecht übersprungen, der Grundentschluss zum definitiven Entscheid erklärt, unmittelbar gefolgt von der Auftragserteilung. Wann aber werden in diesem Fall die unverzichtbaren Grundlagen zur Auftragsredaktion erarbeitet, die einer vernetzten, komplexen Krisensituation gerecht werden? Wann wird eine im Einzelnen durchdachte Zeitplanung, Eventualplanung oder Kommunikationsplanung durchgeführt? Wann werden zusätzlich benötigte Informationen und Nachrichten für eine Erfolg versprechende Umsetzung beschafft? Sind die logistischen Mittel zur reibungslosen Umsetzung bereits eingeplant? Wann wird die Synchronisation zur Abstimmung aller einsetzbaren Mittel, Kräfte und Ressourcen bzw. der möglichen Unterstützung vorgenommen? Wann die Einzelheiten des Ablaufs der Umsetzung geregelt? Die hierzu Zuständigen über die Absicht orientiert? Erste Überlegungen zur Folgeplanung gemacht? Dies sind alles wichtige Fragen, deren man sich in der Planentwicklung annehmen muss.

7.2 Konzepte

Die Überlegungen zu diesen Aspekten sind durch die hierfür verantwortlichen Chargen im Krisenstab in Konzepte zu verdichten und dem Stabschef bzw. Entscheidungsträger zu präsentieren. Die bewilligten Anträge bilden die unverzichtbaren Grundlagen der anschliessenden Auftragserteilung.

Fazit: Der Schritt vom Grundentschluss unmittelbar zur Auftragserteilung verspricht nur scheinbar, Zeit zu gewinnen. Aus Erfahrung wird diese beim oder nach dem Auftragsrapport mehr als verloren. Vorgängig nicht geregelte Aspekte resultieren in Unklarhei-

7.3 Zuständigkeiten

Führungsverbund für komplexe Problemstellungen

Bei der Entschlussfassung ist zu berücksichtigen, wer letztlich für welche Entscheide zuständig ist (Entscheidungs- und Ergebnisverantwortung). Diese einfach klingende aber wichtige Unterscheidung bleibt nur zu oft unklar. Ist das Krisenteam selbst zuständig, oder ist es eine übergeordnete, evtl. eine externe Stelle?

Unsere Kernaussage lautet: Es ist in Rechnung zu stellen, dass komplexe Problemstellungen in Krisensituationen nicht auf einer Führungsstufe und in einem einzigen Entschlussfassungsakt gelöst werden können. Verschiedene Führungsebenen und -stufen teilen sich in die Entscheidungsverantwortung, nachdem in der Problemklärung Teilprobleme erkannt wurden. Die Logik komplexer Krisen oder Verbundkrisen ruft nach einem Führungsverbund. Die Entscheidungskompetenzordnung weist den Führungsstufen auf strategischer, operativer oder taktischer Ebene entsprechende Entscheidungsverantwortung zu, die im einen Fall delegiert, im andern Fall an der Spitze zentralisiert werden kann. Absolut entscheidend ist hierzu das Vorhandensein einer flexiblen Führungsorganisation.

> Fazit: Lösungen, die zum vornherein präjudizieren, wer für was die Entscheidungsverantwortung trägt, sind im Nachteil gegenüber Führungssystemen, die dies im spezifischen Einzelfall einer Krisensituation regeln können. Dies bedingt eine enge Zusammenarbeit und Absprache zwischen der Leitung des Krisenstabes, den übergeordneten Führungsstufen und den zur operativen Umsetzung unterstellten Verantwortlichen. Die Kunst der Führung in der Krise besteht darin, diese Teilschritte des Führungsprozesses aufeinander abzustimmen.

Entscheidungsverantwortung zentralisieren

Wird die Entscheidungsverantwortung an der Spitze zentralisiert, hat das Krisenteam bzw. der Krisenstab eine klassische, zudienende Stabsaufgabe zu erfüllen. Sie unterstützen das entscheidende Organ, die vorgesetzte Führungsstufe bzw. die strategischen Entscheidungsträger in allen Führungstätigkeiten, insbesondere aber bei der Entscheidungsfindung und Umsetzung der Beschlüsse. Dem Stab können aber auch Entscheidungskompetenzen zur Lösung von Teilaspekten der Krise delegiert werden, die nicht zu verwechseln sind mit seiner originären Führungsverantwortung im Rahmen des Stabssteuerungsprozesses.

In kleineren Organisationen oder mittleren Unternehmungen (KMU) ist die Crew um den Entscheidungsträger im «courant normal» so klein, dass aus dieser gleichzeitig das Krisenteam gebildet wird. Der verantwortliche Entscheidungsträger leitet unter Umständen das Krisenteam persönlich oder ist sehr eng in dessen Arbeit eingebunden, falls er die direkte Leitung einem Stellvertreter überträgt.

Kollegialbehörde als Entscheidungsträger

Ist die entscheidende Stufe ein Kollektiv, eine Personengruppe von Verantwortungsträgern, wie z. B. die Kollegialbehörde des Schweizerischen Bundesrates, wird die Arbeit eines Krisenstabes zwar mitverfolgt, die Auswahl von Entscheidungsvarianten aber selten unmittelbar mitbeeinflusst. Dieses Gremium wird nun die vorgelegten Optionen nach eigenen Kriterien evaluieren, sie nach aussen nach Belieben kommunizieren oder verschweigen.

Stärken und Schwächen am Beispiel Bundesrat

Eklatant treten in Krisenzeiten die Schwächen des schweizerischen Kollegialsystems zum Vorschein.[193] Gerade ein Kollektiv von Entscheidungsträgern auf strategischer Führungsstufe könnte seine Leadership-Stärken angesichts komplexer Krisen ausspielen, vorausgesetzt, dass es sich die Vorteile einer systemischen Entscheidfindung zunutze machen würde. Alle Ansätze zur Regierungsreform in der Schweiz, die eine Neuorganisation der kollektiven Führung auf nationaler Ebene nicht eng mit den internen Fähigkeiten zur umfassenden und professionell durchgeführten Lagebeurteilung, zur strategischen Reflexion bzw. zum systematischen Entscheidfindungsprozess verbinden, werden in Krisensituationen weiterhin nicht wettbewerbsfähig sein.

7.4 Kernfragen zur Entschlussfassung

- Die bedeutsamste Frage auf der Stufe der Entscheidungsträger ist: In welchem Umfang sind die Varianten des Krisenteams mit den vorrangig festgelegten, übergeordneten Werten, Interessen und Zielen der Organisation, der Institution oder Unternehmung kongruent bzw. mit politischen Vorgaben vereinbar?
- Wie beurteilen wir als Entscheidungsträger die Vor- und Nachteile, die Stärken und Schwächen, Kosten und Nutzen der einzelnen Entscheidungsoptionen mit dem Ziel, die Krise zu unseren Gunsten zu beeinflussen?[194] Welche Variante verspricht, die angestrebten Ziele zur Kri-

senlösung am optimalsten (oder wenigstens auf zufriedenstellende Weise) zu erreichen?

- Werden die Symptome der Krise bekämpft oder die wirklichen Ursachen beseitigt? In welchem Umfang können unsere Erwartungen zum dauerhaften Krisenaustritt und zum erhofften Zustand nach der Krise durch die Realisierung der Lösungsvariante erfüllt werden?
- In welchem Mass sollen strategische Überlegungen im grösseren Rahmen und weiteren Umfeld zur Entschlussfassung mitbestimmend sein?
- Wie kann bei der Güterabwägung und bei ethisch-moralischen Dilemmas die Einhaltung essenzieller Werte wegleitend bleiben? In welchem Umfang müssen wir zur Lösung der Krise Kompromisse eingehen, ohne Werte zu kompromittieren? Müssen wir zu deren Schutz auch unpopuläre, kontroverse oder kurzfristig für uns gar nachteilige Entscheide fällen?
- Wie sind die Erfolgschancen zur Umsetzung des Entscheides im Vergleich zu den Risiken, dass diese misslingt, einzuschätzen?
- Wie sind die Lösungsvarianten auf der Zeitachse zu beurteilen? Was sind die kurz-, mittel- und langfristigen Konsequenzen einer Entscheidungsvariante, gemessen an den eigenen, mittel- bis langfristigen Prioritäten und Zielsetzungen?
- Sprechen die Konsequenzen aus der systematischen Lagebeurteilung für die vom Krisenstab oder vom Entscheidungsträger favorisierte Lösung?

7.5 Entscheidungsfallen

Fehlentscheide sind nicht nur die Folge fehlerhafter Entscheidungsverfahren, sondern sehr oft auch die Konsequenz von Denkfallen im Hirn der Entscheidungsträger. Die Forschung hat eine ganze Reihe solcher psychologischer Denktricks im Entscheidungsprozess identifiziert. Wir fassen jene zusammen, die insbesondere auch in Krisen zu beobachten sind:

(A) «Die Schnellklebfalle» («The Anchoring Trap»). Man klammert sich an die ersten erhältlichen Informationen, sie bleiben am nachhaltigsten haften und werden wegweisend für den Entscheid, auch wenn sie durch nachfolgende Informationen relativiert werden.

(B) «Die Liebe zum Status Quo» («The Status Quo Trap») oder die Angst vor Veränderungen.[195]

(C) Das unablässige «Begiessen des verdorrten Strauchs» zur vermeintlichen Krisenlösung («The Sunken Cost Trap»). Die unbeirrbare Hoffnung, dass sich Fehlentscheide doch noch lohnen könnten veranlasst die Entscheidungsträger, weiterhin in die falschen Optionen Ressourcen zu investieren.

(D) Die «Suche nach der Lösung unter der Strassenlampe» («The Confirming-Evidence Trap»). Man sucht, wo es hell und bequem ist und vermeidet die Mühsal, im Dunkeln zu stochern. Man konzentriert sich auf die Suche jener Informationen, die unsere Einstellungen bestätigen, wir vermeiden jene Informationen, die diese infrage stellen.

(E) «Der unpassende Rahmen» («The Framing Trap») entstellt das umrahmte Bild. Die unpassende Fragestellung führt zu falschen Antworten. Der unpassende Krisenrahmen, in den wir die Entscheidungsvarianten stellen, verfälscht die Lösungsfindung.

(F) «Die Prognosefalle» («The Forecasting Trap») bedeutet, sich mittels Prognosen auf die Krisen von gestern vorzubereiten. Krisen sind stets «sui generis», das Erfolgsrezept von gestern kann zur Sichtblende werden und zur Tunnelvision führen.

(G) Die «prägende Erfahrungsfalle» («The Recallability Trap»). Man ist vergangenen Erfahrungen verhaftet und gegenüber der neuen Krisensituation zu wenig anpassungsfähig.[196]

(H) In die «Selbstsicherheitsfalle» («The Over-Confidence Trap») fällt der Entscheidungsträger bei aufgeblasenem Ego, man will und kann andere Sichtweisen weder sehen noch ernsthaft prüfen.

(I) «Die Vorsichtsfalle» («The Prudence Trap»). Sie ist insbesondere im Stabssteuerungsprozess bei der Zeitplanung und der Berechnung der Zeitbedürfnisse zur Entscheidfindung verschiedener Führungsstufen zu beobachten. Jede Stelle sieht im Zeitplan eine zeitliche Sicherheitsmarge vor, die sich summieren und zur Verspätung der Beschlussfassung führen.

(J) Die «Ethosfalle»: Ethischen Fragen wird konsequent ausgewichen, der Zweck heiligt die Mittel, oder man ist sich des moralisch-ethischen Dilemmas gar nicht bewusst.[197]

(K) Die «Lernunwilligkeitsfalle»: Aus Fehlentscheiden wird nicht oder zu spät gelernt.[198]

Die Neurowissenschaften haben zu potenziellen Entscheidungsfallen weitere Erklärungen gefunden. So können, gestützt auf einen komplexen Prozess der Erfahrungsauswertung (pattern recognition) und emotionalen Erfahrungsschaltern (emotional tagging), spezielle Umstände bestimmt werden (wie Interessenkonflikte, schlechte Erinnerungen, nahestehende Stakeholder, denen man sich persönlich verpflichtet fühlt), welche die Funktion übernehmen, Alarm auszulösen, bevor ein (schlechter) Entscheid gefällt wird.[199] Im Gegenzug haben die Neurowissenschaften auch Tipps zum richtigen Entscheiden definiert.[200]

7.6 Im moralisch-ethischen Dilemma

Ob das «Richtige» getan wird, entscheidet sich in Krisen oft im moralisch-ethischen Dilemma konträrer Zielsetzungen.[201] Es geht um Güterabwägung z. B. um Persönlichkeitsschutz, Schutz der Reputation vs. Transparenz, Eingestehen von Fehlern und persönlichem Versagen.[202] War (im Fall der Sars-Krise in China) die Informationskontrolle höher als die allgemeine Gesundheit der Bevölkerung zu gewichten?[203] Wiegt im Fall der Terrorismuskrise die Sicherheit höher als der Persönlichkeitsschutz?[204]

Nach Badaracco folgen stille, aber erfolgreiche Leader vier Regeln, wenn sie ethische Dilemmas im Entscheidungsprozess gegenüberstehen. Die Empfehlungen können, ausser Punkt (1), auch bei Krisen Anwendung finden: «(1) Put things off till tomorrow, (2) Pick your battles, (3) Bend the rules, don't break them, (4) Find a compromise.»[205] In Dilemma-Situationen propagiert Johansen das «Dilemma Flipping»: die Kunst, unter allen systematisch umgedrehten Steinen (Dilemma-Aspekten) verborgene Lösungsmöglichkeiten und günstige Gelegenheiten zu entdecken.[206]

Zur mangelnden Ethik des Handelns und verwerflichen Leadership vgl. weiter hinten Teil III und IV. An Negativbeispielen mangelt es zurzeit leider nicht, täglich wird die Liste länger.[207] Offensichtlich ist Ethik für manche Manager nicht mehr als eine Worthülse und Leadership nach Massgabe sittlichen Handelns nimmt in EMBA-Studiengängen noch immer selten eine zentrale Bedeutung ein.[208]

8. Definitiver Beschluss und Auftragserteilung (LF)

Der Beschluss ist das folgerichtige Resultat aus der vorangehenden Aktionsplanung und bildet die Grundlage der Auftragserteilung am Auftragsrapport, der Auftragsdokumente und der Aktionsführung.

8.1 Inhaltliche Elemente

Relevantes Krisenumfeld

Der Beschluss soll einleitend den Empfängern des Auftrages das für die Auftragserfüllung relevante Krisenumfeld erläutern. Wie präsentiert sich die Situation? Der Entscheidungsträger will zum Ausdruck bringen, welches die wahrscheinlichste oder die gefährlichste Entwicklungsmöglichkeit der Krise ist mit welcher er rechnet und auf welchen Tatsachen, Annahmen und Überlegungen dies beruht. Er orientiert über Aufträge, Aufgaben, selbst gesetzte

Ziele, eigene Mittel, Erfolgsfaktoren und beschreibt den angestrebten Endzustand nach Bewältigung der Krise.

> **Fazit:** Mit einer eingehenden Orientierung wird den Auftragsempfängern ermöglicht, im Gesamtrahmen zu denken und zu handeln.

Absicht des Entscheidungsträgers

Die Adressaten sollen aus der Absicht erkennen, wie und in welchem zeitlichen Rahmen die gesteckten Ziele zu erreichen sind. Sie gibt Auskunft über das Zusammenwirken aller Kräfte, den Zusammenhang sowie die Koordination von Einzelaktionen und deren Unterstützung. Die Absicht muss eine plausible Begründung für den eingeschlagenen Weg enthalten: «Die Formulierung einer strategischen Absicht in Form eines prägenden Grundsatzes erlaubt, die Ausführenden zu kreativen und individuellen Umsetzungen zu ermuntern und zu ermächtigen, gleichzeitig aber auch die Grenzen und die Bandbreite der Handlungsfreiheit aufzuzeigen.» [209]

> **Fazit:** Der Entschluss soll als zentraler Teil die Absicht der Entscheidungsträger mit ihrer Vision enthalten, welcher Weg aus der Krise führt. Was gilt es zu erreichen, welche Werte, Interessen und Zielsetzungen sollen uns leiten?

Konkrete Aufträge

Der Beschluss enthält konkrete Aufträge und nimmt eine Zuteilung von Mitteln und Ressourcen vor. Wird eine länger andauernde Aktionsführung erwartet, können mit einer gestaffelten Auftragserteilung und phasenweise mit Teilaufträgen die Flexibilität und Handlungsfreiheit erhöht werden. Wie eng oder weit die Aufträge gefasst werden, hängt ab: von der Komplexität und der Dauer der Krisensituation, der spezifischen Aktionsführung, vom Grad der Ungewissheit und von den Einschränkungen und Auflagen der höheren Führungsstufe. Zu berücksichtigen sind aber auch Ausbildungsstand, Vorbereitung und Führungsqualitäten des Auftragsempfängers. Der Entscheid kann auch verbindliche Vorgehensweisen festlegen, z. B. welcher Gruppe von Stakeholdern im Rahmen des Informations- und Kommunikationskonzeptes die Umsetzung des Beschlusses in erster Priorität mitzuteilen ist. Stets gilt es jedoch, die folgende Erkenntnis zu beachten:

> **Fazit:** Gemäss dem Prinzip der Auftragstaktik[210] ist den Auftragsempfängern in komplexen, sich dynamisch entwickelnden Krisen eine maximale Handlungsfreiheit einzuräumen.

Besondere Anordnungen

In besonderen Anordnungen werden organisatorische und technische Anweisungen erteilt bzw. Regelungen getroffen: u. a. zur Logistik, zur Kommunikation, zum Verhalten und Zusammenwirken, bzw. zur Kompetenzabgrenzung der Auftragsempfänger, zur Sicherheit, zu zeitlichen Vorgaben und zur Zeitplanung.

Standorte

Erläuterungen über den Standort der Verantwortungsträger und die Führungstätigkeit des Krisenstabes erleichtern deren Erreichbarkeit und Zugänglichkeit für jene, die die Aufträge umzusetzen haben.

8.2 Form der Aufträge

Die Form kann je nach Krisensituation unterschiedlich sein. Oftmals genügt ein einmaliger Beschluss. Der Entscheidungsträger kann sich auch entscheiden, eine umfassende Krisenstrategie zu entwerfen. Diese wird etappenweise mit Zwischenentscheiden oder Teilentscheiden umgesetzt.[211] Entsprechend können wir unterscheiden zwischen einem:

> Gesamtauftrag (für alle für die Aktionsführung notwendigen Anordnungen),
> Einzelauftrag (Auftrag für einen bestimmten Dienst, eine operativ verantwortliche Einheit),
> Teilauftrag (als Ergänzung oder Änderung eines bestehenden Auftrages),
> ständigen Auftrag (der für längere Zeit Gültigkeit hat),
> Vorauftrag (um günstige Voraussetzungen für eine spätere Aktion zu schaffen).

Demgegenüber spricht man von Weisungen, wenn die Unsicherheit der Krisenlage es nicht gestattet, zwingende Aufträge zu erteilen, Weisungen haben eine grössere zeitliche und räumliche Tragweite.

Wie auch immer der definitive Beschluss als Produkt genannt wird, entscheidend bleibt, dass die Auftragserteilung einfach und präzise ist und insbesondere, dass über die Begrifflichkeit absolute Klarheit herrscht. Dazu gehört, dass auch über die Wirkungskraft des Beschlusses und der Aufträge Klarheit geschaffen wird.

8.3 Wirkungskraft des Entscheides

Aus dem Beschluss soll hervorgehen, welche Wirkungskraft ihm zukommt: Welche Gültigkeit hat dieser, für welchen Zeitraum, für welche Adressaten? Ist es bloss eine Empfehlung oder für gewisse Adressaten eine verbindliche

Weisung? Hat er die Wirkung eines hoheitlichen Verwaltungsakts, der erzwungen werden kann, hat er die Kraft eines zwingenden Befehls mit gravierenden Konsequenzen bei Nichtbefolgung?[212]

In einer internationalen Krise kann z. B. das gleiche Entscheiddokument zur Evakuation eines Gebietes für mehrere Stakeholder unterschiedliche Wirkung haben, je nachdem, wie dessen Wirkungskraft interpretiert wird. Für die militärischen Kräfte hat es den Charakter eines zwingenden Befehls, für die Hilfswerke oder Nichtregierungsorganisationen ist es eine mehr oder weniger verbindliche Weisung und für die betroffene Zivilbevölkerung bloss eine Verhaltensanweisung in empfehlendem Sinn.[213]

> Fazit: Ist die Wirkungskraft des Entschlusses nicht klar, kann dies zusätzlich zur Verunsicherung in der Krise beitragen. Die interpretierende Festlegung von Wirkung und Rechtskraft ist auch deshalb notwendig, weil Entscheide unterschiedlich bezeichnet werden, z. B. mit Anordnung, Anweisung, Bescheid, Beschluss, Befehl, Bewilligung, Entscheidung, Verfügung, Verwaltungsakt, Weisung oder Einsatzregel.

8.4 Kernfragen zu Beschluss und Auftragserteilung

Zum Auftraggeber und Auftragsempfänger

- In welcher Form wird nach innen und aussen klar kommuniziert, dass der Auftraggeber die Gesamtverantwortung für die Führung in der Krise (Ergebnisverantwortung) übernimmt?
- Haben wir zweifelsfrei die richtigen Auftragsempfänger zur Umsetzung und zur Kommunikation der Entscheide bestimmt?
- Wie stellen wir sicher, dass die Auftragsempfänger zur Umsetzung unserer Aufträge befähigt und einsatzfähig sind? Wie konnten wir dies bei der Ausarbeitung der Lösungsmöglichkeiten und Prüfung von Entscheidungsoptionen in Erfahrung bringen und verifizieren?
- Wie haben wir die Verantwortlichkeiten und Kompetenzabgrenzungen, die Kooperation und Koordination zwischen mehreren Auftragsempfängern geregelt?
- Wie werden sichere Verbindungen vom Auftraggeber zu den ausführenden Organen aufrechterhalten?
- Wie wird neben der schriftlichen oder elektronischen Auftragsübermittlung auch der persönliche Kontakt zum Auftragsempfänger wahrgenommen?
- Wie können wir bei der Auftragserteilung auf die Situation und das Befinden der Empfänger adäquat Rücksicht nehmen? In welchem Mass wird z. B. dem psychologischen Stress oder der Übermüdung der Auftragsempfänger Beachtung geschenkt?

- Gibt die Orientierung eine Antwort auf die Fragen: Was ist geschehen, und welche Entwicklung der Krise ist nach Ansicht der Auftraggeber möglich?
- Wie werden die Motive und Überlegungen, die zum Entscheid führten und der Krisenstrategie zugrunde liegen, erläutert und begründet?
- Wie kann in Erfahrung gebracht werden, ob die Formulierung der Absicht und die konkreten Aufträge für den Auftragsempfänger begreifbar sind?
- Beschreibt der Entschluss in Form einer unmissverständlichen Absicht den erwünschten Erfolg und wie dieser zu erzielen ist?
- Skizziert die Absicht den angestrebten Zustand nach der Krise? Mit welcher Formulierung richtet sie die im Krisenstab vertretenen Personen und alle für die Umsetzung Verantwortlichen auf das gemeinsame Ziel zur Beendigung der Krise und zur Schaffung der erhofften Lage nach der Krise aus?
- Wie stellen wir sicher, dass die Absicht bei der Lösung einer komplexen Krise eine Kompassfunktion übernehmen kann, an der sich alle ausrichten können – dies insbesondere, falls die Umsetzung der Entscheide auf verschiedene Führungsebenen und mehrere Führungsstufen bzw. operativ verantwortliche Stellen delegiert wird?
- Gelingt es in der Absicht, nicht nur die Bandbreite der Handlungsfreiheit zur Umsetzung aufzuzeigen, sondern unmissverständlich auch deren Grenzen?
- Bei einer dynamischen Entwicklung der Krise: Wie können sich diejenigen, die den Entschluss umsetzen, auch dann an der Absicht orientieren, wenn sie die übernommenen Aufträge neuen Kriseentwicklungen anpassen müssen?

Zur Form des Entscheides:

- Welches ist die angemessene Form des Entscheides? Warum genügt eine einfache mündliche Bekanntgabe des Beschlusses, der schriftlich protokolliert wird?
- Aus welchen Überlegungen haben wir es mit einem folgenschweren Entscheid zu tun, welcher einer breiten Öffentlichkeit in allen Einzelheiten kommuniziert werden soll und deshalb mit Vorteil in einem detaillierten Dokument festgehalten wird?
- Weshalb kommt dem Entscheid eine programmatische und langfristige Bedeutung zu, sodass er in die Form einer Krisenstrategie einzubetten ist?

Zu den Aufträgen und Anordnungen

- In welchem Mass sind die Aufträge und Anordnungen klar, genau, einfach und verständlich formuliert?
- Regeln die Aufträge in jedem Fall, wer, was, wie, mit wem, wann und wo zu tun hat? Was wird vorgekehrt, dass sie zeitgerecht erteilt werden, damit der Auftrag erfüllbar bleibt?
- Werden in einer dynamischen Krisenentwicklung Anordnungen erteilt, die maximale Handlungsfreiheit erlauben? Welche Aufträge oder Teilaufträge werden gestaffelt erteilt? Gehen deren Anordnungen nicht weiter, als im Zeitpunkt ihres Erlasses zu verantworten ist, damit die eigene Flexibilität und Handlungsfreiheit gewahrt bleiben?
- Was ist vorzukehren, dass die Zuteilung der Mittel und Ressourcen angemessen und kongruent mit den Absichten und Zielsetzungen ist und die komplette Erfüllung des Auftrags erlaubt?
- Welche begleitenden Massnahmen sind vorgesehen, um die mit dem Vollzug der Entscheide Betrauten zu beraten, mit ihnen im regelmässigen Kontakt zu bleiben und Kontrollen durchzuführen?
- Welche tückischen Details müssen in den besonderen Anordnungen geregelt sein, in denen in Krisen der Teufel steckt – insbesondere in organisatorischen, technischen oder logistischen Einzelbereichen?

Zur Wirkungskraft

- Welche Wirkungskraft und Verbindlichkeit kommt dem Entscheid für welchen Adressaten zu?
- Wie lange soll der Entscheid Gültigkeit behalten bzw. wie ist die zeitliche Dauer des Auftrags geregelt?

9. Umsetzung und Vollzug der Entscheidung (LF)

9.1 Wille und Tatkraft zur Umsetzung der Absicht

Sind Beschlüsse gefasst und in die gewünschte Form gekleidet bzw. Aufträge erteilt, geht es darum, von der Absicht zur Aktion und zum operativen Krisenmanagement zu schreiten. Entscheide sind wertlos, solange sie nicht durch entsprechendes Handeln in die Tat umgesetzt werden. Die zögerliche Verwirklichung von strategischen Visionen und Zielen ist sehr oft der Schwachpunkt, weshalb Krisen nicht überwunden werden.[214] Die kühnsten

Pläne zur Überwindung der Krise nützen nichts: «Unless you translate big thoughts into concrete steps for action, they're pointless (…). Execution is just as much an intellectual challenge as vision setting and strategic thinking.»[215]

Fazit: Leader müssen ihre Aufgabe, gefasste Entscheide und Massnahmen zum Austritt aus der Krise tatkräftig und diszipliniert in Aktionen umzusetzen, als eine ihrer wichtigsten Verantwortlichkeiten anerkennen. Dabei sollten sie die drei Elemente: strategische Führung, operatives Management und ausführende Menschen als unteilbare Einheit berücksichtigen.[216]

9.2 Führung in der Krise (Aktionsführungs- und Kommunikationsprozess)

Faktische Krisenlage diktiert Tun und Sagen

Die umgesetzten Beschlüsse und Aufträge basieren auf theoretischen Annahmen und Plänen (Aktionsplanung), die auf dem Prüfstand mit der realen Krisenwirklichkeit konfrontiert werden. Die faktische Krisenlage diktiert nun die eigentliche Führung in der Krise durch Tun und Sagen.

Fazit: Hand in Hand mit der Aktionsführung ist der Kommunikationsprozess abzuwickeln. Die Zielsetzungen der Beschlüsse sind, ebenso wie die Aufgaben zur Umsetzung und zum Vollzug, intern und extern überzeugend zu kommunizieren und zu begründen. Information und Kommunikation sind unentbehrliche Instrumente zur Umsetzung von Entscheiden.

Lagerapporte abgestimmt auf die Krisendynamik

In einer dynamischen, durch erhebliche Unsicherheit gekennzeichneten Krisensituation vollzieht sich die Aktionsführung unter starkem Zeitdruck, d. h. der Arbeitsrhythmus im Krisenstab ist von hohem Tempo geprägt. Entscheidungsträger müssen in rascher Folge die sich neu stellenden Probleme erfassen, die Entwicklung der Lage beurteilen, Lösungen finden und entscheiden. Der Führungsprozess kulminiert in Lagerapporten, deren Häufigkeit und Wiederholung von der sich entwickelnden Krisensituation bestimmt werden. In den Rapporten stellen sich Fragen wie u. a.: Zu welchen Feststellungen gelangt das Controlling umgesetzter Entscheide, vollzogener Massnahmen und kommunizierter Botschaften? Wie sind die Abweichungen zwischen Soll- und Ist-Zustand zu beurteilen? Kann am Grundentschluss zur Krisenbewältigung bzw. an der kommunizierten Absicht festgehalten werden? Soll den Ereignissen mit vorbehaltenen Entschlüssen begegnet werden? Können Sofortmassnahmen ausgelöst werden? Sind Handlungsrichtlinien zu erlassen, Zeitpläne anzupassen um die Handlungsfreiheit zu gewährleisten? Ist die Nachrichten- und Informationslage auf dem aktuellsten Stand? Hat sich das Kommunikationskonzept bewährt, muss es aktualisiert werden?

9.3 Controlling (Lage-Controlling-Prozess)

Krisen halten sich nicht an Pläne

Selten bis nie halten sich komplexe Krisen an Pläne. Um Abweichungen zwischen den anvisierten Zielen und dem effektiven Stand der Zielerreichung festzustellen, ist vom Krisenstab ein kontinuierliches Controlling durchzuführen. Zusammen mit der Nachrichten- und Informationsbeschaffung werden der Krisenverlauf und die Auswirkungen der Entscheide beobachtet. Damit das Controlling der Entscheidfolgen aussagekräftig ist, müssen führungsrelevante Überprüfungskriterien festgelegt werden.[217]

> Fazit: Falls sich die Krisenentwicklung den Steuerungsbemühungen entzieht, die Entscheide nicht den erhofften Erfolg zeitigen, die gesteckten Ziele nicht erreicht werden, die Mittel zur Aufgabenerfüllung wegen der Komplexität und Virulenz der Krise nicht ausreichen, muss der Krisenstab zum Aktionsplanungsprozess zurückkehren und einen neuen Grundentschluss erarbeiten. In der Folge werden neue Beschlüsse gefasst bzw. bereits getroffene angepasst, korrigiert oder aufgehoben.

Überreaktionen

Es kann sich aber auch erweisen, dass nicht zu wenig vorgekehrt wurde, sondern dass weit über das Ziel hinaus geschossen, in Panik überreagiert und mit Kanonen auf Spatzen geschossen wurde.[218] Das Controlling kann zudem zur Entdeckung nicht vorausgesehener, günstiger Gelegenheiten führen, um sie zu nutzen, sind rasch neue Beschlüsse zu fassen.

9.4 Hohe Führungs- und Lernkadenz (Aktionsnachbereitungsprozess)

Unmittelbar aus Entscheiden und Erfahrungen lernen

Ziel des Controlling und der permanenten Krisenbeobachtung ist, sich Erkenntnisse und Erfahrungen aus noch laufenden Aktionen (Learning through action),[219] während der Krisenbewältigung zunutze zu machen. Wir lernen kontinuierlich von unseren Entscheiden und unseren Fehlern und setzen die Erkenntnisse unmittelbar, d. h. noch während der laufenden Krise um («act-learn-act-learn approach»),[220] d. h. wir streben eine adaptive Aktionsführung an (Learning-Adaptation-Cycle).[221] Der Lern-, Entscheidungs- und Umsetzungsprozess sind kontinuierlich miteinander verknüpft und beeinflussen sich in positiver Weise. Es ist ein kontinuierlicher, iterativer Verlauf, umfassend: die Nachrichten- und Informationsbeschaffung, die Analyse, Auswertung und Entscheidung.

> Fazit: Primäres Ziel ist, sich auf die Aufgabenerfüllung in der laufenden Aktionsführung zu konzentrieren, eigene Stärken besser zu nutzen und allfällige Schwächen so rasch als möglich zu eliminieren.

Wegen der Dringlichkeit erfolgt dies hauptsächlich in Form angeordneter Sofortmassnahmen.

Rascher Lernprozess dank hoher Führungskadenz

Dieses Bestreben lässt sich am ehesten bei einer hoher Kadenz der Führungsaktivitäten verwirklichen und eröffnet eine völlig neue Sichtweise des Lernprozesses: «If we shift our perspective from ‹getting more performance into the learning process› to ‹getting more learning into the performance process›, a whole new set of approaches can be added to our arsenal. We move from action learning to learning from action. Now the issue becomes how to help individuals, groups and organizations learn from their performance. Performing and learning are not sequential or overlapping, but learning is a byproduct of performance».[222]

> Fazit: Das Ziel ist, Erkenntnisse unmittelbar und kontinuierlich in den Führungsrhythmus zu integrieren: «The purpose is to focus on how to improve performance.»[223]

After Action Review

Die After Action Review (AAR) ist eine ähnliche Methode, mit der das Krisenteam noch während des Einsatzes lernen kann: «The objective is to learn as you perform; that is, to understand why interim objectives were not accomplished, what lessons could be learned, and how those lessons could be quickly driven back into the performance process».[224] Nicht zu verwechseln und davon zu unterscheiden ist der Lessons-Learned-Prozess, bei dem es darum geht, nach durchstandener Krise Lehren für die Zukunft zu ziehen.

9.5 Die Eventualplanung

Ziel und Zweck vorbehaltener Entschlüsse

Mithilfe der Eventualplanung stellen wir Überlegungen an, welcher Krisenentwicklung der Entscheid nicht oder zu wenig Rechnung trägt und erarbeiten in Form von vorbehaltenen Entschlüssen mögliche Antworten darauf. Die Eventualplanung antwortet auf die Frage: «Was ist zu tun im Falle dass … z. B. die Lage sich ungünstig entwickelt, eine bis anhin nicht berücksichtigte Entwicklung eintritt?»

Ein Hauptzweck vorbehaltener Entschlussfassung ist, im Geist mögliche Krisenentwicklungen durchzuarbeiten mit dem Ziel, das Vorstellungsvermögen für zukünftige Ereignisse zu erweitern. Ein vorbereiteter, vorbehaltener Entschluss ist die Antwort auf eine definierte, hypothetische Annahme. Dieser Entschluss kann vorbehaltlich des tatsächlichen Eintretens der Annahme zum effektiven Beschluss erhoben werden.

Vorbehaltene Entschlüsse sind deutlich von gefassten Beschlüssen abzugrenzen, die Aufgabe zur Eventualplanung im Krisenstab ist deshalb klar von der Aufgabe der Entschlussfassung zu trennen. Eine Eventualplanung kann zudem nur unter der Voraussetzung durchgeführt werden, dass die Krisensituation und die Ressourcen im Stab dies erlauben.

Controlling und vorbehaltene Entschlüsse erhöhen die Handlungsfreiheit

Wie oben erwähnt, will das nach der Entschlussfassung einsetzende Controlling der Entscheidfolgen – mithilfe zusätzlich formulierter Nachrichtenbedürfnisse – herausfinden: Deckt die faktische Krisenentwicklung Schwächen unserer Beschlüsse und Aufträge auf? Besteht ein Risiko, dass wir unser angestrebtes Ziel nicht erreichen? In einem solchen Fall können wir auf vorbehaltene Entschlüsse zurückgreifen und die laufende Umsetzung des Beschlusses mit Zeitgewinn korrigieren oder anpassen.

> Fazit: Die Eventualplanung vergrössert unsere Handlungsfreiheit und erleichtert, auftauchende Chancen unverzüglich zu nutzen.

Dies sollte nicht zur Illusion verleiten, dass wir dank einer systematischen Eventualplanung vor Überraschungen gefeit sind. Gemessen an der Krisenwirklichkeit enthält jede Planung, auch die Eventualplanung, Schwächen und Risiken. Vorbehaltene Entschlüsse sind deshalb in der Regel, bevor sie tatsächlich beschlossen und in Kraft gesetzt werden, zu modifizieren.

9.6 Die Folgeplanung

Die Folgeplanung befasst sich mit der Frage: Was ist zu tun, nachdem die angestrebten Ziele erreicht sind – und im besten Fall, nachdem die Krise überwunden ist?

Entweder tritt die Krise in eine neue Phase und stellt uns vor neue Herausforderungen oder es ist uns gelungen, die Krise hinter uns zu lassen. Im ersten Fall muss unverzüglich eine Planung der folgenden Aktionen an die Hand genommen werden, je früher, desto besser. Mit dem erfolgreichen Austritt aus der Krise konnten wir den von uns angestrebten Zustand verwirklichen, aber auch hier hat der Krisenstab prospektive Überlegungen anzustellen: Was ist in der Folge zu tun bzw. was ist zu kommunizieren?

9.7 Kernfragen zum Controlling[225]

Zum Controllingorgan und seiner Tätigkeit

- Wie regeln wir das Controlling – intern im Krisenstab, durch beauftragte Externe oder durch beide? Was wird durch wen (Controllingorgan), wie, wann, mit wem und wo kontrolliert?
- Was können wir vorkehren, dass beim Controlling auch Wert auf das frühzeitige Erkennen von Chancen gelegt wird?
- Wodurch zeichnet sich ein Controllingkonzept aus? Wo liegen in diesem die Schwergewichte?

Zu den Massstäben und Kriterien

- Welches sind die führungsrelevanten Massstäbe und Kriterien des Controlling zur Überprüfung und Evaluation der Wirksamkeit der getroffenen bzw. kommunizierten Entscheide und angeordneten Massnahmen?
- Wie wird der Soll-Zustand einer laufenden Aktion definiert?

Zu den Zwischenmeldungen und Vollzugsmeldungen

- Wann und durch wen werden Zwischenmeldungen und Vollzugsmeldungen angeordnet, um den Führungsablauf kontinuierlich und besonders in kritischen Phasen der Krise zu unterstützen – z.B. in Form von Fortschritts- und zeitlichen Ablaufkontrollen? Können dadurch getroffene Entscheide oder die gewählte Kommunikation zeitgerecht korrigiert werden?

Zur Ergebniskontrolle

- Werden anhand einer Ergebniskontrolle die Auftragserfüllung und Zielerreichung unseres «Tuns und Sagens» beurteilt?
- In welchem Umfang muss gestützt auf das Controlling (neben den getroffenen Entscheiden) auch die Führung selbst – insbesondere die Führungsorganisation und der Führungsablauf – verändert werden?
- Können durch die Evaluation des Verhaltens des Krisenstabes Rückschlüsse auf die physische oder psychische Überlastung bzw. eine eingeschränkte Führungsfähigkeit gezogen werden?
- Stellen wir sicher, dass das Controlling in objektiver Weise und mit Einfühlungsvermögen durchgeführt wird? Wird das Controlling deshalb vom Krisenstab und den Auftragsempfängern als Hilfeleistung, und nicht als Schikane oder Ausdruck von Misstrauen verstanden?
- In welcher Weise erlaubt das Controlling, Hinweise auf die veränderte Krisenumwelt zu gewinnen bzw. neue Nachrichten- und Informationsbedürfnisse zu formulieren?

9.8 Kernfragen zur Korrektur und Anpassung von Entscheiden oder der Führungstätigkeit

- In welchem Mass hat sich die faktische Krisensituation gegenüber unseren Annahmen verändert? Lassen neu vorliegende Nachrichten und Informationen eine Diskrepanz zu den früheren Vorstellungen über Risiken und Chancen an den Tag treten? Sind deshalb Korrekturen und Anpassungen von Entscheiden oder der Führungstätigkeit notwendig?
- Welche eingeleiteten Massnahmen erlauben uns, trotzdem am Grundentschluss festzuhalten und die Aktionsführung fortzusetzten? Führen unsere Erkenntnisse im Gegenteil zu einer neuen Problemerfassung, zu neuen Problemlösungen und neuen Entschlüssen?
- Wie instruieren wir den Krisenstab, um mithilfe einer raschen Auswertung der laufenden Aktion, Erkenntnisse aus den (unbeabsichtigten) Konsequenzen der Entscheide unmittelbar in unseren Führungsprozess einfliessen zu lassen?
- Wie können wir bestmöglich günstige Umstände und Konstellationen erkennen, um das Ziel auf anderem Weg oder mit andern Mitteln rascher und effizienter zu erreichen?
- Welche Kriterien der durchgeführten Kontrollen zeigen in eindeutiger Weise, dass das angestrebte Resultat oder die Ziele mit den beschlossenen Handlungen und Massnahmen nicht oder nicht vollständig zu erreichen sind?

- In welchem Umfang sind Entscheide vollumfänglich oder in Teilen zu korrigieren bzw. anzupassen? Welche Teile des Führungssystems (Führungsorganisation, Führungsprozess, Führungsinfrastruktur) sind anzupassen? Welche Ressourcen sind neu zu äufnen?
- In welchem Mass ergibt die Überprüfung der Zweckmässigkeit der Organisation und des Führungsprozesses, dass die personelle Zusammensetzung des Krisenstabes auftragorientierter an die faktische Entwicklung der Krise und die neuen Aufgaben anzupassen ist?
- Sind im Stab Aufgaben und Funktionen unterschiedlich zuzuteilen oder personell anders zu betreuen?
- Zwingen neue zeitliche Rahmenbedingungen zu einer Veränderung des Stabsarbeitsprozesses, insbesondere zur Straffung des Führungsrhythmus?

9.9 Kernfragen zur Eventualplanung

- In welchem Umfang werden Überlegungen angestellt, inwiefern unsere Entscheide der tatsächlichen Krisenentwicklung nicht oder zu wenig Rechnung tragen?
- Erlauben die Krisensituation und die personellen Ressourcen im Stab, Kräfte für eine Eventualplanung freizustellen?
- Wie werden die vorbehalten Entschlüsse bearbeitet und überprüft, die sich der Frage widmen: Was ist zu tun im Falle dass … z. B. eine bis anhin nicht berücksichtigte Entwicklung eintritt? Auf welchen Informationen und Annahmen basieren sie? Beeinflussen sie die Nachrichtenbeschaffung?
- Was haben wir vorgesehen, damit bei Eintritt unserer Annahme der vorbehalten Entschluss (in modifizierter Form) unmittelbar in Kraft gesetzt werden kann?
- Wie stellen wir sicher, dass die Eventualplanung im Krisenstab nicht mit der Entschlussfassung sowie vorbehalten Entschlüsse mit gefassten Beschlüssen vermischt werden?

9.10 Kernfragen zur Folgeplanung

- Wie frühzeitig wird die prospektive Folgeplanung in die Wege geleitet und mit der Frage konfrontiert: Was ist zu tun, nachdem die angestrebten Ziele erreicht sind und im besten Fall die Krise überwunden ist?
- Wie können wir zur Folgeplanung die kreativen und visionären Köpfe im Krisenteam einsetzen?

Führungsprozess und Rapporte des Krisenführungsorgans

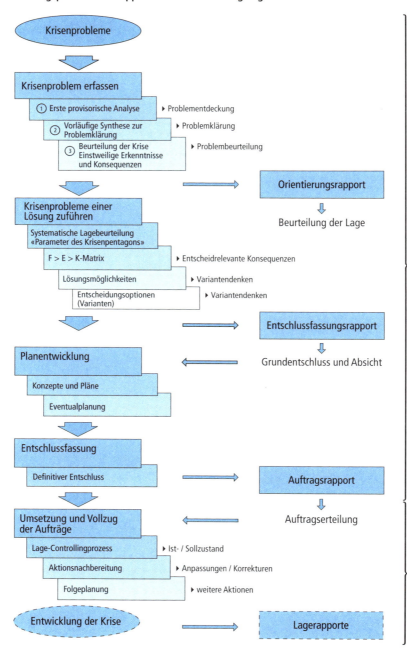

> Übergang zur Führung nach der Krise

Tätigkeiten der Führung in, nach und vor der Krise

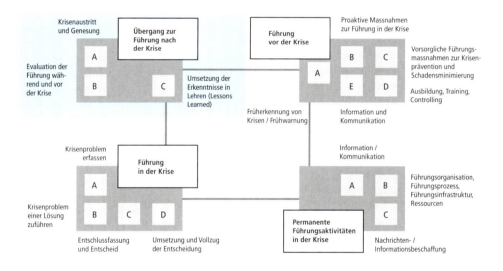

1.1 Aktive Massnahmen in sechs Bereichen

Es geht darum,

a) … die aktiven Massnahmen zum Austritt aus der Krise verstärkt fortzu-führen. Da der Übergang von der Krise zur ordentlichen Geschäftsfüh-rung («courant normal») fliessend und von längerer Dauer sein kann, ist eine eigentliche Krisenaustrittsstrategie (Crisis Exit Strategy) zu entwerfen und zu verfolgen.[226] Diese hat immer auch die Frage zu prüfen, ob als

Folge der Krise Erfolg versprechende Gelegenheiten zur Veränderung, zur Innovation und zum Wandel genutzt und umgesetzt werden können;[227]

b) … stufenweise Entwarnung zu geben, den Krisenstab nur mehr reduziert weiterzuführen, gleichzeitig aber das rasche Reaktivieren der Krisenorganisation (bei Krisennachbeben) sicherzustellen;

c) … den Übergang zur ordentlichen Geschäftsführung («courant normal») zu regeln und gut sichtbar zu vollziehen. Der Krisenstab kann aufgelöst werden;[228]

d) … die Genesung von der Krise aktiv zu gestalten und zu unterstützen, z. B. mittels vertrauensbildender Massnahmen, zusätzlicher finanziellen Aufwendungen für Innovation, Sicherheit oder Krisenprävention, mittels intensivierter Kundenbeziehungen, aktiver Chancennutzung zum Wandel;

e) … die Information und Kommunikation als Mittel zur wirkungsvollen Übermittlung der Botschaft zu nutzen und zu manifestieren, dass der Krisenaustritt und die Genesung erfolgreich vollzogen sind;[229]

f) … die rechtlichen Fragen und Kosten zu klären, die Schadensbegleichung zu regeln und die Langzeitfolgen zu beurteilen.

Kein nachhaltiger Krisenaustritt ist zu erwarten:

> Wenn eine scheinbar verbesserte Situation sich selbst überlassen wird, oder wenn ein mangelhafter Wille zur durchgreifenden Problemlösung besteht. [230]

> Wenn versucht wird, Krisenlösungen mit Gewalt zu erzwingen. Auch wenn es gelingt, die ausgebrochene Krise erfolgreich zu unterdrücken, heisst dies noch lange nicht, dass dadurch die Krisenursachen beseitigt sind. Die Situation ist wieder ins Stadium einer latenten Systemkrise zurückgekehrt[231] oder wird Folgekrisen auslösen.[232]

> Wenn zur falschen Remedur gegriffen wird, [233] oder wenn Massnahmen nachlässig umgesetzt werden.[234]

1.2 Kernfragen zum Krisenaustritt

- Mit welchen Entscheiden und Massnahmen, die das Krisenübel an der Wurzel packen, können wir den Krisenaustritt beschleunigen und energisch unterstützen?
- Durch welche Vorkehrungen können wir in der Krisenaustrittsstrategie sicherstellen, dass Chancen zum positiven Wandel erkannt und genutzt werden?
- Wie gestaltet sich der stufenweise Übergang der Führungstätigkeit von der Krise in den «courant normal»?

- Wie führen wir die für das Krisenmanagement freigestellten Ressourcen wohlgeordnet in den Prozess der ordentlichen Geschäftsführung zurück?
- Wie erhalten wir uns die Fähigkeit, rasch zur Führung in der Krise zurückzukehren, falls der Austritt nur vorübergehend gelingt und die Krise wieder aufflammt?
- Welchen Anzeichen und Kriterien schenken wir Vertrauen, dass die Krise vorbei ist, oder dass zumindest wir (unsere Organisation, Institution, unser Unternehmen) aus ihr heraustreten oder sie hinter uns gelassen haben?
- Mit welchen konkreten Anordnungen und vertrauensbildenden Massnahmen können wir die Genesung und Erholung nach der Krise aktiv unterstützen, die sich eröffnenden Chancen zum Aufschwung und zur Neuordnung dauerhaft nutzen?
- Wie sind die Verantwortlichkeiten zur Abklärung der rechtlichen Fragen und Kosten sowie zur Schadensbegleichung geregelt? Wie lautet die Beurteilung der Langzeitfolgen der Krise?

1.3 Kernfragen zur Information und Kommunikation nach der Krise

- Wie kommunizieren wir wirkungsvoll, dass die Krise hinter uns liegt (Closure) und wir einen Erfolg versprechenden Prozess der Genesung (Recovery) eingeleitet haben?
- Wie signalisieren wir nach aussen gut sichtbar, dass wir gestärkt zum Tagesgeschäft übergegangen sind und unsere Kernaufgaben in Zukunft noch besser erfüllen?
- Mit welchen Vorkehrungen tragen wir dazu bei, dass unser angeschlagenes Image und unsere Reputation verbessert werden?[235]
- Wie setzen wir nach der Krise die offene und sachliche Information und Kommunikation mit den Stakeholdern, der Öffentlichkeit, den Opinion Leaders oder den Medien fort und tragen damit – im Sinne vorsorglicher und weitsichtiger Führungsmassnahmen zur Krisenprävention – zum Aufbau eines Vertrauenskapitals bei?
- Wie können Information und Kommunikation im Hinblick auf die Langzeitfolgen der Krise kontinuierlich fortgesetzt werden? Bleibt eine Ansprechstelle für Fragesteller und Hilfesuchende bestehen?

2.1 Inhalte und Zielsetzungen

Unterschiedliche Intentionen

Wir verstehen unter Evaluation der Führung in Krisen zwei unterschiedliche Sachlagen:
- Einerseits die systematische Erfassung und Beschreibung der festgestellten Stärken und Mängel in der Krisenführung (Feststellungen = F),
- gefolgt von einer kritischen Analyse und Bewertung (Erkenntnisse = E),
- um mittels Korrekturmassnahmen (Konsequenzen = K) die Auftragserfüllung einer laufenden Aktion sicherzustellen (Aktionsnachbereitungsprozess oder After Action Review mittels der Methode F > E > K).

Andererseits werden im Lessons-Learned-Prozess Erfahrungen und Lehren gezogen, die der Verbesserung zukünftiger Aktionen in Krisensituationen dienen oder für die Ausbildung einen Nutzen erbringen.

Wirkungsprüfung zur Optimierung der Führung

Das Evaluationsverfahren dient der Wirkungsüberprüfung und ist ein wichtiges Instrument zur Optimierung der Führung in oder vor der nächsten Krise. Gegenstand der Evaluation sind das gesamte Führungssystem (der Führungsprozess, die Führungsorganisation, die Führungsinfrastruktur, die Ressourcen) ebenso wie die manifestierten Leadership-Qualitäten oder Mängel bzw. das Ergebnis getroffener Entscheide. Zielsetzung kann sein, den Nutzen des bestehenden Ist-Zustandes zu beurteilen (z. B. die Kommandoordnung oder die Stabsgliederung und die Pflichtenhefte zu überprüfen) bzw. die Erfüllung von Erwartungen (z. B. an die Führungstätigkeiten und den Führungsrhythmus) zu validieren (Soll-Zustand). Die Fragestellung muss beim Führungsprozess ganz direkt sein: Haben wir das Richtige (Effektivität) richtig gemacht (Effizienz)?

2.2 Hürden im Evaluationsprozess

In Teil I (1.3) haben wir kurz zur Frage, was den Evaluationsprozess so dornenvoll macht und weshalb er nicht selten vehement bekämpft wird, festgestellt, dass es primär die Angst ist, die den Prozess schon bei Beginn zum Erliegen bringt, ausser er wird zur prioritären Chefsache erklärt. Erfahrungsgemäss sind insgesamt fünf gewichtige Hindernisse zu überwinden:

(a) Die psychologische Hürde

Die in der Krisenführung Involvierten sperren sich gegen eine systematische Evaluation wie erwähnt primär aus Angst. Es ist die Furcht, dass Schwächen aufgezeigt und Verantwortlichkeiten benannt werden. Es droht die Gefahr persönlicher oder beruflicher Nachteile. Im Wissen, dass es nach Krisen keine Rückkehr zum «Status quo ante» gibt, tritt die Beunruhigung vor Veränderungen hinzu. Eine sich aufgrund der Erkenntnisse aus der Krisenevaluation notwendig erweisende Neuausrichtung könnte zu Macht-, Einfluss-, Stellungsverlust führen.[236]

(b) Die Evaluationsmethode als Hürde

Die Evaluationsmethode selbst kann zum Stolperstein werden. Wenn sie nicht fair, transparent und einsichtig ist, wird sie bekämpft. Ist sie kompliziert oder zeitaufwendig, wird sie ignoriert. Hat die Krise zu Blessuren im Krisenteam geführt, dürfen während des Evaluationsprozesses nicht wegen unangemessener Methoden neue psychologische Wunden aufgerissen werden, sonst wird der Widerstand unüberwindlich.

(c) Bruchstelle zwischen Evaluatoren und Entscheidungsträgern

Wenn sich die beiden Parteien entzweien, weil z. B. die Erkenntnisse nicht verstanden oder beantragte Konsequenzen von den Entscheidungsträgern, aus welchen Gründen auch immer, nicht akzeptiert werden, kommt die Evaluation ins Stocken oder zu einem abrupten Halt. Was nützen die klügsten Einsichten, wenn sie auf taube Ohren stossen? Während des Evaluationsprozesses ist ein begleitender Dialog zwischen den beiden Voraussetzung, damit die Erkenntnisse beim Entscheidungsträger auf Zustimmung stossen. Er muss schliesslich die Verantwortung für die Konsequenzen und deren Umsetzung tragen.

(d) Kommunikationshürde

Aus Sorge, die Evaluationsergebnisse könnten für Unruhe oder gar Aufruhr und Widerstand sorgen, werden sie zwar entgegengenommen, aber unter dem Deckel behalten. Auch hier gilt: Was sind nützliche Erkenntnisse wert, wenn sie im innersten Zirkel unter Verschluss gehalten und nicht an die Betroffenen kommuniziert werden? Wenn die Hürde a–c mit Erfolg genommen wurde, heisst die Devise: Es ist eine offene Kommunikation mit allen zu pflegen, die sie zur Kenntnis nehmen müssen. Geheimniskrämerei zu betreiben, verunsichert und schürt Misstrauen im Krisenstab. Wichtige Einsichten unter Verschluss zu behalten, kann auch durch die Sorge motiviert sein, dass sie Angriffsflächen für die Politik, die Medien oder die Konkurrenz bieten.[237]

(e) Mangelnde Umsetzung («Lessons learned but not implemented»)

Alle erwähnten Hürden können mit Erfolg gemeistert werden und trotzdem fehlt am Ende die Entschlusskraft oder der Mut, die Erkenntnisse im Hinblick auf zukünftige Krisenherausforderungen auch tatsächlich in die Tat umzusetzen. Wie viele an und für sich brauchbare Evaluationen werden letztlich schubladisiert oder, weil unangenehm, auf die lange Bank geschoben.

Fazit: Erst wenn Aktionspläne und konkrete Ausbildungsmassnahmen umgesetzt werden, kann man davon sprechen, dass die «Lessons» oder Lehren verstanden und implementiert wurden. Man hat aus den Erkenntnissen wirklich gelernt und handelt entsprechend.

2.3 Konkrete Evaluationsschritte

Was ist bei der Evaluation im Einzelnen zu tun? Es geht darum,

a) … ab Krisenbeginn ein systematisches und kontinuierliches Krisenmonitoring[238] als Basis der Evaluation vorzusehen. Im konkreten Fall heisst dies, im Minimum ein Krisenjournal zu führen, ideal ist, einen Evaluationsspezialisten einzusetzen. Seine zentrale Aufgabe ist, vorgängig Kriterien und Indikatoren (criteria and indicators) zu definieren, um konkret erfassen zu können, ob bzw. in welchem Umfang ein gewünschter Soll-Zustand erreicht wird. Mittels Beobachtung, Dokumentation, Sammlung von Daten wird z. B. der Führungsprozess verfolgt. Die Fragestellung ist, ob Führungsaktivitäten die festgesetzten Kriterien (z. B. zur Problemerkennung, Entschlussfassung, Planentwicklung oder Auftragserteilung) erfüllen. Wenn der Prozess, die Effizienz des Führungsrhythmus und der Stabstätigkeit beurteilt werden, soll sich die Krisenbeobachtung immer auch auf die Resultate, die Wirksamkeit, die Effektivität (werden die richtigen Ziele verfolgt?) und die Zweckmässigkeit der Entscheide konzentrieren.[239]

Evalutation als Vertrauenssache

Wie erwähnt ist es von Vorteil, jemanden speziell mit dieser Aufgabe zu betreuen, was nur möglich ist, falls der Stab einen gewissen personellen Umfang aufweist. Kommt der Stab wiederholt in Krisen zum Einsatz, empfiehlt es sich, dass der persönliche Mitarbeiter oder Coach des Stabschefs diese Aufgabe überwacht. Wichtig ist, dass der Bezeichnete nicht nur eine unabhängige Sichtweise hat, sondern auch das Vertrauen des Stabschefs geniesst. Dies erleichtert, Beobachtungen unmittelbar zur Verbesserung der Krisensteuerung nutzbar zu machen. Die mit der Evaluation betraute Person hat im Idealfall die Freiheit, auch das Führungsverhalten des Stabschefs in die Auswertung mit einzubeziehen. Dies kann zu dramatischen Reaktionen führen. «Dies vor allem deshalb, weil das Selbstbild, das sich der Vorgesetzte von seinem Führungsverhalten macht, oftmals nicht mit dem Fremdbild übereinstimmt.»[240]

b) … nach Austritt aus der Krise ein Abschlussgespräch mit den Direktbeteiligten in Form einer Spontananalyse durchzuführen, solange die Eindrücke und Erinnerungen frisch sind («analyse à chaud»).[241] Im Vordergrund stehen persönliche Empfindungen, die Beurteilung der Zielsetzungen, Methoden und Resultate der Führung aus subjektiver Sicht. Als Art der Durchführung eignet sich das Brainstorming, in dem viele Beiträge ohne wertende Beurteilung gesammelt werden.
Inhalt des Abschlussgesprächs kann aber auch ein psychologisches Debriefing sein, um den Folgen von traumatischem Stress vorzubeugen.[242]

c) … zu einem späteren Zeitpunkt eine systematische und mehrere Ebenen umfassende Analyse der Führung während der Krise zu organisieren. Anzustreben ist, diese «analyse à froid» mit allen Beteiligten gemeinsam durchzuführen. Die Mitglieder des Krisenteams, die Entscheidungsträger, die für die Umsetzung operativ Verantwortlichen, die Betroffenen, Kommentatoren oder ausgewählte Stakeholder betrachten die Ergebnisse durch unterschiedliche Brillen und können so Wesentliches zur Gesamtschau beitragen.

d) … in die Evaluation ebenfalls eine kritische Würdigung der Krisenvorbereitung und des Ausbildungstandes mit einzuschliessen.

e) … ganz besonders die Information und Kommunikationsleistung während der Krise zu beurteilen, weil diese sehr oft zur Zielscheibe der Kritik wird.

f) … den Krisenverlauf und die Ergebnisse der Evaluation als Grundlage der Vorbereitung auf künftige Krisen und zu Ausbildungszwecken sorgsam zu dokumentieren und wo nötig eine Beweissicherung vorzunehmen. Dies ist im Fall, dass rechtliche Verantwortlichkeiten zur Schadensbegleichung oder strafrechtliche Fragen offen bleiben, wichtig.

g) … in jedem Fall Schwachpunkte, Verantwortlichkeiten und Erwartungen anzusprechen ebenso wie zwingend notwendige Verbesserungen aufzuzeigen.[243]

2.4 Kernfragen zur Auswertung und Evaluation

• Auf welche Weise wird – als Voraussetzung zur Auswertung der Führung – ab Start der Krise eine Evaluation in die Wege geleitet und ein Krisenmonitoring organisiert? Wer wird, aus welchen Überlegungen, mit dieser Aufgabe betraut? Wie können die Evaluatoren den Führungs- und Entscheidungsprozess bzw. den Kommunikationsprozess hautnah mitverfolgen?

- Wie wird der Führungsprozess auf mehreren Führungsebenen und -stufen durch unterschiedliche Brillen evaluiert? Werden hierzu interne oder externe Beobachter und neutrale Experten beigezogen?
- Wie und nach welchen Kriterien werden die Führungsorganisation (z. B. Krisenstabsordnung, die Unterstellungs- und Unterstützungsverhältnisse, der Dienstweg), die Führungseinrichtungen, Führungs- und Verbindungsmittel bzw. Führungsunterstützungsmittel und Ressourcen evaluiert?
- Wie wird die sofortige Spontananlyse («à chaud») organisiert, um zu ersten Erkenntnissen zu gelangen und Sofortmassnahmen auszulösen, die z. B. verhindern, dass die Krise wieder aufflammt und sich wiederholt?
- Hat das Krisenteam traumatische Erlebnisse zu verarbeiten, die ein psychologisches Debriefing und eine Betreuung (Care Team) notwendig machen?
- Wie wird die systematische Analyse («à froid») durchgeführt, die u. a. folgende Fragen zu beantworten hat:

  (a) Haben wir alle notwendigen Dokumente, Beobachtungen, Erkenntnisse zur Krisenursache und zum Verlauf der Krise? Wie wird die verhängnisvolle Ereigniskette dokumentiert? Was waren die Gründe zur Beilegung der Krise?

  (b) Warum wurden die verfolgten Absichten (nicht) erfolgreich verwirklicht und die gesetzten Ziele (nicht) erreicht?

  (c) Wie bzw. nach welchen Kriterien werden Wirksamkeit, Effektivität und Zweckmässigkeit der Entscheide oder der getroffenen Massnahmen gemessen und beurteilt?

  (d) Wie wird das Gesamtergebnis der Führungstätigkeiten – inklusive nicht beabsichtigter, nicht erwünschter Folgen und indirekter Auswirkungen – analysiert?[244]

  (e) Veranlassen wir eine kritische Überprüfung von früher getroffenen Annahmen und Folgerungen, die als Basis zur Problemerfassung, Problemlösung und zur Eventualplanung (vorbehaltene Entschlüsse) dienten?

  (f) Wie wird die Analyse der Effizienz und Wirtschaftlichkeit der Führung in der Krise (Aufwand vs. Ertrag; Kosten vs. Nutzen) durchgeführt?

  (g) Wie können wir das Führungsverhalten unter Zeit- und Entscheiddruck, die Stärken und Schwächen aller Mitglieder des Krisenstabes – inklusive physische und psychische Aspekte – einer vernünftigen Diagnose unterziehen? Wie können wir unflexible Reaktionsmuster bei der Führung feststellen? Wo orten wir Verbesserungsmöglichkeiten?

(h) Wie werten wir die Teamfähigkeit und die Teameffizienz des Krisenstabes, seine Zusammensetzung, Vorbereitung, Ausbildung, die ihm zur Verfügung stehenden Mittel und Führungseinrichtung aus?

(i) Dank welchen Quellen und mit welchen Vorkehrungen können wir die Information und Kommunikation evaluieren, der wir ein besonderes Augenmerk schenken?

(j) Wie taxieren wir aus der Perspektive der (nicht) bewältigten Krise unsere Vorbereitung und Führung vor der Krise?

(k) Auf welche Weise werden Krisenverlauf und Ergebnisse der Evaluation sorgsam dokumentiert, eine Beweissicherung ungeklärter Verantwortlichkeiten vollzogen?

2.5 Umsetzung der Erkenntnisse in Lehren (Lessons Learned)

Wo und wie sind Lehren zu ziehen? Es geht darum:

(a) … als Leader vorerst ein Klima zu schaffen, in dem eine hohe individuelle und organisationelle Lernbereitschaft besteht.[245] Es gilt, die vorne dargestellten, psychologischen Hürden und Widerstände zu überwinden, zu diesem Zweck ist eine faire und einsichtige Evaluations-Methode anzuwenden;

(b) … heilsame Erkenntnisse zur verbesserten Krisenprävention zu nutzen, entsprechende Aktionspläne auszuarbeiten und umzusetzen;[246]

(c) … Massnahmen zur Optimierung der Führungsfähigkeit in künftigen Krisen zu beschliessen, unter Berücksichtigung aller Aspekte des Führungssystems;[247]

(d) … die Information und Kommunikation gestützt auf die gesammelten Erfahrungen zu verbessern;

(e) … die Lektion einer gemeisterten Krise als günstige Konstellation zur Veränderung, zur Stärkung der eigenen Position, für Wettbewerbsvorteile und zur Innovation zu nutzen.[248] «Crisis precedes change. It takes crisis because change is difficult! People are more apt to change … the higher the level of crisis that they have in their current situation.»[249]

(f) … Massnahmen zum Transfer von individuellem Wissen in die Organisation, die Institution oder das Unternehmen zu beschliessen. Durch Dokumentation und Berichterstattung das organisationelle Lernen sicherzustellen;

(g) … die Lehren in Übungen und die Ausbildung einfliessen zu lassen, um sie vor der Krise zu nutzen.

Oftmals geht es leider mehr um das Verteilen des schwarzen Peters, um gegenseitige Schuldzuweisungen, das sogenannte Blame Game[250], das die Lernwilligkeit nachhaltig unterbindet. Es erschwert die Bereitschaft, Erkenntnisse aus Fehlern in vorsorgliche Massnahmen zur Krisenprävention umzusetzen.[251]

> Fazit: Die Tendenz, zu reagieren, statt vorzusehen ist offenbar entwicklungsgeschichtlich bedingt und entspricht dem Instinktverhalten. Ist die Krise gemeistert, fragen wir uns: Was ist falsch gelaufen? Und erst nachher gelangen wir zur Einsicht, wie wichtig die Führung vor der (nächsten) Krise ist. Krisenaustritt und Genesung sind aktiv herbeizuführen und zu gestalten. Dazu gehören die Evaluation der Führung während der Krise sowie die Umsetzung der Erkenntnisse in Lehren.

2.6 Kernfragen zur Umsetzung der Erkenntnisse in Lehren (Lessons Learned)

- Mit welchen Massnahmen stellen wir sicher, dass aus der systematischen Analyse Lehren und konkrete Verbesserungsvorschläge gezogen werden können? In welcher Weise setzen wir diese zugunsten der Führungsfähigkeit und des Führungssystems in folgenden Bereichen um: Führungsprozess, Führungsorganisation, Führungsinfrastruktur, Ressourcen und Kommunikation?
- Haben wir den Mut, auch personelle Konsequenzen umzusetzen, z. B. bei der Besetzung und Gliederung des Krisenstabes bzw. bei der Stelle des Sprechers oder der Sprecherin in der Krise?
- Können wir zwischen Massnahmen zur Verbesserung der Führung in der Krise und solchen zur Prävention einer künftigen Krise unterscheiden?
- Wie können wir die gesammelten Erfahrungen zur positiven Neuausrichtung und zur Stärkung der eigenen Position sowie zu Innovation und für Wettbewerbsvorteile nutzen?
- Erarbeiten wir verbindliche Aktionspläne zum Handeln, die konkrete Aufträge, Verantwortlichkeiten und Termine zur Umsetzung der Erkenntnisse enthalten?

2.7 Kernfragen zur Nutzung der Erkenntnisse für die Führung vor der Krise

- Mit welchen Vorkehrungen können wir eine Lernkultur pflegen, die Fehler akzeptiert und diese als notwendige Erfahrung und Voraussetzung für Fortschritt und erfolgreiche Weiterentwicklung der Führungskompetenz sieht (No Fault Learning)?[252]
- Wie berücksichtigen wir bei der Ausbildung und im Training zur Krisenvorbereitung Lehren und Erfahrungen erfolgreicher Krisenmanager sowie das bestehende Know-how wertvoller Mitglieder des Krisenstabes?
- Wie können wir die Erkenntnisse aus der psychologischen Betreuung des Krisenstabes zur Vorbereitung von neuen Teammitgliedern für zukünftige Krisen nutzen?
- In welchem Mass können wir eingeführte Neuerungen und angeordnete Massnahmen durch Tests und Übungen auf ihre Tauglichkeit und Wirksamkeit hin überprüfen?

2.8 Kernfragen zum organisationellen Lernen, zur Berichterstattung und zur Dokumentation

- Welche Massnahmen ergreifen wir, damit ein nachhaltiger Wissenstransfer in die Organisation, in die Institution oder in das Unternehmen gewährleistet ist (Organisational or Institutional Learning)?
- Welche Anforderungen sind zu stellen, damit ein aussagekräftiger Bericht erstellt wird und wertvolle Erkenntnisse dokumentiert und archiviert werden? Können wir eine Fallstudie (Case Study) erarbeiten, die zum Studium der Lehren offen zugänglich ist?
- Wie bereiten wir Daten und Fakten so auf, dass sie im Fall einer neuen Krise rasch griffbereit sind, damit das Gedächtnis des Unternehmens (Institutional Memory) erhalten bleibt?
- Erfüllen wir alle gesetzlichen Vorschriften bezüglich der Aktenaufbewahrung?

> Führung vor der Krise

Tätigkeiten der Führung in, nach und vor der Krise

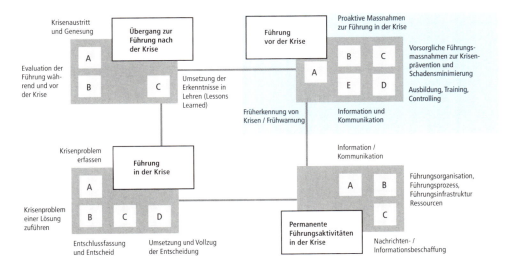

Wir haben uns in Teil I mit Aspekten auseinandergesetzt, die Teil der Führung vor der Krise sind. Dazu zählen wir das Bestreben:
*   Krisen und die Klippen der Führung zu verstehen,
*   Krisen mithilfe einer Krisenmatrix und der Bildung von Krisentypen einzuordnen,
*   eine Portfolio-Strategie bzw. eine Leitidee zur Krisenprävention und Krisenvorbereitung zu entwickeln und Aktionspläne zu deren Umsetzung zu formulieren,

- sich Gedanken zu machen zu möglichen Krisenphasen, Krisenstadien und Krisenparteien,
- Krisenszenarien, Checklisten und Führungsgrundsätze auszuarbeiten.

Einsichten und Konsequenzen

Dabei sind wir zu folgenden Erkenntnissen gelangt, die wir für die Führung vor der Krise beherzigen wollen:

(1) Krisen sind trotz und unabhängig aller Bemühungen zu deren Prävention nicht zu vermeiden. Die Erwartungen, die an Früherkennung und Frühwarnung gestellt werden, sind angesichts der «Nicht-Vorhersehbarkeit wirtschaftlicher und gesellschaftlicher Entwicklungen» recht unrealistisch.[253] Das hat sich deutlich bei der jüngsten Finanz- und Wirtschaftskrise,[254] aber auch bei den Folgekrisen gezeigt.[255] Denn: «Eine Krise kommt selten allein. Es gehört zu den Erfahrungen aus früheren Finanz- und Marktkrisen, dass die Ansteckungsgefahr oft gross und unberechenbar ist.» [256]

(2) Es ist deshalb unverzichtbar, sich auf die Führung in Krisen vorzubereiten und sich fit zu halten, negativen Krisenfolgen mit anpassungsfähiger Leadership zu begegnen.

(3) Gleich wie die Führung in und nach Krisen ist die Gesamtverantwortung zur Krisenvorbereitung auf der Chefetage anzusiedeln.[257]

Praktische Führungstätigkeiten vor der Krise in fünf Bereichen

In diesem Abschnitt sollen in ergänzender Weise auf die Praxis bezogene Mittel und Wege zum frühzeitigen Erkennen und zur Vorbereitung auf Krisen dargestellt werden. Es geht ausdrücklich nicht darum, auf wissenschaftliche Systeme und Methoden der Früherkennung und Frühwarnung einzugehen. Vielmehr kommen ausgewählte Erkenntnisse, persönliche Erfahrungen und Beobachtungen zur Darstellung. Es handelt sich vorwiegend um nützliche Überlegungen zu fünf Bereichen und um Kernfragen, wie diese operationell umgesetzt werden können.

Es sind dies:

(1) Die Früherkennung von Krisen und Frühwarnung (Early Warning Radar).
(2) Proaktive Massnahmen zur Führung in der Krise (die Organisation des Krisenstabes, des Führungsverfahrens und die Vorbereitung der Führungsinfrastruktur).
(3) Vorsorgliche Führungsmassnahmen zur Krisenprävention und Schadensminimierung.
(4) Die Ausbildung, das Training und Controlling.
(5) Die Vorbereitung der Information und Kommunikation.

2.1 Aufgaben, Sinn und Zweck

Vorwarnung

Folgende Aspekte der Sturmwarnung als Metapher eines operativen «Frühwarnradars» können wir auf Krisensituationen übertragen.[258] Aufgaben, Sinn und Zweck der Früherkennung und Frühwarnung sind – wie bei der Sturmwarnung –, die Vorboten eines aufziehenden Unwetters frühzeitig zu erkennen.[259] Dabei haben die Verantwortlichen die Anzeichen richtig zu deuten, mittels gut wahrnehmbarer Lichtsignale unterschiedlicher Intensität, beginnend mit einer Vorsichtsmeldung, auf die mögliche Gefahr aufmerksam zu machen (= erste Alarmierung). Die Vorsichtsmeldung macht keine detaillierte Prognose, was genau zu erwarten ist. Sie lenkt unsere Aufmerksamkeit auf eine wahrscheinliche Entwicklung und verschafft uns Zeit, im eigenen Interesse jene vorsorglichen Schritte einzuleiten, die uns angemessen und zweckdienlich erscheinen.[260] Sie hält uns an, die Entwicklung der Situation aufmerksam und eigenverantwortlich zu verfolgen.[261] Sie schützt vor Überraschung, vermindert unsere Ungewissheit und erlaubt, im Hinblick auf die bedrohliche Krisensituation weitere Massnahmen zu planen. Die Vorsichtsmeldung muss deshalb als Vorwarnung so frühzeitig erfolgen, dass eine zeitgerechte Reaktion möglich bleibt, auch wenn sich die Situation überstürzen sollte und schlagartig in die Krise führt.[262]

Erfolgt die Vorwarnung zu kurzfristig, gilt erneut der Grundsatz: «Man tritt in die Krise ein mit dem, was man hat.» D. h., die Krise erfasst die Organisation oder Unternehmung so, wie ihr momentaner Bereitschaftszustand ist und mit jenen Mitteln, die ihr unmittelbar zur Verfügung stehen.[263] Das galt auch für «Finanziers und Anleger der Welt (die) wie Seeleute ... keine Wetterwarnungen beachten».[264]

Dringliche Alarmierung

Verdichten sich die Anzeichen, dass ein Sturm ausbricht, wird in unserem Beispiel die Frequenz der Lichtsignale erhöht.[265] Die Sturmwarnung deutet auf das unausweichliche Eintreten des Ereignisses und zwingt zu rascher Entscheidung, z. B., den nächsten schützenden Hafen anzusteuern. Damit Frühwarnung Sinn macht, muss sie mit Handlungsoptionen gekoppelt sein: So braucht es einen rasch einsatzbereiten Seerettungsdienst, der jenen zu Hilfe kommt, die den rettenden Hafen nicht mehr erreichen.[266]

Früherkennung, Frühwarnsystem und Infrastruktur

Wie bei der Sturmwarnung steht hinter jeder Früherkennung und Frühwarnung ein System bzw. eine Organisation, die über umfassende theoretische und praktische Kenntnisse verfügt.[267] Dieses Know-how soll den Fachleuten erlauben, Faktoren und Indikatoren, die sich dynamisch entwickeln und miteinander in komplexer Wechselbeziehung stehen, zu erfassen und sie in ein Gesamtbild zu integrieren, um daraus handlungsorientierte Schlüsse zu ziehen.[268]

Auch wenn heute in vielen Bereichen[269] – etwa im Wirtschafts- und Finanzbereich[270] – technisch hochentwickelte Frühwarnsysteme zur Verfügung stehen, müssen «menschliche Filter» die Ergebnisse interpretieren, kritisch beurteilen, verifizieren und letztlich entscheiden, ob diese zu einer krisenhaften Situation führen.[271] An dieser Teamarbeit können Analytiker verschiedener Disziplinen beteiligt sein.

Interdisziplinäre Teamarbeit

Eine Führungsaufgabe vor der Krise besteht darin, die Mitwirkung der Beteiligten zu koordinieren, allgemein akzeptierte Standards der Frühwarnung und der Krisenvorbereitung bzw. Massnahmen bei Dissens festzulegen.
- Wann sind kritische Schwellenwerte überschritten um die Vorwarnung auszulösen?[272] Wie früh ist «früh genug» oder «zu früh»?[273]
- Steigern wir die Vorwarnung bereits zur Sturmwarnung? Tun wir das auch, wenn andere im Auswertungsteam zum gegenteiligen Schluss kommen und prognostizieren, dass sich das Unwetter verzieht? Lösen wir so unnötig Angst und Panik aus?[274]
- Setzen wir mit einer Warnhysterie das in uns gesetzte Vertrauen aufs Spiel? Übervorsichtige Frühwarner, die zu oft ins Dorf riefen: «Der Wolf kommt … der Wolf kommt» erleben, dass ihnen nach einer Weile kein Glaube mehr geschenkt wird (wie z. B. bei Terror-[275] und Epidemiwarnungen[276]). Ob die Frühwarnung ausgelöst wird, muss trotz oder wegen der unvollständigen oder mehrdeutigen Information sorgfältig abgewogen werden.[277]

Fazit: Diese wenigen Fragen verdeutlichen, welche praktischen Probleme mit der Forderung nach Früherkennung verbunden sind. Oftmals sind es nicht Hightechsysteme, sondern einfach Glück oder Achtsamkeit, die entscheiden, ob man die relevanten Signale und die Notwendigkeit zur Frühwarnung erkennt oder nicht. «Fachleute kommen daher zum Schluss, dass es oft weniger auf die Technik als vielmehr auf das Gefahrenbewusstsein ankommt.»[278]

2.2 Situation Monitoring

Das Situation Monitoring oder Crisis Monitoring[279] ist gleichbedeutend mit einer kontinuierlichen Nachrichten- und Informationsbeschaffung zur Unterstützung der Führung vor der Krise.[280]

Zusammenfassend geht es um folgende Führungsaktivitäten:

(a) Eine systematische und regelmässige Analyse der Lage, der Stärken und Schwächen bzw. der Verwundbarkeit und der Risiken, z. B. in Form einer SWOT-Analyse.[281] Zu diesem Zweck werden routinemässig Nachrichten und Informationen beschafft, bewertet und in ein Gesamtbild gefügt (Picture Building) und verbreitet. Das Situation Monitoring bildet ebenfalls eine Grundlage zur Erstellung von Portfolio-Strategien zur Krisenprävention und Krisenvorbereitung. Bereits bei der Früherkennung von Risiken ist systematisch nach Aussichten auf Erfolg Ausschau zu halten.

(b) Selbstredend sind kritische Entwicklungen kontinuierlich zu beobachten und zu verfolgen, hierzu dient das Issues Management.[282]

(c) Ein redundantes Frühwarnsystem sieht mehrfache, sich überlagernde Meldestellen und technische Übermittlungsmittel vor.[283]

(d) Interne und externe Sensoren haben die Aufgabe, auch «weiche Signale» oder «erste Rauchzeichen» zu erfassen.[284] Deren kreative Interpretation kann wichtige Hinweise auf sich anbahnende Krisenentwicklungen liefern. Ein gut gepflegtes internes und externes Kontaktnetz und eine offene Kommunikation sind weitere Vorkehrungen, um frühzeitig Warnsignale zu entdecken.[285]

(e) Das Situation Monitoring konzentriert sich auf definierte, kritische Situationen, Ereignisse oder Zustände (Krisenschwellen) die Aktivitäten auslösen, die wir der Führung in der Krise zuordnen.[286]

2.3 Indikatoren und Krisenschwellen

Die Idee, Indikatoren und Krisenschwellen[287] zu definieren, gründet in der mechanistischen Betrachtungsweise, dass sich ein Ereignis linear bzw. stufenweise entwickelt und bei einem bestimmten Punkt eine klar definierbare Schwelle überschreitet.[288] Bei einer Eskalation kann die Ampel gleichsam von Grün (z. B. «courant normal») auf Gelb (z. B. «besondere Lage»), auf Orange (z. B. «ausserordentliche Lage») und schliesslich auf Rot («Krisenlage») gestellt werden.[289] Deshalb auch die Erwartung an die konkreten Erfordernisse:

Indikatoren müssen:

a) frühzeitig («early»),

b) verlässlich («reliable»),

c) eindeutig und aussagekräftig («predictive, diagnostic, unambiguous»),

d) identifizierbar («identifiable»)

e) und mit den zur Verfügung stehenden Mitteln feststellbar («collectible») sein.[290]

Wann ist die Schwelle zur Krise überschritten?

In Teil I (Pt. 2.1) haben wir den Mechanismus von Krisenschwellen und das damit verbundene, automatische Inkrafttreten einer Krisenorganisation infrage gestellt. Weitere Schwierigkeiten sind: Das Überschwappen einer Situation in eine Krise kann sich zwar schlagartig vollziehen, es kann aber auch ein längerer Prozess sein, in dem der sprichwörtlich «letzte Tropfen» das Fass zum Überlaufen bringt. Wie definieren wir den entscheidenden Tropfen zum Voraus? Er ist vielleicht quantifizierbar – wie bei der Anzahl von Kundenreklamationen oder der Rückrufzahl defekter Produkte[291] – oder ist qualitativer Natur, wie beim graduellen Vertrauensverlust, der zu einem bestimmten Punkt (kritische Masse von Kritik) in eine gravierende Vertrauenskrise, Reputations- oder Führungskrise umschlägt. Diese delikate Phase zu erfassen, verlangt nach einem guten Sensorium.[292]

In komplexen Krisen ist ein hilfreicher Ansatz, die Systemlehre und den Aspekt der Stabilität bzw. Instabilität eines Systems als eine Art Krisenschwelle zu berücksichtigen und eine Überwachung allfälliger Ungleichgewichte einzurichten[293] (vgl. hierzu auch Teil I, 2.3 [2]).

2.4 Frühwarnung ohne Folgewirkung

Es gibt eindrückliche Beispiele, dass Signale erkannt und frühzeitig auf drohende Krisen aufmerksam gemacht wurde, ohne dass die Entscheidungsträger entsprechend handelten.[294] «The signs of an impending crisis often lie all around us, yet we still don't see them. Fortunately, there are ways to spot danger before it's too late … The bad news is that all companies – including your own – are vulnerable to predictable surprises …».[295]

Beweggründe um nicht auf eine Warnung einzugehen, gibt es viele, so u. a.:

(a) Eine unrealistische Einschätzung der Situation[296], die Unkenntnis der Lage, Ignoranz, (Blind Spots [297]; was ich nicht weiss, macht mich nicht heiss).[298]

(b) Schönfärberisches Wunschdenken, Wishful Thinking (Kann nicht sein, was nicht sein darf).[299]

(c) Fehlinterpretation vorhandener Signale, es werden Annahmen getroffen und Analogien hergestellt, die zu falschen Schlüssen führen.[300]

(d) Der Information wird kein Glaube geschenkt,[301] sie wird verdrängt oder verworfen, weil sie nicht ins gängige Denkschema passt, sie wirkt störend, stellt bestehende Prioritäten infrage, man beharrt stur auf alten Lösungsmustern.[302] «Die Kraft der Verleugnung scheint die stärkste Macht in der menschlichen Seele zu sein.»[303]

(e) Engstirniges «Denken in Scheuklappen» aus egoistischen Eigeninteressen[304] sowie Arroganz[305] und bürokratische Trägheit.

(f) Schlechte interne Kommunikation. Die Warnung bleibt in der Pipeline nach oben stecken. Das Ausspielen von Machtpositionen auf unterer Stufe, Interessenkonflikte, die gegenüber den Realitäten blind macht oder ein «Elfenbeinturmklima» auf der Chefetage.[306]

(g) Der in einer Unternehmung oder Organisation verwurzelte Hierarchieglaube, kombiniert mit mangelnder Zivilcourage oder Angst von Mitarbeitern, insistierend zu mahnen.[307] Man verzichtet, auf unangenehme Entwicklungen hinzuweisen (Whistle Blowing),[308] da das Prinzip des «Shoot the Messenger» gilt: Der Überbringer schlechter Nachrichten wird versenkt oder entlassen.[309]

(h) Das graduelle Überschreiten der Krisenschwelle wird in einer sich degradierenden Situation nicht zeitgerecht erfasst[310] oder es gelingt nicht, sich in die Denkweise und Mentalität der Krisenverursacher hineinzuversetzen. Es fehlt die Fähigkeit zur flexiblen Adaption an die neue Situation.[311]

(i) Man verzichtet, auf die Warnung einzugehen, weil es an Mitteln und Ressourcen mangelt, um vorsorgliche Massnahmen umzusetzen.[312]

(j) Ein weiterer Grund kann sein, dass durch eine Vielzahl von Stellen eine aufgestückelte und unkoordinierte Früherkennung betrieben wird. Es gelingt nicht, ein Gesamtbild der bedrohlichen Situation zu verfassen.[313] Die einzelnen Steine im Puzzle sind zu wenig überzeugend, als dass sie die Verantwortungsträger zum proaktiven Handeln zu bewegen vermögen.[314]

(k) Die Entscheidungsträger (und die Medien) sind bereits von andern Ereignissen und Krisen in Beschlag genommen und abgelenkt, sodass sie die Anzeichen eines noch heftigeren Sturms nicht zu erkennen vermögen.[315]

2.5 Kernfragen zur Früherkennung von Krisen und zur Frühwarnung

- In welcher Form und wie regelmässig führen wir Analysen der internen und externen Verwundbarkeit, der Risiken und Schwachstellen durch?
- Wie erfassen wir in der Portfolio-Strategie zur Krisenprävention und Krisenvorbereitung die ernsthaftesten Risiken und prioritären Krisentypen, für die wir uns wappnen müssen: Pflegen wir eine interdisziplinäre Betrachtungsweise, indem wir gegenseitige Abhängigkeiten verschiedener Krisentypen und das Phänomen der Verbundkrisen mitberücksichtigen?
- Haben wir eine Stelle oder jemanden zur permanenten Früherkennung von Krisenanzeichen und zur Frühwarnung betraut, wie haben wir deren Verantwortlichkeiten geregelt? Wie ist das Krisenmonitoring mit gezielter Suche nach Informationen u. a. durch Medienauswertung,

Erfassen von Kundenreklamationen, Analyse von Foren, Blogs usw. im Bereich der Social Media vorgesehen?

- Wer ist mit der Mission betraut, bei der Früherkennung von Krisenanzeichen gleichzeitig auch günstige Gelegenheiten aufzuspüren?
- Wie beobachten und verfolgen wir kritische Entwicklungen, die zu Konflikten und Krisen ausreifen könnten (das sogenannte Issues Management oder Monitoring of Emerging Issues)?
- In welchem Mass nutzen wir interne und externe Sensoren bzw. Meldestellen, wie integrieren wir deren Feststellungen und Beobachtungen zu einem Gesamtbild? Wie können wir deren Redundanz sicherstellen?
- Wie haben wir die für unseren Bereich und unsere Interessen wichtigsten Frühwarnindikatoren – aussagekräftige Anzeichen in Abweichung normaler Signale – definiert? Sind sie frühzeitig, verlässlich, eindeutig, aussagekräftig, identifizierbar und feststellbar?
- Wie ist sichergestellt, dass durch die Meldestellen frühzeitig auch diffuse und weiche Signale (Soft Signals) erfasst werden?
- Was unternehmen wir zur Pflege von Kontaktnetzen zum (Selbst-)Zweck, um auf problematische Entwicklungen, kritische Beobachtungen und besorgniserregende Risiken aufmerksam zu werden?
- Wie selbstkritisch sind wir, um auch Möglichkeiten und Anzeichen vorbehaltlos zu prüfen, ob die Krise intern verursacht wurde? Gibt es Anhaltspunkte für technische Mängel, tiefe Qualität der internen Ausbildung, hohen Leistungsdruck, Unerfahrenheit von Schlüsselpersonen, grosszügig durchgeführte Sicherheitskontrollen, schlechte Arbeitsmoral usw.?
- Wird, bevor die Frühwarnung erlassen wird, die Wahrscheinlichkeit des Eintreffens des Ereignisses sorgfältig geprüft? Wie werden die Signale anhand weiterer Nachrichten und Informationen oder Experten verifiziert?
- Erfüllt die Frühwarnung die sechs W-Fragen: Wer? Was? Wann? Wie? Wo? Warum? Wie bestimmen wir den richtigen Zeitpunkt, um eine zeitgerechte Reaktion der Betroffenen zu ermöglichen?
- Durch welche Massnahmen können wir Mehrfach-Warnstellen auf verschiedenen Führungsebenen und Führungsstufen einrichten, damit auch schleichende Entwicklungen erfasst werden, die zu Krisen führen?
- Besteht für das Überbringen brisanter Meldungen ein direkter Zugang zu den obersten Entscheidungsträgern? Haben wir Vertrauensleute als «Hofnarren», die uns die ungeschminkte Wahrheit überbringen? Haben wir informelle Treffen bestimmt, an denen es den Mitarbeitenden möglich ist, mit kritischen Feststellungen starre Dienstwege zu durchbrechen?
- Ziehen wir für Früherkennung und Frühwarnung – insbesondere für Situations- und Risikoanalysen – zusätzlich eine kritische Aussensicht

bei, um der Betriebsblindheit im Innern vorzubeugen? Befragen wir z. B. Personen, die den Betrieb verlassen oder entlassen werden, ziehen wir kritische Interessengruppen bei?

- Welchen Stellenwert geben wir definierten Krisenschwellen – kritische Zustände oder Ereignisse – bei deren Eintreffen oder Überschreiten wir von einer Krise sprechen und die Krisenführungsorganisation einberufen wird? Behalten wir uns die Flexibilität vor, von Fall zu Fall auf verschiedener Führungsebene und -stufe zu überprüfen, ob der Übergang in die Krisenorganisation sinnvoll ist?

3. Proaktive Massnahmen zur Führung in der Krise

3.1 Worum geht es? Vorrang der Führung

«Feindliche Übernahme» einer ganzheitlich ausgerichteten Führung in Krisen

Da wir trotz aller Bemühungen Krisen nicht verhindern können, gilt es, im «courant normal» – d. h. vor der Krise – vorsorglich die Grundstruktur eines Krisenstabs zu organisieren, das Führungsverfahren festzulegen, eine Führungsinfrastruktur vorzusehen und Ressourcen bereitzustellen. Dazu gehören auch Überlegungen zur Krisenkommunikation bzw. wie in der Krise der Fortbestand der Unternehmung oder Organisation zu sichern ist (Business Continuity Management).[316] Die wichtigsten Angaben und Regelungen können in einem Einsatzdossier enthalten sein.[317] Dabei ist dem neuerdings festzustellenden Trend entschieden entgegenzutreten, Einzelbemühungen im Bereich des Risikomanagements und Business Continuity Planning genügten zur Vorbereitung auf Krisen bzw. die Führung in Krisen sei ihnen unterzuordnen. «Crisis Management is in danger of a hostile takeover by risk management (RM) and business continuity planning (BCP) … The compulsive need for structure and certainty has led far too many organizations to buy into the techniques of RM and BCP … RM and BCP can actually do more harm than good. In a word, RM and BCP are not comprehensive and systemic enough, which is precisely what Crisis Management needs to be».[318]

> Fazit: Business Continuity Management und Risikomanagement vermögen bloss Teilbereiche einer umfassend und systemisch ausgerichteten Führung vor und in der Krise abzudecken, zudem hängen «Schwächen in Unternehmungen oft nicht mit Risiken, sondern mit Führungsproblemen zusammen».[319]

Wenn uns Krisen überraschend treffen, treten wir mit jenen organisatorischen Vorkehrungen, Verfahren und Einrichtungen an, über die wir beim Krisenausbruch verfügen.[320] Sie während der Krise von Grund aufbauen zu müssen, ist ein zeitraubender und einschränkender Nachteil für die Führungsfähigkeit.[321] Wie immer sich die Krise entwickelt, die Zeit bleibt stets knapp bemessen und kostbar.[322] Um die Führungstätigkeit rasch aufnehmen zu können, gehört, dass den Mitgliedern des Krisenstabes die Führungsgrundsätze und Leitbilder der Geschäftsleitung oder der vorgesetzten Entscheidungsstufe als Kompass bekannt sind. «Knowing your values – both literally and figuratively – is the crucial first step in preparing for a crisis … Finding your roots, the values that are too important to rip out from under your organization, comes first, long before a crisis hits, if you are going to be successful. Know-how comes from know-why.»[323]

3.2 Zusätzliche Kernfragen zu den vorsorglichen Massnahmen zur Führung in der Krise

- Wie können wir bereits in der Krisenvorbereitung übergeordneten Interessen, prioritären Werten, vorrangigen Grundsätzen oder Leitbildern, Policies der Geschäftsleitung, die in der Krise wegleitend sein werden, gebührend Beachtung schenken?
- Ist das Einsatzdossier für den Krisenfall, das Belange der Führungsorganisation und des Führungsprozesses regelt, übersichtlich und praktikabel? Wie zweckdienlich sind die Angaben:
  - Zur Mitgliedschaft im Krisenstab? Zum Alarmierungskonzept mit Aufgebotslisten? Zur Erreichbarkeit der einzelnen Stabsmitglieder? Zu den Pflichtenheften und Verantwortlichkeiten der wichtigsten Chargen?
  - Sind die Kompetenzabgrenzung oder der Dienstweg, die Stellvertreterregelung, die wichtigsten Kontaktstellen mit Adresse im Dossier enthalten?
  - Wer kann die Krisenorganisation einberufen, welches sind die auslösenden Faktoren? Wie ist der Übergang zur Führung in der Krise geregelt?
  - Ist das Konzept zur Krisenkommunikation zweckmässig ausgestaltet?
- Ist das Einsatzdossier von der vorgesetzten Führung als für den Krisenfall verbindlich erklärt und genehmigt?
- Wird es regelmässig nachgeführt, sind die Angaben auf dem aktuellsten Stand?
- Wie ist die Entscheidungskompetenz zwischen Krisenstab und Führungsspitze vorsorglich geregelt? Ist diese im Stab vertreten?

- Zur Vorbereitung der Führungsinfrastruktur und eines Medienzentrums vgl. «Kernfragen zur Führung in der Krise».
- Wie werden die logistischen Belange vorbereitet? So z. B. im Falle von natur- und zivilisationsbedingten Katastrophen: die Belange der Versorgung, des Sanitätsdienstes, des Verkehrs- und Transportwesens?
- Werden in angemessenem Umfang materielle und finanzielle Ressourcen für den Fall einer Krise reserviert? Falls dies nicht möglich ist, wie wird zur Führung in der Krise die Nutzung der normalen Ressourcen ohne Zeitverlust sichergestellt? Unter welchen Umständen können wir Teile des Tagesgeschäfts mit den übrig gebliebenen Ressourcen noch parallel fortsetzen (Business Continuity Management)?

4. Vorsorgliche Führungsmassnahmen zur Krisenprävention und zur Schadensminimierung

4.1 Sinn und Aufgabe der Krisenprävention

Massnahmen wie Früherkennung, Beobachtung und laufende Beurteilung der Situation (Monitoring and assessing the situation) ebenso wie die Frühwarnung dienen dazu, die Eintretenswahrscheinlichkeit einer Krise und das damit verbundene Risiko einzuschätzen, um gegebenenfalls Präventivmassnahmen zu treffen.

Der Prävention dienlich sind folgende Bemühungen:

(a) Die «Krisen-Achtsamkeit» und der Stellenwert der Krisenprävention sind als integrierter Teil der Unternehmenskultur zu fördern, z. B. durch verbindliche Policies, ein Leitbild oder Führungsgrundsätze.[324] Diese sollen zum Ausdruck bringen, dass mutige Überbringer schlechter Nachrichten, die auf eine drohende Krise hinweisen, nicht gebüsst, sondern für ihre Aufmerksamkeit belohnt werden?[325]«As one manager told us, the only messenger I would ever shoot is one who arrived too late.»[326]

(b) Es sind zweckdienliche Präventionsstrategien zu entwickeln,[327] z. B. im Rahmen der Entwicklung von Krisenportfolios. Anzustreben sind: die Verbesserung der Früherkennung und Frühwarnung, Massnahmen zur Erhöhung von Schutz und Sicherheit (Safety/Security), die Reduktion der Verwundbarkeit, die Stärkung der Belastbarkeit und Widerstandsfähigkeit, Backup-Mechanismen, die Erhöhung der Redundanz[328] und das proaktive Durchdenken möglicher Krisenszenarien.[329]

(c) Aus unserer Beobachtung wird oft viel getan, was der Krisenprävention dienlich sein kann. In modernen Unternehmungen können einer langen

Liste von Vorkehrungen direkt oder indirekt positive Auswirkungen auf die Krisenprävention zugeschrieben werden. Allerdings sind die Bestrebungen oft kaum interdisziplinär durchdacht, zu wenig im Verbund koordiniert oder aufeinander abgestimmt.

Es sind dies u. a. Bemühungen um: integrale Sicherheit, (Sicherheitsstandards, Sicherheitskonzepte, IT-Sicherheit); Schwachstellen Management; Unfallvorsorge; finanzielle, rechtliche, technische Vorsorge, Notfallkonzepte; Quality Control; Business Impact Analysis (BIA), Business Continutiy Planning, Business Continuity Management; Risikopolitik, (Risikokatalog, Risikoregister, Risk Management, Risk Analysis and Assessment, SWOT-Analysen, das Festlegen akzeptierter Risiken oder von Restrisiken); das Interne Kontrollsystem (IKS); die Corporate Governance; Compliance; Prognosen, Scenario Building; Checklisten und Standard Operating Procedures (SOP); Stakeholder-Analysen; Krisenschwellen (Crisis Thresholds).

Nutzung der Synergien als Leadership-Aufgabe

Die Synergie dieser Vielzahl von Instrumenten im Verbund optimal zur Krisenprävention zu nutzen, erweist sich als anspruchsvolle und dornenvolle Leadership-Aufgabe, verbergen sich doch hinter den Fachbegriffen, Partikulärinteressen von Fachexperten und kleine Königreiche auf mittlerer Führungsstufe (vgl. hierzu auch Teil I, Pt. 2.4, «Funktionale Differenzierung der Gesellschaft»).

Fazit: Führung vor der Krise ist die Kunst, vielfältige Expertennetze zu pflegen, die Zusammenarbeit zwischen den Fachbereichen zu fördern und Synergieeffekte im Bereich der Krisenprävention zu nutzen.[330]

4.2 Risiken der Krisenprävention

Obschon das Prinzip, dass es besser und billiger ist, vorzubeugen statt zu heilen, breite Akzeptanz findet und als Forderung in Mode bleibt, ist die Verwirklichung dieser Idee mit Schwierigkeiten verbunden.

Wir wissen nicht mit Gewissheit, ob sich der präventive Einsatz von Ressourcen im Nachhinein als gerechtfertigt erweisen wird.[331] Dies hat sich in jüngster Zeit im Epidemiebereich in exemplarischer Weise gezeigt.[332] Tritt die Krise nicht ein, haben wir in der Folge Mühe, zu beweisen, die Krise sei dank unseren Präventivmassnahmen verhindert worden.[333]

> Fazit: Die menschliche Neigung, zuzuwarten und auf Nummer sicher zu gehen, bevor anderweitig dringend benötigte Ressourcen in die Krisenprävention investiert werden, ist bedauerlich, aber verständlich.[334] Diese Tendenz manifestiert sich insbesondere gegenüber neuen, wenig bekannten Risiken (Emerging Risks).[335]

4.3 Patentrezepte zur Prävention vs. Unvermeidbarkeit von Krisen

(Vgl. hierzu auch Teil I, Pt. 2.2, «Unvermeidbarkeit komplexer Krisen» und Teil II, Pt. 3.1.)

Eine Folgerung, die wir in Erinnerung rufen, ist, dass wir uns auf Krisen vorbereiten müssen, weil sich diese trotz aller Präventivmassnahmen nicht vermeiden lassen. Am Beispiel prophylaktischer Bemühungen gegen Finanzmarktkrisen sieht man, dass die Vorhersagbarkeit und Kontrolle objektiver Kausalitäten bzw. der Anteil steuerbarer Faktoren mittels Regulierung und Aufsicht beschränkt bleiben.[336] Wechselwirkungen zwischen vorsorgenden und kurativen Regulierungen im komplexen Finanzmarktsystem, kombiniert mit dem Faktor Mensch, individuellem Führungsverhalten und subjektiven Variablen führen zur faktischen Unvermeidbarkeit komplexer Krisen.[337] «Wir können einiges aus dieser Krise (Finanzmarktkrise sic.) lernen. Das Offensichtliche ist, dass sich Krisen jederzeit ereignen können.»[338]

Deshalb wird man vergeblich nach Patentrezepten zur Prävention von Finanzkrisen suchen.

> Fazit: Vorsorgende Massnahmen müssen stets mit Anstrengungen kombiniert werden, dass, falls die Krise trotzdem eintritt, ihre negativen Folgen eingedämmt werden können (damage limitation measures).[339] Hierzu zählen wir alle Führungsmassnahmen zur Schadensminimierung.[340]

4.4 Kernfragen zu den vorsorglichen Führungsmassnahmen zur Krisenprävention

- Wie schärfen wir in unserem Umkreis, als Teil der Unternehmenskultur, die «Krisen- Achtsamkeit», d. h. wie können wir der Wachsamkeit gegenüber Krisenanzeichen und dem Bestreben, Krisen vorzubeugen und sie zu verhüten, den notwendigen Stellenwert beimessen? Wie gehen wir mit Überbringern schlechter Nachrichten um, die auf Anzeichen einer Krise hindeuten?
- Bemühen wir uns, Szenarien proaktiv durchzudenken und durchzuspielen und wie regen wir die Phantasie an, das «Undenkbare zu denken»? Wie können wir die Arbeit mit Szenarien gleichzeitig zum inter-

disziplinären Meinungsaustausch über zukünftige Herausforderungen bzw. Risiken und Chancen nutzen?

- Entwickeln wir eine Portfolio-Strategie zur Krisenprävention und Krisenvorbereitung, die nicht nur potenziellen Risiken begegnet, sondern auch günstige Konstellationen nutzt?
- Wie stellen wir sicher, dass multiple Vorkehrungen zur Prävention im Verbund koordiniert, aufeinander abgestimmt und Synergien optimal genutzt werden?
- Welche Risiken sollen vermieden, transferiert oder aber als Restrisiken akzeptiert und auch selbst getragen werden (Risikobewältigung)? Wie können wir zum Auffangen der Restrisiken ein umfassend konzipiertes Massnahmenpaket zusammenstellen, das u.a. folgende Bestrebungen umfasst: Verbesserung der Früherkennung und Frühwarnung, Schutzmassnahmen, Massnahmen zur Erhöhung der Sicherheit, Reduktion der Verwundbarkeit, Stärkung der Belastbarkeit und Widerstandsfähigkeit, Backup-Mechanismen, Erhöhung der Redundanz?
- Wie knüpfen wir vorsorglich ein Netz personeller Kontakte (Networking), das uns nicht nur bei der Führung in der Krise, sondern auch zur Prävention vor der Krise behilflich sein kann? Wie nutzen wir das Beziehungsnetz, um die Zusammenarbeit zwischen Entscheidungsträgern zu pflegen? Wie können wir dadurch Doppelspurigkeiten bei vorsorglichen Präventionsmassnahmen verhindern?
- Welche Massnahmen zur Schadensminimierung werden geplant, falls die Krise trotzdem eintritt (Eventualplanung)?
- Wie rechtfertigen wir die Notwendigkeit, auch bei knappen Ressourcen vorsorglich Massnahmen zur Krisenprävention und zur Schadensminimierung zu treffen?

5. Ausbildung, Übungen, Training

5.1 Sinn und Zweck

Zentrale Instrumente zur mentalen Vorbereitung auf Krisen

Übungen und Training, ebenso wie die Leadership-Ausbildung, sind zentrale Instrumente, um sich auf Krisen vorzubereiten. Sie bieten gleichsam die zweitbeste Lösung nach der effektiven Krisenerfahrung an. Es geht nicht nur darum, Geplantes zu üben oder auszutesten, in der Hoffnung, die Krisenwirklichkeit würde unsere Vorausplanung honorieren. Im Mittelpunkt steht vielmehr die mentale Vorbereitung auf unterschiedlichste krisenhafte Situationen.

Um dieses Ziel zu erreichen, sind in Übungen immer auch unkonventionelle, die Kreativität und Flexibilität herausfordernde Methoden angezeigt.[341]

Gezieltes Üben zahlt sich in Krisen aus

Durch gezielte Weiterbildung werden das Wissen und die Erfahrung von Einzelpersonen, Stäben oder Organen einer Krisenorganisation zur effizienten Führung erhalten und verbessert. Dies zahlt sich in Krisen aus,[342] die Bedeutung und Wichtigkeit von Ausbildung und Vorbereitungen auf Krisen, werden erst im effektiven Krisentest erkannt.[343] «Until the crisis comes, in whatever form, you don't really understand how valuable all the preparation was.»[344] Indem in der Vorbereitungsphase bereits aus Übungen wertvolle Lehren gezogen werden, kann der notwendige Anpassungsaufwand an reale Krisensituationen und damit der Zeitbedarf für die Entscheidfindung reduziert werden. Dies wiederum vergrössert unsere Handlungsfreiheit in der Krise und stärkt die Flexibilität: «… um immer neue Krisen zu bewältigen, wobei keine der anderen gleicht».[345]

Landesregierung geht nicht mit gutem Beispiel voran

Leider ist die Einsicht in die Notwendigkeit der Ausbildung und in Übungen nicht sehr verbreitet, weder in Chefetagen noch bei der Landesregierung.[346] Der Hauptgrund hinter den vielen Entschuldigungen und Ausreden, nicht zu üben, ist wiederum die Angst, Schwächen zu zeigen oder zu versagen. Dieses Motiv manifestiert sich nach unseren Beobachtungen weniger in gut geführten Unternehmungen, Blaulichtorganisationen bzw. in der Armee als ausgeprägt in der Bundesverwaltung. Als jüngstes Beispiel ist der eklatante Fehlentscheid des Bundesrates in eigener Sache zu erwähnen, der die Strategische Führungsausbildung der Spitzen der Regierung und Departemente auf die operative Stufe der Krisenmanagement-Vorbereitung zurückstuft.[347] Der «Strategieunfähigkeit» war 2010 nicht nur ein Panel der ETH Zürich gewidmet, der Begriff umreisst die Situation einer stets in der Defensive reagierenden, schwachen Regierung treffsicher.[348]

Selbstüberschätzung auf hoher Ebene

«Ständige Fortbildung ist ein Schlagwort in aller Munde. Die Realität sieht so aus, dass die Bereitschaft, Führungskräfte weiterzubilden, umgekehrt proportional zur Wichtigkeit ihrer Aufgabe ist. Dazu trägt ein unerschütterlicher Glaube an das geniale Naturtalent bei (…). Investitionen in Aus- und Fortbildung müssen ähnlich ernst genommen werden wie solche in Technik.»[349] Oder in den Worten von Bundesrat M. Leuenberger: «Nur Bundesräte sind so ungefährlich, dass sie keine Ausbildung brauchen.» [350]

> Fazit: Leider wird uns Tag für Tag aufs Neue vordemonstriert, dass sich Organisationen und Unternehmungen selbst überschätzen,[351] auf Leadership-Ausbildung und Übungen verzichten und deswegen, mit neuen Herausforderungen konfrontiert, mit wenig Aussicht auf Erfolg agieren.[352]

5.2 Die Krisen-Lernpyramide: faktenorientiertes Lernen, methodenorientiertes Lernen, erfahrungsorientiertes Lernen, sinnorientiertes Lernen

Spezielle Angebote, wie Führung in der Krise zu erlernen ist, gibt es kaum. Wir verweisen nur kurz auf folgende Lernpyramide, die als theoretische Grundlage für ein Ausbildungskonzept dienen kann (vgl. Pt. 5.3).

KRISEN-LERNPYRAMIDE

Faktenorientiertes Lernen (Krisen verstehen, vgl. Teil I des Leitfadens)

Erstens kann in der Ausbildung zum Notfallmanager oder in Einsatzleiterkursen ein Anteil der in Krisen notwendigen Fähigkeiten vermittelt werden. In einer Grundausbildung erwirbt man sich Kenntnisse über die Gesamtproblematik von Notfällen und Krisen und kann sich dank der Vielfältigkeit der Thematik quasi sein individuelles Fachkompetenzportfolio zusammenstellen.[353] Um dieses Wissen in einem Krisenstab anzuwenden, ist zusätzlich methodisches Können Voraussetzung.

Methodenorientiertes Lernen (Führung in der Krise, was ist zu tun?
Vgl. Teil II des Leitfadens)

Zweitens sollen uns zusätzlich zu erwerbende Fachkompetenzen erlauben, eine Methode oder ein Konzept zu verstehen, wie z. B. die Besonderheiten eines Führungssystems in Krisen oder Methoden zum Erarbeiten einer Portfolio-Strategie zur Krisenprävention und Krisenvorbereitung.

Erfahrungsorientiertes Lernen (Krisenerfahrung, Übungen)

Um das Verstandene in die Praxis umzusetzen, müssen wir die dritte Stufe des Lernens mit einbeziehen, das erfahrungsorientierte Lernen. Wir personalisieren und konkretisieren den Lernstoff, indem wir auf eigene Erfahrungen und Anschauungen aus praktischer Anwendung abstellen. Dies geschieht entweder im Umgang mit realen Krisen oder im Training, beim Üben in der Ausbildung.[354]

Sinnorientiertes Lernen (vgl. Teil IV A und B des Leitfadens)

Auf der letzten und entscheidenden Stufe zur erfolgreichen Leadership in Krisen geht es um ein am Sinn orientiertes Lernen, ein Lernen also, das sich am Verstehen und an einem tieferen Verständnis orientiert. D. h., das Signifikante im Lernstoff, die Zusammenhänge oder der tiefere Sinn werden gesucht. Was bedeutet z. B. die Aussage, «dass Krisen Voraussetzung für Fortschritt und Wandel sind»? «Wie sind Erfolg und Misserfolg in der Krise zu werten?» Gerade in bzw. nach Krisen kommt dem sinnorientierten Lernen eine wichtige Bedeutung zu. Krisen, die die Existenz bedrohen, oder «Krisen der Werte» zwingen, nach einem «neuen Sinn der Existenz» einer Organisation, Unternehmung bzw. nach einer strategischen Neuausrichtung zu suchen.[355] Individuelle Existenzkrisen sind geradezu ein Schrei nach mehr Sinngebung, wobei auf der persönlichen Ebene das sinnorientierte Lernen die Entwicklung der Selbstführung voraussetzt.

5.3 Ausbildungskonzepte zur Krisenvorbereitung[356]

Ein Konzept soll nicht nur die zur Verfügung stehenden Ressourcen und die Prioritäten der Ausbildungsanstrengungen sorgsam prüfen, es muss auch massgeschneidert auf die Bedürfnisse der Auszubildenden sein (Needs Assessment) und diesen einen realen Nutzen und Mehrwert bringen. In der Praxis könnten folgende Elemente der Lernpyramide zu einem Ausbildungskonzept zusammengestellt werden:

First things first: drei essenzielle Komponenten

a) Absolut prioritär und im Vordergrund stehen die Vermittlung von Kenntnissen und das praktische Einüben von Führungsgrundsätzen und einzelnen Führungstätigkeiten im Rahmen eines Führungssystems. Das A und O der Führung in Krisensituationen beinhaltet das Beherrschen des Führungs- und Kommunikationsprozesses bzw. einer entsprechenden Führungsorganisation und Führungsinfrastruktur.

b) Ein wohldurchdachtes Leadership-Ausbildungsprogramm sowie ein individuelles und begleitendes Coaching zur Stärkung der Führungsqualitäten in Krisen.[357]

c) Die Weiterbildung und das Training der Information und Kommunikation als strategische Kernkompetenz und zentrales Führungsinstrument in Krisen.[358]

Krisenwissen und Weiterbildung

d) Die Vermittlung von Instrumenten zum besseren Verständnis neuartiger und komplexer Krisen (vgl. Teil I, Pt. 1.–3.).

e) Die Klärung von Führungsbegriffen, bzw. das Verständnis wecken für die unterschiedlichen Anforderungen und Erwartungen an die Führung in Krisen (vgl Teil I, Pt. 5.–7.).

f) Die Aus- und Weiterbildung im Bereich neuer Herausforderungen und Risiken (Emerging Risks) bzw. Chancen mit dem Ziel der Sensibilisierung und gedanklichen Vorbereitung auf zukünftige Entwicklungen, die sich zu Krisen entwickeln können, namentlich als Gegengewicht zum reaktiven Krisenmanagement. Als Methode bietet sich die interdisziplinäre Risikobeurteilung, das proaktive Erarbeiten von Szenarien oder Strategien an. Als konkretes Beispiel kann methodisch angeleitet, eine Portfolio-Strategie zur Krisenprävention und Krisenvorbereitung erarbeitet werden (vgl. Teil I, Pt. 4.). Die erzielte Sensibilisierung dient auch der Früherkennung von Krisenanzeichen.[359]

g) Die spezifische Ausbildung zur Früherkennung von Krisen und zur Frühwarnung, zur Informations- und Nachrichtenbeschaffung und zur Fähigkeit des effizienten Wissensmanagements offener zugänglicher Quellen (Open Source Intelligence).[360]

h) Die Wissensvermittlung, Weiterbildung oder der Erfahrungsaustausch im Bereich der Methodenkompetenz insbesondere: 1. bei der Strategiegestaltung zur Anwendung von Methoden im Szenarienbau oder zur Krisenevaluation. 2. Zur Verbesserung der Problemlösungskompetenz bei komplexen Problemen unter Anwendung interdisziplinärer und interaktiver Methoden zum Erarbeiten von Lösungsvarianten.[361]

Übungen, Methode (Gruppe I)

i) Übungsmethoden in Gruppe I: Hier stehen vier sogenannte Discussion-Based Exercises zur Auswahl. 1. Übungsseminar z. B. zur Sensibilisierung oder Wissensvermittlung. 2. Übungs-Workshop mit der Aufgabe, spezifische Ziele zu erreichen und konkrete Resultate zu erarbeiten. 3. Tabletop Exercise (TTX) zur Validierung von Bestehendem, dem Erkennen von Stärken und Schwächen, z. B. eines gegebenen Führungssystems. 4. Einfaches Gaming mit dem Zweck, Entscheide zu fällen und deren Auswirkungen zu beurteilen. Hierzu zählen wir auch das Rollenspiel der Keyplayers basierend auf Szenarien, das Crisis oder Simulation Gaming.[362]

Übungen, Methode (Gruppe II)

j) Übungsmethoden Gruppe II: Zusätzlich stehen uns bei den Operations-Based Exercises folgende Möglichkeiten zur Verfügung: 1. Stabsübung mit Notfall- oder Krisenstäben. 2. Stabsrahmenübung mit Notfall- oder Krisenstäben und deren unterstützenden Organe. 3. Einsatztraining, Drill, Tests z. B. zur Überprüfung der operationellen Einsatzbereitschaft, in denen die Alarmierung, Erreichbarkeit, der Bezug der Führungseinrichtung und die rasche Arbeitsaufnahme im Krisenstab überprüft werden kann. In diese Gruppe gehören auch spezifische Trainings – eventuell computerunterstützt – des Führungsprozesses bzw. der Stabsarbeit und des Führungsrhythmus. 4. Functional Exercise (FE) zum Beüben mehrerer Führungsstufen z. B. bezüglich ihrer Führungsfähigkeit anhand eines dynamischen Szenarios. 5. Full-Scale Exercise (FSE) zum realistischen Durchspielen des Führungs- und Entscheidungsmechanismus im Massstab 1:1 in personeller und materieller Hinsicht.

k) Ein gemeinsamer Lessons-Learned-Prozess aller Beteiligten durch systematische Auswertung der Übungsergebnisse, Erfahrungsaustausch, Dokumentation der Resultate, Erstellen und Umsetzen von Aktionsplänen bei festgestellten Schwächen oder die Definition von Strategien zur Krisenprävention.

l)   Teil des Ausbildungskonzepts ist, gestützt auf die Ausbildungsergebnisse, auch eine sorgfältige Selektion der Mitglieder des Krisenstabes oder des Nachwuchskaders in Stellvertretungspositionen und deren gezielte individuelle Weiterbildung zur Stärkung der Führungskompetenzen vorzusehen.

Lessons Learned

m)   Die vorsorgliche Organisation einer systematischen Auswertung laufender Krisen oder die Analyse von Fallstudien.[363]

n)   Die methodische Unterstützung zur Evaluation durchlebter Krisen und zur Umsetzung der Erkenntnisse in Lehren (Lessons Learned) bzw. der Fähigkeit zur strategischen Neuausrichtung.[364]

5.5 Ausbildungsverantwortung und Controlling[365]

Ausbildungsverantwortung als Chefsache

In einer Organisation oder Unternehmung muss jemand mit direktem Zugang zur Chefetage die Ausbildungsverantwortung tragen. Ohne die direkte Unterstützung durch die oberste Leitung bzw. Chefetage verkommen die Leadership-Ausbildungsbemühungen. Sie sind kaum effektiv, durchgeführte Übungen werden weder effizient noch nachhaltig sein. Die auszubildenden Kader schicken, statt selber teilzunehmen, ihre Stellvertreter. Das Gleiche gilt, wenn es um die Verantwortung über die Aufsicht und das Controlling der Ausbildung geht.

Führungsverantwortung zur Überwachung der Ausbildung

Die Führungsverantwortung besteht darin, zu überwachen, dass Ausbildungssegmente sorgfältig vorbereitet, durchgeführt, ausgewertet und die Erkenntnisse auch wirklich umgesetzt werden. Fehler und Mängel sollen durch geeignete Massnahmen behoben werden. Notfalls soll das Kontrollorgan einschreiten, eine Verbesserung der Ausbildung anordnen oder die notwendigen Korrekturen verfügen. All dies ist nur möglich, wenn mit dem nötigen Druck von oben Widerstände überwunden werden. Im öffentlichen Bereich haben Parlamentskommissionen,[366] im privaten Bereich Aufsichtsorgane diese Pflicht: «Die Vertrauenskrise und der Vertrauensverlust in Manager mit schäbigem Menschenbild und einem rücksichtslosen Abzockertum verpflichtet, lassen die Forderung als gerechtfertigt erscheinen, dass Spitzenverantwortliche auch im Hinblick auf ihre Pflicht zur Krisenvorsorge gegenüber ihren Unternehmungen einer Kontrolle des Verwaltungsrates unterzogen werden.»[367]

> Fazit: Ausbildung, Übungen und Training sind zentrale Instrumente, um sich auf Krisen vorzubereiten. Im Mittelpunkt steht dabei die mentale Vorbereitung auf krisenhafte Situationen. Durch gezielte Weiterbildung werden das Wissen und die Erfahrung von Einzelpersonen, Stäben oder Organen einer Krisenorganisation zur Führung in der Krise erhalten und verbessert. Dies zahlt sich in Krisen mannigfach aus.

Corporate Governance und Krisenvorsorge

Die Corporate Governance hat zum Zweck, durch die Stärkung der Unternehmensaufsicht die langfristige und nachhaltige Steigerung des Unternehmenswertes sicherzustellen.[368] Dies setzt u. a. voraus, dass sie in den Strategischen Planungsprozess und damit in die Risikoanalyse eingebunden ist. Die Regeln und Grundsätze im Innenverhältnis, zu welchem die Überwachung und Führung des Unternehmens gehört, umfassen auch das Bestreben zur Krisenprävention.[369]

5.4 Kernfragen zur Ausbildung, zu Übungen und Training

- Unternehmenskultur: Wie stellen wir in der Organisation oder Unternehmung sicher, dass Übungen, Tests und Leadership Ausbildung einen wichtigen Stellenwert einnehmen? Wird die Ausbildung zur Chefsache erklärt, wie schlägt sich dies in Ausbildungskonzepten nieder, welche die nachhaltige Stärkung der Krisenprävention und Krisenvorbereitung zum Ziele haben?
- Wie überprüfen wir die spezifischen Bedürfnisse der Auszubildenden (Needs Assessment)? Wie definieren wir den zu erbringenden Nutzen oder Mehrwert für sie? Nach welchen Prioritäten und Überlegungen stellen wir Ausbildungselemente bzw. Übungsmethoden in einem massgeschneiderten Konzept zusammen?
- Führen wir regelmässig, d. h. im Minimum einmal pro Jahr ohne Vorwarnung einen Bereitschaftstest durch, der die Alarmierung und Erreichbarkeit des Krisenteams, den Bezug der Führungseinrichtung und die rasche Aufnahme der Führungstätigkeit des Stabes oder im Minimum des Kernstabes überprüft?
- Wie gestalten wir periodische Übungen, welche auf unkonventionellen Szenarien basieren, die Kreativität und Flexibilität herausfordern und die Krisenführung im Verbund schulen? Sind sie geeignet, durch das Zusammenspiel und die Koordination aller beteiligten Stellen eine «unité de pensée» zu schaffen?
- Wie können wir das benötigte, handwerkliche Können und Einzelaspekte des Führungsprozesses in der Krise trainieren – insbesondere den Führungsrhythmus, die Stabsarbeit des Krisenteams und die Krisen-

kommunikation? Wie können wir den individuellen Weiterbildungsbedürfnissen der Mitglieder des Krisenstabes entgegenkommen?

- Stellen wir den Führungsverantwortlichen eine Leadership-Ausbildung und ein begleitendes Leadership Coaching zur Stärkung der individuellen Führungsqualitäten zur Verfügung?
- Dokumentieren wir die durchgeführten Ausbildungssegmente und wie werten wir die Ergebnisse der Tests und Übungen sorgfältig aus? Wie ziehen wir gestützt auf die Ergebnisse Konsequenzen in Form von Aktionsplänen? Beantragen wir den vorgesetzten Führungsinstanzen konkrete Umsetzungsmassnahmen mit Verantwortlichkeiten und Terminen? Wie selektionieren wir, gestützt auf Ausbildungsergebnisse und Assessments, die Mitglieder des Krisenstabes für entsprechende Stabsfunktionen?
- Wie sind Controlling und Aufsicht über Ausbildung und Umsetzung der Erkenntnisse geregelt? Besitzen diese Organe die Kompetenz, um Massnahmen zur Behebung von Mängeln und Schwächen anzuordnen? Wie führen wir im Controlling-Prozess das Benchmarking durch, das uns im Vergleich zu ähnlichen Organisationen oder Institutionen situiert? Wie pflegen wir den Erfahrungsaustausch mit solchen Stellen?[370]
- Wie nutzen wir zu Ausbildungszwecken die Auswertung selbst durchgestandener Krisen ebenso wie die Analyse von Fallstudien (Case Studies)? Wie können diese zum Erarbeiten zweckdienlicher Szenarien Berücksichtigung finden?

6. Information und Kommunikation vor der Krise

6.1 Ziel und Zweck von vorbereitenden Massnahmen[371]

Wir stellen in der Praxis immer wieder von Neuem fest, wie entscheidend wichtig die Information und Kommunikation, als nach aussen sichtbarer Teil der Führung, in allen Krisenphasen ist. Verschiedene Handlungen im Bereich der Information und Kommunikation, die wir ins Kapitel der permanenten Führungsaktivitäten aufgenommen haben, müssen *vor* Ausbruch einer Krise an die Hand genommen werden.[372]

Dazu gehören u. a.

(a) Die Planung und Vorbereitung der Informations- und Kommunikationsführung, insbesondere die Bereitstellung der entsprechenden Organisation, der Einrichtungen und Ressourcen sowie eines geeigneten Verfahrens, das auf den geplanten Führungsprozess in Krisenzeiten abgestimmt ist. Der Chief Information Officer erhält vermehrt strategische Aufgaben.[373] Die Kommunikation muss, ebenso wie die Führung, an die konkrete Krisensituation adaptierbar sein;[374]

(b) die Ausarbeitung einer Kommunikationsstrategie;[375]

(c) die Bestimmung von verantwortlichen Sprechern in Krisen;

(d) das Kommunikationstraining für Führungskräfte und für Kommunikationsverantwortliche;[376]

(e) die Integration von Kommunikationsspezialisten in die Krisenorganisation und das gemeinsame Training;[377]

(f) das Networking und die Pflege von vertrauensbildenden Massnahmen und Kontakten zu Opinion Leaders und Medienschaffenden.

6.2 Kernfragen zur Information und Kommunikation vor der Krise

- Sind Varianten, wenn ja welche, der Informations- und Kommunikationsführung in Krisen geplant? Wie sind die Organisation und das Verfahren vorbereitet und wie haben wir uns praktisch und geistig mit der Aufgabe auseinandergesetzt?

- Gehört ein Kommunikationstraining der Führungsverantwortlichen und Sprecher routinemässig zur Ausbildung? Nach welchen Überlegungen wurde eine Sprecherin oder ein Sprecher bestimmt? Welche Kommunikationsgrundsätze sollen für Krisenzeiten gelten?

- Wie üben wir das Zusammenwirken und die Koordination von Informations- und Kommunikationsverantwortlichen verschiedener Bereiche derselben Organisation – z. B. verschiedener Departemente, Divisionen, Abteilungen oder dezentrale Betriebe des Unternehmens?

- Wie können wir zur zentralen Kommunikationsführung die Konzentration der Kompetenzen an der Spitze oder bei der obersten Entscheidungsstufe regeln? Wie sehen Vor- und Nachteile einer solchen Lösung aus?

- Wie ist sichergestellt, dass die Kommunikations-Equipe unverzüglich vom Tagesgeschäft zur Krisenkommunikation übergehen kann? Sind Mitglieder dieser Equipe in die vorsorgliche Krisenorganisation integriert?

- Steht für sie im Krisenfall eine zweckmässige Infrastruktur zur Verfügung, die in regelmässigen Abständen bezüglich ihrer Funktionstüchtigkeit getestet wird?

- Besitzen wir vorbereitete Hintergrundinformationen über uns selbst? Zum Beispiel über unsere Ziele, Prioritäten, Richtlinien, Standards der Sicherheit, die auch in der Krise Geltung behalten?

- Wie haben wir mittels vorsorglichen Networkings Vertrauenskapital geäufnet, von dem wir auch in der Krise zehren können? Wie pflegen wir den offenen Dialog, die guten Verbindungen zu den Medien, zu Opinion Leaders und wichtigen Stakeholdern?

In den folgenden Leitsätzen sind wichtige Erkenntnisse für den Leader von Teil I und II zur Führung vor, in, nach Krisen für Verantwortungsträger zusammengefasst.

7.1 Früherkennung

> Krisen fallen selten überraschend vom Himmel wie Meteoriten – Früherkennung auf Chefebene hat viel mit Unternehmenskultur und sozialem Kompetenzradar zu tun.

Zur Früherkennung von Krisen wissen wir: 1. Es geht darum, zu entscheiden, welches die für das Entstehen einer Krise relevanten Signale und Indikatoren sind. 2. Krisenanzeichen frühzeitig wahrzunehmen ist unabdingbare Voraussetzung für die Krisenprävention. 3. Aus diesem Postulat leiten wir den Zweck der Früherkennung ab, mit vorsorglichen Massnahmen und proaktivem Handeln einer Krise vorzubeugen. 4. Es ist meist Sache von spezialisierten oder interdisziplinär zusammengesetzten Teams, regelmässig Analysen der Lage, der eigenen Stärken und Schwächen bzw. der Verwundbarkeit oder der Risiken durchzuführen und kritische Entwicklungen kontinuierlich zu beobachten und zu verfolgen.

Was ist dabei Chefsache? Chefsache ist, sicherzustellen, dass diese vier Dinge auch tatsächlich gemacht werden, und dass über die Erkenntnisse offen orientiert wird. Chefs können und sollen die Krisenachtsamkeit und Krisenprävention als integrierten Teil der Unternehmenskultur fördern.[379] Sie können dazu anhalten, Szenarien vorausschauend durchzudenken und Strategien zur Krisenprävention zu entwickeln.

Der soziale Kompetenzradar des Chefs umfasst u. a.
- Die Wahrnehmung der Gefühle, Bedürfnisse und Sorgen anderer, es geht um seine Fähigkeit zur Empathie, um Vertrauensverlust im Innern und damit Vertrauenskrisen vorzubeugen.
- Die Fähigkeit, Bedürfnisse der Kunden vorwegzunehmen, zu erkennen und zu befriedigen, bevor es zum Imageverlust nach aussen, zu Reputationskrisen oder zu unternehmerischen Krisen kommt.
- Strömungen und Machtbeziehungen in Gruppen zu erfassen, weil Fehlbeurteilungen zu Führungskrisen führen.
- Beziehungsnetze zu knüpfen und die Zusammenarbeit zwischen Entscheidungsträgern und Stakeholdern zu pflegen, Vertrauenskapital vor der Krise zu äufnen, sonst steht man in der Krise allein da.

7.2 Frühwarnung

Frühwarnung ist nur so gut wie die Bereitschaft des Chefs, unangenehmen Botschaften zuzuhören und entsprechend zu handeln.

Zuhören im Allgemeinen und Empathie im Besonderen sind (leider) nicht die Stärken vieler Chefs, sie hören sich lieber selber reden. Sie realisieren nicht, dass das Zuhören absolut essenzielle Informationen zur Krisenprävention und zur Entscheidfindung liefert.[380]

Früherkennung von (weichen) Signalen ist nur der erste Schritt.[381] Damit auch tatsächlich gewarnt und gehandelt wird, muss der Chef auch unangenehmen Botschaften, Kritik und Vorhalten unvoreingenommen zuhören. Die Devise des Chefs: «Bad news: shoot the messenger» sitzt Mitarbeitern als Angst im Nacken und bewirkt, dass sie schweigen. Dabei könnte die Warnung die Sicht schärfen: Ist eine hausgemachte Krise im Anzug? «If you don't like bad news, you should get out of the leadership business (…). Your job is to hear as much bad news as there is out there and to figure out ways of dealing with it.»[382] Statt Feindbilder aufzubauen, muss der Chef Kritik ertragen können.

Nach dem rechtzeitigen Erkennen der Krisenanzeichen und dem Verstehen der Warnung folgt der nächste Schritt: mutiges, präventives Handeln. Hauptanliegen des Chefs muss es sein, der Krise vorzubeugen. Viele Krisen beginnen ganz klein und unspektakulär. Vielleicht gelingt es frühzeitig, einen Konflikt zu bewältigen, über Meinungsverschiedenheiten zu verhandeln, diese beizulegen, einen Wandel zu initiieren, bevor die Situation eskaliert.

7.3 Das Führungssystem

Kann der Chef die Frage, ob sein Führungssystem auch ausserhalb des «courant normal» taugt, nicht beantworten, erhält er die Antwort postwendend ab Start der Krise.

Man tritt mit dem, was man hat, in die Krise ein.[383] Um nicht mit grosser Verzögerung am Start zu erscheinen, muss der Chef vier Kernfragen beantworten können: 1. Ist vorsorglich ein Krisenteam oder ein Krisenstab organisiert? 2. Sind Führungs- und Kommunikationsverfahren für die Krise festgelegt? 3. Sind Führungseinrichtungen bestimmt und Ressourcen vorgesehen? 4. Sind die Verantwortlichen ausgebildet?

Auch wenn der Chef alle vier Testfragen positiv beantwortet, steigt er nicht allein ins Rennen, weshalb er den Mitteln und Möglichkeiten der Mitkontrahenten, die mit von der Partie sind, Beachtung schenken muss. Er darf nicht übersehen, dass die Politik, die Konkurrenz oder die Gegenspieler ihre eigenen Spielregeln haben, die er mitberücksichtigen muss. Zum Beispiel sollte der Chef einkalkulieren, dass die Medien die vier Testfragen in der Regel von Anbeginn mit Ja beantworten können.

7.4 Werte und Prioriäten

> In den Turbulenzen der Krise die Kompassnadel auszurichten ist mühsam, insbesondere, falls der Standort nicht bekannt und die Position des Polarsterns umstritten ist.

Wichtigste Aufgabe der Chefs ist, zum Voraus Interessen und Werte festzulegen (shaping values and standards),[384] die in jedem Fall und speziell in Krisensituationen Gültigkeit behalten.[385] Verbindliche Zielsetzung und Prioritäten können in Policies, Führungsgrundsätzen, Leitbildern, einem Code of Conduct oder einem Code of Honour fixiert sein. «We really view culture as our No. 1 priority. We decided that if we get the culture right, most of the stuff ... will just take care of itself (...). It gave everyone a common language, and just created a lot more alignment in terms of how everyone in the company was thinking. If I could do it all over again, I would roll our core values from Day 1.»[386]

Das Unvermögen, im Sturm die Kompassnadel auf einen fixen Polarstern ausrichten zu können, wirkt sich fatal aus, wie viele Fallbeispiele gezeigt haben. Der Führung und der Crew bleibt unklar, was absolute Priorität behalten soll, das Vertrauen im Krisenstab sinkt, man weiss nicht mehr, was gilt.

7.5 Krisenvorbereitung

> Die Schutzbehauptung abzulegen, man könne sich nicht auf Krisen vorbereiten, verlangt Charakter und Mut. Charakter und Mut sind Pfeiler der Vorbildsfunktion des Chefs in Krisen.

Training und Ausbildung sind wichtige Erfolgsfaktoren, insbesondere für die mentale Vorbereitung auf Krisen. Ohne aktive Teilnahme der Chefetage gibt es keine regelmässigen Bereitschaftstests, Krisenmanagement-Übungen oder Risikobeurteilungen, die ernst genommen werden. Die Ausbildung lebt vom Interesse und Engagement der Führungsspitze. Ohne den Tatbeweis durch persönliche Teilnahme der Chefetage vegetiert sie dahin. «Why are some leaders better equipped to deal with crises than others? The answer is because they anticipate crises ... they clearly understand that some crises *are* going to come down the pike, and they prepare themselves and their organizations to respond effectively when they do.»[387]

7.6 Initiative ergreifen

> In der Krise das Steuer eigenverantwortlich selbst in die Hand zu nehmen, es andern zu überlassen oder von der Krise gesteuert zu werden, ist ein Führungsentscheid. Die Quittung folgt auf dem Fuss.

Bei der Führung in turbulenten Zeiten ist es wichtig, angesichts der Ungewissheit den Hang zur Zurückhaltung und zum Abwarten zu überwinden, die Risiken des Handelns gegen die Risiken des Nichthandelns abzuwägen. Im Repertoire der Führungsgrundsätze eines Chefs lautet der uneingeschränkt wichtigste: «Take Charge»! D.h., die Initiative zu ergreifen, mit Willensstärke und Entschlusskraft durch die Krise zu steuern, proaktiv zu agieren und nicht als Getriebener der Krise bloss zu reagieren. Je mehr der Führende in seiner Unentschlossenheit selbst in eine Entscheidungskrise gerät, desto rascher werden die Dinge für ihn entschieden.

Dabei gilt es, nicht zu überreagieren, bildlich gesprochen nicht mit Kanonen auf Spatzen zu schiessen. Eine unverhältnismässige Übersteuerung kann zur Eskalation der Krise oder im Gegenteil zu resignierender Inaktivität führen.

7.7 Tun und Sagen

> Kommunikationstraining von Führungsverantwortlichen «on the job», d.h. während der Krise, hat mehr mit Peinlichkeit als mit Professionalität zu tun.

In allen Phasen einer Krise ist Information und Kommunikation von entscheidender Bedeutung, weshalb sie der Chef permanent in den Führungsprozess integriert. Die Führung des Chefs setzt sich aus seinem Tun und Sagen zusammen. Sein Tun bewirkt die Veränderung von Sachverhalten, sein Sagen (oder Schweigen) die Veränderung von Wahrnehmungen, was als wahr genommen wird. Kommunikation durch Worte und Taten bilden den Kerngehalt seiner Führung in der Krise. Der Chef lässt sich von den Ansprüchen der Medien aber auch nicht lahm legen.

In der heutigen Medienlandschaft und bei den hohen Erwartungen der Öffentlichkeit in Krisenzeiten wird die Information und Kommunikation zur eindeutigen Chefsache.[388] Der Chef richtet sich an ein umfassendes Zielpublikum, er will dessen Vertrauen und Überzeugung stärken, dass der Krise erfolgreich begegnet wird. Der Chef muss eine klare, verständliche, offene, in allen Teilen kongruente, wahre, rasche und proaktive Information und Kommunikation nach innen und aussen pflegen. Er muss Mitgefühl und Einfühlungsvermögen unter Beweis stellen, Schwächen, Fehler und Nichtwissen eingestehen. Er kommuniziert damit Integrität und Charakter.

Der Chef setzt sich vor der Krise mit den hohen Erwartungen an seine Kommunikationskompetenz auseinander, will er verhindern, dass seine Auftritte als «Lachnummer»[389] abgetan werden.

7.8 Klippen der Führung in der Krise

«Tel système de conduite – tel chef», oder: Die Klippen der Führung in der Krise sind hausgemacht.

Es ist eine Illusion, zu glauben, man könne mit einer zum voraus geplanten Krisenorganisation jeglicher Krisensituation mit Aussicht auf Erfolg entgegentreten. Situationsbezogene Anpassungen des Führungssystems auf die Krisenentwicklung sind Daueraufgaben seiner Führungstätigkeit. Der Chef muss kontinuierlich Einfluss auf die Führungsorganisation nehmen, insbesondere wenn es die Entscheidungskompetenzordnung – die Führungs- und Entscheidungsverantwortung, die Zusammenarbeit und Kompetenzabgrenzungen und die sich verändernden Naht- und Schnittstellen in der Aktionsführung – zu regeln gilt.

Wie stark er auf den Führungsprozess Einfluss nimmt, hängt vom individuellen Führungsstil des Chefs ab. Ist sein Führungsstil ein Handicap oder ein Erfolgsfaktor zur Meisterung der Krise? Der Test ist, ob das Krisenteam auf ihn hört und ihm folgt. «To see how the leader is doing, look at the people.»[390]

Im eigenen Interesse und zum Schutz vor bösen Überraschungen ist die kontrollierende Einflussnahme auf Führungsinfrastruktur und Ressourcen angezeigt. Moderne, hochtechnisierte Krisenreaktionszentren bieten dem Chef ausgeklügelte Möglichkeiten zur Führung und Kommunikation. Werden sie im Krisenstress von unqualifizierten Leuten bedient, weisen sie gefährliche Fallen auf. In schwierigen Zeiten führt er vorzugsweise von Angesicht zu Angesicht.

7.9 Nachrichten und Informationen

«Ignorance ins't bliss»[391]: Was der Chef nicht weiss, macht ihn nicht heiss – es macht ihn aber auch nicht weis.

Der Chef ist permanent wissensbegierig, mit seinen Fragen, insbesondere in komplexen, sich dynamisch verändernden Krisen, treibt er die Informations- und Nachrichtenbeschaffung als Dauerprozess an. «You get only answers to the questions you ask.»[392] Er selbst muss zuhanden der Nachrichtenleute die Richtung vorgeben: Was müssen wir um jeden Preis, auf Biegen und Brechen wissen, um den Schaden zu ermessen, die Unsicherheit zu reduzieren, bzw. die Problemlösung zu erleichtern? Welche Nachrichten sind essenziell, um die Krisenumwelt, die Störfaktoren, die Zeitverhältnisse, die eigenen Mittel à fond zu beurteilen?

Viele Tätigkeiten können dem Nachrichten- und Informationsspezialisten überlassen werden, aber das Festlegen der Beschaffungsprioritäten und der Zeitvorgaben ist Chefsache, und zwar bei Informationsflut oder Informationsnotstand. Nur so können die Spezialisten effizient die Federführung bei der Beschaffung regeln, den Beschaffungsverbund koordinieren, Quellen aktivieren und ergänzen, Daten und Nachrichten beschaffen, sichten, analysieren, bewerten und die relevanten Informationen verbreiten.

7.10 Führen vs. Managen

Nicht Chefs haben Krisen im Griff, sondern umgekehrt die Krise den Chef. Wer wen managt, ist oft umstritten – wer führt, ist der Chef.

Krisen müssen, wenn sie nicht vermieden werden können, vorerst eingedämmt werden. Es soll verhindert werden, dass sie eskalieren, sich ausbreiten, Kettenreaktionen oder weitere Krisen auslösen. Man will der Krise die Spitze brechen, ihren Verlauf steuern, sie so unbeschadet wie möglich oder sogar gestärkt überstehen.

Was aber heisst in der Krise strategisch führen? Der Chef muss die Frage beantworten: Was wollen wir warum erreichen? Er kommuniziert eine Vision, Absicht, Ziele, er zeigt einen Weg aus der Krise auf. Er führt die Organisation oder Unternehmung in neue Richtungen, unterlässt nichts, um die Krise als Chance zu nutzen. Er legt das Schwergewicht auf Werte, Engagement, zwischenmenschliche Beziehungen. Er vermittelt ein Gefühl von Bedeutung und Sinn, warum die Widrigkeiten der Krise zu ertragen sind und was die Organisation längerfristig erreichen kann.

7.11 Worum geht es?

Wenn «De quoi s'agit-il?» noch nach Tagen ein Rätsel bleibt, heisst es wie beim Spiel Eile mit Weile: zurück zum Ausgangspunkt.

Es ist im militärischen, zivilen oder politischen Bereich entscheidend, dass die Chefetage so bald wie möglich in die erste Lage- bzw. Krisenanalyse mit einbezogen wird: Worum geht es, «De quoi s'agit-il?» ist die zentrale Frage, die es ab Start in die Krise immer und immer wieder zu stellen gilt. Oft kann die einfache Frage bei Anbeginn nicht schlüssig beantwortet werden. Deshalb geht es darum, in komplexen Problemen die wesentlichen Herausforderungen zu entdecken, diese zu zerlegen, in Teilprobleme zu gliedern, um Überblick zu gewinnen. Es geht im Weiteren um einstweilige Erkenntnisse und Konsequenzen bezüglich: Schadensausmass und Risiken, Aufgabenumschreibung und Führungssystem, um eine vorläufige Beurteilung der Zeitverhältnisse, um Sofortmassnahmen und die Regelung der ersten Information und Kommunikation.

In dieser Anfangsphase geht es um sehr viel Richtungsweisendes für die kommende Arbeit. Will der Chef wirklich erst zum Krisenteam stossen, wenn wichtige Vorentscheide bereits gefällt sind, oder will er im Gegenteil sicherstellen, dass das Krisenteam bereits in der Anlaufphase seinen Überlegungen und Überzeugungen folgt? Die Antwort ist eindeutig: Wenn die ersten grundlegenden Weichen gestellt werden, muss der Chef seinen Einfluss geltend machen. Dies erlaubt dem Krisenstab, die folgenden Arbeiten nach Zielvorgaben und Auftragstaktik anzugehen, der Chef gewinnt Zeit, sich auf die Phase der Entschlussfassung vorzubereiten.

7.12 Optionen verstanden?

Ob Krisenprobleme vorab vom Krisenteam oder Hand in Hand mit dem Chef einer Lösung zugeführt werden, ist Ermessenssache. Hauptsache, der Chef versteht am Schluss die Lösungs- und Entscheidungsoptionen.

Wie stark soll sich die Chefetage in die Erarbeitung von Lösungsvarianten involvieren? Die Überführung der provisorischen Lagebeurteilung in eine vertiefte und systematische Krisenanalyse ist originäre Sache des Krisenstabes. Er hat daraus die wichtigsten Konsequenzen zu ermitteln, Lösungsansätze und Entscheidungsoptionen zu erarbeiten, deren Risiken und Chancen zu bewerten und sie zu optimieren. Dem Chef bzw. den Entscheidungsträgern sind als Grundlage der Entschlussfassung und Auftragserteilung Lösungsvarianten vorzulegen.

Präzis zu diesem Zeitpunkt kommt es nach unserer Beobachtung oft zum Bruch. Chef und Krisenteam sprechen aneinander vorbei oder man versteht sich nicht, die Chefs fühlen sich vor ein Fait accompli gestellt, es kommt zu roten Köpfen. Die Folge sind zeitliche Verzögerungen, Zusatzschlaufen im Führungsprozess, weil weitere Abklärungen angeordnet werden. Um die Gefahr von Missverständnissen zu bannen und um sicherzustellen, dass der Chef am Schluss die Lösungs- und Entscheidungsoptionen versteht, müssen sich beide Seiten bemühen, bereits während der Entscheidvorbereitung – punktuell oder in regelmässigen Abständen – ihre gegenseitigen Erwartungen und Überlegungen zur Lösungsstrategie auszutauschen.

7.13 Chefs entscheiden

In Krisen werden Chefs durch ihre Entscheide gekrönt oder vernichtet.

Unumstritten ist die Entscheidungsphase eindeutige Chefsache. Nachdem der Chef die präsentierten Entscheidoptionen verstanden hat, wird er die Lösungsvarianten kritisch evaluieren und bewerten. Hat er beschlossen, was zu tun und zu sagen ist, wird er seine Absicht und seine Aufträge klar formulieren und überzeugend kommunizieren.

Wie das chinesische Doppelschriftzeichen für Krise sowohl Gefahr als auch Chance bedeutet, kann auch jeder Entscheid in der Krise einen Wendepunkt bedeuten. Wird sich die Situation zum Bessern wenden, geht die Erwartung und Hoffnung auf Erfolg in Erfüllung? Werden die negativen Folgen des Entscheides überwiegen? Erfolg und Misserfolg gehören zur Krise wie Schatten zum Licht. Jeder Entscheid ist risikoreich, ein Leader muss auf beides gefasst sein und für beides Verantwortung übernehmen. Hier trennt sich die Spreu vom Weizen echter Leadership in Krisen.[393]

7.14 Chefs handeln

Entscheiden ist Silber – Umsetzen und Handeln Gold: «Strategy execution is the key.»[394]

Krisenstrategien zu entwerfen, zu deklarieren und heroische Entscheide zu treffen ist das eine, sie auch wirklich umzusetzen das andere. Jetzt kommt die Nagelprobe für die Führungsqualitäten eines Chefs. «Even a brilliant strategy can't save an organization if its leaders cannot execute the strategy efficiently. According to recent studies, fewer than 10 percent of well-formulated strategies make it to a successful implementation. In other words, about 90 percent of strategies fail to deliver what they promise.»[395]

Wer sich nach seiner Beschlussfassung zurückzieht, verkennt, dass bei der nun einsetzenden Aktionsführung die eigentlichen Probleme zur Krisenbewältigung erst recht beginnen. Auch wenn das Umsetzen der Absicht und der Aufträge in Aktionen – das eigentliche operative Krisenmanagement – delegiert wird, muss der Chef ein Auge auf der Kontrolle und Evaluation der Folgen getroffener Entscheide behalten.

Zur Überwachung dienen ihm u.a. folgende Fragen: Wo liegen die Haupthindernisse bei der Umsetzung? Welche Friktionen und unerwünschten Folgen lassen sich erkennen? Sind erste Teilziele erreicht? Bewegen wir uns noch in Richtung des Hauptziels? Zwingt die Krisenentwicklung dazu, das Ziel zu ändern? Welche weiteren aktiven Massnahmen zum Austritt aus der Krise sind zu ergreifen? Sind als Resultat der Kontrolle und Evaluation evtl. Korrekturen oder Anpassungen des Entscheides vorzunehmen? All diese Fragen wird er zum Gegenstand der Lagerapporte machen.

7.15 Die Krisendauer

Krisen dauern so lange, wie der Kapitän benötigt, um das Schiff mit Kurskorrekturen aus dem Krisenstrom heraus auf Erfolgskurs zu steuern.

Der Chef kann Einfluss auf die Dauer der Krise nehmen. Weil er entschieden einen raschen Austritt aus der Krise (Closure) und die Genesung, den Wiederaufbau (Recovery) anstrebt, müssen Chefs die auslösenden und treibenden Faktoren einer Krise an der Wurzel packen. Indem er Konflikte austrägt und einer Lösung zuführt, unfähige Verantwortungsträger ablöst, Missstände radikal beseitigt, ermöglicht er den Wandel und das Etablieren einer neuen Ordnung.

Chefs sorgen dafür, dass ein reibungsloser Übergang zur ordentlichen Geschäftsführung möglich wird, indem sie den Krisenstab zum richtigen Zeitpunkt auflösen und den Krisenaustritt wirkungsvoll kommunizieren.

7.16 Ohne Antrieb kein Fortschritt

> Der Chef ist Leader und Steuermann, für den Antrieb setzen sich Crew und Maschinisten ein – oder tun Dienst nach Vorschrift.

Für den Dialog mit der Crew ist das gegenseitige Vertrauen die tragende Basis.[396] Die Crew sind jene Menschen, die Visionen, Strategien und auf der hohen Brücke gefasste Beschlüsse operativ umsetzen. «Executing strategy requires the work of the entire organization, whereas strategic planning requires only the top team.»[397] Sie tragen diese hautnah mit und sind im Maschinenraum für steten Antrieb in der Krise besorgt. Ohne Triebkraft, die auf Teamwork basiert, wird man von der Krise getrieben, im Stillstand lässt sich nicht steuern.[398]

Dank der Antriebsdynamik kann der Chef im Krisenverlauf notwendige Korrekturen zum Kurswechsel vornehmen. Deshalb weist der Leader in Krisen zusätzliche Eigenschaften auf, die wir von einem erstklassigen Kapitän erwarten: Er ist ein Experte im Bereich zwischenmenschlicher Beziehungen mit hervorragender Kommunikationsfähigkeit und in soliden Werten verankert.

7.17 Lessons (not) Learned

> Die nächste Krise kommt bestimmt – insbesondere, wenn es fakultativ bleibt, Lehren zu ziehen.

Verantwortungsträger müssen an den Ergebnissen einer systematischen Auswertung der Führungsaktivitäten in der Krise interessiert sein, weil sie die Grundlage zweckdienlicher Führungsentscheide nach der Krise bilden. Führung nach der Krise ist Führung vor der nächsten Krise. Die Krisenauswertung ist Chefsache, weil ohne sie keine zielgerichtete Krisenvorbereitung wahrgenommen werden kann. Weil sich der Chef bewusst ist, wie gross die Widerstände gegen eine systematische Krisenauswertung sein können, trägt er diese selbstkritisch mit und lebt vor, dass ohne eingestandene Fehler kein Fortschritt möglich ist. «Your biggest mistake is not asking what mistake you're making.»[399]

Die Krisennachbereitung führt im Idealfall zur Umsetzung der Erkenntnisse in Lehren (Lessons Learned). «Crisis precedes change. It takes crisis because change is difficult!»[400] Interessieren muss den Chef zwingend, ob die Lehren aus einer Krise als günstige Gelegenheit zur Veränderung, zur Stärkung der Position, für Wettbewerbsvorteile, für Wandel und Innovation genutzt werden können.

7.18 Leadership ist lernbar (Ausblick auf Teil III und IV)

In Krisen zu führen hat mit Wissen und Können zu tun – noch viel mehr jedoch mit Verstehen und emotionaler Intelligenz.

Oft werden sich Leader von Unternehmen oder Organisationen erst in krisenhaften Situationen schmerzhaft bewusst, dass sie im «courant normal» den Anforderungen gewachsen, in der Krise aber überfordert sind. Sie haben sich nie entsprechende Leadership-Qualitäten erworben, sind blind gegenüber frühen Krisenanzeichen, sie werden in losbrechenden Krisen selbst Teil des Problems oder sind unfähig, diese als günstige Konstellation zu nutzen.[401] Bei Führungskrisen sind sie oftmals für deren Auslösung massgeblich verantwortlich,[402] sie haben nicht gelernt, Misserfolge oder Fehler als wichtige Informationen und Triebfedern der Veränderung und des Fortschritts zu nutzen.[403] Leadership-Qualitäten erwirbt man sich im steten, nicht nachlassenden und disziplinierten Bemühen. Diese weiterzuentwickeln und zu festigen beruht auf zielorientierter Arbeit an sich selbst.

Das Leadership-Motto in Teil III und IV lautet: Sie werden in Krisen weder andere verstehen, noch motivieren oder führen können, wenn Sie sich nicht selbst verstehen, sich nicht selbst motivieren und sich nicht selbst führen können.

Damit möchten wir zum Ausdruck bringen, dass die Arbeit ihren Ausgangspunkt bei der Selbstführung nehmen muss. Die persönliche Führung wird zur Basis der Führung anderer. In der Verbindung von sich selbst führen, andere führen und geführt werden entsteht echte Leadership, die auch in Krisensituationen Bestand hält. Damit befassen wir uns in den folgenden Teilen des Leitfadens.

Teil III

> Leadership-Qualitäten, um in Krisen zu bestehen

1.1 Grundlegende Führungsqualitäten: gehegte Erwartungen

Die Frage, die wir uns eingangs stellen (müssen), lautet: Welche grundlegenden Führungsqualitäten verhelfen in Krisensituationen zum Erfolg? Falls wir solche identifizieren können, fragt sich im Anschluss: Aus welchen Elementen setzen sich diese Führungsqualitäten zusammen? Beruhen sie eher auf Wissen, Können und Erfahrung? Oder wurzeln die Führungsqualitäten in Krisen vielmehr in spezifischen Führungsfähigkeiten und Kompetenzen der emotionalen, sozialen und spirituellen Intelligenz sowie in Qualitäten, die dank persönlicher Selbstführung erworben oder fortentwickelt wurden?[1]

Leadership vs. Followership

In einem Comicstrip sagt Calvin zu seinem Tigerfreund Hobbes: I'm the decisive take charge type! I'm a natural leader! (Ich bin der entschlussfreudige Führungstyp, der Verantwortung übernimmt, ein Leadership-Naturtalent). See we'll go THIS way! (Es geht in diese Richtung.) Hobbes kehrt sich ab, geht in die entgegengesetzte Richtung und sagt: Have fun! (Vergnüg dich, ohne mich.) Und wie sich Calvin allein durch Sumpf und Dickicht schlägt, meint er verdrossen: The problem ist that nobody wants to go where I want to lead them. (Offenbar habe ich ein Problem mit der Gefolgschaft, niemand folgt mir, wohin ich sie führen will.) Ist also die Gefolgschaft das entscheidende Kriterium? In einem andern Cartoon von Toles in der *Washington Post*, watet der damalige Präsident G. W. Bush durch den Sumpf des Irakkrieges und meint zu seinen Gefolgsleuten, die bis zur Nase im Dreck stecken: «I didn't mislead. You missfollowed.» Wir wissen alle: Auch schlechte Leadership findet Gefolgschaft.

239

Empirische Umfragen

Seit 2001 führen wir regelmässig Umfragen durch mit der einfachen Fragestellung: Welche Führungsqualitäten erwarten Sie persönlich von einem Leader in Krisen? Auf der wachsenden Liste gewünschter Führungsqualitäten sind inzwischen über 300 Eigenschaften zusammengekommen. Beispiele sind: Ein Grundverständnis über Krisen, spezifisches Krisenwissen, Krisenerfahrung, Können und fachliche Fähigkeiten zur Führung vor, in und nach Krisen, Sachkunde betreffend Krisenorganisation, Führungsprozess und Führungssystem, Charakter, Integrität, Aufrichtigkeit, Offenheit, Ehrlichkeit, Entschlossenheit, dem Ganzen dienendes Verantwortungsbewusstsein, moralisch-ethische Werte als Entscheidungsgrundlage, Zielbewusstheit, zutreffende Selbsteinschätzung, Selbstvertrauen, persönliche Reife, Bescheidenheit, Selbstkontrolle, Anpassungsfähigkeit, Initiative, Optimismus, Engagement, Leistungsdrang, Entscheidungskraft, Vertrauenswürdigkeit, Empathie, Vielfalt nutzen, Kommunikationsfähigkeit, Konfliktbewältigung, Teamfähigkeit, Katalysator des Wandels, treuhänderisches Verständnis von Macht, Geld, Ressourcen usw.

Widerspruchsfreie Resultate

Anschliessend legen wir die gewünschten Eigenschaften in zwei Waagschalen: Die eine steht für Qualitäten, die wir dem Wissen und Können, der Sachkunde oder fachlichen Fähigkeiten zuordnen können. In die andere Waagschale legen wir Qualitäten im Bereich persönlicher Kompetenzen, Führungskompetenzen, sozialer Kompetenzen der emotionalen, sozialen oder spirituellen Intelligenz (EQ, SQ). Auf einer Skala von 1–10 messen wir anschliessend das Verhältnis zwischen den beiden Wagschalen.

> **Fazit:** Das Resultat der Umfragen variiert in den vergangenen zehn Jahren nur unwesentlich und die Ergebnisse sind wie folgt: Die Waagschale mit Wissen und Können wiegt maximal zwei Anteile, die Schale mit den Eigenschaften im Bereich der emotionalen, sozialen oder spirituellen Intelligenz wiegt im Minimum acht Anteile. Je nach Kreis der Befragten schwankt das Verhältnis auf der Skala also zwischen 8 und 10.

Ein akademischer, junger Befragungskreis neigt eher zu einem Verhältnis 8:2. Führungsleute mit Praxis und eigener Krisenerfahrung tendieren eher zu 9:1, d. h. sie gewichten die Bedeutung des Anteils der emotionalen oder sozialen Intelligenz zum Erfolg noch höher. Dieses Ergebnis kontrastiert mit unserer Beobachtung, dass in Organisationen und Unternehmungen der Ausbildungsaufwand für Führungskräfte in den erwähnten Bereichen ziemlich genau umgekehrt proportional ist, auch wenn sich hier möglicherweise eine Trendwende abzeichnet.

1.2 IQ und EQ: Erfahrungen vs. Erwartungen?

Dieses Ergebnis widerspiegelt gehegte Erwartungen. Man kann dem Resultat die berechtigten Fragen entgegenstellen: Ist es kongruent mit den Erfahrungen erfolgreicher Leader in Krisen? Weist die systematische Krisenauswertung auf ähnliche Erfolgsfaktoren? Wie sind unsere praktischen Erfahrungen im Leadership Coaching von Führungspersönlichkeiten in Krisensituationen?

Übereinstimmende Ergebnisse

Die Antwort ist, dass auch diese Ergebnisse kongruent mit den Erwartungen sind. Sie decken sich mit der empirischen und wissenschaftlichen Erkenntnis, dass Führungserfolg in 80–90 % der Fälle auf die emotionale Intelligenz zurückzuführen ist.[2] «Für herausragende Leistungen in allen Berufen und in jedem Bereich ist emotionale Kompetenz doppelt so wichtig wie rein kognitive Fähigkeiten. Erfolg auf den höchsten Ebenen, in Führungspositionen, lässt sich praktisch zu hundert Prozent mit emotionaler Kompetenz erklären.»[3] Unsere persönlichen Beobachtungen während rund zehn Jahre Leadership Coaching, in dem der Erfolg an gesetzten Zielen gemessen wird, erhärten diesen Befund.[4] Er wird auch bestätigt durch die Analyse von Führungsverhalten, das in Krisen zum Misserfolg führte.[5]

Ausschlaggebend ist die Selbstführung

Fazit: Die Ergebnisse unterstreichen die entscheidende Bedeutung und Wichtigkeit von Kernaspekten der Selbstführung. Eine tröstliche Erkenntnis mag sein, dass Selbstführung – und durch sie die Entfaltung und Entwicklung der Kernaspekte der individuellen Führungspersönlichkeit – ein lernbarer, praktizierbarer Prozess ist.[6]

«Im Unterschied zum IQ, der sich nach den Jugendjahren kaum noch ändert, scheint die emotionale Intelligenz weitgehend erlernt zu werden, und sie entwickelt sich weiter, während wir durchs Leben gehen und aus unseren Erfahrungen lernen – unsere Kompetenz kann in dieser Hinsicht ständig zunehmen.»[7]

1.3 Wissen und Können als unentbehrliche Grundlage

Die oben dargestellten Erkenntnisse müssen richtig interpretiert werden. EQ und SQ mögen in der Krise über Erfolg oder Misserfolg eines Leaders entscheiden, sie sagen aber nicht aus, Sachkunde, fachliche Fähigkeiten und Können (Knowledge and Skills) seien entbehrlich. Im Gegenteil, diese bilden eine Grundvoraussetzung, um in Krisen zu bestehen.[8] Auf ihnen aufbauend werden zusätzliche, matchentscheidende Führungskompetenzen im Bereich der emotionalen, sozialen oder spirituellen Intelligenz zum Tragen gebracht.

1.4 Die individuelle Ausgangslage

Absage an übermenschliche Qualifikationen

Fazit: Führungsverantwortliche sind keine Übermenschen und tragen keine «Einheitspackung» von Kompetenzen im Bereich des Wissens und Könnens noch der benötigten Aspekte der emotionalen, sozialen und spirituellen Intelligenz mit sich herum, die ohnehin von Mensch zu Mensch ungleich stark ausgeprägt sind.[9]

Individuelle Fähigkeiten, Kompetenzen und Erfahrungen

Jedes Individuum verfügt über eine unterschiedliche und einzigartige Zusammensetzung spezifischer Führungsfähigkeiten, über spezielles Wissen und Können, aber auch über persönliche Kompetenzen und Erfahrungen und über einen eigenen Führungsstil. Nach einer Untersuchung von über 3000 Führungspersönlichkeiten hat Goleman sechs unterschiedliche Führungsstile identifiziert,[10] Berland unterscheidet vier Führungsarchetypen.[11] Zusätzlich können wir Führende einem Persönlichkeitstyp zuordnen. Michael Maccoby unterscheidet nach Freud drei, nach Fromm vier Persönlichkeitstypen: «The receptive type, the hoarding type, the exploitative type and the marketing type.»[12] Obwohl wir in uns Anteile aus allen vier vereinigen, ist tendenziell bei vielen Leadern ein Typus in ausgeprägter Form sichtbar, der sich in Krisen vorteilhaft oder nachteilig auswirkt. So kann z. B. der narzisstische Typ in chaotischen Zeiten und in Krisen erfolgreich sein, andererseits zieht er Unternehmen wegen seiner Schwächen ins Verderben, weil er unfähig ist, Kritik zu ertragen, ein schlechter Zuhörer ist, ihm Empathie und Selbstkontrolle fehlen.[13]

Persönliche Stärken und Schwächen

Damit wird offenkundig, dass jede Führungspersönlichkeit nicht nur über ein Paket von Fähigkeiten und Stärken verfügt, sondern ebenfalls individuelle Defizite und Schwächen aufweist – wobei diese Wahrheit lange nicht jeder Führungsverantwortliche in hoher Position auch auf sich selbst bezieht.

> Fazit: Durch die spezifische Ausprägung von Stärken und Lücken sind gleichermassen auch die Voraussetzungen zum Erfolg in der Krise für jeden Leader in jeder Situation unterschiedlich.

Angeboren oder erworben?

Im Weiteren interessiert die Frage, wie sich Leader ihre individuellen Führungsqualitäten erworben haben. Sind sie angeboren, ihnen sozusagen in die Wiege gelegt, oder haben sie sich einen gewichtigen Anteil kraft persönlicher Selbstführung, dank Entwicklung ihres Potenzials und gekoppelt mit langjähriger Erfahrung selbst angeeignet? Haben sie bloss einen einmaligen Lehrgang[14] absolvieren müssen, oder haben sie sich einem lebenslangen, systematischen Lernprozess verschrieben, der sie nach und nach auf den Erfolgsweg führte?

1.5 Stärken, Fähigkeiten, Ressourcen: sein Potenzial entwickeln[15]

In jedem Menschen schlummert ein ungenutztes Potenzial natürlicher Leadership-Qualitäten, das nicht ausgeschöpft ist. Wir können im Coaching-Prozess diese Tatsache immer neu erleben: «Deep within the individual is a vast reservoir of untapped power waiting to be used. No person can have the use of all this potential until he learns to know his or her own self».[16]

Hilfsmittel zur Weiterentwicklung der Leadership-Qualitäten

> In diesem Teil des Leitfadens möchten wir Ihnen helfen zu entscheiden, welche Kernkompetenzen Sie stärken, weiterentwickeln oder welche Sie sich erst erwerben müssen, um in Krisen gesetzte Ziele zu erreichen. Als Hilfsmittel stellen wir ein Lebensrad und einen Sextanten zur Krisennavigation vor, welche die unseres Erachtens entscheidenden sechs Führungsqualitäten enthalten.

Wir haben diese einerseits aus der systematischen Gegenüberstellung mit den wichtigsten Wesensmerkmalen von Krisen, den Krisenphasen und den Stadien der Krisenentwicklung entwickelt, andererseits konnten wir sie bei den Führungsaktivitäten und im Führungsverhalten einer Vielzahl von Krisen beobachten und durch die Analyse von Fallstudien erhärten.[17] Unsere Auswahl und Hinweise sollen nicht ein Patentrezept sein, sondern eher als Wegweiser im Nebel einer Krise (markers in the fog of crisis)[18] dienen und Sie ermutigen, den Weg der Selbstführung unter die Füsse zu nehmen.

1.6 Anpassungsfähigkeit in Krisen?

Unterschiedliche Berge im Team bezwingen

Nicht nur die individuelle Ausgangslage, sondern auch die Krisensituationen sind von Fall zu Fall unterschiedlich. Trotz ähnlicher Grundausrüstung an Wissen und Können müssen Leader, um den Anforderungen der konkreten Situation gewachsen zu sein, einen unterschiedlichen «Rucksack von Führungskompetenzen» schnüren bzw. ein vielfältig ausgerüstetes, multifunktionales Team zusammenstellen, in dem insgesamt eine breite Palette benötigter Kompetenzen vertreten ist.[19] «Es ist entscheidend, dass Führungskräfte sich mit Teams umgeben, die ihre eigenen Talente ergänzen (…). Letztlich werden die Manager erfolgreich sein, die eine Führungsmannschaft mit den unterschiedlichsten Fähigkeiten aufbauen und fördern. Künftig muss Führungskompetenz auf ein Team verteilt werden, anstatt sich in Personalunion wiederzufinden».[20]

Anpassungsfähigkeit als Schlüsselkompetenz

In Krisen ist schliesslich die Anpassungsfähigkeit, d. h. die Kreativität bei der Kombination verschiedener Fähigkeiten und Möglichkeiten zur Problemlösung von entscheidender Bedeutung:[21] «Adaptive is key to success during the latest epochal transformation».[22] Forschungsergebnisse haben z. B. gezeigt, dass erfolgreiche Leader nicht nur einen Führungsstil praktizieren, sondern je nach Situation unterschiedliche Stile verwenden und diese kombinieren.[23] Analog hat sich erwiesen, dass je nach Art der Krise unterschiedliche Leadership-Stile zum Erfolg führen.

> Fazit: Die Annahme, dass ein jeweiliger Führungsstil, der sich in einer Krise bewährt hat, auch in einer nächsten Krise mit Erfolg gekrönt sein wird, ist nicht gerechtfertigt.[24] Deshalb wird Anpassungsfähigkeit zur Schlüsselkompetenz.

1.7 Führungsqualitäten im «courant normal» bzw. in und nach Krisen

In der Forschung und Literatur nimmt man sich in beachtlichem Ausmass der Leadership-Thematik an.[25] Dabei wurde in der Vergangenheit unseres Erachtens zu wenig unterschieden, ob sich die zahlreich propagierten Qualitäten zur erfolgreichen Führung eines Unternehmens bloss im «courant normal» oder auch in Krisensituationen bewähren müssen.[26]

Leadership in der permanenten Krisensituation

Dies hat sich in den letzten Jahren geändert. Angesichts der neuen Krisenrealität, spricht man nun häufiger von «Leadership in a permanent crisis»[27] (vgl. Hierzu Teil I, Pt. 1.2). Allerdings macht man es sich zu einfach, wenn man den «courant normal» einfach durch eine «VUCA- World»[28] ersetzt (geprägt durch «Volatility, Uncertainty, Complexity, Ambiguity») und daraus folgert, Leadership in dieser permanenten Herausforderung sei dasselbe wie Leadership in Krise. Dies führt im Endeffekt zum gleichen Ergebnis, wie wenn man davon ausginge, dass sich erfolgreiche Führung gleichsam aus dem «courant normal» ohne grössere Anpassungen in die Krisenführung überführen liesse. In der Tat kann der Übergang in die Krise häufig von fliessender Natur sein. Zwischen der Führung unter zusehends eskalierenden, sich erschwerenden Bedingungen und in Krisensituationen bestehen Grauzonen. Gleichwohl unterscheidet sich die Führung in Krisen bezüglich ihrer inneren Qualität und Intensität (wie wir in Teil I, Pt. 1.2 gesehen haben) von einer Führung in der «VUCA-World», weshalb auch die erforderlichen Führungsqualitäten nicht identisch sind.[29]

Führung nach der Krise

Dasselbe gilt für die Führung nach der Krise (bzw. der Führung vor der nächsten Krise). In der Phase des Wiederaufbaus oder des Neubeginns sind andere Leadership-Qualitäten als in der Krise gefordert. Es geht darum, Veränderungen umzusetzen, Wandlungen zu vollziehen und Stabilität zu vermitteln.[30] Wie «die Revolution ihre Kinder frisst», können Krisen ihre Leader fressen, d.h. dass in der Genesungsphase neue Führungspersönlichkeiten das Steuer übernehmen müssen.[31]

2. Positive Aspekte der Leadership und Negativbeispiele

2.1 Aus Negativbeispielen lernen

Leadership zeigt ihr wahres Gesicht im Krisentest

Es gibt eine Vielzahl von Leadership-Definitionen, die für unsere Erforschung erfolgreicher Aspekte nur beschränkt hilfreich sind. Im Krisentest zeigt sich oft am besten, worauf es ankommt: Auf einem Cartoon von *Newsweek* hält ein verzweifelter Präsident G. W. Bush, auf dem Dach des Weissen Hauses seiner Rettung harrend, den Hilferuf «Send Leadership» in die Luft, während der Präsidentenpalast im Wasser des Hurrikans Katrina vom

Sommer 2005 versinkt. Das klägliche Versagen seiner Führung in der Katrina-Krise ist eine instruktive Fallstudie und wurde zu einer der vielen Hypotheken seiner Präsidentschaft.[32]

> Fazit: Aus der Beobachtung, wie sich Leader in Krisen nicht bewähren, z.B. wenn sie zögerlich oder zu spät handeln und kaum Empathie zeigen, können wir ebenso lernen,[33] wie aus der Geschichte, wenn Führung zur verwerflichen Ver-Führung wird.

Aussicht auf Krisenprofit

Zu beobachten ist auch das Phänomen, dass die Erwartung, aus Krisen persönlichen bzw. finanziellen Gewinn[34] oder politischen Profit ziehen zu können, Machthungrige (Power Seekers) anlockt. Die herrschende Unsicherheit verleitet, Machtgelüste zu befriedigen und Verunsicherte in die Irre zu führen.[35] Es ist *die* Gelegenheit, sein Ego aufblasen und zur Schau stellen zu können. Bei Krisensituationen, beim Ruf nach dem starken Mann oder dem gewieften Krisenmanager wittern sie Morgenluft, sie sind mit ihrem autoritativen Befehlsstil rasch zur Stelle.[36] Die grosse Medienpräsenz in Krisen verspricht fast unbeschränkte Möglichkeiten zur Selbstdarstellung, sie stehen als Retter in der Not im Rampenlicht. Nicht verwunderlich, dass, nachdem Machtgierige die Medien für eigene Zwecke instrumentalisiert haben, sie von diesen beim kleinsten Fehler vom Sockel gestossen werden bzw. dass sie als «Medienopfer» untergehen.[37]

Barbaren an der Spitze

Nach dem Prinzip, der Zweck heiligt die Mittel, wollen andere Leadership in Krisen gewissermassen als Kriegführung verstanden wissen. Unter dem Titel «Mehr Barbaren» stand in der *Handelszeitung* zu lesen: «An der Spitze von globalen Konzernen stehen meist Barbaren, die für den Kampf leben und ihre Widersacher ausschalten, intern wie extern, und das ist auch richtig so. Denn die Wirtschaft ist kein Ringelreihen, sondern – let's face it – Krieg. Es geht darum, Territorien zu erobern, die Fahne in den Hügel zu rammen und den Feind einzukerkern … Fressen oder gefressen werden, heisst das Gesetz von Darwin und der Wirtschaft. Darum brauchen wir eben mehr charismatische Leader, mehr Barbaren an der Spitze, die Blut lecken und Lust auf den Fight haben, die sich gleich beide Positionen, die des CEO und die des VR-Präsidenten, aneignen und damit fast absolutistische Herrlichkeit erhalten, denn wenn sie sich im eigenen Reich derart durchsetzten, tun sie es auch draussen auf dem Schlachtfeld der Weltwirtschaft. Seit Alexander hat sich nicht so viel verändert, eigentlich.»[38] Wie eine so propagierte Leadership ins Abseits führt, hat uns die jüngste Vergangenheit eindrücklich gezeigt.[39]

Gier ohne Scham und Anstand

In der globalen Finanz- und Wirtschaftskrise, die sich als Führungskrise entpuppte, wurden wir mit dem Versagen der Führungsverantwortlichen in ihrer Aufgabe,[40] mit Gier ohne Scham und Anstand konfrontiert.[41] «Es gibt diese Wall-Street-Ethik, die besagt: Mir ist egal, ob die ganze Welt zugrunde geht, solange ich damit Geld verdienen kann.»[42]

> Fazit: Unseres Erachtens hat diese Art ehrloser Führung keine Perspektive mehr, sie ist angesichts von neuartigen und komplexen Krisen, die uns weltweit in zunehmendem Masse in Bedrängnis bringen, zum Scheitern verurteilt.

Wir können uns auch fragen: Warum sind so viele CEOs und Führungsverantwortliche die Ursache von Krisen und mitverantwortlich für Missstände, die zu Krisen führen?[43] So attestieren sich Unternehmensführer bedeutender Schweizer Firmen einsichtig «Selbstüberschätzung» und bezeichnen «die Schweizer Managergilde als eingebildeter und überheblicher als ihre ausländischen Kollegen».[44] Es ist schliesslich die Finanzelite der Schweiz, die das Bankgeheimnis zu Fall brachte, nicht die politische Linke.[45]

Die Falschen an der Spitze

Wegen einer Ausbildung, die «passée» ist,[46] wegen eines verfehlten Leadership-Verständnisses und unsinniger Auswahlkriterien gelangen die Falschen in die Chefetage.[47] Diejenigen, die es an die Spitze schaffen, verstehen offenbar nicht, dass sie nur für kurze Zeit Treuhänder des von ihnen verwalteten Vermögens sind und als gewöhnlich Sterbliche in überblickbarer Zeit restlos alle irdischen Güter und Machtinsignien zurücklassen müssen. Auch wird die Mitverantwortung der Wahlbehörde der Führungsverantwortlichen nach dem Desaster und dem kläglichen Niedergang des CEO in der Regel geflissentlich übersehen.[48] Bennis und O'Toole haben eine Reihe von Richtlinien aufgestellt, um dies zu verhindern.[49] Ein weiterer Grund ist die mangelnde Vorsorge im Bereich der Nachwuchsförderung und -entwicklung. Organisationen und Unternehmungen nehmen die Förderung und Weiterbildung eigner, vielversprechender Nachwuchskräfte für Leader-Positionen zu wenig ernst.[50]

> Fazit: Der aufrüttelnde Werdegang neuartiger und komplexer Krisen verlangt nach einer neuen Denk- und Führungskultur der Leadership. Sie ist durch die nun folgenden, positiven Aspekte gekennzeichnet.

2.2 Aspekte positiver Leadership

Vision, Werte, Begeisterungsfähigkeit

Leadership inspiriert kraft Vision, Werten und Willensstärke. Leadership «motivates through vision, values, and purpose»,[51] wobei eine starke Wechselwirkung zwischen diesen Leadership-Qualitäten und den erzielten Resultaten besteht, von denen ein anspornender Effekt zurückfliesst und die Entschlusskraft weiter stärkt.[52] Das Bestreben beide Voraussetzungen, nämlich visionäre Einbildungskraft mit Begeisterungsfähigkeit zu verbinden, kommt in der folgenden Definition zum Ausdruck: «To me, a leader is a visionary that energizes others. This definition of leadership has two key dimensions: (a) creating a vision of the future, and (b) inspiring people to make the vision reality».[53]

Inspirierende Zukunftsvision

Mit andern Worten: Führung in der Krise verlangt nach einer Zukunftsvision vom Weg, der aus der Krise herausführt. Sie bedeutet, Menschen zur Realisierung dieser Vision zu inspirieren, und sie anzufeuern, trotz Hindernissen die Krise zu überwinden oder als günstige Gelegenheit zu nutzen.[54] Damit wird auf die enge Korrelation zwischen Leadership und Followership hingewiesen und ebenso auf die drei Aspekte eines ganzheitlichen Leadership-Verständnisses: Die Selbstführung, die Führung anderer und der Umstand, dass Führende immer auch selbst geführt werden. Wie anders kann man Menschen in der Krise nachhaltig zur Realisierung einer Vision inspirieren, wenn nicht primär, indem man sich selbst führt und als Geführter selbst Vorbild ist? «Good leaders inspire their followers to have confidence in them. But great leaders inspire their followers to have confidence in themselves.»[55]

2.3 Sich und andere führen

> Als Erkenntnis und erstes Fazit können wir festhalten: Basis einer ganzheitlich verstandenen Leadership bildet demnach die Selbsterkenntnis, eine hohe emotionale und soziale Intelligenz, Charakter und Erfolg versprechende Führungsqualitäten.

Der in Kriegen getestete Ex-General und Manager Perry Smith hat eine Checkliste für «Leadership Skills» und eine «Introspection List» für Leader aufgestellt, die nicht überraschend ausschliesslich Aspekte und Fragen zur Selbsterkenntnis und Selbstführung enthalten.[56] Im Bestseller *Primal Leadership* haben die Autoren die These erhärtet, dass jene Leader am erfolgreichsten sind und sich Gehör verschaffen, die über hohe emotionale Intelligenz sowie persönliche und soziale Führungskompetenz verfügen.[57] Diese wiederum enthalten Aspekte des Dienens und der Verantwortung.

2.4 Leadership als Verantwortung

«Leaders distinguish themselves during tough times»:[58] Es ist selten geworden, dass Leader nach einem missratenen Feldzug, einer fehlgeschlagenen politischen Aktion oder einem wirtschaftlichen Desaster hinstehen und sich zu ihrer Verantwortung bekennen. Leider sind die Folgen nach Maxwell: «To get maximum attention, make a big mistake. To cause maximum damage, fail to admit it!»[59] Nach dem Libanonkrieg lautete die Forderung protestierender israelischer Soldaten an die Führung: «Sie haben das Kommando übernommen, nun übernehmen sie die Verantwortung.»[60] Diese Devise sollte generelle Geltung haben.[61] Nach der plamablen Soloaktion des Bundespräsidenten in der Libyenkrise erklärte dieser «Ich würde wieder das Gleiche tun!»[62]

Gerade stehen

Leadership misst sich an Verantwortung und Dienst am Ganzen: «Leadership is not rank, privileges, or money. It is responsibility.»[63] «Leadership is, ultimately, responsibility, and, it's the ultimate responsibility.»[64] Leadership bedeutet letztendlich Verantwortung im Sinn höchster Grundverantwortung und setzt Führungsqualitäten voraus, die auf moralisch-ethischen Werten und Charakter basieren: «… leadership is fundamentally about humanity. It is about morality. Your primary job as a leader is to see what is good for your organization and what is good for the people who work for you, and to create something for the well-being of your fellow citizens.»[65]

2.5 Leadership heisst Dienen

«Real leaders are humble servants, not power-hungry tyrants.»[66] Es ist nicht altmodisch, sondern modern, zu fordern, dass Führung in Krisen immer auch Dienen heisst, sei dies einer Sache, einem grösseren Ganzen oder Werten und Idealen. Im Christentum finden wir hierzu eine nach wie vor aktuelle Umschreibung: «Für Jesus aber heisst Führen DIENEN. Das griechische Wort für Führen ‹hegeomai› heisst: vorangehen, führen, leiten. Wer andere führt, geht ihnen voran. Er geht den gleichen Weg wie sie. Er befiehlt nicht von oben herab, sondern geht denen voraus, die er mit sich ziehen möchte. Er tut selber das, was er von den Untergebenen erwartet. Wer so führt, der dient den Menschen. Wer wahrhaft führen will, der soll dem Leben dienen und Leben in den Menschen hervorlocken.»[67]

Leading quietly

Erfolgreiche Führungspersönlichkeiten sind deshalb oft stille Leader, die hinter den Kulissen und nicht im Rampenlicht am effizientesten sind. «They move patiently, carefully, and incrementally. They do what is right – for their organizations, for the people around them, and for themselves …»[68]

Dienst am Ganzen vs. Ego und verwerfliche Führung

Sehr ähnlich ist das Leadership-Konzept aus buddhistischer Sicht, welches das eigene Ego dem Dienst am grösseren Ganzen unterordnet: «Leadership is built by serving. When Leaders truly serve and subordinate their private welfare to that of all others, their authority often becomes unquestionable.»[69]

> Fazit: Mit diesen ehrenwerten Kriterien grenzen wir die Führung auch klar und nachprüfbar von der verwerflichen Führung und der Verführung ab.[70]

3. Die Metapher vom Lebensrad, seiner Nabe und dem Sextanten der Krisennavigation

3.1 Die Nabe als innere Mitte

Um Antworten auf die komplexe Fragestellung zu finden, welche Leadership-Qualitäten in Krisen erforderlich sind, bedienen wir uns einer vereinfachenden Metapher.[71]

Im Zentrum der Darstellung befindet sich ein erster Kreis, der symbolisch die Wesensmitte, den innersten Wesenskern[72] der individuellen Führungspersönlichkeit darstellt. Dieser Mittelpunkt bildet das A und das O der persönlichen Selbstführung, die Quelle und das Fundament zur Entwicklung des individuellen Potenzials, das jedem Menschen zur Verfügung steht.

> Die innere Mitte ist bildlich dargestellt die Nabe, die vom Lebensrad umspannt wird und den Brennpunkt des Sextanten der Krisennavigation bildet.

3.2 Rad des Lebens

Der Mittelpunkt oder die Nabe ist umspannt vom Rad des Lebens.[73] Der konzentrische Kreis symbolisiert die Idealform des einem Menschen zur Verfügung stehenden Entwicklungspotenzials und umfasst die Bereiche, in denen sich eine Persönlichkeit dank Selbstführung entfalten und fortbilden kann.[74]

Sechs Bereiche der Selbstführung

Wir unterscheiden 1. die Möglichkeit der geistigen Entwicklung und Bildung, 2. das gesundheitliche Wohlergehen, 3. die soziale, gesellschaftliche

250

Rad des Lebens

Berufliches, wirtschaftliches Wachstum

Geistige Entwicklung und Bildung

Entwicklung des familiären Umfeldes

«Innere Mitte»

Gesundheitliches Wohlergehen

Seelische, ethische Reife

Soziale, gesellschaftliche, kulturelle Entfaltung

und kulturelle Entfaltung, 4. die seelische, ethische Reife, 5. die Entwicklung des familiären Umfeldes sowie 6. das berufliche und wirtschaftliche Wachstum. Wir können diesen Bereichen auch andere Namen geben, sie sollen bloss aufzeigen, dass das führende Ich nicht teilbar ist. Grundlegende Führungsqualitäten finden ihren stärkenden Nährboden im Innern. Führung in Krisen hat ihren Ausgangs- und Bezugspunkt in dem von persönlicher Selbstführung geprägten Entwicklungspotenzial eines Leaders.

Durchbruch zu sich selbst?

«Human nature seems to endow us with the ability to size up everybody in the world except ourselves.»[75] Wir wissen, wie schwierig die Umsetzung der postulierten Maxime zur Selbstführung ist: Der Durchbruch zu sich selbst, das Durchbrechen von selbst gesetzten Grenzen, von Angst und Zweifel, der Bruch mit negativen Einstellungen und Gewohnheiten, das Aufbrechen verhärteter Kommunikationsbarrieren braucht Mut und Entschlossenheit. Hierzu wurde der Begriff der Breakthrough Leadership geprägt, der zeigen soll, dass im Zentrum die persönliche Selbsterkenntnis jedes Führenden steht.[76]

Fazit: Eine gefestigte Mitte und ein klares Wertesystem ermöglichen die ruhige Führung unter enormem Stress, Entscheidungskraft bei hoher Ungewissheit und unter Zeitdruck. Die Verbindung zur inneren Mitte in der Krise ist essenziell: «… you cannot go into a crisis without some coping strategy, some connection to something bigger than you are.»[77]

3.3 Der Sextant der Krisennavigation

Der «Sextant der Krisennavigation»

1
Positives
Selbstverständnis

6
Wissen, Können:
Sachkunde und
Fachkompetenz
zur Führung
in Krisen

2
Klarheit des
Denkens, das
Bewahren von
Ruhe

Berufliches und
wirtschaftliches
Wachstum

Geistige Entwick-
lung und Bildung

Entwicklung
des familiä-
ren Umfeldes

«Innere Mitte»

Gesund-
heitliches
Wohlergehen

Seelische,
ethische Reife

Soziale, gesellschaft-
liche, kulturelle
Entfaltung

5
Offene Kommuni-
kationsfähigkeit

3
Wichtige Qualitä-
ten und Kompe-
tenzen der emo-
tionalen
Intelligenz

4
Mut, Ent-
schlossenheit zur
Entscheidung

Um die innere Wesensmitte und um das Rad des Lebens ordnet sich ein Hexagon an, auf dessen Eckpunkten sechs grundlegende Führungsqualitäten in Krisen aufgeführt sind. Es ist unsere Auswahl von Kernkompetenzen, basierend auf langjähriger Beobachtung, Erfahrung und Überzeugung, dass dies *die* entscheidenden Stärken in Krisen sind. Sie stehen in direktem Bezug zum individuellen Entwicklungspotenzial und zu den Kernaspekten der individuellen Führungspersönlichkeit, symbolisiert durch das Rad des Lebens, und zu dessen Nabe. Es sind dies:

1. Ein positives Selbstverständnis.
2. Die Klarheit des Denkens, das Bewahren von Ruhe.
3. Ausgewählte, in Krisen besonders wichtige Qualitäten und Kompetenzen der emotionalen Intelligenz.
4. Mut und Entschlossenheit zur Entscheidung.
5. Die offene Kommunikationsfähigkeit.
6. Wissen und Können, Sachkunde und Fachkompetenz bei der Führung in Krisen.

Das Hexagon symbolisiert ein Hilfsmittel, um durch Krisenstürme zu steuern, wir nennen es deshalb den Sextanten der Krisennavigation. Der Sextant dient in der Seefahrt der genauen Standortbestimmung als primäre Voraussetzung zur Zielerreichung.[78]

4. Der unvollkommene Leader

4.1 Ein Lebensrad mit Ecken und Kanten

Wie vorne ausgeführt, wollen wir nicht der Illusion verfallen, wir könnten eine perfekte Führungspersönlichkeit werden, die in übermenschlicher Weise in jeder Krisensituation über sämtliche, Erfolg versprechende Führungsqualitäten verfügt.

Grafische Darstellung der Selbstbeurteilung

Von Vorteil stellen wir die von uns vorgenommene Selbstbeurteilung im Lebensrad grafisch dar. Wir tragen in jedem der sechs Lebensbereiche den nach unserer Auffassung aktuellen Entwicklungsstand auf einer Skala von 1 bis 10 ein und verbinden die Eckpunkte. Das Ergebnis stellt bildlich ein ungleichmässig geformtes und holpriges Lebensrad dar, das behilflich ist, uns den momentanen Stand der individuellen Persönlichkeitsentwicklung, unsere Stärken und Schwächen vor Augen zu führen und uns zur Fortbildung unseres Entwicklungspotenzials zu ermuntern.[79]

Aktueller Stand der Persönlichkeitsentwicklung (Momentaufnahme)

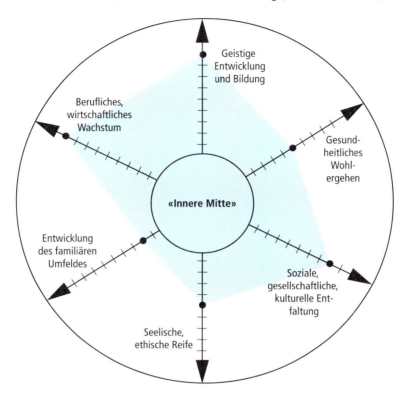

Leaders are perpetual learners

Treu diesem Motto wird sich der unvollkommene Leader seiner Unzulänglichkeiten bewusst, was gleichzeitig seine Stärke ist. Indem er sich dem lebenslangen Lernprozess verschreibt, erzielt er kontinuierliche Fortschritte. Unsere vereinfachende Zeichnung soll auch symbolisieren, dass dies nur eine Momentaufnahme ist und dass sich das Lebensrad in Bewegung befindet. Sowohl die Wesensmitte als Nabe als auch das sie umgebende Potenzial eines Menschen entwickeln und verändern sich dank Selbstführung und gewonnenen Erfahrungen dauernd weiter.

> Fazit: Im vierten Teil des Buches suchen wir eine Antwort auf die Frage, wie er dies am besten tut. Wir werden sehen, dass die Fähigkeit, erkannte Mankos aus der Mitte, aus dem Zentrum der persönlichen Selbstführung heraus zu ergänzen oder zu füllen, von nachhaltiger Wirkung ist.

4.2 Der Krisensextant mit schwachen oder fehlenden Ecken

Unausgeglichenheit wettmachen

Auch der Krisensextant ist in Wirklichkeit unausgeglichen, in der Krise werden in hohem Masse die Anpassungsfähigkeit und Flexibilität zum Ausgleich fehlender Führungsqualitäten getestet. Führende müssen, wie bereits erwähnt, in der Lage sein, rasch ihren Führungsstil der Situation anzupassen.[80] Die zur Verfügung stehende Zeit ist oft knapp bemessen und je flexibler und rascher es gelingt, sich auf die jeweilige Krisensituation einzustellen, desto Erfolg versprechender werden unsere Entscheide sein.

> Ein früher gezogenes Fazit wird bestätigt: Intelligente Krisenbewältigung bedeutet für den Leader, sich in einem wandelnden und komplexen Umfeld zu bestätigen und zu bewähren.[81] Die Zielsetzung lautet: Foster adaptation: «… develop ‹next practices› while excelling at today's best practices».[82]

Kompensation im Krisenteam

Der Sextant der Krisennavigation dient, wie das Lebensrad, als Hilfsmittel zur realistischen Selbstanalyse. Kommen wir zur selbstkritischen Einsicht, dass Schwächen unseren Erfolg infrage stellen, sollten andere Personen im Krisenteam die festgestellten Lücken und fehlenden Führungskompetenzen füllen.

Ratgeber oder einsichtige Selbstausmusterung?

In der Praxis kann eine realistische Selbstbeurteilung auch zur Selbstselektion (Self-Selection) führen. Entscheidungsträger können sich kompetent beraten und begleiten lassen (z. B. durch einen Leadership Coach, vgl. Teil IV, B) oder sie können einem erfahrenen Krisenstabsleiter das Steuer überlassen. Oftmals verpassen sie die goldene Gelegenheit, aus freien Stücken und verantwortungsbewusst während der Krise ins zweite Glied zurückzutreten und müssen, nach ersten Misserfolgen und wachsender Kritik, gezwungenermassen einer neuen Führungspersönlichkeit Platz machen.[83] Es gibt auch gute Argumente, dass das Krisenteam zur Not seinen Leader selbst bestimmt.[84]

4.3 Im Krisen-Teamwork drehen unterschiedliche Lebensräder

Sand im Getriebe des Krisenstabes?

Jedes Mitglied im Krisenteam bringt sein individuelles Lebensrad mit Ecken und Kanten mit. Der Leiter des Krisenstabs wird mit geschicktem Diversity Management dafür sorgen, dass alle im Räderwerk einen konstruktiven Beitrag leisten und die unterschiedlichen Talente nicht zu Sand im Getriebe, sondern integriert und genutzt werden.[85] Deshalb bilden soziale Kompetenzen eine wichtige Voraussetzung zur Führungsfähigkeit, was wir am Beispiel von Humor in Krisensituationen am folgenden Beispiel zeigen.

Humor als Schmiermittel

Eine Führungs- und Vertrauenskrise schleppt sich über Tage dahin. Das «uniforme Gruppendenken» (Group Thinking) im Krisenteam hat sich in Form einer lähmenden Belagerungsmentalität verfestigt. Entscheide sind überfällig. Der Leiter des Stabes erkennt, dass ohne drastische Veränderung der internen Kommunikation, die auch konstruktive Kritik zulassen müsste, die Situation zu eskalieren droht. Neben der Unentschlossenheit macht sich auch zusehends Mutlosigkeit breit. Er weiss, wie entspannend, ja erlösend in Stresssituationen und unter Entscheidungsdruck humorvolle Beiträge sein können. Er ist sich aber auch bewusst, dass er diesen selbst nicht mehr aufbringt und dass nur wenige begnadete Menschen ein Talent haben, in schwierigen Situationen positiv stimulierenden Humor zu entwickeln. Im Krisenteam sind ausschliesslich topseriöse und nüchterne Personen (er selbst inbegriffen) am Werk. Deshalb holt er eine in Pension gegangene Person zurück, die neben Bescheidenheit einen von allen geschätzten, trockenen Humor besitzt. Auf einen Schlag gelingt es diesem Individuum, die als unerträglich empfundene und angespannte Situation zu verwandeln. Sie weicht einer positiv kritischen Leistungs- und Entscheidungsbereitschaft. Der Grundstein für die Überwindung der Krise ist gelegt.

Humor ist gerade in Krisenzeiten und Veränderungsprozessen wichtig[86]: «Humor hat eigentlich drei Funktionen: Erstens schafft er Entspannung und beseitigt Stress. Zweitens ist er ein «Beziehungsschmiermittel», denn humorvollen Leuten hört man lieber zu als solchen ohne Humor. Und drittens ist er ein Mittel zur Förderung der Kreativität, weil man Herausforderungen spielerisch anpacken kann.»[87]

> Fazit: In der Krisenstimmung hat Humor therapeutische Wirkung,[88] die humorvolle oder tierisch ernste Stimmungslage des Krisenchefs überträgt sich heilsam oder unheilvoll auf das Krisenteam.[89] «In other words, laughter is serious business.»[90]

Die sechs grundlegenden Leadership-Qualitäten sind unseres Erachtens die zentralen Voraussetzungen für herausragende Leistung, Resultate und Erfolg in der Krise. Sie beeinflussen und bedingen sich wechselseitig und basieren – über Wissen und Können hinaus – auf Kompetenzen der emotionalen, sozialen und spirituellen Intelligenz sowie auf Führungsqualitäten, die dank persönlicher Selbstführung erworben oder fortentwickelt wurden (vgl. Der Sextant der Krisennavigation, Punkt 3.3).

5.1 Ein positives Selbstverständnis

Ein positives Selbstverständnis steht im Gegensatz zu einer negativen Geisteshaltung und hebt sich ab von einem aufgeblasenen Ego mit dem Hang zur Selbstdarstellung in der Krise.

Leader mit positivem Selbstverständnis neigen dazu:
> Ein gesundes Selbstvertrauen und Selbstbewusstsein zu pflegen.
> Sich eine positive Geisteshaltung und Einstellung anzueignen.
> Eine optimistische Grundhaltung trotz Hindernissen und Rückschlägen zu bewahren und den Humor nicht zu verlieren.
> Selbstachtung als gesunden Respekt vor eigenen Fähigkeiten aufrechtzuerhalten.
> Sie motivieren das Krisenteam durch ihren Enthusiasmus, kraft ihres inneren Feuers («feu sacré») und dank ihres Engagements.
> Sie besitzen die Gabe zu einer hohen inneren Selbstmotivation.

Positive Geisteshaltung als Auswahlkriterium

Das positive Selbstverständnis ist ein gutes Auswahlkriterium und eine Voraussetzung, um in das Krisenteam aufgenommen zu werden. «Eine der wichtigsten Erkenntnisse der Hirnforschung besagt, dass Menschen nur dann ihre Potenziale entfalten, wenn sie Begeisterung mitbringen.»[91] Deshalb sind wir bestrebt, positive Mitstreiter um uns zu scharen und dafür zu sorgen, dass keine antagonistischen Kräfte, chronischen Bedenkenträger, Miesmacher und Besserwisser mit negativer Geisteshaltung die Oberhand gewinnen. Selbstsichere Teammitglieder sind nicht überheblich, sondern haben ein ausgeprägtes Gefühl ihrer selbst und ihrer Identität.[92] Sie suchen mit einer aktiven Selbstmotivation andere anzustecken und in den Bann visionärer Krisenlösungen zu ziehen.[93]

Die Auswahl des Krisensprechers oder der -sprecherin soll ebenfalls unter diesem Gesichtspunkt geprüft werden. Bei der Kommunikation in Krisen werden immer auch Einstellungen kommuniziert. Früher oder später wird beim Tun und Sagen der Kommunikationsverantwortlichen die positive Geistehaltung, die innere Selbstmotivation transparent werden und ausstrahlen. Dies wird sich zu unseren Gunsten auswirken wenn es gilt, Empathie zu beweisen, mit Verhaltensanweisungen und Ratschlägen Ängste und Verunsicherung abzubauen und das Vertrauen in die Führung zu stärken.[94]

Sich auf verheissungsvolles Ergebnis ausrichten

Ein positives Selbstverständnis befähigt, sich auf ein positives Endergebnis zu konzentrieren und der negativen, selbst erfüllenden Prophezeiung (dem Worst-case-Denken als «self fullfilling prophecy») entgegenzutreten.[95] Dies ist bereits beim Erfassen des Krisenproblems und insbesondere in der Phase der Problemlösung von entscheidender Bedeutung.[96] Ein gesunder Respekt vor den eigenen Fähigkeiten wirkt motivierend, auch in widerwärtigen Entwicklungen günstige Gelegenheiten auf Erfolg zu entdecken. Er hilft, negative Geisteshaltungen, die sich einschränkend auf ein flexibles und kreatives Denken auswirken, zu überwinden und die Komplexität der Krise zu unseren Gunsten zu nutzen. Mit Enthusiasmus und Engagement können positive Zielsetzungen, wie z.B. eine Win-win-Strategie, verfolgt werden. Dank der optimistischen Grundhaltung verlieren wir unsere Mission nicht aus den Augen und streben danach, unsere Werte hochzuhalten.[97]

Widrigkeiten und Störfaktoren Stand halten

Dank positivem Selbstverständnis sind wir in der Lage, Überraschungen, Unvorhergesehenem, Anfechtung und Kritik mit gesundem Selbstbewusstsein standzuhalten. Wir werden nicht beim ersten Gegenwind aus dem Gleichgewicht geworfen. Den unvermeidlichen Frustrationen, Rückschlägen und Hindernissen begegnen wir mit innerer Selbstmotivation. Bei der Suche nach kreativen Strategien zur Zielerreichung, schöpfen wir das eigene Potenzial voll aus. Das bejahende Selbstverständnis fördert ganz allgemein die Krisenresistenz.[98]

Optimistische Geisteshaltung und Leidenschaft

«Insecure people make lousy leaders»:[99] Stehen Krisenmanager unter Dauerbelastung auf dem Prüfstand, tritt glasklar hervor, ob sie über eine positive Geisteshaltung verfügen, die ihre Glaubwürdigkeit und das Vertrauen in sie zu stärken vermag. Stehen sie im Dienst materieller Eigeninteressen oder sind sie Treuhänder der Sache? Beseelt sie ein inneres Feuer, eine Leidenschaft zur Lösung der Krise?[100] «Talent doesn't carry people to the top – it's passion. Passion is more important than a plan. Passion creates fire; it provides fuel. As long as the passion is there, it doesn't matter if individuals fail or how many times they fall down. It doesn't matter if other people are against them or if people say they cannot succeed.»[101]

Positives Selbstverständnis und Reputationsmanagement

Wegen der Bedeutung der subjektiv-psychologischen Aspekte einer Krise (Krisen finden in den Köpfen statt) ist immateriellem Schaden – wie Vertrauensverlust oder dem Schaden an Ansehen – mit positiver Überzeugungskraft des Chefs entgegenzutreten.[102] Firmenreputation ist stark mit der Reputation des CEO verknüpft. «In der Krise braucht ein Unternehmen ein Gesicht. Der Konzernchef muss daher gezielt von Beginn an offenes und aktives Krisenmanagement zur Schau stellen.»[103]

«Reputations-Management – das gezielte Management zum Schutz von Image und Reputation des CEO bzw. Chairman sowie anderer Persönlichkeiten – steckt in der Schweiz und in Europa noch in den Kinderschuhen (…). Das Reputations-Management geht von der Idee aus, dass Firmenchefs wie Marken zu behandeln sind; das heisst, deren Bekanntheit und Glaubwürdigkeit wird über einen langen Zeithorizont aufgebaut und gepflegt.»[104]

Grundlage emotionaler Intelligenz

Eine optimistische Grundhaltung und eine positive Einstellung bilden die Grundvoraussetzung für die im Folgenden (in Pt. 5.3) erwähnten vier Schlüsselqualifikationen der emotionalen Intelligenz.

Ein positives Selbstverständnis nach der Krise

Beim Austritt aus der Krise ist es von grosser Wichtigkeit, dass in eine Organisation oder Institution Zuversicht und Optimismus in die Zukunft zurückgebracht werden. Die Genesung aktiv zu gestalten heisst, eine positive Erwartungshaltung gegenüber allen Beteiligten zu kommunizieren. «Wir sind überzeugt, dass Sie fähig sind, einen Neuanfang zu wagen», ist unsere Message – denn nur so können wir erwarten, dass die Krise als günstige Konstellation zur Veränderung und zur Stärkung der Organisation oder des Unternehmens genutzt wird.[105] Leadership im sogenannten Change Management basiert auf der Glaubwürdigkeit eines positiven – individuellen und unternehmerischen – Selbstverständnisses.[106]

Ein positives Selbstverständnis vor der Krise

Die im «courant normal» zu bestimmenden, übergeordneten Interessen, Werte und Prioritäten werden vom positiven Selbstverständnis der Führenden und der Unternehmung geprägt und besitzen in der Krise Ausstrahlungskraft.[107] «I would say the single most important quality is somebody who believes in themselves. What I mean by that is, if you don't have a very strong sense of who you are and what you have to offer, and a strong conviction about that, then you cannot expect somebody else to have that for you. You first must have it for yourself.»[108] Gleichermassen sollte ein positives Selbstverständnis als Auswahlkriterium dienen, wenn wir unser Beziehungsnetz knüpfen: Wir pflegen vorzugsweise Kontakte mit Personen, die sich Win-win-Problemlösungsstrategien verpflichtet fühlen und die wir in der Krise als unterstützende Alliierte zur Seite wissen.

Indem wir vor der Krise mit Optimismus auf das Training und die Ausbildung der Führungsverantwortlichen Einfluss nehmen, beeinflussen wir in positiver Weise ihre Geisteshaltung, mit der sie in eine Krise eintreten.

5.2 Klarheit des Denkens, Bewahren von Ruhe (Calmness in Crisis)[109]

Das klare Denken steht im Gegensatz zum verworrenen, hektischen Aktionismus, der den Hans Dampf in allen Krisen-Gassen auszeichnet. «Wird Aktionismus vom Top-Management vorgelebt, pflanzt sich die Hektik fort bis in die unterste Abteilung».[110]

> Leader, die über die Fähigkeit zum klaren Denken verfügen und in der Krise Ruhe bewahren, zeichnen sich wie folgt aus:
> > Ihr klares Denken führt zu einer sachlichen Standortbestimmung und zu einer stringenten Problemanalyse.
> > Sie formulieren eine klare, strategische Leitidee (Vision), eine richtungweisende Mission und setzen präzise Ziele. Sie kommunizieren diese verständlich und überzeugend, weshalb man ihnen nachlebt.
> > Sie praktizieren ein Denken in Varianten und Gesamtzusammenhängen.
> > In der Krise Ruhe zu bewahren erhöht die Belastungsfähigkeit und Stressresistenz unter Zeit- und Entscheidungsdruck und fördert die Ausgewogenheit im Urteil.
> > Klarheit des Denkens und Ruhe bewahren sind Schlüsselfaktoren zum erfolgreichen Zeitmanagement.

Sachliche Standortbestimmung

Da wir ohne genaue Kenntnisse des eigenen Standortes weder unseren Kompass einstellen noch einen Weg zum angestrebten Ziel ausstecken können, gehört zur illusionslosen Standortbestimmung ein selbstkritisches, besonnenes Überdenken, ob wir die Krise mit verursacht haben oder zu deren Eskalation beitragen. Klipp und klar müssen auch «Chefs ihre Karten aufdecken»[111], denn: «The greatest fool is the one who fools himself.»[112] Trotz der Mahnung von Peter Drucker: «A time of turbulence is a dangerous time, but its greatest danger is a temptation to deny reality»,[113] beobachten wir immer wieder die Versuchung, schönzufärben oder schönzureden.

Klare, strategische Leitidee (Vision) und präzise Ziele

Eine klare Leitidee nährt die Vorstellungskraft und unterstützt die Visualisierung des erhofften Erfolgs, eines zu erreichenden Zustandes nach der Krise oder einer verfolgten Zielsetzung.[114] Die Führung mit unmissverständlichen Zielen hilft mit, Ruhe zu bewahren, um nicht in eine Lähmung oder einen hektischen Aktivismus zu verfallen.[115] Den Zielen der Widersacher oder Gegenspieler werden klare Gegenziele und Gegenstrategien entgegengestellt. Überblickbare Zwischenziele erleichtern das Handeln im Entscheidungs- und Zeitdruck, sie wirken den Stressfaktoren entgegen und besitzen in einer komplexen Krise eine ordnende Funktion.

Vision kombiniert mit positiven Affirmationen

Die Vision ist ein von der Zukunft entworfenes, klares Abbild des idealen Sollzustandes. Visionäre Leadership erkennt aus der Diskrepanz zwischen dem Idealzustand und der aktuellen Krisensituation den Entscheidungs- und Handlungsbedarf. Anspornend wirken anschauliche Visionen in Verbindung mit positiven Bejahungen, die prägnant formuliert sind, wie z. B. «Yes, we can!» oder «I have a dream.»[116] Diejenigen, die in dunklen oder verworrenen Krisenzeiten mit einer prägnanten, klar fassbaren Vision vorangingen, sind als Vorbilder in die Geschichte eingegangen.[117] Dabei muss ein Leader nicht in jedem Fall selbst visionär sein. Aber als Leader gelingt es ihm, eine gemeinsame Vision zu entwickeln, die von allen geteilt und getragen wird.[118]

Klare, besonnene Leadership im Führungs- und Kommunikationsprozess

«Clarity in leadership is the ability to: 1. See through messes and contradictions 2. See a future that others cannot yet see 3. Find a viable direction to proceed 4. See hope on the other side of trouble.»[119] Im Führungsprozess ist mit klarem Denken Licht in das Krisenproblem zu bringen, dieses ist in Teilprobleme zu gliedern, um den Krisenstab aufgabenorientiert einsetzen zu können. Die Klarheit des Denkens und das Bewahren von Ruhe erleichtern die Zusammenarbeit im Krisenteam, die transparente Kompetenzabgrenzung und einsichtige Koordination aller an der Krisenlösung Beteiligten. Sie ist Grundvoraussetzungen für eine einsichtige Triage und logische Analyse der beschafften Nachrichten und Informationen. Ohne sie ist es schwierig, stringente Konsequenzen aus der Synthese der Krisenproblemlösung abzuleiten, im Chaos der Krise Ordnung zu schaffen, dem Entscheidungsträger überzeugende Lösungsoptionen vorzutragen resp. Entscheidungen präzise zu formulieren. Die Eventual- und Folgeplanung lebt vom klaren Denken, ohne dieses wirkt sie sich höchstens verwirrend auf die Entscheidungsträger aus. Das Gleiche kann für eine klare und verständliche Information und Kommunikation nach innen und nach aussen gesagt werden.

Time-out vs. verworrener Aktionismus

Nur zu oft hat man in Krisenstäben den Eindruck, dass verworrenes Denken und Aktionismus Teil des Krisenproblems sind und beitragen, dass das eigne Führungssystem zur Klippe der Krisenführung wird.[120] Für Führungsverantwortliche gilt: Ruhe in der Krise kann man bewahren, wenn man sich bewusst immer wieder ins Time-out begibt, sich zurücknimmt, um sich auf Stärken seiner inneren Mitte zu besinnen (vgl. Pt. 6.2).

Klarheit des Denkens beginnt vor der Krise

Vor der Krise unterstützt das planvolle und systematische Denken die Analyse zur Früherkennung, das proaktive Durchdenken von Szenarien und die Entwicklung von Strategien zur Krisenprävention. Nach der Krise ist eine schlüssige und folgerichtige Evaluation der Erkenntnisse gefragt.

5.3 In Krisen wichtige Qualitäten und Kompetenzen der emotionalen Intelligenz

«Crises demand exceptional emotional capabilities or emotional EQ.»[121] Ausgewählte, in Krisen besonders wichtige Qualitäten und Kompetenzen der emotionalen Intelligenz[122] stehen im Gegensatz zu einer überspitzten Ich-Bezogenheit und zur kopflastigen Krisenführung.

Leader, die in Krisen erfolgreich sind, verfügen über folgende Qualitäten und Kompetenzen der emotionalen Intelligenz:
> Die Fähigkeit zur Selbstwahrnehmung. Dazu gehören eine realistische Selbstanalyse, das Bemühen um Selbsterkenntnis, die Introspektion, die Reflexion, eine zutreffende Einschätzung eigener Stärken, Schwächen und Grenzen, der gesunde Menschenverstand und eine gewisse emotionale Stabilität.
> Das Selbstmanagement. Hierzu zählen wir die Selbstkontrolle, die Selbstregulierung, die Anpassungsfähigkeit und Flexibilität, die Fähigkeit zur Innovation und schliesslich die Lernfähigkeit und Lernwilligkeit sowie die Lernbereitschaft aus Fehlern und Misserfolgen.
> Die sozialen Kompetenzen der Empathie, der Menschenkenntnis, des Bemühens, andere zu verstehen, um die Vielfalt ihrer Potenziale und Perspektiven zu nutzen.
> Die soziale Fähigkeit, ein Katalysator des Wandels zu sein und neue Ideen zu entwickeln, ungewohnte Wege zu beschreiten und zu inspirieren. Wichtige soziale Fähigkeiten sind Teamfähigkeit, Konfliktstärke und Kooperationswille.

Selbstwahrnehmung

Die Fähigkeit zur Selbstwahrnehmung ist für jede Cheffunktion im Krisenstab oder Krisenteam von entscheidender Bedeutung. Der Fünf-Stufen-Prozess zur Selbstwahrnehmung lautet: Wer möchte ich sein? Wer bin ich jetzt? Wie komme ich von hier nach dort? Was muss ich tun, um mich dauerhaft zu verändern? Wer kann mir helfen?[123] Der Hirnforscher und Neurobiologe Gerald Hüther meint dazu: «Man kann sich selbst erst dann ändern, wenn man erkannt hat, aus welchen Gründen man so geworden ist, wie man ist. Selbsterkenntnis nennt man das und diese Fähigkeit kann nicht gut genug entwickelt sein. Da haben viele Führungskräfte (…) noch viel zu tun.» [124]

Leidenschaftslose Selbstanalyse

Eine nüchterne Selbstanalyse, das Bemühen um Selbsterkenntnis, die Introspektion, die Reflexion und die zutreffende Einschätzung eigener Stärken, Schwächen und Grenzen benötigen Mut und viel Kraft. Indem man sich seiner eigenen Schatten und Defizite nicht nur gewahr wird, sondern sie auch anerkennt und lernt, mit ihnen umzugehen, beugt man der Versuchung vor, sie in der Krise auf andere Personen im Krisenstab zu projizieren.[125]

Organisationelle Selbstwahrnehmung

Die zutreffende organisationelle Selbstwahrnehmung einer Unternehmung oder Institution verhindert, dass eine unaufrichtige Einschätzung der eigenen Stärken und Ressourcen, das Verdrängen von Schwächen und Grenzen der Unternehmungsstrategie eine Krise auslösen oder verschärfen.[126] Gesunder Menschenverstand und Augenmass sind bei der Beurteilung der eigenen Mittel und Möglichkeiten, bei der Auswahl der Lösungsvarianten, bei Entschlussfassung und Umsetzung gefragt. Sie bewahren uns vor Unter- oder Überreaktion und sie stellen sicher, dass wir realisierbare Optionen ins Auge fassen.

Das Selbstmanagement

«The Traits of a Leader: Managing attention. Managing meaning. Managing trust. Managing oneself: This quality is critical, because leaders without self-knowledge can do more harm than good.»[127] In komplexen Krisen sind die Fähigkeiten zur Selbstkontrolle, zur Selbstregulierung und die Anpassungsfähigkeit und Flexibilität von entscheidender Bedeutung. Sie versetzen uns in die Lage, unsere innere Verfassung, persönlichen Ressourcen und unsere Intuition zu nutzen, indem wir störende Emotionen und Triebkräfte sowie negative Impulse in Schach halten und angesichts von notwendigem

Wandel flexibel bleiben. Leader mit dieser Kompetenz bleiben standfest und gelassen, sie lassen sich durch die Krisensituation nicht irritieren.[128]

Lernwilligkeit

Selbstwahrnehmung und Selbstmanagement unterstützen die Lernwilligkeit, weil sie von der Überzeugung getragen sind, dass Selbstverbesserung eine gute Sache ist.[129] Wir bleiben offen, aus Erfahrungen zu lernen,[130] wir wissen, dass Fehler und Misserfolge bei der Evaluation wichtige Informanten dessen sind, was bei der Führung in Krisen zu verändern ist.

Empathie und Menschenkenntnis

Empathie und Menschenkenntnis sind zentrale Elemente einer wirkungsvollen Information und Kommunikation.[131] Sie stellen sicher, dass innerhalb und ausserhalb des Krisenteams die Gefühlslagen und Sichtweisen der Stakeholder erfasst werden und man an ihren Sorgen aktiv Anteil nimmt. Daniel Goleman nennt die Empathie «unseren sozialen Radar».[132] Mit diesem Radar ausgerüstet ist es auch möglich, einen Krisenstab durch widrige Zeiten zu führen: dank Teamfähigkeit, Konfliktstärke und Kooperationswille.[133] Die unterschiedlichen Potenziale und Perspektiven der Teammitglieder können als Chancen genutzt werden, falls man ihnen unvoreingenommen zuhört.[134]

Autoritären Führungsstil in Schach halten

Wie wir gesehen haben, kann ein «zwingender Führungsstil», der auf dem Befehlsprinzip beruht, in Ausnahmefällen, wie z. B. in einer existenzbedrohenden Krisensituation, erfolgreich sein, indem er maximalen Einfluss auf den Leistungs- und Erfolgswillen nimmt.[135] Die Fähigkeit zur Selbstwahrnehmung, das Selbstmanagement und die Empathie stellen sicher, dass dieser Befehlsführungsstil nicht ausser Kontrolle gerät.[136]

Katalysator des Wandels

Erwiesen sich alte Vorstellungen nicht als längst überholt, wäre es wahrscheinlich nicht zur Krise gekommen. Leadership in Krisen bedeutet, sich neuen Ideen zu öffnen. Bei vielen Führungstätigkeiten sind die Innovation, die Entwicklung neuer Konzepte von vorrangiger Bedeutung und Voraussetzung zum Erfolg. Dies gilt insbesondere beim Ermitteln von Lösungsansätzen oder Entscheidungsoptionen ebenso wie bei der aktiven Gestaltung der Genesung aus der Krise. Auch bei der Information und Kommunikation gilt es, als Katalysator des Wandels neue Wege des Sagens zu beschreiten, um Gefolgschaft zu finden.[137]

5.4 Mut, Entschlossenheit zur Entscheidung (Decision in Action)

Mut und Entschlossenheit zur Entscheidung stehen im Gegensatz zu mutloser Unentschlossenheit, Verzagtheit und mangelnder Zivilcourage.

Leader, die über diese Fähigkeiten verfügen, zeichnen sich aus durch:
> Entscheidungsfreudigkeit und Beherztheit zum Handeln. Sie sind entschlossen, eine Wende herbei und aus der Krise zu führen, sie zeigen Bereitschaft, dafür die Verantwortung zu übernehmen. Sie führen, indem sie eine Vorbildfunktion einnehmen, einen hohen Standard setzen, Durchhaltewille und wenn nötig auch Wagemut unter Beweis stellen.
> Sie legen Initiative, Entscheidungskraft und -fähigkeit an den Tag, trotz vorherrschender Ungewissheit, trotz Risiken und Angst. Sie haben den Willen und die Courage, günstige Gelegenheiten trotz Kritik am Schopf zu packen und zu nutzen.
> Sie sind beseelt von unbändigem Willen zur Verwirklichung einer Vision, zum Erreichen der gesetzten Ziele und zum Umsetzen der Entscheide. Sie arbeiten mit Ausdauer, beherzt und unverzagt auf den Erfolg hin.

Mut zum eigenen Weg

Es braucht Mut, von gängigen Auffassungen und hergebrachten Methoden, wie die Krise zu lösen ist, abzuweichen, dem inneren Kompass und der Intuition zu vertrauen. Verantwortliches Handeln erfordert, ein kalkuliertes Risiko einzugehen, um eine Krise nicht nach traditionellen Überlegungen, sondern risikofreudig und mit neuartigen Ansätzen anzupacken. Bei der Führung in der Krise gibt es keine garantierte Erfolgsformel, schon gar nicht kann das Motto sein, stets auf Nummer sicher zu gehen. «In the heat of a crisis, leaders and organizations need courage. Courage, according to organizational experts Merom Klein and Rod Napier, is reflected in what you do when you are put to the test and face real moments of truth. They explain that courage is built on five factors that build on one another – candor, purpose, will, rigor and risk.»[138]

Beherztes Entscheiden trotz Risiken und Kritik

In der Krise lähmende Angst zu überwinden und trotz Ungewissheit und unübersichtlicher oder widersprüchlicher Sachlage tatkräftig zu entscheiden, braucht Entschlossenheit. Standhaftigkeit gegen Kritik, Anfechtungen oder Panik erfordern in hohem Masse Beherztheit, nicht zu zögern, Widerwärtigkeiten zum eigenen Vorteil zu nutzen und auf dem Weg zur Veränderung Bewährtes über Bord zu werfen und alte Zöpfe abzuschneiden.[139]

Durchhaltewille

Zu Wagemut gehört der Durchhaltewille. Beim ungewissen Ausgang einer Krise wird das Durchhaltevermögen auf eine harte Probe gestellt. Stehvermögen bietet dem Wankelmut die Stirn, Prinzipien und Werte werden nicht vorschnell zugunsten kurzfristiger Gewinne und auf Kosten langfristiger Überlegungen und Erfolge geopfert.

Zivilcourage motiviert

In Krisen sind immer zeitweilige Rückschläge zu erwarten, es gibt Momente, in denen man Fehler, Versäumnisse oder Nichtwissen eingestehen muss. Entscheide sind risikobeladen, und der Erfolg umgesetzter Beschlüsse bleibt ungewiss. Es sind die schwierigen Momente, in denen sich ein Leader dank Zivilcourage behaupten muss. Er bleibt beseelt vom Willen, seine Vision zu verwirklichen, gesetzte Ziele zu erreichen und umzusetzen. Er übernimmt dank seiner Standhaftigkeit eine Vorbildfunktion, seine Motivation überträgt sich auf das Krisenteam, oder anders herum: «Zu wenig motivierte Chefs *demotivieren* am meisten.»[140]

Im Volksmund werden diese Charakterzüge trefflich u. a. umschrieben mit: einer Krise mutig die Stirn bieten, eine Krise ausreiten oder durchstehen, die Krisenprobleme an den Hörnern bzw. an der Wurzel packen oder sich von der Krise nicht aus den Geleisen werfen lassen. Hierzu gehört immer auch eine Portion Verbissenheit, die aber nicht zur Sturheit ausarten darf.

Willensstärke vor …

Bereits vor der Krise gibt es eine Reihe von Führungsaktivitäten, die ohne Mut und Entschlossenheit nicht zur Ausführung gelangen. Vorsorgliche Führungsmassnahmen zur Krisenprävention stören den normalen Geschäftsgang, sie zehren an den knappen Ressourcen, sie brauchen Zeit und sind unpopulär. Es braucht Unerschrockenheit, die Warnglocke zu ziehen, wenn man in seiner Überzeugung alleinsteht, dass die Krisenschwelle überschritten ist und dringend Sofortmassnahmen zu ergreifen sind. Es verlangt Weitsichtigkeit, von den Mitarbeitenden, die bereits im «courant normal» hart gefordert sind, zusätzlich Ausbildung oder die Teilnahme an Übungen zu verlangen, um in Krisen bestehen zu können.

… und nach der Krise

«Properly understood and managed, any crisis forces us to re-evaluate our current practices and make improvements that … may actually be necessary to succeed in an increasingly changing world.»[141] Soll die krisenhafte Situation zur Einleitung eines Veränderungsprozesses genutzt werden, ist es oft unausweichlich, in der Führungsetage personelle Konsequenzen zu ziehen und Umbesetzungen vorzunehmen. Unpopuläre Massnahmen sind auch gegen den Widerstand der Betroffenen in Kraft zu setzen, damit sich die Krise nicht wiederholt. Wiederkehrende Krisen haben oft ihren Ursprung im Mangel an Mut und Entschlossenheit, Remedur zu schaffen. Ist das Ungemach vorbei, flüchtet man sich nach der Krise in die vertraute Umgebung des Business as usual und geht den unbequemen Aufräumarbeiten aus dem Weg.[142]«For it is our response to change – and not change itself – that determines our future.»[143]

5.5 Offene Kommunikationsfähigkeit

Offene Kommunikationsfähigkeit steht im Gegensatz zur restriktiven Information, zu einsilbiger Verschlossenheit, unzugänglicher Einigelung oder Wagenburgmentalität.

> Leader, die eine offene Kommunikationsfähigkeit pflegen:
> > zeigen Mitgefühl und Einfühlungsvermögen (Empathie);
> > sie können unvoreingenommen zuhören;
> > sie können sich verständlich, klar und in überzeugender Weise verständigen, ohne Missverständnisse zu kreieren;
> > ihre offene Kommunikationsfähigkeit erlaubt ihnen, Beziehungsnetze aufrecht zu erhalten und zu pflegen.

Freie Kommunikation im und mit dem Krisenstab

Eine offene Kommunikation erlaubt, mit dem Krisenstab positiv und anerkennend zu kommunizieren. Sie strahlt nach innen und nach aussen Glaubwürdigkeit und Vertrauen aus, wirkt der Verunsicherung, der Ungewissheit und Ängsten entgegen. Sie ist eng verknüpft mit der sozialen Kompetenz der Empathie, der Menschenkenntnis und dem Willen, andere verstehen und ihnen zuhören zu wollen. In der Krise rücksichtsvoll und menschlich zu bleiben, kann längerfristig auch ökonomisch rentieren.[144]

Eine offene Kommunikation pflegen heisst auch, dass man sich nicht scheut, von Angesicht zu Angesicht zu führen. Dies wirkt glaubwürdiger und unmittelbarer als jede elektronische oder schriftliche Kommunikation bzw. Videokonferenz, insbesondere wenn Unangenehmes zu diskutieren ist. In kompromittierenden Situationen geht es nicht nur darum, die Wahrheit zu sagen, sondern auch in der direkten Auseinandersetzung und Konfrontation zu den eigenen Werten zu stehen.[145]

Eine effiziente Stabsarbeit in Krisenzeiten bedingt eine transparente Information und Kommunikation mit allen Mitgliedern des Krisenstabes.

Eine schnörkellose Kommunikation ist insbesondere zwischen den Führenden und den Spezialisten notwendig und verhindert, dass Fachjargon zur Kommunikationsbarriere und zu Missverständnissen führt.[146]

Aufgeschlossene Verständigung mit den Betroffenen

Offene Kommunikation heisst, sich mit Mitgefühl auf die Betroffenen einzustellen. Leader müssen in traumatischen Umständen z. B. den im Krisenteam persönlich Betroffenen und Trauernden die Möglichkeit geben, ihren Gefühlen frei Ausdruck zu geben.[147] Der Kreis und die Lage der Stakeholder verändern sich kontinuierlich, deshalb müssen wir uns fortwährend in ihre Situation hineinversetzen, um uns mit ihnen realitätsnah verständigen zu können.

Umfassende Informationsvermittlung

Dass getroffene Entscheide auch erfolgreich umgesetzt werden, hängt massgeblich von der überzeugenden Kommunikation durch die Entscheidungsträger ab.[148] Eine restriktive Information und Kommunikation über den eingeschlagenen Weg ist für dessen Akzeptanz ebenso wenig hilfreich, wie wenn der Krisenaustritt und die Genesung einsilbig kommuniziert werden.

Eine offene Kommunikation nach …

Wie immer die Krisenauswertung durchgeführt wird, sei es in Form von After Action Reviews, Anhörungen, Auswertungsberichten oder mittels Medienauswertung: In allen Fällen gibt die geschickte Kommunikationsfähigkeit den Ausschlag, ob die Lehren auf Ablehnung stossen, bloss zur Kenntnis genommen oder aber auch wirklich gehört und akzeptiert werden (Lessons Learned).

… und vor der Krise

Nur unter der Bedingung, dass eine Unternehmenskultur der offenen Kommunikation durch die Chefetage getragen und gepflegt werden,[149] funktioniert Früherkennung zur frühzeitigen Aufdeckung von Missständen, insbesondere wenn Negatives zu vermelden ist. Damit übergeordnete Interessen und Werte, Prioritäten oder Grundsätze auch in Krisen Beachtung finden, sind sie allen transparent zu kommunizieren.[150] Sie sind einprägsam zu formulieren, wie z. B.: «Die Sicherheit der Passagiere ist unser höchster Wert»,[151] «Das Wohlbefinden der Konsumenten steht im Mittelpunkt, nicht die materiellen Verluste», «We are doing our utmost … to bring safety and peace to our customers».[152] Sie können nicht einfach verordnet werden; im Idealfall sind sie in einer Unternehmung gemeinsam zu erarbeiten oder zumindest zu diskutieren.

Die Ausbildung und das Training sind beste Gelegenheiten, um mit allen Mitarbeitenden über den Sinn der Krisenvorbereitung zu diskutieren und sich über die Erwartungen im Falle einer Krise auszusprechen. Es ist schwer verständlich, weshalb die Spitzen von Unternehmungen oder Organisationen nicht einsehen, dass Krisenkommunikation nicht beim Ausbruch einer Krise beginnt, sondern die entscheidenden Grundsteine für den Erfolg *vor* der Krise gelegt werden. Wenn sich die Chefetage dauernd von der Teilnahme an Übungen abmeldet und die Krisenvorbereitung an Stellvertreterchargen delegiert, werden Chancen zur Kommunikation mit den Mitgliedern der Krisenorganisation verpasst, was in der Krisenführung folgenschwere Konsequenzen hat.

5.6 Wissen und Können, Sachkunde und fachliche Fähigkeiten (Knowledge and Skills)

Wissen und Können im Bereich wichtiger Führungsaspekte stehen im Gegensatz zu Ignoranz, nicht informiert und unvertraut sein mit Krisenerfordernissen. Ahnungslose Kriseneinfältigkeit, die zu mangelnder Krisenbereitschaft führt, wirkt sich in Krisenzeiten verheerend aus.

Leader, die über das notwendige Grundwissen und Können verfügen:

> Besitzen ein vertieftes Wissen über die wichtigsten Wesensmerkmale und die «innere Qualität» von Krisen. Sie haben sich mit den Herausforderungen komplexer und neuartiger Krisen auseinandergesetzt und ein Verständnis für die Stadien der Krisenphasen und für den Krisenprozess entwickelt.

> Sie sind sich der hohen Anforderungen an die Fachkompetenz zur Führung in, nach und vor der Krise bewusst. Sie besitzen Kenntnisse über das Führungssystem (Führungsorganisation, Führungsprozess, Führungsinfrastruktur), über die Führungsmethodik und -tätigkeiten und weisen die Eignung auf, diese kompetent zu meistern.

> Sie kennen Aufgaben, Ziele und Funktionsweise der Organisation, Unternehmung oder Institution, die sie führen, «inside out» oder «à fond», d.h. wie ihre Westentasche. Dies erlaubt ihnen, in der Krise eine klare Vorstellung vom Soll-Zustand zu haben und eine Vision vom gewünschten Zustand nach der Krise zu entwickeln.[153]

Dieses Wissen und Können bildet eine solide Basis für Leadership in Krisenzeiten, ist aber allein noch nicht genügend zum Erfolg. Der Schlüssel liegt im umfassenden Verständnis für die Stärke grundlegender Führungsqualitäten und im Willen, sich diese Fähigkeiten und Eignungen mittels Selbstführung zu erwerben.

5.7 IQ vs. emotionale und soziale Intelligenz

Die emotionale und soziale Intelligenz geben den Ausschlag

> Fazit: Die Durchsicht der sechs grundlegenden Leadership-Qualitäten führt zur Erkenntnis, dass die ersten fünf und damit die Mehrheit dem Bereich der emotionalen und sozialen Intelligenz zuzuordnen sind.[154] Dieses Resultat unterstreicht die entscheidende Bedeutung und Wichtigkeit von Kernaspekten der Selbstführung.

Die fünf grundlegenden Leadership-Qualitäten in Krisen, nähren sich primär aus der inneren Mitte des Menschen – in unserem metaphorischen Bild aus der Nabe des Lebensrades und aus dem Entwicklungspotenzial, das durch die persönliche Führung fortgebildet und verstärkt werden kann. Leider stellen wir fest, dass Aufsichts- und Kontrollorgane bei der Bestellung der Krisenorganisationsleitung dies nicht erkennen und die Weichen oft schon zu Beginn falsch stellen i. S.: «Social intelligence turns out to be especially important in crisis situations ... Boards typically favour expertise over social intelligence when selecting someone to guide the situation through tough times. A crisis manager needs both.»[155]

EQ von Krisenteams

Was für Individuen zutrifft, gilt auch für Teams: Sie besitzen dank emotionaler Intelligenz eine hohe Produktivität, finden kreativere Lösungen und fällen bessere Entscheide. Hohe Partizipation, enge Kooperation basiert u. a. auf gegenseitigem Vertrauen und einem Gefühl der Gruppenidentität im Team – der Zugehörigkeit zu einer bedeutsamen Krisenorganisation, «the sense of being a part of a vibrant and accomplished team».[156] Die Überzeugung, dass der Krisenstab effizienter und gemeinsam leistungsfähiger ist, als die Summe der Leistungen der einzelnen Mitglieder,[157] basiert auf dessen kluger Zusammensetzung, welche die Vielfalt der Teamgemeinschaft berücksichtigt und konstruktiven Widerspruch nicht nur toleriert, sondern fördert.[158]

6. Die innere Mitte, die Nabe des Lebensrades

6.1 Spirituelle Intelligenz (SQ)

Die innere Mitte als Quelle

Die Betrachtung der sechs Führungsqualitäten führt uns zurück zum Ausgangspunkt unserer vereinfachenden Metapher: zur Nabe des Lebensrades, der inneren Mitte. Sie stellt unseren innersten Wesenskern dar. Dieser

270

Mittelpunkt bildet die Quelle zur persönlichen Selbstführung und zur Entwicklung des uns zur Verfügung stehenden Potenzials. Er enthält die Fähigkeit, tiefe Einsichten zur Selbsterkenntnis, zu persönlichen Werten, zu individuellen Wünschen und Bedürfnissen zu gewinnen und diesen eine klare Ausrichtung zu geben. Er beeinflusst unsere Einstellungen und unsere Denkweise, in ihm liegt der Keim zum positiven Selbstverständnis, zum Wille zum Sinn, und aus ihm gedeiht unser Lebensenthusiasmus. Schliesslich werden unsere äusseren Handlungen von den inneren Werten, unseren Glaubensbekenntnissen und Überzeugungen genährt, die ihrerseits unsere Erwartungen und Einstellungen prägen und letzten Endes die äusseren Handlungen, unser Tun und Sagen bestimmen.[159]

Die Intelligenz der Seele

Mitroff stellt an die erfolgreiche Krisenführung sieben Forderungen. Die dritte lautet: «Right soul: Effective crisis management requires a special type of inner spiritual growth, or spiritual IQ.»[160] Wissenschaftlich ist dabei die spirituelle Intelligenz (SQ) angesprochen, die wir nicht mit Religiosität gleichsetzen. «Spirituelle Intelligenz ist die Intelligenz der Seele.» Eine Intelligenz, die das Ganze ins Auge fasst und nach dem Sinn fragt: «mit deren Hilfe wir Sinn- und Wertprobleme angehen und lösen; die Intelligenz, mit deren Hilfe wir unsere Handlungen und unser Leben in einen grösseren, reichhaltigeren Sinnzusammenhang stellen; die Intelligenz, mit deren Hilfe wir abschätzen können, ob ein Handlungsablauf oder Lebensweg sinnvoller ist als ein anderer. Der SQ *ist das notwendige Fundament dafür, dass sowohl IQ als auch EQ wirkungsvoll funktionieren.* Es handelt sich um unsere höchste Intelligenz.»[161]

> Fazit: Ohne Zweifel sind IQ, EQ und SQ insgesamt höchst bedeutungsvolle Voraussetzungen, um erfolgreich und gestärkt aus Krisen zu treten: «You can and will survive – even prosper – but if, and only if, you are prepared emotionally, physically, intellectually, and spiritually».[162]

6.2 Die innere Mitte als Quelle positiver Charaktereigenschaften

Innerer Kompass

Die erwähnten Kernaspekte der inneren Mitte können nur annähernd mit Bildern oder Vergleichen umschrieben werden. Etwa mit dem inneren Kompass oder der inneren Rückbindung zu einer höheren Instanz. Aus ihnen schöpfen wir Einsichten zur Sinnfrage, zur persönlichen Lebensmission, zur Deutung unserer individuellen Lebenserfahrung, aber auch, was richtige Entscheidungen im moralisch-ethischen Dilemma einer Krise sind.[163] Der Bezug zu Idealen und zu Bedeutungsvollem verhilft zu einem soliden Wertesystem und verschafft, als Basis unserer Entscheidungen, Klarheit über die zu setzenden Prioritäten.

> Fazit: In der Umwälzung einer Krise verleiht die Wertegewissheit und die Werthaltung Sicherheit und äussert sich in der Form eines ethischen Bewusstseins und menschlichen Anstandes. Der Bezug kann aus einem festen Glauben, einer spirituellen Verbundenheit, einem «inneren Anker» bestehen. Er ist gleichzeitig der Kanal, über den wir in der Stille unsere Intuition, Kreativität und unsere Visionen nähren.

Gute Charaktereigenschaften

Wir verbinden eine ganze Reihe positiver Charaktereigenschaften einer Führungspersönlichkeit mit der inneren Mitte eines Menschen: Aufrichtigkeit, Integrität, Vertrauenswürdigkeit, unbestechliche Urteilsfähigkeit, Verantwortungsbewusstsein, Bescheidenheit, Verpflichtung gegenüber der Aufgabe und der Sache, ein Leadership-Verständnis als Wunsch, zu geben und zu dienen, ein treuhänderisches Verständnis von Macht, Geld und Ressourcen.[164] Eingestandenerweise sind dies Eigenschaften, die wir bei Topmanagern spektakulärer Krisen der jüngsten Vergangenheit oftmals schmerzlich vermissten.[165]

6.3 Aus der inneren Mitte Selbstführung und Führungsqualitäten weiterentwickeln

Durchstandene Lebensstürme kräftigen die innere Mitte

Warum kommen wir zur Einsicht oder was ist die motivierende Triebfeder, dass wir an unserer Selbstführung arbeiten und sie weiterentwickeln? Das Verlangen kommt aus unserem Inneren, sei es infolge von Krisen, Niederlagen, schmerzlichen Misserfolgen, herber Kritik, Lebensstürmen bei einem Verlust. Deshalb ist der Aussage zuzustimmen: «Grundsätzlich glaube ich, dass es gut ist, wenn Manager Krisenzeiten erleben.»[166] Das geflügelte Wort «Ohne Krisen kein Fortschritt» enthält eine wahre – wenn auch schmerzliche – Lebenseinsicht. Für den Leader heisst dies, dass seine Niederlagen als Ausgangspunkt für den Erfolgsweg dienen, nach dem Motto: « Learn what you can from the beating you have taken. Then move confidently on to the next opportunity. Accept defeat supinely and you're through. Come back at it with all you've got and you've got plenty. You will win with the *never settle for defeat attitude*.»[167]

Aus der inneren Mitte werden wir oft gegen unseren Widerstand angehalten zu grundlegenden Fragen Antworten zu finden z. B. auf die Frage nach Sinn und Wert unseres Tuns in der Midlife-Krise.[168] Die innere Mitte wird zur Triebfeder – in der mechanischen Uhr Unruh genannt[169] –, sich einem lebenslangen Lernen zu verschreiben. Stetes Lernbestreben ist die einzige Möglichkeit, die Sehnsucht nach Erkenntnis zu stillen.

Die innere Mitte ist auch der Ausgangspunkt zur Fortbildung der Führungsqualitäten, die der emotionalen und sozialen Intelligenz zugeordnet werden. Deshalb ist zu hoffen, dass in der höheren Ausbildung und der Ausgestaltung der Executive-MBA-Programme ethisch-moralischen Führungsaspekten, Gewissensfragen, Charakter, Integrität und Vertrauen vermehrt Rechnung getragen wird.[170]

6.4 Die innere Mitte als Kompass in Wertekonflikten

Umstrittene Werte

In Krisen werden Werte infrage gestellt: Eine Führungskrise entsteht, wenn das Vertrauen in Brüche gegangen ist, wenn die Integrität oder Aufrichtigkeit von Führungsverantwortlichen angezweifelt wird, wenn unterschiedliche Wertvorstellungen aufeinanderprallen (oder wir gar von einer Crisis of Trust[171] sprechen). Ein Wertewandel kann auslösendes Element einer Krise sein, wenn die Führungsspitze an tradierten und nicht mehr zeitgemässen Werten festhält. Die Gefolgschaft oder Loyalität der Mitarbeiter ist gespalten: Die einen können sich mit dem Verhalten der Führung identifizieren, für andere zeigt der innere Kompass an, dass ihre Wertvorstellungen diesen Ansichten diametral entgegen laufen. Gemäss ihrer Sichtweise und Interpretation dient das Verhalten der Leader vornehmlich Eigeninteressen, statt der Sache oder den Menschen. Für sie stellt sich die Gewissensfrage: Ist trotz Krise weiterhin loyal mitzuarbeiten oder ist Opposition («Join with others to confront or to overthrow the leader»[172]) oder Kündigung angesagt?

> Fazit: Krisen können Organisationen und Unternehmungen zusammenschweissen oder aber entzweien. «Crises exacerbate the splits that are already present in people, organizations, and societies.» [173]

Klärende Werte

Werte dienen demnach der Klärung, welche Position einzunehmen ist. Sie sind aber auch das Fundament von Entscheiden in unsicheren Situationen und bei hohem Risiko. Sie unterstützen das Setzen von Prioritäten bei Ziel-konflikten, in Ungewissheit oder in Kontroversen.[174] Sie sind der letzte Ratge-ber, wenn wir in der Krise allein und völlig auf uns selbst gestellt sind: «Of course in the midst of a crisis, you often don't have supporters. No one wants to sign up with you until they know you are the winner. So you are alone with the problems, which is for the best ... A person knows he is a leader when he realizes there is no one who can answer his questions. He has to answer them himself – alone .... You need an inner compass to indicate the way.»[175]

6.5 Die innere Mitte von Unternehmungen oder Organisationen

In ähnlicher oder abgewandelter Form können wir auch bei Unterneh-mungen oder Organisationen im besten Fall eine innere Mitte, eine «Seele» oder aber öde Leere feststellen. Im kollektiven Bewusstsein werden Grund-werte hochgehalten, die im Leitbild, im Ehrenkodex (Code of Honour) oder im Code of Conduct ihren Niederschlag finden. In der Praxis erleben wir dies z. B., wenn in einer Unternehmung gemeinschaftlich eine Vision zur Notfall- und Krisenbereitschaft erarbeitet wird. Wir könnten im übertragenen Sinn auch ein Lebensrad einer Organisation entwerfen und Unternehmensqualitä-ten in der Krise festlegen. Die heute infrage gestellten unternehmerischen Werte sind weitgehend auch ein Spiegelbild des gesellschaftlichen Wertesys-tems, das selbst in einer Krise steckt.[176] «The final result ... is a deep existen-tial and spiritual crisis. The crisis is experienced as a loss of meaning and purpose.»[177]

> Leadership in Krisen ist lernbar

Leadership in Krisen ist lernbar, die Frage ist wie. Im folgenden Kapitel betrachten wir die Krisenführung und die hierzu notwendigen Führungsqualitäten unter dem Gesichtswinkel, wie wir uns entsprechende Kenntnisse und Fähigkeiten aneignen können. Teil IV führt uns über die Entwicklung der Selbstführung zum Verständnis persönlicher Reife, aber auch zu den Grenzen der Veränderung und des Erfolgs.

2.   Wer lernt, warum (nicht)?

2.1 Individuelles Lernen

Persönliche Motivation zum Erlernen der Leadership

In den folgenden Ausführungen steht das lernende Individuum im Vordergrund. In den Worten von John F. Kennedy: «Leadership and learning are indispensable of each other».[1]

> Fazit: Selbstführung – insbesondere unter schwierigen Bedingungen – will erlernt sein, und zwar bevor man die Verantwortung zur Führung einer Vielzahl von Menschen in Krisen übernimmt. «Leaders are made – not born», Leadership ist zu einem grossen Teil erworben, nicht angeboren, sondern lernbar. Dieser Leitsatz ist von persönlicher Erfahrung als Leadership Coach und von wissenschaftlichen Erkenntnissen getragen.

In den Worten von Rudolph Giuliani: «Leadership does not simply happen. It can be taught, learned, developed.»[2] Erwiesenermassen sind Leid, Schmerz oder Verlust starke Motivatoren zum Lernen und zur Veränderung.

Man kann sich aber sehr wohl proaktiv lernend auf die Führung in Krisen vorbereiten, um potenziellen Schaden zu vermindern.

Schäbige Beispiele

Negativbeispiele von CEOs, Topkader und Führungsspitzen, die diesen Lernprozess offensichtlich nie unter die Füsse genommen haben und in Krisen ein erbärmliches Defizit mangelnder Selbstführung an den Tag legen, gibt es in erschreckendem Ausmass.[3] Nicht genug besteht oft der Eindruck, dass aus Krisen nicht zuletzt jene profitieren, die sie verursacht haben.[4] Zudem ist (mit Ausnahmen) überzeugende Krisenführung nicht nur in der Schweiz eine ausgesprochene Mangelware.[5]

2.2 Organisationelles Lernen

Wer in Krisen Organisationseinheiten (wie einen Krisenstab) führen will, hat sich auch mit den Erfordernissen des organisationellen Lernens auseinanderzusetzen. Trotzdem steht diese Notwendigkeit hier im Hintergrund und wir weisen nur kurz auf besondere Aspekte des Lernprozesses hin.[6]

Lernrichtlinien

Aus unserer Erfahrung bei der Ausbildung von Krisenstäben müssen wir mehreren Richtlinien folgen, um die Bedürfnisse der lernenden Organisation abzudecken: (1) Erstens muss sich der Lernprozess, damit er nachhaltig wirkt, über eine längere Zeitspanne erstrecken und mit einer gewissen Regelmässigkeit konzipiert sein. (2) Damit das Erlernte ins kollektive Bewusstsein der Organisation übergeht, sind zweitens gemeinschaftliche Elemente des Lernens bei der Ausgestaltung von Ausbildungsinhalten wichtig. Organisationseinheiten, die zur Krisenbewältigung vorgesehen sind, sollen bei der Vorbereitung von Übungen beteiligt sein und bei der Durchführung und Auswertung in der Übungsleitung spezielle Aufgaben übernehmen. (3) Damit neues Wissen, Erfahrung und Kompetenz erhalten bleiben – auch wenn Individuen mit besonderem Know-how diese verlassen –, müssen drittens die Ausbildungsergebnisse, Erkenntnisse und Lessons Learned für alle zugänglich dokumentiert und umgesetzt werden.[7]

Gesamtleistung ist entscheidend

Als Resultat des organisationellen Lernprozesses wird die Gesamtleistung eines Krisenstabes gemessen. Es geht darum, individuelle Leadership-Qualitäten mit dem Wissen und der Erfahrung einer Organisation so zu paaren, dass aus der Synergie eine optimale Krisenführung resultiert.[8] Führungsverantwortliche kommen und gehen, Krisen halten sich nicht an die Agenda der Geschäftsleitung und können den neu zur Organisation stossenden CEO kurz nach Amtsübernahme überraschen.[9]

2.3 Lebenslanges Lernen ist Chefsache

Keep learning to keep leading

> Als Fazit steht eine Erkenntnis im Vordergrund, die gleichermassen als Forderung zu verstehen ist: «Leadership development is never an event – it's an ongoing and arduous process».[10] Führungskräfte verlangen von Mitarbeitenden, dass sie ständig dazulernen, dies gilt auch für sie selbst:[11] «If you want to lead, you must learn. If you want to continue to lead, you must continue to learn.» [12]

Vorbildsfunktion des Leader

Ein Leader zeichnet sich dadurch aus, dass er sowohl im Bereich des organisationellen Lernens als auch als Mentor der individuellen Weiterbildung die Initiative ergreift und als Vorbild vorangeht. Entscheidend ist, dass der Leader im Krisenteam eine Lernkultur schafft, in der die Teammitglieder hoch motiviert sind, sich weiterzubilden.[13]«Learning is an essential part of any company's effort to change and innovate. But to be successful, learning must (…) involve the direct participation of senior executives. It's a price too many CEOs are unwilling to pay.»[14] «Die Bereitschaft zu lernen, ist in Zeiten rapider Veränderungen entscheidend wichtig … Führende Politiker, die in Krisensituationen die Initiative ergreifen wollen, sollten an Übungen teilnehmen, bei denen die Entscheidungsprozesse in kritischen Situationen durchgespielt werden. Sie sollten aber auch bereit sein, daraus zu lernen und sich bei den anschliessenden Besprechungen kritisieren zu lassen.»[15]

2.4 Warum drücken sich Chefs vor Krisenübungen?

Ausreden und Angst

Wir sind in einer andern Publikation ausführlich der Frage nachgegangen, welches die entscheidenden Voraussetzungen, Hindernisse oder Anreize sind, damit sich Führungsverantwortliche am Ausbildungs- und Lernprozess der «lernenden Organisation» beteiligen.[16] Wir beschränken uns hier auf wenige Feststellungen. Hierzu gehört z. B. die Neigung der Chefetage, hinter verschlossenen Türen, unter höchster Vertraulichkeit und ohne Beizug externer Experten leichtgewichtig zu «üben». Wie erwähnt, stossen wir öfters auf die

Ausrede, auf Krisen brauche man sich nicht vorzubereiten,[17] man trainiere ja im «courant normal» alltäglich das Krisenmanagement. Diese Ausflucht ist verbunden mit einer eklatanten Überschätzung der eigenen Fähigkeiten, aus dem Stand zu handeln bzw. einer Unterschätzung der eigenen Verwundbarkeit.[18] In den Worten von Rudolph Giuliani: «When selected for a position of leadership, do not believe you were selected by God. That's exactly when humility should be applied. What are my weaknesses? How can I balance them?»[19]

Hinderungsgründe geschickt überwinden

Wie wir in Teil I gesehen haben, sind mangelnde Zeit, knappe personelle und finanzielle Ressourcen als Vorwand stets zur Hand. Der eigentliche Hinderungsgrund dürfte allerdings meist psychologischer Natur sein und basiert auf der Sorge, bei Übungen Schwächen vor den Untergebenen oder den Vorgesetzten zu zeigen, Fehler zu machen und damit seine hierarchische Stellung oder seine Karriere zu gefährden.[20]

> Fazit: Warum haben gerade erfolgreiche Leader am meisten Mühe, zu lernen? Vielleicht steht ihnen ganz einfach der eigene Erfolg im Weg, weil sie nie gelernt haben, aus Fehlern und Misserfolgen zu lernen.[21]

Um die Hemmnisse der Chefetage clever zu überwinden, gibt es verschiedene Möglichkeiten und Sicherheitsvorkehrungen, wie etwa die erwähnte aktive Mitarbeit der Hauptinteressierten bei der Vorbereitung von Übungen, um damit Überraschungen in Grenzen zu halten, das «No Fault Learning» oder eine stufengerechte Übungsbesprechung, getrennt nach Führungsebenen.[22]

Lernangst vs. Überlebensangst

Der Psychologe Edgar H. Schein unterscheidet ein Haupthindernis und einen Hauptgrund des Lernens, die Lernangst und die Überlebensangst. Die Lernangst hat viele Gründe: Angst vor dem Versagen, sich zu blamieren, Angst von liebgewonnenen Gewohnheiten Abschied nehmen zu müssen, das Selbstvertrauen wird infrage gestellt usw. Demgegenüber sagt uns die Überlebensangst, dass wir Altes verlernen und Neues lernen müssen, um zu überleben. Und die Folgerung von Schein: «The basic principle is that learning only happens when survival anxiety is greater than learning anxiety.»[23]

> Fazit: Durchlebte Krisen, verbunden mit existenzgefährdenden Situationen, sind günstige Gelegenheiten, um den Lernprozess in Schwung zu bringen sowie um von der Chefetage das Einverständnis und die Ressourcen für eine nachhaltige Krisenausbildung einzuholen.

Krisenerfahrung als gewichtiges Auswahlkriterium

Ein positives Zeichen ist, dass die Krisenerfahrung im Auswahlverfahren von Führungskräften zusehends höher gewichtet wird: «Everyone is tested by life, but only a few extract strength and wisdom from their most trying experiences. They're the ones we call leaders (…). Indeed, our recent research has led us to conclude that one of the most reliable indicators and predictors of true leadership is an individual's ability to find meaning in negative events and to learn from even the most trying circumstances. Put another way, the skills required to conquer adversity and emerge stronger and more committed than ever are the same ones that make for extraordinary leaders».[24]

> In der Folge konzentrieren wir uns auf die Frage, wie das individuelle Leadership-Lernen angegangen, konzipiert und zum Erfolg geführt werden kann.

3. Lerninhalte

3.1 Lernziele richten sich an ganzheitlichem Leadership-Verständnis aus

> Zwischen den drei Aspekten, sich selbst zu führen (A), andere zu führen (B) und geführt zu werden (C), bestehen enge Wechselbeziehungen. Sie besitzen eine gemeinsame Grundlage in der Selbsterkenntnis. Auf ihr beruhen der persönliche Entwicklungsprozess zur Selbstführung, die Stärkung und Fortbildung der Führungsqualitäten zur Führung anderer Menschen und das Herausbilden einer soliden Wertebasis.

Wir sprechen in der Regel primär vom zweiten Bereich (andere führen) und klammern den ersten Aspekt (die Selbstführung) weitgehend aus. Dem dritten (geführt werden) schenken wir meist erst bei Konflikten Beachtung, wenn die Führung in der Krise erfolglos bleibt und es um die Suche nach Schuldigen und Abklärung der Verantwortlichkeiten geht. Dann wird im Nachhinein die Krisenführung aus der Perspektive der Verantwortlichkeiten der vorgesetzten Stellen, der Kompetenzabgrenzung zwischen Krisenteam und Geschäftsleitung, Verwaltungsrat, «conseil stratégique» usw. unter die Lupe genommen.[25] Die Folge kann sein – wie wir in Teil II gesehen haben –, dass gegenseitige Schuldzuweisungen zwischen den Führungsebenen einsetzen,[26] die zum Hindernis werden, um aus Fehlern zu lernen.[27]

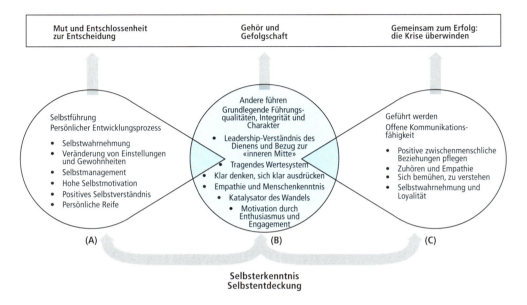

Selbsterkenntnis als Basis, sich selbst und
andere zu führen und geführt zu werden

| Mut und Entschlossenheit zur Entscheidung | Gehör und Gefolgschaft | Gemeinsam zum Erfolg: die Krise überwinden |

Selbstführung
Persönlicher Entwicklungsprozess

- Selbstwahrnehmung
- Veränderung von Einstellungen und Gewohnheiten
- Selbstmanagement
- Hohe Selbstmotivation
- Positives Selbstverständnis
- Persönliche Reife

Andere führen
Grundlegende Führungsqualitäten, Integrität und Charakter

- Leadership-Verständnis des Dienens und Bezug zur «inneren Mitte»
- Tragendes Wertesystem
- Klar denken, sich klar ausdrücken
- Empathie und Menschenkenntnis
- Katalysator des Wandels
- Motivation durch Enthusiasmus und Engagement

Geführt werden
Offene Kommunikationsfähigkeit

- Positive zwischenmenschliche Beziehungen pflegen
- Zuhören und Empathie
- Sich bemühen, zu verstehen
- Selbstwahrnehmung und Loyalität

(A)   (B)   (C)

Selbsterkenntnis
Selbstentdeckung

3.2 Selbsterkenntnis

Nach innen horchen

Wie wir in Teil III gesehen haben, gehört im Sextanten der Krisennavigation, die Selbsterkenntnis zu den sechs grundlegenden Führungsqualitäten.[28] Sie nährt sich aus der inneren Mitte, Erkenntnisse haben ihre Quelle in einem offenen Kanal zur inneren Stimme (Nabe). «Leaders must know themselves thoroughly before they can hope to lead others. This self-knowledge comes through listening to your inner voice, accepting responsibility for who you are, learning in greater depth than the average person, and reflecting on the unique experiences you have had throughout your life.»[29] Immer von neuem müssen wir die Grundsatzfrage stellen: Wo stehe ich? Wer bin ich?

Realitäts-Check: Wer bin ich?

Warum bin ich heute, was ich bin? Die Aufforderung von Sokrates, «Erkenne dich selbst», begleitet die Leadership-Entwicklung: «Wer bin ich? Vielleicht müssen wir feststellen, dass wir uns schlecht kennen und dass die alte Aufforderung, die an einem Tempel in Delphi zu lesen war, auch heute gilt: Gnoti seauton! (Erkenne dich selbst.)

> Fazit: Die Frage: Wer bin ich? ist also existentiell und höchst persönlich zu verstehen.[30] «You Can't Change What You Don't Acknowledge. Your Strategy: Get real with yourself about your life and everybody in it. Be truthful about what isn't working in your life. Stop making excuses and start making results.»[31]

Authentizität vs. Unglaubwürdigkeit

Antworten auf die oben gestellte Frage formen unsere Identität, unsere Überzeugungen und Glaubensbekenntnisse. Die inneren Anschauungen prägen nicht nur unser Sein, sondern auch unser Tun. Positive oder negative Einstellungen und Gewohnheiten führen zu Handlungen, die Erfolg versprechend sind oder eben nicht. Unsere Identität ist konsistent mit unseren Einstellungen und Gewohnheiten, mit unserem Sein und Tun. «Ein Leader muss sich selbst analysieren und genau wissen, woran er persönlich glaubt, unabhängig davon, was die Leute sagen. Er muss wissen, was er erreichen will, und es den Leuten so mitteilen, dass sie das Gefühl bekommen, ihm folgen zu können.»[32] «Know Thyself ... no tool can help the leader who lacks self-knowledge. That's part of what we mean when we say that breakthrough leadership is personal.»[33]

> Das Fazit negativ ausgedrückt: Die Unglaubwürdigkeit nicht integrer Chefs beruht sehr oft auf mangelnder Selbsterkenntnis. Ihre Worte und Taten sind nicht konsistent, was in Krisen glasklar erkannt wird,[34] «They do not walk their talk.»[35]

Wer hätte nicht schon entsprechende Beispiele, insbesondere in Krisensituationen, beobachten können? Fehlende Selbstführung führt zu mangelndem Respekt und der provokativen (wenn leider nur innerlich) gestellten Frage der Geführten an die Führenden: Sagen Sie uns, weshalb wir gerade durch Sie geführt werden sollen?

3.3 Selbstentdeckung

Kindliche Lernfähigkeit bewahren

Die Selbstwahrnehmung setzt sich mit den eigenen Stärken und Defiziten auseinander. Dabei sollten wir uns nicht scheuen, als gedanklichen Hintergrund zum erfolgreichen Verhalten in Krisen die Lernfähigkeit des Kindes zu verwenden. Kinder sind «die neugierigsten und gestaltungsfreudigsten, begeistertsten und kreativsten Weltentdecker».[36] Sie erlernen das Gehen durch Hinfallen und erobern so die Welt. Entsprechend kann ich mich fragen: Habe ich mir ein Stück Unbefangenheit und natürliche Neugier bewahrt, wenn sich vor mir Krisenprobleme auftürmen? Kann ich einer Herausforderung mit

Selbstvertrauen begegnen? Kann ich dank positivem Selbstverständnis meine Flexibilität und Anpassungsfähigkeit unter Beweis stellen und bei der Lösung der Probleme neue Wege ohne Angst vor Misserfolg beschreiten? Werde ich von negativen Gewohnheitsmustern oder äusseren Fremdbestimmungen geleitet? Wie reagiere ich auf Misserfolge, Entmutigungsfaktoren und auf selbst gesetzte Grenzen, kann ich ihnen meine innere Kraft und Motivation entgegenstellen?

Sich in fünf Schritten entdecken

Die Selbstentdeckung kann als Lernprozess nach Boyatzis fünf Schritten folgen und so den persönlichen Veränderungsprozess einleiten: «1. My ideal self – Who do I want to be? 2. My real self – Who am I? What are my strengths and gaps? 3. My learning agenda – How can I build on my strengths while reducing my gaps? 4. Experimenting with and practicing new thoughts, behaviors and feelings to the point of mastery. 5. Developing supportive and trusting relationships that make change possible.»[37]

3.4 Selbstführung (A)

Ununterbrochene Selbstführung

Die Tätigkeit, andere zu führen bzw. geführt zu werden, erfolgt auch in Krisenzeiten punktuell und in periodischen Zeitabständen – nicht so die Selbstführung. Selbstführung findet nicht nur rund um die Uhr statt, sie umfasst zudem jeden Lebensbereich, die berufliche wie die private Seite des Führenden.[38]

Ein Leader ist nicht teilbar

Eine Führungspersönlichkeit wird in Krisen enormem Druck und höchsten Erwartungen ausgesetzt, weshalb sein Ich nicht in «Krisenführer/in» und «Privatmann oder -frau» spaltbar ist. Angesichts der Führungsverantwortung verbunden mit hohem Stress kann dies die Führenden selbst in tiefste Krisen stürzen.[39] Eine Führungspersönlichkeit, die sich auf die Führung in Krisen vorbereitet, will sich in allen Lebensbereichen weiterentwickeln. Sonst sind die Chancen hoch, dass sie in Krisen früher oder später vom eigenen holprigen und unausgeglichenen Lebensrad überrollt wird.

Der Rat eines Benediktiner-Cellerars

Anselm Grün sagt trefflich: «Wer führen will, muss erst sich selbst führen können. Er (…) soll mit seinen eigenen Gedanken und Gefühlen, mit seinen

Bedürfnissen und Leidenschaften zurecht kommen (…). Denn sonst wird er seine Führungsaufgabe ständig mit seinen nicht eingestandenen Bedürfnissen vermengen. Und seine unterdrückten Leidenschaften werden seine Emotionen bestimmen und ihn an einer klaren Führung hindern (…). Was nicht bewusst angeschaut wird, wirkt als Schatten destruktiv auf die Umgebung (…). In unseren Betrieben geschehen so viele Kränkungen, weil eine grosse Zahl gekränkter Menschen Leitungsaufgaben wahrnimmt und ihre eigenen Verletzungen weitergibt (…). Manchen Managern täte es besser, sich zuerst einmal mit sich selbst zu beschäftigen und die eigene Seele zu erforschen, anstatt sich gleich mit schwierigen Mitmenschen zu beschäftigen …»[40] Die Selbsterkenntnis setzt den Entwicklungsprozess zur Selbstführung in Gang und führt dazu, dass ein Leader in Krisensituationen die volle Verantwortung für das eigenes Verhalten sowie für die Ergebnisse und Konsequenzen von Entschlüssen übernimmt.[41]

> Fazit: Dank Selbstführung ist in Krisen und Lebensstürmen die einigermassen ausgeglichene Form des Lebensrades eine Grundvoraussetzung zur eigenen Fortbewegung und Steuerung des Krisenprozesses.

3.5 Andere führen (B): «The real leader in crisis»

Wie vielen Anforderungen muss der Leader genügen?

In der Leadership-Literatur finden sich viele Anforderungen und Anleitungen, wie man andere erfolgreich führt. Goffee und Jones postulieren 4,[42] F. A. Manske 17 Voraussetzungen[43], J. C. Maxwell deren 21,[44] wobei diese Autoren allerdings die speziellen Anforderungen an die Leadership in Krisen nicht unterscheiden. Wir beschränken uns, wie in Teil III ausgeführt, auf die sechs Erfolg versprechenden Führungsqualitäten im Sextanten der Krisennavigation. Entscheidend bleibt, die permanenten Wechselbeziehungen der von uns ausgewählten Führungsqualitäten zur Selbstführung in Rechnung zu stellen.

Wird der Leader gehört?

Integrität und Charakter, persönliche Reife und Erfahrung sind Leadership-Qualitäten, die dem Führenden Gehör und Gefolgschaft im Krisenteam verleihen.

> Fazit: Der wirkliche Test der Leadership bleibt ganz einfach die Frage, ob die Geführten auf ihn hören. «When the *real leader* speaks, people listen», ob er nun eine entsprechende Position in der Hierarchie oder einen Titel trägt, ist nebensächlich, «The real leader holds the power, not just the position.»[45]

3.6 Geführt werden (C)

Wechselseitige Kommunikation

Wir bringen den Vorgesetzten Empathie entgegen und üben uns in aktivem Zuhören. Da in der Krise eine konstruktive Beziehung zu vorgesetzten Entscheidungsträgern bedeutungsvoll ist,[46] müssen bei der Führung strenge Regeln befolgt werden, z. B. wie Kritik und Tadel auszusprechen sind.[47] Ein unangebrachtes oder verletzendes Vorgehen kann den Ausschlag geben, ob die Krise gemeinsam bewältigt oder diese durch das Zerwürfnis zwischen Geführten und Führenden zusätzlich angeheizt wird. Geführt werden kann auch heissen, dass man versucht, den Vorgesetzten zu führen, insbesondere, wenn eklatante Führungsschwächen hervortreten,[48] oder man bestrebt sich, von schlechten Leadern zu lernen, insbesondere wenn sie vordemonstrieren, wie man es nicht machen soll.[49]

> Fazit: Die offene Kommunikationsfähigkeit ist Voraussetzung einer positiven, zwischenmenschlichen Beziehung und die Basis zum Verstehen derjenigen, die uns führen.[50]

Gefolgschaft als persönliche Entscheidung

Zwischen Geführten ist Gefolgschaft immer eine persönliche Entscheidung und an Bedingungen geknüpft. «Yes, followership implies commitment, but never without conditions. The follower wants the leader to create feelings of significance, community, and excitement – or the deal is off.»[51] Ein nüchterner Selbstdialog wirkt klärend und erleichtert uns den persönlichen Loyalitätsentscheid.

4. Wie erlerne ich Führung in Krisen?

4.1 Unser Denk- und Lernstil

Wir werden immer wieder gefragt: Wie erlerne ich Führung in Krisen? Als Antwort gibt es ein paar allgemein gültige Aussagen, eine lautet mit Bestimmtheit, durch regelmässige Weiterbildung mit Übungen und Training. Diese Aufforderung muss jedoch personalisiert werden, weil Lernen etwas ausgesprochen Individuelles ist.[52] Es kommt nicht nur darauf an, was wir lernen (Lerninhalt), sondern warum wir es lernen (die Lernmotivation) und wie wir es lernen (die Lernmethode).[53] Die Frage nach unserem Lernbedarf und Lernbedürfnis zu beantworten, ist Teil der Selbsterkenntnis. Wir sollten unseren Denkstil, unsere Kommunikationsstrategie kennen, unseren individuellen Lernstil entdecken, denn wir pflegen eine unterschiedliche Art der kognitiven Verarbeitung von Wissen.[54]

Fazit: Gerade bei der Aneignung von Wissen, das in der Krise Bestand haben soll, ist die profunde Kenntnis unseres Denk- und Lernstils äusserst wichtig.[55]

4.2 Selbstüberschätzung als Ausdruck unbewusster Inkompetenz

Mit Sicherheit kann festgehalten werden, dass es eine Schutzbehauptung bleibt, zu sagen, der Lernprozess in der Krisenführung erfolge «on the job». Gesunder Menschenverstand und flexible Anpassungsfähigkeit auf die jeweilige Krisensituation genügten. Sehr wahrscheinlich befinden wir uns bei einer solchen Aussage im Stadium der unbewussten Inkompetenz, d.h. wir haben noch gar nicht realisiert, dass unser Krisenwissen und Krisenkönnen minimal oder inexistent ist.

Aufschlussreiche Befragung

Ein aufschlussreiches Beispiel ist die Befragung von CEOs bedeutender schweizerischer Firmen: «Krisenmangement kann man nicht lernen. In Weiterbildungskursen lässt sich das richtige Verhalten für Krisensituationen nach Ansicht der Topmanager nicht lernen. Sie halten das «Learning by doing» in der Praxis für wesentlich sinnvoller als theoretische Trockenübungen.» Im gleichen Atemzug wird die militärische Schulung in der Schweiz als Asset bezeichnet, weil dort die rasche Lageanalyse, die Definition von Sofortmassnahmen, auftragsorientiertes Handeln, konsequentes Umsetzen sowie strukturierte und klare Kommunikation, aber auch das ziel- und teamorientierte Denken und Agieren unter hoher physischer und psychischer Belastung erlernt und erprobt werden könne. Damit wird der Widerspruch offensichtlich: Gerade die erwähnten Eigenschaften können ausgebildet, geübt und eintrainiert werden und es kommt offenbar nur in der friedlichen Schweiz ein Führungsverantwortlicher auf die absurde Idee, dies nicht als Trockenübung zu bezeichnen. Die erwähnten Ausbildungselemente sind ein schlagendes Beispiel für die These, dass viele Aspekte der Führung in der Krise sehr wohl vorgängig erlernt werden können. Es würde bei der militärischen Analogie wohl niemand behaupten wollen, man könne sich diese Fähigkeiten mittels «learning by doing» erst unter Feuer und im Ernstfall aneignen.[56]

Fazit: «The greatest obstacle to discovery isn't ignorance or lack of intelligence. It's the illusion of knowledge.»[57]

Lern- und Trainingsprozess im Bereich von Führungsfähigkeiten und Führungsqualitäten in der Krise

Unbewusst

(D) «Unbewusste Kompetenz» dank intensivem Ausbildungs- und Trainingsprozess, repetitivem Üben, ständiger Wiederholung und Praxis bzw. Erfahrung (z. B. das Erlernen neuer Gewohnheiten und Verlernen alter Gepflogenheiten). Angestrebt wird die «unbewusste Kompetenz» von Führungsfähigkeiten und Führungsqualitäten.

Bewusst

(C) «Bewusste Kompetenz» dank Lernwille, diszipliniertem Bemühen und Erfahrung. Im «courant normal» eine adäquate Stufe der Führungsfähigkeit.

Kompetenz
Inkompetenz

Unbewusst

(A) «Unbewusste Inkompetenz» z. B. im Bereich der emotionalen Intelligenz. Fehlende Selbsterkenntnis, «wir wissen nicht, warum wir etwas nicht wissen oder können». (Das Hauptproblem vieler Entscheidungsträger in Chefetagen.)

Bewusst

(B) «Bewusste Inkompetenz» als Folge von Selbst- oder Fremdevaluation, Kritik, Druck von aussen, Fehlern und Misserfolgen. «Es geht schlechter, bevor es besser gehen kann.»

Selbstüberschätzung als Grund unbewusster Inkompetenz

Die exzessive Selbstüberschätzung von Führungspersönlichkeiten und Entscheidungsträgern ist eine weitverbreitete, fast normale Erscheinung in Chefetagen.[58] Leider hat Perry M. Smith recht, wenn er feststellt: «Few leaders are as good as they think they are …».[59] Selten eine Führungskraft, die diesbezüglich ihre Fähigkeiten und ihr Verhalten nicht noch verbessern könnte. Allerdings müsste man dies erstens selbst erkennen, die eigenen Lücken eingestehen und zweitens entsprechend handeln.[60] Deshalb gibt es auch keinen Ersatz für die in Krisenübungen gewonnene Erfahrung: «There's no substitute for personal experience when it comes to dealing with problems. That's particularly true in times of crisis, when there's less time to develop ideas and plans.»[61]

Gründliche Vorbereitung überwindet unbewusste Inkompetenz

Wenn es stimmt, was die befragten Schweizer Manager aussagten, «In jeder Firma brennt es immer irgendwo, die Krise gehört zunehmend zum Tagesgeschäft»,[62] dann gilt auch das folgende Gebot: «Ein Leader muss weitsichtig planen und sich auf alle erdenklichen Ernstfälle vorbereiten. Leadership erfolgt nicht aus einem Instinkt heraus. Wer gut vorbereitet ist, reagiert besser.»[63] Ein aktuelles Beispiel liefert «das Wunder vom Hudson» (vgl. auch Teil I, Pt. 5.5), das nach Captain Sullenberger darauf zurückzuführen ist, dass seine Topleistung aus akribischer Vorbereitung erwachsen ist. «Vom Zeitpunkt des Vogelschlags bis zur erfolgreichen Landung vergingen genau 208 Sekunden … In diesen dreieinhalb Minuten war es mir nur möglich, die richtigen Entscheidungen zu treffen, weil ich mich letztlich ein Leben lang auf einen solch unerwarteten, lebensgefährlichen Vorfall vorbereitet hatte.»[64]

4.3 Inkompetenz bewusst machen

Erst auf der Stufe der bewussten Inkompetenz erkennen wir dank Selbstevaluation, Kritik, im schlimmsten Fall durch Versagen, dass wir hinzu lernen und uns weiterbilden müssen.[65] Durch Lernwille, Erfahrung und Übung gelangen wir auf die Stufe der bewussten Kompetenz. Vor allem dank intensiver Ausbildung und einem repetitivem Training bzw. ständiger Wiederholung und Praxis erreichen wir die Stufe der unbewussten Kompetenz.

4.4 Unbewusste Kompetenz: Übung macht den Meister

Jeder Chirurg, Pilot, Astronaut, Elitesoldat, Musiker, Sportler, Feuerwehrkommandant oder Rettungschef wird bestätigen, dass als Basis zum Erfolg die unbewusste Kompetenz von Fähigkeiten und Können gehört.

«Ganz gleich, welche Aktivität oder Praxis wir verfolgen, es gibt nichts, das nicht durch stete Übung und Vertrautheit leichter würde.»[66] Ohne diese Basis hängen weitergehende Führungsqualitäten in Krisensituationen in der Luft. Wir würden uns kaum einer schwierigen Operation unterziehen, wenn der Arzt eine ähnlich rudimentäre oder mangelnde Routine hätte wie vergleichsweise Verantwortungsträger auf höchster Ebene im Bereich der Führung in Krisen.

> Fazit: Im Lernprozess basiert unbewusste Kompetenz zur Führung in der Krise auf individueller Erfahrung (durch «er-fahren») und Übung (wiederholte Erfahrungen führen zum Lernen), und nicht auf theoretischen Erkenntnissen, noch auf autoritativen Aussagen hoch dekorierter Krisenmanager, die man sich bei teuren Seminaren zu Gemüte führt.[67]

John C. Maxwell hat diese vier Phasen mit den Worten umschrieben: (1) I Don't Know What I Don't Know, (2) I Know What I Don't Know, (3) I Grow and Know It Starts to Show. Die vierte Phase der Leadership-Entwicklung umschreibt er nicht als Ziel (unbewusste Kompetenz), sondern trefflich als Prozess, als Weg: (4) I Simply Go Because of What I Know.[68]

5. Individuelle Fähigkeitsentwicklung zur Führung in der Krise

5.1 Selbstentwicklung

> In der Folge und im Teil IV B richten wir das Hauptaugenmerk auf die individuelle Weiterbildung, Förderung und Festigung grundlegender Führungsqualitäten in Krisen. Als Grundlage dienen der Sextant der Krisennavigation bzw. alle sechs Lebensbereiche als Lernfelder, wie sie im Lebensrad als Metapher dargestellt sind.

Praxis und Meisterschaft der Selbstentwicklung

Wir konzentrieren uns auf die schwierige Frage der individuellen Fähigkeitsentwicklungzur Führung in Krisen. Den Entscheidungsträgern Wissen und Können zu vermitteln, stösst eher auf Akzeptanz. Tatsache ist jedoch, dass Führungsverantwortliche vor allem Unterstützung in der holistischen Weiterentwicklung ihrer Führungsqualitäten benötigen, die in Krisen Bestand haben. «Führungskräfte von heute mangelt es nicht an Werkzeugen und Techniken, um äussere Probleme zu lösen. In der Trickkiste eines durchschnittlichen modernen Unternehmens finden wir ultraschnelle Kommunikations- und

Datenverarbeitungssysteme, Strategien für Entwurf und Weiterentwicklung von Organisationen, den Zufluss von Rohstoffen und Kapital. Dennoch gibt es viele kompetente, gut ausgebildete Manager, die einfach nicht in der Lage sind, sich innerhalb ihrer Führungsrolle zu entwickeln, weil sie nicht genug auf die Praxis und Meisterschaft der Selbstentwicklung achten.»[69]

Intrinsische und extrinsische Motivation

Der Wille zur individuellen Weiterbildung und Förderung grundlegender Führungsqualitäten ist vor allem Ausfluss der Selbstmotivation. Trotzdem sind individuelle Bemühungen zur Persönlichkeitsentwicklung mit extrinsischen Motivationsfaktoren zu stützen und die Kader zum Erwerb von Leadership-Qualitäten anzuspornen – dies muss Teil der Überlebensstrategie jeder lernenden, intelligenten Organisation oder Unternehmung sein.[70]

5.2 Persönliche Reife als Voraussetzung zur Führung in Krisen

Der Regelkreis der positiven Erwartung

Erfolg versprechende Führungsqualitäten in Krisen – wie die sechs in Teil III dargestellten – basieren auf persönlicher Reife als Resultat und Ausdruck der Selbstführung.[71] Bei der Beobachtung erfolgreicher oder erfolgloser Führungspersönlichkeiten kann eine logische Folge (ein Regelkreis) nachgezeichnet werden, der von der positiven Erwartung als Ausdruck persönlicher Reife zum Erfolg – oder bei fehlender positiver Erwartung als Ausdruck mangelnder persönlicher Reife zum Misserfolg – führt.

Der Lernprozess führt über die Selbsterkenntnis zur Selbstachtung und zu einem positiven Selbstverständnis. Aus persönlicher Reife resultieren klare Wert- und Zielvorstellungen und ein wachsendes Selbstvertrauen, hohe Hürden und Hindernisse zu überwinden. Der Regelkreis («the success sequence» oder «the success continuum») beeinflusst, über unsere Einstellung und positive Erwartung, unser Sagen und Tun und führt unweigerlich zu entsprechenden Resultaten: Die Krisenprobleme werden einer Lösung zugeführt. Dadurch werden praktisches Krisen-Know-how und Krisenerfahrung gewonnen, was wiederum das Selbstwertgefühl stärkt.

> Fazit: Das Prinzip der selbsterfüllenden Prophezeiung scheint sich in Krisensituationen zu verstärken und hat die Tendenz, den positiven oder negativen Erwartungen Genüge zu tun. An einer positiven Lösung nicht zu zweifeln, ist nicht nur Ausdruck persönlicher Reife, sondern wird zur unabdingbaren Führungsvoraussetzung in Krisen.

Die Sequenz positiver Erwartungen in Krisen
(Regelkreis des Erfolgs/Misserfolgs)

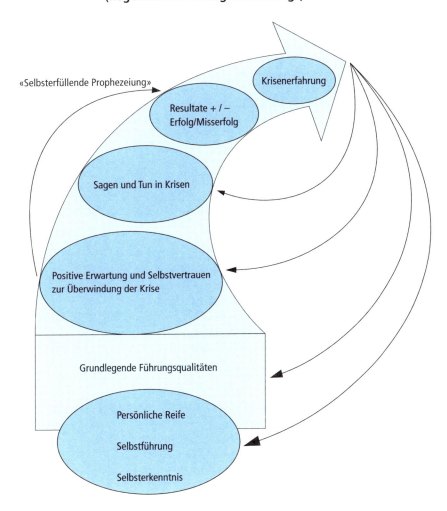

«Selbsterfüllende Prophezeiung»

Krisenerfahrung

Resultate + / −
Erfolg/Misserfolg

Sagen und Tun in Krisen

Positive Erwartung und Selbstvertrauen
zur Überwindung der Krise

Grundlegende Führungsqualitäten

Persönliche Reife

Selbstführung

Selbsterkenntnis

Weichenstellung im Regelkreis

Dieser Regelkreis kann unterbrochen werden, z. B. wenn Entscheide zu temporären Misserfolgen und Rückschlägen führen und wir deswegen resignieren. Das Wissen um die Funktion der logischen Abfolge führt uns zur Einsicht, dass es in der Krisenführung einen Korrekturmechanismus gibt, wenn wir Fehler machen. Diese Erkenntnis bleibt so lange nützlich, als man bereit bleibt, aus ihr zu lernen und mit weiteren Aktionen die Umsetzung der Krisenlösung voranzutreiben. «Unverzeihlich ist eigentlich nur der Fehler, aus Fehlern nichts lernen zu wollen»[72] oder resignierend in eine Misserfolgspsychose (Defeat Psychology) zu verfallen. Gemäss Claude Nicollier, der viermal an Weltraummissionen teilgenommen hat, gilt der Grundsatz: «Trainieren, trainieren und nochmals trainieren, bis man glaubt, mehr als genug getan zu haben. Fehler haben aber (paradoxerweise) einen hohen Stellenwert. Denn in den Schulungsprogrammen werden Fehler und ihre Behebung minuziös dokumentiert, um allfällige unvorhergesehene Situationen im Einsatz unverzüglich meistern zu können.»[73]

Hausgemachte Blockaden

Dem Funktionieren des Regelkreises sind hauptsächlich durch die selbst gesetzten Barrieren des eigenen Denkens Grenzen gesetzt. Gleich wie ein abgeworfener Reiter sich unverzüglich in den Sattel zurückschwingt, gilt: «So when you fall flat, pick yourself up fast and go right on to the next challenge. Don't give failure time to develop in your consciousness.»[74]

> Fazit: Ein Leader ist eine «Stehauffrau» oder ein «Stehaufmann»: «Learning from failure and bouncing back are signposts of good leadership.»[75]

5.3 Grenzen der Veränderung – Grenzen des Erfolgs

Diese und jene Schwächen als Teil des Lernprozesses akzeptieren

Im persönlichen Veränderungsprozess sind uns auch klare Grenzen gesetzt. Zwar hat eine ehrliche Standortbestimmung fehlende Fähigkeiten an den Tag gefördert, die wir erlernen, uns zusätzlich aneignen können. Zusätzlich sagt uns die nüchterne Selbsterkenntnis aber auch, dass wir gewisse Schwächen und Lücken akzeptieren müssen: Dies ist Teil des Lernprozesses, sich selbst anzunehmen und schliesst nicht aus, an seinen Schwächen weiterzuarbeiten.

> Fazit: Die Einsicht in unsere Stärken, aber auch in unsere Lücken und uns gesetzte Grenzen zur Veränderung, schärft die Perspektive auf unser Gesamtpotenzial, das wir als Führende in einer Krise einsetzen können.

Unlogik des Misserfolgs

Es gibt weitere Grenzen des Erfolgs: Auch wenn die Fähigkeiten des Leaders in der Krise auf jeder Ebene stimmen, kann trotzdem die «Zeit nicht reif» sein für seine Entscheidungen. «Er ist der Zeit voraus», sagt der Volksmund. Dann kann mit dem besten Potenzial und den besten Absichten kein Erfolg erzwungen werden. Zusätzlich existieren «höhere Grenzen des Erfolgs», die verstandesmässig nur schwer erklärbar sind.

Fazit: Es gibt nicht nur «Die Logik des Misslingens»[76], sondern auch eine «Unlogik des Misserfolgs». Dies ist mit ein Grund, weshalb sich gute Leadership durch persönliche Bescheidenheit auszeichnet.[77]

Demut und Hingabe

Seine Forschung hat Jim Collins zum Schluss geführt, dass die paradoxe Kombination von Demut, Bescheidenheit, Schlichtheit mit enormer Willensstärke und furchtloser Entschlossenheit zur höchsten Stufe der Leadership und zur unbeirrbaren Ruhe in der Krise führt.[78] «Demut beileibe nicht im Sinne der Unterwürfigkeit, sondern verstanden als Bescheidenheit, als Hingabe und Opferbereitschaft. Demut heisst Zurückstellen der eigenen Person zugunsten des Ganzen. Sie ist Ausdruck einer inneren Passion für eine gestellte Aufgabe. Demut bedeutet, seine eigenen Grenzen zu kennen und sich deren bewusst zu sein.»[79]

> Auf dem Weg zur Selbstführung und persönlichen Reife: Leadership Coaching zur Unterstützung des Lernprozesses

1. Coaching von Leadern im Lern- und Führungsprozess

Wirksame und nützliche Hilfestellung für Leader in Krisen

Unsere Erkenntnis: Nach über zehn Jahren praktischer Erfahrung mit Leadership Coaching[80] sind wir in unserer Überzeugung gestärkt, dass dies die wirksamste und nützlichste Form der Unterstützung von Leadern zur erfolgreichen Führung in Krisen ist.

Im Vordergrund stehen Hilfeleistungen zur Entwicklung der Selbstführung und Förderung der persönlichen Reife. Führungsverantwortliche können Leadership Coaching in verschiedenen Phasen und zu verschiedenen Zwecken für sich nutzen:[81] Im Lernprozess vor der Krise «werden die Führungskräfte unter anderem durch gezieltes Coaching darin unterstützt, ihre Leadership-Qualitäten zu verbessern».[82] In der Krisenbegleitung kann Leadership Coaching zur entscheidenden Hilfeleistung werden, um Führenden beim Erreichen und tatkräftigen Umsetzen ihrer Ziele beizustehen.

Rückenstärkung für den selbstverantwortlichen Leader

Bei seiner Hilfestellung richtet sich der Coach vollumfänglich nach den Bedürfnissen des Führenden aus. Er ist nicht Berater, sondern ermutigt den Leader zur Selbsterkenntnis, zur realistischen Standortbestimmung, zur systematischen Lagebeurteilung und zum Entwickeln kreativer, selbst konzipierter Lösungsansätze und eigener Strategien; dieser behält die Eigenverantwortung für alle Entscheide (Entscheidungs- und Ergebnisverantwortung). Der Coach sitzt auch in dunklen Zeiten und Krisentiefs neben dem Leader auf dem Bock der Kutsche (Coach) und leuchtet den Weg aus. Er scheut sich nicht, sein Licht auch auf unangenehme Tatsachen zu richten, liegen sie auf dem Weg oder beim Weggefährten selbst.

293

Beistand zur rascheren Zielereichung

Wir haben betont, welche Vorteile die Introspektion dem Führenden bringt, allerdings braucht er nach unserer Erfahrung über kurz oder lang Hilfe. «The introspection process should be accomplished systematically, regularly, and with the help of someone else.» [83]

> Fazit: Aufgabe des Coach ist, einen Leader in wirkungsvoller Weise beim Gestalten von Veränderungsprozessen im Führungsverhalten zu unterstützen, damit diese rascher zum Erfolg führen.[84]

Coaching-Inhalte stehen im Vordergrund

In Teil IV (B) werden wir uns auf das Was? d.h. auf die Inhalte konzentrieren, die Gegenstand des Leadership Coaching in Krisen sein müssen, und den Coaching Prozess (das Wie?) auf wenige Aspekte beschränken.

2. Beistand zur Entwicklung der Selbstführung

Im Coaching-Prozess stellen wir die Entwicklung der Selbstführung in den Vordergrund, wobei die Führungsverantwortlichen vier Voraussetzungen zustimmen sollten:

> (1) die Bereitschaft, Verantwortung für das eigene Verhalten zu übernehmen. (2) Der Wille, die Anwendung der Grundmechanismen des Ziele Setzens weiter zu entwickeln. (3) Sich die Fähigkeit anzueignen, Einstellungen und Gewohnheiten zu verändern. (4) Die Kommunikationsfähigkeit mit sich selbst aktiv zu trainieren.

2.1 Verantwortung für sein eigenes Verhalten übernehmen

Selbstverantwortung für Denken, Sagen und Handeln und damit für seinen Charakter

Das Ziel ist, dass in der Krise Taten, Worte und Denken eines Leaders konsistent sind, damit er integer und glaubwürdig bleibt.[85] Es genügt nicht, wenn er ausschliesslich sein Handeln und Sagen hinterfragt, es geht vielmehr darum, eigene Einstellungen, Gewohnheiten und gedankliche Einflüsse zu filtern, zu steuern und zu lernen, über diese zu bestimmen. Positive oder negative Gedanken und Einstellungen, Erfolg versprechende oder zum Misserfolg präjudizierte Gewohnheiten sind nicht einfach vorgegeben und unumstösslich in uns eingepflanzt,[86] sie prägen zudem unseren Charakter.

Charakter als Endprodukt

Die Sequenz von Frank Outlaw ist zutreffend: «Watch your thoughts; they become words. Watch your words; they become actions. Watch your actions; they become habits. Watch your habits; they become character. Watch your character; it becomes your destiny.»[87] Die Abfolge will darauf hinweisen, dass unser Charakter das Endprodukt unserer Gedanken und Einstellungen ist, oder in den Worten von James A. Froude: «You can not dream yourself into a character; you must hammer and forge yourself one.»[88] Wir können und müssen uns den Charakter Stück für Stück erarbeiten, mit Selbstdisziplin, Entschlossenheit und Geduld. «Talent is a gift, but character is a choice. In fact, we create it every time we make choices …» [89] In Krisen werden Charaktereigenschaften schonungslos entblösst: «How a leader deals with the circumstances of life tells you many things about his character. Crisis doesn't necessarily make character, but it certainly does reveal it.»[90]

Den Veränderungsprozess mit Coaching unterstützen

Fazit: Für den eigenen Veränderungsprozess übernimmt der Leader, unterstützt durch einen erfahrenen Coach, die Selbstverantwortung. Mit seiner Hilfe praktiziert er ein Verfahren zum Umdenken durch Substitution und verinnerlicht dieses. Der Vorgang erlaubt ihm, neue Einstellungen und Gewohnheiten in sich aufzunehmen und zu nutzen. Voraussetzung ist, dass er sich Klarheit darüber verschafft, wohin er in Zukunft will und weshalb.

In Krisen zu eigenen Entscheiden stehen

Rückenstärkung durch einen Coach ist nach unserer Erfahrung insbesondere dann wichtig, wenn die Bereitschaft, für sein eigenes Verhalten die Verantwortung zu übernehmen, in eine Zwickmühle führt. Einerseits werden in Krisen Erwartungen an Führende herangetragen, Beeinflussungsversuche und Forderungen werden zunehmend härter, der Anpassungsdruck kann enorm sein. Widersetzen sich Leader der Fremdbestimmung, kann ihnen als Konsequenz die äussere Anerkennung entzogen werden, insbesondere wenn die von ihnen als notwendig propagierten Veränderungen als Gefahr für Bestehendes wahrgenommen werden.[91] Ihre Wahl bleibt, Kompromisse einzugehen – möglichst ohne sich selbst zu kompromittieren – oder sich eigenverantwortlich, mit allen Risiken und Konsequenzen vom inneren Kompass leiten zu lassen. Letzteres kann nicht nur Gefechtsnarben, sondern auch die Absetzung zur Folge haben. «In kompromittierenden Situationen geht es nicht nur darum, die Wahrheit zu sagen, sondern auch zu den eigenen, hochgehaltenen Werten zu stehen.»[92] Wer möchte in solch schwierigen Situationen nicht auf den Beistand und das Vertrauen eines Coach zurückgreifen?

Verantwortung zur Selbstmotivation

«Die Nuancen und Implikationen unserer Motivation zu verstehen, erfordert ein hohes Mass an Selbstreflexion und persönliches Engagement».[93] Nährstoff der Selbstmotivation sind das Wissen über uns selbst, unsere Wünsche und Bedürfnisse, unser Glaube und positive Erwartungshaltung, dass sich diese erfüllen werden. Gerade in diesem Bereich kann Leadership Coaching eine Hilfe sein. Ein Grundstein der Selbstführung ist deshalb das vom Coach geförderte Bestreben, Wünsche und Träume ernst zu nehmen.[94] «All men who have achieved great things have been dreamers.»[95]

> Fazit: Träume und Wünsche sind die Quelle menschlicher Motivation, sie prägen unsere Bedürfnisse und nähren die Entschlossenheit, das Engagement, die Phantasiefähigkeit oder den Enthusiasmus.[96]

Selbstmotivation erwerben

> Um das Fazit vorweg zu nehmen: Nicht motivierte Menschen zu führen ist schwierig – sich selbst zu führen ohne innere Selbstmotivation ein Ding der Unmöglichkeit.

Wie man sich wirkungsvoll selbst motiviert, insbesondere wenn es schlecht läuft, ist ein häufiges Coaching-Thema. Im weitesten Sinn dient das Motivationskonstrukt der Erklärung, warum und wie sich menschliches Verhalten in spezifischen Situationen an bestimmten Zielen orientiert und in Richtung auf die Zielerreichung gesteuert wird.[97] Dabei ist die Selbsterkenntnis der Treibstoff, die Erwartungshaltung die Zündung und die Selbstmotivation der Motor, der uns in Richtung Ziel in Bewegung hält. Die Aussage «man hat Ausdauer oder man hat sie nicht», ist ebenso falsch wie die Ansicht, «man hat Selbstmotivation oder man hat sie nicht», beide kann man sich aneignen. «Die Selbstmotivation von Führungskräften ist wichtig und schwierig: (…) Schwierig, … weil Motivation mit Gefühlen zu tun hat und stark von der Entwicklungsstufe der emotionalen Intelligenz abhängt. Je besser sich deshalb eine Führungskraft selbst kennt, weiss, wer sie ist und was sie will (…) je weiter eine Führungskraft ihre emotionale Intelligenz entwickelt, desto eher wird sie selbst für zu erbringende Leistungen und zu erreichende Resultate motiviert sein und ihre Motivation auch auf ihr Team übertragen.»[98]

Selbstmotivation strahlt aus

In Krisen überträgt sich die Selbstmotivation des Führenden auf die Geführten.[99] Dies wird durch die Hirnforschung bestätigt: «Was die meisten Führungskräfte, Ausbildner, Lehrer und Erzieher ständig versuchen, nämlich andere Menschen zu motivieren, ist hirntechnischer Unsinn, führt nicht in die Selbstverantwortung und Selbstgestaltung … Wer also andere zu motivieren versucht, will sie genau genommen nach seinen Vorstellungen bilden, erziehen, einsetzen. Das hat mit Ermutigung und Inspiration zur Potenzialentfaltung nichts zu tun».[100] Ein prioritäres Ziel des Leadership Coaching ist genau das, Führende zur Selbstmotivation zu ermutigen und zu inspirieren.

2.2 Das Beherrschen der Grundmechanismen des Zielesetzens

Das Bestreben nach Zielbewusstheit

«Creating your Life GPS (Goals Planning System):[101] Wohin will ich? Was will ich? In Krisenzeiten werde ich auf der Grundlage meines Wertesystems, meiner Vision oder Idee, wie aus der Krise herauszufinden ist, Ziele definieren, Zielkonflikte lösen und Prioritäten bei deren Umsetzung festlegen.[102] Hierzu bilden ein Zielsetzungsverfahren und eine konkrete Zielplanung hilfreiche Führungs-, Steuerungs- und Kontrollinstrumente, deren Anwendung vor der Krise zu erlernen ist.

In Krisen Ziele zu setzen, ist höchst anspruchsvoll

Es gibt wenige Führungspersönlichkeiten, die gegenüber einem Leadership Coach die Fähigkeit, Ziele zu setzen, als eine ihrer Schwächen eingestehen. Trotzdem zeigt sich in der Praxis, dass es bei der Entwicklung der Selbstführung, bei komplexen Problemlösungen und in Krisen unter enormem Entscheidungsdruck und im Stress eine der anspruchsvollsten Aufgaben ist. Im Abschnitt «Führung mit Werten und Zielen» haben wir bereits auf einige Probleme hingewiesen.

Hilfreiche Fragestellungen

In Leadership-Coaching-Sessions kann mithilfe einer klaren Sequenz von Fragestellungen das Setzen von Zielen unterstützt werden,[103] z. B.: Wie stellen wir sicher, dass die wichtigsten Ziele Vorrang behalten? Wie unterstützen die Ziele unsere Wertvorstellungen? Wie stimmen wir vielfältige Zielsetzungen in komplexen Krisen aufeinander ab? Wie werden widersprüchliche oder konfliktierende Ziele miteinander in Einklang gebracht? Welchen Nutzen erwarten wir, welchen Schaden können wir infolge Erreichens des Ziels abwenden? Welches sind mögliche Hindernisse und Störungen auf dem Weg zum Ziel? Welche Lösungswege und Strategien zur Überwindung der Hindernisse eröffnen sich? Wie gestalten wir die Zielplanung zur Zielerreichung aus? Wie verfolgen wir die Fortschritte?

Ziele Schritt für Schritt in die Tat umsetzen

«A goal is a dream with a deadline»,[104] zur Zielbewusstheit gehört das Bestreben, Ziele tatsächlich zu realisieren.[105]

> Fazit: Träume und Wünsche, aber auch deklarierte Zielsetzungen bleiben «Schäume» und Theorie, falls man sie nicht in die Tat umsetzt.[106] Strategische Ziele müssen in Etappen realisiert werden.

Die Devise lautet: «Learning smaller bits of information more frequently instead of learning larger chunks of information less frequently».[107] Man beginnt mit kleinen Zielen, die man mit Sicherheit erreicht, in den Worten von National Football League Coach Parcell: «Set small goals and hit them. When you've done a lot of losing, it gets hard to imagine yourself winning (…). When you set small, visible goals, and people achieve them, they start to get it into their heads that they can succeed. They break the habit of losing and begin to get into the habit of winning.»[108] Um Hemmschwellen zum Handeln zu überwinden, bietet sich die Praxis des Mentaltrainings an,[109] das ein Spezialgebiet jedes Leadership Coachs sein sollte.

2.3 Einstellungen und Gewohnheiten verändern

In Krisen selbst gesetzte Grenzen überwinden

Es sind kleine Einzelentscheide, die in die Krise hinein-, aber auch aus dieser herausführen. Krisenmanager sprechen mit einem Coach nicht gern darüber: Vieles, das sich in der Krisengegenwart abspielt, ist die Folge von Entscheidungen, die sie selbst in der Vergangenheit gefällt – oder eben nicht gefällt haben. Wenn wir im Coaching Krisen der Gegenwart zu den kleinen Fehlentscheidungen der Vergangenheit zurückverfolgen, entdecken wir am Ursprung oftmals nachteilige Einstellungen und Gewohnheiten. Dem Leader stellen sich Fragen wie: Neigte ich bei den ersten Krisensymptomen zu impulsiven, zu risikoreichen oder zu ängstlichen und übervorsichtigen Reaktionen? Ging ich übertrieben pedantisch oder im Gegenteil zu überstürzt vor? Habe ich überreagiert, mich von Worst-Case-Vorstellungen leiten lassen, deshalb dem Verhandlungsangebot der Gegenseite kein Vertrauen geschenkt? War ich zu stolz, Kompromisse einzugehen, oder konnte ich nicht nachgeben, um das Gesicht zu wahren, was die spätere Krise angeheizt hat?

> Fazit: Die in Krisen geforderte Flexibilität und Anpassungsfähigkeit verlangen immer wieder, Einstellungen und Gewohnheiten zu verändern, denn «des Managers schlimmster Feind sind die Begrenzungen seiner veralteten Gewohnheiten und Annahmen».[110]

Ein guter Coach ist kein Berater

Offiziere können sich inspirierende Generäle anhören, deswegen werden sie noch lange nicht zu besseren Führern im Kampf. Von ähnlich beschränkter Wirkung sind autoritative Aussagen von Spitzenmusikern, Sportlern, erfolgreichen Politikern oder im Leadership-Zirkus von verdienten CEOs. Ihre Ratschläge führen höchstens dazu, dass man sich seiner Inkompetenz bewusst wird. Role Models können uns als Vorbilder vorleben, was zu tun ist, tun müssen wir es selbst. Dabei unterstützt ein guter Coach das eigenverantwortliche Tun des Leaders nicht mit Empfehlungen, sondern mit gezielten Fragestellungen.

Veränderungen dank wiederholter Erfahrung, Übung und Coaching

Wiederholung und Repetition, die zu Erfahrung führen, sind die Schlüsselwörter, um neue, Erfolg versprechende Einstellungen und Gewohnheiten zu lernen und alte zu verlernen. Lernen bedeutet hier Veränderung des individuellen Verhaltens, das seine Grundlagen in wiederholten Erkenntnissen bzw. Übung hat.[111] «Tatsache ist, dass durch richtige Ausbildung, durch Training und Coaching ganz erstaunliche Fortschritte möglich sind in der Entwicklung von Kommunikations- und Führungsfähigkeiten».[112] «Eine Kompetenz zu pflegen bedeutet, neurologisch gesehen, die alte Gewohnheit als automatische Reaktion des Gehirns zu löschen und sie durch die neue zu ersetzen. Der Erwerb einer Kompetenz ist dann abgeschlossen, wenn die alte Gewohnheit ihren Status als selbstverständliche Reaktion verliert und die neue an ihre Stelle tritt. Jetzt hat sich die Verhaltensänderung gefestigt, und ein Rückfall in die alte Gewohnheit wird unwahrscheinlich.»[113]

> Fazit: Die positive Psychologie geht heute davon aus, dass viele Charakterstärken trainierbar sind: «Es ist wie beim Geigenspielen – man muss das gute Verhalten so lange willentlich üben, bis ein Automatismus eintritt, dann wird es ein Teil der Persönlichkeit».[114]

«How do I make change stick?» [115]

Zum Erlangen persönlicher Reife gehört auch die Fähigkeit, nicht binnen Kurzem in alte Muster zurückzufallen. Den negativen Eigenarten sind positive Denkweisen und Gepflogenheiten entgegenzusetzen, die – und dies ist der springende Punkt – unsere persönlichen Bedürfnisse auf eine bessere und günstigere Art befriedigen.

> Fazit: Negative Auffassungen und Eigenarten legen wir nur dann ab, wenn sie uns keine oder eine wesentlich kleinere Befriedigung verschaffen als neu erworbene.[116]

Ein konkretes Beispiel ist das in Krisenstäben immer wieder feststellbare Bestreben Einzelner, durch negatives Worst-case-Denken und pessimistische Kommentare den Blick auf positive Aspekte und Chancen zu verbauen und aussichtsreiche Initiativen im Krisenteam abzuwürgen. Als Schwarzmaler ziehen sie die Aufmerksamkeit auf sich, weil sie an instinktive Sicherheitsbedürfnisse appellieren. Um dieses negative Gewohnheitsmuster zu überwinden (auf das ihn ein Coach aufmerksam gemacht hat), kann der chronische «Bedenkenträger» unsere Erkenntnis wie folgt nutzen: Er vermag dieselbe Aufmerksamkeit auf sich ziehen, wenn es ihm gelingt, innovative Lösungsmöglichkeiten zu entdecken und positive Entwicklungstrends abzuleiten. Zudem ist diese Gewohnheitsveränderung für alle sehr nützlich, weil die Erfahrung zeigt, dass überraschende, kreative Lösungsansätze die grössten Erfolgschancen haben, verfahrene Krisensituationen zu deblockieren. Dies vermag in ihm hoffentlich eine nachhaltigere Befriedigung auszulösen als seine permanente Nörgelei.

2.4 Kommunikationsfähigkeit mit sich selbst

Gemeinsam «den Spiegel reinigen»

Die vierte Voraussetzung zur Entwicklung der Selbstführung im Coaching-Prozess beginnt mit einer aufrichtigen, wenn nötig schonungslosen Selbstkommunikation.[117]

> Fazit: Es geht darum, den Spiegel zu reinigen und sich mitzuteilen, was man darin sieht.[118] Oftmals ist hierzu die Beihilfe des Leadership Coach nötig, denn die Gefahr besteht, dass Machtfülle und Medienaufmerksamkeit in der Krise einen Rausch auslösen und den klaren Blick nach innen und auf die Realität trüben.[119]

Selbstdialog initieren

Der Selbstdialog setzt sich in der Krisenführung fort: Mit geschickter Fragestellung ermutigt der Coach Führungsverantwortliche, sich z. B. ihre Leitidee und moralisch-ethischen Werte in Erinnerung zu rufen, wenn in der Krisenhektik kontroverse Entscheide zu fällen sind. Der resultierende Selbstdialog kann lauten: Orientiert sich meine Leitidee (my mission[120]) an einem Leadership-Verständnis, das ich als beispielhaft und nachahmenswert empfinde? Ist

300

es mein Wunsch, Entscheide zu fällen, die von der Fürsorge für alle getragen sind, und die sich sowohl zum Vorteil der krisenbetroffenen Organisation als auch zum Wohl aller Beteiligten auswirken? Oder ich folge der bekannten Formulierung: (1) Ist es wahr? (2) Ist es fair für alle Beteiligten? (3) Wird es Freundschaft und guten Willen fördern? (4) Wird es dem Wohl aller Beteiligten dienen?[121] Dieses Bestreben wird durch folgenden Leitsatz umschrieben: «The best leaders set their own priorities, but place mission first.»[122]

Mentaltraining als wirkungsvolles Coaching-Instrument

Affirmationen (Merksätze, Credos, Devisen, Handlungsmaximen) und die Vorstellungskraft der Visualisierung (des Soll-Zustandes), sind wirksame Hilfsmittel zur Selbstentwicklung und zur Zielerreichung mittels Autosuggestion.[123] Sie beeinflussen das Unterbewusstsein, unterstützen das Wachstum des Selbstvertrauens und verhindern, dass unser Enthusiasmus vorschnell versiegt. Sie verankern die Kraft der positiven Aussage, was nach der Krise sein oder werden soll. Indem sie die subjektive Erwartung verändern, haben sie eine nachhaltige Wirkung auf unsere Fähigkeit, Ziele zu erreichen.[124] Die Visualisierung unterstützt die Affirmation und bildet die Brücke von der Gegenwart (Ist-Zustand) zur Zukunft (Soll-Zustand), indem man diese in die Gegenwart holt. Auch Krisenstrategien können einprägsam visualisiert werden.[125]

3. Persönliche Reife als Resultat und Nutzen der Selbstführung: der Sextant der Krisennavigation in neuem Licht, Erkenntnisse und Konsequenzen für den Leader

Auf dem Weg zur Entwicklung der Selbstführung blicken wir aus einer veränderten Perspektive auf den Sextanten der Krisennavigation zurück (vgl. Teil III, Pt. 5.).

> Die sechs Führungsqualitäten haben dank persönlicher Reife neue Dimensionen hinzugewonnen, der Nutzen für Führende in Krisen hat sich vervielfacht. Die folgenden Erkenntnisse sind gleichzeitig Themen, Ziele als auch positive Ergebnisse des Leadership Coaching von Führungspersönlichkeiten.

Persönliche Reife als Resultat und Nutzen der Selbstführung: der Sextant der Krisennavigation im neuen Licht

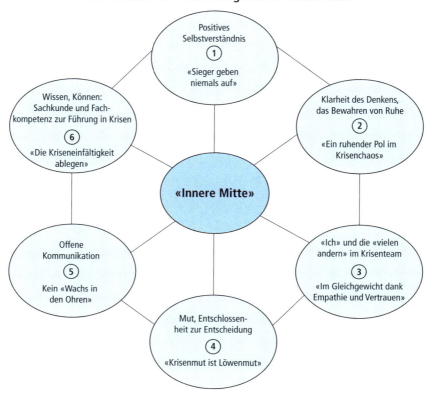

3.1 Positives Selbstverständnis: Sieger geben niemals auf

Antworten in sich selbst finden

Stellen sich uns vor folgenschweren Entscheidungen schwierige Fragen, ist die Fähigkeit, Antworten in sich selbst zu finden, Ausdruck persönlicher Reife. Diese einfache Aussage hat tief greifende Konsequenzen, geht es doch darum, ins Innere zu schauen und dieses letztinstanzlich nach der Ausrichtung der Führung zu befragen. Gerade in diesem Bestreben kann das Coaching wirkungsvolle Beihilfe leisten.

Commitment vor Charisma

In Krisenzeiten ruft man nach charismatischen Führern, das Resultat ist oft ernüchternd: «When companies (during a crisis, sic.), look for new leaders, the one quality they seek above all other is charisma. The result, more often than not, is disappointment – or even disaster.»[126] Persönliche Reife, die wir mithilfe des Leadership Coaching entwickeln wollen, zeigt sich in der inneren Verpflichtung, dem Commitment.[127] Damit ist ausgedrückt, dass Engagement («passion», «feu sacré») und Charisma (Ausstrahlungskraft als Gnadengabe) nicht identisch sind. Die Verpflichtung und das innere Engagement, die Führende in der Krise unter Beweis stellen, bilden wichtige Erfolgsfaktoren.[128] Einem nicht engagierten Leader ohne Standfestigkeit verweigern die Geführten über kurz oder lang die Gefolgschaft.[129] Seine Verpflichtung ist Herzenssache, die durch sein Entscheiden und Handeln getestet wird, im Song von Polo Hofer: «Herzblut steht für Engagement, für die Liebe, die man einer Sache entgegenbringt.»[130]

Ausdruck von Commitment: «Share the glory, accept the blame»

Commitment zeigt sich nach unserer Beobachtung in der Praxis darin, wie Führende in krisenhaften Situationen ihre zeitlichen Prioritäten festlegen. Wo und wie man als Leader die Zeit verbringt, gibt schlüssig Antwort auf die Frage, welchen Werten und Zielen man sich verpflichtet fühlt. Untrügerisch Auskunft gibt nicht der Blick in die ohnehin überfüllte Agenda, sondern wie die Zeit effektiv verbracht wird. Stellt der Coach Warnzeichen fest, lenkt er das Augenmerk des Leaders auf den wunden Punkt: Widmet sich der Führende primär seinem Imageerhalt, seiner Selbstdarstellung, seinen eigenen Sorgen ums Überleben, seinem Bedürfnis nach ungebrochener Karriere, oder stellt er seine Führungskraft in den Dienst des Ganzen zur Lösung der Krise?[131] Ist er stets dort präsent, wo Schwierigkeiten und Hindernisse auftauchen oder wichtige Entscheide gefällt und kommuniziert werden? Übernimmt er persönlich die Verantwortung bei temporären Misserfolgen und stellt sich direkt den Medien? Gibt er Erfolgslob an das Krisenteam weiter und lautet seine Devise: «Share the glory, accept the blame»?[132]

«Never quit», Sieger steigen niemals aus

«Obstacles and setbacks are inevitable parts of life, especially in today's harsh and volatile economy … Those who have benefited from the adversity paradox all relate similar experiences. The knowledge they gained from overcoming obstacles played such a crucial role in their success trajectories that they now consider adversity to be an invaluable friend».[133] Das zeigt sich bei Combacks von Athleten nach Schicksalsschlägen oder besonders eindrücklich im Behindertensport, wobei einige selbst zum Coach geworden sind. «Armstrong ist ein Willensmensch, das hat ihn im Sport früh zum Champion gemacht. Aufgeben kommt für ihn nie in Frage (…) egal, wie aussichtslos es schien, eine der hoffnungsvollsten Laufbahnen im Radsport überhaupt fortsetzen zu können, geschweige denn den Kampf gegen den Tod zu gewinnen. Lance glaubte an sich: das reichte.»[134] In den Worten der Weltmeisterin und Olympiasiegerin im Rollstuhlfahren Edith Hunkeler: «Der Mensch findet im Kopf und im Herzen statt.»[135]

> Fazit: Wer den Weg der Selbstführung eingeschlagen hat, lässt sich nicht oder nur temporär aus der Bahn werfen. Er hat in sich die in Teil III geforderte Mechanik des Stehaufmännchens verankert, in der Kurzformel von Winston Churchill: «Never, never, never, never give in – never quit».[136]

3.2 Klarheit des Denkens: ein ruhender Pol im Krisenchaos

Selbstführung verleiht Ruhe (Calmness in Crisis) und führt zu klarem Denken

Führungspersönlichkeiten in Krisen stehen unter enormem Druck von allen Seiten. Ihre Ruhelosigkeit ist ein zentrales Thema des Leadership Coaching. «The controlled person is a powerful person», in Krisen ist das ruhige, klare Denken («calmness in crisis») wie das Auge im Zentrum eines Wirbelsturms. Das Tiefdruckgebiet zieht alle Winde an, sie bewegen sich spiralförmig ins Zentrum – gleich wie sich alle nach dem Verantwortlichen im Mittelpunkt der Krise ausrichten, der mit ruhiger Bestimmtheit die Führung übernommen hat. «At the heart of a cyclone tearing the sky is a place of central calm.»[137] Nicht umsonst vergleicht man im Volksmund solche Führung mit dem «Felsen in der (Krisen-)Brandung», dem «ruhenden Pol im Chaos». Der Führende bleibt ruhig und entscheidungsfähig («calm and decisive»),[138] er weiss das Wichtige vom Dringlichen zu unterscheiden. «First things first – even in the midst of a seeming crisis (…). Urgency brings pressure and stress, but it can also be exhilarating. Crises make us feel important and provide a high. But when urgency dominates our lives, the important gets left behind, along with true effectiveness».[139]

> Fazit: Im Leadership Coaching wird dem Führenden bewusst, dass Betriebsamkeit in der Krise kein Gradmesser für Effektivität und Effizienz ist.[140] Er beherzigt ein treffliches chinesisches Sprichwort: «Always take an emergency leisurely.»[141] Schliesslich ist, wie *The age of speed*[142] suggeriert: «mehr Dinge schneller zu tun kein Ersatz dafür, das Richtige zu tun».[143]

Schöpferische Varianten und laterales Denken «far outside the box»

Im Leadership Coaching stellen wir fest: Laterales Denken und kreatives Führen sind natürliche Begleiterscheinungen der Selbstführung.[144] Wenn wir in Krisen kreative Menschen beobachten, so sind es reife Persönlichkeiten mit grossem Selbstvertrauen und einer positiven Erwartungshaltung. Dank Coaching eine heilsame Distanz zur Krisensituation zu gewinnen hat einen weiteren Vorteil:

> Fazit: Die Kombination von Selbsterkenntnis, Klarheit des Denkens und Bewahren von Ruhe erlauben dem Führenden, in der scheinbaren Ausweglosigkeit der Krise eine Fülle alternativer Lösungsansätze zu entdecken.[145]

«Leaders almost always think out of the box. They listen, observe, share ideas and shamelessly borrow from the experience of others».[146] Dabei «besteht ein fast magischer Zusammenhang zwischen Selbsterkenntnis und der Entdeckung, dass eine Führungspersönlichkeit in jeder Situation mehrere Möglichkeiten hat.»[147] Sie schlagen Wege ein, die man für nicht begehbar hielt. Ihre Innovationsfähigkeit erlaubt ihnen, Daten und Fakten auf unkonventionelle und neuartige Weise zu interpretieren und Informationsfragmente wie Puzzlesteine zu einem neuen Ganzen zu kombinieren. Sie setzen scheinbar Unvereinbares miteinander in Beziehung[148] und haben den Mut, Paradigmen und festgeschriebene Ansichten umzustossen. Sie erkennen zudem den richtigen Zeitpunkt zum Entscheiden und zum Wandel. Kreative Leader schaffen im Krisenteam Freiräume, die zu einfallsreichen Leistungen[149] und ingeniösen Lösungsstrategien inspirieren.[150]

Klarer Kopf – klarer Mund

Der intensive Dialog im Leadership Coaching dient in hilfreicher Weise dem Bestreben nach Klarheit und Einfachheit.[151] Geübten Kommunikatoren gelingt es, in Krisen komplexe und schwierigste Sachverhalte einfach darzulegen.

> Fazit: Die Message lautet: «Be clear as a bell.»[152] «Klares Denken allein gibt uns die Möglichkeit zur klaren Kommunikation – dem wertvollsten Werkzeug einer Führungspersönlichkeit.» [153] Sie ist Voraussetzung für ein enges Vertrauensverhältnis und ein leistungsorientiertes Selbstverständnis des Krisenstabes.[154]

Die Zeit als Verbündete bedingt, sich selbst zu beherrschen

Kaum eine Leadership Coaching Session, in der sich das Thema Zeit nicht rasch in den Vordergrund drängt. In Krisen ist die Zeit ein unerbittlicher Faktor, doch jeder Stakeholder hat die gleich langen Zeitspiesse. Um sich erfolgreich durchzusetzen, muss der Leader im Führungsprozess die Zeit noch sorgsamer planen, organisieren und verwalten sowie den Zeitablauf noch umsichtiger kontrollieren. Peter Drucker meint: «Nothing else distinguishes effective executives as much as their tender loving care of time.»[155] Anleitungen zum besseren Zeitmanagement gibt es jede Menge. Das Bestreben, die Zeit zur Verbündeten zu machen, ist jedoch eine Frage der Persönlichkeit.

> Fazit: Die Zeit zu beherrschen heisst, sich selbst zu beherrschen und ist deshalb Ausdruck der Selbstführung. Der Umgang mit der Zeit ist der Umgang mit dem eigenen Ich. Das Verhalten gegenüber der Zeit ist der klarste Spiegel der eigenen Person; alle Stärken und Schwächen werden darin reflektiert.

Äussere Störungen vs. innere Defizite

In der Praxis sind es oft nicht äussere Störungen, die den Führenden zum Zeitsklaven und die Zeit zum Gegenspieler und unerbittlichen Feind machen. Vielmehr sind es eigene Angewohnheiten und Defizite, welche die Führungsfähigkeit nachteilig beeinflussen wie z.B: mangelnde Prioritätensetzung, die Unfähigkeit, zu delegieren oder unklare Kommunikation.[156] Es ist deshalb entscheidend, dass sich Führungsverantwortliche vor Dauerbeanspruchung abschirmen, Zeit für Reflexion im Coaching reservieren, sich gegen unproduktive Hektik und Perfektionismus im Krisenstab durchsetzen.[157] Sie haben den Mut, Nein zu sagen gegenüber unersättlichen Erwartungen der Medienleute und gegenüber den Verlockungen, ständig im Rampenlicht zu stehen. «Time management is really personal management, life management, and management of yourself. Time management requires self-discipline, self-mastery, and self-control more than anything else.»[158]

3.3 «Ich» und die «vielen andern» im Krisenteam: im Gleichgewicht dank Empathie und Vertrauen

Ohne Selbsterkenntnis nimmt man die andern nicht wahr

Häufigste Merkmale gescheiterter Topmanager sind nach einer repräsentativen Studie: Starrheit und kümmerliche Beziehungen der Führenden.[159] Die Interpretation durch Goleman lautet: «Sie waren nicht imstande, Rückmeldungen über Eigenschaften, die sie hätten ändern oder korrigieren müssen, zu schlucken und darauf einzugehen. Sie waren unfähig, zuzuhören oder zu lernen.» [160] Auf den EQ von Managern angesprochen, meint ein erfahrener Beobachter: «Bei allen hatte ich das Gefühl einer emotional schmalen Bandbreite, gerade bei den ‹erfolgreich› agierenden. Die Gefühle der Manager wirkten auf mich immer begrenzt und zielgerichtet. Seltsam kanalisiert.» [161] Eine weitere Studie kommt zum Schluss, dass es vor allem selbstgerechte Arroganz ist, die Führungskräfte zu Fall bringt. [162]

> Fazit: Leadership Coaching erweist sich als eines der effektivsten und effizientesten Hilfsmittel, einen Führungsverantwortlichen bei der Stärkung und Weiterentwicklung seiner emotionalen und sozialen Kompetenzen zu unterstützen, um ihn vor dem Scheitern zu bewahren.

Krisenteam durch schwierige Zeiten führen

In unserer Erfahrung ist Voraussetzung, ein Krisenteam durch schwierigste Zeiten zu führen, die Selbstwahrnehmung und die intensive Auseinandersetzung mit den eigenen Stärken, Lücken und Verletzungen. In Krisensituationen gilt es, sich nicht nur im eigenen «Emotionsdschungel», sondern auch in demjenigen der Führungscrew zurechtzufinden. Die im Leadership Coaching thematisierte «Beschäftigung mit der eigenen Lebensgeschichte ist daher die Voraussetzung, andere richtig zu führen». [163]

Voraussetzung Nr. 1 für Vertrauen: «practice what you preach» [164]

Ohne Umschweife wird ein Coach die Testfrage stellen: Leben Sie vor, was Sie sagen und verlangen? Dieses Gebot ist der Schlüssel zum Erfolg, nur so entwickeln sich im Krisenstab Kitt und Teamgeist: «Walking the talk is the most important (leadership, sic.) lesson I've learned. There's nothing that destroys credibility more than not being able to look someone in the eye and have them know that they can trust you. Leadership is about trust. It's about being able to get people to go to places they never thought they could to. They can't do that if they don't trust you.» [165]

Empathie und Diversity Management

Regelmässig besprechen wir im Leadership Coaching die vielfältigen Möglichkeiten, welche sich einer Führungspersönlichkeit eröffnen, Mitglieder des Krisenstabes am Führungsprozess zu beteiligen. Die Führungsorganisation ist nicht nur ein Mittel, die Kommandoordnung und die Krisenstabsorganisation festzulegen, sondern auch die im Stab vorhandenen Talente auszuschöpfen und die Initiative jedes Einzelnen zu wecken. [166] Empathie eröffnet die Chance, eine Krisensituation aus unterschiedlicher Perspektive, durch die Augen der andern Mitstreiter zu beurteilen[167] und aus der Vielfalt und Diversität (der im Krisenstab Vertretenen) Nutzen zu ziehen.

> Fazit: Die Empathie ist unser soziales Radar. Um sich im emotionalen Gelände von andern auszukennen, muss man mit seinem eigenen vollkommen vertraut sein. Wiederum ist die Voraussetzung für Empathie die Selbstwahrnehmung.[168]

3.4 «Krisenmut ist Löwenmut»

Mut als wichtigste Grundlage in Krisen: «In the heat of a crisis, leaders and organizations need courage.» [169]

Wir tragen alle ein «Flucht- und Kampf-Gen» in uns. Gewichtiges Thema im Leadership Coaching in Krisen ist, Letzteres, d. h. das Löwen-Gen zu stärken. Mut kommt aus dem Innern, aus der Verbindung zur inneren Mitte: «Perhaps courage is a basic life quality which God gives us. It builds up the spirit in crises. Moments may come when courage alone stands between us and disaster.»[170]

> Fazit: Mut ist eine der wichtigsten menschlichen Führungsqualitäten in Krisen, weil sie den Nährboden für alle andern Qualitäten abgibt.

Mut als Grundlage zur positiven Veränderung

Mut ist die Basis jeden Fortschritts: «Denn Fortschritt gibt es nur mit neuen Ideen, und neue Ideen gibt es nur mit dem Mut, sich dem Gegebenen zu widersetzen.»[171] Mut bedeutet deshalb auch, in Krisen aus gewohnten Lösungsrezepten auszusteigen, er ist auf Veränderung und Realisation von Chancen gerichtet.[172] Vom Schicksal Gebeutelte zeigen uns, wie Führungsverlangen zur positiven Veränderung zwingend mit mutiger Entschlossenheit gepaart sein muss. Der Arzt und Duathlet Christian Wenk, der nach einem Radunfall querschnittgelähmt war, führte sich dank «Eigeninitiative, eisernem Willen und Erfindungsgeist» aus der Krise zu neuer Lebensqualität.[173]

Wagemutiger Optimismus: Green-Light Thinking

«Wer nicht optimistisch ist, kann nur verlieren.»[174] Bereits beim Erkennen der ersten Anzeichen eines Krisenproblems, gibt eine positive Einstellung zu Problemen die Richtung vor. Wir folgen im Leadership Coaching dem Ratschlag von Paul Meyer und fordern dazu auf, sogleich mindestens fünf Vorteile des Problems schriftlich festzuhalten (Problem–Solving Formula[175]). Wir nennen es das «Green-Light Thinking»: «… which involves focusing on the positives of a possibility before introducing any cautions».[176]

Courage zur Intuition

Jede Entscheidung in der Krise ist eine Wahl zwischen Lösungsvarianten, die Vor- und Nachteile haben, und alle tragen das Risiko ungewisser Folgen in sich.[177] Entscheidungsstarke Führungspersönlichkeiten besinnen sich in diesem schwierigen Abwägungsprozess auf innere Wertmassstäbe und folgen mutig ihrer Stimme aus der inneren Mitte. «Die grössten Fehler machen jene Führungskräfte, die sich nicht auf ihre tiefen Gefühle einlassen und dennoch so tun, als seien sie der Inbegriff von Stärke und Sicherheit. Sie verfolgen lange, sterile und letztendlich sinnlose Taktiken, die sie als ‹unternehmerische Entscheidfindungsprozesse› bezeichnen, die jedoch meistens blosse Vermeidungsstrategien sind, und verschanzen sich hinter bürokratischen Abläufen oder übergehen wichtige Fragen, die eine sorgfältige Überlegung verdienen.»[178]

> Fazit: Im Leadership Coaching streben wir an, eine analytische Methode der Problemlösung mit gesundem Menschenverstand der emotionalen und sozialen Intelligenz optimal zu verbinden, den intuitiven Einfallsreichtum zu fördern, wie Hindernisse überwunden und Ziele auch auf Umwegen erreicht werden können.

Trotz Kritik und Gegenwind nicht einknicken

Im Coaching fragen wir uns mit dem Führungsverantwortlichen, ob sein Selbstvertrauen ungebrochen ist und ihm erlaubt, der momentanen Kritik die Stirne zu bieten, an seiner langfristigen Vision festzuhalten? «Every effective leader occasionally makes a poor decision. When this occurs, what counts is how the leader handles the situation. Those that willingly admit their mistakes and take corrective action will usually be forgiven by the group. Most subordinates do not expect their leaders to be perfect. What they do resent, however, is a leader who reverses a decision when pressured by a few vocal individuals or a special interest group (…). Obviously, you cannot please everyone with your decisions nor should you try.»[179] «A leader, once convinced a particular course of action is the right one, must have the determination to stick with it and be undaunted when the going gets rough.»[180]

> Fazit: Der Coach bestärkt den Leader in seiner Überzeugung, am wohlüberlegten Kurs festzuhalten, auch wenn ihm eine steife Brise entgegenbläst.[181] Pioniere erkennt man an den Pfeilen im Rücken.

Angst prüfend respektieren, ihr beherzt entgegentreten

Theodore Roosevelt soll gesagt haben: «I have often been afraid. But I would not give in to it. I simply acted as though I was not afraid and presently the fear disappeared.»[182] Wir fordern im Leadership Coaching dazu auf, dem Gefühl der Angst prüfend zu begegnen. Als Alarmsignal und Schutzfaktor kann sie auf eine Gefahr hinweisen, uns wertvolle Informationen übermitteln, die wir respektieren müssen,[183] andererseits kann sie unsere Entscheidungskraft und Kreativität lähmen. Stonewall Jackson erwiderte einem untergebenen General, der alle seine Ängste und Zweifel vorbrachte: «General, never take counsel of your fears.»[184] Deshalb müssen wir den Ängsten mutvolles Handeln entgegensetzen, der Volksmund sagt zu Recht: «In der Krise ist ein schlechter Entscheid besser als gar kein Entscheid.»[185]

> Fazit: Angst in Krisen ist ein natürliches Phänomen, das wir im Coaching erkennen, ansprechen, aber auch bekämpfen müssen.

Furchtlos die Schatten der Vergangenheit ausleuchten

Ein Hindernis kann darin bestehen, dass man frühere Misserfolge fest in seiner Erinnerung verankert hat und sie in Krisen neu durchlebt,[186] sie lähmen unsere Entscheidungskraft und Führungsfähigkeit («defeat psychology»). Die Angst der Vergangenheit kann zum lähmenden Entmutigungsfaktor der Gegenwart werden, in der Krise kann sie sich zu Panik oder Schock steigern. «Selbstsicherheit steht einem Menschen gleichsam als inneres Mittel zur Verfügung, um die Lebensaufgaben zu bewältigen. Selbstunsicherheit, ein zwingender Gegenbegriff, bezeichnet das physische und psychische Gedächtnis, das ein Mensch in Bezug auf Unsicherheitserfahrungen entwickelt.»[187]

> Fazit: Wir müssen die Schatten der Vergangenheit – idealerweise mithilfe eines Coach – ausleuchten, sie bewusst machen, um die Erkenntnisse aus der Vergangenheit für die jetzige Krise nutzbar zu machen.

Temporäre Rückfälle und Misserfolge relativieren: «the success of failure»[188]

In der Krise handeln wir noch und noch mit dem Risiko, Fehler zu machen, sie gehören zum unverzichtbaren Erfahrungsschatz erfolgreicher Krisenmanager.[189] «Auf uns Menschen ist kein Verlass. Wir fahren Autos zu Schrott, lassen Züge entgleisen, Flugzeuge abstürzen und Kernkraftwerke explodieren. Niemals, so scheint es, hatte unsere Unvollkommenheit so verheerende Folgen wie heute, da wir täglich mit hochkomplexer Technik konfrontiert sind. Umso paradoxer die Erkenntnis der Unfallforscher: Fehler sind nicht nur notwendig für unsere Existenz – sie eröffnen auch faszinierende Einblicke in die Mechanismen unseres Denkens.»[190]

> Fazit: Dank Leadership Coaching und Selbstführung empfinden Leader Fehler und Misserfolge nicht primär als Zeichen persönlicher Schwäche, sondern als wertvolle Information, was anders getan werden muss, um zum Ziel zu gelangen.[191] Misserfolge werden erst zu Vorboten der Niederlage, wenn sie seine Motivation behindern, nach neuen und noch kreativeren Lösungsansätzen zu suchen.[192]

Coaching zu standhafter Anpassungsfähgikeit (Adaptive Leadership)

Coaching-Unterstützung führt zu persönlicher Reife und zur psychologischen Belastbarkeit: «Resilient Managers» richten ihr Denken statt auf reaktive Ursache-Wirkungs-Diskussionen, raschmöglichst auf zukünftige Aktionen aus. Was ist angesichts der neuen Realitäten ein gangbarer Weg aus der misslichen Situation? steht im Zentrum des Denkens.[193] Dabei ist es in Krisen oft gar nicht möglich, unser Wissen oder unsere Erfahrung von Anbeginn in richtige Entscheide umzusetzen. Vorerst müssen wir mit den eskalierenden Ereignissen Schritt halten, unsere Aktionen hinken reaktiv nach («Emergency phase»). In der dynamischen Krisenentwicklung aus Fehlern oder negativen Rückmeldungen rasch die richtigen Folgerungen zu ziehen, unsere Entscheidungen und den Handlungsprozess entsprechend anzupassen, ist eine wichtige Fähigkeit erfolgreicher Leader in Krisen. Wir sprechen von der «Adaptive phase»: «when you tackle the underlying causes of the crisis and build the capacity to thrive in a new reality».[194]

> Fazit: Adaptive Leaders haben den Mut, nach Fehlern und temporären Misserfolgen, auf nicht erfolgreiche Beschlüsse zurückzukommen, sie anzupassen oder neue Entscheide zu fällen: «They seize the opportunity … to hit the organization's reset button.»[195]

Unverzagt mit der Krise wachsen

Im Coaching erleben wir, wie Führende mit der Krise wachsen: «Wer sich vom Alten nicht lösen und das Herkömmliche nicht hinter sich lassen kann, wird in einem sich schnell ändernden Umfeld nicht lange machen. Jeder, der weiterkommen will, muss sich dem Neuen öffnen und mit Misserfolgen leben lernen.»[196] Temporäre Misserfolge verzögern den Erfolg, verhindern ihn aber nicht.

Sich entschlossen auf wichtige Entscheide konzentrieren

Unsere Beobachtung ist immer wieder von Neuem, dass an der Spitze die Tendenz besteht, sich in Krisensituationen mit viel zu vielen Einzelheiten und Teilentscheiden persönlich zu befassen.[197] Im Mikromanagement mischt man sich nicht stufengerecht in Entscheidungskompetenzen unterer Führungsstufen ein, überladet sich dadurch und legt sich selbst lahm. Indem Leader versuchen, so viel wie möglich selbst zu entscheiden, anstatt sich auf die wirklich wichtigen Entscheide zu konzentrieren, erreichen sie langfristig weniger.[198]

> Fazit: Die Coaching-Unterstützung führt dazu, dass Leader ein Sensorium entwickeln, welches die wirklich wichtigen Schlüsselentscheide sind, die ihre ganze Aufmerksamkeit erheischen.[199] Führungsverantwortlichen fällt es anschliessend leichter, die Entscheidungs- und Ergebnisverantwortung für weniger Wichtiges auf jene Stufe zu delegieren, auf der die grösste Sachkompetenz besteht.[200]

Coaching, um Stressfaktoren die Stirne zu bieten

Obschon erfahrungsgemäss in der Krise zusätzliche Kräfte freigesetzt werden, hat Stress einen destruktiven Einfluss auf Führende und auf das Krisenteam ebenso wie auf das Entscheidungsverfahren.[201] Psychologische Stressfaktoren angesichts von Krisensituationen, die wir beobachten, sind u.a: leugnen, sich verschliessen, Rückzug und Resignation, rationalisieren, Aggressivität, beschimpfen oder drohen. Stress und Übermüdung[202] können zu zeitweiliger Blockade des Gedächtnisses und zur Entscheidungsunfähigkeit führen.[203] Die negativen Langzeitwirkungen von Stress auf die körperliche und geistige Gesundheit sind hinlänglich erforscht und belegt.[204]

> Fazit: Führungsverantwortliche, die an sich während Jahren Raubbau betreiben und stets am Limit agieren, werden in der Krise Mühe haben, mit den wenigen oder nicht existenten Reserven die sprunghaft ansteigenden Belastungen zu verkraften.[205]

Stressfaktoren im Coaching positiv beeinflussen

Diejenigen Faktoren, die Stressvermeidung oder Stressmanagement nachhaltig beeinflussen, sind u. a. Sinnhaftigkeit des Tuns,[206] Selbstreflexion während Leadership-Coaching-Sessions und beherzte Selbsterkenntnis.[207] Coaching-Themen sind stets auch die weiteren Schlüsselfaktoren, wie: Authentizität (persönliches Fundament), Integrität (Loyalität gegenüber einem Wertesystem) und Selbstmotivation einer Führungspersönlichkeit.[208] Wir ermuntern Führungsverantwortliche, an Übungen teilzunehmen, sie führen, ebenso wie

Krisenerfahrung, zu erhöhtem «Einsteckvermögen»[209] und verbessertem Stress-management.[210]

> Fazit: Leadership Coaching gegen Stress ist wertvoll, denn: «Subjektive Bewertun-gen, emotionale Reaktionen und Bewältigungsverhalten entscheiden letztlich, ob ein bestimmtes Ereignis zu Stress führt oder nicht, weil persönliche Reife, stabile Eigen-schaften der Person für den Umgang mit Stress bedeutsam sind.»[211]

3.5 Offene Kommunikation: kein Wachs in den Ohren

«Listen first, talk later»

In der Krise können Ziele in der Regel nur dank der Mithilfe anderer erreicht werden. Diesen Support braucht man insbesondere, wenn es gilt, unsere Ziele gegen den Willen von Kontrahenten zu verwirklichen. «Leader-ship is about far more than producing results through one's own initiative – it's about producing results through others».[212] Ohne aktives Zuhören und offene Kommunikation geht man diesen steinigen Weg allein,[213] «Good managers interact with other people, and so do good crisis managers.»[214] Leider ist es so, wie Steven Sample sagt: «Many leaders are terrible listeners; they actually think talking is more important than listening».[215]

> Fazit: Ein guter Coach ist ein hervorragender Zuhörer. Es ist *die* Eigenschaft, die wir auch beim Führungsverantwortlichen fördern wollen, denn: «The best leaders are listeners».[216]

Coaching for effective communication

Kommunikation mit sich und mit andern ist ein zentrales Entwicklungs-element der Selbstführung und wichtiges Thema im Leadership Coaching: Was ist der Wert einer glänzenden Idee zur Lösung einer Krise, wenn es nicht gelingt, die Botschaft klar und eindringlich zu überbringen, um andere zur Gefolgschaft zu motivieren?[217] Was taugt eine geniale Vision, wenn sie nicht mittels «Leadership by example» vorgelebt und kommuniziert werden kann? [218] Wie will man Veränderungen einleiten, ohne die Devise zu beherzigen: «One lesson about change in any organization – communicate, communicate, communicate.»[219]

Coaching-Unterstützung, um Konflikten zu begegnen

Offene Kommunikation heisst, die Gedanken, Wünsche und Bedürfnisse der Geführten nachzuempfinden, zu verstehen und darauf aufzubauen. Dazu gehört, dass man nicht nur gut zuhört, sondern auch Kommunikationsbarrieren und Konflikten im Krisenteam nicht aus dem Weg geht. Ein Sprichwort der Cherokee sagt: «Listen to the whispers and you won't hear the screams.»[220] Kommt es trotzdem zum Konflikt gilt: «The effective leader holds subordinates accountable.»[221] Nach National Football League Coach Parcell: «Rule two is that confrontation is healthy. The only way to change people is to tell them in the clearest possible terms what they're doing wrong. Confrontation does not mean putting someone down. When you criticize members of the team, you need to put it in a positive context.»[222] Menschen, die über die emotionale Kompetenz der offenen Kommunikation verfügen, setzen sich mit Spannungen im Krisenteam und schwierigen Problemen auseinander, sie fördern Transparenz und konstruktive Verständigung.[223] Offen zuhören und überzeugende Botschaften aussenden heisst auch aufnahmebereit zu sein für gute wie für schlechte Nachrichten.[224]

> Fazit: Die wirksamsten Instrumente, die wir im Leadership Coaching entwickeln, um Kommunikationsbarrieren in Krisenteams und Konflikte zu überwinden, sind persönliche Reife, ein starkes Selbstverständnis sowie der Respekt anderer Menschen gegenüber, unabhängig von den von ihnen vertretenen Meinungen.[225]

Kunst der Krisenkommunikation

Der «Kunst der Krisenkommunikation»[226] widmen wir uns im Leadership Coaching intensiv, weil jegliche Kommunikationskluft die Lösung der Krise negativ beeinflusst. Wahre Kommunikation ist gegenseitig, dies gilt zwischen Führenden und Geführten wie auch umgekehrt zwischen Geführten und Führenden. Der Kommunikation mit den Geführten ist die gleiche Aufmerksamkeit und Sorgfalt zu schenken wie der Kommunikation zur vorgesetzten Entscheidungsstufe. Oft sind hier beträchtliche Unterschiede festzustellen, die Information nach unten wird zunehmend intransparent. Dass bei der Kommunikation mit Vorgesetzen oder Geführten mit unterschiedlichen Ellen gemessen wird, deutet auf einen Mangel an Selbstführung und führt zu Loyalitätskonflikten.

3.6 Wissen und Können: die Kriseneinfältigkeit ablegen

Ein wichtiger Nutzen persönlicher Reife und des Leadership Coaching ist, nicht wahrgenommene Inkompetenz und Ignoranz im Bereich des Krisenwissens und Krisenkönnens zu erkennen. Selbstführung wirkt als Triebfeder, um die Kriseneinfältigkeit mit einem Grundverständnis über die Wesenselemente komplexer Krisen zu ersetzen und sich Führungskompetenzen anzueignen bzw. sich mit grundlegenden Führungsqualitäten in Krisen auseinanderzusetzen.

4.1 Gewinner oder Verlierer?

Die Schwarz-Weiss-Antwort

In der Öffentlichkeit wird man den persönlichen Führungserfolg oder -misserfolg primär am Resultat des Krisenverlaufs messen und mit dem positiven oder negativen Ausgang einer Krise verknüpfen. Das Schwarz-Weiss-Denken lautet in der Regel: Gewinner oder Verlierer, Opfer oder Täter. «In almost all human caused crises, there are only two major outcomes. You will either be perceived as a victim or cast as a villain.»[227]

Differenziertere Perspektive

Aus Sicht des Leadership Coaching und im Verständnis einer reifen Führungspersönlichkeit ist dies eine zu einschränkende Sicht der Dinge.[228] Erfolg ist nicht nur das äusserlich feststellbare Resultat und die positive Konsequenz, dass wir Ziele beharrlich verfolgt und auch erreicht haben bzw. dass unsere Führungsfähigkeiten zum positiven Durchbruch führten. Die Chance, in Krisen erfolgreich zu sein, bleibt eng mit der Aussicht auf Misserfolg und als Folge mit dem Risiko verbunden, seine Position als Leader zu verlieren. «The hard truth is that it is not possible to experience the rewards and joys of leadership without experiencing the pain as well.»[229]

> Fazit: Von uns sind nicht nur Fähigkeiten verlangt, um mit der Krise umgehen zu können, sondern auch innere Stärken, um den eigenen Sturz zu überleben. Zur Selbstverantwortung in Krisen gehört deshalb auch, Rückschläge zu verarbeiten und mit Niederlagen umzugehen.[230]

4.2 Persönliche Massstäbe des Erfolgs

Überzeugungen als Massstab

Im Leadership Coaching gelangen wir hoffentlich zu folgender Einsicht: Ob wir ein Resultat als Erfolg oder Misserfolg einstufen, misst sich zusätzlich an unseren Überzeugungen und Betrachtungsweisen. «Success may never come without a compelling personal commitment to something you care about and would be willing to do without counting on wealth, fame power or public acceptance as an outcome … For Builders (enduringly successful people), the real definition of success is a life and work that brings personal fulfilment and lasting relationships and makes a difference in the world in which we live.»[231]

Im Coaching eigene Vorgaben definieren

Im Leadership Coaching legen wir höchstpersönliche Massstäbe fest, die den Erfolg nach eigenen Vorgaben definieren. Folgende Fragen können für eine Führungsperson erfolgsbestimmend sein: Zeigte ich grossen Mut, das Risiko der Führungsverantwortung zu übernehmen? Habe ich das mir zur Verfügung stehende Potenzial und meine Talente voll ausgeschöpft? In welchem Masse bin ich in der Krise über mich selbst hinausgewachsen? Habe ich das Krisenteam zu Höchstleistungen geführt? Habe ich mich mit ganzer Kraft, Motivation, Engagement und Entschlossenheit für Werte eingesetzt, denen ich mich verpflichtet fühle? Habe ich mutig Entscheide mit hohem Risiko getroffen und mit beherzter Bereitschaft für alle Folgen die Verantwortung übernommen?

Grenzerfahrungen

Vielleicht können alle Fragen mit einem aufrichtigen Ja beantwortet werden, und trotzdem haben sie nicht zum erwarteten Erfolg geführt. Krisen ermöglichen immer auch Grenzerfahrungen – insbesondere, welche Grenzen bei Erwartungen an uns selbst zu setzen und zu respektieren sind.

> Fazit: Äusserlicher Erfolg kann mit persönlicher Niederlage verbunden sein, falls Werte kompromittiert wurden, und umgekehrt kann ein Resultat, das auf Anhieb als Misserfolg erscheint, von einem persönlichen Erfolgserlebnis begleitet sein.[232]

4.3 Die magische Coaching-Frage: Vielleicht?

Im Leadership Coaching wollen wir uns vor Augen halten: Der Krisenausgang bleibt letztlich mit dem Wörtlein *vielleicht* verbunden. Vielleicht gelingt es dank hohem Einsatz, die Krise erfolgreich zu überwinden. Vielleicht auch nicht, oder noch nicht, die Zeit für den Wandel ist nicht reif (vgl. hierzu Teil IV A, 4.3 «Grenzen der Veränderung – Grenzen des Erfolgs»). Vielleicht war der positive Ausgang einem glücklichen Zufall, der Misserfolg einem Zusammentreffen unglücklicher Umstände zuzuschreiben? Vielleicht führen Fehlentscheide zu wichtigen Einsichten, die stattdessen erlauben, zukünftige, noch grössere Herausforderungen zu meistern. Vielleicht haben wir auch einfach die Flinte zu früh ins Korn geworfen und verstanden nicht, die Kadenz neuer Lösungsversuche zu erhöhen, nach dem Motto: «The fastest way to succeed is to double your failure rate.»[233]

> Fazit: Im Leadership Coaching kann die tröstliche Tatsache besprochen werden, dass Erfolgreiche eine viel höhere Misserfolgsrate haben als nicht erfolgreiche Menschen.[234]

Aus Distanz: vielleicht …

Vielleicht wird der Erfolg oder Misserfolg in Krisen nach Jahren ganz unterschiedlich beurteilt. Dann wird man sagen: Der Misserfolg war *der* entscheidende Anstoss zu Wandel, Neuerung und Innovation, «Failure is the prerequisite to invention».[235] Das Fiasko entpuppt sich im Rückblick zum glücklichen Zufall, während der Erfolg zur Ursache einer (neuen) Krise wird und den Ursprung des zukünftigen Misserfolges bildet.[236] Im Volksmund sagt man «Success breeds success», aber auch nicht zu Unrecht «Nothing leads to failure like success.»[237]

5. Auf dem Weg zur Selbstführung: der Leadership Coach als Weggefährte

5.1 Leadership is developed daily, not in a day[238]

Selbstführung und Entwicklung der eigenen Leadership sind Teil eines lebenslangen Reifeprozesses: «The goal each day must be to get a little better, to build on the previous day's progress.»[239] Die Notwendigkeit, sich täglich zu bemühen, ist eingestandenerweise nicht einfach, sonst hätten wir viel mehr überzeugende Leader: «Becoming a leader isn't easy. If it were, we'd have great many more.»[240]

> Fazit: Die Leadership-Entwicklung ist eine unspektakuläre Herausforderung, die nur eine Minderheit anpackt. Sicher macht man rascher Fortschritte, wenn man die Unterstützung eines ausgewiesenen Leadership Coach in Anspruch nehmen kann.

Leadership Coaching baut auf Stärken auf

Obschon wir viele Voraussetzungen und innere Ressourcen zur Leadership besitzen, ist es unser Entscheid, ob wir sie pflegen, ihnen eine Richtung geben und zu deren Weiterentwicklung Zeit und Kraft opfern.[241] Zentrale Stärke des Leadership Coaching ist, sich auf individuelle Stärken einer Führungspersönlichkeit zu konzentrieren und auf ihnen aufzubauen, um Veränderungsprozesse zu erzielen: «Learning to lead is a lot easier than you might

317

think, because every manager possesses an inventory of raw materials to use to become a genuine leader. These materials consist of experience, observations, vision, and a variety of other factors. The key lies in molding them in a form and fashion that are unique to your own particular circumstances and to turn them to your advantage in the situation at hand, whatever it may be and whatever it requires.»[242]

Sich entwickeln heisst, sich verändern

Entwickeln kann man sich nur, wenn man sich verändert und wir verändern uns, indem wir nicht stehen bleiben, unser Lernprozess ist ein begleiteter Veränderungsprozess. Wirksam wird: «The transformative power of a lifelong thirst for knowledge».[243] Eine Leiter hochsteigen verlangt, dass man die untere Stufe loslässt, um sich auf die nächsthöhere zu begeben, eine Suffi-Weisheit besagt: «Man muss einzelne Entwicklungsschritte vollzogen haben – sich mit ihnen verändert haben –, um neue Wege erkennen zu können»,[244] im englischen Volksmund: «You must give up to go up.» Dazu braucht es neben Mut oft auch Anleitung und die Begeisterungsfähigkeit des Coach, der an Ihren Erfolg glaubt.

> Fazit: Es kann eine Hilfe sein, zu wissen, dass Stehenbleiben gar keine Option ist, es gibt in der Selbstführung nur Rückschritt oder Fortschritt. In den Worten von Anthony Robbins: «There is no status quo, there is only climbing or sliding.»[245]

5.2 Vier Elemente eines erfolgreichen Coaching-Lernprozesses

Wenn wir in eine Leadership-Coaching-Beziehung eintreten, besprechen wir beim Start eine gemeinsame Win-win-Vereinbarung, in der vier wesentliche Elemente zum erfolgreichen Lernprozess zur Sprache kommen: 1. Disziplin, 2. Konzentration, 3. Geduld und 4. die Überzeugung und Hoffnung, auf dem richtigen Lernpfad zu sein.[246]

1. «Self–Discipline: The First Person You Lead is You»[247]

Der Leader, auch wenn ihm ein Coach zur Seite steht, ist sich der Tatsache bewusst: «The toughest person to lead is always yourself.»[248] Disziplin ist die erste und wichtigste Voraussetzung, damit die Aussage «Leadership ist lernbar» auch wirklich umsetzbar wird. «The learning process is ongoing, a result of self-discipline and perseverance.»[249] Wir haben uns gegenüber einer Vielzahl von Zeitfressern, Störfaktoren und Ablenkungen des Berufs- und Alltagsleben zu behaupten.

318

Ordnung ist unabdingbar

Kontinuierliche Fortschritte sind unabdingbar an gewisse Regeln der äusseren Ordnung gebunden. Dies ist eine uns seit der Schulzeit wohlbekannte Einsicht, die man auf der Karriereleiter zu vernachlässigen beginnt. Ob sich Lerndisziplin zu unserem Wohl oder zu unserem Schaden auswirkt, ist auch hier eine Frage des Masses. Übermässige Selbstdisziplin verhindert die freie, kreative und intuitive Entfaltung. Die rationale Intelligenz dominiert über die emotionale und spirituelle Intelligenz, der überdisziplinierte, überorganisierte Leader verschliesst sich höheren Einsichten.[250]

2. Konzentration: Focus!

Auch wenn Führung in Krisen ein Kampf an mehreren Fronten ist,[251] mehrere Dinge können nicht mit der gleichen Konzentration getan werden wie eine einzelne Sache. Leadership Coaching ist nur erfolgreich, wenn es in den Sessionen gelingt, die Konzentration ausschliesslich auf eine Sache, im Hier und im Jetzt zu lenken. Konzentration ist das effizienteste und schärfste Werkzeug, um ein Ziel – ein gemeinsam vereinbartes Coaching-Lernziel oder ein Ziel in der Krise – mit Erfolg zu erreichen.[252] Der Volksmund sagt, «Jagst du zwei Hasen nach, werden beide entwischen.» Im Neudeutschen nennt sich dies Multitasking; man jagt gleichzeitig einer ganzen Tierherde nach in Angst, irgendeine Spezies oder eine günstige Gelegenheit zu verpassen. «Multitasking is a productivity killer»: «Multitasking, touted as the ultimate in efficiency, is essentially the highly unproductive juggling of interruptions, both external and self-imposed.»[253]

Multitasking vs. Disziplin der Gedanken

Mit dem Prinzip der «Gleichzeitigkeit, alles zu jeder Zeit» geht die wichtigste und grundlegendste Disziplin verloren, nämlich die Disziplin der eigenen Gedanken, und Anthony Robbins fordert zu recht: «Stand guard at the entrance of your mind.»[254] Multitasking ist für unser Gehirn nicht möglich, «vielmehr verzetteln wir uns sprichwörtlich und schwächen unsere Konzentrationsfähigkeit».[255]«What does it take to have the focus required to be a truly effective leader? The keys are priorities and concentration.»[256] Konzentration auf das Wesentliche und auf Prioritäten ist das Erfolgsrezept eines effektiven Leadership Coaching.

3. Geduld

Wir haben oben auf den Begriff der Breakthrough Leadership[257] verwiesen und wir wissen aus dem Volksmund, dass steter Tropfen auch den härtesten Stein höhlt. Der Schlüssel eines erfolgreichen Leadership Coaching liegt in regelmässigen Anstrengungen. Wer bei der Entwicklung der Selbstführung auf einen raschen Lernerfolg aus ist, wird enttäuscht werden. «Successful leaders recognize that developing leadership skills is a lifetime pursuit.»[258] Jahrelang gepflegte, nicht hilfreiche Einstellungen und Gewohnheiten lassen sich nicht über Nacht verändern noch können wir Lebensbereiche und Führungsqualitäten ohne Disziplin, Konzentration und Geduld entwickeln, die über Jahre vernachlässigt worden sind. Führungsqualitäten, die in der Krise Bestand haben, erwirbt man sich in einem evolutionären Prozess.[259] In einem anspornenden Leadership Coaching ist immer wieder auf die notwendige Geduld zu verweisen – die auch Rückschritte in Kauf nimmt.

4. Überzeugung und Hoffnung: «Teil des Berges werden»

Ein mit der Meditationspraxis vertrauter Coach wird darauf verweisen, dass im Buddhismus der Berg als Symbol dauerhaft, fest, kräftig und solid ist. Die Lerngeduld muss zusätzlich mit der Überzeugung und Hoffnung gepaart sein, sich auf dem – für uns – richtigen Pfad der Leadership zu befinden. Ohne diese Überzeugung schaffen wir uns weder den notwendigen Raum noch nehmen wir uns die notwendige Zeit. Der Weg zur Selbstführung muss ein wichtiges Anliegen sein und uns am Herzen liegen. Nur in dieser Überzeugung und mit der Hoffnung, nutzbringende Ziele zu erreichen, werden wir Lernprioritäten setzen und die drängenden Alltagsprobleme für bestimmte Zeiten in die hinteren Reihen verweisen.

Energie aus der inneren Mitte vs. Burnout

Auf diesem Weg wird die Verbindung zur inneren Mitte und zur Stille essenziell. Erschöpfte Krisenmanager (im Burnout) zeigen, dass sie nicht imstande sind, aus dieser Energiequelle zu schöpfen.[260] Wo anders als in diesem Raum der Stille können wir über so zentrale Aufforderungen nachdenken wie über die vier folgenden, von Warren Bennis vorgeschlagenen «Lessons of Self-knowledge»: «1. Listen to your inner self. 2. Accept responsibility for what you are. Blame no one. Taking charge of your life also means that you accept responsibility for your own success or failure. 3. Learn at a deeper level than most people. 4. True understanding comes from reflecting on your experience.»[261] Es sind vier gewichtige Aufforderungen von Bennis, bei denen Sie der Coach auf der Suche nach Antworten unterstützt.[262]

Fazit: Der Coach als weiser Fuchs

Er verrät Ihnen, wie der Fuchs dem kleinen Prinzen bei De Saint-Exupéry: «Voici mon secret. Il est très simple: on ne voit bien qu'avec le coeur. L'essentiel est invisible pour les yeux.»[263]

Der tiefere Sinn von Lebensstürmen und Krisen

Auf seinem Weg bis zum Tod begegnet der Mensch Lebensstürmen und Krisen, er versucht deren tieferen Sinn zu ergründen, zu verstehen und mit ihnen umzugehen. Rationale Erklärungsversuche zu Krisen, in die wir selbst gestellt werden oder die uns treffen, bleiben oft an der Oberfläche und befriedigen letztlich nicht, denn unser Wissen über die wahren Hintergründe und den Sinn von Krisen bleibt beschränkt. Wir verstehen bloss: Im Leben gehört Misserfolg zum Erfolg wie Schatten zum Licht. Selbstführung und die Auseinandersetzung mit Krisen ist deshalb Teil der menschlichen Selbstbestimmung zum lernenden Wandern, um sich selbst treu zu bleiben.[264] In Krisenzeiten wollen wir uns deshalb nicht tieferen Einsichten verschliessen: «Wer sich auf den Weg macht, fragt nach dem Sinn seines Lebens. Im Gehen sucht er den Grund und das Ziel seines Unterwegsseins. Das Ziel unseres Gehens ist letztlich nie innerweltlich, wir gehen auf eine letzte Geborgenheit zu, auf eine Heimat, in der wir uns endgültig niederlassen können.»[265] Es ist die Einsicht, dass nur wer wandert seine Bestimmung erfüllen kann, im steten Lernprozess «er-fahren» wir unser Menschsein, im Zen die Wesensschau genannt.

Der Weg ist in dir – ganz besonders in Krisen

Wenn man sich fragt, warum in der Philosophie und in den Weltreligionen der Weg als Bild für das menschliche Leben genommen wird, «so wird man darauf stossen, dass die Erfahrungen, die Menschen auf dem Weg gemacht haben und immer noch machen, so tief gehen, dass sie für die menschliche Existenz schlechthin gelten».[266]

«Der weite Weg ist der Weg, den alle gehen. Du musst Deinen ganz persönlichen Weg finden. Da genügt es nicht, sich nach den andern zu richten. Du musst genau hinhören, was Dein Weg ist. Und dann musst Du Dich mutig entscheiden, diesen Weg zu gehen, auch wenn Du dich dort sehr einsam fühlst. Nur Dein ganz persönlicher Weg wird Dich wachsen lassen und zum wahren Leben führen.»[267] Dies gilt ganz besonders in Krisen.

Leadership in Krisen – ist lernbar. Den Weg kennen Sie erst, wenn Sie ihn gegangen sind. Der vorliegende Leitfaden will Sie ermutigen, aufzubrechen, der Weg entsteht im Gehen.[268]

Teil I: Krisen verstehen, Führungsbegriffe klären. Erkenntnisse und Konsequenzen für den Leader

1 Mathari A., Brand C., Die Krisen sind überall, in: NZZ am Sonntag, 14. Dezember 2008.

2 Mitroff I. I., Why Some Companies Emerge Stronger and Better from a Crisis, American Management Association, 2005, p. 3/4.

3 Vgl. die zahlreichen Beispiele in der ersten Auflage von Carrel L. F., Leadership in Krisen, Ein Handbuch für die Praxis, Verlag Neue Zürcher Zeitung 2004, S. 31.

4 Schulze G., Was ist eigentlich normal?, in: NZZ, Nr. 303, 31. Dezember 2009, S. 57.

5 Schulze G., Was ist eigentlich normal?, in: NZZ, Nr. 303, 31. Dezember 2009, S. 57.

6 Konstanten der Krise, in: NZZ, Nr. 305, 31. Dezember 2009, S. 17.

7 Mitroff I. I., Why Some Companies Emerge Stronger and Better from a Crisis, American Management Association, 2005, p. 97.

8 Ebenda, S. 53.

9 Mitroff I. I., Why Some Companies Emerge Stronger and Better from a Crisis, American Management Association, 2005, p. 123.

10 Bekannt ist das Gemälde von Ferdinand Hodler, hier die Kohlestiftzeichnung von Charles L'Eplattenier, im Privatbesitz des Autors.

11 Optimismus in der Krise. Sind die Topmanager zu lethargisch?, in: NZZ, Nr. 15, 20. Januar 2009, S. 21. Nach einer Untersuchung von Booz & Co. neigen rund drei Viertel der obersten Manager zum Optimismus, weshalb in vielen Firmen entsprechend wenig Vorkehrungen gegen allfällige Kriseneinwirkungen getroffen worden sind. Die Untersuchung basiert auf einer weltweit durchgeführten Befragung von rund 830 Topmanagern. Vgl. hierzu Booz & Co., Recession Response. Why companies are making the wrong moves, 2009, http://www.strategy-business.com/article/li00111 (Zugriff 26. Mai 2010).

12 So ist der Nutzen einer systematischen Krisenvorbereitung durch Untersuchungen der University of Southern California's Center for Crisis Management bei Fortune 500 Companies erhärtet worden. Sie haben ergeben, dass (1) gut vorbereitete Unternehmungen weniger in effektive Krisen geraten, dass sie (2) diese besser bewältigen, (3) im Durchschnitt eine längere Lebensdauer haben und (4) auch finanziell besser abschneiden. Mitroff I. I., Alpaslan M. C., Preparing for Evil, in: Harvard Business Review, April 2003, p. 110.

13 Mitroff I. I., Why Some Companies Emerge Stronger and Better from a Crisis, American Management Association, 2005, p. 3/4.

14 Die Hauptquelle der Belastung des Führenden in der Krise besteht aus den hohen Anforderungen der Krise in Kombination mit der privaten Beanspruchung. Das Leiden am Stress und ein Versuch, die Folgekosten zu beziffern, in: NZZ, Nr. 213, 13. September 2000, S. 13.

15 Heifetz R., Grashow A., Linsky M., Leadership in a (Permanent) Crisis, in: Harvard Business Review, July–August 2009, p. 62.

16 Johansen B., Leaders Make the Future, in: Soundview Executive Book Summaries, October 2009, p. 3.

17 Breitenstein A., Der besorgte Draufgänger. Die Krise ist für den modernen Menschen das Normale – Vortrag des Soziologen Gerhard Schulze in Zürich, in: NZZ, Nr. 271, 21. November 2009, S. 55.

18 Mitroff I. I., Why Some Companies Emerge Stronger and Better from a Crisis, American Management Association, 2005, p. 3/4.

19 Moyer D., Act-Learn, Act-Learn, in: Harvard Business Review, March 2009, p. 124.

20 Ethiker Rehmann-Sutter: Krisen sind gute Zeiten, um Rechenschaft abzulegen, in: NZZ, Nr. 19, 24./25. Januar 2010, S. 15.

21 Der Nackt-Scanner als eine Maschine der Symbolpolitik, in: NZZ, Nr. 3, 6. Januar 2010, S. 21.

22 Taleb N. N., The Black Swan. The Impact of the Highly Improbable, Random House, 2007.

23 Wer ist schuld am Wirtschaftschaos? Chappatte, in: NZZ am Sonntag, 1. Februar 2009, S. 21.

24 McNeil D. G., Why pandemics invariably need scapegoats, in: IHT, September 3, 2009, p. 9. Schweinegrippe, Versagen im Manöver, in: NZZ am Sonntag, 25. Oktober 2009, S. 19. Verspätete H1N1-Impfaktion, in: NZZ, Nr. 250, 28. Oktober 2009, S. 12. Impfstoff landet im Abfall, in: NZZ am Sonntag, 6. Dezember 2009, S. 16. Grippe-Pandemie, Lehren aus einer verunglückten Übung, in: NZZ am Sonntag, 20. Dezember 2009, S. 19. Ausverkauf für Impfstoffe, Französische Polemik wegen teurer Grippe-Prävention, in: NZZ, Nr. 2, 5. Januar 2010, S. 6. Sattler, K.O., Strassburg kritisiert die WHO. Das Vorgehen gegen die Schweinegrippe wird untersucht, in: NZZ, Nr. 20, 26. Januar 2010, S. 4. Nabelschau der WHO in Genf, Glück mit der Schweinegrippe, in: NZZ. R. 112, 18. Mai 2010, S. 5.

25 Ford J. D., Ford L. W., Decoding Resistance to Change, in: Harvard Business Review, April 2009, p. 99.

26 Nach der Krise ist vor der Krise, in: NZZ, Nr. 246, 23. Oktober 2009, S. 28.

27 Schwarzenbach R., Im Zeichen der Asche, Für Business-Travel-Agenturen können Ereignisse wie der vulkanbedingte Flugunfall durchaus eine Chance sein, in: NZZ, Nr. 99, 30. April 2010, S. 71.

28 Dies liess Erfahrungen als junger Generalstabsoffizier aufleben, verantwortlich zur Überprüfung von Mobilmachungsplätzen. Wegen der angenommenen kurzen Vorwarnzeiten im Fall eines Angriffs des Warschauer Paktes wiesen diese einen extrem hohen, professionellen Planungsstandard auf. Wurden sie jedoch mit Übungsszenarien konfrontiert, die das «Undenkbare erdachten», konnten sie wegen ihrer geistigen Fixierung auf das Geplante völlig aus der Fassung gebracht werden.

29 Gonseth A., In der Ruhe liegt die Kraft, in: Fit for Life, Special Erholung., Nr. 1–2, 2009, S. 30.

30 Haller Matthias: «Je planmässiger die Menschen vorgehen, desto wirksamer vermag sie der Zufall zu treffen» (Friedrich Dürrenmatt), in: I.VW-Jahresbericht 2003, 2004.

31 Schweizer Prognostiker widersprechen sich, in: NZZ, Nr. 223, 26. September 2009, S. 29.

32 Bernholz P., Faber M., Petersen T., Keine Patentrezepte gegen Finanzkrisen, in: NZZ, Nr. 241, 17. Oktober 2009, S. 31.

33 Benoit Mandelbrot zur Bedeutung von Brüchen in Datenreihen und zu deren Folgen für die Finanzwelt und die ökonomische Theorie, in: NZZ, Nr. 268, 18. November 2009, S. 32.

34 Konstanten der Krise, in: NZZ, Nr. 305, 31. Dezember 2009, S. 17.

35 Taleb N. N., The Black Swan, The Impact of the Highly Improbable, Random House, 2007.

36 Der Zusammenbruch der UdSSR und des Ostblocks, der Fall der Mauer in Berlin, die Wiedervereinigung Deutschlands, die Unverletzlichkeit des amerikanischen Territoriums usw. waren entsprechende Ereignisse.

37 Fischer R., WHO unter Verdacht. Höchste Alarmstufe, dramatische Szenarien, globale Impfprogramme: Die Weltgesundheitsorganisation erklärte die Schweinegrippe zur Pandemie und bescherte Pharmaunternehmen Milliardenumsätze. Jetzt steht sie in der Kritik: Sie habe für unnötige Hysterie gesorgt. Die WHO verteidigt sich, in: NZZ am Sonntag, 31. Januar 2010, S. 20.

38 Heifetz R., Grashow A., Linsky M., Leadership in a (Permanent) Crisis, in: Harvard Business Review, July–August 2009, p. 62 und Heifetz R., Grashow A., Linsky M., Adaptive Leadership, in: Harvard Management Update, May 2009, Vol. 14, No. 5, p. 1.

39 Garrett L., Fear & the Flu. The new age of pandemics, in: Newsweek, May 11/18, 2009, Special double issue.

40 Carrel L. F., Reale Krisen haben sich noch selten an Planungen gehalten, in: NZZ, Nr. 100, 2./3. Mai 2009, S. 17.

41 Terrorangst und Sicherheitswahn, in: NZZ, Nr. 181, 8./9. August 2009, S. 39. Der Nackt-Scanner als eine Maschine der Symbolpolitik, in: NZZ, Nr. 3, 6. Januar 2010, S. 21. Klaidman D., Terror begins at home. Fearmongering politicians are scoring cheap political points at the expense of the American people, in: Newsweek, February 22, 2010, p. 27.

42 Streben nach übermässiger Sicherheit erzeugt Unsicherheit, damit erodiert das gegenseitige Vertrauen. Das Gegenteil von Vertrauen ist Misstrauen und Terrorangst und Sicherheitswahn, in: NZZ, Nr. 181, 8./9. August 2009, S. 39.
Der Nackt-Scanner als eine Maschine der Symbolpolitik, in: NZZ, Nr. 3, 6. Januar 2010, S. 21. Lipton E., U. S. still lags in efforts to plug gaps in air security, in: IHT, December 30, 2009, p. 1.

43 Ramo J. C. plädiert für ein «Immunsystem der Grundsicherheit» und gegenüber dem Terrorismus eine Haltung der «heroischen Gelassenheit». Von Terroristen lernen, in: NZZ, Nr. 205, 5./6. September 2009, S. 43.

44 Brauner C., Präventive Schadensbewältigung: Mehr gewinnen als verlieren, in: SwissRe, Zürich 2001, S. 43.

45 Die SWX lanciert eine Whistle-Blower-Plattform, in: NZZ, Nr. 201, 29. August 2008, S. 29. The Fed who blew the whistle, in: Newsweek, December 22, 2008. Pionierhafter Freispruch in Sachen «Whistleblowing», in: NZZ, Nr. 216, 18. September 2009, S. 47.

46 Volker Gehhardt, Kritik der Krise, in: Welt Online, 28. Februar 2009, http://www.welt.de/welt_print/article3290204/Kritik-der-Krise.html (Zugriff 11. März 2010).

47 «The turning point for better or worse in an acute disease or fever», http://www.merriam-webster.com/dictionary/crisis (Zugriff am 14. April 2010).

48 Vgl. das chinesische Zeichen für Krise: Danger & Opportunity, Kalligrafie von Sanae Sakamoto, für den Autor gemalt.

49 In der Midlife-Crisis wird man alles daran setzen, eine Veränderung des Bestehenden herbeizuführen, eine «neue Ordnung» zu schaffen. In einer Krise, ausgelöst durch fehlerhafte Produkte, wird sich die Führung auf den Rückruf der Produkte und die Wiederherstellung des früheren Vertrauens konzentrieren. Eine Vertrauenskrise, ausgelöst durch einen Wertekonflikt, wird im Gegenteil so lange am Leben erhalten, bis sie ausgestanden ist und durch Neuwahlen ein Wechsel in der Führung erfolgt. Ebenso werden bei der Führung zum Beginn, auf dem Höhepunkt oder in der Endphase einer Krise unterschiedliche Ziele verfolgt. Die Absicht kann sein, die Krise zu entschärfen, beruhigend einzuwirken, die Situation zu de-eskalieren oder im sie Gegenteil zu eskalieren, um rasch einer Neuordnung zum Durchbruch zu verhelfen, den Austritt aus der Krise zu beschleunigen, z. B. durch eine «Palastrevolution» oder einen «Putsch» gegen die Führungsspitze, um neuen Führungskräften Platz zu machen.

50 Brouzos J., IT-Anbieter profitieren von Schweinegrippe, in: Handelszeitung, Nr. 35, 26. August –1. September 2009, S. 9.

51 Willi M., Krisenkommunikation und Themenmanagement bei der UBS AG, Schweizer Krisengipfel 2006, 8. Juni 2006, Universität St. Gallen.

52 Carrel L. F., Schwächen der UBS-Führung, in: NZZ, Nr. 51, 1./2. März 2008, S. 21.

53 Bericht über Forschungsbetrug, ETH Zürich publiziert anonymisierte Untersuchung, in: NZZ, Nr. 40, 18. Februar 2010, S. 13. Ich bin enttäuscht und traurig, in: NZZ am Sonntag, 4. Oktober 2009, S. 61. Bühler S., Der Ruf der ETH Zürich hat nicht gelitten, in: NZZ am Sonntag, 27. September 2009, S. 15.

54 Vgl. die Begriffstabelle in Carrel L. F., Leadership in Krisen, Ein Handbuch für die Praxis, NZZ-Verlag, Zürich, 1. Aufl. 2004, S. 91/92.

55 Capelos T., Wurzer J., United Front: Blame Management and Scandal Response Tactics of the United Nations, in: Journal of Contingencies and Crisis Management, Vol. 17, No. 2, June 2009, p. 75.

56 «Wir möchten immer noch gerne einfache Lehren aus Erfahrungen wie der Krise ziehen», Ferguson N. (Harvard University), Von der neuen Ökonomie zum neuen Kapitalismus, in: NZZ, Nr. 22, 28. Januar 2010, S. 28.

57 De Bono E., Simplicity, Penguin Group, 1999, p. 283.

58 Risikoforschung, Was heute Krisen so heimtückisch macht, Warum wir Gefahren oft falsch einschätzen, Vernetzte Kompetenz: Die ETH-Risikoinitiative, ETH Globe, Nr. 3, September 2009. Zu komplexen Systemen: Helbing D., Das Unberechenbare fassbar machen, S. 9. Systemische Risiken, Bsp. Finanzkrise: Schlaefli S., Ein Risiko, das alle trifft – Ursachenforschung und Lösungsansätze zur Finanzkrise, S. 16.

59 Vgl. im Einzelnen, Ein Handbuch für die Praxis, NZZ-Verlag, Zürich, 1. Aufl. 2004: (4), Die «innere Qualität» einfacher und komplexer Krisen. Wie ist die Krisenstruktur? S. 46 und 47.

60 Kelly E., Powerful Times, Wharton School publishing, 2006, in: Soundview Speed Reviews, January 2006, p. 2.

61 «Eine Krise kommt selten allein. Es gehört zu den Erfahrungen aus früheren Finanz- und Marktkrisen, dass die Ansteckungsgefahr oft gross und unberechenbar ist.» Neue Phase der Wirtschaftskrise, Warnsignale deuten auf Ausweitung der Krise auf die staatlichen Schulden, in: NZZ, Nr. 31, 8. Februar 2010, S. 19.

62 Mitroff I. I., Why Some Companies Emerge Stronger and Better from a Crisis, American Management Association, 2005, p. 91.

63 Gottfredson M., Schwedel A., Cut Complexity – and Costs. Harvard Management Update, August 2008, p. 1.

64 CEO von Clariant in einem Interview der Handelszeitung auf die Frage nach den Folgen der Schliessungen von Standorten: «Solche Prozesse benötigen sehr viel Zeit, weil wir leider ein weltweites, sehr komplexes und verschachteltes Produktionssystem haben.» (Handelszeitung-Interview mit Jan Secher vom 17.–23. Oktober 2007).

65 Mariotti J. L., The Complexity Crisis, Platinum Press, 2008, zitiert nach Executive Book Summaries, Vol. 30, No. 3, Part 1, March 2008, p. 1.

66 Vgl. hierzu viele Beispiele in der ersten Auflage, Carrel L. F., Leadership in Krisen, Ein Handbuch für die Praxis, NZZ-Verlag, Zürich, 1. Aufl. 2004, S. 46–49.

67 Vester F., Die Kunst vernetzt zu denken. Ideen und Werkzeuge für einen neuen Umgang mit Komplexität, Deutscher Taschenbuch Verlag, 7. Auflage 2008.

68 Die Forderung ist deshalb, interdisziplinär zu arbeiten. Vgl. das neu gegründete Zentrum für Integratives Risikomanagement der ETH. Risikoforschung, Was heute Krisen so heimtückisch macht, Warum wir Gefahren oft falsch einschätzen, Vernetzte Kompetenz: Die ETH-Risikoinitiative, in: ETH Globe, Nr. 3, September 2009. Integratives Risikomanagement: Eichler R., Risikoforschung erfordert systemorientierten Ansatz, S. 7.

69 Ashby, W. R., An introduction to Cybernetics. Wiley, New York 1956. Das Gesetz von der erforderlichen Varietät, http://pcp.lanl.gov/reqvar.html (Zugriff 11. März 2010).

70 Mariotti J. L., The Complexity Crisis, Platinum Press, 2008, zitiert nach Executive Book Summaries, Vol. 30, No. 3, Part 1, March 2008, p. 1.

71 Weder di Mauro B., Ein Stabilitätsfonds für Grossbanken, in: NZZ am Sonntag, 15. November 2009, S. 39. Schwer fassbare Systemrisiken, in: NZZ, Nr. 255, 3. November 2009, S. 26. Lengwiler Y., Instabile Banken bedrohen die Volkswirtschaft, in: NZZ, Nr. 240, 16. Oktober 2009, S. 31. Eisenring C., Sterbehilfe für Banken, Die USA ringen um eine «Too big to fail»-Problematik, in: NZZ, Nr. 58, 11. März 2010, S. 25. Eine Superbehörde soll es richten, Amerikanischer Senat begnügt sich nicht mit groben Leitplanken für Finanzinstitute, in: NZZ, Nr. 117, 25. Mai 2010, S. 21. Viel reden – wenig tun, Vorschläge der globalen Grossbanken zur Regulierung, in: NZZ, Nr. 117, 25. Mai 2010, S. 21. Staatssekretariat für internationale Wirtschaftsfragen (SIF). Expertenkommission zur Limitierung von volkswirtschaftlichen Risiken durch Grossunternehmen. Zwischenbericht. 22. April 2010. http://www.sif.admin.ch/dokumentation/00514/00519/00592/index.html?lang=de (Zugriff 26. Mai 2010).

72 SNB Financial Stability Report, Zürich, 2009, www.snb.ch (Zugriff 11. März 2010), Schweizerische Bankiervereinigung, Finanzkrise und Systemstabilität, Fakten, Positionen und Argumente in 12 Thesen, Oktober 2009.

73 Ariely D., The End of Rational Economics, in: Harvard Business Review, July–August 2009, p. 78.

74 Sigrist M., Die subjektive Komponente wird von Experten immer noch unterschätzt, S. 32. In: Risikoforschung, Was heute Krisen so heimtückisch macht, Warum wir Gefahren oft falsch einschätzen, Vernetzte Kompetenz: Die ETH-Risikoinitiative, ETH Globe, Nr. 3, September 2009.

75 Marsiaj V., Die Psyche des Marktes berücksichtigen, in: NZZ, Nr. 284, 7. Dezember 2009, S. 21.

76 Bernholz P., Faber M., Petersen T., Keine Patentrezepte gegen Finanzkrisen, in: NZZ, Nr. 241, 17. Oktober 2009, S. 31.

77 Vgl. mehr unter Teil II, Pt. 4.2 «Krisenprävention».

78 Verlorener Fokus, in: NZZ, Nr. 30, 6. Februar 2009, S. 19.

79 Hesselbein F., Goldsmith M., The Leader of the Future 2, Leader to Leader Institute, John Wiley & Sons, 2006, zitiert nach Soundview Executive Book Summary, Vol. 28, No. 12, Part 2, December 2006, p. 5

80 Wie wird man zum Strategen? Vor allem durch Selbstführung und hohe Motivation. Galvin J. R., What's the Matter with Being a Strategist?, Parameters, Summer 1995, p. 161–168. «Officers must – absolutely must – realize that the development of capabilities as a strategist is a matter of *continuing personal application* more than anything else.» «A Look at history will show that *highly motivated self-development* is the key to producing the best strategists. We must foster and nurture this.»

81 Pink D. H., A Whole New Mind. Why Right-Brainers will rule the Future, Riverhead Books, 2005.

82 Carrel L. F., Leadership in Krisen, Ein Handbuch für die Praxis, NZZ-Verlag, Zürich, 1. Aufl. 2004, 7. Krisen der Zukunft, S. 113–121.

83 Voraussage in komplexen Situationen: Schweizer Prognostiker widersprechen sich, in: NZZ, Nr. 223, 26. September 2009, S. 29.

84 Wellershoff K. W., in: Handelszeitung, Nr. 36, 2.–8. September 2009, S. 5.

85 Vgl. Kohlrieser G., Gefangen am runden Tisch, Wiley-VCH Verlag, 2008, S, 152.

86 Siegrist M., Neues macht Angst. Warum die Schweinegrippe für so viel Verunsicherung sorgt, in: NZZ Nr. 292, 16. Dezember 2009, S. 60.

87 Fehr E., Von Experimenten und Risikoaversion, Pioniere psychologischer und experimenteller Ökonomik, in: NZZ, Nr. 236, 11. Oktober 2002, S. 21.

88 Vgl. Kohlrieser G., Gefangen am runden Tisch, Wiley-VCH Verlag, 2008, S. 50.

89 Vgl. Königswieser R., Haller M., Maas P., Jarmai (Hsg), Risiko-Dialog, Köln 1996, S. 16 ff.

90 Lencioni P., Silos, Politics, and Turf War, Jossey-Bass, 2006.

91 Energiekrise – Ursache sei die mangelnde Kommunikation zwischen den Teilsystemen: Blackout called almost inevitable, Communications system inadequate, early analysis finds, Glanz J./Revkin A.C., in: IHT (The New York Times), August 25, 3003, p. 5. «Federal Energy Regulatory Commission and Cambridge energy are unequivocal on one emerging aspect of what went wrong: the system for communication among the people and organizations that operate that part of the electrical grid was inadequate.»

92 In der Krise des Gesundheitswesens haben die Krankenkassen, die Ärzteschaft, die Vertreter der Spitäler, die Patientenschaft allesamt «recht» und jeder andere liegt «falsch».

93 Bechmann G., Zum Verhältnis von Wissen und Nichtwissen im Risikodialog – einige soziologische Beobachtungen zur paradoxen Struktur der Risikokommunikation, Universität Bremen, Symposium von Risikoforschung, 6.–7. Mai 1997.

94 Patterson K., Grenny J., McMillan R., Switzler A., Crucial Confrontations, McGraw-Hill, 2004.

95 Königswieser R., Haller M., Maas P., Jarmai (Hsg), Risiko-Dialog, Köln 1996, S. 18.

96 Jacquemart C., Die stolze Swiss Re erlebt ein Debakel, in: NZZ am Sonntag, 8. Februar 2009, S. 30. Krisen der Zukunft – mangelnde Verantwortung für das ganze System: Streit um Amerikas veraltetes Stromnetz, ein Chaos von liberalisierten und regulierten Märkten, in: NZZ, Nr. 190, 19. August 2003, S. 21.

97 McNeil D.G., Why pandemics invariably need scapegoats, in: IHT, September 3, 2009, p. 9.

98 Ammann B., Ölpest und Politik in Amerika, BP und die Regierung als Sündenböcke, in: NZZ, Nr. 117, 25. Mai 2010, S. 117. Covey S.M.R., Merrill R.R., The Speed of Trust, Simon & Schuster, Inc. 2006.
Crisis of Trust and Confidence: Covey S.R., Whitman B., England B., Predictable Results in Unpredictable Times, Franklin Cover, 2009.
Gallarotti E., Kein Vertrauen in die UBS, in: NZZ, Nr. 256, 4. November 2009, S. 23.
Massiver Stromausfall legt Italien lahm, Frankreich und die Schweiz weisen Schuldzuweisungen zurück, in: NZZ, Nr. 225, 29. September 2003, S. 13. «Die zuständigen französischen Stellen weisen eigenes Verschulden von sich und erklärten, dass der Fehler auf der italienischen Seite der Grenze gesucht werden müsse, da es den Italienern unverständlicherweise nicht gelungen sei, den Unterbruch unverzüglich zu überbrücken. In ähnlichem Sinne äusserten sich auch Stimmen in der Schweiz.» Stromausfall in den USA. Suche nach den Ursachen – und nach den Schuldigen. Schuldzuweisungen auf allen Seiten, in: NZZ am Sonntag, 17. August 2003, S. 2.

99 Wissenschaftliche Variationen über den Begriff Vertrauen, in: NZZ, Nr. 21, 27. Januar 2009, S. 23.

100 Wissen schafft kein Vertrauen. Wieso die Gentechnologie kaum auf Gegenliebe stösst, in: NZZ, Nr. 264, 13. November 2003, S. 13.

101 Der Vertrauensverlust zur UBS ist gefolgt vom massiven Abzug von Kundengeldern.

102 Carrel L.F., Wo die UBS nichts taugt, Blick online 4.3.2009, http://www.blick.ch/news/wirtschaft/die-kommunikation-der-ubs-taugt-nichts-113601 (Zugriff 11. März 2010). Schöchli H., Aufatmen für Ospel & Co, in: NZZ, Nr. 292, 16. Dezember 2009, S. 23.

103 Hafner U., Wir Eingeborene der Weltrisikogesellschaft, Der Soziologe Ulrich Beck spricht in Zürich über das Rettende in der Gefahr, in: NZZ, Nr. 72, 27. März 2010, S. 65.

104 Garrett L., Fear & the Flu. The new age of pandemics, in: Newsweek, May 11/18, 2009, Special double issue.

105 Gygi B., Krisenangst allein macht noch keine Wirtschaftskrise, in: NZZ am Sonntag, 16. Februar 2003, S. 17.

106 Viele Impfverweigerer unter den Pflegenden, in: NZZ, Nr. 277, 28. November 2009, S. 17. Gera V., Poles stand alone in rejecting swine-flu vaccine, in: IHT, January 14, 2010, p. 3.

107 Ein typisches Beispiel sind die vielen Vorkehrungen die beim Jahrtausendwechsel und wegen der Angst vor dem Millenium Bug (Y2K-Krise), gegen Hamsterkäufe oder wegen des befürchteten massenhaften Rückzugs von Bankgeldern getroffen worden sind.
Perry R. W., Lindell M. K., Understanding Citizen Response to Disasters with Implications for Terrorism. Contingencies and Crisis Management, Vol. 11, No. 2, June, 2003, p. 49.

108 Faust D. G., President of Harvard University, Say it. Then say it again. And again, in: IHT, November 2, 2009, p. 17.

109 «Die Datenlage zu der gegenwärtigen Grippewelle sei für verlässliche Angaben immer noch unvollständig.» Neue Grippe ist ansteckender als die saisonale, in: NZZ, Nr. 109, 13. Mai 2009, S. 11.

110 Territoriale Grenzen und nationale Souveränität sind gegen Information Warfare, Cyber Crime oder Pandemien irrelevant. Vgl. Fischermann T., Hamann G., Angriff aus dem Cyberspace, in: Die Zeit, Nr. 8, 18. Februar 2010, S. 19.

111 Sohmer V., Wahre Werte statt hohle Worte, in: Handelszeitung, Nr. 14, 1.–7. April 2009, S. 17.

112 Yes we can: Interview mit Barack Obamas Wahlkampfleiter David Plouffe. Meier J., Chalupny A., Unangenehmes sagt man besser selbst, in: Handelszeitung, Nr. 14, 1.–7. April 2009, S. 8.
Obama B., The Audacity of Hope. Thoughts on reclaiming the American dream. Vintage Books, 2008.

113 Kelly E., Powerful Times, Wharton School publishing, 2006, in: Soundview Speed Reviews, January 2006, p. 2.

114 Schönewetterkapitäne sind nicht gefragt: Kontinuität statt Hochrisiko-Strategie, in: NZZ, Nr. 57, 10. März 2009, S. 19.

115 Man soll die Särge von US-Soldaten sehen, in: NZZ am Sonntag, 1.3.2009, S. 5. Kriegsbilder: Rückkehr im Sarg, http://www.heise.de/tp/r4/artikel/17/17263/1.html, http://www.heise.de/tp/r4/artikel/19/19719/1.html (Zugriff 9. Juli 2010).

116 Krisen werden durch Medienberichterstattung angeheizt, in: NZZ, Nr. 31, 7. Februar 2003, S. 14. «Zusätzlich aufgeheizt wurde die hektische Stimmung durch die aussergewöhnlich offensive Berichterstattung der Medien.»

117 Wie im Fall des Tsunami 2004/2005 oder der Erdbebenkrise in Haiti 2010.

118 Agenda-Setting der Medien in Krisen: Zwar können die Medien in der Krise eigene Schwerpunkte setzen, trotzdem werden sie weitgehend durch die politische Agenda determiniert. Die Regel ist, dass die «Medien-Agenda» durch eine Mischung aus politisch vorgezeichneten Handlungsabläufen, durch die Öffentlichkeitsarbeit betroffener Institutionen und Gruppen sowie durch inhaltliche Schwerpunktssetzung der Medien selbst bestimmt wird. Vgl. Meier G., Medien und Militär, Untersuchung der PR-Determinierungshypothese und der Agenda-Setting-Theorie am Beispiel der F/A-18-Initiative, Universität Bern, unveröffentlicht, 4.1.1995, S. 43 und 65.

119 Wie z. B. die Tibet-Krise vor der Olympiade in Peking 2008.

120 Akio Doyodas «mea culpa», Auftritt des Totyota Chefs zur Begrenzung des Imageschadens, in: NZZ Nr. 47, 26. Februar 2010, S. 37.

121 Heifetz R., Grashow A., Linsky M., Leadership in a (Permanent) Crisis, in: Harvard Business Review, July–August 2009, p. 62.

122 Mitroff I. I., Why Some Companies Emerge Stronger and Better from a Crisis, American Management Association, 2005, p. 121.

123 Mitroff I. I., Why Some Companies Emerge Stronger and Better from a Crisis, American Management Association, 2005, p. 122.

124 Es geht darum, in der Krise die «Todesspirale» einer Unternehmung auffangen und zum positiven Aufschwung zu nutzen. Vgl. hierzu auch Kanter R. M., Leadership and the Psychology of Turnarounds, in: Harvard Business Review, June 2003, p. 58. «The Troubled Company's Cycle of Decline: Secrecy and Denial; Blame and Scorn; Avoidance and Turf Protection; Passivity and Helplessness.» – «Reversing the Cycle: Promoting Dialogue; Engendering Respect; Sparking Collaboration; Inspiring Initiative.»

125 Rigby D., Moving Upward in a Downturn, in: Harvard Business Review on Leading in Turbulent Times, Boston, MA, 2003, p. 1.

126 Finanzplatz. Schach dem König. Akteure des Machtkampfs, in: NZZ am Sonntag, 10. Mai 2009, S. 20. Die Führungsschwäche hat System, in: NZZ, Nr. 46, 25. Februar, 2009. S. 15.
Freiburghaus D., Unfähig zur Aussenpolitik, in: NZZ am Sonntag, 30. August 2009, S. 22., 30. August 2009, S. 22.

127 «Stakeholder: a person entrusted with the stakes of bettors», http://www.merriam-webster.com/dictionary/stakeholder (Zugriff 12. März 2010).

128 «Any person, group, or organization that can affect an organization's performance is a potential stakeholder.»
Lerbinger O., The Crisis Manager, New Jersey, 1997, p. 320–328.

129 Mitroff I. I., Why Some Companies Emerge Stronger and Better from a Crisis, American Management Association, 2005.

130 Vgl. Emerging Risks in the 21st Century, An OECD International Futures Project, OECD, Paris, 2003, p. 3.

131 Vgl. Obermeier O.-P., Die Kunst der Risikokommunikation, München 1999. Aus Obermeier O.-P., Die Krise als Message, www.secumedia.com (Zugriff 12. März 2010), SSI, S. 7: «Es liegt nahe, die Unzahl von Stakeholders in vier risikorelevante Gruppierungen einzuteilen.»

132 Vgl. im Einzelnen: Carrel L. F., Leadership in Krisen, Ein Handbuch für die Praxis, NZZ-Verlag, Zürich, 1. Aufl. 2004, S. 83–85.

133 Mitroff I. I., Why Some Companies Emerge Stronger and Better from a Crisis, American Management Association, 2005, p. 76.

134 Slogan des Notfallkonzepts der Swissair. Nach dem Grounding lautete die Pressemitteilung der Swissair vom 2.10.2001 lakonisch und bar jeglicher Empathie für die Betroffenen: «Die Swissair ist heute Dienstag zur sofortigen Einstellung des gesamten Flugbetriebes gezwungen worden. Es ist trotz intensivsten Bemühungen während des ganzen Tages nicht gelungen, die für das Tagesgeschäft und den sicheren operationellen Betrieb benötigte Liquidität zu erhalten. Wann der Flugbetrieb wieder aufgenommen werden kann, ist derzeit offen». Ernst&Young-Bericht in Sachen Swissair, Untersuchungsergebnisse, 20.1.2003, S. 483.
Schande, Arroganz, Dummheit, Zynismus, Harte Kritik an Banken nach Swissair-Chaos, in: NZZ, Nr. 230, 4. Oktober 2001, S. 15. «Die Schweizer Presse ist sich im Urteil am Tag nach den beklemmenden Szenen auf den Schweizer Flughäfen, besonders in Kloten, einig: Das Chaos, der Umgang mit gestrandeten Passagieren in der Schweiz und im Ausland werden als Hypothek für das Ansehen des Landes bezeichnet. Der Zorn richtet sich besonders gegen die Chefs der Banken UBS und Credit Suisse beziehungsweise deren Umgang mit dem Bundesrat.»

135 «What is key about stakeholders is that important relationships among them have to be worked on years in advance if an organization is to develop the capabilities and the smooth functioning that are required in the heat of a major crisis.» Mitroff I. I., Anagnaos G., Managing Crises Before They Happen, N. Y., 2001, p. 48.

136 Mitroff I.I. and Pearson C.M., Crisis Management, 1993, p. 10–45. Vgl. detaillierter Carrel L.F., Leadership in Krisen, Ein Handbuch für die Praxis, NZZ-Verlag, Zürich, 1. Aufl. 2004, S. 63–65.

137 Sie können in den verschiedensten Dokumenten ihren Niederschlag finden, wie in Leitbildern, in einer Vision, einer Mission, einem «Code of Conduct», in der Deklaration ethischer Grundwerte und geschäftlicher Integrität (einem «Code of Honour»), in allgemeinen Richtlinien zur Aufgabe und Verantwortung der Organisation oder Unternehmung oder in Geschäftsprinzipien, in Prinzipien der Personalpolitik, in Policies der Geschäftsleitung bezüglich Sicherheitsanforderungen («Safety Standards»), in Verhaltensgrundsätzen gegenüber der Umwelt, in Absichtserklärungen über das Risikomanagement (z.B. bezüglich «akzeptierter Risiken»), in Kommunikationsprinzipien oder zu befolgenden Sorgfaltspflichten.

138 Mitroff I.I., Anagnos G., Managing Crises Before They Happen, N.Y., 2001, p. 34/35. In dieser Veröffentlichung sind sieben Krisentypen unterschieden: (1) Krisen wirtschaftlicher Natur, (2) Krisen im Kommunikationsbereich, (3) Krisen mit materiellem Schaden und Verlusten, (4) Krisen im Bereich der «Human Resources», (5) Reputations- oder Imagekrisen, (6) Krisen als Folge von psychopathischem Verhalten, (7) Krisen bedingt durch Naturkatastrophen.

139 Emerging Risks in the 21st Century, An OECD International Futures Project, Paris, 2003, p. 2. «These days, risk assessment needs to combine knowledge from a wider variety of disciplines and areas of expertise (from «hard» sciences to psychology, sociology and economics), …»

140 Prof. Y. Dror spricht von «Increasing radical inconceivability». Vgl. Keynote Address an einer Ausbildungsveranstaltung der SFA unter dem Titel «Herausforderungen an die moderne Zivilgesellschaft in Horgen», 26.8.2002, Dror Y., Facing Historic Mutations.

141 Dies ist in der heutigen Zeit die schwierigste Kategorie. Vgl. Schiesel S., Assessing chance, Low-probability high-consequence events, New computer tools apply numbers to risks, in: IHT, (The New York Times) February 7, 2003, p. 2.
Ein Krisentyp mit eher kleiner Eintretenswahrscheinlichkeit, aber extrem hohen, möglichen Schäden ist z.B. ein erneutes Erdbebens im Raum Basel. Ein weiteres Beispiel ist die Gefährdung der Erde durch den Einschlag von Himmelskörpern.

142 Vgl. Introduction and Summary, Emerging Risks in the 21st Century: An Agenda for Action, OECD, Paris, 2003, p. 6. Chapter 2. Risk assessment. «Difficulties in assessing risks scientifically».

143 Akzeptanz von Risiken und Restrisiken als Suche nach Konsens zwischen den verschiedenen Interessengruppen. Klooz D., Schneider J., Sicherheit zwischen Konsens und hoheitlichem Akt, Die Beurteilung von Gefahrenpotenialen und neuen Technologien, in: NZZ, Nr. 254, 1. November 1999, S. 11.

144 Es werden erste Überlegungen zur Verwundbarkeit gemacht, die in Schritt 6 und 7 fortgesetzt werden.

145 Ein Szenario ist «ein unter bestimmten Annahmen gültiges, in sich möglichst konsistentes Bild der Zukunft», dieses Bild der Zukunft wird durch subjektive Wahrnehmungen und Einschätzungen geprägt. Krysteck U., Müller-Stewens G., Frühaufklärung für Unternehmen: Identifikation und Handhabung zukünftiger Chancen und Bedrohungen, Stuttgart 1993, S. 216.

146 Introduction and Summary, Emerging Risks in the 21st Century: An Agenda for Action, OECD, Paris, 2003, p. 6.

147 Restrisiko Mensch, Der Mitarbeiter als schwächstes Glied beim Bankdatenschutz, in: NZZ, Nr. 26, 2. Februar 2010, S. 25. Balmer R., Datendieb ohne hehre Ziele. Hervé Falciani, hat es geschafft, eine Staatskrise zwischen Paris und Bern auszulösen, in: NZZ am Sonntag, 20. Dezember 2009, S. 44. Fragen zum Datendiebstahl bei der Genfer HSBC, Kein Bluff von Budgetminister Woerth, in: NZZ, Nr. 291, 15. Dezember 2009, S. 29.

Datenklau nimmt zu – aus Rache, in: Handelszeitung, Nr. 52, 23. Dezember 2009–5. Januar 2010, S. 3. Manager in Frankreich erneut als Geiseln genommen. Protest gegen Werkschliessungen, in: NZZ, Nr. 76, 1. April 2009, S. 13.

148 What are scenarios? (30. Oktober 2003), http://www.shell.com/home/content/aboutshell/our_strategy/shell_global_scenarios/what_are_scenarios/what_are_scenarios_30102006.html (Zugriff 12. März 2010).

149 http://en.wikipedia.org/wiki/Best,_worst_and_average_case (Zugriff 15. April 2010), H1N1 Swine Flu Scenarios: Best case, worst case prediciitions http://www.naturalnews.com/026837_swine_flu_H1N1_pandemic.html (Zugriff 15. April 2010).

150 Brooks D., Worst-case scenario, in: IHT, February 14-15, 2009, p. 7. Wellershoff K.W., Wenn der Best Case das Krisenszenario ist, in: Handelszeitung, Nr. 1. 6.–12. Januar 2010, S. 4.

151 In Anlehnung an Von Reibnitz U., Szenario Technik, Wiesbaden, 1991, www.scenarios-vision.com (12. März 2010).

152 Vgl. die Vorarbeiten zur Übung Swiss Games der Strategischen Führungsausbildung, 2000, und zur Übung HEMOZI: Gschwend H. P., Die Achillesverse der Schweiz, eine Übung um Risiken, Chancen und Strategien, Doppelpunkt vom 20.10.2002, CD Radio Schweiz DRS, Studio Bern, 2002. HEMOZI 2002, rapport d'évaluation sur le séminaire «Défis à la société moderne», mit CD, Strategische Führungsausbildung, Bern, 2003.

153 Wild Cards sind unwahrscheinliche Ereignisse, die den Lauf der Geschichte wenden. Steinmüller A. und K., Ungezähmte Zukunft – Wild Cards und die Grenzen der Berechenbarkeit. München, Gerling Verlag, 2003.
Wild Cards als Instrument der internationalen Zukunftsforschung, in: Trend-Informationen, Nr. 3/2000, S. 10–11.
«Unter den methodischen Entwicklungen der neunziger Jahre sticht eine besonders hervor: die Nutzung von überraschenden Störereignissen – im angelsächsischen Raum als ‹Wild Cards› bezeichnet. Unter einer Wild Card sind überraschende Störereignisse zu verstehen, die sich durch eine geringe Wahrscheinlichkeit und (potentiell) weitreichende Wirkungen auszeichneten.»

154 Taleb N. N., The Black Swan, Random House, 2007, in: Featured Book Review, October 2007. Taleb N. N., The Black Swan, Random House, 2007. How improbable events shape the world we live in.

155 Hamel G., Välikangas L., The Quest for Resilience, in: Harvard Business Review, September 2003, p. 52.
«Strategic resilience is not about responding to a onetime crisis or rebounding from a setback. It's about continually anticipating and adjusting to deep, secular trends that can permanently impair the earning power of a core business. It's about having the capacity to change even before the case for change becomes obvious. To thrive in turbulent times, companies must become as efficient at renewal as they are at producing today's products and services.»

156 Nilsson J., Magnusson S. E., Hallin P., Lenntorp B., Vulnerability Analysis and Auditing of Municipalities, Lund University, in: http://www.crypto.rub.de/imperia/md/content/lectures/kritis/ciip_handbook_2004_ethz.pdf (Zugriff 26. Mai 2010).

157 Stulz R. M, Ways Companies Mismanage Risk, in: Harvard Business Review, March 2009, p. 86.

158 Scenario: An Explorers Guide, http://www.shell.com/home/content/aboutshell/our_strategy/shell_global_scenarios/scenarios_explorers_guide/scenario_explorers_guide_30102006.html (Zugriff 12. März 2010). Davis G., Creating Scenarios for Your Company's Future, New York, 1998. Von Reibnitz U., Szenario-Technik, Wiesbaden 1992.

159 In einer Sensitivitätsanalyse wird die Ergebnisänderung in Relation zur Änderung der Annahmen ermittelt. Aufgeschlüsselt nach einzelnen Parametern, kann so die «sensitivste», und entscheidenste Annahme ermittelt werden.

160 Kotler J. A., Caslione J. A., Chaotics, AMACOM, 2009.
Soundview Executive Book Summaries, September 2009, p. 5.
Stauffer D., Five Reasons Why You Still Need Scenario Planning, in: Harvard Management Update, June 2002, Vol. 7, No. 6.
Wiendahl H. P., Fiebig C., Köhrmann C., Grienitz V., Die Zukunft prognostizieren mit Szenarien, in: New Management, Nr. 5, 2002, S. 42.

161 Zum Beispiel an strikte definierten Sicherheitsstandards.

162 Zum Beispiel in Form verbindlicher Verhaltensanweisungen und Vorschriften im Sicherheitsbereich, um die Risiken klein zu halten oder Entscheide, die Risiken auszulagern. Vgl. hierzu das Risikomanagement. «Steps to manage the risk: 1) Avoid the risk, 2) Transfer the risk, 3) Provide redundant paths, 4) Mitigate the risk. Smith P. G., Merritt G. M., Proactive Risk Management, New York, NY, 2002.

163 Damit orientiert sich die Leitidee auch an den Forderungen der Corporate Governance ans Risikomanagement. Vgl. Die acht Fragen zur Risiko-Selbstbeurteilung in: Corporate Governance Self Assessment, KPGM, Zürich, 2003, S. 6. Zum Beispiel (3) Werden die Risiken systematisch durch die Geschäftsleitung und das Management erfasst und beurteilt? (6) Gibt es eine formelle Risikopolitik, und wird sie im ganzen Unternehmen kommuniziert? (7) Stellt der Verwaltungsrat sicher, dass das Management eine Kultur fördert, die zur Früherkennung von Risiken führt? (8) Sind die Risikomanagement-Prozesse in die Strategie-, Budget- und Geschäftsprozesse integriert?

164 Ausformuliert könnte eine Leitidee lauten: Unsere Unternehmung erarbeitet einmal pro Jahr, in einem eintägigen Workshop der Geschäftsleitung, in sieben Schritten Krisenportfolio-Szenarien oder überprüft diejenigen des Vorjahres. Sie diskutiert die übergeordneten Werte, Interessen und Kernaufgaben der Unternehmung und die konkreten Ziele zur Krisenprävention und Krisenvorbereitung. Sie stützt sich dabei auf gemachte Krisenerfahrung. Die Geschäftsleitung diskutiert anschliessend und gestützt auf die Gesamtunternehmensstrategie Massnahmen und gezielte Vorkehrungen zur Früherkennung von Risiken und zur Frühwarnung, die zu institutionalisieren sind. Die Erkenntnisse und beschlossenen Massnahmen werden nach innen und nach aussen kommuniziert. In der Folge unterbreitet das Ausbildungsorgan der Geschäftsleitung Vorschläge, wie die Krisenorganisation auszubilden ist.

165 «But organizations need something even more radical. They need world-class learning and signal detection centres. Among the major purposes of such centres is the monitoring of early warning signals for potential crises and unthinkables.» Mitroff I. I., Why Some Companies Emerge Stronger and Better from a Crisis, American Management Association, 2005, p. 121.

166 Mitroff und Alpaslan verwenden ein hierzu entwickeltes Spinnrad, auf dem sieben Krisenfamilien eingetragen sind. Als Grundlage von Übungen setzen die Beteiligten das Spinnrad in Bewegung und es wird jenes Thema gewählt, bei dem das Rad zufällig stillsteht. Diese Methode kann auch als Grundlage der unsicheren Budget-Allokation für ungewisse Risiken dienen: «The random-selection model can also be the basis of a rational budgeting strategy for an illogical world.» Mitroff I. I., Alpaslan M. C., Preparing for Evil, in: Harvard Business Review, April 2003, p. 113/114.

167 Der Unterschied zwischen der Flugkatastrophe Swissair 111 und der Managementkrise in der Swissair illustriert die unterschiedlichen Anforderungen in der Kommunikation. «Der Absturz ist ein Ereignis, ein Notfall, der bei der Airline als Worst-case-Szenario in den Überlegungen der Führung immer eine Rolle spielt … Dazu kommt, dass bei einem tragi-

schen Ereignis wie einem Absturz immer auch starke Emotionen im Spiel sind. In der Bevölkerung ist eine grosse Betroffenheit und Anteilnahme zu spüren, die Berichterstattung ist grundsätzlich wohlwollend. Halifax war eine ‹human interest story›, die Konzernführung verfolgte eine einfühlsame und damit das Publikum sympathisch ansprechende Kommunikation. Bei der Managementkrise sind die Vorzeichen anders. Das ganze Unternehmen ist betroffen, niemand weiss, welche Enthüllungen als Nächstes folgen werden. Die Berichterstattung ist viel kritischer, da man davon ausgehen muss, dass Fehler passiert sind, die nun vertuscht werden sollen. Dies gibt Anlass zu wilden Spekulationen seitens der Medien. Die Bevölkerung ist zwar auch in diesem Fall betroffen, doch es ist eher eine kritische Betroffenheit, ein Kopfschütteln über die schwer durchschaubaren Ereignisse.» Prinz R., Rychard S., Zehner P., Swissair, Kommunikation in der Krise, unveröffentlichte Arbeit vom 28.11.2001, entstanden im Seminar des Verfassers, Sommersemester 2000, S. 26. (N. B. Die Arbeit wurde vor dem Grounding der Swissair abgeschlossen.)

168 «Vital Interests», hochwichtige, lebensnotwendige Interessen können in unterschiedlichsten Gebieten definiert werden. Traditionelle, wesentliche Interessen sind u. a. Schutz der nationalen Souveränität und territorialen Integrität, Sicherung der Existenz, des sozialen Friedens, von Ruhe und Ordnung, der Schutz der natürlichen Umwelt, die Versorgungssicherheit mit lebensnotwendigen Gütern, Garantie einer nachhaltigen Entwicklung. Vgl. auch den Schutz lebenswichtiger Infrastrukturen (Critical Infrastructure Protection) am Beispiel von: Lukasik S. J., Goodman S. E., Longhurst D. W. Protecting Critical Infrastructure Against Cyber-Attack, Adelphi Paper No. 359, The International Institute for Strategic Studies, London, 2003.

169 Krisen zwingen zur Veränderung der Prioritäten: Maynard M., U. S. airlines, A battle to survive – carrier's deep cuts threaten high-flying perks, in: IHT (NYT), April 30, 2003, p. 2. Stevenson R. W., Security Concerns Alter U. S. Budget Equation, in: IHT (New York Times), February 6, 2002, p. 3.

170 Schindler sucht den Pfad durch die Krise, in: NZZ, Nr. 40, 18. Februar 2009, S. 17.

171 Selbstverständlich können wir das Ziel auch schrittweise anvisieren. Dann gilt es zu entscheiden welche (Zwischen-)Ziele, nach welcher Priorität wie erreicht werden können, um die erwünschte Wirkung zu erzielen.
Welcher Weg führt aus der Krise? Vgl. «Wege aus der Krise» in: Wenger A., Fanzun J. A., Schweiz in der Krise – Krisenfall Schweiz. Bulletin zur schweizerischen Sicherheitspolitik, Forschungsstelle für Sicherheitspolitik und Konfliktanalyse, ETH Zürich, 1998, S. 40.

172 Brauner C., Präventive Schadenbewältigung: Mehr gewinnen als verlieren. SwissRe, Zürich 2001, S. 13.

173 Vgl. Grundsätze der Führung in, nach und vor der Krise als Behelf im Anhang von Carrel L. F., Leadership in Krisen, Ein Handbuch für die Praxis, NZZ-Verlag, Zürich, 1. Aufl. 2004.

174 Vgl. den Hurricane Plan des Kennedy Space Center («The KSC's Standard Hurricane Preparedness Plan»), der bei Anzug eines Wirbelsturms ausgelöst wird. Im grösseren Rahmen verfügt der Staat Florida über eine Evakuationsplanung, um wie im Fall von Hurricane Floyd, 2,6 Millionen Menschen von der Südküste Floridas zu evakuieren. Floyd avoids; KSC stands strong, in: Spaceport News, Vol. 38, No. 20, October 1, 1999.

175 Eckholm E., U. S. Crew Destroyed Secrets, Aides Assert, Rumsfeld Says That Chinese Pilots Have Been Flying «Aggressively», in: IHT, April 14–15, 2001, p. 1 and 4. «The crew completed all of its checklists, one of the diplomats said when asked what share of the plane's sensitive items had been destroyed.»

176 Romberg J., Warum wir alle Fehler machen (Menschliches Versagen), in: GEO, S. 8–27. «… Willkür und Experimentierlust in deutschen Nuklearanlagen absolut unübliche Eigenschaften sind. Dass das so ist – und so bleibt, dafür garantieren nicht zuletzt die psycholo-

gischen Kriterien für die Auswahl von Kraftwerksingenieuren: ‹Wir brauchen Leute, die sich an Checklisten halten. Phantasten und freischaffende Künstler haben hier nichts verloren!›».

177 Checklisten für Chirurgen retten Leben, in: NZZ, Nr. 16, 21. Januar 2009, S. 10.

178 Standing Operating Procedures (SOP) können das rasche Handeln beschleunigen, sie können aber auch ein Risiko darstellen, falls die Situation nicht der vorgeplanten entspricht und der Führende nicht in der Lage ist, sich rasch den veränderten Krisenverhältnissen anzupassen. Vor dem Ereignis sind sie hilfreich für die Ausbildung und das regelmässige Training, bei der Simulation von Ereignissen und zur geistigen Auseinandersetzung mit möglichen Entscheidvarianten. Skriver J., Flin R., Decision Making in Offshore Emergencies: Are Standard Operating Procedures the Solution? Society of Petroleum Engineers, SPE Paper 35940, Aberdeen, Scotland,1996.
Vgl. Das Incident Command Development Model in Brunacini A., Incident Command Functions. Flin R., Arbuthnot K., (Editors), Incident Command. Tales from the Hot Seat, Ashgate, p. 64.

179 Vgl. ausführlicher Teil II, «Führung in der Krise». Im Gegensatz zur vorbereitenden Notfall- und Katastrophenplanung ist die Eventual- und Folgeplanung Teil des Führungsprozesses in der Krise.

180 Mitroff I. I., Why Some Companies Emerge Stronger and Better from a Crisis, American Management Association, 2005, p. 76.

181 Kotter J. P., Wie Manager richtig führen, Hanser, 1999, in; Public Management, 1/2000, Oktober 2000, S. 13–16.

182 Die Gegenüberstellung hat Anleihen genommen bei «Comparison of Leaders and Managers» in: Manske F. A. Jr., Secrets of Effective Leadership, Columbia, 1990, p. 6; und bei «The manager/leader differences» in: The Executive Issue, Management Center Europe, 13.8.2002, www.mce.be (Zugriff 12. März 2010).

183 Bennis W., Why Leaders Can't Lead, San Francisco, CA 1989, in: Soundview Executive Book Summaries, Order No. 11–28, p. 4.

184 To train: trainieren, schulen, exerzieren, drillen, üben. Educate: unterrichten, ausbilden, erziehen.

185 Vgl. die vielen Berichte des Autors zum Golfkrieg: Teil II, Anmerkung 172. Das Militär macht in der Ausbildung einen klaren Unterschied. Auseinandergehalten werden das Training, in bestimmten Notsituationen zu handeln vs. die Ausbildung, um mit Ungewissheit umzugehen. Von der taktischen zur operativen, strategischen Stufe steigt der Anteil des Zweiten zu Lasten des Ersten. «The Sliding Scale Of Leadership: Train for Certainty (e.g. Doing, Reacting, Direct Leadership), vs. Educate For Uncertainty (e. g. Moral Courage, Anticipating, Thinking in Time, Indirect Leadership)»; McCausland J.D. and Martin G. F., Transforming Strategic Leader, Education For The 21st-Century Army, in: Parameters, Autumn 2001, p. 17–33.

186 Carey B., U. S. soldiers to get training on emotions, in: IHT, August 19, 2009, p. 5. Vgl. eine Serie von Beiträgen in: Military Review, U. S. Army Combined Arms Center, Fort Leavenworth, Kansas, Vol. LXXXXIX, November–December 2009:
Doty J., Sowden W., Competency vs. Character? It must Be Both! p. 69.
Allen D., Gerras S. J., Developing Creative and Critical Thinking, p. 77.
Garner H. C., Empathy: A True Leader Skill, p. 84.
Sewell G. F., Emotional Intelligence and the Army Leadership Requirements Model, p. 93.
Cox E., The Mentorship Dilemma Continues p. 99.

187 September 11, 2001, in: Giuliani R., Leadership, Little, Brown, 2002, p. 3.

188 Der Autor konnte die Entwicklung der Ereignisse am Tag selbst, im Rahmen der Vorbereitung einer Krisenübung unter englischer Leitung, zufällig live mitverfolgen.

189 SR 111: «Stur nach Checkliste» ins Verderben?, in: NZZ, Nr. 4, 7. Januar 1999, S. 65. Schweiz, Swissair 111, Tapfer nach Check Liste, in: Facts, Nr. 47, 1998, S. 22. Vgl. zu diesem Beispiel aber den Gegenschluss des Untersuchungsberichts zur Halifax-Katastrophe: Rehabilitierte Besatzung bzw. Swissair-111-Crew ohne Chance, in: in NZZ, Nr. 73, 28. März 2003, S. 13. Flug SR 111 antwortet nicht mehr, in: NZZ, Nr. 205, 3. September 2009, S. 12.

190 Flugkapitän Chesley «Sully» Sullenberger publiziert seine Autobiografie. Topleistung erwächst aus akribischer Vorbereitung, in: NZZ, Nr. 252, 30. Oktober 2009, S. 24. Wald M. L., Baker A., «Just after takeoff came a thud, and then the smell of burning birds», in: IHT, January 19, 2009, p. 4.
Hirstein A., Das Wunder vom Hudson, in: NZZ am Sonntag, 18. Januar 2009, S. 65.
Wald M. L., Recordings illustrate pilot's calm in adversity, in: IHT, February 7–8, 2009, p. 2.

191 Vgl. die Migros Clubschule Business Zürich, die zwischen Managementausbildung und Leadership-Ausbildung unterscheidet. Letztere umfasst immerhin mit 140 Lektionen und einer Dauer von neun Monaten viele Aspekte der emotionalen oder sozialen Intelligenz, wie Selbst- und Sozialkompetenz, Kommunikations- und Führungskompetenz, Selbsterkenntnis, Selbstmanagement, Konfliktbewältigung usw. http://www.klubschule.ch/klassen/dsp_klasseninfo.cfm?center_id=LI&kurs_id=CG_00014336&klasse_id=1K_00155630&CFID=29266383&CFTOKEN=8488adaa04177492-4222DC68-EAB1-747D-E5B0A124A8C12423#top (Zugriff 12. März 2010).

192 Kotter J. P., Wie Manager richtig führen, Hanser, 1999, in: Public Management 1/2000, Oktober 2000, S. 13–16.
a) «Der fundamentale Zweck des Managements», so Kotter, «ist es, das Funktionieren eines laufenden Systems zu gewährleisten.» «Unter Leadership versteht man auch im deutschen Sprachraum die spezifische Art der Führung, die sich in wesentlichen Aspekten von Management als Führungsverhalten unterscheidet. (Leadership ist die Fähigkeit, über das laufende Budget hinaus Visionen im Sinne einer Vorausschau auf zukünftige Entwicklungen zu haben, daraus Strategien zu entwickeln und klare Ziele abzuleiten.)»
b) «Wenn es, vereinfacht gesagt, beim Management darum geht, ‹die Sache richtig zu tun›, geht es bei der Leadership darum, ‹die richtige Sache zu tun›».
c) «Leadership und Management sind zwei in jeder Organisation notwendige Führungsverhalten, die spezifische Fähigkeiten implizieren.»
d) «Es braucht also beides, Leadership und Management, wenn eine Organisation erfolgreich geführt werden soll.»
Vgl. auch Kleines Abc der Managementsprache, in: in NZZ Folio, Der Boss, Nr. 1, Januar 1998, Seite 24.
Vgl. Management als Beruf in: Malik F., Führen, Leisten, Leben, Wirksames Management für eine neue Zeit, Stuttgart, München, 2000, S. 43.

193 Kotter J. P., What Leaders Really Do, in: Harvard Business Review on Leadership, Boston, MA 1998, p. 37. Am selben Ort siehe auch: Mintzberg H., The Manager's Job: Folklore and Fact, p. 1; Zaleznik A., Managers and Leaders: Are They Different?, p. 61.

194 Mitroff I. I., Why Some Companies Emerge Stronger and Better from a Crisis, American Management Association, 2005, p. 4.

195 Thürer D., Leadership in der direkten Demokratie, in: NZZ, Nr. 123, 30./31. Mai 2009, S. 17.

196 Kotler J. A., Caslione J. A., Chaotics, AMACOM, 2009. Soundview Executive Book Summaries, September 2009, p. 3.

197 Es ist eine Illusion, zu glauben, in Krisen liessen sich bloss widerspruchsfreie Ziele verfolgen. Werte helfen uns, Ziele gegeneinander abzuwägen und eine Vision zu bestimmen, welcher Weg aus der Krise führt, Emerging Risks in the 21st Century, An OECD Interna-

tional Futures Project, OECD, Paris, September 2003, p. 4. «It must also be acknowledged that decision making has to aim not at a single objective (as assumed by traditional cost-benefit analysis), but at several – perhaps even competing – objectives at the same time, such as making efficient use of available resources, considering the distribution of risks and benefits among individuals, and accounting for specific societal values».

198 Powell C., Leadership Secrets of Colin Powell, McGraw-Hill, 2002, in: Soundview Speed Reviews, June 2002, p. 5.

199 Iten J., Grössenwahn als Zeitgeist, Besinnungsstunde für das Management, in: NZZ, Nr. 6, 9. Januar 2003, S. 23.
«Gesucht sind integre und glaubwürdige *Führungspersönlichkeiten*, deren Worte und Taten langfristig konsistent sind».

200 Buchner P., Instrumentarium für Führungskräfte, Die Kunst der Menschenführung (Katastrophenschutzmanagement), Notfallvorsorge 3/1998, S. 13–16.

201 Vgl. Goleman D., Boyatzis R., McKee A., Primal Leadership, Boston, 2002, p. 249.

202 Malik F., Management oder Leadership, Mystifizierte Leader, ALPHA 11./12. August 2001, (Beilage).

203 Gosling J., Mintzberg H., The Five Minds of a Manager, in: Harvard Business Review, November 2003, p. 54. Management und Leadership ergänzen sich gegenseitig, eine völlige Trennung der beiden ist von Nachteil. Beispiel eines Ausbildungsmodells welches versucht, in verbindender Weise die Qualitäten des Managers mit jenen des Leaders zu fördern. Vgl. hierzu ebenso Academy of Management Learning and Education, Vol. 1, No. 1.

204 Managing and leading in the 21st Century, Management Center Europe, in: The Executive Issue, 13.8.2002, www.mce.be (Zugriff 12. März 2010).

205 Ebenso Kotter J.P., Wie Manager richtig führen, Hanser, 1999, in: Public Management, 1/2000, Oktober 2000, S. 13–16. e). «Niemand kann Leader und Manager in einem sein. Dabei ist es durchaus von Vorteil, wenn Manager die Grundsätze des Leadershipverhaltens kennen und Leader gute Managementkenntnisse aufweisen.»

206 Vgl. für eine detailliertere Auseinandersetzung mit dem Begriff: Carrel L.F., Strategischer Rat ist teuer – Strategische Führungsausbildung ein guter Betreuer, Das Recht in Raum und Zeit, Zürich 1998, S. 27–45.

207 Kreative Strategie zur Lösung der Krise: Barnard J., Ec D., Management of Crisis, in: Economic Development Review, Summer 1996 issue.

208 Die Antwort des I Ging im Buch der Wandlungen auf die Frage: Was soll ich tun? Vgl. die empfehlenswerte Ausgabe von Wilhelm R., I Ging, Text und Materialien, München, 1996.

209 Moritz Leuenberger: Denker und Feuerwehrmann, in: Brückenbauer Nr. 51, 18. Dezember 2001.

210 Sisk M., Corporate Values and the Bottom Line, in: Harvard Management Update, Vol. 8, No. 7, July 2003, p. 5.

211 Führungsethik. Die ethische Dimension der Leadership. Eidgenössisches Personalamt, in: Public Management, Bern, Nr. 5, 2003, S. 19.

212 Hill L., Wetlaufer S., Leadership When There Is No One to Ask. An Interview with Eni's Franco Bernabè, in: Harvard Business Review, July–August 1998, Reprint 98402. Harvard Business Review on Crisis Management, Harvard Business School Press, 2000, p. 195/196.

213 Zürcher M., Werte und Erfolg verbünden sich, in: SKO Leader, 3. August 2009, S. 4.

214 Welch J., Welch S., Winning, Harper Business, 2005, in: Soundview Executive Book Summaries, Vol. 28, No. 12, December 2006, p. 5.

215 Aussage von Hans Küng. Globales Ethos, in: NZZ, Nr. 277, 28. November 2009, S. 33. Vgl. auch: Henkel C.H., Banken im Visier der US-Justiz, in: NZZ, Nr. 110, 15. Mai 2010, S. 25.

216 Zur Kunst der Strategieentwicklung, der Formulierung einer Strategie, der Disziplin zur Umsetzung und Anpassung von Strategien, bzw. zur wirkungsvollen Kommunikation einer Strategie vgl. Freedman M, Tregoe B. B., The Art and Diszipline of Strategic Leadership, McGraw-Hill, 2003.
Für den unternehmerischen Bereich: Porter M. E., What Is Strategy?, in: Harvard Business Review, Business Classics: Fifteen Key Concepts for Managerial Success, Boston, MA, 1996, p. 74.

217 Zitiert nach Admiral a. D. Wellershoff, Seminar für Strategische Entscheidträger der Strategischen Führungsausbildung in Muntelier, 1995.

218 Bundesrat, Krise deckt Schwächen auf, Interview mit dem Autor, in: Berner Zeitung, 25. 03. 2009, S. 1 und 3.
Zur Führungsschwäche: Die Führungsschwäche hat System, in: NZZ, Nr. 46, 25. Februar, 2009. S. 15.
Freiburghaus D., Unfähig zur Aussenpolitik, in: NZZ am Sonntag, 30. August 2009, S. 22. Zur mangelnden strategischen Lagebeurteilung und Voraussicht: Das Eigentor des Bundespräsidenten, in: NZZ, Nr. 211, 12./13. September 2009, S. 13. Bernet L., Nun hat Ghadhafi drei Schweizer Geiseln, in: NZZ am Sonntag, 23. August 200,9, S. 13. Merz H.R., Ich würde wieder das Gleiche tun, in: Blick am Abend, Nr. 204, 22. Oktober 2009, S. 1. Merz auf dem Hochseil, in: NZZ, Nr. 194, 24. August 2009, S. 7.
Wenig Lob und eine Rücktrittsforderung. Merz-Hauruck-Aktion in Libyen erzürnt Calmy-Rey, in: NZZ, Nr. 194, 24. August 2009, S. 7.
Das Eigentor des Bundespräsidenten, in: NZZ, Nr. 211, 12./13. September 2009, S. 13.
«Er offerierte mir Datteln». Merz erzählt trotz Schweigepflicht, Die bundesrätliche Kakafonie wird immer bunter …», in: NZZ, Nr. 228, 2. Oktober 2009, S. 12.
Zum Bankengeheimnis: Benini F., Bankgeheimnis. Kriegserklärung, in: NZZ am Sonntag, 1. März 2009, S. 24.
Bühler S., Gmür H., Häfliger M., Bankgeheimnis. Der gescheiterte Plan des Bundesrates, in: NZZ am Sonntag, 1. März 2009, S. 10.
Bankgeheimnis. «Schweiz ist zunehmend allein in der Welt», in: NZZ am Sonntag, 1. März 2009, S. 10.
Senn M. A., «Erstarrt wie eine Hase in den Scheinwerfern eines Autos», in: NZZ am Sonntag, 5. April 2009, S. 21.
Fehlende Strategie, «Der Bundesrat kann in zentralen Fragen der Staatsleitung nicht auf rechtzeitig beschlossene Strategien zurückgreifen», in: NZZ, Nr. 83, 9. April 2009, S. 13.
Freiburghaus D., Unfähig zur Aussenpolitik, in: NZZ am Sonntag, 30. August 2009, S. 22.
Die Führungsschwäche hat System, in: NZZ, Nr. 46, 25. Februar 2009, S. 15.
Furger M., Finanzplatz. Schach dem König, Das Bankgeheimnis ist dahin, der Druck hält an … Wie die internationalen Mächte die Schweiz eingekesselt haben, in: NZZ am Sonntag, 10. Mai 2009, S. 20.

219 Gemperli S., Wunsch und Wirklichkeit an der Aussenfront, in: NZZ, Nr. 259, 7. November 2009, S. 25.

220 Die Standortbestimmung beinhaltet das Erkennen von eigenen Stärken und Schwächen. Jene Unternehmungen, denen dies gelingt, sind am ersten in der Lage Chancen zu erkennen und zu packen. Christensen C. M., Overdorf M., Meeting the Challenge of Disruptive Change, in: Harvard Business Review, March–April 2000, p. 66.

221 Estapé L., Aufbruch aus einer Krise heisst Lernen, in: Handelszeitung, Nr. 4, 27. Januar–2. Februar 2010, S. 42.

222 Jenewein W., Wenn Hektik den Durchblick trübt, in: Handelzeitung, Nr. 27, 1.–7. Juli 2009, S. 15. Ethiker Rehmann-Sutter, Krisen sind gute Zeiten, um Rechenschaft abzulegen, in: NZZ, Nr. 19. 24./25. Januar 2010, S. 15.

223 Die Formulierung einer strategischen Absicht in Form eines prägenden Grundsatzes: Vgl. Gadiesh O., Gilbert J. L., Transforming Corner-Office Strategy into Frontline Action, in: Harvard Business Review, May 2001, p. 72.

224 Witt J. L., Morgan J., Stronger in the Broken Places, New York, NY, 2002, in: Soundview Executive Book Summaries, Vol. 25, No. 6, Part 1, June 2003, p. 2. Matta N. F., Ashkenas R. N., Why Good Projects Fail Anyway, in: Harvard Business Review, September 2003, p. 109.

225 Sohmer V., Wahre Werte statt hohle Worte, in: Handelszeitung, Nr. 14, 1.–7. April 2009, S. 17.

226 Raffoni M., Three Keys to Effective Execution, in: Harvard Management Update, Vol. 8, No. 2, Feburary 2003, p. 2.

227 Hrebiniak L. G., Making Strategy Work, Wharton School Publishing, 2005. In: Soundview Executive Book Summaries, Vol. 27, No. 8, August 2005, p. 2.

228 Malik F., Führen, Leisten, Leben, Wirksames Management für eine neue Zeit, Stuttgart, München, 2000, S. 294.

229 Eisenring C., Die USA packen die Peitsche aus, in: NZZ, Nr. 63, 17. März 2010, S. 25. Schöchli H., Der Bundesrat ringt um Antworten. Eine Eskalation im jüngsten Steuerkonflikt mit Deutschland könnte teuer werden, in: NZZ, Nr. 27, 3. Februar 2010, S. 25.

230 Benini F., Bankgeheimnis. Kriegserklärung, in: NZZ am Sonntag, 1. März 2009, S. 24. Strategieunfähig. ETH-Panel zum Krisenjahr 2009, in: NZZ, Nr. 30, 6. Februar 2010, S. 17. Schöchli H., Der Bundesrat ringt um Antworten. Eine Eskalation im jüngsten Steuerkonflikt mit Deutschland könnte teuer werden, in: NZZ, Nr. 27, 3. Februar 2010, S. 25.
Ihle P., Frankreich ist mit den HSBC-Daten am längeren Hebel, in: Handelszeitung, Nr. 5, 3.–9. Februar, 2010, S. 5.

231 Merz irritiert die Banken, in: NZZ, Nr. 29, 5. Februar 2010, S. 28. Die Schlinge zieht sich zu, Bundesrat auf Schmusekurs, in: NZZ, Nr. 28, 4. Februar 2010, S. 11.

232 Vgl. Interview with Eduardo Castro-Wright, Vice chairman of Wal-Mart, in: IHT, May 25, 2009, p. 16.

233 Aebi D., Kuehni R., Dringend gesucht: der neue Manager, in: NZZ, Nr. 120, 27. Mai 2009, S. B1.

234 Kotler J. A., Caslione J. A., Chaotics, AMACOM, 2009. In: Soundview Executive Book Summaries, September 2009, p. 4.

235 Eisenhardt K. M., Sull D. N., Strategy as Simple Rules, in: Harvard Business Review, January 2001, p. 106.

236 Horx M., Loyalität wird neu definiert – Die Bedeutung der Mitarbeitenden in Krisenzeiten, in: SFZ 1/02 S. 13. Management in der Unternehmenskrise. Eine Studie der Egon Zehnder International, Zürich, 2003, S. 25.

237 Optimismus in der Krise. Sind die Topmanager zu lethargisch?, in: NZZ, Nr. 15, 20. Januar 2009, S. 21.

238 Useem M., Leading Up, Crown Business, 2001.

239 «Dieser Grundsatz scheint im Chemiekonzern Clariant zu herrschen.»: Mehr Lohn für Clariant-Chefs, in: NZZ, Nr. 40, 18. Februar 2010, S. 37.

240 Bilton P., Noch keine Meuterei an Bord, Die Gewinner der Firmenzusammenbrüche sind jene die die Katastrophe verursacht haben, in: NZZ am Sonntag, 30.06.02, S. 12. Alioth M., Ohne jede Scham, in: NZZ am Sonntag, 17. Mai 2009, S. 22.

241 Interview mit Harvard-Professorin Barbara Kellermann, Marcel Ospel war ein schlechter Führer, in: Berner Zeitung, 15. Juni 2009. Schöchli H., UBS-Manager zwischen Dichtung und Wahrheit, in: NZZ, Nr. 265, 14. November 2009, S. 27. Schenk T., Schönwetterkapitäne, in: NZZ Folio, März 2002, S. 53–56. Peter Gomez, Rektor der Universität St. Gallen, hält diese Ausrutscher für symptomatisch. «Der Job des Managers war in den letzten

Jahren schlicht zu einfach. Wenn es immer nur aufwärts geht, ist es nicht so schwierig, ein Unternehmen zu führen. Dann verzeiht einem das System Fehler, man kann seine Schwächen überspielen. Wenn es aber darum geht, in einer schwierigen Situation das Steuer herumzureissen, reichen Charisma und ein tolles Auftreten nicht aus. Dann muss man das Geschäft wirklich verstehen.»

Schweizer Manager als «Schönwetter-Kapitäne», CEO sprechen in Interviews mit Egon Zehnder von eigenen Fehlern, in: NZZ, Nr. 228, 2. Oktober 2003, S. 27. «Was am Mittwoch Aufsehen erregte, war die Tatsache, dass die Manager einen guten Teil der Verantwortung für die gemachten Fehler bei sich sahen: Vier Fünftel der Befragten sahen Managementfehler als Ursachen für Unternehmenskrisen an, und ähnlich war die Quote, die falsche oder fehlende Strategiekonzepte nannte (…) Einige der befragten CEO empfanden die Schweizer Managergilde als stolz sowie überheblicher als die ausländischen Kollegen; wohlstandsgesättigter, bequemer und egoistischer sei man geworden.»

Teil II: Führung in der Krise. Was ist zu tun? Was kann ich in Krisen tun?

1   Im Gegensatz zur ersten Auflage haben wir die Kernfragen offen formuliert, sie beginnen meist mit dem fragenden: Wie …? Wir wollen damit erreichen, dass nicht nur mit ja oder nein, sondern auch mit einer Begründung geantwortet wird bzw., dass zusätzliche Anschlussfragen gestellt werden.

2   Vgl. Handeln vs. Entscheiden in Teil I, 5.2

3   «The best way to control your focus is through the power of questions». Robbins A., Notes from a Friend, San Diego, CA, 1995, p. 55.

4   Vgl. The Problem-Solving Questions, Robbins A., Notes from a Friend, San Diego, CA, 1995, p. 57.

5   Mitroff I. I., Why Some Companies Emerge Stronger and Better from a Crisis, American Management Association, 2005, p. 53.

6   «For the analysts, blaming is a key indicator of change, in: The Ladder of Blame, Generic Early Warning Handbook, Euro-Atlantic Partnership Council (EAPC), October 30, 2001, p. 1–43.

7   «The Action-Reaction Cycle: Underreaction Phase – Overreaction Phase», Generic Early Warning Handbook, Euro-Atlantic Partnership Council (EAPC), October 30, 2001, p. 1–4.

8   Entscheidungsfindung im Konflikt, Emotionen geben den Ausschlag, in: NZZ, Nr. 235, 10. Oktober 2001, S. 71.
    «In manchen moralischen Konfliktsituationen ist es weniger der Verstand als vielmehr die spontane Emotion, die zur Entscheidung führt. Dies zeigt eine Studie, die mithilfe der funktionellen Kernspintomographie die Aktivität des Gehirns untersucht.»

9   Schmid S., Das Chaos lauert überall, Wie zerbrechlich ist die Zivilisation? Katastrophen geben Antwort darauf, wie Menschen handeln, wenn keine Regeln mehr bestehen, in: NZZ am Sonntag, 21. März 2010, S. 67.

10 Vgl. als Beispiel: Führungsbehelf des Bundesamtes für Zivilschutz, Abteilung Ausbildung, www.zivilschutz.ch (Zugriff 17. April 2010).

11 Vgl. Endress und Hauser reisst das Ruder herum, Gute Zahlen zum Jubiläum, in: NZZ, Nr. 144, 25. Juni 2003, S. 23.
    Krise energisch eindämmen, um zu verhindern, dass sie sich ausbreitet. The spread of SARS, in: IHT (NYT), April 23, 2003, p. 6.

12 Gary L., Simplify and Execute: Words to Live By in Times of Turbulence, in: Harvard Management Update, Vol. 8, No. 1, January 2003, p. 12.

13 Grove A. S., Decisions Don't Wait, in: Harvard Management Update, Vol. 8, No. 1, January 2003, p. 6.

14 Zu möglichen Entscheidungsfallen vergleiche Gary L., Cognitive Bias: Systematic Errors in Decision Making, in: Harvard Management Update, April 1998, No. U9804B.
Baazerman M., Judgment in Managerial Decisionmaking, John Wiley & Sons, 4th ed., 1998, p. 179.
Spitzer Q., Evans R., Heads You Win: How the Best Companies Think, Simon & Schuster, 1997, p. 283.
Tversky A., Kahneman D., Judgment Under Uncertainty: Heuristics and Biases, in: Science, Vol. 185, 1974.

15 Wass de Czege H., Systemic Operational Design, Learning and Adapting in Complex Missions, in: Military Review, Combined Arms Center, Fort Leavenworth, Kansas, January–February 2009, p. 2.

16 Ob eine Führungstätigkeit im Krisenstab auch tatsächlich permanent durchgeführt werden kann, hängt auch von den personellen Ressourcen und den zeitlichen Rahmenbedingungen ab.

17 Ariely D., The End of Rational Economics, in: Harvard Business Review, July–August 2009, p. 78.

18 «Intuitio» (lateinisch) bedeutet die «unmittelbare Anschauung», das Adjektiv «intuitus» «durch unmittelbare Anschauung (nicht durch Denken) erkennbar, auf Eingebung beruhend». Gemäss der Forschung von Klein basieren die meisten kritischen Entscheide auf Intuition. Vgl. Klein G., Intuition at Work, Currency/Doubleday, 2003.

19 Carey B., Explaining how a warrior's brain works, in: IHT, July 28, 2009, p. 1.

20 Bonabeau E., Don't Trust Your Gut, in: Harvard Business Review, May 2003, p. 116.

21 Wolf C., Das Gefühl führt in die Irre, Psychologen empfehlen gern, dass man sich bei schwierigen Entscheidungen auf seinen Bauch statt auf den Kopf verlassen solle. Doch dem Unterbewusstsein ist nicht immer zu trauen, in: NZZ am Sonntag, 2. Mai 2010, S. 53.

22 Goldsmith M., Reiter M., What Got You Here Won't Get You There. Hyperion, 2007.

23 Gary L., Cognitive Bias: Systematic Errors in Decision Making, in: Harvard Management Update, April 1998, No. U9804B.

24 Hayashi A. M., When to Trust Your Gut, in: Harvard Business Review, February 2001, p. 59.

25 Stauffer D., How Good Data Leads to Bad Decisions, in: Harvard Management Update, Vol. 7, No. 12, December 2002, p. 4: «Making a decision based on historical precedent has numerous pitfalls (…). Here are the most important steps that decision-making experts recommend: (1) Cross-examine every precedent, (2) Require proof of common knowledge, (3) Encourage others to challenge your thinking, (4) Never rely solely on precedent, (5) Above all, develop a process.»
Vgl. Die Geschichte des Truthans, The Day Before Thanksgiving, in: Taleb N. N., The Black Swan, Random House, 2007, zitiert nach Featured Book Review, October 2007, p. 2.

26 Martin L., Flin R., Skriver J., Emergency decision making – A wider decision framework? University of Aberdeen, UK, p. 283, von den Autoren zur Verfügung gestellte Arbeit.

27 Vgl. Führung und Stabsorganisation der Armee (FSO XXI), Reglement 52.054 d, 2004, S. 19.

28 Ariely D., The Long-Term Effects of Short-Term Emotions, in: Harvard Business Review, January–February 2010, p. 38.

29 Witt J. L., Morgan J., Stronger in the Broken Places, New York, NY, 2002, in: Soundview Executive Book Summaries Vol. 25, No. 6, Part 1, June 2003, p. 7.

30 Blackwell P. E. and Bozek G. J., Leadership for the New Millennium, in: Military Review, May–June 1998, p. 40-46. «General Georges S. Patton Jr. believed timing was more impor-

tant than the quality of decision: «A good plan violently executed *now* is better than a perfect plan next week.»

31 Tobias T., Put the Moose on the Table, Bloomington, IN, Zitiert nach Soundview Executive Book Review, Vol. 25, No. 10, Part 1, October 2003, p. 5.

32 Vgl. Prewitt E. Fast-Cycle Decision Making, in: Harvard Management Update, August 1998, No. U9808C.

33 Moyer D., Act-Learn, Act-Learn, in: Harvard Business Review, March 2009, p. 124.

34 «If you make the decision quickly, and it turns out in a week or two or three to have difficulties nobody anticipated, you stand a pretty good chance of being able to reverse it or modify it and still be in time to deal with the market problems.» Prewitt E., Fast-Cycle Decision Making, in: Harvard Management Update, August 1998, No. U9808C.

35 Eisenhardt K. M., Das Primat der Schnelligkeit, in: Manager Bilanz, Juli 2000, S. 29–34. «Ein klar definiertes Time-Pacing treibt ein Unternehmen dazu an, sich einen voraussehbaren Rhythmus aufzuerlegen. Dadurch erreicht es eine bessere Koordination zwischen den vielen Beteiligten, die in vielen Bereichen mit komplexen Aufgaben beschäftigt sind.»

36 Vgl. Goleman Daniel, Leadership That Gets Results, in: Harvard Business Review, March–April 2000, p. 78.

37 «Seven Deadly Sins», die siebte Todsünde ist: «React First, Think Later», in: Cohn R., The PR Bible, St. Martins Press, 2001.

38 Keine Hüftschüsse einsamer Cowboys. Baillod J., Wenn Hektik den Durchblick trübt, in: Handelzeitung, Nr. 27, 1.–7. Juli 2009, S. 15.

39 Wie trotz Zeitdruck das «Gesetz der erforderlichen Vielfalt» Berücksichtigung finden kann, vgl. Gomez P., Kompetent Entscheiden und Handeln – auch unter grösstem Zeitdruck, in: Manager Bilanz, Januar 2002, S. 10. Entscheiden unter Zeitdruck: «Die Zeitfalle verleitet zu Sattelentscheiden … Komplexität muss akzeptiert und bewältigt werden, auch wenn die Zeit knapp ist … Optimale Vereinfachung kann im Kontext des Gesetzes der erforderlichen Varietät auf zwei Wegen erzielt werden: durch die Reduktion der Varietät der Entscheidungssituation oder durch Erhöhung der Varietät der Entscheidenden. Die Varietät der Entscheidungssituation lässt sich dadurch reduzieren, dass man die ihr inhärenten Gesetzmässigkeiten oder Spielregeln erkennt. Varietätsgenerierung seitens der Entscheidungsträger bedeutet proaktives Entscheiden und Handeln unter Einbezug aller Betroffenen.»

40 Vgl. Prewitt E., Fast-Cycle Decision Making (5), in: Harvard Management Update, August 1998, No. U9808C.
Sullivan G. R. & Harper M. V., Hope is not a Method, New York, 1996, p. 48.

41 Eisenhardt K. M., Das Primat der Schnelligkeit, in: Manager Bilanz, Juli 2000, S. 29–34. «Geschwindigkeit erfordert Voraussicht. Wenn die Fahrer nicht wenigstens eine grobe Ahnung davon haben, was vor ihnen liegt, werden sie langsamer. Genau wie durch Rhythmus kann man durch Voraussicht den Schwung beibehalten und das Rennen gewinnen.»

42 Schwaninger M., Reflexion über Veränderungsprozesse aus der Managementperspektive. In Thierstein A., Walker D., Behrendt H., Egger U. (Hrsg.), Tatort Region-Veränderungsmanagement in der Regional- und Gemeindeentwicklung, Baden-Baden, 1997, S. 102.

43 Schwaninger M. (Hrsg.), Organisationale Intelligenz aus managementkybernetischer Sicht, in: Intelligente Organisationen, Konzepte für turbulente Zeiten auf der Grundlage von Systemtheorie und Kybernetik, Berlin, 1999, S. 62.

44 «Markanter Verlust an Langfristdenken». Schwarz G., Krise der Werte, in: NZZ, Nr. 24, 30./31. Januar 2010, S. 1.

45 Die Krise kann aber auch als Vorwand für die eigene Unlust, Entscheide zu treffen, benutzt werden. Bernet L., Der Irak-Krieg als Vorwand für den Rückzug ins Reduit, Der Streit in der Uno erspart der Schweiz eine wichtige Debatte, in: NZZ am Sonntag, 30. März 2003, S. 21.

46   Emerging Risks in the 21ˢᵗ Century, An OECD International Futures Project, OECD, Paris, 2003, p. 4.

47   Useem M., The Leadership Lessons of Mount Everest, in: Harvard Business Review, October 2001, p. 51.

48   Amabile R. M., Hadley C. N., Kramer S. J., Creativity Under the Gun, in: Harvard Business Review, August 2002, p. 52.

49   Tobias R., Tobias T., Put the Moose on the Table, Bloomington, IN, zitiert nach Soundview Executive Book Review, Vol. 25, No. 10, Part 1, October 2003, P. 4.

50   Die harte Lektion für den Toyota-Konzern. Wie der japanische Autobauer eine Rückrufaktion zu einer Krise werden lässt, in: NZZ, Nr. 31, 8. Februar 2010, S. 18. Führt der Bundesrat nur bei schönem Wetter? Nationalrat für organisatorische Verbesserungen, in: NZZ, Nr. 56, 9. März 1999, S. 17. «… GPK zum Schluss gekommen, dass in einer Krise die Information des Bundesrats selber zur Krise wird.» «In einer Krisenlage ist die Information vielmehr Chefsache.»
      «Gerade in schwierigen Momenten hat das Bundespräsidium oder allenfalls die zuständige Departementschefin oder der -chef präsent zu sein. In Krisenzeiten ist der Platz der Informationsverantwortlichen in der Regel in Koordinations- und Führungszentralen, nicht vor Kameras und Mikrophonen.» Bericht der Geschäftsprüfungskommission des Nationalrates, Informationstätigkeit des Bundesrates und der Bundesverwaltung in ausserordentlichen Situationen, 29. Mai 1997, S. 35.
      Hoenig M. R., Will M., CCO – ein neuer Typus von Manager, Kommunikation – ein Fach wie Finanzen und Marketing, in: NZZ, Nr. 146, 27. Juni 2002, S. 25: «Zwischen der obersten Führungsebene und den Spezialisten und Funktionalisten für die Kommunikation klafft eine bedenkliche Lücke mit teilweise gravierenden Schadenfolgen. Derweil sind die Anforderungen an die Kommunikation mittlerweile dergestalt hoch, dass es einen neuen Typus von gut ausgebildeten Managern auf der obersten Hierarchie braucht; dazu haben alle Ausbildungsebenen beizutragen.»

51   Flaherty J., Sorry CEO's Suddenly Abound, but Is It Good Strategy?, in: IHT (NYT), September 4, 2000, p. 15.
      «Media analysts said they had expected to see these chief executives step in front of the camera. Such appearances are now part of a chief executive's job, the analysts say. And they predict that other leaders whose companies get into trouble will have to do likewise».

52   Beharrliches Schweigen. Die schwachen medialen Auftritte sind für Toyotas Vertrauenskrise mitverantwortlich. Die harte Lektion für den Toyota-Konzern. Wie der japanische Autobauer eine Rückrufaktion zu einer Krise werden lässt, in: NZZ, Nr. 31, 8. Februar 2010, S. 18. Flaherty J., Sorry CEO's Suddenly Abound, but Is It Good Strategy?, in: IHT (NYT), September 4, 2000, p. 15.

53   «Auch eine gute Politik wird nicht zur Kenntnis genommen, wenn von ihr nicht Kenntnis gegeben wird. Ebenso klar muss festgehalten werden, dass auch eine optimale Informationstätigkeit nichts nützt, wenn die sachpolitischen Entscheide fehlen oder ungenügend sind. Bericht der Geschäftsprüfungskommission des Nationalrates, Informationstätigkeit des Bundesrates und der Bundesverwaltung in ausserordentlichen Situationen, 29. Mai 1997, S. 5.

54   Massiver Flurschaden, in: NZZ, Nr. 229, 3. Oktober 2001, S. 21. «Keine Geiss schleckt jedoch weg, dass die Banken, die in Sachen Kommunikation einfach abgetaucht sind, mit ihrem zumindest ungeschickten, wenn nicht sogar dummen oder ruchlosen Verhalten unglaublichen Schaden am Vertrauen in unser Wirtschaftssystem und an der Reputation der Schweiz und der Schweizer Luftfahrt anrichten.»

Firmen-Seele zwischen Sein und Schein, Wie Kommunikationsberater Walter von Wartburg die Erfolgschancen im Meinungsmarkt erhöhen will, in: NZZ am Sonntag, 7. September 2003, S. 49.

55 Von Wartburg W. P., Ansehen verbessern – Ruf schützen, Management der Reputation als Erfolgsfaktor, in: NZZ, Nr. 63, 16./17. März 2002, S. 27.

56 Stöhlker K. J, Wenn Hektik den Durchblick trübt, in: Handelzeitung, Nr. 27, 1.–7. Juli 2009, S. 15.

57 Obermeier O.-P., Die Krise als Message, www.secumedia.com, S. 1 und 2. (Zugriff 18. März 2010).
Rückschläge für Kaliforniens Gouverneur, in: NZZ, Nr. 182, 9/10. August 2003, S. 3. «Spott und Besorgnis».
Chaos oder nötigende Reinigung für Kalifornien, in: NZZ, Nr. 181, 8. August 2003, S. 3.

58 David Plouffe im Interview «Unangenehmes sagt man besser selbst», in: Handelzeitung, Nr. 14, 1.–7. April 2009, S. 8.

59 Mink A., Amerikanische Politik im Ölschlick, Ölkonzerne geben Millionen in Dollars aus, um die US-Politik gütig zu stimmen, in: NZZ am Sonntag, 9. Mai 2010, S. 7. Von Wartburg W. P., Ansehen verbessern – Ruf schützen, Management der Reputation als Erfolgsfaktor, in: NZZ, Nr. 63, 16./17. März 2002, S. 27.

60 Vgl. Teil I, Punkt 3.3 «Krisenmatrix», (9), «Die Elemente der Kommunikation in Krisen».

61 Zementierung des Bestehenden. Die Informationsleistung der BBC im Vergleich, in: NZZ, Nr. 181, 8. August 2003: «Auch in Grossbritannien prägt die Sensationslust die Nachrichtenauswahl in den Fernsehredaktionen.»
CNN oder ein Missverständnis, Ein unfreundlicher Geburtstagsgruss, in: NZZ, Nr. 133, 9. Juni 2000, S. 73.

62 Schöchli H., UBS-Manager zwischen Dichtung und Wahrheit. Die Kommunikation der UBS im Krisenherbst 2008 beschäftigt immer noch die Behörden und die Politik. Die Bank hat damals den grossen Graubereich zwischen legitimer Zurückhaltung von Information und fragwürdiger Fehlleitung der Öffentlichkeit stark ausgereizt, in: NZZ, Nr. 265, 14. November 2009.

63 Katastrophale Krisenkommunikation ohne Empathie für die Betroffenen: «Ich war zum letzten Mal in diesem Land», Verzweifelte Passagiere auf dem Flughafen – Grenzenlose Wut auf die UBS, in: NZZ, Nr. 130, 4. Oktober 2001, S. 43.
Die letzte Demütigung der Swissair, Stimmen zum Niedergang des ehemaligen Nationalstolzes – 19 000 Passagiere betroffen, in: NZZ, Nr. 229, 3. Oktober 2001, S. 43. «Aus finanziellen Gründen ist die Swissair nicht mehr in der Lage, ihre Flüge auszuführen», lautete die lapidare Lautsprecherdurchsage im Abflugbereich des Terminals A des Zürcher Flughafens am Dienstagnachmittag um 16 Uhr 15.
Vgl. «Desolate Kommunikation», Voigt B., Sesseltanz ohne Ende bei der Swiss, in: NZZ am Sonntag, 30. November 2003, S. 50.
Katastrophale Fehler wegen katastrophaler Kommunikation, Wissenschafter im Kampf gegen menschliches «Fehlverhalten», in: NZZ, Nr. 243, 18. Oktober 2000, S. 85.

64 Forster P., Aber wahr muss es sein, Information als Waffe, Frauenfeld/Stuttgart/Wien, 1998.

65 Mackay F., Power and pitfalls of social media, in: IHT, March 31, 2010, p. 14. Der Krisenblog, http://binz-krisenblog.blogspot.com/2009/09/ (Zugriff 18. März 2010).
Imageschaden für Jakob, Geballte Blogpower, http://sueddeutsche.de/computer/835/486253/text/print.html (Zugriff 18. März 2010).
Kutter S., Krisenkommunikation per Kettenmail, http://wiwo.de/technik-wissen/krisenkommunikation-per-kettenmail (Zugriff 18. März 2010). Mertins S., Nur mit dem Handy bewaffnet, Youtube, Twitter, Facebook und Blogs sind die Waffen der Protestbewe-

gung, in: NZZ am Sonntag, 21. Juni 2009, S. 5. Scoble R., Israel S., Naked Conversations, John Wiley & Sons Inc., 2006.

66 Obermeier O.-P., Die Krise als Message, www.secumedia.com, S. 1. (Zugriff 18. März 2010).

67 Steinmann M., Gattlen R., Arber C., Hafner K., zur Informationspolitik des VBS in der Affäre Bellasi. Eine medienwissenschaftliche Untersuchung zur Kommunikation in der Affäre Bellasi, Bern, 2000, S. 46.

68 Frey S., Bild dir deine Meinung, Wie der Mensch urteilt, bestimmt auch sein visueller Sinn, in: NZZ, Nr. 115, 19./20. Mai 2001, S. 97–98. «Weniger das Wort als das Bild ist entscheidend, damit der Mensch das Wahrgenommene als wahr erachtet. Was das Auge sieht, wird als besonders glaubwürdig eingestuft. So entscheiden Menschen in Sekundenbruchteilen, was sie von ihrem Gegenüber halten. Ergebnisse der Forschung deuten auf eine visuelle Zeitenwende hin. Diese hat ihre Auswirkungen auch in der Politik, wird doch für Politiker die Fähigkeit, am Bildschirm zu überzeugen, ein immer wichtigerer Faktor für den Gewinn der Wählergunst werden.»
Schober W., An der Informationsfront, Erfahrungen der NATO aus ihrer Medienarbeit während des Kosovo-Einsatzes-Lessons Learned, ÖMZ 5/2002, S. 573–580.

69 Meyer M., Das Handwerk des Tötens in Echtzeit. Wie die Medien das Bild vom Krieg verändern, in: NZZ, Nr. 94, 24. April 2010, S. 53. Ammann B., US-Militär durch Video belastet, in: NZZ, Nr. 79, 7. April 2010, S. 3. Die Kommunikationsfalle, Macht und Mythen der Medien, in: Public Management, 2/2000, November 2000, S. 10–12.
«Als Leader unter den Medien zwingt das Fernsehen den anderen Informationsvermittlern seine Eigenart auf, an erster Stelle die Faszination für das Bild und, damit verbunden, ein grundlegend neues Informationsverständnis, während das nicht Sichtbare, das ja auch kein Bild liefert, nicht fernsehtauglich und folglich medial inexistent ist.»

70 Kriegsbilder: Rückkehr im Sarg, http://www.heise.de/tp/r4/artikel/17/17263/1.html, http://www.heise.de/tp/r4/artikel/19/19719/1.html (Zugriff 9. Juli 2010).

71 Doppelte Aufgabe zur Information und zur Übermittlung von Verhaltensanweisungen: Sars als Bewährungsprobe für Chinas Führung, Harte Massnahmen Pekings – Entlassung von Politikern, in: NZZ, Nr. 92, 22. April 2003, S. 14.
«Während der ganzen Sars-Krise haben die chinesischen Medien eine erbärmliche Rolle gespielt und sind ihrer Hauptaufgabe, nicht zu informieren, sondern auch bei der präventiven Aufklärung mitzuhelfen, überhaupt nicht gerecht geworden.»

72 Aufrichtige Kommunikation nach innen und aussen: «Tell the Truth»/«Admit Mistakes». 8 Prinzipien, nach welchen die Aufrichtigkeit nach Innen auszurichten ist. O'Toole J., Bennis W., A Culture of Candor, in: Harvard Business Review, June 2009, p. 54.

73 Bericht der Geschäftsprüfungskommission des Nationalrates, Informationstätigkeit des Bundesrates und der Bundesverwaltung in ausserordentlichen Situationen, 29. Mai 1997, S. 34.

74 «Jede wichtigere Information muss von einer Strategie begleitet sein (…). Die Strategie der Information hat immer auch die Frage nach dem Zeitpunkt der Information zu beantworten. Eine offensive Strategie, die das Terrain von sich aus besetzt, eignet sich regelmässig besser zur sachgerechten Informationsvermittlung als eine defensive, die unter Druck informieren muss.» Bericht der Geschäftsprüfungskommission des Nationalrates, Informationstätigkeit des Bundesrates und der Bundesverwaltung in ausserordentlichen Situationen, 29. Mai 1997, S. 44/45.

75 Bundesministerium des Innern, Krisenkommunikation, Leitfaden für Behörden und Unternehmungen, www.bmi.bund.de (Zugriff 17. April 2010). Leitfaden zur Krisenkommunikation, Amt für Information des Kantons Bern, Bern, 2001, S. 8/9. Anforderungen an die Informationstätigkeit. Eine Informationstätigkeit in Krisen muss folgenden Krite-

rien genügen: Wahrheit, Vollständigkeit, Rechtzeitigkeit, Einheitlichkeit, Sachlichkeit, Kontinuität, Schutz wesentlicher öffentlicher oder privater Interessen, Glaubwürdigkeit. Bericht der Geschäftsprüfungskommission des Nationalrates, Informationstätigkeit des Bundesrates und der Bundesverwaltung in ausserordentlichen Situationen, 29. Mai 1997, S. 8. Die Grundregeln der Krisenkommunikation: «Aktiv informieren. Nicht warten, bis der Druck von aussen kommt. Emotionen berücksichtigen. Stufenweise weiter informieren. Auf Glaubwürdigkeit und Wahrheit achten. Verständliche Worte wählen. Auf gleichen Inhalt achten. Situationsgerecht und dialogorientiert informieren. Aufpassen mit voreiligen Schuldzuweisungen. Interne Information nicht vergessen.»

Swissair Crisis Communication, u. a. «Forget the historical defense attitude. Defense attitude kills credibility. Put people (victims) first, talk about human beings, not material. Show concern, not tears.» Beatrice Tschanz, Gastvortrag an der Vorlesung des Autors im Wintersemester 2002/03 an der Universität Bern vom 5. November 2002.

Vgl. auch Siegrist M., Kommunizieren in einer Umgebung des Misstrauens, riskVOICE, Stiftung Risiko – Dialog St. Gallen, Oktober 2002, Heft 004.

76 Vgl. die konkreten Beispiele:

Beharrliches Schweigen. Die schwachen medialen Auftritte sind für Toyotas Vertrauenskrise mitverantwortlich. Die harte Lektion für den Toyota-Konzern. Wie der japanische Autobauer eine Rückrufaktion zu einer Krise werden lässt, in: NZZ, Nr. 31, 8. Februar 2010, S. 18.

Informationssperre: Die Lausanner ETH ohne Präsident. Wird die Krise zur Herausforderung für den Bundesrat?, in: NZZ, Nr. 54, 4./5. März 2000.

No Comment: Die Kommunikationsabteilung der Swissair gibt nach der Verwaltungsratssitzung vom 22. November 2000, an welcher entscheidende Beschlüsse erwartet wurden, bekannt, dass keine Statements abgegeben werden. Der 22. November markiert den Wendepunkt in der Berichterstattung über die Swissair. Das Wohlwollen schwindet, das gutgläubige Vertrauen wird durch hartnäckiges Recherchieren abgelöst. Ab jetzt verliert die SairGroup den Lead über die Kommunikation nach innen und aussen (…). Es wird auch intern nur noch schlecht kommuniziert. Die Kommunikationsabteilung selbst erfährt Neuigkeiten häufig aus den Zeitungen (…). Nur noch ganz wenige Leute wissen, was tatsächlich im Unternehmen passiert. Ein Grossteil der Angestellten und die gesamte Öffentlichkeit werden mit wenigen Informationen abgespiesen. Dies betrifft selbst die Pressesprecher, die auf Anrufe der Journalisten häufig nicht reagieren können, da sie schlichtweg nicht wissen, was tatsächlich läuft. Vgl. das Interview mit Urs Peter Naef, Mediensprecher der Sair-Gruppe vom 20. Juni 2001 in Prinz R., Rychard S., Zehner P., Swissair, Kommunikation in der Krise, unveröffentlichte Arbeit vom 28.11.2001, entstanden im Seminar des Autorss, Sommersemester 2000, S. 27/28. Daselbst auf S. 55 zur Maulkorbpolitik: Kommunikation in der Krise als Folge einer «Maulkorbpolitik» des Verwaltungsrates gegenüber den Informationsverantwortlichen.

Fallbeispiel, wie es nicht laufen darf: Gorgé S., Zur Krisenkommunikation anhand des Falles Thomas Borer, unveröffentlichte Arbeit im Seminar des Autors, Sommersemester 2002.

Geheimniskrämerei: Geheimniskrämerei verschärft die Sars-Krise, Chinas Informationspraxis sorgt für Verunsicherung, in: NZZ, Nr. 85, 11. April 2003, S. 60.

77 Weitere Kommunikationsfehler in Krisen siehe: Robbins S., Seven Communication Mistakes Managers Make, in: Harvard Management Update, February 2009, p. 8.

78 Von Wartburg W. P., Krisenkommunikation statt Kommunikationskrisen, in: Manager Bilanz, Januar 2002, S. 29.

79 Kommunikation als Führungskompetenz, Kommunikationsverhalten und Kommunikationstechniken für Führungskräfte, in: Public Management 5/2001, Mai 2001, S. 11–16.

«Überzeugendes Kommunikationsverhalten und die Beherrschung der Kommunikationstechniken beeinflussen die Wirkung der Führung und zeichnen den echten Leader im
Gegensatz zum ‹Nur-Manager› aus.»

80 Schlechtes Zeugnis für den Musterknaben, Schweizer Aussenpolitik nach der Affäre um
nachrichtenlose Vermögen und Raubgold, in: NZZ, Nr. 195, 19./20. Dezember 1998,
S. 77. Zudem meint Borer, «… sei es essentiell, dass solchen Sonderstäben von allem
Anfang an auch Medien- und Kommunikationsspezialisten angehörten, denn moderne
Krisen werden heute zu einem wesentlichen Teil von den Medien gesteuert oder über die
Medien ausgetragen. Nun zählt zwar die Bundesverwaltung gegen zweihundert Kommu-
nikationsspezialisten, die nicht alle wirklich bis zu ihrer Belastungsgrenze gefordert sind.
Dennoch sah sich die Task Force gezwungen, die entsprechenden Kapazitäten auf dem
freien Mark für teures Geld einzukaufen.»

81 Der Kommunikationsrhythmus muss, wie der Führungsrhythmus, der Krisensituation
angepasst sein.
Von Wartburg W. P., Umgang mit öffentlicher Kritik, Von der Abwehr zur produktiven
Verarbeitung, in: NZZ, Nr. 153, 5./6. Juli 1997, S. 17. «Dies bedingt ein situativ angepasstes Führungsverhalten und eine spontane Kommunikationskultur, die von den Vorgehensweisen und «normalen Bedingungen» abzuweichen hat. Dazu gehören schnelle Entscheidungen trotz unvollständiger Faktenlage, und Verlautbarungen, die sich an den zeitlichen
Bedürfnissen der Medien, nicht an internen Vernehmlassungsprozessen orientieren … Hier
sind komplexe Organisationen wie multidivisionale Grossunternehmen oder föderalistisch
organisierte Institutionen besonders gefordert, denn es besteht die Gefahr, dass intern abge-
sicherte Stellungnahmen zu langsam sind oder sich am falschen Adressaten orientieren.»

82 «Gerade in einer Krise ist es wichtig, dass eine einheitliche, klare Information erfolgt und
dass die Regierung (auch eine aus verschiedenen Parteien zusammengesetzte Kollegialregie-
rung) mit einer Stimme spricht. Bericht der Geschäftsprüfungskommission des Nationalrates, Informationstätigkeit des Bundesrates und der Bundesverwaltung in ausserordentlichen Situationen, 29. Mai 1997, S. 34.
Schlechtes Zeugnis für den Musterknaben, Schweizer Aussenpolitik nach der Affäre um
nachrichtenlose Vermögen und Raubgold, in: NZZ, Nr. 195, 19./20. Dezember 1998,
S. 77. «Führungsmängel auf höchstem Niveau», «Das Auftreten der Landesregierung in der
«Schatten»-Debatte glich anfänglich einer Kakophonie: Jeder Bundesrat äusserte sich zu
diesem Thema, jeder setzte seine eigenen Akzente und zog seine eigenen Schlussfolgerungen, was die Position der Schweiz im Ausland vernebelte und damit schwächte. Dass es auf
der Ebene Landesregierung dringend einer Verstärkung der Führungs- und Koordinations-
funktion bedarf, wird heute in der Theorie weiterhum anerkannt.»

83 Emerging Risks in the 21st Century, An OECD International Futures Project, OECD,
Paris, 2003, p. 7. «There is always the possibility that the media could get in the way of
operations, distort the facts of the drama, or help to perpetuate disaster myths. This argues
for careful media relationship planning before the event. The absence of such planning can
have hugely disruptive consequences.» Als gutes Beispiel diene der am selben Ort beschrie-
bene Eissturm in Kanada 1998.
Vgl. zum erwähnten Eissturm: Scanlon J., Military Support to Civil Authorities: The Eastern Ontario Ice Storm, in: Military Review, July–August 1998, p. 41.

84 Beispiele sind: Das Flüchtlingskind Elián gewaltsam mit dem Vater zusammengeführt, vor-
letztes Kapitel einer aufgebauschten amerikanischen Fernsehsaga, in: NZZ, Nr. 96,
25. April 2000, S. 1–2.
Auch eine Schlacht um Bilder, Wie sich Fernsehsender auf den Ernstfall vorbereiten, in:
NZZ, Nr. 31, 7. Februar 2003, S. 73.

85 Vgl. Organizing Around Information, Sullivan G. R. & Harper M. V., Hope is not a
Method, New York, 1996, p. 163.

86 Welch J., Welch S., Winning, Harper Business, 2005. In: Soundview Executive Book Summaries, Vol. 28, No. 12, December 2006, p. 5.
Business Continuity Strategies: Laye, J. E. Strategies to reduce the impacts of disasters on business processes: the case of business continuity, in: Int. Journal Risk Assessment and Management, Vol. 2, No. 3 / 4, 2001.

87 Führung und Stabsorganisation der Armee (FSO XXI), Reglement 52.054.d, 2004, Ziffer 4, S. 53.

88 Verbindlich festzulegen wer verantwortlich führt, ist nach Beobachtung von Peter Grütter, ehem. Kommandant der Kantonspolizei Zürich, eine der ganz grossen Hürden zur Krisenbewältigung. Gastvortrag im Rahmen der Vorlesung des Autors im Wintersemester 2002/03 an der Universität Bern zum Thema «Im Spannungsfeld zwischen Prävention und Repression: Die Polizei als Katastrophen- und Notfallmanager der ersten Stunde, 10. Dezember 2002.

89 Vgl. die Krisenführung des IKRK: Die Führungs- und Entscheidungsebenen werden je nach Grössenordnung, Wichtigkeit, Schwierigkeitsgrad und Dringlichkeit einer Krise festgelegt. Diese Ebenen können sich im Verlauf einer Krise verschieben. Die Beurteilung, auf welche Ebene die Führungs- und Entscheidungskompetenz zu delegieren sind, bzw ob diese im Gegenteil auf strategischer Ebene zu konzentrieren sind, ist Teil der laufenden Lagebeurteilung. Fuchs P., Krisenmanagement – Führungsprinzipien des IKRK, ASMZ Nr. 5, 1996, S. 8 f.

90 Beispiele für klare bzw. unklare Kompetenzabgrenzung und Regelung der Zusammenarbeit:
Steudler M., Lachat Pfister D., Genf kritisiert Calmy-Rey, Planen nach dem Prinzip Hoffnung: Bei den Vorbereitungen zum G8-Polizeieinsatz eskaliert der Behördenstreit, in: NZZ am Sonntag, 11. Mai 2003, S. 17. «Der Polizeieinsatz während des G-8-Gipfels in Evian wird für die Genfer-See-Kantone immer mehr zur Knacknuss: Eigenes Unvermögen, Streit mit dem Bund, der Föderalismus und die schwierige Risikoabschätzung erschweren die Planung.» Einsatzkoordination als Schwachstelle, G8-Nachlese von Bundesrätin Ruth Metzler, in: NZZ, Nr. 132, 11. Juni 2003, S. 11.
Brüggemann G., Amerikas viel kritisierte Geheimdienste, in: NZZ am Sonntag, 9. Juni 2002, S. 3.
Scharfe Kritik an den US-Geheimdiensten, Ein Kongressausschuss bemängelt die Terrorabwehr, in: NZZ, Nr. 290, 13. Dezember 2002, S. 3. «Im Mittelpunkt steht die Feststellung, dass die Koordination der Zusammenarbeit der 13 amerikanischen Nachrichtendienste mangelhaft gewesen sei (…) Gegenwärtig verhielten sich die Dienste wie selbständige Fürstentümer, die oft gegeneinander operierten, heisst es im Bericht.»
Als gutes Beispiel von Kooperation und Koordination vgl. Scanlon J., Military Support to Civil Authorities: The Eastern Ontario Ice Storm, in: Military Review, July–August 1998, p. 41.

91 Diese können auch in einem andern Land oder Kontinent angesiedelt sein. Vgl. Emerging Risks in the 21st Century, An OECD International Futures Project, OECD, Paris, 2003, p. 5: «In the US Federal Aviation Administration's air traffic control system, redundancy is a core element of the system design philosophy. Primary, secondary and manual mechanisms are in place to ensure that operations continue under adverse circumstances.»

92 Führungsraum: Beispiel eines nach den besonderen Bedürfnissen einer dezentralisiert und global organisierten Unternehmung umfunktionierten Führungsraums. Brindley W. A. and Laomea P. K., A war room can be heaven (Citibank adopts war room model), in: Journal of Business Strategy, October 1998. Hans-Peter Kurz, Vorsitzender der Geschäftsleitung der Rega, unterscheidet bei der Katastrophenbewältigung je einen KP Front vor Ort und einen KP Rückwärtiges, die dem Einsatzleiter unterstellt sind. Über dem Einsatzleiter

steht die politische Behörde, die fallweise von einem Katastrophenstab unterstützt wird. Vortrag im Rahmen der Vorlesung des Autors an der Universität Bern, 6. Januar 2004.
Die Regelung der Führungs-Verantwortlichkeit am Ort der Krise: Peterson D. J., Give Emergency Workers Better Tools, Training, Organization, in: Rand Review, Summer 2002, p. 66–67. «The most critical need for site management is a coherent command authority.»

93 Perry R. W., Emergency Operations Centers in an Era of Terrorism: Policy and Management Functions, in: Journal of Contingencies and Crisis Management, Vol. 11, No. 4, December 2003, p. 151.

94 Emerging Risks in the 21st Century, An OECD International Futures Project, OECD, Paris, 2003, p. 8.
Ein eindrückliches Beispiel zur Bedeutung der Kommunikationssysteme in Krisen findet sich bei O'Gara-Kurtis E., Managing the Unthinkable, A Deadly Fire Tests Rhode Island's Disaster Preparedness, Brown Medicine, RI, Spring 2003, p. 16.

95 Vgl. Das Interactive, Intelligent, Spatial Information System (IISIS). Comfort L. K., Sungu Y., Johnson D., Dunn M., Complex Systems in Crisis: Anticipation and Resilience in Dynamic Environments, in: Journal of Contingencies and Crisis Management, Vol. 9, No. 3, September 2001, p. 144.

96 Blackwell P. E. and Bozek G. J., Leadership for the New Millennium, in: Military Review, May–June 1998, p. 40–46. «Our experiments show that units tend to operate digitally in the planning and preparation phases. But during operations, and especially during combat, units use voice communications. The verbal communications and the face-to-face communications remain vital to provide the full picture of the situation. Soldiers need to see their leaders and to hear their calm, confident voice on the radio directing the fight.»

97 Osborn A. F., Your Creative Power. How to use Imagination, New York, 1948.

98 Svantesson I., Mind Mapping und Gedächtnistraining, Bremen, 1993.
Wycoff J., Gedanken-Striche, Freiburg, 1993.

99 Csikszentmihalyi M., Flow, Harper & Row, 1999.
Gerber M., Gruner H., Flow Teams – Selbstorganisation in Arbeitsgrupppen, Orientierung Credit Suisse, 108, 1999.

100 Das Reich der Mitte ringt mit der Moderne, Risiken und Chancen der Sars-Krise in China, in: NZZ, Nr. 106, 9. Mai 2003, S. 5: «Drei Anläufe – Der Einsatz personeller, materieller und finanzieller Natur, der zur Bekämpfung der Seuche in den letzten Wochen mobilisiert worden ist, ist in der Tat ausserordentlich.»

101 Krisen umfassend bewältigen – mit CareLink. Dossier Risikomanagement, ETH Globe 3/2009, S. 38.

102 Welch J., Welch S., Winning, Harper Business, 2005, in: Soundview Executive Book Summaries, Vol. 28, No. 12, December 2006, p. 5.

103 Jacquemart C., Frauen, werdet endlich frecher!, in: NZZ am Sonntag, 18. Oktober 2009, S. 43.

104 Women Matter. Studies by McKinsey&Company, 2007, 2008. http://mckinsey.com/locations/paris/home/womenmatter.asp (Zugriff 18. März 2010).
Ibarra H., Obodaru O., Women and the Vision Thing, in: Harvard Business Review, January 2009, p. 62. Gurian M., Annis B., Leadership and the Sexes. Using Gender Science to Create Success in Business. Jossey-Bass, 2008.

105 Sawyer K., Group Genius, Jossey-Bass, 2007.

106 Ähnlich wie bei Jazzmusikern oder einer Theatertruppe, die sich vor der Performance noch nie begegnet sind. Eisenhardt K. M., Das Primat der Schnelligkeit, in: Manager Bilanz, Juli 2000, S. 29–34. «Jazzmusiker, die sich vorher nie begegnet sind, können einen Saal betreten und innerhalb von 15 Minuten von null auf Musik beschleunigen. Dasselbe gilt für Theatertruppen wie die Chicagoer ‹Second City›. Die Künstler betreten die Bühne als

Fremde und liefern sozusagen ohne Proben eine glaubwürdige Performance. Was ist ihr Geheimnis? – Einfachheit. Jazzbands stellen einige wenige Regeln auf, z. B., welche Akkorde zuerst kommen und wer als erster spielt. Und dann spielen sie. Die Regeln reichen für eine minimale Struktur, die zu viele Patzer vermeidet. Sie zwängen die Musiker hingegen nicht in ein vorgeschriebenes Programm, das nur langsam anläuft und schwierig anzupassen ist.»

107 Wüthrich G., Flüchtlinge: Alle fordern Krisenstab, in: Blick, 6. Mai 1999, S. 2.

108 Witt J. L., Morgan J., Stronger in the Broken Places, New York, NY, 2002, in: Soundview Executive Book Summaries Vol. 25, No. 6, Part 1, June 2003, p. 7.

109 Im Militärischen Führungsgrundgebiete (FGG) genannt.

110 Die organisatorische Gliederung und personelle Besetzung der Grundkonfiguration des Krisenstabes dient als Kern. Diesem Kern können in der Krise Notfall- und Katastrophenstäbe angegliedert werden, wie dies z. B. im Bund geschieht: im Fall von terroristischen, erpresserischen Geiselnahmen, Lebensmittelvergiftungen, nuklearen Störfällen, Erdbeben, Hochwasser und Lawinenkatastrophen, schwerwiegenden Störungen im Versorgungsbereich mit lebensnotwendigen Gütern oder im Informationsinfrastruktur Bereich.

111 Für Krisenzentren auf strategischer Ebene sind in den USA und in der NATO fünf Ablösungen vorgesehen. Vgl. Generic Crisis Management Handbook, NATO/EAPC Unclassified, Bruxelles, 1999 p. XI–9.

112 Viele unspezifische Rohdaten erlauben keine klaren Erkenntnisse zur Frühwarnung. Inman Bobby R., Intelligence Was Sacrificed, and Now America Needs It Back, in: IHT, October 10, 2001, p. 8.

113 Purdum T. S., On the Home Front, Public Alarm and Contradictory Information, New York Times Service, in: IHT, October 17, 2001, p. 3.,

114 Nachricht und Information wird unterschiedlich definiert. Wir folgen der Definition von Willke H., der in seiner Architektur des Wissens, Information als gewichtete und systemrelevante Daten bezeichnet und sie als Vorstufe zum Wissen einstuft. Die Bewertung führt zur Information, die Sinnstiftung durch den Einbau von Informationen in Erfahrungskontexte zum Wissen. Vgl. Vortrag von Willke H., Herausforderung Wissensgesellschaft, Was ist Wissen? WorldDidac 2000 in Zürich, 30.3.2000. Im Gegensatz dazu sind im militärischen Gebrauch Informationen unbearbeitete Rohdaten, Nachrichten sind bewertete, analysierte, integrierte Darstellungen roher Daten. Vgl. Führung und Stabsorganisation der Armee (FSO XXI), 2004, Reglement 52.054 d Ziffer 54.

115 Bedeutung der Nachrichten- und Informationsbeschaffung und des Informationsaustausches beim Beginn einer Gesundheitskrise: Für globalen Kampf gegen Krankheiten, Umdenken der USA beim Rauchen, in: NZZ, Nr. 115, 20. Mai 2003, S. 1.

116 «Führungskräfte leiden weniger an einem Mangel relevanter als an einem Überfluss irrelevanter Daten.»
Schwaninger M. (Hrsg.), Organisationale Intelligenz aus managementkybernetischer Sicht, in: Intelligente Organisationen, Konzepte für turbulente Zeiten auf der Grundlage von Systemtheorie und Kybernetik, Berlin, 1999 S. 62.

117 Unsichere, ungewisse Prognosen, in: NZZ, Nr. 123, 30. Mai 2003.

118 Unsichere Nachrichtenlage. Eine weitere Untersuchung zu Südafrika, Geschäftsprüfungsdelegation wird erneut aktiv, in: NZZ, Nr. 264, 13. November 2001, S. 13.

119 Vgl. das Beispiel USA mit dem System der «National Intelligence Topics» und der «Key Intelligence Requirements» in Farwick D. (Hrsg.), Krisen die grosse Herausforderung unserer Zeit, Frankfurt am Main; Bonn 1994, S. 76.
Die von Robert Gates, ehemaliger CIA-Direktor, geäusserte Kritik, dass Politiker ihre Verantwortung zur Wegleitung gegenüber den Nachrichtendiensten weitgehend aufgegeben haben, trifft sicher nicht nur für die amerikanische Regierung zu und ist immer noch aktuell.

«Über Jahre hinweg war es ein frustrierendes Unterfangen zu versuchen, hohe Politiker dazu zu bewegen, an Beratungen über längerfristige Nachrichtenbedürfnisse teilzunehmen».
Gates R. M., The CIA and American Foreign Policy, in: Foreign Affairs, Vol. 66, Winter 1987–88, p. 226.

120 Waldron A., A bold shake-up? After an immense intelligence failure, in: IHT, June 4, 2002, p. 6.
Nachrichtendienstliche Krisen ziehen hohe Medienaufmerksamkeit auf sich und können zu Staatskrisen führen.
6 1/2 Jahre Zuchthaus für Bellasi gefordert, Mangelnde Kontrolle als strafmildernder Faktor, in: NZZ, Nr. 31, 7. Februar 2003, S. 14.

121 Vgl. Carrel L. F., Sicherheitspolitisch-strategische Lagebeurteilung, Neue Herausforderungen an die Methodik, in: Österreichische Militärische Zeitschrift, Nr. 3, 1994, S. 227–234.

122 Zu viele – zu wenig Infos? Steudler M., Nur Feinkorrekturen, Nach G-8-Einsatz wird die Polizei-Koordination verbessert, in: NZZ am Sonntag, 8. Juni 2003, S. 11.

123 Zum Wissensmanagement vergleiche die umgekehrte Pyramide bei Farwick: Das Verhältnis von Wissen zu den Wissensträgern ist umgekehrt proportional. Farwick D. (Hrsg.), Krisen die grosse Herausforderung unserer Zeit, Frankfurt am Main, Bonn, 1994, S. 224/225.

124 Ammann B., Diverse Pannen in der Terrorabwehr, in: NZZ, Nr. 302, 30. Dezember 2009, S. 1.
Lipton E., U. S. still lags in efforts to plug gaps in air security, in: IHT, December 30, 2009. p. 1.
Ammann B., Obama unter Druck im Anti-Terror-Kampf, in: NZZ, Nr. 4, 7. Januar 2010, S. 1.
Ammann B., Zu wenig gelernt vom 11. September 2001? Mangelhafte Koordination unter amerikanischen und internationalen Behörden, in: NZZ, Nr. 302, 30. Dezember 2009, S. 3.
Ammann B., Systemfehler in Amerikas Terrorabwehr, in: NZZ, Nr. 303, 31. Dezember 2009, S. 3.

125 Ammann B., Obama entlässt Geheimdienstchef, Anzeichen einer untauglichen Struktur im Wust der Nachrichtendienste, in: NZZ, Nr. 116, 22. Mai 2010, S. 5.

126 Definition: «Open Source Intelligence (OSINT) results from the integration of legally and ethically available multi-lingual and mult-media sources, with the heretofore largely secret process of national intelligence: requirements analysis, collection management, source validation, multi-source fusion, and compelling presentation.» www.oss.net (Zugriff 18. März 2010).

127 Braschler M., Schäuble P., Die Informationssucher im Wettstreit, Evaluationskampagnen für künftige Suchsysteme, in: NZZ, Nr. 29, 5.2.2002, S. B 18. Unsicherheit, Ungewissheit, mangelnde Information: Manifestation des «Genua-Syndroms», Westschweiz zittert dem G-8-Gipfel entgegen, in: NZZ, Nr. 119, 24./25. Mai 2003, S. 13. «Inzwischen ist nicht mehr von einigen Hunderttausend die Rede, sondern von maximal 100 000, wenn nicht gar von «einigen Zehntausend». Ein guter Beobachter meint, wahrscheinlich müsse man 50 000 bis 100 000 Manifestanten erwarten. Die Wahrheit ist wohl die, dass niemand die Zahl kennt.»

128 Wigger A., Das IKRK angesichts neuartiger Herausforderungen. Erfahrungen und Lehren aus der Irak-Krise. Gastvortrag im Rahmen der Vorlesung des Autors an der Universität Bern, 25. November 2003.

129 Powers T., Intelligence Wars, American Secret History from Hitler to al-Qaeda, New York Review Books, N. Y., 2003. Besprochen in der NZZ Nr. 238, 14. Oktober 2003: Schnyder

U., Amerikas Geheimdienste im Krieg. Alte und neue Stärken und Schwächen im Überblick.

130 Competitive Intelligence, vgl. http://de.wikipedia.org/wiki/Competitive-Intelligence (Zugriff 17. April 2010).

131 Seifert H., Das lange Leben der Mohammed-Karikaturen, in: NZZ, Nr. 8, 12. Januar 2010, S. 58.

132 Di Bella A. J., Nevis E. C., How Organizations Learn, San Francisco, 1998, p. 135.

133 Eine noch kürzere Variante kann sein: Worum geht es? Wie beurteile ich die Risiken? Wie viel Zeit steht mir zur Verfügung? Martin L., Flin R., Skriver J., Emergency decision making – A wider decision framework? University of Aberdeen, UK, p. 282, von den Autoren zur Verfügung gestellt.

134 Unzutreffende Lagebeurteilung bei Beginn einer Krise: Krauss C., Second-guessing rises on disease in Toronto, Officials accused of mishandling crisis, in: IHT (NYT), April 19–20, 2003, p. 7.
Zeitverzug beim Erkennen des Problems: Die Krise bei der Genfer Kantonalbank, Vorsichtige Kritik des neuen Präsidenten, in: NZZ, Nr. 102, 3. Mai 2000, S. 21.

135 Von Wartburg W. P., Vom Umgang mit Krisenmanagement, Vortrag im Rahmen eines Ausbildungsworkshops der Strategischen Führungsausbildung in Schwarzenburg, 29.11.1999.

136 Beispiel einer Krise mit mysteriösem Hintergrund, fehlenden Nachrichten und äusserst restriktiver Informationspolitik:
Bernstein R., What's happened to 31 tourists missing in Algeria?, in: IHT (NYT), May 9, 2003.
Grosse Ungewissheit bei Beginn einer Krise: Crampton T., Hong Kong scientists devise test for mystery illness, in: IHT, March 24, 2003, p. 7.
Altman L. K., Bradsher K., Sars found to spread easily and efficiently, in: IHT, March 31, 2003, p. 9.

137 The risk assessment «amounts to little more than a balancing, on the basis of information which is available and able to be readily assimilated, of cost versus benefit». Arbuthnot K., Key Issues in Incident Command. In: Flin R., Arbuthnot K., (Editors), Incident Command. Tales from the Hot Seat, Ashgate, p. 24. Von den Autoren zur Verfügung gestellt.

138 «If you are not fast, you will be hit.» «You will be judged on how you handle the crisis during the first three days.» Swissair Crisis Communication, 21.12.1998. Vortrag von Beatrice Tschanz im Rahmen der Vorlesung des Autors im Wintersemester 2002/03 an der Universität Bern vom 5. November 2002.

139 Wie z. B. Verbindungsaufnahme, Aufgebot weiterer Stabsmitglieder oder von Spezialisten, Erkundung vor Ort, Alarmierung der Bevölkerung, Orientierung der vorgesetzten Entscheidungsstufen, Sicherheitsmassnahmen, Kommunikation von Verhaltensanweisungen usw.

140 Vgl. Teil I, Pt.3.3 (1).

141 Vgl. die instruktiven Beispiele der Intel Corporation Crisis und der Krise um die Ölplattform Brent Spar der Royal Dutch/Shell Group. In beiden Fällen wurden die wirklich treibenden Elemente der Krise nicht erfasst, weshalb es zu unangebrachten Reaktionen und einer Eskalation kam. Augustine N. R., Managing the Crisis You Tried to Prevent, in: Harvard Business Review on Crisis Management, Boston, MA, 2000, p.16.

142 Enz W., Enorme Folgeschäden des Vulkanausbruchs, in: NZZ: Nr. 88, 17. April 2010, S. 25.

143 Overriding vs. Overruling. Vgl. Porro B., Präventive Schadenbewältigung, Mehr gewinnen als verlieren, Swiss Re, Zürich, 2001, S. 25.

144 Vgl. die ausführlichen Kernfragen zur Information und Kommunikation im Abschnitt 2.4.

145 Carrel L. F., Sicherheitspolitisch-strategische Lagebeurteilung, in: ÖMZ, 3/94, S. 227–234.

146 «Strategic thinking is one of the most critical skills a leader must have. You must view every problem from 360 degrees. You must know your own strengths and weaknesses, as well as those of your organization, your antagonists, and your supporters.» Hill L., Wetlaufer S., Leadership When There Is No One to Ask. An Interview with Eni's Franco Bernabè, in: Harvard Business Review, July–August 1998, Reprint 98402. Harvard Business Review on Crisis Management, Harvard Business School Press, 2000, p. 182.

147 Mitroff I. I., Anagnos G., Managing Crises Before They Happen, American Management Association, New York, 2001, p. 144.

148 Pink D. H., A Whole New Mind, Riverhead Books, 2005, in: Soundview Executive Book Summaries, Vol. 28, No. 5, Part 3, May 2006, p. 4: «We need both L-Directed Thinking (sequential and literal) and R-Directed Thinking (metaphorical and contextual). But L-Directed aptitudes so often disdained and dismissed – artistry, empathy, taking the long view, pursuing the transcendent – will increasingly determine who soars and who stumbles.»

149 Wass de Czege H., Systemic Operational Design, Learning and Adapting in Complex Missions, in: Military Review, Combined Arms Center, Fort Leavenworth, Kansas, January–February 2009, p. 2.

150 Zickzackkurs des Bundesrates, in: NZZ, Nr. 112, 16. Mai 2003, S. 13. «Einer der hauptsächlichen Gründe für den eingeschlagenen Zickzackkurs, der ein wenig günstiges Bild von der Entscheidungskraft der Landesregierung vermittelt, sondern eher den Eindruck behördlicher Nervosität erweckt, liegt sicher darin, dass die jeweiligen Lagebeurteilungen wohl nicht immer mit der gebührenden Umsicht vorgenommen werden.»

151 Schaefer Ch., Design, Extending Military Relevance, in: Military Review, Combined Arms Center, Fort Leavenworth, Kansas, September–October 2009, p. 29.

152 Ungewissheit über die Dauer einer Krise wiegt schwer: Kapp R., «Business emergency» looms in SARS crisis, in: IHT, April 28, 2003, p. 10.

153 Fink C., Dem Faktor Mensch auf der Spur, in: NZZ, Nr. 288, 11. Dezember 2009, S. 59. Moeckli S., Warum das Volk nicht «gespürt» wurde, in: NZZ, Nr. 289, 12. Dezember 2009, S. 15. Senti M., Wetterleuchten der Demoskopie, in: NZZ, Nr. 279, 1. Dezember 2009, S. 21. Daum M., Die Kaffeemaschinen – Tüftler und der Eiermann. Die Konsumenten verhalten sich auch in der Krise irrational – das schafft in der Schweizer Arbeitswelt unterschiedlichste Gewinner, in: NZZ, Nr 9, 13. Januar 2010, S. 27.

154 Banach S. J., Educating by Design, Preparing Leaders for a Complex World, in: Military Review, Combined Arms Center, Fort Leavenworth, Kansas, March–April 2009, p. 96.

155 Treibstoffkrise: Chauffeure als Gegenspieler, die Blockaden errichten. James B., Europe's Frustration Rises Over Fuel Prices, Truckers in Germany Put Hat on Schroeder, in: IHT, September 15, 2000, p. 5. Handfeste Gegenspieler in der Madagaskar-Krise: Doch noch Ausweg aus Madagaskars Krise? Vermittlungsbemühungen in Senegal, in: NZZ, Nr. 131, 10. Juni 2002, S. 3.

156 Was ist Krise selbst, was Krisenumwelt? Eine Abgrenzung zwischen (3) Krisenumwelt und (4) Mittel und Möglichkeiten, Stärken und Schwächen unserer Widersacher und Gegenspieler ist oft schwierig, aber nicht wichtig. Die Hauptsache ist, dass die uns relevant erscheinenden Aspekte aufgenommen werden, sei es bei den Überlegungen zu (3) oder (4).

157 Vgl. Teil I, Punkt 2.3.

158 Sun Tzu in: Lauer C., Leadership on the Battlefield of Business, How to turn military principles into corporate success. A Soundview Special Report, www.summary.com (Zugriff 21. März 2010).

159 Coyne K. P., Horn J., Predicting Your Competitor's Reaction, in: Harvard Business Review, April 2009, p. 90.
Vgl. den Nachruf zum Tod von Jack Good, der 1942 den U-Boot-Code der Deutschen Wehrmacht geknackt hat indem er das Denken eines Schachmeisters anwendete. Rechnen für Geheimdienste, in: NZZ am Sonntag, 19. April 2009, S. 20.

160 Untersuchungen bei Feuerwehrkommandanten und bei Piloten hat ergeben, dass die Mehrzahl kritischer Entscheidungen unter Zeitdruck getroffen werden, ohne Alternativen in Betracht zu ziehen. Flin R., Slaven G., Stewart K., Emergency Decision Making in the Offshore Oil and Gas Industry, Human Factors, 1996, 38(2), p. 262–277 (dem Autor zur Verfügung gestellt).

161 Roberto M. A., Why Great Leaders don't take Yes for an Answer, Pearson Education, 2005, in: Soundview Executive Book Summaries, February 2006, Vol. 28, No. 2, Part 1, p 1.

162 Kling J., Tensions in Teams. Harvard Management Update, January 2009, p. 9.

163 Buehler K., Freeman A., Hulme R., The Risk Revolution. The Strategy. Owning the Right Risks, in: Harvard Business Review, September 2008, p. 102.

164 Siegrist M., Neues macht Angst. Warum die Schweinegrippe für so viel Verunsicherung sorgt, in: NZZ, Nr. 292, 16. Dezember 2009, S. 60.

165 Goleman D., EQ2 Der Erfolgsquotient, München 2000, S. 55.

166 Sell F. L., Gravierende Folgen des Mangels an Vertrauen, Ökonomische Betrachtungen zu einer psychologischen Kategorie, in: NZZ, Nr. 118, 25./26. Mai 2002, S. 29.

167 Uldrich J., Into the Unknown, AMACOM, 2004.

168 Vgl. Fryer B., Leading Through Rough Times, in: Harvard Business Review, May 2001, p. 117.

169 Harvard Management Update, November 2002, Vol. 7, No. 11, p. 12.

170 Horx M., Loyalität wird neu definiert – Die Bedeutung der Mitarbeitenden in Krisenzeiten, in: SFZ 1/02, S. 13.
Tobler E., Schnell verspielt, schwer wieder aufgebaut, über die Kunst, immer wieder Vertrauen zu fassen, in: NZZ, Nr. 160, 13./14. Juli 2002, S. 75 und 76.
Emerging Risks in the 21st Century, An OECD International Futures Project, OECD, Paris, 2003, P. 8, Building Trust.
Wissen schafft kein Vertrauen, in: NZZ, Nr. 264, 13. November 2003, S. 13.

171 Vgl. «Six Conditions of Empowerment» in Covey S. R., Principle-Centred Leadership, London, 1999, p. 190.

172 Vgl. hierzu eine Vielzahl von Artikeln (113) des Autors im elektronischen Verzeichnis Alexandria des Online-Katalogs (OPAC) des Bibliotheksverbunds der Bundesverwaltung: http://libraries.admin.ch/cgi-bin/gwalex/chameleon (Zugriff 28. März 2010).

173 Interview mit dem Teamforscher J. Richard Hackman, Harvard University, Coutu D., Why teams don't work, in: Harvard Business Review, May 2009, p. 99. Hackman J. R., Leading Teams, Coutu D., Why teams don't work, in: Harvard Business Review, May 2009, p. 103. Lencioni P., The Five Dysfunktions of a Team, Josssey-Bass, 2002, in: Soundview Executive Book Summaries, October 2009, p. 5.

174 Vgl. die hervorragende Untersuchung von Coutu D., Why Teams Don't Work, in: Harvard Business Review, May 2009, p. 98.

175 Vgl. Garvin D. A., Roberto M. A., What You Don't Know About Making Decisions, in: Harvard Business Review, September 2001, S. 108.

176 't Hart P., Preventing Groupthink Revisited. Evaluating and Reforming Groups in Government. Organizational Behavior and Human Decision Process, Vol. 73, Nos. 2/3, February/March, 1998, p. 306–326.

177 Wie das Gehirn Gruppenzwang «erlernt», in: NZZ, Nr. 98, 29. April 2009, S. 11.

178 «Thinking Far Outside of the Boxes», in: Mitroff I. I., Anagnos G., Managing Crises Before They Happen, American Management Association, New York, 2001, p. 113.
Tobias T., Put the Moose on the Table, Bloomington, IN, zitiert nach Soundview Executive Book Review, Vol. 25, No. 10, Part 1, October 2003, p. 2: «Leaders almost always think out of the box. They listen, observe, share ideas and shamelessly borrow from the experience of others.»

179 Varianten sind «echt oder real», wenn sie einer rigorosen Gegenüberstellung standhalten, sich solide und faktisch begründen lassen und nicht als «Scheinvarianten» aufgeführt werden, die bei der Entschlussfassung rasch eliminiert werden, um der zum Voraus bevorzugten Variante zum Durchbruch zu verhelfen.

180 Schwaninger M., Reflexion über Veränderungsprozesse aus der Managementperspektive, in: Thierstein A., Walker D., Behrendt H., Egger U. (Hrsg.), Tatort Region- Veränderungsmanagement in der Regional- und Gemeindeentwicklung, Baden-Baden, 1997, S. 103.

181 Bohn R., Stop Fighting Fires, in: Harvard Business Review, July–August 2000, p. 83.

182 Etzioni A., Humble Decision Making, in: Harvard Business Review on Decision Making, Boston, MA, 2001, p. 45.

183 Vgl. Argyris C., Interpersonal Barriers to Decision Making, in: Harvard Business Review on Decision Making, Boston, MA, 2001, p. 59.
Weissman J., Presenting to Win, Upper Saddle River, N. J., 2003.

184 Betts R. K., Policy-Makers and Intelligence Analysts: Love, Hate or Indifference? Intelligence and National Security, Vol. 3, January 1988, p. 185.

185 PowerPoint-Präsentationen und Bildschirmdarstellungen mögen eindrückliche Hilfsmittel sein, entscheidend bleibt das gesprochene Wort.

186 Widmer U., Fassade des Scheins, in: NZZ am Sonntag, 27. Dezember 2009, S. 33.

187 Karagounis I., Fakten haben es schwer, wenn sie nicht ins Weltbild passen, in: NZZ, Nr. 8, 12. Januar 2010, S. 23.

188 Vgl. Carrel, L. F. Strategischer Rat ist teuer – Strategische Führungsausbildung ein guter Betreuer, Das Recht in Raum und Zeit, Festschrift für Martin Lendi, Zürich, 1998, S. 27.

189 Vgl. die möglichen Entscheidungsstils und wie man ihnen Rechnung tragen kann: Williams G. A., Miller R. B., Change the Way You Persuade, in: Harvard Business Review, May 2002, p. 64.

190 Zum Beispiel bis zu einer klar fixierte Ablaufzeit eines erpresserischen Ultimatums.

191 Zum Beispiel der Zerfall der Börsenkurse, ein anhaltender Vertrauensverlust.

192 Zum Beispiel die räumliche Dimension einer Epidemie.

193 Die Landesregierung kommuniziert dissonant. «Solch peinlich-unbedarftes Handeln irritiert»; «Fatal ist das Unvermögen des Bundesrates, sich in delikaten Fragen auf einen gemeinsamen Nenner zu besinnen, weil er es vor einem internationalen Publikum zur Schau stellt. Das Defizit ist mithin mehr als nur unerfreulich. Es unterspült das Image der Schweiz.»
Zeller R., Wie der Bundesrat sein Formtief zelebriert. Die Schweiz braucht eine glaubwürdige Regierung. Der Bundesrat ist aber von der Normalform weit entfernt. Und er kommuniziert haarsträubend, in: NZZ, Nr. 228, 2. Oktober 2009, S. 23. «Die heutige Landesregierung … sei kaum mehr in der Lage, vorausschauend zu handeln und ausserordentliche Situationen zu meistern» (…). «Dass die bisherigen Anstrengungen für eine Regierungsreform allesamt erfolglos blieben, liegt massgeblich am Hauptbetroffenen selber: dem Bundesrat. Die einzelnen Regierungsmitglieder haben bis anhin nämlich nicht eingesehen, warum sich ihr Gremium reformieren soll», in: NZZ, Nr. 106, 9./10. Mai 2009, S. 13. «Eine Reform der Staatsleitung und damit der Struktur des Bundesrates ist dringend nötig», in: NZZ, Nr. 190, 19. August 2009, S. 17. Zeller R., In Bundesbern regiert die Intrige. «Krisenzeiten erfordern Leadership. Doch in der Schweiz wird mehr gestritten als

geführt …», in: NZZ, Nr. 48, 27. Februar 2010, S. 23. Spillmann M., Erkenntnisse im Hühnerstall, in: NZZ, Nr. 35, 12. Februar 2010, S. 21. Interview mit SVP-Strategiechef Christoph Blocher, Der Bundesrat macht so ziemlich alles falsch, in: NZZ, Nr. 36, 13. Februar 2010, S. 11. Absage an den Ruf nach dem «starken Mann». Der Bundesrat soll auch in Krisen als Kollegium handeln, in: NZZ, Nr. 282, 4. Dezember 2001, S. 13. Schwäche des kollegialen Führungssystems in Krisen. Mit langem Atem und kleinen Schritten, in: NZZ, Nr. 280, 1./2. Dezember 2001, S. 13. «In der jüngsten Swissairkrise waren die spezifischen Schwächen des kollegialen Führungssystems klar erkennbar.»

194 Vgl. Hammond J. S., Keeney R. L., Raiffa H., Even Swaps. A Rational Method for Making Trade-offs, in: Harvard Business Review on Decision Making, Boston, MA, 2001, p. 21.

195 Dror Y. nennt dies die Tyrannei des Status Quo, die es zu überwinden und zu vermeiden gelte. Dror Y., Ist die Erde noch regierbar? Ein Bericht an den Club of Rome, München, 1995, S. 98.

196 Zu den Gegenmassnahmen vgl. Hammond J. S., Keeney R. L., Raiffa H., The Hidden Traps in Decision Making, in: Harvard Business Review, September–October 1998, p. 25. Vgl. Zusätzlich: Russo J. E., Schoemaker P. J. H., Decision Traps: The Ten Barriers to Brilliant Decision Making and How to Overcome Them, New York, 1989.
Bazerman M., Judgment in Managerial Decision Making, New York, 1998.
Vgl. auch vorne Punkt 1.8 «Rationale Aspekte und Intuition bei der Führung in Krisen».

197 Der Rat von Steven B. Sample: Know which hill you're willing to die on, in: Sample S.B, The Contrarian's Guide to Leadership, New York, 2002.
«The Seven Decision-Making Traps», in: Nutt P. C., Why Decisons Fail, San Francisco, CA, 2002.
«Never Violate Values». Champy J., Nohria N., The Arc of Ambition, Cambridge MA, 2000.
«Ethics: A Moral Code For Executives» in: Lerbinger O., The Crisis Manager, New Jersey, 1997, p. 292.
Banaji M. R., Bazerman M. H., Chugh D., How (Un)ethical Are You?, in: Harvard Business Review, December 2003, p. 56.

198 Vgl. «The Seven Decision-Making Traps», Nutt P. C., Why Decisons Fail, San Francisco, CA, 2002.
Hintze J., Why Do We Make Bad Decisions?, in: Harvard Management Update, Vol. 8, No. 7, July 2003, p. 7.

199 Campbell, A., Whitehead J., Finkelstein S., Why Good Leaders Make Bad Decisions, in: Harvard Business Review, February 2009, p. 60.

200 Douglas K., Jones D., Richtig entscheiden: 10 Tipps, in: NZZ Folio, März 2009, S. 18. Weber D., Die Last der grossen Auswahl, in: NZZ Folio, März 2009, S. 47.

201 Vgl. Lawrence Kohlberg's Theory with six identifiable stages, in: Griswell B. J., Jennings B., The Adversity Paradox, St. Martin's Press, 2009, in: Soundview Executive Book Summaries, August 2009, p.5.

202 In Krisen kollidieren unterschiedliche Werte. Friedman, Th. L., Good for Reno, and Now Change U. S. Policy Toward Cuba, in: IHT (The New York Times), April 26, 2000, p. 8. Krauthammer Ch., Sending Elián Back to Cuba Would Be a Disgrace, in: IHT (The Washington Post), April 26, 2000, p. 8.

203 Zielkonflikte und Werteabwägung in der Krise. Informationskontrolle vs. Gesundheit der Bevölkerung. Jingsheng W., Sars tests Communist rule in China, in: IHT, April 28, 2003, p. 8. «How can we live in a system that values control on information above public health?»

204 Haefliger M. M., Die freiheitlichen Bürgerrechte behaupten sich – trotz allen Unkenrufen, in: NZZ am Sonntag, 28. Dezember 2003, S. 25.
Sicherheit vs. Freiheitsrechte: Liptak A., Will FBI guidelines chill free discussions?, in: The New York Times, June 1–2, 2002, p. 3.

Bennett C., French M., The State of Privacy in the Canadian State. Fallout from 9/11. Contingencies and Crisis Management, Vol. 11, Number 1, March, 2003, p. 3.

Peissl W., Surveillance and Security: A Dodge Relationship. Contingencies and Crisis Management, Vol. 11, Number 1, March, 2003, p. 19.

Steinhardt B., Does Privacy Have a Future after 9/11? Contingencies and Crisis Management, Vol. 11, Number 1, March, 2003, p. 32.

205 Badaracco J. L. Jr., We Don't Need Another Hero, in: Harvard Business Review on Leading in Turbulent Times, Boston, MA, 2003, p. 135.

206 Johansen B., Leaders Make the Future, Berrett-Koehler Publishers Inc., 2009, in: Soundview Executive Book Summaries, October 2009, p. 3.

207 Bräuer S., Tricksen und kassieren. Sie sehen sich selbst als Bank Gottes: Die Banker von Goldman Sachs frisieren Staatsrechnungen, spekulieren gegen ihre eigenen Kunden, decken Verluste mit Steuergeldern – und verdienen Milliarden mitten in der Krise. Wie funktioniert die gefürchtetste Bank der Welt?, in: NZZ am Sonntag, 25. April 2010, S. 29.

208 Bleisch B., Ethik – für machen Manager nicht mehr als eine Worthülse. Leadership nach Massgabe sittlichen Handelns ist in EMBA-Studiengängen noch immer selten von zentraler Bedeutung, in: NZZ, Nr. 208, 9. September 2009, S. SB1. Likierman, A., Ethik im Aufschwung. Die Business Schools müssen ihre Lehrprogramme umstellen – und die Erkenntnisse aus der Krise einfliessen lassen. Dazu gehört auch die Verbesserung der Ethikausbildung. Wege aus der Krise, in: Sonderbeilage zu JAC 2009 in Zusammenarbeit mit Bilanz, 2. Oktober 2009, S. 10.

209 Gadiesh O., Gilbert J. L., Transforming Corner-Office Strategy into Frontline Action, in: Harvard Business Review, May 2001, p. 72.

210 Der Führungsgrundsatz der «Auftragstaktik» besagt, dass die für die Umsetzung des Auftrages Verantwortlichen ein Maximum an Handlungsfreiheit erhalten, um diesen Auftrag im Rahmen der formulierten Absicht zu erfüllen.

211 Eine umfassende Krisenstrategie, wie einer Führungs- oder Vertrauenskrise zu begegnen ist, kann in die Gestalt einer Regierungserklärung gekleidet sein. In Finanzkrisen kann die Entscheidung die Form einer Erläuterung der Finanzpolitik annehmen. Steckt ein Wirtschaftszweig in der Krise, verdeutlicht die Gewerkschaft ihre Strategie mittels eines Kampfplans. Gerät eine Industrie ungerechtfertigt ins Schussfeld ökologischer Kritik, kann die Form eine umfassende Rechtfertigungserklärung sein. Bricht bei Nichtgewährleistung der inneren Sicherheit eine Krise aus, kleidet eine politische Gruppierung ihre strategische Entscheidung in die Form eines Manifests. Vgl. Krisenplan (Krisenstrategie) zur Verhinderung einer Systemkrise: Werweissen über Japans Krisenplan, in: NZZ, Nr. 36, 13. Februar 2002, S. 19.

212 Vgl. die WHO-Empfehlungen bei Sars: Crampton T., UN body warns travelers on Sars, in: IHT, April 3, 2003. Sturm der Entrüstung in Kanada, Ärger über die Warnung der WHO vor Reisen nach Toronto, in: NZZ, Nr. 95, 25.4.2003, S. 64. Krauss C., Toronto is branded as a SARS risk, in: IHT, April 24, 2003, p. 1.
Zum Arbeitsverbot des Bundesamtes für Gesundheit für Personal aus den Sars-Hochrisiko-Regionen an der Weltmesse für Uhren und Schmuck: Sars-Eklat an der Uhrenmesse, in: NZZ, Nr. 79, 4.4.2003, S. 21. Im Nachhinein wird man klüger sein, in: NZZ, Nr. 82, 8.4.2003, S. 13.

213 Zum Beispiel die Einsatzregeln, Rules of Engagement (ROE), welche die Ermächtigung oder die Grenzen der Anwendung von Gewalt in militärischen Operationen festlegen. Vgl. Generic Crisis Management Handbook, NATO/EAPC Unclassified, Bruxelles, 1999 p. VII–5.

214 Halbherzige Massnahmen führen nicht zur Überwindung der Krise, in: NZZ am Sonntag, 7. Juli 2002, S. 49.

215 Gary L., In Praise of Pragmatic Leadership, in: Harvard Management Update, November 2002, Vol. 7, No. 11, p. 7.

216 Bossidy L., Charan R., Execution, The Discipline of Getting Things Done, Random House, 2002.

217 Zum Beispiel das Monitoring des Konsumentenverhaltens oder der Börsenkurse.

218 Krisen führen zur Überreaktion oder gar zu Panik: Frankreichs Rindfleisch-Konsumenten in Panik, Streit zwischen Präsident Chirac und Premierminister Jospin, in: NZZ, Nr. 262, 9. November 2000, S. 64. «Premierminister Jospin erklärte – mit einem verdeckten Seitenhieb gegen den Staatschef –, die Rolle verantwortlicher Politiker bestehe darin, nicht die Öffentlichkeit in Panik zu stürzen, sondern Antworten zu erteilen und Probleme zu lösen.»

219 Banach S. J., Ryan A., The Art of Design, A Design Methodology, in: Military Review, Combined Arms Center, Fort Leavenworth, Kansas, March–April 2009, p.105.

220 Moyer D., Act-Learn, Act-Learn, in: Harvard Business Review, March 2009, p. 124.

221 Wass de Czege H., Systemic Operational Design, Learning and Adapting in Complex Missions, in: Military Review, Combined Arms Center, Fort Leavenworth, Kansas, January–February 2009, p. 2.

222 Baird L., Holland P., Deacon S., Learning from Action: Imbedding More Learning into The Performance Fast Enough to Make a Difference, in: Organizational Dynamics, Vol. 27, 1999, Spring, p. 19.

223 Baird L., Holland P., Deacon S., Learning from Action: Imbedding More Learning into The Performance Fast Enough to Make a Difference, in: Organizational Dynamics, Vol. 27, 1999, Spring, p. 22.

224 Folgende Prinzipien des AAR sind zu befolgen: An After Action Review works best if it is: (1) Focused on the few critical issues, (2) Done immediately after the action, (3) Inclusive of the whole group, (4) In accordance with a structured process, (5) Leading back to action quickly.» US Army Manual «A Leader's Guide to After-Action Reviews» (TC-25-20), Center for Army Lessons Learned (CALL).

225 Vgl. hierzu auch Teil II (B), Pt. 2. «Evaluation der Führung in der Krise».

226 Gaupp P., Aus der Epidemie gelernt?, in: NZZ, Nr. 94, 24. April 2010, S. 26.

227 Höltschi R., Brüssel zieht Lehren aus der Euro-Krise, in: NZZ, Nr. 109, 14. Mai 2010, S. 25.

228 Realistische Beurteilung der Sars-Bedrohung, Schwieriger Versuch zur Normalisierung in Singapur, in: NZZ, Nr. 94, 24. April 2003, S. 19. «Die Rückkehr zur Normalität ist unter den gegebenen Umständen dennoch schwierig. In den Ministerien übt man derzeit den Spagat zwischen Alarmstimmung und Aufmunterung zum Courant normal.»

229 Ende einer Krise medienwirksam kommunizieren: «Schlussstrich» unter Sars mit den Rolling Stones, Politisch gedachtes Monsterkonzert in Toronto, in: NZZ, Nr. 176, 2./3. August 2003, S. 19.

230 Spieler M., Warum wir aus der Krise nichts gelernt haben, in: Handelszeitung, Nr. 43. 21.–27. Oktober 2009, S. 1.
Wyplosz C., Ohne strikte Regulierung kommt die nächste Krise noch schneller, in: NZZ am Sonntag, 3. Januar 2010, S. 27.
Whitehouse M., Die Chance zur Reform ist vertan, in: Handelszeitung, Nr. 51, 16.-22. Dezember 2009, S. 28. Ignatius D., Ignoring Financial Crises Could Become a Dangerous Habit, in: IHT (The Washington Post), January 14, 2002, p. 8.

231 Camenisch A., Fallstudie der innenpolitischen Krise 1989 in China, unveröffentlichte Seminararbeit, eingereicht beim Autor, September 2001, Bern, S. 39.

232 Neue Phase der Wirtschaftskrise, Warnsignale deuten auf Ausweitung der Krise auf die staatlichen Schulden, in: NZZ, Nr. 31, 8. Februar 2010, S. 19.

233 William Webster – der falsche Mann am falschen Platz, in: NZZ, Nr. 254, 1. 11. 2002, S. 30.

234 Annahme, dass die Krise vorbei ist, gefolgt von Nachlässigkeit, was zu einem weiteren Ausbruch führt.
Kanadische Zuständigkeiten um Sars und BSE, Systematisches Versagen der Behörde?, in: NZZ, Nr. 129, 6. Juni 2003, S. 56.

235 Gallarotti E., Die UBS leidet schwer an ihrer beschädigten Reputation, in: NZZ, Nr. 82, 10. April 2010, S. 23.

236 Ford J. D., Ford L. W., Decoding Resistance to Change, in: Harvard Business Review, April 2009, p. 99.

237 Schuldzuweisung statt Selbstkritik: Entschuldigung nach Überlingen-Unglück, Schweizer Parlamentarier in Moskau, in: NZZ, Nr. 208, 9. September 2003, S. 13.

238 Monitoring= «to watch, keep track of, or check usually for a special purpose», www.webster.com (Zugriff 20. April 2010).

239 Vergleiche Bussmann W., Klöti U., Knoepfel P., Einführung in die Politikevaluation, 1997, S. 109.

240 Und wer gibt dem Vorgesetzten ein Feedback?, in: NZZ, 11. November 1998.

241 «To interrogate (as a pilot) usually upon return (as from a mission) in order to obtain useful information», www.webster.com.

242 NZZ, Nr. 66, 18./19. März 2000, S. 99, «Post-trauma debriefing: Vorgehen, um Beteiligte z. B. an Katastrophen nach dem Ereignis von den traumatischen Eindrücken zu entlasten.» Das Trauma – im Hirn der Opfer eingegraben, Mögliche Therapie bei posttraumatischen Störungen, in: NZZ, Nr. 191, 20. August 2003, S. 11.

243 Lessons Not Learned? Schlechtes Zeugnis für den Musterknaben, Schweizer Aussenpolitik nach der Affäre um nachrichtenlose Vermögen und Raubgold, in: NZZ, Nr. 195, 19./20. Dezember 1998, S. 77.

244 Gleich «outcome» nach Bussmann W., Klöti U., Knoepfel P., Einführung in die Politikevaluation, 1997, S. 109.

245 Positive Lernwilligkeit und Eingestehen von Fehler: Katastrophale Managementfehler der Nasa, Verheerender Befund der Expertenkommission nach dem Absturz der «Columbia», in: NZZ, Nr. 197, 27. August 2003, S. 1 und 2.
«Den Mitarbeitern der NASA wird grosses Lob für ihr Engagement und das fast uneingeschränkte Bemühen um Aufklärung der Katastrophe, wie schmerzlich dieser Prozess auch gewesen sei, ausgesprochen.»
Lessons Learned mit Konsequenzen, Schwachstellen und Verantwortlichkeiten werden aufgezeigt: Beraterausschuss der NASA tritt zurück, in: NZZ, Nr. 221, 24. September 2003, S. 19.

246 Die Fallstudie zum «Jahrhunderthochwasser» aus dem Jahr 1999 hat zu einer Reihe wertvoller Erkenntnisse und Schlussfolgerungen geführt. Als Lehren wurden Vorschläge zur Verbesserung der Notfallplanung, zum Einsatz des Krisenstabes, zur Informationspolitik der Medien, zur Verbesserung der Gefahrenanalyse und Schutzkonzepte, zur Warnung und Vorhersage formuliert. Vgl. Meyer S., Wirz B., Fallstudie: Das Hochwasser 1999 in Bern, unveröffentlichte Arbeit im Seminar des Autors, Sommersemester 2002, S. 3/4.

247 Die Euro-Zone will Lehren aus der Griechenland-Krise ziehen. Junker stellt Unterstützung für einen permanenten Krisenmechanismus fest, in: NZZ, Nr. 88, 17. April 2010, S. 27.

248 Pfister C., Am Tag danach. Zur Bewältigung von Naturkatastrophen in der Schweiz 1500–2000, Bern, Stuttgart, Wien, 2002, S. 240. «Der Historiker Hansjörg Siegenthaler hat in überzeugender Weise herausgearbeitet, weshalb Krisen in besonderem Masse innovationsträchtig sind: in solchen Situationen werden viele Individuen veranlasst, vom regeltreuen, routinemässigen zu einem fundamentalen, auf Veränderung gerichteten Lernen überzugehen.»

249 Coburn P., The Change Function, Portfolio, The Pinguin Group, 2006, in: Soundview Executive Book Summaries, Vol. 28, No. 11, Part 3, November 2006, p. 3.

250 Die Suche nach einem Sündenbock, in: NZZ, Nr. 61, 15. März 2010, S. 21. McNeil D. G., Why pandemics invariably need scapegoats, in: IHT, September 3, 2009, p. 9. Sattler, K. O., Strassburg kritisiert die WHO. Das Vorgehen gegen die Schweinegrippe wird untersucht, in: NZZ, Nr. 20, 26. Januar 2010, S. 4. Politische Schwarzpeterspiel im Fall Parmalat, in: NZZ, Nr. 4, 7. Januar 2004, S. 26. Erleichterung in den USA nach dem BSE-Fall. Schnelle Schuldzuweisung an kanadische Rinderzüchter, in: NZZ, Nr. 301, 29. Dezember 2003, S. 11.

251 Dionne Jr. E. J., Learning from the Enron moment, in: IHT, January 19–20, 2002, p. 6.

252 Vgl. hierzu die Zusammenfassung des Evaluationsberichtes der Übung «Swiss Games» betreffend internationale Zusammenarbeit im Krisenmanagement, Strategische Führungsausbildung, Bundeskanzlei, Bern, 2000, S. 1.

253 Konstanten der Krise, in: NZZ, Nr. 305, 31. Dezember 2009, S. 17.
Riemer A. K., Early Warning zwischen Mythos und praktischen Ansprüchen, in: ÖMZ 3/2001, S. 319–326. «Die Erwartungen, die an EW gestellt werden, sind grösstenteils völlig unrealistisch. Dies wurde einerseits von der ‹EW-Community› durch überzogene Versprechungen provoziert. Andererseits haben Anwender (politische Entscheidungsträger) vielfach falsche Vorstellungen von den Möglichkeiten, die EW bietet. Wunsch und Realität, politische Praxis und Forschung im Bereich EW klaffen zum Teil beträchtlich auseinander und haben zum mittlerweile teilweise schlechten Image von EW in Wissenschaft und Politik geführt.»

254 Krisen gibt es immer wieder, mitten in friedlichen Phasen. Benoit Mandelbrot zur Bedeutung von Brüchen in Datenreihen und zu deren Folgen für die Finanzwelt und die ökonomische Theorie, in: NZZ, Nr. 268, 18. November 2009, S. 32. Keine Patentrezepte gegen Finanzkrisen, in: NZZ, Nr. 241 17. 10. 2009, S. 31.

255 Schuldenkrise ohne Ende, in: NZZ, Nr. 83, 12. April 2010, S. 19. «So hatte keiner der Gurus den Kredit-Bubble in Dubai auf seinem Radar». Pfiffner F., Achtung Hype!, in: NZZ am Sonntag, 29. November 2009, S. 43. Neuer Akt im griechischen Drama, in: NZZ, Nr. 36, 13. Februar 2010, S. 45.

256 Neue Phase der Wirtschaftskrise, Warnsignale deuten auf Ausweitung der Krise auf die staatlichen Schulden, in: NZZ, Nr. 31, 8. Februar 2010, S. 19.

257 Witt J. L., Morgan J., Stronger in the Broken Places, New York, NY, 2002, in: Soundview Executive Book Summaries, Vol. 25, No. 6, Part 1, June 2003, p. 3.

258 Pelli F., Achtung, Sturmwarnung!, in: NZZ, Nr. 250, 28. Oktober 2009, S. 23. Frühwarnsystem für Infektionskrankheiten: Krause G., Burger R., Sars und die Notwendigkeit zur Überwachung von Infektionskrankheiten, Notfallvorsorge, Nr. 3, 2003, S. 9.

259 Früh erkennen und rechtzeitig vorbeugen, in: NZZ, Nr. 219, 19. September 2008, S. 15.

260 Siegrist B., Bielersee: Der Sturmwarndienst. Nicht jeder Warnung folgt ein Sturm. Die Vorsichtsmeldung ist «eine Empfehlung, die nicht verbindlich ist. Die Verantwortung liegt beim Schiffsführer», in: Bieler Tagblatt, 15. August 2003, S. 17.

261 Rasche und entschiedene Frühwarnung führt zur erfolgreichen Eindämmung einer Krise. Sars – eine Seuche als Erfolgsgeschichte, in: NZZ, Nr. 154, 7. Juli 2003, S. 3.

262 Signale, die unbeachtet bleiben, weil die Zeit zur Weiterverfolgung zu kurz ist. Früherkennung und Frühwarnung als Wettlauf gegen die Zeit. Erlanger S. and Hedges C., Missed Signals on Sept. 11: Militant's Story in Europe Came Too Late, in: IHT, December 29–30, 2001, p. 1 and 4.

263 Vorwarnung im Sekundenbereich: Warnung vor Erdbeben, Vorsprung von wenigen Sekunden, in: NZZ, Nr. 132, 11. Juni 2003, S. 64.
Überraschende Krisenauslösung, Früherkennung funktioniert nicht: Strapazen im Fürstentum Liechtenstein, NZZ, Nr. 140, 19. Juni 2000, S. 11.

264 Plüss M., Wenn das Chaos regiert, in: Credit Suisse Bulletin Nr. 4, 2009, S. 6.

265 Alarmstimmung in der Luftfahrt, Vulkanausbruch vielleicht schlimmer als «9/11», in: NZZ, Nr. 90, 20. April 2010, S. 27.

266 Die Sturmwarnung kündet eine unmittelbare Gefahr mit Wind über acht Beaufort an … Wer dann in Seenot gerät, muss die Hilfe der Seepolizei, die sonst kostenlos ist, bezahlen. Siegrist B., Bielersee: Der Sturmwarndienst. Nicht jeder Warnung folgt ein Sturm, in: Bieler Tagblatt, 15. August 2003, S. 17. Weede E., Was aus Erfahrungen lernen kann. Eine Geschichte der Finanzkrise und ihrer Folgen, in: NZZ, Nr. 280, 2. Dezember 2009, S. 31. Massenimpfungen im Notfall, Der Bund plant einige hundert Pockenimpfungen, Aschwanden E., in: NZZ am Sonntag, 21. September 2003, S. 15.

267 Detektoren zur Früherkennung potentieller Krisen zur Krisenprävention und Schadensminderung: Miller J., U. S. deploys bioterrorism detectors in New York, in: IHT (The New York Times), January 23, 2003, p. 4.

268 Ausgewählte Frühwarnsysteme sind z. B. das DWNetwork, The Disaster Warning Network, Inc. www.disasterwarning.com (Zugriff 22. März 2010); USAID Famine Early Warning System, http://www.fews.net/Pages/default.aspx (Zugriff 22. März 2010).

269 Donath K. H., Ein Computerprogramm für den Zusammenhalt des russischen Reichs, in: NZZ am Sonntag, 5. April 2009, S. 7. Zürcher Pilotversuch mit Anti-Amok-Software, in: NZZ, Nr. 63, 17. März 2009, S. 47.

270 Neue stehen zur Diskussion, vgl. Gerlach S., Frühwarn- und Überwachungssystem zur Stabilisierung der Finanzmärkte, in: NZZ, Nr. 87, 16. April 2010, S. 32. Früherkennung im unternehmerischen Bereich. Definition: «Strategische Frühaufklärungssysteme sollen Veränderungen der Umwelt (und eventuell des innerbetrieblichen Bereichs), die Bedrohungen oder Chancen für das Unternehmen bedeuten, frühzeitig ankündigen, so dass noch Massnahmen zum Abwenden bzw. zum Ausnützen des Ereignisses möglich sind. Ein strategisches Frühaufklärungssystem hat aus unternehmerischer Sicht die Funktion eines ‹Radarsystems›: Als eine spezielle Art von Informationssystem soll es die für das Unternehmen möglichen Gefährdungen und Chancen mit zeitlichem Vorlauf signalisieren und entsprechende Reaktionen ermöglichen.» Kreilkampf E., Strategisches Management und Marketing, Markt- und Wettbewerbsanalyse, Strategische Frühaufklärung, Portfolio-Management, Berlin, New York, 1987, S. 255. Zitiert nach Finsterwald M., Internetanalysen für Unternehmungen: Früherkennung von Chancen und Gefahren im virtuellen Raum, unveröffentlichte Seminararbeit, eingereicht beim Autor, 26. 11. 2000, Bern, S. 3.

271 Mangelhaftes Warnsystem nach Erkennen der Gefahr. French health system overcome by the heat, First official inquiry spreads the blame, in: IHT, September 9, 2003, p. 7.

272 Vgl. von Peschke H. P., Zwischen Pannen und Cyberwar – die verwundbare Informationsgesellschaft. Doppelpunkt vom 26. Mai 2002, Radio DRS.

273 Vgl. Gschwend H. P., Die Achillesfersen der Schweiz, Eine Übung um Risiken, Chancen und Strategien, Doppelpunkt 20.10.2002, Radio DRS.

274 Amnesty warnt vor der Zeitbombe Armut, in: NZZ, Nr. 121, 28. Mai 2009, S. 9. Frühwarnung wegen möglichen Panikreaktionen unterlassen: Mc Fadden, R. D., U. S. didn't tell N. Y. of an A-bomb threat, Officials feared residents would panic, in: IHT (The New York Times), March 5, 2002, p. 7. Totschweigen – Angst – Überreaktion als Folge des Sars-Alarms: Bowring P., Sars alarmism, When fear is a virus, in: IHT, April 8, 2003, p. 6. Im Fall der Schweinegrippe: Garrett L., Fear & the Flu. The new age of pandemics, in: Newsweek, May 11/18, 2009, Special double issue.

275 Shenon Ph., Terror alerts present a tough balancing act; Recent notice sowed panic, critics say, in: IHT (The New York Times), February 17, 2003, p. 3. The Warning Overdose, «Given the shortage of specific information, the government would better serve the country by not rushing forward with every new indication that trouble is brewing. Instead, it should reserve alerts for moments when concrete information can be given to specific com-

munities that appear to be targeted. The danger of the present system, apart from the sowing of generic fear, is that people will stop paying attention. That's exactly what the terrorists want.»

276 I love Pandemie. Kreative lancieren das Projekt «Zürich angstfrei», in: NZZ am Sonntag, 13. Dezember 2009, S. 14. Viele Impfverweigerer unter den Pflegenden, in: NZZ, Nr. 277, 28. November 2009, S. 17. Gera V., Poles stand alone in rejecting swine-flu vaccine, in: IHT, January 14, 2010, p. 3. Sattler, K.O., Strassburg kritisiert die WHO. Das Vorgehen gegen die Schweinegrippe wird untersucht, in: NZZ, Nr. 20, 26. Januar 2010, S. 4. «Der grösste Medizinskandal des Jahrhunderts».

277 «Die Datenlage zu der gegenwärtigen Grippewelle sei für verlässliche Angaben immer noch unvollständig.» Neue Grippe ist ansteckender als die saisonale, in: NZZ, Nr. 109, 13. Mai 2009, S. 11.

278 NZZ, Nr. 242, 18./19. Oktober 2003, S. 19.

279 «Crisis monitoring is defined as the process of monitoring local, regional, national and global threat activity and notifying critical personnel, or entire staff, of pending or ‹just-happened› events. For many enterprise organizations, Crisis monitoring is a necessary addition to their risk management programs.»http://www.continuitycentral.com/feature0538.htm (Zugriff 23. März 2010).

280 http://www.ecdc.europa.eu/en/healthtopics/Pages/Pandemic_Influenza_Innovations_Surveillance.aspx (Zugriff 23. März 2010).
Viele der Tätigkeiten sind ähnlich der im Kapitel Nachrichten- und Informationsbeschaffung beschriebenen. Vgl. z. B. den Leitfaden zur Informationssicherheit für Führungskräfte der Stiftung InfoSurance, Zürich, 2000.

281 http://www.quickmba.com/strategy/swot/ (Zugriff 23. März 2010).

282 «Life Cycle of an Issue and Steps in the Issues Management Process», Lerbinger O., in: The Crisis Manager, N. J., 1997, p. 320–327. The Concept and Practice of Issues Management in the United States», Vital Speeches 47, October 1, 1981, p. 763.
«Many crises are the result of not paying enough attention to existing or emerging issues. Issues are defined as those controversial matters that people argue over and that often lead to confrontations and political battles. Issues Management is the process by which the corporation can identify and evaluate those governmental and societal issues that may impact significantly on it. The issues can then be assigned priorities for appropriate corporate response.»

283 Frühwarnung: alle Sicherheitssysteme versagen: Stevenson R.W., Gerth J., Collapse of Enron Exposes «Regulatory Black Hole», in: IHT, No. 36,974, January 21, 2002, p. 1 and 10.

284 Van Natta D., Berenson A., «Enron Chairman Got a Warning In August That Disaster Loomed», in: IHT (New York Times Service), January 16, 2002, p. 1. Mittel zur Identifikation schwacher Signale: 1. Scanning and Monitoring, 2. Verfolgung von Diffusionsprozessen anhand struktureller Trendlinien, 3. Diskontinuitätsbefragung, Expertensystem, 4. Szenariotechnik. Finsterwald M., Internetanalysen für Unternehmungen: Früherkennung von Chancen und Gefahren im virtuellen Raum, unveröffentlichte Seminararbeit eingereicht beim Autor, 26.11.2000, Bern, S. 8–11.

285 Vgl. die Liste der Vorkehrungen, um schwache Signale zu erkennen, zu deuten und Warnungen ernst zu nehmen in: Mitroff I. I., Anagnos G., Managing Crises Before They Happen, American Management Association, New York, 2001, p. 112.

286 Ein Früherkennungsmodell zur Feststellung potentieller Herausforderungen, die eine Unternehmung in die Krise stürzen könnten: Rafii F., Kampas P. J., How to Identify Your Enemies Before They Destroy You, in: Harvard Business Review, November 2002, p. 115.

287 Indikatoren: «Der Grundgedanke besteht in der Annahme, dass sich krisenhafte bzw. mit Risiken und/oder Chancen verbundene Entwicklungen bereits in wahrnehmbaren Verän-

derungen anderer Erscheinungen zeigen, noch bevor sie für die Unternehmung unmittelbar ersichtlich werden. Um diese Entwicklungen frühzeitig zu erkennen, sind Indikatoren zu bestimmen, (…) die in einer kausalen Beziehung zu einer potentiellen Gefahren-/Chancenquelle stehen.» Loew H. C., Frühwarnung, Früherkennung, Frühaufklärung – Entwicklungsgeschichte und theoretische Grundlagen, Bonn, 2000, S. 26. Zitiert nach Finsterwald M., Internetanalysen für Unternehmungen: Früherkennung von Chancen und Gefahren im virtuellen Raum, unveröffentlichte Seminararbeit, eingereicht beim Autor, 26. 11. 2000, Bern.

288 Krisenschwellen können dort festgelegt werden, wo mittels einer mechanistischen Eskalationsskala eine Konfliktentwicklung umschrieben wird. Vgl. Five Stages of Conflict and Two Crisis Thresholds, in: PIOOM Newsletter, Vol. 7/1, 1995, p. 5.
Hensgen T., Desouza K. C., Kraft G. D., Games, Signal Detection, and Processing in the Context of Crisis Management. Contingencies and Crisis Management, Vol. 11, No. 2, June, 2003, p. 67.

289 Homeland Security Presidential Directive 3: Homeland Security Advisory System, March 11, 2002: Low = Green; Guarded = Blue; Elevated = Yellow; High = Orange; Severe = Red: http://www.dhs.gov/xabout/laws/gc_1214508631313.shtm (Zugriff 23. März 2010).

290 Vgl. Generic Early Warning Handbook, Chapter IV, and Compendium of Potential Indicators, EAPC Document D(2001)2 and Annex, October 30, 2001.

291 Anzahl der Rückrufe defekter Autos. Die harte Lektion für den Toyota-Konzern. Wie der japanische Autobauer eine Rückrufaktion zu einer Krise werden lässt, in: NZZ, Nr. 31, 8. Februar 2010, S. 18. Kanter J., Maynard M., Tabuchi H., Toyota has a history of dragging its feet on safety, in: IHT, February 8, 2010, p. 15.
http://www.stern.de/auto/service/rueckrufe-ueber-nacht-ins-verderben-1545763.html (Zugriff 23. März 2010).

292 Vgl. Barth P., «Krisenfrüherkennung unter veränderten sicherheitspolitischen Rahmenbedingungen», insbesondere die Kapitel «Signale und Daten als Mittel der Krisenfrüherkennung», «Frühwarnindikatoren für das internationale Krisenmanagement», in Farwick D., «Krisen, die grosse Herausforderung unserer Zeit», Frankfurt am Main/Bonn, 1994, S. 59 und 65 ff.

293 Gerlach S., Frühwarn- und Überwachungssystem zur Stabilisierung der Finanzmärkte, in: NZZ, Nr. 87, 16. April 2010, S. 32.

294 Köhler A., Kassandras Erben, «And No One Would Listen»: In den USA hat die griechische Seherin Konjunktur, in: NZZ, Nr. 114, 20. Mai 2010, S. 49. Markopolos H., And No One Would Listen, A True Financial Thriller, John Wiley & Sons, 2010. Vgl. die eindrückliche Recherche zur Früherkennung und Frühwarnung einer drohenden AIDS-Krise. Gellman B., West Refused to Heed Early Warning of Pandemic, in: IHT, July 6, 2000, p. 1/2. In ausführlicher Form vom selben Autor, Death Watch: The Belated Global Response to AIDS in Africa, in: Washington Post, July 5, 2000.
Auch im Fall des Angriffs auf das WTC in N. Y. und der Katastrophe vom 11. September 2001 bestanden Vorwarnungen: Miller J., Gerth J., Van Natta D., An ‹Invulnerable› U. S. Had Terror Warnings but Didn't Act, in: IHT, January 1, 2002 p. 1. Zakaria F., The Failures That Led To Sept. 11, in: The Washington Post, January 15, 2002, p. A19.
Im Fall des Irakkrieges: U. S. study foresaw pitfalls in Iraq, State Department warnings got little attention from military, in: IHT, October 20, 2003, p. 4.

295 But there's good news as well. In studying predictable surprises that have taken place in business and in government, we have found that organization's inability to prepare for them can be traced to three kinds of barriers: psychological, organizational, and political. Executives might not be able to eliminate those barriers entirely, but they can take practical steps to lower them substantially.» «We term this the RPM process: recognition, prioritization,

mobilization.» 1) Was the emerging threat or problem recognized? 2) Was it prioritized? 3) Was a response mobilized? Watkins M. D., Bazerman M. H., Predicable Surprises: The Disasters You Should Have Seen Coming, in: Harvard Business Review, March 2003, p. 72.

296 In die Krise hineingeschlittert, Leemann Brands A., «Krisenmanagement durch die Task Force ‹Schweiz – Zweiter Weltkrieg› und den Bundesrat», unveröffentlichte Seminararbeit eingereicht beim Autor 21.12.2000, S. 13 f. «Die politische Früherkennung hatte versagt. Es kann nicht gesagt werden, dass keine warnenden Stimmen da waren, sie wurden ganz einfach nicht gehört. Die tatsächliche Dimension des Problems wurde lange nicht erkannt.»

297 Kotler J. A., Caslione J. A., Chaotics, AMACOM, 2009, in: Soundview Executive Book Summaries, September 2009, p. 5.

298 Vetschera H., Smutek-Riemer A., Early Warning – The Case of Yugoslavia, Paper presented at the XVI World Congress of the International Political Science Association, Berlin, August 21–25, 1994.

299 Gemperli S., Wunsch und Wirklichkeit an der Aussenfront. Der Abwehrkampf um den Finanzplatz und das libysche Geiseldrama zeigen exemplarisch, wie die Schweiz Mühe bekundet, der Realität ausserhalb des eigenen Territoriums ins Auge zu schauen, in: NZZ, Nr. 259, 7. November 2009, S. 25.

300 Beurteilung der Informationstätigkeit betreffend Entschädigungsabkommen Polen-Schweiz. «Nachdem bekannt ist, dass Schweizer Vertretungen im Ausland offenbar bereits früher mit Nachdruck auf das sich aufbauende Problem hingewiesen haben, muss davon ausgegangen werden, dass in der Zentrale diese Signale offensichtlich nicht empfangen oder jedenfalls nicht richtig interpretiert wurden». Bericht der Geschäftsprüfungskommission des Nationalrates, Informationstätigkeit des Bundesrates und der Bundesverwaltung in ausserordentlichen Situationen, 29. Mai 1997, S. 31.

301 Frühwarnung nicht ernst nehmen: Shuttle loss is laid to NASA's habits, Schwartz J., Wald M. L., in: IHT (NYT), August 27, 2003, front page and p. 8. «The disaster, the report said, was fully rooted in a flawed NASA culture that played down risk and suppressed dissent.»

302 Kotler J. A., Caslione J. A., Chaotics, AMACOM, 2009, in: Soundview Executive Book Summaries, September 2009, p. 5.Früherkennung versagt, weil sie nicht in das Denk-schema hineinpasst: Risen J., CIA failed to analyse pre-Sept. 11 information, panel finds, in: IHT (The New York Times), September 24, 2002, p. 3. Frühwarnung wird bewusst nicht gehört: «Blaues Auge» für die New York Times, Ein journalistischer Skandal wird ausgebreitet, in: NZZ, 13. Mai 2003, Nr. 109, S. 5. «Tatsächlich geht aus der ausführli-chen Darstellung in eigener Sache hervor, dass die jahrelangen Fälschungen von Blair und seine mehrfachen Beförderungen nur möglich gewesen sind, weil in Redaktion und Management Fehler über Fehler begangen und zahlreiche Warnsignale übersehen worden sind. Rücktritte in der Leitung der *New York Times*, Nachwehen der Fälschungsaffäre Blair, in: NZZ, Nr. 129, 6. Juni 2003, S. 2. «Die Zeitung, die sich strengster redaktioneller Kon-trollen rühmt, missachtete dabei zahlreiche Alarmsignale und liess eine elementare Sorgfalt vermissen.»
Der Fälscher und die «New York Times», Eine Nachlese zum Fall Jason Blair, in: NZZ, Nr. 259, 7. November 2003, S. 62. «Er stürzte die angesehenste Zeitung Amerikas in ihre bisher schwerste Krise (…) weil diverse Alarmsignale von der Chefredaktion nicht regist-riert wurden (…) Oftmals habe eine Wagenburg-Mentalität geherrscht, wenn ihre Bericht-erstattung attackiert wurde.»

303 Köhler A., Kassandras Erben, «And No One Would Listen»: In den USA hat die griechi-sche Seherin Konjunktur, in: NZZ, Nr. 114, 20. Mai 2010, S. 49.

304 Die politische Früherkennung hatte versagt: vgl. Schatten des Zweiten Weltkrieges, Diese Führungskrise wurzelt tiefer, in: NZZ, vom 8. Februar 1997, S. 1. Stucki R., USA und die Irankrise, unveröffentlichte Arbeit im Seminar des Autors, Sommersemester 2000, S. 5/6.

364

«Die Frühwarnung hat versagt, weil die politische Führung die Krisenanzeichen nicht zur Kenntnis nehmen wollte.»

305 Van Natta Jr. D., Berenson A., Enron Chairman Got a Warning In August That Disaster Loomed, in: IHT (NYT Service), No. 36, 970, January 16, 2002, p. 1.
Den Feind besser kennen, Geheimdienste von der Antike bis zur Gegenwart, in: NZZ, Nr. 212, 13./14. September 2003, S. 93. «(…) Die Rolle des politischen Umfeldes beleuchtet Krieger unter anderem durch Beispiele der Arroganz der Führenden, die die Erkenntnisse der Dienste nicht beachten, weil diese Informationen nicht in ihr Bild des Gegners passen.»

306 Krisen kündigen sich oft mit schwachen Signalen lange vor dem Ausbruch an. Vgl. Beck R., Schwarz G., Konfliktmanagement, Alling 1995, S. 112. «Jede Institution entwickelt aber eigene Mechanismen, um solche Warnsignale zu übersehen. Gibt es noch zusätzliche Schwierigkeiten in der internen Kommunikation, können sich die nicht rechtzeitig erkannten Schwierigkeiten zu einer Krise entwickeln.»

307 Der Fälscher und die *New York Times,* Eine Nachlese zum Fall Jason Blair, in: NZZ, Nr. 259, 7. November 2003, S. 62. Es habe «ein Klima der Angst» und eine «miserable Stimmung» geherrscht, weshalb nicht auf die Managementfehler der Chefredaktion aufmerksam gemacht wurden.

308 Zwischen Zivilcourage und Denunziantentum. Bundesrat will Schutz der Whistleblower etwas verbessern, in: NZZ, Nr. 174, 28. Juli 2008, S. 7. Krugman P., An ominous litany of fraud, in: IHT (The New York Times), June 29–30, 2002, p. 8.
«Second, the scams shouldn't have been all that hard to spot … How could the people who should have been alert to the possibility of corporate fraud – auditors, banks and government regulators – miss something that big? The answer, of course, is that they either didn't want to see it or were prevented from doing something about it.»
Hollenstein P., Hoffen und die Daumen drücken, Schon eine Woche vor dem Absturz der «Columbia» bezweifelten NASA-Ingenieure die Flugtüchtigkeit des Spaceshuttles. Präzis sagten einige von ihnen den Hergang des Unfalls vom 1. Februar voraus. Doch sie informierten weder ihre Vorgesetzten noch die todgeweihte Besatzung, in: NZZ am Sonntag, 9. März 2003, S. 24 und 25.
Früherkennung/Frühwarnung stösst sich an der Unkultur, keinen Widerspruch zuzulassen: Die NASA von der Politik nur sanft kritisiert, Jahreslanges Sparen als Grund der Zurückhaltung, in: NZZ, Nr. 198, 28. August 2003, S. 3. «Neben herber Kritik an der Organisationsstruktur der NASA und vor allem an einer Kultur, die wenig Raum für Widerspruch und Warnung innerhalb der Weltraumbehörde lässt …» Angst zu warnen, wegen Unwilligkeit des Managements, mögliche Probleme einzugestehen: NASA at fault, Gambles and gaffes behind the shuttle disasters, Boffey Ph. M., in: IHT, September 2, 2003 p. 7. «Investigators said managers rushed to a preconceived bottom line that there was no safety-of-flight issue and erected ‹huge barriers against dissenting opinions›.»

309 Die SWX lanciert eine Whistleblower-Plattform, in: NZZ, Nr. 201, 29. August 2008, S. 29. The Fed who blew the whistle. Newsweek, December 22, 2008. Pionierhafter Freispruch in Sachen «Whistleblowing», in: NZZ, Nr. 216, 18. September 2009, S. 47.
Markoff J., Security issues rise on U. S. government software sales, in: IHT, July 8, 2003, p. 14. «Gabrenaya said his whistle-blowing led to his dismissal». Broad W. J. and Hulse C., NASA dismissed advisers who raised alarm about safety, in: IHT (The New York Times), February 4, 2003, p. 2. Enron whistle-blower says Lay was duped, in: IHT, February 15, 2002, p. 11.

310 Vgl. hierzu den «Risk Exposure Calculator», Simons R., How Risky Is Your Company?, in: Harvard Business Review, May–June 1999, p. 85–94.

311 Sturm der Entrüstung in Kanada, Ärger über die Warnung der WHO vor Reisen nach Toronto, in: NZZ, Nr. 95, 25. April 2003, S. 64.

312 Vgl. Jost K.,«Die Rettung der Titanic, Mit Theater- und Rollenspielen das Krisenmanagement üben», Alpha, Der Kadermarkt der Schweiz, Samstag/Sonntag, 6./7. Februar 1999. Gellman B., «The Fight Against Terrorism / The Clinton Years. «From Third Tier to Top Gear: How the U.S. Anti-Terror Fight Evolved.», in: IHT, (Washington Post Service), December 21, 2001, p. 3.

313 Unfähigkeit, Informationen zu einem Gesamtbild zusammenzufügen: Ammann B., Diverse Pannen in der Terrorabwehr, in: NZZ, Nr. 302, 30. Dezember 2009, S. 1. Lipton E., U.S. still lags in efforts to plug gaps in air security, in: IHT, December 30, 2009. p. 1. Ammann B., Obama unter Druck im Anti-Terror-Kampf, in: NZZ Nr. 4, 7. Januar 2010, S. 1. Ammann B., Zu wenig gelernt vom 11. September 2001? Mangelhafte Koordination unter amerikanischen und internationalen Behörden, in: NZZ, Nr. 302, 30. Dezember 2009, S. 3. Ammann B., Systemfehler in Amerikas Terrorabwehr, in: NZZ, Nr. 303, 31. Dezember 2009, S. 3.
Johnston D., in: IHT (The New York Times), Agencies faulted in Sept. 11 attacks, July 25, 2003, front page and p. 4.

314 Erlanger S., Hedges C., «Missed Signals on Sept. 11: Militant's Story in Europe Came Too Late», in: IHT, (New York Times Service), December 29–30, 2001, p. 1. Brisante Einzelinformationen ergeben kein Gesamtbild: Eggen D., Suspect's Silence Baffled Agents Before Sept. 11, «Antennas Were Up» in Moussaoui Case, in: IHT, February 1, 2002, p. 3. Delaney S., On Italian tape, 2 suspects talk of plane strike on U.S., in: IHT (The Washington Post), May 30, 2002, p. 3.

315 Krisenwarnungen werden von den Medien nicht beachtet, weil sie mit noch grösseren Events konkurrieren. In der Folge fehlt auch der politische Wille zu handeln. Amerika und die unbeachteten Warnungen, Diskussion über die Verantwortung der Medien, in: NZZ, Nr. 44, 22. Februar 2002, S. 5. «Beachtung verdiente Rudmans Charakterisierung der amerikanischen Medien, die ihm vorkämen wie grosse, bestens organisierte Feuerwehren, die sofort ausfahren, wenn irgendwo ein Brandherd festgestellt wird. Alle gingen dann zum gleichen Feuer und verharrten dort in Erwartung der Ereignisse, ohne darauf zu achten, ob in der Stadt sonst noch etwas passiert sei.»

316 Betriebliches Kontinuitätsmanagement bezeichnet in der Betriebswirtschaftslehre Konzepte, Planungen und Maßnahmen zur Aufrechterhaltung der betrieblichen Kontinuität, abgekürzt auch als BKM. Herleitung aus dem (engl.) Business Continuity Management. Das BKM bezeichnet zusammenfassend eine Managementmethode, die anhand eines Lebenszyklus-Modells die Fortführung der Geschäftstätigkeit unter Krisenbedingungen oder zumindest unvorhersehbar erschwerten Bedingungen absichert. Es besteht eine enge Verwandtschaft mit dem Risikomanagement. Als Beispiel diene die Unternehmung Marsh & McLennan Companies. Über 1900 Angestellte arbeiteten am 11. September 2001 in den Twin Towers des World Trade Centers. Greenberg J.W., September 11, 2001, A CEO's Story, in: Harvard Business Review, October 2002, p. 58.

317 Vgl. Krisenmanagement, Bundesamt für Gesundheit, Krisenhandbuch, Bern, 6. Juni 2005.

318 Mitroff I.I., Why Some Companies Emerge Stronger and Better from a Crisis, American Management Association, 2005, p. xv.

319 Oesch K., Wenn das Risikomanagement den Blick auf Chancen verstellt. Schwächen in Unternehmen hängen oft nicht mit Risiken, sondern mit Führungsproblemen zusammen, in: NZZ, Nr. 78, 3. April 2009, S. 27.

320 Wie z.B. bei Erdbeben bei minimaler oder fehlender Vorwarnzeit.

321 Obschon es offensichtlich ist, dass eine Airline für den Fall eines Flugzeugabsturzes vorbereitet sein muss, wurde die Vorbereitung für einen solchen Krisenfall erst in jüngster Zeit standardisiert. «Kaum eine Fluglinie hatte vor 1995 detaillierte Krisenpläne oder feste Kri-

senstäbe. Es gab auch keine Standards, wie man mit Überlebenden von Flugzeugunglücken oder den Angehörigen von Verunglückten umgehen sollte.» Van Beweren T., Hubacher S., Flug Swissair 111, Zürich, 1999, S. 301, zitiert nach Prinz R., Rychard S., Zehner P., Swissair, Kommunikation in der Krise, unveröffentlichte Arbeit vom 28.11.2001, entstanden im Seminar des Autors, Sommersemester 2000, S. 19.

322 Swissair-Krise: «Verwaltungsrat und Management haben es unterlassen, rechtzeitig ein erfahrenes und professionelles Krisenmanagement zu etablieren.» Ernst&Young-Bericht in Sachen Swissair, Untersuchungsergebnisse, 20.01.2003, S. 473.

323 Witt J.L., Morgan J., Stronger in the Broken Places, New York, NY, 2002, in: Soundview Executive Book Summaries, Vol. 25, No. 6, Part 1, June 2003, p. 2.

324 Vgl. Hobuss W., «Moderne Ansätze zur Risikoerfassung» mit Hinweisen auf das «Control Risk Self Assessment, CRSA», in: iO Management, 12, 1999, S. 17. Vergleiche ebenfalls den Katalog von Präventivmassnahmen bei internationalen Krisen in «Generic Crisis Management Handbook», NATO/EAPC Unclassified, Bruxelles, 1999 p. VII–3.

325 Die Mahner werden zu Verrätern am positiven Glauben an die eigene Sache, «Executive Resistance to Bad News», der CEO hat sich mit «yes men» umgeben. Vgl. Simons R., «How Risky Is Your Company?», in: Harvard Business Review, May–June 1999, p. 89.

326 O'Toole J., Bennis W., A Culture of Candor, in: Harvard Business Review, June 2009, p. 58.

327 In Erwartung einer potenziellen Informatikkrise beim Jahrtausendübergang (Y2K Crisis) haben Regierungen und Unternehmen unterschiedliche Strategien zu deren Prävention verfolgt. Eine Strategie war, mit möglichst geringem Aufwand die Klippe möglichst ungeschoren zu umschiffen. Eine andere Strategie sah die potenzielle Krise als willkommene Chance, für einen grösseren Investitionsschub Geld bewilligt zu erhalten, um neuste Technologie einzuführen und sich damit gleichzeitig einen langfristigen Wettbewerbsvorteil zu verschaffen.

328 Wenn Melani bei Sonia Alarm schlägt. Der Bund schafft ein permanentes Frühwarnsystem für Informatik- und Kommunikationspannen, in: NZZ am Sonntag, 28. Dezember 2003, S. 9.

329 Kohli U., Terrorabwehr beginnt mit Vorstellungskraft, in: NZZ, 9. Oktober 2001, Nr. 234, S. 15.
Vgl. Schritt 7 zur Entwicklung einer Portfolio-Strategie zur Krisenprävention und Krisenvorbereitung. Als praktisches Beispiel: Die Unterlagen zum Strategieworkshop HEMOZI der Strategischen Führungsausbildung im August 2002 und die gestützt darauf durchgeführte Radiosendung: Gschwend H.P., Die Achillesverse der Schweiz, eine Übung um Risiken, Chancen und Strategien, Doppelpunkt vom 20.10.2002, CD Schweizer Radio DRS, Studio Bern, 2002.

330 Ein praktisches Beispiel ist das Networking für Krisen, ausgelöst durch Störungen im Bereich der Informationsinfrastruktur. Ein loses Netz von Experten in Verwaltung und Privatwirtschaft, das gestützt auf ein Szenario-Simulationsspiel «The day after …. Switzerland in Cyberspace» gebildet wurde, führte zur Gründung einer Stiftung Infosurance, die zur Krisenprävention mit der Aufgabe der Früherkennung und Frühwarnung betraut wurde. Vgl. Carrel L.F., Bericht des Projektleiters über die Strategische Führungsübung 1997, Bern, 1. Juli 1998, Schlussfolgerungen 28 bis 33.
CD INFORMO 2001, Krisen ausgelöst durch Störungen in der Informationsinfrastruktur, Dokumente 1999–2001, Strategische Bundeskanzlei, Bern 2002. InformOrena 2002, Schlussbericht mit CD, Strategische Führungsausbildung, Bern 2003.

331 Krisenprävention: Einschneidende Massnahmen können nicht nur sehr unpopulär sein, sondern auch schwerwiegende wirtschaftliche, finanzielle oder auch immaterielle Schäden zur Folge haben, wie Image- oder Vertrauensverlust. Sars-Eklat an der Uhrenmesse, Hongkong-Delegation zieht sich zurück, in: NZZ, Nr. 79, 4. April 2003, S. 21.

Im Nachhinein wird man klüger sein, in: NZZ, Nr. 82, 8. April 2003, S. 13. «Der Geschäftsführer der Messe Schweiz schätzt den Schaden der Sars-Präventionsmassnahmen auf einen dreistelligen Millionenbetrag. Das Arbeitsverbot des Bundesamtes für Gesundheit (BAG) für Personal aus den Sars-Hochrisiko-Regionen Hongkong, China, Singapur und Vietnam ist für die Weltmesse für Uhren und Schmuck, die ‹Baselworld›, äusserst einschneidend.»

332 Steffen C., Impfstoff gegen Schweinegrippe wird vernichtet, in: NZZ am Sonntag, 11. April 2010, S. 12. Fischer R., WHO unter Verdacht. Höchste Alarmstufe, dramatische Szenarien, globale Impfprogramme: Die Weltgesundheitsorganisation erklärte die Schweinegrippe zur Pandemie und bescherte Pharmaunternehmen Milliardenumsätze. Jetzt steht sie in der Kritik: Sie habe für unnötige Hysterie gesorgt. Die WHO verteidigt sich.
NZZ am Sonntag, 31. Januar 2010, S. 20. Sattler, K. O., Strassburg kritisiert die WHO. Das Vorgehen gegen die Schweinegrippe wird untersucht, in: NZZ, Nr. 20, 26. Januar 2010, S. 4. «Der grösste Medizinskandal des Jahrhunderts».

333 So haben all jene, die an vorsorglichen Massnahmen zur Verhinderung der Y2K-Computerkrise beim Jahrtausendwechsel viel verdient haben, argumentiert, dieser Erfolg sei den umfangreichen Präventivmassnahmen zu verdanken, während andere Experten diesen Schluss in Abrede stellen. CD INFORMO 2001, Krisen ausgelöst durch Störungen in der Informationsinfrastruktur, Dokumente 1999–2001, Strategische Führungsausbildung, Bundeskanzlei, Bern 2002.

334 Als jüngstes Beispiel, der Verzicht Polens, in irgendeiner Form in die Prävention der N1H1-Pandemie zu investieren: Gera V., Poles stand alone in rejecting swine-flu vaccine. In: IHT, January 14, 2010, p. 3.
Zudem: das Versagen der Krisenprävention im Falle der Massaker in Rwanda, in: Newsweek, December 27, 1999 und Newsweek January 3, 2000. Shawcross W., The deadly sin of staying neutral, A damning inquiry into the West's failure in Rwanda, in: Newsweek, December 27, 1999/January 3, 2000, p. 25.
Oder das Ausbleiben entschiedener Massnahmen zur Prävention der Terrorkrise durch die Clinton-Administration in Gellman B. Washington Post Service, The Fight Against Terrorism / The Clinton Years, From Third Tier to Top Gear: How the U. S. Anti-Terror Fight Evolved, in: IHT, December 21, 2001, p. 3.

335 Spühler J., Unterschätzte Bedrohung von Unternehmen. Was kommt nach Asbest, EMF, Silikon, Gen und Nano?, in: NZZ, Nr. 274, 25. November 2003, S. 27.

336 Bundesbeschluss «Too big to fail», in: NZZ, Nr. 109, 14. Mai 2010, S. 11. Lengwiler Y., Instabile Banken bedrohen die Volkswirtschaft, in: NZZ, Nr. 240, 16. Oktober 2009, S. 31.

337 Ferguson N. (Harvard University), Von der neuen Ökonomie zum neuen Kapitalismus, in: NZZ, Nr. 22, 28. Januar 2010, S. 28. Schöchli H., Wenn Grossbanken nicht untergehen dürfen. Eine Auslegeordnung zu den Optionen für den Umgang der Politik mit globalen Finanzkonzernen, in: NZZ, Nr. 22, 28. Januar 2010, S. 32.

338 Wells J. R., President IMD, Die Bankenkrise war eine Führungskrise, in: NZZ, Nr. 261, 10. November 2009, S. 23.

339 Massnahmen zur Schadensprävention. Vorkehren gegen allfällige Pockenattacken. Die Schweiz setzt in erster Linie auf Ringimpfungen, in: NZZ, Nr. 23, 29. Januar 2003, S. 15.

340 Zum Beispiel alle Vorkehrungen, die im Hinblick schwerwiegender Folgen des Millenium Bug (Y2K) getroffen wurden oder Massnahmen zur Schadensminimierung im Fall eines Nuklearstörfalls oder eines Nuklearunfalls mit radioaktiver Verstrahlung.
Restrisiko im Hochwasserschutz, Schlussbericht zur Unwetterkatastrophe des Jahres 2000, in: NZZ, Nr. 55, 7. März 2002, S. 14.
Risikokultur, Umgang mit Risiken. Da es keinen absoluten Schutz gibt, wie viel will man riskieren? Vor, während und nach der Naturkatastrophe, Integrale Konzepte für den Umgang mit Risiken, in: NZZ, Nr. 269, 19. November 2001, S. 9.

341 Vgl. z. B. die Ausbildung von Angehörigen des US Marine Corps an der Börse von Wall Street. Anvisiert wird die Führungsfähigkeit in chaotischem Umfeld, angesichts eines dauernden Ansturms von Informationen. Schiesel S., Marines and Traders Swap Lessons, in: IHT, December 17, 1996, p. 11 and 15. Mathews, J., On Wall St., War Games, in: IHT, December 7, 1995, front page and p. 8.

Umgekehrt versucht die Wirtschaft Erkenntnisse aus der Kriegführung zu verwenden. Können in einem feindlichen Krisenumfeld Prinzipien der modernen Kriegführung erfolgreich adaptiert werden? Vgl. Dlemons E. K., Santamaria J. A., Maneuver Warfare: Can Modern Military Strategy Lead You to Victory?, in: Harvard Business Review, April 2002, p. 56.

342 Die Swissair hat vor dem Absturz der MD 111 am 3. September 1998 zum Glück eine Emergency-Übung durchgeführt, die aber unbefriedigend verlief, sodass die Angestellten zusätzlich geschult wurden. Vgl. Prinz R., Rychard S., Zehner P., Swissair, Kommunikation in der Krise, unveröffentlichte Arbeit vom 28.11.2001, entstanden im Seminar des Autors, Sommersemester 2000, S. 24.

343 Strategische Führung im Swissair-Debakel, Krisenmanagement von Bundesrat und Wirtschaft, in: NZZ, Nr. 233, 8. Oktober 2001, S. 11.

344 Argenti P., Crisis Communication Lessons from 9/11, in: Harvard Business Review, December 2002, p. 108.

345 Organizational Resilience, Special Issue, in: Journal of Contingencies and Crisis Management, Vol. 17, No. 1, March 2009. Robertson A. G., Walt C. L., Führungskompetenz entdecken, Outlook, Andersen Consulting, 1999, Heft 2, S. 20.

346 Schlechtes Zeugnis für den Musterknaben, Schweizer Aussenpolitik nach der Affäre um nachrichtenlose Vermögen und Raubgold, in: NZZ, Nr. 195, 19./20. Dezember 1998, S. 77. Die Schweiz ist schlecht gerüstet, um Krisen erfolgreich zu meistern.» Schaad B., Au royaume des amateurs, in : L'Hébdo, 8 Novembre 2001, Editorial et p. 22–29. «La Suisse est incapable de gérer une crise parce qu'elle se sent au-dessus de la crise, au-dessus des autres. En bref, supérieure.» Schweizerischer Bundesrat. Bericht Lage- und Gefährdungsanalyse Schweiz nach den Terroranschlägen vom 11. September 2001 vom 26. Juni 2002. Schweizerischer Bundesrat. Botschaft zur Staatsleitungsreform vom 19. Dezember 2001. Geschäftsprüfungskommission des Ständerates. Bericht über die Rolle von Bundesrat und Bundesverwaltung im Zusammenhang mit der Swissair-Krise vom 19. September 2002. Geschäftsprüfungskommission des Nationalrates. Bericht über die Informationstätigkeit des Bundesrates und der Bundesverwaltung in ausserordentlichen Situationen vom 29. Mai 1997. Nationalfondsprojekt Nr. 31 «Katastrophen als Herausforderung für Verwaltung und Politik», Zürich 1997.

347 Krisenmanagementausbildung im Bund (KMA), Weisungen des Bundesrates über die organisatorischen Massnahmen in der Bundesverwaltung zur Bewältigung besonderer und ausserordentlicher Lagen vom 24. Oktober 2007.

348 Strategieunfähig, ETH-Panel zum Krisenjahr 2009, in: NZZ, Nr. 30, 6. Februar 2010, S. 17.

349 Wellershoff D. (Admiral a. D., erster Präsident der Bundesakademie für Sicherheitspolitik). Das Taktik-Strategie-Dilemma, Europäische Sicherheit, Nr. 12, 1997, S. 15.

350 Bundesrat M. Leuenberger zu Freiheit und Sicherheit, in: NZZ, Nr. 18, 23. Januar 2003, S. 16.

Moritz Leuenberger: Denker und Feuerwehrmann, in: Brückenbauer, Nr. 51, 18. Dezember 2001. «Ich sehe zwei Gründe, weshalb das ‹Modell Schweiz› bei Krisen zuweilen etwas amateurhaft wirkt: Eine Selbstgefälligkeit im Sinne von: ‹Uns kann nichts passieren›. Fehlende Koordination und ungleiche Massstäbe.» Immerhin hat der Gesamtbundesrat an der Strategischen Führungsübung 2005 teilgenommen. Vgl. Führungsübung 2005. Epidemie in der Schweiz, Schlussbericht, Strategische Führungsausbildung SFA, Schweizerische Bundeskanzlei, 2005, Bern.

351 Wellershoff K.W., Selbstüberschätzung im Management, in: Handelszeitung, Nr. 14, 7.–13. April 2010, S. 12.

352 Die Führungsschwäche hat System, in: NZZ, Nr. 46, 25. Februar, 2009. S. 15. Freiburghaus D., Unfähig zur Aussenpolitik, in: NZZ am Sonntag, 30. August 2009, S. 22. Das Eigentor des Bundespräsidenten, in: NZZ, Nr. 211, 12./13. September 2009, S. 13.
Bernet L., Nun hat Ghadhafi drei Schweizer Geiseln, in: NZZ am Sonntag, 23. August 2009, S. 13. Merz H.R., Ich würde wieder das Gleiche tun, in: Blick am Abend, Nr. 204, 22. Oktober 2009, S. 1. Interview mit SVP-Strategiechef Christoph Blocher, Der Bundesrat mach so ziemlich alles falsch, in: NZZ, Nr. 36, 13. Februar 2010, S. 11. Spillmann M., Erkenntnisse im Hühnerstall, in: NZZ, Nr. 35, 12. Februar 2010, S. 21.

353 Vgl. Ulrich H., Der mühsame Weg zum Generalisten, in: Die Unternehmung, 6, 1996, S. 379.

354 Vgl. Garvin D.A., Learning in Action, Harvard Business School Press, 2000.

355 In der Krise habe sich das Versagen von Märkten und Moral manifestiert (Aussage von Hans Küng). Globales Ethos, in: NZZ, Nr. 277, 28. November 2009, S. 33.

356 Vgl. die Ausbildungskonzepte der Strategischen Führungsausbildung im Bund unter Leitung des Autors, 1999–2003 und 2004–2007, Schweizerische Bundeskanzlei, Bern.

357 Vgl. die Leadership-Coaching-Angebote des Autors unter www.carrel-partner.ch.

358 Vgl. Strategische Führungsausbildung, Programm 2004–2007, Ausbildungsgefäss Führung in Krisen, Modul Kommunikation in Krisen, Bern 2003, S. 22.

359 HEMOZI 2002, rapport d'évaluation sur le séminaire «Défis à la société moderne», mit CD, Strategische Führungsausbildung, Schweizerische Bundeskanzlei, Bern, 2003.

360 Braschler M., Schäuble P., Die Informationssucher im Wettstreit, Evaluationskampagnen für künftige Suchsysteme, in: NZZ, Nr. 29, 5. Februar 2002, B18.

361 Zum Beispiel mittels der Flow Methode, vgl. Gerber M., Gruner H., Flow Teams-Selbstorganisation in Arbeitsgruppen, Orientierung 108, Credit Suisse, Goldach, 1999.

362 't Hart P., Preparing Policy Makers for Crisis Management: The Role of Simulations, in: Journal of Contingencies and Crisis Management, Vol. 5, No. 4, December 1997, p. 207.

363 Liste der in der Veranstaltung «Leadership in Krisen» verfassten Arbeiten an der Universität Bern unter www.carrel-partner.ch > Lehre und Forschung > Bern.

364 Vgl. Strategische Führungsausbildung, Programm 2004–2007, Ausbildungsgefäss Strategiegestaltung, Modul Krisenauswertung, Bern 2003, S. 22.

365 Unter dem Begriff «Controlling» verstehen wir sowohl eine Kontroll- als auch eine Steuerungsfunktion. Vgl. hierzu Bea F.X., Dichtl E., Schweitzer M., Allgemeine Betriebswirtschaftslehre, Bd. 2, Führung, S. 90, Stuttgart, 6. Auflage 1993.
Meredith J.R., Mantel S.J., in: Project Management, p. 462, 4. Ed. 2000.

366 In der Schweiz die Sicherheitskommissionen von National- und Ständerat.

367 Kontrolle des Entscheidungsträgers, dass seine Massnahmen zur Ausführung gelangen, aber auch Kontrolle des Entscheidungsträgers selbst, dass er das Wohl des von ihm geleiteten Unternehmens und nicht nur die Mehrung seines Geldbeutels im Auge hat. Die Bergund Talfahrt von Managern, in: NZZ, Nr. 231, 5./6. Oktober 2002, S. 19. Crameri R., Masslose Manager?, Transparenz als Schutz gegen Missbrauch, in: NZZ, Nr. 61, 14. März 2002, S. 31. Kontrolle von Massnahmen zur Krisenprävention und Krisenvorbereitung müssen auch Kontrollen des Chefs des Krisenstabes mitenthalten. Osterloh M. Noch wichtiger als Transparenz ist Kontrolle, Wenn Manager (zu sehr) die eigenen Interessen verfolgen, in: NZZ, Nr. 61, 14. März 2002, S. 31. Von der schwierigen Zähmung der Macht der Manager, in: Sonderbeilage NZZ, Nr. 131, 10. Juni 2003, B 1. Pfyffer H.-U. et al., Corporate Governance in der Schweiz, Verwaltungsrat – zwischen Verantwortung und Haft, KPMG Schweiz.

368 Minder T., Es ist höchste Zeit, die Kompetenzen neu zu regeln, in: NZZ, Nr. 63, 17. März 2010, S. 23.

369 Oesch K., Wenn das Risikomanagement den Blick auf Chancen verstellt. Schwächen in Unternehmen hängen oft nicht mit Risiken, sondern mit Führungsproblemen zusammen, in: NZZ, Nr. 78, 3. April 2009, S. 27. Ackermann J., Corporate Governance – nun sind Taten gefragt, Wiederherstellung der unternehmerischen Integrität, in: NZZ, Nr. 14, 18./19. Januar 2003, S. 27.

370 «Benchmark»: Referenzpunkt, Nivellierungsmarke, Messlatte. Das Benchmarking beantwortet folgende Fragen: Wie gut sind wir im Vergleich zu andern? Wer erfüllt seine Aufgabe am besten? Wie macht er/sie das? Wie könnten wir diese Methode in unsere Institution übernehmen? Vgl. Infoblatt ASTRA, www.uvek.admin.ch (Zugriff 22. März 2010).

371 Bei der folgenden, kurz gehaltenen Zusammenstellung gibt es unvermeidliche Überschneidungen mit dem Teil Permanente Führungsaktivitäten in der Krise, Information und Kommunikation, Pt. 2. Diese werden aus Gründen der Übersichtlichkeit und Vollständigkeit in Kauf genommen.

372 Mangelnde Vorbereitung und Ausbildung im Bereich der Krisenkommunikation. Von Wartburg W., Krisenkommunikation statt Kommunikationskrisen, in: Manager Bilanz, Januar 2000, S. 29–31.

373 Chief Information Officer in neuer Rolle, Vermehrt strategische Aufgaben, in: NZZ, Nr. 214, 16. September 2009, S. 23.

374 Von Wartburg W. P., Umgang mit öffentlicher Kritik, Von der Abwehr zur produktiven Verarbeitung, in: NZZ, Nr. 153, 5./6. Juli 1997, S. 17.

375 Crisis Communication, The key to good crisis management is anticipation, What you can plan. Beatrice Tschanz über die Crisis Communication der Swissair, Vortrag im Rahmen der Vorlesung des Autors im Wintersemester 2002/03 an der Universität Bern, Erfolgsfaktoren der Kommunikation in Katastrophen und Krisen, 5. November 2002.

376 Checklisten und Tipps für die Krisenkommunikation. Knill M., Krisenkommunikation und Medien, www.rhetorik.ch (Zugriff 23. März 2010).

377 Schober W., An der Informationsfront, Erfahrungen der NATO aus ihrer Medienarbeit während des Kosovo-Einsatzes, Lessons Learned, ÖMZ 5/2002, S. 573–580.

378 «Der Chef» steht stellvertretend für die Chefin, die Führungsverantwortlichen, die Chefetage, die Entscheidungsträger/-innen und die zuständigen, vorgesetzten Stellen.

379 Organisation 2015 – Designed to Win, Boston Consulting Group, BCG, in Zusammenarbeit mit der SGO
Weich schlägt hart: http://www.cio.de/_misc/article/printoverview/index.cfm?pid=158& pk=2220827&op=lst (Zugriff 11.3.2010).

380 Shuttle loss is laid to NASA's habits, Schwartz J., Wald M. L., in: IHT (NYT), August 27, 2003, front page and p. 8. «‹Managers› claims that they didn't hear the engineers' concerns were due in part to their not asking or listening' (…). Members of the debris-assessment team told investigators that if they raised safety issues to managers who they perceived had already made up their minds, ‹they would be singled out for possible ridicule›.» «The silence of the engineers, the report continued, ‹was not merely a failure of safety but a failure of the entire organization›.»

381 Gerüchte, Witze in Cafeteria über die Chefetage, die die Runde machen.

382 Gary L., Becoming a Resonant Leader, in: Harvard Management Update, July 2002, p. 4.

383 Vgl. als Beispiel den Eintritt von CEO Randall Tobias bei Lilly. Tobias R., Tobias T., Put the Moose on the Table, Bloomington, IN, zitiert nach Soundview Executive Book Review, Vol. 25, No. 10, Part 1, October 2003, p. 2: «On my first official day of work as a full-time Lilly employee, I was immediately plunged into a crisis that concerned a clinical trial involving a potential product called FIAU …».

384 Lafley A. G., What only the CEO can do, in: Harvard Business Review, May 2009, p. 59.

385 Klein M., Napier R., The Courage to Act, Davies-Black, 2003. Nach Sondview Speed Review, November 2003, p. 2.

386 Tony Hsieh, CEO Zappos.com, in: IHT, January 11, 2010, p. 17.

387 Tichy N. M., Bennis W. G., Judgment, How winning leaders make great calls, Portfolio, 2008, in: Soundview Executive Book Summaries, Vol. 30, No. 1, January 2008, p. 7.

388 Tobias T., Put the Moose on the Table, Bloomington, IN, zitiert nach Soundview Executive Book Review, Vol. 25, No. 10, Part 1, October 2003, p. 4: «Communicating to audiences, friendly and hostile, large and small, formally or informally, is a skill that is one of the hallmark responsibilities of any corporate executive.»

389 André Dosé's Kommunikation; «Mann der zu vielen Worte», Kommunikation als «Lachnummer». Chalupny A., Gratwohl N., Chefs müssen ihre Karten aufdecken, in: Handelszeitung, Nr. 14, 1.–7. April 2009, S. 9.

390 Maxwell J. C., Leadership Gold, Thomas Nelson, Nashville, TN, 2008, p.74.

391 Maxwell J. C., Leadership Gold, Thomas Nelson, Nashville, TN, 2008, p.105.

392 Maxwell J. C., Leadership Gold, Thomas Nelson, Nashville, TN, 2008, p. 232.

393 Tobias T., Put the Moose on the Table, Bloomington, IN, zitiert nach Soundview Executive Book Review, Vol. 25, No. 10, Part 1, October 2003, p. 2: «… success and praise in the corporate world often has a shelf life about as long as a gallon of milk».

394 Hrebiniak L. G., Making Strategy Work, Wharton School Publishing, 2005, in: Soundview Executive Book Summaries, Vol. 27, No. 8, August 2005, p. 2.

395 Morgan M., Levitt R. E., Malek W., Executing Strategy, Harvard Business School Press, 2007, in: Soundview Speed Reviews, April 2009, p. 1.

396 Die Sache mit dem Vertrauen, Gefährdete soziale Netze in den Unternehmen, Schmitz C., in: NZZ, Nr. 109, 13. Mai 2003, S. 25. «Damit kommt dem funktionierenden Zusammenspiel der Beteiligten enorme Bedeutung zu. Dieses definiert die Qualität der Entscheidungen mindestens ebenso wie die Qualität jedes Einzelnen. Aus den Untersuchungen von Flugzeugabstürzen wissen wir heute, dass 70 % dieser Katastrophen auf menschliche Fehler zurückzuführen sind, die ihrerseits Produkte ungenügenden sozialen Zusammenspiels waren. Entsprechend werden Flugzeugbesatzungen heute trainiert. Auch in den ‹Absturz› führende Managemententscheidungen können wesentlich als Folgen ungenügender Zusammenspiele angesehen werden. Nicht zuletzt das historische Grounding der Swissair vom Oktober 2001 muss wohl als Folge solchen Ungenügens betrachtet werden.»

397 Barrows E. A. Jr., Four Fatal Flaws of Strategic Planning, in: Harvard Management Update, April 2009, Vol. 14, No. 4, p. 3.

398 Tobias R., Tobias T., Put the Moose on the Table, Bloomington, IN, zitiert nach Soundview Executive Book Review, Vol. 25, No. 10, Part 1, October 2003, p. 2.

399 Maxwell J. C., Leadership Gold, Thomas Nelson, Nashville, TN, 2008, p. 105.

400 Coburn P., The Change Function, Portfolio, The Pinguin Group, 2006, in: Soundview Executive Book Summaries, Vol. 28, No. 11, Part 3, November 2006, p. 3.

401 Schöchli H., Zwei Ohrfeigen für die UBS-Chefs, in: NZZ, Nr. 86, 15. April 2010, S. 25. Ohrfeige für UBS-Verwaltungsrat, in: NZZ, Nr. 86, 15. April 2010, S. 1.

402 Spieler M., So werden Chefs Totengräber der Marktwirtschaft, in: Handelszeitung, Nr. 14, 7.–13. April 2010, S. 1.

403 Stiglitz J. E., Who do these bankers think they are?, in: Harvard Business Review, March 2010, p. 36. «Since the crisis, they have used all their political muscle to resist curbing their bad practices.»

372

Teil III: Leadership-Qualitäten, um in Krisen zu bestehen

1 Spirituelle Intelligenz ist die Intelligenz der Seele. Vgl. Zohar D., Marshall I., SQ, Spirituelle Intelligenz, Bern, München, Wien, 2000, S. 17. Zu Spirituelle Intelligenz: vgl. hinten, SQ, Punkt 6.1
Emotionale Intelligenz ist «die Fähigkeit, unsere eigenen Gefühle und die anderer zu erkennen, uns selbst zu motivieren und gut mit Emotionen in uns selbst und in unseren Beziehungen umzugehen.» Sie umfasst fünf grundlegende emotionale und soziale Kompetenzen: Selbstwahrnehmung, Selbstregulierung, Motivation, Empathie, soziale Fähigkeiten. Vgl. Goleman D., EQ² Der Erfolgsquotient, München, 2000 S. 387/388.
Emotional Intelligence. «The key … lies in the leadership competencies of *emotional intelligence*: how leaders handle themselves and their relationships.» Emotional Intelligence Domains and Associated Competencies: Personal Competence and Social Competence: Self-Awareness, Self-Management, Social Awareness and Relationship Management. Goleman D., Boyatzis R., McKee A., Primal Leadership, Boston, MA, 2002, p. 6 and 39.

2 Vgl. u. a. Devitt R. K., Borodzicz E. P., Interwoven Leadership: the Missing Link in Multi-Agency Major Incident Response, in: Journal of Contingencies and Crisis Management, Vol. 16, No. 4, December 2008, p. 2008. Organisation 2015 – Designed to Win, Boston Consulting Group, BCG, in Zusammenarbeit mit der SGO. Weich schlägt hart: http://www.cio.de/_misc/article/printoverview/index.cfm?pid=158&pk=2220827&op=lst (Zugriff 11. März.2010). Pfister T., Die Zukunft soll klein und menschlich sein, in: Handelzeitung, Nr. 6, 10.–16. Februar 2010, S. 15.

3 Goleman D., EQ² Der Erfolgsquotient, München, 2000, S. 47.
Umfangreiche Untersuchungen in führenden Firmen haben ergeben, «The higher the rank of those considered star performers, the more EI competencies emerged as the reason for their effectiveness … our rule of thumb holds that EI contributes 80 to 90 percent of the competencies that distinguish outstanding from average leaders- and sometimes more.» Goleman D., Boyatzis R., McKee A., Primal Leadership, Boston, 2002, p. 251.
Vgl. auch Schenk T., Schönwetterkapitäne, in: NZZ Folio, März 2002, Nr. 3. S. 53.

4 www.carrel-partner.ch > Leadership Coaching.

5 Vgl. unsere Auswertung von rund 500 Krisen zwischen 1999 und 2004 als Grundlage des Buchs Leadership in Krisen (1. Auflage). Carrel L. F., Leadership in Krisen, Ein Handbuch für die Praxis, Verlag Neue Zürcher Zeitung, Zürich, 2004.

6 Diese Erfahrung deckt sich mit den Forschungsergebnissen von Daniel Goleman, einem führenden Forscher im Bereich der emotionalen Intelligenz.

7 Goleman D. EQ² Der Erfolgsquotient, München, 2000, S. 16. Emotionale Intelligenz in der Führung, Neue Publikationen zur Kernkompetenz der Leadership entwickeln das Thema des Bestsellers von Daniel Goleman weiter, in: Public Management, 10/2001, S. 9–16. «Überhaupt ist die Entwicklung der emotionalen Intelligenz ein *Dauerprozess,* der kontinuierlich aktiviert werden muss. «Im Gegensatz zum IQ können emotionale Kompetenzen erlernt werden – an jedem Punkt des Lebens. Es gibt keine Grenzen», so Daniel Goleman in einem Interview mit der SonntagsZeitung vom 28. März 1999.»

8 Deshalb haben wir sie in Teil II, Pt. 5.3 «Ausbildungskonzepte zur Krisenvorbereitung» an erster Stelle gesetzt.

9 Gilli G., Ich habe schon provoziert, in: NZZ, Nr. 259, 7. November 2009, S. 51.

10 1) Coercive 2) Authoritative 3) Affiliative 4) Democratic 5) Pacesetting 6) Coaching. Vgl. Goleman D., Leadership That Gets Results, The Six Leadership Styles at a Glance, in: Harvard Business Review, March–April 2000, p. 78. Eine etwas unterschiedliche Benennung findet sich in Goleman D., Boyatzis R., McKee A., Primal Leadership, Boston, 2002, p. 79. 1) Visionary 2) Coaching 3) Affiliative 4) Democratic 5) Pacesetting 6) Commanding.

11 (1) Natural-Born Leader (2) Independence Seeker (3) Visionaries (4) Do-Gooders. Berland M. J., What Makes You Tick? Harper Business, 2009.

12 Maccoby M., Toward a Science of Social Character, Paper presented at the Social Character Workshop at Washington School of Psychiatry, Washington D. C., April 30–May 1st. First published in: Fromm Forum, English Version, 5 / 2001, Tübingen (Selbstverlag) 2001, S. 21–25. Maccoby M., The Productive Narcissist. The Promise and Peril of Visionary Leadership, Broadway Books, 2003.

13 Maccoby zeigt Möglichkeiten, wie auf den Stärken des Narzissten in Krisen aufzubauen ist und wie gleichzeitig seine Schwächen aufgefangen werden können. Maccoby M., Narcissistic Leaders, The Incredible Pros, the Inevitable Cons, in: Harvard Business Review, January–February 2000, p. 69.

14 Zum Beispiel eines der vielerorts angebotenen Executive MBA.

15 «Was versteht man überhaupt unter Potenzial? Der Begriff ist nicht einfach zu fassen. Es geht um Stärken, Fähigkeiten, Ressourcen, darum, wie man diese wahrnimmt und im Leben verwirklicht, und gleichzeitig um Motivation, Disziplin und Kreativität. Wer sein Potenzial ausschöpft, hat, vereinfacht formuliert, eine Antwort gefunden auf die Frage, ‹Was will ich eigentlich?›.» Vgl. Murbach R., Was kann ich denn gut?, in: NZZ am Sonntag, 22. November 2009, Nr. 47, S. 3.

16 Peale N. V., Have a Great Day, New York, 1985, p. 73.

17 Vgl. Verzeichnis der in Seminaren und Übungen von Prof. L. F. Carrel an der Universität Bern erstellten Arbeiten 1991–2010. http://www.carrel-partner.ch/documents/Verzeichnis_Arbeiten_1991bis2010.pdf (Zugriff 15. März 2010).

18 Cimbala S. J., Nuclear Crisis Management and Information Warfare, Parameters, Summer 1999, p. 117.

19 Malik F., Management oder Leadership, Mystifizierte Leader, ALPHA 11./12. August 2001, Beilage.
«Führerschaft ist etwas Relatives; sie ist nicht absolut, sondern abhängig von der Situation und nur aus einer solchen heraus verständlich und erklärbar. Ein und dieselbe Person kann sich in der einen Situation als herausragender Führer erweisen und in einer anderen wenig bis gar nichts von Führerschaft zeigen.»

20 «Wir suchen heute als Krisen-CEO einen Teamplayer». Pfister T., Von der Ausrottung der Alphatiere, in: Handelszeitung, Nr. 9, 3.–9. März 2010, S. 15. Robertson A. G., Walt C. L., Führungskompetenz entdecken, Outlook, Andersen Consulting, 1999, Heft 2, S. 17.

21 Vgl. auch «kreative Problemlösungen entwickeln» in Gomez P., Probst G., Die Praxis des ganzheitlichen Problemlösens, Paul Haupt, Bern, 1997, S. 141.

22 Mukherjee A. S., The Spider's Strategy, Pearson Education, Inc., 2009, in: Soundview Executive Book Summaries, August 2009, p. 2. Adaptive Leadership in: Heifetz R., Grashow A., Linsky M., Adaptive Leadership, Harvard Business Press, 2009, in: Harvard Management Update, May 2009, Vol. 14, Nr. 5, p. 1

23 «The research indicates that leaders who get the best results don't rely on just one leadership style; they use most of the styles in any given week (…). With practice leaders can switch among leadership styles to produce powerful results, thus turning the art of leadership into a science». Goleman D., Leadership That Gets Results. Harvard Business Review, March–April 2000, p. 78.

24 «Under pressure, most executives fall back on the management style or approach that worked in the last crisis they faced. But old approaches rarely work in new and demanding situations». Schaeffer L. D., The Leadership Journey. Harvard Business Review, October 2002, p. 42.

25 Allein in den USA erscheinen zur Zeit rund 2000 Bücher pro Jahr zu diesem Thema.

26 Vgl. hierzu z. B. Harvard Business Review on Leadership, Boston, 1998.

27 Heifetz R., Grashow A., Linsky M., Leadership in a (Permanent) Crisis, in: Harvard Business Review, July–August 2009, p. 62.

28 Johansen B., Leaders Make the Future, Berrett-Koehler Publishers Inc., 2009. In Soundview Executive Book Summaries, October 2009, p.3.

29 Die Hauptquelle der Belastung des Führenden in der Krise besteht aus den hohen Anforderungen der Krise in Kombination mit der privaten Beanspruchung. Das Leiden am Stress und ein Versuch, die Folgekosten zu beziffern, in: NZZ, Nr. 213, 13. September 2000, S. 13.

30 Die unterschiedlichen Anforderungen an den Führungsstil werden auch illustriert durch die Schwierigkeit, Krisenbewältigung und Change Management unter einen Hut zu bringen. Die Forderung, die Krise als Chance zu nutzen, kann die Führenden in die Zwickmühle führen. Einerseits steigt die Chance zu Reform und Wandel, je drastischer, hoffnungsloser und unbefriedigender die gegenwärtige Situation dargestellt wird. Andererseits tendieren Führende in der Krise dazu, defensiv und reaktiv bestehende Werte, getroffene Entscheide, aktuelle Strukturen und den Status quo zu schützen und zu verteidigen. Die Verantwortung des Leaders in der Krise ist es jedoch, vorausschauend und visionär aufzuzeigen, dass eine Rückkehr zum Status quo ante in den seltensten Fällen möglich noch wünschbar ist, sonst wäre die Krise ja nicht ausgebrochen. Vgl. zur Problematik: Boin R. A., 't Hart P., Public Leadership in Times of Crisis: Mission Impossible? Leiden University NL, 2001, p. 15.

31 Beispiel einer Unternehmung, die dank «Command-and-Control Leadership» aus einer siebenjährige Krisenphase geführt wurde und durch eine erfolgreiche, partizipative Unternehmenskultur abgelöst wurde. Teerlink R., Harley's Leadership U-Turn, in: Harvard Business Review, July–August 2000, p. 43.

32 US House. Select Bipartisan Committee to Investigate the Preparation for and Response to Hurricane Katrina (2006), A Failure of Initiative, Government Printing Office, Washington D. C., http://www.katrina.house.gov/full_katrina_report.htm.
    US Senate. Committee on Homeland Security and Governmental Affairs (2006), Hurricane Katrina: A Nation Still Unprepared, Government Printing Office, Washington D. C. http://hsgac.senate.gov/_files/Katrina/FullReport.pdf.
    White House (2006), The Federal Response to Hurricane Katrina: Lessons Learned, Office of the Assistant to the President for Homeland Security and Counterterrorism, Washington, D. C. http://www.whitehouse.gov/reports/katrina-lessons-learned (Zugriff zu den drei Quellen 15. März 2010).

33 Bartz C., CEO of Yahoo. Pick yourself up. Move on. Laugh, in: IHT, October 19, 2009, p. 21.

34 Die USA unter der Last der Irak-Kosten, Verdacht auf Kriegsgewinnlertum von Halliburton, in: NZZ, Nr. 253, 31. Oktober 2003, S. 3.

35 James N. D., The Trouble I've Seen, in: Harvard Business Review on Leading in Turbulent Times, Boston, MA, 2003, p. 97.

36 Vgl. Leading by Command, in Goleman, D. Boyatzis R., McKee A., Primal Leadership, Boston MA., 2002, p. 75.

37 Gmür M., Wenn das Rampenlicht zerstörerisch wirkt, Beobachtungen zum Medienopfersyndrom (MOS), in: NZZ, Nr. 127, 2. Juni 2000, S. 80. Studer P., Massnahmen gegen schädliches Rampenlicht, Das Medienopfersyndrom aus publizistischer Sicht, in: NZZ, Nr. 138, 16. Juni 2000, S. 79.

38 Prange O., Verleger und Chefredaktor von Persönlich, der Zeitschrift für Unternehmensführung, Marketing und Kommunikation. «Mehr Barbaren», in: Handelszeitung, Nr. 22, 1. Juni 2005, S. 24.

39 Henkel C. H., Hinter den Kulissen von Lehman, in: NZZ, Nr. 76, 1. April 2010, S. 31.

40 Wells J. R., Präsident International Institute for Management Development (IMD), in: NZZ, Nr. 261, 10. November 2009, S. 23.

41 Stiglitz J. E., Who do these bankers think they are?, in: Harvard Business Review, March 2010, p. 36.
«Die UBS leidet so sehr an der Krise, weil einige das Mass, um nicht zu sagen den Anstand, verloren haben.» Niklaus Brantschen in Bieler Tagblatt, Wegnehmen, was nicht David ist. 28. November 2009, S. 7. Alioth M., Ohne jede Scham, in: NZZ am Sonntag, 17. Mai 2009, S. 22. «Die Gier der Manager hat zugenommen …» Widmer U., Fassade des Scheins, in: NZZ am Sonntag, 27. Dezember 2009, S. 33.

42 Hayek N. G., Es gibt keine Wirtschaftsethik, Interview in Wirtschaft und Konjunktur (Beilage Bieler Tagblatt), 27. Mai 2010, S. 8.

43 Das Ende des «Politbüros». Die neue GM braucht neue Manager, in: NZZ, Nr. 281, 3. Dezember 2009, S. 25. Wacker M., Männer in der Midlife-Crisis veruntreuen besonders häufig, in: Handelszeitung, Nr. 43, 21.–27. Oktober 2009, S. 16. Bank of America und Ex-CEO wegen Betrugs angeklagt, in: NZZ, Nr. 30, 6. Februar 2010, S. 29.

44 Egon Zehnder International, Management in der Unternehmenskrise, Eine Studie der Egon Zehnder International, Zürich, 2003, S. 2.

45 Bankgeheimnis. Was der Linken nie gelang, leisten die Banken nun selbst, in: NZZ am Sonntag, 7. Februar 2010, S. 15. Spieler M., So werden Chefs Totengräber der Marktwirtschaft, in: Handelszeitung, Nr. 14, 7.–13. April 2010, S. 1.

46 Ethik im Aufschwung. Die Business Schools müssen ihre Lehrprogramme umstellen – und die Erkenntnisse aus der Krise einfliessen lassen. Dazu gehört auch die Verbesserung der Ethikausbildung. Wege aus der Krise. Sonderbeilage zu JAC – III. Joint Alumni Conference in Zusammenarbeit mit Bilanz, 2. Oktober 2009, S. 10. Sheridan B., Kushner A. B., Education, the MBA. B-School Backlash, Newsweek, August 10–17, 2009, p. 50.

47 Stäubli-Roduner M., Typ Musterschüler wird bevorzugt. Der perfekte CEO, Von neuen Werten ist auch bei Managern viel die Rede. Auf Chefsesseln seien kreative Querdenker mit Sozialkompetenz gefragt. Das ist blosses Wunschdenken – in Wirklichkeit ruft man nach knallharten Karrieristen., in: Handelszeitung, Nr. 18, 5.–11. Mai 2010, S. 19.

48 «Most boards are so unclear about the definition of leadership, they are picking the wrong people.» Bennis W., O'Toole, Don't Hire the Wrong CEO, in: Harvard Business Review, May–June 2000, p. 171. Müller L., Der Weggucker, in: Bilanz, Nr. 2, 2010.

49 So u. a. «First, boards must come to a shared, accurate definition of leadership. Simply put, leaders must be able to move human hearts – to challenge people and make them want to scale steep peaks (…). Third, the board needs to measure every CEO candidate's soft qualities. Economic measures are important, but integrity, the ability to provide meaning, and the talent for creating other leaders are critical (…). Fourth, boards should beware of candidates who act like CEOs (…). Fifth, boards should accept that real leaders will more than likely overturn the status quo», Bennis W., O'Toole, Don't Hire the Wrong CEO, in: Harvard Business Review, May–June 2000, p 171.

50 Conger J. A., Fulmer R. M., Developing Your Leadership Pipeline, in: Harvard Business Review, December 2003, p. 76. «Some companies, however, do succeed in building a steady, reliable pipeline of leadership talent by marrying succession planning with leadership development.»

51 Hiebert M. and B. Klatt B., The Encyclopedia of Leadership, N. Y. 2001, p. 18.

52 Ulrich D., Zenger J., Smallwood N., Results-Based Leadership, Boston MA., 1999, p. 31.

53 Manske F. A. Jr., Secrets of Effective Leadership, Columbia, TN., 1990, p. 3.

54 Zehnder E. P. S., Die erfolgreiche berufliche Karriere, Ein Zusammenspiel von Eigenschaften, Anforderungen, Planung und Glück, in: NZZ, Nr. 261, 10. November 1998, B5:

«Leadership» ist am besten vom Harvard-Professor John P. Kotter definiert worden: «Leadership is a set of processes that either creates organisations or adapts organisations significantly to changing circumstances. Leadership defines what the future should look like, aligns people with that vision and inspires them to make it happen, despite the obstacles».

55   Maxwell J. C., Leadership Gold, Thomas Nelson, Nashville, TN, 2008, p. 78.
56   Smith P. M., Rules & Tools for Leaders, N. Y. 1998, p. 206, 208.
57   Goleman D., Boyatzis R., McKee A., Primal Leadership, Boston MA., 2002, p. 38/39.
58   Maxwell J. C., Leadership Gold, Thomas Nelson, Nashville, TN, 2008, p. 134.
59   Maxwell J. C., Leadership Gold, Thomas Nelson, Nashville, TN, 2008, p. 106.
60   Wachsende Proteste israelischer Soldaten, in: NZZ, Nr. 196, 25. August 2006. Auf BBC erklärte Shai, ein israelischer Offizier: «The political and military leaders messed up and they have to pay the price, take responsibility, return the keys and go home. In a state like Israel, there's no place for mistakes like this.»
61   Interview mit Harvard Professorin Barbara Kellermann, Marcel Ospel war ein schlechter Führer, in: Berner Zeitung, 15. Juni 2009.
62   Bundespräsident Hans-Rudolf Merz zur Libyen Krise an der Medienkonferenz, in: Blick am Abend, Nr. 204, 22. Okober 2009.
63   Hesselbein F., Goldsmith M., Beckhard R., Leader of the Future, The Drucker Foundation, San Francisco, CA, 1996, in: Soundview Executive Book Summaries, Order No. 18–7, p. 2.
64   Powell C., Leadership Secrets of Colin Powell, McGraw-Hill, 2002, in: Soundview Speed Reviews, June 2002, p. 5.
65   Hill L., Wetlaufer S., Leadership When There Is No One to Ask. An Interview with Eni's Franco Bernabè, in: Harvard Business Review, July–August 1998, Reprint 98402. Harvard Business Review on Crisis Management, Harvard Business School Press, 2000, p. 195/196.
66   Manz C. C., The Leadership Wisdom of Jesus, San Francisco, CA, 1998, p. 119. Lead by Serving, «Real leaders are humble servants, not power-hungry tyrants.»
67   Grün A. Menschen führen – leben wecken, Münsterschwarzach, 2001, S. 57. «Führen heisst vor allem, Leben in den Menschen wecken, Leben aus ihnen hervorlocken … Führen lockt im Einzelnen das Leben hervor, das in ihm schlummert. Es motiviert den Mitarbeiter, die Gaben, die Gott ihm geschenkt hat, zu entfalten. Führen ist die Kunst, den Schlüssel zu finden, der die Schatztruhe des Mitarbeiters aufschliesst und ihm das Gefühl vermittelt, dass in ihm viele Möglichkeiten und Fähigkeiten stecken. Führen heisst, die Lust zu wecken an der Entfaltung der eigenen Fähigkeiten und am Dienst für die Gemeinschaft.»
68   Badaracco J. L., Leading Quietly, Boston, MA, 2002, p. 1.
69   Useem M., The Leadership Lessons of Mount Everest, in: Harvard Business Review, October 2001, p. 54.
70   Malik F., Management oder Leadership, Mystifizierte Leader, ALPHA 11./12. August 2001.
     «Eine Leadership-Theorie muss sich dem Problem der Unterscheidung zwischen Führern und ihrem Gegenteil stellen. Das sind aber nicht die Nicht-Führer, sondern es sind die Verführer. Die Nicht-Führer sind kein Problem. Das Problem sind jene Menschen, die durchaus fähig sind, Kräfte zu mobilisieren, Gefolgschaft anzuziehen und Menschen zu bewegen, diese Fähigkeiten aber missbrauchen. Eine gute Leadership-Theorie muss eine klare Unterscheidung möglich machen, ja erzwingen. Sie muss klare und präzise Kriterien dafür liefern, wie wir die Verführer identifizieren und ausscheiden können.»
     Lewis F., Leadership Is All the Rage, But Few Know What It Is, in: IHT, Mai 30, 2000. «Teaching enlightened leadership should basically be about clear thinking and good ethics, and that is how followers can and should judge those who seek their support.»

Leuenberger M., Das Böse, das Gute, die Politik, Über die Grenze legitimer und schädlicher Verführung in der Politik, in: NZZ, Nr. 213, 14./15. September 2002. «Die Verführung ist etwas Doppelbödiges – vor allem in der Politik: Sie kann ein legitimes Mittel sein, um seine Ziele durchzusetzen, sie kann aber auch in schädlicher Weise manipulativ sein. Gefährlich wird sie dort, wo ein Denken, das nur mit den Kategorien von Gut und Böse arbeitet, die Auseinandersetzungen prägt.»

71 Metaphor = bildhafte Übertragung, übertragener, bildlicher Ausdruck.

72 Oder das Hara, die «Erdmitte des Menschen» oder im Zen die «geistige Mitte des Menschen». Vgl. Lexikon der östlichen Weisheitslehren, Otto Wilhelm Barth Verlag, Bern, München, Wien 1986, S. 131.

73 Dieses Sinnbild findet sich in verschiedenen Kulturen, vgl. z. B. Gold P., Navajo & Tibetan Sacred Wisdom, The Circle Of The Spirit, Rochester, Vermont, 1994.

74 Die innere Mitte und das Lebensrad bilden den Ausgangspunkt unseres vierten Teils des Buches, in dem es um die Frage geht, ob und wie Leadership in Krisen lernbar ist. Dabei sind wir, das sei vorweggenommen, der Aussage verpflichtet: «Leaders are made – not born», persönliche Führung ist ein lernbarer, praktizierbarer Prozess.

75 Maxwell J. C., Leadership Gold, Thomas Nelson, Nashville, TN, 2008, p. 11/12.

76 Collingwood H., Leadership's First Commandment, Know Thyself, in: Harvard Business Review, Special Issue, Breakthrough Leadership, It's Personal, December 2001, p. 8.

77 Witt J. L., Morgan J., Stronger in the Broken Places, New York, NY, 2002, in: Soundview Executive Book Summaries Vol. 25, No. 6, Part 1, June 2003, p. 5.

78 Der Sextant benutzt den Sechstelkreis als Messskala, es ist ein in der Seefahrt zur astronomischen, geografischen Ortsbestimmung benutztes Winkelmessinstrument zur Bestimmung der Höhe eines Gestirns. «It is used for navigation and surveying. The instrument is named for its shape, which is roughly a sixth part of a circle». The World Book Encyclopedia, Chicago, 1998, Vol. 17, p. 336.

79 Vgl. Teil IV A, «Das ausgeglichene Lebensrad als Voraussetzung zur Fortbewegung und zum Wandel in Krisen».

80 Vgl. «Leading with Style – The Right One at the Right Time». Goleman D., Boyatzis R., McKee A., Primal Leadership, Boston, 2002, p. 85–88.

81 Kybernetisch gesehen (die Kybernetik ist die Wissenschaft von der Lenkung, insbesondere Eigenlenkung, also Regelung sowie Steuerung und Kommunikation komplexer Systeme) umfasst organisationale Intelligenz in turbulenten Krisen folgende Fähigkeiten: 1. Sich selbst dem Krisenumfeld anpassen, 2. das Krisenumfeld aktiv beeinflussen, 3. sich, falls erforderlich, ein neues Aktions- und Aufgabenfeld kreieren, die Krise als Chance zur Veränderung nutzen, 4. einen Beitrag an die Lebensfähigkeit und Entwicklung des grösseren Ganzen leisten, in das eine Organisation oder Institution eingebettet ist. Dies, auch wenn die Organisation oder Unternehmung in eine Umwelt eingebettet ist, deren Komplexität die eigene bei weitem übertrifft.
Vgl. Schwaninger M. (Hrsg.), Organisationale Intelligenz aus managementkybernetischer Sicht, in: Intelligente Organisationen, Konzepte für turbulente Zeiten auf der Grundlage von Systemtheorie und Kybernetik, Berlin, 1999 S. 57/58.

82 Heifetz R., Grashow A., Linsky M., Leadership in a (Permanent) Crisis, in: Harvard Business Review, July–August 2009, p. 62.

83 Swiss braucht einen neuen Chef und gnädige Winde, in: NZZ am Sonntag, 22. Juni 2003, S. 19.
Keller P., Putschversuch gegen Swiss-Chef André Dosé, Führungskrise bei der Schweizer Airline, in: NZZ am Sonntag, 23. November 2003, S. 1.

378

84 Hinweise auf den Evaluationsprozess und mögliche Fragestellungen siehe bei Socher M., Brant J., Are You Picking the Right Leaders?, in: Harvard Business Review, February 2002, p. 78.

85 Kling J., Tensions in Teams, in: Harvard Management Update, January 2009, p. 9.

86 Reist D., Humour as a Leadership Quality, unveröffentlichte Semesterarbeit, Veranstaltung «Leadership in Krisen» des Autors, Frühjahrsemester 2009. Zaugg R., Humor ernst nehmen!, in: Bieler Tagblatt, 14. April 2009, S. 7.

87 Herzog E., (Auf ein Wort), «Humor ist gerade in Krisenzeiten wichtig», in: NZZ, Nr. 23, 29. Januar 2003, S. 65.

88 Begley Sh., The Science of Laughs, Scanning brains and eavesdropping on chimps. Researchers are figuring out why we chuckle, guffaw and crack up. Hint: it isn't funny (Society & The Arts), in: Newsweek, October 23, 2000, p. 98–99.

89 Goleman, D. Boyatzis R., McKee A., Die Gefühlslage des Chefs – sie bewirkt Wunder oder Unheil, in: Harvard Business Manager 3/2002, S. 75–86. «Humor beschleunigt die Entfaltung eines optimistischen Klimas. Aber ebenso wie die Grundstimmung einer Führungskraft muss auch die gute Laune mit der Kultur des Unternehmens und seiner Realität übereinstimmen. Lächeln und Lachen, so behaupten wir, sind nur dann ansteckend, wenn sie echt sind.»

90 Goleman D., Boyatzis R., Social Intelligence and the Biology of Leadership, in: Harvard Business Review, September 2008, p. 74.

91 Interview mit dem Hirnforscher und Neurobiologen Gerald Hüther, Viele Manager sind auf dem falschen Trip, in: Handelszeitung, Nr. 52, 23. Dezember 2009–5. Januar 2010, S. 16.

92 Vgl. Husi G., Sicher ist, dass nichts mehr sicher ist, in: NZZ, Nr. 120, 26. / 27. Mai 2001.

93 King C. S., The Words of Martin Luther King, JR., New York, 1967.

94 Als Negativbeispiel: Strategische Führung im Swissair-Debakel, Krisenmanagement von Bundesrat und Wirtschaft, in: NZZ, Nr. 233, 8. Oktober 2001, S. 11.

95 Gary L., Staying Positive – Without the Illusions, in: Harvard Management Update, Vol. 8, No. 9, September 2003, p. 5.

96 Vgl. Lesson Five, What You See Is What You Get, Robbins A. Notes From a Friend, New York, 1995, p. 51.

97 Vgl. Organizing Priorities in Smith P. M., Rules & Tools for Leaders, New York 1998, p. 33.

98 Standfestigkeit auch unter schwierigsten Bedingungen einer Krise: Tedlow R. S., What Titans Can Teach Us, in: Harvard Business Review, November 2001, p. 85.

99 Eblin, S., The Next Level, zitiert nach Soundview Executive Book Summaries, December 2009, p. 2.

100 Vgl. als Negativbeispiele: Jakob R., Strategy, Management in der Krise, Die Absahner: Wie Selbstbereicherungsstrategien die Zukunft der Unternehmen zerstören, in: New Management Nr. 4, 2003, S. 28–34.

101 Maxwell J. C., Talent is Never Enough. Thomas Nelson Inc., 2007, in: Soundview Executive Book Summaries, Vol. 29, No. 6, Part 2, June 2007, p. 2.

102 Rawsthorn A., Brand Obama: Leader in the image war, in: IHT, April 7, 2008, p. 9. Bauhofer B., Bärtschi D., Der Chef als Markenzeichen, Reputation Management als langfristige Investition, in: NZZ, Nr. 144, 25. Juni 2002, S. B19. «Die Studie bestätigt auch, dass beinahe die Hälfte der Firmenreputation (48 %) der Reputation des CEO zugeschrieben wird. Zweifellos ist der CEO heute der bedeutendste, aber auch am wenigsten planbare ‹Intagible Asset› einer Firma.

103 Die harte Lektion für den Toyota-Konzern. Wie der japanische Autobauer eine Rückrufaktion zu einer Krise werden lässt, in: NZZ, Nr. 31, 8. Februar 2010, S. 18.

104 Gaines-Ross L., Corporate Reputation. John Wiley & Sons, Inc., 2008.

105 Ford J. D., Ford L. W., Decoding Resistance to Change, in: Harvard Business Review, April 2009, p. 99.

106 Hafen R., Betriebsklima ist Chefsache, Credit Suisse, Bulletin Nr. 3, 2002, S. 16.

107 Vgl. Hondrich K. O., Die ehrliche Selbsttäuschung, Wie Europa seine Identität an Sündenböcken erprobt, in: NZZ, Nr. 91, 17. April 2000, S. 31.

108 Jeffrey Katzenberg, CEO DreamWorks Animation SKG, in: IHT, Learning when to be a micromanager. November 9, 2009, p. 21.

109 S. F. Hayward, «Calmness under Stress», Churchill on Leadership, Rocklin, CA., 1998, p. 125.

110 Jenewein W., Wenn Hektik den Durchblick trübt, in: Handelzeitung, Nr. 27, 1.–7. Juli 2009, S. 15.

111 Chalupny A., Gratwohl N., Chefs müssen ihre Karten aufdecken, in: Handelszeitung, Nr. 14, 1.–7. April 2009, S. 9.

112 Maxwell J. C., Leadership Gold, Thomas Nelson, Nashville, TN, 2008, p.69.

113 Peter Drucker in: Maxwell J. C., Leadership Gold, Thomas Nelson, Nashville, TN, 2008, p. 69.

114 Tobias T., Put the Moose on the Table, Bloomington, IN, zitiert nach Soundview Executive Book Review, Vol. 25, No. 10, Part 1, October 2003, p. 3: «to make a vision stick, at least two very critical components must exist. The vision must be crystal clear. But even when it is, you cannot simply order people to ‹believe›. For a vision to take hold, it must be also compelling.»

115 «… als er … endlich seinen Krisenaktionsplan vorstellte, erweckte der Weltkonzern nicht den Eindruck souveränen Krisenmanagements, sondern von panischem Aktionismus.» Die harte Lektion für den Toyota-Konzern. Wie der japanische Autobauer eine Rückrufaktion zu einer Krise werden lässt, in: NZZ, Nr. 31, 8. Februar 2010, S. 18. Saltus R. C., Evaluating your brain's CEO, in: IHT (The New York Times), August 28, 2003, p. 7.

116 «I Have a Dream», The Words of Martin Luther King, Jr., selected by Coretta Scott King, New York, 1987, p. 83. Obama B., The Audacity of Hope, Vintage Books, Random House, 2006.

117 Meyer M., Meister im Krieg, Politiker ohne Furcht, Churchills Kampf gegen Hitlers Deutschland, NZZ, Nr. 60, 13. März 2010, S. 61.
Mandela N., Long Walk to Freedom, Back Bay Books, Little, Brown & Co., 2008, «All leaders are influenced by those they admire (…). But as critical as it is to learn from others, much of a leader's approach must be formed from the raw material of his or her own life.»
Giuliani R., Leadership, Little, Brown, 2002, p. xiv.

118 Kouzes J. M., Posner B. Z., To Lead, Create a Shared Vision, in: Harvard Business Review, January 2009, p. 20.

119 Johansen B., Leaders Make the Future, Berrett-Koehler Publishers Inc., 2009, in: Soundview Executive Book Summaries, October 2009, p. 3.

120 Vgl. Teil I, Punkt 3.1.

121 Mitroff I. I., Why Some Companies Emerge Stronger and Better from a Crisis, American Management Association, 2005, p. xiii.

122 Siehe insbesondere Goleman D., EQ² Der Erfolgsquotient, München 2000.

123 Goleman, D. Boyatzis R., McKee A., Die Gefühlslage des Chefs – sie bewirkt Wunder oder Unheil, in: Harvard Business Manager 3/2002, S. 75–86. Goleman D., Boyatzis R., Mckee A., Primal Leadership: the Hidden Driver of Great Performance, in: Harvard Business Review, November 2001, p. 42: 1) Who do I want to be? 2) Who am I now? 3) How do I get from here to there? 4) How do I make change stick? 5) Who can help me?

124 Interview mit dem Hirnforscher und Neurobiologen Gerald Hüther, Viele Manager sind auf dem falschen Trip, in: Handelszeitung, Nr. 52, 23. Dezember 2009–5. Januar 2010, S. 16.

125 Emotionale Intelligenz in der Führung, Neue Publikationen zur Kernkompetenz der Leadership entwickeln das Thema des Bestsellers von Daniel Goleman weiter, in: Public Management, 10/2001, S. 9–16.
«Je besser sich deshalb eine Führungskraft selbst kennt, weiss, wer sie ist und was sie will, die Bedeutung ihrer Gefühle in spezifischen Situationen kennt, ihre Emotionen beherrscht und ihre Impulse konstruktiv steuert, kurz, je weiter eine Führungskraft ihre emotionale Intelligenz entwickelt, desto eher wird sie selbst für zu erbringende Leistungen und zu erreichende Resultate motiviert sein und ihre Motivation auch auf ihr Team übertragen.»

126 Vgl. «Swiss Life vor strategischer Neuausrichtung, Demission des Konzernchefs Manfred Zobl» sowie «Nicht zeitgemäss», in: NZZ, 28.2.2002, Nr. 49, S. 19.

127 Bennis W., Why Leaders Can't Lead, San Francisco, CA 1989, in: Soundview Executive Book Summaries, Order No. 11–28, p. 4.

128 Goleman D., EQ² Der Erfolgsquotient, München 2000, S. 38 und 104.

129 Griswell B. J., Jennings B., The Adversity Paradox, St. Martin's Press, 2009, in: Soundview Executive Book Summaries, August 2009, p. 8.

130 Goleman D., EQ² Der Erfolgsquotient, München 2000, S. 80 und 86.

131 Der beste Ort, um in der Krise Signale frühzeitig zu empfangen und Probleme zu orten, kann aus Erfahrung des CEO einer Unternehmung die Angestellten-Cafeteria sein. Eckert R. E., Where Leadership starts, in: Harvard Business Review, November 2001, p. 53.

132 Goleman D., EQ² Der Erfolgsquotient, München 2000, S. 165.

133 Witt J. L., Morgan J., Stronger in the Broken Places, New York, NY, 2002, in: Soundview Executive Book Summaries, Vol. 25, No. 6, Part 1, June 2003, p. 6.

134 Bei der Entwicklung der Selbstführung und der Leadership soll Zuhören ein wichtiger Ausbildungsteil in der Offiziersausbildung sein. Craig D. M., Designing a Battalion Leadership Development Program, in: Military Review, May–June 1999, p. 9.

135 Teerlink R., Harley's Leadership U-Turn, in: Harvard Business Review, July–August 2000, p. 43.
Vgl. Auch: «The Coercive Style» in Goleman D., Leadership That Gets Results, in: Harvard Business Review, March–April 2000, p. 78.

136 «Self-awareness, emotional self-control, and empathy are crucial to keep the commanding style from going off track.» Goleman D., Boyatzis R., McKee A., Primal Leadership, Boston, 2002, p. 79.

137 Vgl. Cohn R., The PR Crisis Bible, St. Martin's Press, 2000.

138 Napier R., Klein M., The Courage to Act, Davies-Black, 2003, in: Soundview Speed Reviews, November 2003.

139 Griswell B. J., Jennings B., The Adversity Paradox, St. Martin's Press, 2009, in: Soundview Executive Book Summaries, August 2009, p. 1.

140 «Und wenn es wirklich so ist, dass man nicht *aktiv jemanden motivieren* kann, sondern nur das Führungsumfeld so gestalten kann (durch klare Ziele, vertrauensvolle Freiräume und Feedback-Kultur), dass die Mitarbeitenden sich selbst motivieren, so kommt der Vorbildfunktion der Vorgesetzten höchste Bedeutung zu. Oder anders herum: Zu wenig motivierte Chefs *demotivieren* am meisten.» Emotionale Intelligenz in der Führung, Neue Publikationen zur Kernkompetenz der Leadership entwickeln das Thema des Bestsellers von Daniel Goleman weiter, in: Public Management, 10/2001, S. 9–16.

141 Kotter J. P., A Sense of Urgency, Harvard Business Press, 2008, in: Soundview Featured Book Review, April 2009, p. 1.

142 Hirschhorn L., Campaigning for Change, in: Harvard Business Review, July 2002, p. 98.

143 Kotter J. P., A Sense of Urgency, Harvard Business Press, 2008, in: Soundview Featured Book Review, April 2009, p. 3.

144 Peace W. H., The Hard Work of Being a Soft Manager, in: Harvard Business Review, November 2001, p. 99.

145 Mitroff I. I., Anagnos G., Managing Crises Before They Happen, American Management Association, New York, 2001, p. 58.

146 Mit diesem Problem hatte die Übung der Strategischen Führungsausbildung «INFORMO» im Bereich der Krisen, ausgelöst durch Störungen der Informationsinfrastruktur, von allem Anfang an zu kämpfen. Erst ein allgemein verbindliches Glossar mit den wichtigsten Begriffen erlaubte, dass die Informatikspezialisten begannen, eine «unité de pensée» zu entwickeln. Vgl. die beiden CD-ROM der SFA: INFORMO 2001, Krisen ausgelöst durch Störungen in der Informationsinfrastruktur, Dokumente 1999–2001, Bundeskanzlei/Strategische Führungsausbildung, Bern 2002, sowie InformOrena 2002, Schlussbericht Strategische Führungsausbildung, Bern, 2003.

147 Dutton J. E., Frost P. J., Worline M. C., Lilius J. M., Kanov J. M., Leading in Times of Trauma, in: Harvard Business Review, January 2002, p. 54.

148 Elsbach K. D., How to Pitch a Brilliant Idea, in: Harvard Business Review, September 2003, p. 117.

149 Vgl. die Sonderbeilage Unternehmenskultur, in: NZZ, Nr. 270, 20. November 2001, B1.

150 Vgl. Siegrist M., Kommunikation in einer Umgebung des Misstrauens, Stiftung Risiko – Dialog, No. 04, Oktober 2002. Vortrag von Beatrice Tschanz im Rahmen der Vorlesung des Autors im Wintersemester 2002/03 an der Universität Bern zum Thema: Erfolgsfaktoren der Kommunikation in Katastrophen und Krisen vom 5. November 2002.

151 Vgl. die unterschiedliche Kommunikation der Swissair nach dem Absturz der MD 111 und nach dem Grounding. Während im ersten Fall «Care for People» als oberster Grundsatz galt, wurde die offizielle Mitteilung beim Grounding bar jeglicher Empathie für die betroffenen Fluggäste abgefasst. Pressemitteilung der Swissair, 2. Oktober 2001: «Die Swissair ist heute Dienstag zur sofortigen Einstellung des gesamten Flugbetriebes gezwungen worden. Es ist trotz intensivsten Bemühungen während des ganzen Tages nicht gelungen, die für das Tagesgeschäft und den sicheren operationellen Betrieb benötigte Liquidität zu erhalten. Wann der Flugbetrieb wieder aufgenommen werden kann, ist derzeit offen.» Ernst&Young-Bericht in Sachen Swissair, Untersuchungsergebnisse, 20. Januar 2003, S. 483.

152 Toyota has a history of dragging its feet on safety, in: IHT, February 8, 2010, p. 15. Toyotas Krisenstrategie als Risiko für die Autoindustrie. Kostspielige voreilige Rückrufaktionen, in: NZZ, Nr. 40, 18. Februar 2010, S. 35.

153 Das Verstehen, wie eine Organisation wirklich funktioniert erleichtert die Risikoanalyse ebenso wie die Lagebeurteilung bei Krisen. Mintzberg H., Van der Heyden L., Organigraphs: Drawing How Companies Really Work, in: Harvard Business Review, September–October, 1999, p. 87.

154 Vgl. Goleman D., EQ [2] Der Erfolgsquotient, München, 2000, S. 38 /39.

155 Goleman D., Boyatzis R., Social Intelligence and the Biology of Leadership, in: Harvard Business Review, September 2008, p. 74.

156 Griswell B. J., Jennings B., The Adversity Paradox, St. Martin's Press, 2009, in: Soundview Executive Book Summaries, August 2009, p. 7.

157 Vgl. Druskat V. U., Wolff S. B., Building the Emotional Intelligence of Groups, in: Harvard Business Review, March 2001, p. 81.

158 Hackman J. R., Leading Teams, Coutu D., Why teams don't work, in: Harvard Business Review, May 2009, p. 103.

159 Vgl. Tracy B., Goals!, San Francisco, CA, 2002.

160 Mitroff I. I., Why Some Companies Emerge Stronger and Better from a Crisis, American Management Association, 2005, p. xiii.

161 Zohar D., Marshall I., SQ Spirituelle Intelligenz, Bern, München, Wien, 2000, S. II und 17.

162 Mitroff I. I., Why Some Companies Emerge Stronger and Better from a Crisis, American Management Association, 2005, p. 29.

163 Nach Stephen Covy «a character ethic of leadership». Vgl. The Basic Habits and Practices of Successful Leaders, Hiebert M, Klatt B., in: The Encyclopedia of Leadership, New York, 2001, p. 15.
Harvard Business Review on Corporate Ethics, Boston, MA, 2003.
Hendricks, Gay, and Kate Ludeman, The Corporate Mystic: A Guidebook for Visionaries with their Feet on the Ground, Bantam, 1996.

164 «The image of George Washington kneeling in prayer at Valley Forge says something about the method of all leadership – humble, modest service.» George Sweeting in Spirit of Leadership, Columbia, TN, 1989, p. 47.

165 Globales Ethos, in: NZZ, Nr. 277, 28. November 2009, S. 33. Wells J. R., President IMD, Die Bankenkrise war eine Führungskrise, in: NZZ, Nr. 261, 10. November 2009, S. 23. Das Ende des «Politbüros». Die neue GM braucht neue Manager, in: NZZ, Nr. 281, 3. Dezember 2009, S. 25. Peinliche Spesen-Details aus Westminster, in: NZZ, Nr. 106, 9./10. Mai 2009, S. 3. Interview mit Harvard-Professorin Barbara Kellermann, Marcel Ospel war ein schlechter Führer, in: Berner Zeitung, 15. Juni 2009. Florierende Schweizer Wirtschaftskriminalität. Häufung auf Management-Ebene, in: NZZ, Nr. 27, 3. Februar 2009, S. 22. Boni in Zeiten der Krise, in: NZZ, Nr. 18, 23./24. Januar 2010, S. 1.
Buffett, W. E., Corporate ethics. When companies cook the books, blame the CEO, in: IHT, July 25, 2002, p. 7.
Kroesen F. J., Character Is Primary Attribute Of America's Military Leaders, ARMY, May 2000, p. 61.
«American Generalship, examines the leadership characteristics of men who rose to prominence between World War II and Operation Desert Storm. The author finds that character is the principal attribute associated with all successful leaders and that a study of the great captains is essential to the development of future leaders.»
Wehowsky St., Vom Nutzen der Werte und vom Wert des Nutzlosen, Manager auf der Suche nach Erleuchtung, in: NZZ, Nr. 297, 22. Dezember 1997, S. 23.
Schenk T., Schönwetterkapitäne, in: NZZ Folio, März 2002, Nr. 3, S. 53.

166 Schmid A. (Interview mit Jürgen Mayer, CEO maxon motor ag), «Es ist gut, wenn Manager Krisenzeiten erleben», in: New Management, Nr. 1–2, 2003.

167 Peale N. V., Have a Great Day, New York, 1985, p. 22.

168 Johansen B., Leaders Make the Future, Berrett-Koehler Publishers Inc., 2009, in: Soundview Executive Book Summaries, October 2009, p. 4.

169 Die Unruh-Spiralfeder teilt die Zeit in gleiche Teile ein und übermittelt den gleichmässigen Rhythmus ihrer Schwingungen via der Hemmung dem gesamten Räderwerk einer mechanischen Uhr.

170 Likierman, A., Ethik im Aufschwung. Die Business Schools müssen ihre Lehrprogramme umstellen – und die Erkenntnisse aus der Krise einfliessen lassen. Dazu gehört auch die Verbesserung der Ethikausbildung. Wege aus der Krise, Sonderbeilage zu JAC 2009 in Zusammenarbeit mit Bilanz, 2. Oktober 2009, S. 10. Bleisch B., Ethik – für manchen Manager nicht mehr als eine Worthülse. Leadership nach Massgabe sittlichen Handelns ist in EMBA-Studiengängen noch immer selten von zentraler Bedeutung, in: NZZ, Nr. 208, 9. September 2009, S. SB1. Can conscience be taught? Taking scandals seriously: Ethics and the MBA, in: IHT, November 11, 2003, International business education, p. 15.

171 Covey S. M. R., Merrill R. R., The Speed of Trust, Simon & Schuster, Inc. 2006.

172 Lipman-Blumen J., The Allure of Toxic Leaders, Oxford, 2005, in: Soundview Speed Review, July 2005, p. 1.

173 Mitroff I. I., Why Some Companies Emerge Stronger and Better from a Crisis, American Management Association, 2005, p. 129.

174 Zielkonflikt Sicherheit vs. Schutz der Privatsphäre: Bush fordert schärfere Antiterrorgesetzte, Kritik von demokratischen Politikern und Bürgerrechtlern, in: NZZ, Nr. 211, 12. September 2003, S. 3.

175 Hill L., Wetlaufer S., Leadership When There Is No One to Ask. An Interview with Eni's Franco Bernabè, in: Harvard Business Review, July–August 1998, Reprint 98402. Harvard Business Review on Crisis Management, Harvard Business School Press, 2000, p. 182/192.

176 Lepenies W., Wissen wir, was wir nicht wissen werden? Über die europäische Universität und ihre Aufgaben im 21. Jahrhundert, in: NZZ, Nr. 301, 27. Dezember 1999, S. 26. «Wenn wir Europäer über die Krise der Moderne sprechen, dann sprechen wir – im Unterschied beispielsweise zu den Asiaten – über den drohenden Legitimitätsverlust unseres eigenen Wertesystems.»

177 Mitroff I. I., Why Some Companies Emerge Stronger and Better from a Crisis, American Management Association, 2005, p. 159.

Teil IV: Leadership in Krisen ist lernbar

1 Maxwell J. C., Leadership Gold, Thomas Nelson, Nashville, TN, 2008, p. 129.

2 Giuliani R., Leadership, London, 2002, p. xii.

3 Babiak P., Hare R. D., Snakes in Suits, ReganBooks/Harper Collins, 2006. T. Schenk, Schönwetterkapitäne, in: NZZ Folio, März 2002, S. 53. Krisenmanagement: Note «ungenügend», in: NZZ, Nr. 136, 15./16. Juni 2002, S. 43.
McGeary J., (Special Report) Lost Leaders, The current world economics crisis has its roots in widespread political failure, in: Time, September 14, 1998, p. 28–30.

4 Henkel C. H., Hinter den Kulissen von Lehmann, in: NZZ, Nr. 76, 1. April, 2010, S. 31. Henkel C. H., Goldman auf dem heissen Stuhl, in: NZZ, Nr. 97, 28. April 2010, S. 25. Bilton P., Noch keine Meuterei an Bord, Die Gewinner der Firmenzusammenbrüche sind jene, die die Katastrophen verursacht haben, in: NZZ am Sonntag, 30. Juni 2002, S. 18. «Die einzigen, die aus dieser traurigen Geschichte als Gewinner hervorgehen, sind die Industriekapitäne und ihre Berater – ironischerweise dieselben Leute, welche die Schiffskatastrophe in Wahrheit verursacht haben.»

5 Hayek N. G., Es gibt keine Wirtschaftsethik, Interview in Wirtschaft und Konjunktur, (Beilage Bieler Tagblatt), 27. Mai 2010, S. 8. Nolmans E., Der Hilflose, in: Bilanz, Nr. 7, 2010, S. 60. Städeli M., Ganz oben, aber nicht immer top, in: NZZ am Sonntag, 24. Januar 2010, S. 36. Egon Zehnder International, Management in der Unternehmenskrise, Eine Studie der Egon Zehnder International, Zürich, 2003.
Rohmund S. Schweizer Manager: Lauter graue Mäuse, Umfrage unter Führungskräften beweist: Krisenmanager sind in der Schweiz Mangelware, in: Cash, Nr. 43, 26. Oktober 2001, S. 1. «Statt langweiliger Bünzlis sind Macher gefragt. Solche Troubleshooter werden vermehrt im Ausland gesucht. In der Schweiz fehlt es an Krisenmanagern, wie eine Umfrage zeigt.»

6 Hoenle S., Eine lernende Organisation ist mehr als schöne Worte, in: NZZ, Nr. 120, 27. Mai 2009, S. B9.

7 Carrel L. F., Strategische Führungsausbildung, Concept 1999–2003, S. 13. Diese Idee wurde auch ins Ausbildungsprogramm 2004 – 2007 der SFA übernommen, Bern 2003, S. 4.

8 Vgl. Giuliani R., Leadership, Little, Brown, London 2002, Learn from Great Teams, p. 107.

9   Vgl. Crisis in the First Hour in Tobias R., Put The Moose On The Table, Bloomington, IN, 2003.

10 Alexander J., in Hesselbein F., Goldsmith M., Editors, The Leader of the Future, John Wiley & Sons, Inc., 2006, in: Soundview Executive Book Summaries, Vol. 28, No. 12, Part 2, December 2006, p. 5.

11 Vgl. Man hat nie ausgelernt, Wissbegierige Führungskräfte, in: NZZ, Nr. 233, 8. Oktober, 2003, S. 61.
    Strategische Führungsausbildung, Programm 2004–2007, Vorwort des Verfassers, Bundeskanzlei, Bern, 2003, S. 3/4.

12 Maxwell J. C., Leadership Gold, Thomas Nelson, Nashville, TN, 2008, p. 126.

13 Edmondson A., Bohmer R., Pisano G., Speeding Up Team Learning, in: Harvard Business Review, October 2001, p. 125.

14 Linder J., Old dogs, new tricks. Outlook Number 1, 2000, p. 43.

15 Dror Y., Ist die Erde noch regierbar? Ein Bericht an den Club of Rome, München 1995, S. 112 und 282.

16 Vgl. hierzu die Untersuchung Carrel L. F., Training Civil Servants for Crisis Management, in: Journal of Contingencies and Crisis Management, Vol. 8, No. 4, December 2000, p. 192.

17 Dror Y., The Capacity to Govern, A Report to the Club of Rome, London/Portland, OR, 2001, p. 123. «The gulf between the training of medical doctors and senior governance elites is striking … all studies of professionalism show that the development of high level skills requires years of intense learning and supervised practice.»

18 Vgl. Bremer, L. P. III, Corporate Governance and Crisis Management, Marsh Directors & Boards Magazine, 2002, http://findarticles.com/p/articles/mi_go2446/is_2_26/ai_n679 8774/ (Zugriff 27. Mai 2010).

19 Giuliani R., Leadership, Little, Brown, London 2002, p. 100.

20 Stäubli-Rodunder M., Die Angst des Kapitäns vor dem Eisberg, in: Handelszeitung, Nr. 5, 28. Januar–3. Februar 2009, S. 17.

21 Axelrod A., Edison on Innovation. Jossey-Bass, 2008. Finkelstein S., Why Smart Executives Fail: What you can learn from their mistakes, Portfolio, 2003.
    Dotlich D. L., Cairo P. C., Why CEOs Fail: The 11 Behaviors That Can Derail your Climb to the Top and How to Manage them. Jossey-Bass, 2003.
    Argyris C., Teaching Smart People How to Learn, in: Harvard Business Review, Business Classics: Fifteen Key Concepts for Managerial Success, Boston, MA, 1996, p. 148.

22 Dror Y., The Capacity to Govern, A Report to the Club of Rome, London/Portland, OR, 2001, p. 125: «The highest levels of governance, including heads of governments and senior ministers, present a special problem. Possible learning opportunities for them include short retreats and summit meetings, counseling and mentoring by senior advisors, and short seminars and workshops (…). Pioneering strategic exercises by the Office of the Chancellor of Switzerland for the cabinet and other policy makers and influential figures in policy illustrate innovative practice-tested possibilities (Carrel, 1999 and http:/www.sfa.admin.ch), as do experiences with modular study days, including some of my own workshops in strategic choices and policy planning for cabinets.»

23 Coutu D. L., The Anxiety of Learning, in: Harvard Business Review, March 2002, p. 100.

24 Bennis W. G., Thomas R. J., Crucibles of Leadership, in: Harvard Business Review, September 2002, p. 39.

25 Städeli M., Ganz oben, aber nicht immer top, in: NZZ am Sonntag, 24. Januar 2010, S. 36. ImagiNation, Expo.02, Chronologie, Lausanne, 2002, p. 302.

26   Bovens M., 't Hart P., Dekker S., Verheuvel G., The Politics of Blame Avoidance, in: Anheier H.,K., (Editor), When Things Go Wrong, Organizational Failures and Breakdowns, London, p. 123.

27   «… in the politics of blaming, information is tailored to be ammunition (…), data are selected and molded to construct winning arguments in a battle for political-bureaucratic survival», 't Hart P., Heyse L., Boin A., Guest Editorial Introduction. New Trends in Crisis Management Practice and Crisis Management Research: Setting the Agenda, in: Journal of Contingencies and Crisis Management, Vol. 9, No. 4, December 2001, p. 184.

28   Vgl. Teil III, «Die Selbsterkenntnis gehört zur Emotionalen Intelligenz und ist Teil der Fähigkeit zur Selbstwahrnehmung».

29   Bennis W., On Becoming a Leader, Addison-Wesely, MA, 1989, in: Soundview Executive Book Summaries, No. 12–10, p. 1.

30   Brantschen N., Erfüllter Augenblick, Freiburg, Basel, Wien, 1999, S. 91.

31   Life Law 4, Mc Graw P. C. Life Strategies, New York, 1999, p. 109.

32   R. Giulianis Leitsätze zur Leadership in: Huber D., «Wer nicht optimistisch ist, kann nur verlieren», in: Credit Suisse Bulletin 3–02, S. 80–82.

33   Collingwood H., in: Harvard Business Review, December 2001, p. 8.

34   Iten J., Grössenwahn als Zeitgeist, Besinnungsstunde für das Management, in: NZZ, Nr. 6, 9. Januar 2003, S. 23.
Voigt B., Kampf an vielen Fronten, in: NZZ am Sonntag, 22. Juni 2003, S. 41 und 42. «Bei der Swiss freilich fehlt eine Figur, die dieses unternehmerische Charisma aufweist. CEO André Dosé hat sein Glaubwürdigkeitskapital verspielt aufgrund nicht eingehaltener Versprechen (Beispiel: Allianz steht bevor), falsche Behauptungen (Die Banken haben uns den Kredit gekündigt) und des zähen Festhaltens an einer Unternehmensgrösse, die sich schon beim Start als zu optimistisch darstellte.»

35   Interview with Eduardo Castro-Wright, Vice chairman of Wal-Mart, in: IHT, May 25, 2009, p. 16.

36   Interview mit dem Hirnforscher und Neurobiologen Gerald Hüther, Viele Manager sind auf dem falschen Trip, in: Handelszeitung, Nr. 52, 23. Dezember 2009–5. Januar 2010, S. 16.

37   Goleman D., Boyatzis R., McKee A., Primal Leadership, Boston, 2002, p. 109. Vgl. auch IV(B), 2.3 «Einstellungen und Gewohnheiten verändern».

38   Erfolgreich zu führen, bedeutet nicht, dass man sich stur an allgemeingültige Richtlinien hält. Wirkliche Führungskompetenz basiert statt dessen auf einem hohen Mass an Selbsterkenntnis und der Fähigkeit,persönliche Stärken gewinnbringend einzusetzen. Die Nuancen und Implikationen unserer Motivationen zu verstehen, erfordert ein hohes Mass an Selbstreflexion und persönlichem Engagement. Im Idealfall führt dieser Prozess der Selbsterkenntnis dazu, dass sich ihre Fähigkeiten und Aufgaben weitgehend decken.» Robertson A.G. und Walt C.L., Führungskompetenz entdecken, Outlook, Andersen Consulting, 1999, Heft 2, S. 17–19.

39   Carrel L. F., Challenge and Response; Rescue from Pitfall: A Case Study Coaching a Leader Through a Corporation Crisis, in: International Journal of Coaching in Organizations IJCO, Issue 1, 2008. Stäubli-Roduner M., CEO und Privatleben. Familie – Paradies mit Fallgruben, in: Handelszeitung, Nr. 34, 19.–25. August 2009, S. 17.

40   Grün A. Menschen führen – leben wecken, Münsterschwarzach, 2001, S. 13 und 26.

41   Goodwin D. K., Leadership Lessons from Abraham Lincoln, in: Harvard Business Review, April 2009, p. 43.

42   Inspirierende Leader verfügen selbstverständlich über eine Vision, Autorität, viel Energie und über eine Strategie. Zusätzlich zeichnen sie aber vier Eigenschaften aus. (1) They selectively show their weaknesses. By exposing some vulnerability, they reveal their approachability and humanity. (2) They rely heavily on intuition to gauge the appropriate timing and

course of their actions. They become a «sensor». (3) They manage employees with something we call tough empathy. (4) They reveal their differences. They dare to be different. Goffee R., Jones G., Why Should Anyone Be Led by YOU?, in: Harvard Business Review, September–October 2000, p. 64.

43 «The Effective Leader …. (1) Builds Group Cohesiveness And Pride, (2) Lives By The Highest Standards Of Honesty And Integrity, (3) Shares Information Openly And Willingly, (4) Coaches To Improve Performance, (5) Insists On Excellence, (6) Sets The Example For Others To Follow, (7) Holds Subordinates Accountable, (8) Has Courage, (9) Shows Confidence In People, (10) Is Decisive, (11) Has A Strong Sense Of Urgency, (12) Makes Every Minute Count, (13) Earns The Loyalty Of Employees, (14) Is Employee-Centered, (15) Listens To Subordinates, (16) Is Determined, (17) Is Available and Visible To His Or Her Staff. Manske F. A. Jr., Secrets of Effective Leadership, Columbia, TN., 1990, p. V.

44 (1) Character (2) Charisma (3) Commitment (4) Communication (5) Competence (6) Courage (7) Discernment (8) Focus (9) Generosity (10) Initiative (11) Listening (12) Passion (13) Positive Attitude (14) Problem Solving (15) Relationships (16) Responsibility (17) Security (18) Self-Discipline (19) Servanthood (20) Teachability (21) Vision. Maxwell J. C., The 21 Indispensable Qualitites Of A Leader, Nashville, TN, 1999, p. V/VI.

45 Maxwell J. C., The 21 Irrefutable Laws Of Leadership, Nashville, TN.,1998, p. 43/44. Leadership – A new concept?, in: Trentracker, January 2002.

46 Gabarro J. J., Kotter J. P., Managing your Boss, in: Harvard Business Review, Business Classics: Fifteen Key Concepts for Managerial Success, Boston, MA, 1996, p. 54.

47 Baldwin D. G., How to Win the Blame Game, in: Harvard Business Review, July–August 2001, p. 143: «1) Know when to blame – and when not to. 2) Blame in private and praise in public. 3) Realize that the absence of blame can be far worse than its presence. 4) Manage misguided blame. 5) Be aware that confidence is the first casualty of blame.»

48 Useem M., Leading Up, Crown Business, 2001.

49 Gute Erfahrungen hat der Verfasser in solchen Fällen mit einem Tagesjournal gemacht, das bei schlechten Vorgesetzten Erkenntnisse auflistet, wie man es nicht machen darf. Bartz C., CEO of Yahoo. Pick yourself up. Move on. Laugh, in: IHT, October 19, 2009, p. 21. Peryy Smith hat neun verschiedene Typen schwieriger Vorgesetzter gebildet: Type A Bosses, Power Seekers, Wimpy Bosses, Laissez-faire Bosses, Country Club Bosses, Captured-by-the-staff Bosses, Big Ego Bosses, Mother Hen Bosses, The retired-in-place Boss. Vgl. Smith P. M., Rules & Tooles for Leaders, N. Y. 1998, p. 171–175.

50 Vgl. Teil III, Punkt 5.5 «Offene Kommunikationsfähigkeit».

51 Goffee R., Jones G., Followership. It's Personal, Too, in: Harvard Business Review, November 2001, p. 148.

52 Persönlichkeitsentwicklung vs. technokratische Führungsausbildung. Schönwetterkapitäne, in: NZZ Folio, März 2002, S. 53–56.

53 Der erste Schritt, dass ein Krisenteam-Mitglied zum Lernenden wird ist: «to understand themselves – or, more specifically, their goals, learning styles, decision-making approaches and values. Only then will they be able to create for themselves an effective plan for learning and development». Honold L., Developing Employees Who Love to Learn, Palo Alto, CA., 2001, in: Soundview Executive Book Summaries, Vol. 23, No 3, March 2001, p. 6.

54 Neigen wir dem analytischen, logisch abstrakten oder eher dem ganzheitlichen, intuitiv, synthetisierenden Denk- und Lernstil zu? Denken wir eher in verbalen, abstrakten Symbolen sequentiell und systematisch? Oder bevorzugen wir bildliche Vorstellungen und müssen emotional auf die Inhalte eingestimmt sein?

55 Rasches Lernen und Handeln in der Krise. Diese Anforderung entspricht einer erforderlichen Fähigkeit zukünftiger Führungskräfte: Probst G., Unternehmensführung: «New Skills» für die Zukunft der Unternehmen, in: iO Management, Nr. 12, 1999, S. 18–23.

56 Vgl. die Studie der Egon Zehnder International, Mangement in der Unternehmenskrise, Zürich, 2003, S. 13.

57 Maxwell J. C., Leadership Gold, Thomas Nelson, Nashville, TN, 2008, p. 12.

58 Argyris C., Teaching Smart People How to Learn, in: Harvard Business Review, Business Classics: Fifteen Key Concepts for Managerial Success, Boston, MA, 1996, p. 148.

59 Smith P. M., Rules & Tools for Leaders, New York, 1998, p. 175.

60 EQ als soziale Kompetenz, in: Public Management, EPA, 10 / 2001, S. 14.

61 Giuliani R. W., Leadership, London, 2002, p. xiv.

62 Vgl. die Studie der Egon Zehnder International, Mangement in der Unternehmenskrise, Zürich, 2003, S. 6.

63 Huber D., «Wer nicht optimistisch ist, kann nur verlieren», Giulianis Leitsätze zu Leadership, in: Credit Suisse Bulletin 3–02, S. 80–82.

64 Flugkapitän Chesley «Sully» Sullenberger publiziert seine Autobiograhie. Topleistung erwächst aus akribischer Vorbereitung, in: NZZ, Nr. 252, 30. Oktober 2009, S. 24.

65 «Mental Habits That Support Lifelong Learning: Risk taking; Humble self-reflection; Solicitation of opinions; Careful listening; Openness to new ideas.» Kotter J. P., Leading Change, Boston, MA, 1996, p. 183.

66 Dalai Lama, in: Cutler H. C., Die Regeln des Glücks, Ulm, 2003, S. 52.

67 Ausbildung und Training als Nummer 1 der Zukunftstrends: Cetron M. J. and Davies O., Trends Now Changing the World: Technology, The Workplace, and Institutions, in: The Futurist, March–April 2001, p. 27–42.

68 Maxwell J. C., The 21 Irrefutable Laws Of Leadership, Nashville, TN,1998, p. 24.

69 O'Neil J., Führen aus der Mitte, Bern, 2000, S. 53/54.

70 Die zehn Kernfragen, welche die Zukunftsforschung beschäftigen sollte: Die Nr. 5 ist die Frage nach der Bedeutung des Übergangs zur «Leadership Era». «What does it mean to move from the knowledge era to the leadership era, where leadership is considered as essential a skill as reading and writing?» Rubinstein H. R., Ten Questions to Guide Future Studies at the Turn of the Century, in: Futures Research Quarterly, Winter 1999, p. 65–67.
Cetron M. J. and Davies O., Trends Now Changing the World: Technology, The Workplace, and Institutions, in: The Futurist, March–April 2001, p. 27–42.

71 Es sind (1) Ein positives Selbstverständnis, (2) Die Klarheit des Denkens und gleichzeitig das Bewahren von Ruhe, (3) In Krisen wichtige Qualitäten und Kompetenzen der emotionalen Intelligenz, insbesondere die Selbstwahrnehmung, das Selbstmanagement, die Empathie, die soziale Fähigkeit ein Katalysator des Wandels zu sein, die Teamfähigkeit, Konfliktstärke und Kooperationswille, (4) Mut, Entschlossenheit zur Entscheidung (5) Offene Kommunikationsfähigkeit, (6) Wissen und Können, Sachkunde und Sachverstand, intellektuelle Fähigkeiten, «Knowledge and Skills».

72 Heid H., Die Messbarkeit menschlichen Handelns, Evaluation – ein Begriff und dessen Bedeutung, in: NZZ, Nr. 216, 16./17. September 2000, S. 101–102.

73 Grammatik der Leistungsgesellschaft, Frühjahrstagung der Militärischen Führungsschule, in: NZZ, Nr. 65, 19. März 2001, S. 10.

74 Peale N. V., Have A Great Day, New York, 1985, p. 40.

75 Smith P. M., Rules & Tools for Leaders, New York, 1998, p. 15.

76 Dörner D., Die Logik des Misslingens – Strategisches Denken in komplexen Situationen, Reinbek bei Hamburg, 1989.

77 Collins J., Level 5 Executive in Good to Great, Harper Business, 2001.

78 Collins J., Level 5 Leadership: The Triumph of Humility and Fierce Resolve, in: Harvard Business Review, January 2001, p. 66.

79 John Kotter nach: Zehnder E. P., Die erfolgreiche berufliche Karriere, ein Zusammenspiel von Eigenschaften, Anforderungen, Planung und Glück, in: NZZ, Nr. 261; 10. November 1998, B5.

80 Zum Begriff und der Philosophie des Coaching verweisen wir auf die Definition der International Coach Federation, die für uns wegleitend und vorbildlich ist: www.coachfederation.org (About Coaching, The ICF Code of Ethics) (Zugriff 26. März 2010).

81 Carrel L. F., Challenge and Response; Rescue from Pitfall: A Case Study Coaching a Leader Through a Corporation Crisis, in: International Journal of Coaching in Organizations IJCO, Issue 1, 2008. Coaching für Führungskräfte. Eine neue Dimension der Führung von Mitarbeiterinnen und Mitarbeitern, in: Public Management, EPA, 3 / 2003, S. 20.

82 Gleich einem Fels in der Brandung, Handlungsanweisungen für Manager in Krisenzeiten, in: NZZ, Nr. 252, 30. Oktober 2002, S. 71.

83 Smith P. M., Rules & Tools for Leaders, New York, 1998, p. 113.

84 Waser Ch. M., Coaching macht Schule, Was Bildungsstätten von der Wirtschaft lernen können, in: NZZ, Nr. 16, 21. Januar 2003, S. 65. «Coaching für Führungskräfte ist in der Wirtschaft stark im Trend. Nicht zu Unrecht, denn Coaching stellt in der bezüglich Veränderungen hektischen und krisenanfälligen Zeit eine gute Möglichkeit dar, Führungsverantwortliche zu unterstützen.»

85 Iten J., Grössenwahn als Zeitgeist, Besinnungsstunde für das Management, in: NZZ, Nr. 6, 9. Januar 2003, S. 23.

86 Cole K., The Complete Idiot's Guide to Clear Communication, Pearson Education, 2002, p. 18.

87 www.quotemeonit.com (Zugriff 9. Juli 2010).

88 Harrison F. C., Spirit of Leadership, Columbia, 1989, p. 69.

89 Maxwell J. C., The 21 Indispensable Qualities of a Leader, Nashville, TN., 1999, p. 4.

90 Maxwell J. C., The 21 Indispensable Qualities of a Leader, Nashville, TN, 1999, p. 3.

91 Kegan R., Lahey L. L., The Real Reason People Won't Change, in: Harvard Business Review, November 2001, p. 84. Coutu D. L., The Anxiety of Learning, in: Harvard Business Review, March 2002, p. 100.

92 Mitroff I. I., Anagnos G., Managing Crises Before They Happen, American Management Association, New York, 2001, p. 58.

93 Robertson A. G., Walt C. L., Führungskompetenz entdecken, Outlook, Andersen Consulting, 1999, Heft 2, S. 18.

94 Etymologisch ist im Altgermanischen «AHD WUNSC», das Trachten und Streben enthalten. In der Psychologie ist es die Bezeichnung für die Vorstellung eines begehrten Gegenstandes mit dem starken, erlebten Drang nach dessen Erlangen. «Unsere Wünsche sind Vorgefühle der Fähigkeiten, die in uns liegen, Vorboten desjenigen, was wir zu leisten imstande sein werden. Was wir können und möchten, stellt sich unserer Einbildungskraft ausser uns und in der Zukunft dar; wir fühlen eine Sehnsucht nach dem, was wir schon im Stillen besitzen. So verwandelt ein leidenschaftliches Vorausergreifen das wahrhaft Mögliche in ein erträumtes Wirkliches.» Goethe J. W., Maximen und Reflexionen, V, Nr. 20.

95 Orison Sweet Marden, in: Harrison F. C., Spirit of Leadership, Columbia, TN, 1989, p. 29.

96 «Eine Sekunde hat alle meine Träume, Ziele und Visionen zerstört.» Interview des querschnittgelähmten Silvano Beltrametti, in: NZZ, Nr. 4, 4. Januar 2002, S. 45.
Interview mit der Rollstuhlfahrerin Edith Hunkeler: «Der Wille ist stärker als die Kraft», in: Bieler Tagblatt, 6./7. September 2003, S. 20. «‹Träume nicht dein Leben, sondern lebe deine Träume›, und dabei bekennt sie offen: ‹Ich schäme mich der Tränen nicht; harte Zeiten haben mir dabei geholfen, über mich selber nachzudenken und an mich selbst zu glauben.›»

97 Herzberg F., One More Time: How Do You Motivate Employees?, in: Harvard Business Review, Business Classics: Fifteen Key Concepts for Managerial Success, Boston, MA, 1996, p. 42.
Vgl. die Spezialnummer: Motivating People, Harvard Business Review, January 2003, insbesondere den Beitrag «Moving Mountains», p. 41.

98 Public Management, Eidgenössisches Personalamt, 10 / 2001, S. 11.

99 Goleman, D. Boyatzis R., McKee A., Die Gefühlslage des Chefs – sie bewirkt Wunder oder Unheil, in: Harvard Busindess Manager 3/2002, S. 75–86. «Zudem werteten wir unsere Arbeit mit Führungskräften aus der Wirtschaft aus sowie ferner die Beobachtungen unserer Kollegen von Hunderten von Führungskräften und Daten der Hay Group über die Führungsstile von Tausenden von Managern. Anhand dieses Forschungsmaterials entdeckten wir, dass emotionale Intelligenz im Unternehmen wie Strom in einer Leitung weitergeleitet wird. Genauer gesagt: Die Stimmung eines Unternehmensführers ist buchstäblich ansteckend und breitet sich schnell und unaufhaltsam im gesamten Unternehmen aus.»

100 Interview mit dem Hirnforscher und Neurobiologen Gerald Hüther, Viele Manager sind auf dem falschen Trip, in: Handelszeitung, Nr. 52, 23. Dezember 2009–5. Januar 2010, S. 16.

101 Eblin S., The Next Level, 2006, in: Soundview Executive Book Summaries, December 2009, p.2.

102 Vgl. zur Kunst des Zielsetzens: Tracy B., Goals!, San Francisco, CA, 2002.
Hill L., Wetlaufer S., Leadership When There Is No One to Ask. An Interview with Eni's Franco Bernabè, in: Harvard Business Review, July–August 1998, Reprint 98402. Harvard Business Review on Crisis Management, Harvard Business School Press, 2000, p. 195/196.

103 Zum Beispiel sind die Ziele SMART: Spezifisch, Messbar, Anforderungsreich, Realistisch, Terminiert.

104 Mackay H. in Levine R. S., Crom M. A., Dale Carnegie & Associates, Inc., 1993, in: Soundview Executive Book Summaries, Order No. 16–4, p. 7.

105 Blanchard K., Meyer P. J., Ruhe D., Know Can Do!, Berrett-Koehler Publishers, 2007.

106 Pfeffer J., Sutton R. I., The Smart-Talk Trap, in: Harvard Business Review, May–June 1999, p. 135.

107 Blanchard K., Meyer P. J, Ruhe D., Know Can Do!, Berrett-Koehler Publishers, 2007.

108 Parcells B., The Tough Work of Turning Around a Team, in: Harvard Business Review, November–December 2000, p. 179.

109 Simon Ammann: «Ich habe alles aus dem Kopf gesteuert», in: NZZ, Nr. 47, 26. Februar 2010, S. 23.
Ständige Visualisierung des Erfolgs: Snowboarder ohne Lagerkoller, in: NZZ, Nr. 47, 26. Februar 2010, S. 27.

110 O'Neill J., Führen aus der Mitte, Bern 2000, S. 52.

111 Fröhlich W. D., Wörterbuch der Psychologie, München 1998, S. 262.

112 Public Management, EPA, 10 / 2001, S. 15.

113 Goleman D., EQ ^{2}, Der Erfolgsquotient, München, 2000, S. 399/400.

114 Meier-Rust K., Was zufrieden macht, in: NZZ am Sonntag, 24. Januar 2010, S. 55.

115 Eine ähnliche Formulierung wie vorne findet sich für den Prozess der Selbsterkenntnis bei Goleman D., Boyatzis R., Mckee A., Primal Leadership: the Hidden Driver of Great Performance, in: Harvard Business Review, November 2001, p. 42: 1) Who do I want to be? 2) Who am I now? 3) How do I get from here to there? 4) How do I make change stick? 5) Who can help me?

116 Wie kann man schlechte Gewohnheiten bei der Führung verändern? Vgl. die Gründe und sechs schlechte Gewohnheiten von Leaderpersönlichkeiten, die selbstlimitierend wirken (The Hero, the meritocrat, the bulldozer, the pessimist, the rebel, the home run hitter).

Waldroop J., Butler T., Managing Away Bad Habits, in: Harvard Business Review, September–October 2000, p. 89.

117 Instrumente zur Selbstbeurteilung und Standortbestimmung gibt es diverse. Vgl. z. B. den Myers-Briggs Type Indicator; DISG Führungsprofil «Leadership»; The Typewatching Profiles, The Profile Evaluation System (PES), Before You Hire (BYH), Personality Profile (Plus 32), vgl. LMI's Assessment Tools, www.lmi-inc.com (Zugriff 26. März 2010).

118 Manz C. C., The Leadership Wisdom of Jesus, Practical Lessons For Today, San Francisco, CA, 1998, p. 10.

119 Diem Meier M. et. al., Nimmersatte Abzocker, in: Facts 51/2002, S. 61–69: «In Managementpositionen hat man viel Macht. Das ist wie ein Rausch. Dieser Rausch trübt den Blick auf die Realität» (Josef Sachs, leitender Arzt, Psychiatrische Klinik Königsfelden AG).

120 «The best leaders are passionate about the mission.» Reuben Harris. «There is a slogan in real estate that there are three very important considerations when buying property: location, location, location. For leaders of organizations, it's the mission, the mission, the mission.» Smith P. M., Rules & Tools for Leaders, New York, 1998, p. 33.

121 Vier-Fragen-Probe von Rotary International.

122 Smith P. M., Rules & Tools for Leaders, New York, 1998, p. 37.

123 In der Psychologie ist die Autosuggestion eine Form der Suggestion, die vom Individuum selbst vorgenommen wird und nicht von aussen kommt. So bezweckt die Suggestionstherapie die Vorgänge durch die Vermittlung einstellungsverändernder suggestiver Botschaften. Die Einflussnahme erfolgt auf dem Weg der Selbstkommunikation, in dessen Verlauf eine Person Einstellungen, Urteile oder Verhaltensweisen im Sinne einer Anpassung verändert. Affirmationen finden auch im autogenen Training oder im Yoga Anwendung. Vgl. auch Harrell K., «Self-Coaching Through Affirmation. The Power of Visualization», Attitude is Everything, New York, 1999.

124 Sie werden von vielen Leistungssportlern und Erfolgsmenschen regelmässig angewendet, sind seit langer Zeit erprobt und weit verbreitet. Vgl. Meyer P. J., A World of Success, Waco, TX, 1997.

125 Kaplan R. S., Norton D. P., Having Trouble with Your Strategy? Then Map it, in: Harvard Business Review, September–October 2000, p. 167.

126 Khurana R., The Curse of the Superstar CEO, in: Harvard Business Review, September 2002, p. 60.

127 Maxwell J. C., Talent is Never Enough, Thomas Nelson Inc., 2007, in: Soundview Executive Book Summaries, Vol. 29, No. 6, Part 2, June 2007, p. 2.

128 Sull D. N., Managing by Commitments, in: Harvard Business Review, June 2003, p. 82.

129 Emotionale Intelligenz in der Führung, in: Public Management 10/2001.

130 Polo Hofer: Härzbluet, Musik ist eine psychohygienische Dienstleistung, in: Bieler Tagblatt, 7. Januar 2000, S. 35.

131 Nach den Aussagen eines Zeugen der Führungsetage der Swissair, der nicht namentlich genannt werden will, waren in der Endzeit der Fluggesellschaft 2001 Führungsverantwortliche nur mehr selten bei ihrer eigentlichen Aufgabe anzutreffen. Sie widmeten sich mit Vorrang der Zukunft ihrer eigenen Karriere. In der Perspektive des Zeugen war das Unternehmen zeitweise führungslos und die Mitarbeitenden durch die Abwesenheit der Kaderleute hoffnungslos demotiviert.

132 Levine R. S., Crom M. A., Dale Carnegie & Associates, Inc., 1993, in: Soundview Executive Book Summaries, Order No. 16–4, p. 6.

133 Griswell B. J., Jennings B., The Adversity Paradox, St. Martin's Press, 2009, in: Soundview Executive Book Summaries, August 2009, p. 1.

134 Tour de Lance IV, Der Amerikaner Armstrong gewinnt zum vierten Mal de suite die Tour de France, in: NZZ, Nr. 173, 29. Juli 2002, S. 31.

Wider alle Scherereien, Lance Armstrong verdankt den neusten Tour-Erfolg alten Kämpferqualitäten, in: NZZ, Nr. 172, 28. Juli 2003, S. 36.

135 Schiendorfer A., «Der Mensch findet im Kopf und im Herzen statt», in: Credit Suissse Bulletin, 4–03, S. 62.

136 Winston Churchills Ansprache an die Knaben der Schule von Harrow. Nach Peale N. V., Have a Great Day, New York, 1985, p. 70.

137 Peale N. V., Have A Great Day, New York, 1985, p. 9.

138 All in a Day's Work. A roundtable in Harvard Business Review, November 2001, p. 54.

139 Covey S. R., Merrill R. A., Merrill R. R., First Things First, 1994, in: Soundview Executive Book Summaries, No. 16–23, p. 4.

140 «Fully 90 % of managers squander their time in all sorts of ineffective activities. A mere 10 % of managers spend their time in a committed, purposeful, and reflective manner.» «Effecitve action relies on a combination of two traits: focus and energy». Vgl. zudem die Focus-Energy Matrix. Bruch H., Ghosal S., Beware the Busy Manager, in: Harvard Business Review, February 2002, p. 62.

141 Peale N. V., Have A Great Day, New York, 1985, p. 12.

142 Poscente V., The Age of Speed, Bard Press, 2008.

143 Covey S. R., Merrill A. R., Merrill R. R., Der Weg zum Wesentlichen. Zeitmanagement der vierten Generation, Campus, 2003, (5. Auflage). Malik F., Führen, Leisten, Leben. Wirksames Management für eine neue Zeit. Stuttgart, München, 2000, S. 178/179.

144 Kreativität und laterales Denken sind streng genommen nicht dasselbe. Kreative Menschen können sehr originell, aber gleichzeitig auch unflexibel und fixiert auf ihren Lösungsansatz sein. Kreative Menschen können auch laterale Denker sein, müssen es aber nicht: ... «many creative people are actually ‹rigid› at the same time (…). But in ‹lateral thinking› I am interested in the ability to change perception and to keep on changing perception (…). In ordinary terms we can describe it as the ability to look at things in different ways.» De Bono E., De Bono's Thinking Course, New York, 1994, p. 58/59.

145 Levy P. F., The Nut Island Effect: When Good Teams Go Wrong, in: Harvard Business Review, March 2001, p. 51.

146 Tobias R., Put The Moose On The Table, Bloomington, IN, 2003, zitiert nach Soundview Executive Book Summaries, Vol. 25, No. 10, Part 1, October 2003, Tobias on Leading, p. 2.

147 Phillip Moffitt (CEO u. a. Esquire, Light Source, Life Balance Institute), in: O'Neill, Führen aus der Mitte, Bern, 2000, S. 89.

148 Brugger P., Das paranormale Gehirn, Was der Umgang mit Zufällen über den Glauben verrät, in: NZZ, Nr. 302, 29./30. Dezember 2001, S. 71. «Kreatives Denken lässt sich definieren als das Aufdecken von Zusammenhängen zwischen Konzepten, welche nicht offensichtlich verwandt sind; das Paradebeispiel hierzu ist die vielzitierte Entdeckung der ringförmigen Struktur des Benzols durch Kekulé auf einen Traum hin in welchem sich eine Schlange in den Schwanz biss.»

149 «Studien haben gezeigt, dass rund 65 Prozent aller Innovationsvorschläge von den Mitarbeiterinnen und Mitarbeitern an der Front, rund 25 Prozent aus dem mittleren und 15 Prozent aus dem Topmanagement stammen. Dies unterstreicht die Bedeutung von Leadership als Führungsstil und von der Notwendigkeit, das mediokratische Management zu überwinden.» Guntern G., Buch: Maskentanz der Mediokratie, Mittelmass versus kreative Leadership, Orell Füssli, 2000, Public Management 3/2000, Dezember 2000, S. 1–4.

150 Barnard J., Ec. D., Management of Crisis, in: Economic Development Review, Summer 1996 issue.

151 «The main aim of communication is clarity and simplicity. Usually they go together – but not always.» De Bono E., Simplicity,, London, 1999, p. 52.

152 «Educators take something simple and make it complicated. Communicators take something complicated and make it simple.» Maxwell J. C., The 21 Indispensable Qualities of a Leader, Nashville, TN, 1999, p. 23.

153 O'Neill J., Führen aus der Mitte, Bern 2000, S. 123. Tobias R., Put The Moose On The Table, Bloomington, IN, 2003, zitiert nach Soundview Executive Book Summaries, Vol. 25, No. 10, Part 1, October 2003, Tobias on Leading, p. 4.

154 Tobler E., Schnell verspielt, schwer wieder aufgebaut. Über die Kunst, immer wieder Vertrauen zu fassen, in: NZZ Nr. 160, 13./14. 7. 2002, S. 75.

155 Peter Drucker in: Maxwell J. C., Leadership Gold, Thomas Nelson, Nashville, TN, 2008, p.115.

156 Carey B., How the mind tricks us in perceiving time, in: IHT, January 7, 2010, p. 9.

157 Das «Pareto-Prinzip» oder die 80/20-Regel besagt allgemein, dass 20 % aller möglicher Ursachen 80 % der gesamten Wirkung erreichen. Dieses Prinzip des italienischen Wirtschaftswissenschafters und Soziologen wird neben der Ökonomie auf viele andere Gebiete übertragen wie die Aufmerksamkeitsökonomie, die Effektivität, die Effizienz usw. Vgl. www.projektmanagement-glossar.de (Zugriff 27. Mai 2010).

158 Tracy B., Mastering Your Time, Franklin Lakes, NJ, 1997, p. 6.

159 Brittain L. J. and Van Velsor E., A Look at Derailment Today: North America and Europe, Center for Creative Leadership, Greensboro, NC, USA, 1996.

160 Goleman D., EQ2 Der Erfolgsquotient, München 2000, S. 55.

161 Widmer U., Fassade des Scheins, in: NZZ am Sonntag, 27. Dezember 2009, S. 33.

162 Dotlich D. L., Cairo P. C., Why CEOs Fail, Jossey-Bass, 2003.

163 Grün A., Menschen führen, Leben wecken, Münsterschwarzach, 2001, Kapitel 1. Die Eigenschaften des Verantwortlichen, S. 13 ff.

164 Maister D. H., Practice What You Preach, Free Press, 2001.

165 Interview with Eduardo Castro-Wright, Vice chairman of Wal-Mart, in: IHT, May 25, 2009, p. 16.

166 Unterscheidungsmerkmale von Teams, die wirkungsvoll arbeiten siehe: Katzenbach J. R., Smith D. K., The Discipline of Teams, in: Harvard Business Review, Business Classics: Fifteen Key Concepts for Managerial Success, Boston, MA, 1996, p. 121.

167 Vgl. Das Diversity Konzept der Lufthansa. Es zielt darauf ab, dass Unterschiedlichkeiten stärker respektiert und Ausgrenzungen vermieden werden. Trend-Informationen, Nr. 4, 2003 in Zukunftsforschung Nr. 2, 2003, S. 12.

168 Goleman D., EQ ^{2} Der Erfolgsquotient, München, 2000, S. 39.

169 Napier R., Klein M., The Courage to Act, Davies-Black, 2003.

170 Peale N. V., Have A Great Day, New York, 1985, p. 143.

171 Steiner P., das Büchlein über den Mut, Benker und Steiner, Zürich, 1996, S. 24.

172 Huber D., «Wer nicht optimistisch ist, kann nur verlieren», in: Credit Suisse Bulletin 3–02, Giulianis Leitsätze zu Leadership, S. 80–82.

173 Olff S., Der Arzt im Rollstuhl. Christian Wenk erforschte die Querschnittlähmung. Dann ereilte den Duathleten dasselbe Schicksal. Heute arbeitet er wieder als Arzt am Unispital, in: NZZ am Sonntag, 4. Januar 2004, S. 51. Losgelöst von Schuldgefühlen, angeboren, anerzogen, erarbeitet? – Den Charaktereigenschaften des Siegers auf der Spur, in: NZZ, Nr. 32, 8./9. Februar 2003, S. 51. «Nur wer tief innen von sich überzeugt ist, im entscheidenden Moment die für sich bestmögliche Leistung abzurufen, kann gewinnen».

174 Huber D., «Wer nicht optimistisch ist, kann nur verlieren», in: Credit Suisse Bulletin 3–02, S. 80–82.

175 Vgl. Strain L. S., Hudson G. W., The Story of Paul J. Meyer, Waco, TX, 1987, p. 116.

176 Blanchard K., Meyer P. J., Ruhe D., Know Can Do!, Berrett-Koehler Publishers. 2007.

177 Jede Entscheidung hat inhärente Risiken. Es geht darum einer entsprechenden Risikostrategie zu folgen: Buehler K., Freeman A., Hulme R., The Risk Revolution. The Strategy. Owning the Right Risks, in: Harvard Business Review, September 2008, p. 102.

178 Entscheidungen von Werten leiten lassen: O'Neill J., Führen aus der Mitte, Bern, 2000, S. 313.

179 Manske F. A. Jr., Secrets of Effective Leadership, Columbia, 1990, p. 72.

180 The Challenge of Statesmanship: Reagan R., The Wisdom and Humor of the Great Communicator, San Francisco, 1995, p. 95.

181 Rohmund S. Schweizer Manager: Lauter graue Mäuse, Umfrage unter Führungskräften beweist: Krisenmanager sind in der Schweiz Mangelware, in: Cash, Nr. 43, 26. Oktober 2001, S. 1.

182 Peale N. V., Have A Great Day, New York, 1985, p. 9.

183 Stäubli-Rodunder M., Die Angst des Kapitäns vor dem Eisberg, in: Handelszeitung, Nr. 5, 28. Januar–3. Februar 2009, S. 17.

184 Peale N. V., Have A Great Day, New York, 1985, p. 47.

185 Klott A., Virtuelles Bad in der Menge, in: NZZ am Sonntag, 9. August 2009, S. 51. Die Angst gezielt bekämpfen, in: NZZ, Nr. 220, 23. September 2009, S. 72. «Anxiety Managment Training» – Trainings zur Angstbewältigung gibt es in den verschiedensten Formen. Vgl. Zur aktiven Stressbekämpfung: Cryer B., McCraty R., Childre D., Managing Yourself. Pull the Plug on Stress, in: Harvard Business Review, July 2003, p. 102.

186 Vgl. Martin R., The Responsibility Virus, New York, NY, 2002.
Zürcher Ch., Die Kunst des Verlierens, in: NZZ am Sonntag, 10. November 2002, S. 87 und 89.

187 Husi G., «Sicher ist, dass nichts mehr sicher ist», Versuch über die verschiedenen Gesichter der Unsicherheit, in: NZZ, Nr. 120, 26./27. Mai 2001, S. 93. «Selbstunsicherheit – Erfahrungen mit Unsicherheit in ihren verschiedenen Gestalten schlagen sich im Bewusstsein und im Körper eines Menschen nieder: Sie können einverleibt werden (…) Mit Sicherheit lässt sich sagen, dass ein Mensch umso mehr zu Vertrauen und umso weniger zu Angst neigt, je grösser seine Selbstsicherheit ist.»

188 Axelrod A., Edison on Innovation. Jossey-Bass, 2008.

189 Buehler K., Freeman A., Hulme R., The Risk Revolution. The Strategy. Owning the Right Risks, in: Harvard Business Review, September 2008, p. 102.

190 Romberg J., Warum wir alle Fehler machen (Menschliches Versagen), in: Geo, S. 8–27.
Aus Fehlern lernen, in: NZZ, Nr. 235, 10. Oktober 2001, S. 79.

191 Leistung unter Extrembedingungen, der Stellenwert von Fehlern. Grammatik der Leistungsgesellschaft, Frühjahrstagung der Militärischen Führungsschule, in: NZZ, Nr. 65, 19. März 2001, S. 10. Bundesrat Leuenberger zu Freiheit und Sicherheit, in: NZZ, Nr. 18, 23. Januar 2003, S. 16. «Schliesslich wünschte sich Moritz Leuenberger einen emanzipierten Umgang mit Fehlern – auch in der Politik. Der Mensch habe die Fähigkeit, aus Fehlern zu lernen. Er müsse, so weit es möglich sei, geschult werden.»

192 «Confronting Failure and Learning from Mistakes», in: Hayward S. F., Churchill on Leadership, Executive Success in the Face of Adversity, Rocklin, CA, 1998, p. 27.
Heid H., Die Messbarkeit menschlichen Handelns, Evaluation – ein Begriff und dessen Bedeutung, in: NZZ, Nr. 216, 16./17. September 2000, S. 101–102.

193 Margolis J. D., Stoltz P. G., How to Bounce Back from Adversity, in: Harvard Business Review, January–February 2010, p. 87.

194 Heifetz R., Grashow A., Linsky M., Leadership in a (Permanent) Crisis, in: Harvard Business Review, July–August 2009, p. 62.

195 Heifetz R., Grashow A., Linsky M., Leadership in a (Permanent) Crisis, in: Harvard Business Review, July–August 2009, p. 62.

196 Thurow L. C., «Das Risiko zu versagen gehört zum Business», in: Credit Suisse Bulletin, 04–01, S. 24 und 25.

197 Interview with Warren G. Bennis, Avoiding the mistakes that plague new leaders, in: Harvard Management Update, May 2009, Vol. 14, No. 5, p. 9

198 Vgl. hierzu auch die gleichlautende Feststellung von Smith P. M., Rules and Tools for Leaders, NY 1998, p. 51.
Der Bundesrat fasst im schweizerischen Regierungssystem ungefähr 2000 Beschlüsse pro Jahr in etwa 40 Sitzungen, d. h. durchschnittlich rund 50 Beschlüsse pro Sitzung. «Es fehlt … auch an strategischer Regierungsarbeit. Und unsere Magistraten sind mitunter inhaltlich überfordert, weil sie vor lauter Bäumen den Wald nicht mehr sehen. Die Traktandenliste des Gremiums gleicht einer To-do-Liste für den Tante-Emma-Laden …» Knöpfel P., Ein Ausbau zur Stärkung, in: NZZ, Nr. 123, 30./31. Mai 2009, S. 17.

199 Kaeser E., Cogitus interruptus, in: NZZ am Sonntag, 31. Mai 2009, S. 62.

200 «Bryant A., Giving employees a chance to stand out, in: IHT, January 18, 2010, p. 21.
«If you start micromanaging people, then the very best ones leave. If the very best people leave, then the people you've got left actually require more micromanagement». Seiler A., Leadership ist mehr denn je gefragt, Der Leader entwickelt ein Gespür für das Wesentliche, in: NZZ, Nr. 272, 21. November 2000, B1.

201 Ross J. A., Monitor and Manage Your Stress Level for Top Performance, in: Harvard Management Update, April 2009, Vol. 14, No. 4, p. 8.

202 Schlaf ist die beste Medizin, in: NZZ, Nr. 46, 25. Februar 2009, S. 11.

203 Hicklin M., Blockiert in der Prüfung: Hormon ist Schuld, in: Basler Zeitung, Nr. 224, 26./27. September 1998, S. 81.
Stress behindert Zugang zum Gedächtnis, in: Nature 394, 787–790 (1998).
Wenger B., Bei Prüfungsstress blockiert ein Hormon das Gedächtnis, in: Der Bund, Nr. 292, 15. Dezember 1998, S. 11.

204 Vgl. The American Institute of Stress, www.stress.org; National Center for Post Traumatic Stress Disorder, www.ncptsd.org: The International Society for Traumatic Stress Studies, www.istss.org (je Zugriff 27. März 2010).

205 Stress als destruktiver Faktor auf den Führenden in Krisen, vgl. Kalb C. et al., Stress, in: Newsweek, June 28, 1999, p. 48.
Zu den Auswirkungen von Schlafmangel vgl. Cowley G., and Underwood A., (Society & the Arts) Memory, Newsweek, June 15, 1998, p. 38–44. «Dabei entspricht die Verlangsamung der Reaktion nach einer durchwachten Nacht in etwa der Einbusse der Reaktionsfähigkeit bei einem Alkoholblutspiegel von einem Promille.» Schlaf macht fit, in: Touring 17, 12. Oktober 2000, S. 10.

206 Ricks Th. E., This time, it's personal: American troops have no qualms, in: IHT (The Washington Post), March 25, 2002, p. 3. «Studies in this field have concluded that having good leadership and a strong sense of purpose significantly reduces stress.»

207 Vgl. Eliot R. S., From Stress to Strength, New York, 1994. Volk H., (Stressbewältigung values and career) Lernen, mit Stress umzugehen, Vermeidung beginnt mit der Selbsterkenntnis, in: New Management, Nr. 1–2, 2003, S. 71–75.

208 Vgl. Die Bewältigung von Stress im Cockpit, Hoher Stand der Luftfahrtmedizin in der Schweiz, in: NZZ, Nr. 119, 27. Mai 1997, S. 61. «Dabei handelt es sich um die Authentizität (persönliches Fundament), die Integrität (Loyalität gegenüber einem Wertsystem), die Motivation (wünschbare Berufsmöglichkeit statt Kompensation von Neurosen) und das Potential (physisch, mental).»

209 Vgl. Sommer I., Wie gehen Bergführer mit Stress um? Gesundheitserhaltende Faktoren bei hoher Belastung, in: NZZ, Nr. 182, 9. August 2001, S. 49. «Aus Untersuchungen zur Psychologie des Extremsports ist bekannt, dass Extrembergsteiger über eine aussergewöhnliche Fähigkeit verfügen, starke negative Gefühle wie Angst oder Entsetzen, aber auch Schmer-

zen in einer Belastungssituation bis auf ein lebensnotwendiges Minimum zu verdrängen. Dadurch bleibt die Handlungsfähigkeit in der entsprechenden Situation erhalten, die Person wird nicht durch einen Panikanfall gelähmt. Ist die Gefahr vorbei, wird das verdrängte Gefühl nachgeholt, was sich beispielsweise einem «unangebrachten» Angstanfall an einem ungefährlichen Ort äussert. Inwieweit sich diese Erkenntnisse … übertragen lassen ist noch unbekannt.»

210 Widerstandsfähigkeit unter Krisenstress kann erworben werden. Loehr und Schwarz haben aufbauend auf der Erfahrung mit Spitzenathleten eine Leistungspyramide entwickelt: «Executives are, in effect, ‹corporate athletes›. If they are to perform at high levels over the long haul, they must train in the systematic, multilevel way that athletes do (…). The integrated theory of performance management addresses the body, the emotions, the mind, and the spirit.» Loehr J., Schwartz T., The Making of a Corporate Athlete, in: Harvard Business Review, January 2001, p. 120.

211 Vollrath Torgersen M., Persönlichkeit und Stress, Auf der Suche nach besseren Präventionsstrategien, in: NZZ, Nr. 125, 3. Juni 1998, S. 71. «Die Vorstellung, dass die stabilen Eigenschaften der Person – die Persönlichkeit – für den Umgang mit Stress bedeutsam sind, wurde lange Zeit abgelehnt. In der neueren Stressforschung lässt sich aber ein verstärktes Interesse an Persönlichkeit feststellen. Viele Stresssituationen könnten verhindert werden, wenn mehr Gewicht auf ein persönlichkeitsgerechtes Stressmanagement gelegt würde.» «Subjektive Bewertungen, emotionale Reaktionen und Bewältigungsverhalten entscheiden letztlich, ob ein bestimmtes Ereignis zu Stress führt oder nicht.»

212 Tobias R., Put The Moose On The Table, Bloomington, IN, 2003, zitiert nach Soundview Executive Book Summaries, Vol. 25, No. 10, Part 1, October 2003, Tobias on Leading, p. 2.

213 «Kommunikation: Wer fest an etwas glaubt und weiss, wovon er spricht, gut vorbereitet ist und auf ein gutes Team zurückgreifen kann, für den ist Kommunikation einfach. Dabei ist es aber wichtig, ehrlich zu sein.» Giulianis Leitsätze zu Leadership in: Huber D., «Wer nicht optimistisch ist, kann nur verlieren», in: Credit Suisse Bulletin 3–02, S. 80–82.

214 Witt J. L., Morgan J., Stronger in the Broken Places, New York, NY, 2002, in: Soundview Executive Book Summaries Vol. 25, No. 6, Part 1, June 2003, p. 6.

215 Steven Sample in: Maxwell J. C., Leadership Gold, Thomas Nelson, Nashville, TN, 2008, p. 49.

216 Maxwell J. C., Leadership Gold, Thomas Nelson, Nashville, TN, 2008, p. 49.

217 Robbins S., Seven Communication Mistakes Mangers Make, in: Harvard Management Update, February 2009, p. 8.

218 Kotter J. P., Leading Change, Boston, MA, 1996, p. 90. De Bono E., Simplicity, London, 1999, p. 282.

219 Faust D. G., President of Harvard University, Say it. Then say it again. And again, in: IHT, November 2, 2009, p. 17.

220 In: Maxwell J. C., Leadership Gold, Thomas Nelson, Nashville, TN, 2008, p. 52.

221 Manske F. A. Jr., Secrets of Effective Leadership, Columbia, TN, 1990, p. 63.

222 Parcells B., The Tough Work of Turning Around a Team, in: Harvard Business Review, November–December 2000, p. 179.
Vgl. auch den nützlichen «Tell Me About It» Process, by Paul J. Meyer, LMI World Convention, Destin, Florida, March 28 –31, 2001.

223 Kling J., Tensions in Teams, in: Harvard Management Update, January 2009, p. 9.

224 Goleman D., EQ² Der Erfolgsquotient, München, 2000, S. 212.

225 Vgl. auch Rogers C. R., Roethlisberger F. J., Barriers and Gateways to Communication, in: Harvard Business Review, Business Classics: Fifteen Key Concepts for Managerial Success, Boston, MA, 1996, p. 12. Nichols R. G., Stevens L. A., Listening to People, in: Harvard Business Review on Effective Communication, Boston, MA, 1999, p. 1. Goleman, D.

Boyatzis R., McKee A., Die Gefühlslage des Chefs – sie bewirkt Wunder oder Unheil, in: Harvard Business Manager 3/2002, S. 75–86. «Ein emotional intelligenter Manager muss die eigenen Stimmungen beherrschen lernen, wenn er andere wirklich führen will.» «Die Stimmung und die Verhaltensweise der Führungskraft prägen die emotionale Verfassung und die Verhaltensweise aller anderen Mitarbeiter.»

226 Humes J. C., Speak Like Churchill, Stand Like Lincoln, Prima Publishing, 2002.

227 Mitroff I. I., Anagnos G., Managing Crises Before They Happen, American Management Association, New York, 2001, p. 83. Reich R., Vom Marktwert der Niederlage, Nicht gerade ein Trend, aber doch ein Phänomen: Das Publikum interessiert sich wieder für Verlierer. Und auch die Werbung entdeckt die Niederlage, in: NZZ am Sonntag, 10. November 2002, S. 41.

228 Vgl. hierzu auch Maxwell J. C., Attitude 101, Nashville, TN, 2003, What is Failure? p. 71, What is Success? p. 83.

229 Heifetz R. A., Linsky M., Managing Yourself. A Survival Guide for Leaders. in: Harvard Business Review, June 2002, p. 65.

230 Losgelöst von Schuldgefühlen, Angeboren, anerzogen, erarbeitet? – Den Charaktereigenschaften des Siegers auf der Spur, in: NZZ, Nr. 32, 8./9. Februar 2003, S. 51. «Ebenso wichtig sei der Umgang mit Niederlagen. Auch diesbezüglich müsse man sicher sein, einen Rückschlag verarbeiten und aus einem Tief herauszufinden zu können. Dies lasse sich üben, müsse geübt werden, fügt Heinzer an.»

231 Porras J., Emery S., Thompson M., Success Built to Last. Creating a Life that Matters. Wharton Scholl Publishing, 2007.

232 Champy J., Nohria N., The Arc of Ambition, Cambridge, MA, 2000.

233 IBM's Thomas Watson, in: Harvard Business Review, August 2002, p. 148.

234 Vgl. hierzu Tracy B., Goals!, San Francisco, CA, 2002.

235 Deshalb ist es so wichtig, im Krisenteam eine fehlertolerante Kultur zu schaffen, um der Angst Fehler zu machen, vorzubeugen. Vgl. Farson R., Keyes R., The Failure-Tolerant Leader, in: Harvard Business Review, August 2002, p. 64.

236 The Dynamic of Failure in Sull D. N., Why Good Companies Go Bad, in: Harvard Business Review, July–August 1999, p. 45.

237 Gary L., Is Your Company a Prisoner of Its Own Success?, in: Harvard Management Update, Vol. 8, No. 8, August 2003, p. 4. Ackermann R., Verderblich ist der Tiger-Wahn, in: NZZ Nr. 291, 15. Dezember 2009, S. 48.

238 Maxwell J. C., The 21 Irrefutable Laws Of Leadership, Nashville, TN,1998, p. 27.

239 Maxwell J. C., The 21 Irrefutable Laws Of Leadership, Nashville, TN,1998, p. 24.

240 Bennis W., On Becoming a Leader, Addison-Wesely, MA, 1989, in: Soundview Executive Book Summaries, No. 12–10, p. 2.

241 Leadership – A new concept? Trendtracker, January 2002. Kotter J. P., Wie Manager richtig führen, Hanser, 1999, in: Public Management 1/2000, Oktober 2000, S. 13–16.

242 Bennis W., On Becoming a Leader, Addison-Wesely, MA, 1989, in: Soundview Executive Book Summaries, No. 12–10, p. 2.

243 Griswell B. J., Jennings B., The Adversity Paradox, St. Martin's Press, 2009, in: Soundview Executive Book Summaries, August 2009, p. 8.

244 Farid Ud-Din Attar, The Conference of the Birds, NY, 1998.

245 Robbins A., Notes from a Friend, New York, 1995, Lesson Ten, p. 79.

246 In Anlehnung an Erich Fromm, Die Voraussetzungen zur Meditation, in: Brantschen N., Der Weg ist in Dir, Zürich / Düsseldorf, 1996, S. 129.

247 Maxwell J. C., The 21 Indispensable Qualities of a Leader, Nashville, TN, 1999, p. 125.

248 Maxwell J. C., Leadership Gold, Thomas Nelson, Nashville, TN, 2008, p. 11.

249 Maxwell J. C., The 21 Irrefutable Laws of Leadership, Nashville, TN, 1998, p. 24.

250 Dalai Lama, in: Cutler H. C., Die Regeln des Glücks, Ulm, 2003, S. 55.

251 Voigt B., Kampf an vielen Fronten, in: NZZ am Sonntag, 22. Juni 2003, S. 41 und 42.

252 «FOCUS: The Sharper It Is, the Sharper You Are», Maxwell J. C., The 21 Indispensable Qualities Of A Leader, Nashville, TN, 1999, p. 51.

253 Jackson M., The Dangers of Distraction, in: Harvard Management Update, March 2009, p. 9. Multitasking fordert beide Hirnhälften. Bis maximal zwei Aufgaben gleichzeitig lösbar?, in: NZZ, Nr. 97, 28. April 2010, S. 59.

254 Robbins A., Notes from a Friend, New York, 1995, p. 89.

255 Das Prinzip der Gleichzeitigkeit, alles zu jeder Zeit oder Multitasking: Durch die Steigerung der Möglichkeiten haben wir auch mehr zu entscheiden, der Entscheidungsstress steigt. Weil wir nichts verpassen und keine negativen Entscheide treffen wollen, tun wir alles zur gleichen Zeit. Multitasking ist für unser Gehirn nicht möglich, dieses ist nicht beliebig plastisch. Auf Dauer werden wir unsere Aufmerksamkeit durch Multi-Tasking aber gewiss nicht stärken. Geissler K. A., in: Die Zeit, Nr. 15, 3. April 2003.

256 Maxwell J. C., The 21 Indispensable Qualities of a Leader, Nashville, TN, 1999, p. 53.

257 Collingwood H., Leadership's First Commandment, Know Thyself, in: Harvard Business Review, Special Issue, Breakthrough Leadership, It's Personal, December 2001, p. 8.

258 Manske F. A. Jr., Secrets of Effective Leadership, Columbia, TN, 1990, p. 147.

259 «Leadership comes by evolution rather than a series of individual lessons. The process has no beginning, middle, or end, but it has several recurring and overlapping themes- the need for formal and informal education, the need to unlearn erroneous lessons, the need to reflect on what you have learned, the need to take risks and make mistakes, and the need to master the task at hand (…). The goals that you pursue aren't worth arriving at unless you enjoy the journey, because success comes by short, well contemplated hops – not by giant leaps.» Bennis W., On Becoming a Leader, Addison-Wesely, MA, 1989, in: Soundview Executive Book Summaries, No. 12–10, p. 2.

260 Vgl. Grün A., Menschen führen, Leben wecken, Münsterschwarzach, 2001, S. 124, 125.

261 Bennis W., On Becoming a Leader, Addison-Wesely, MA, 1989, in: Soundview Executive Book Summaries, No. 12–10, p. 2.

262 Witt J. L., Morgan J., Stronger in the Broken Places, New York, NY, 2002, in: Soundview Executive Book Summaries Vol. 25, No. 6, Part 1, June 2003, p. 5.

263 De Saint-Exupéry A., Le Petit Prince, Gallimard, 1946, p. 72. Deshalb ist Klugheit immer auch mit Liebe verbunden.

264 «Wenn er Mensch werden will, muss er wandernd sich wandeln, um im Tod als der letzten Wandlung vom Leben ganz durchdrungen und verwandelt zu werden. Dann hat er seine Bestimmung erfüllt, dann ist er angekommen, daheim. Der Mensch ist nicht bei sich zu Hause, sondern er ist auf dem Weg nach Hause.» Grün A., Vergiss das Beste nicht, Freiburg im Breisgau, 2000, S. 117. Der vietnamesische Mönch Tich Nhat Than hat es so umschrieben: I have arrived, I am home, in the here and in the now …, in the ultimate I dwell. In: Thich Nhat Than, The Long Road Turns to Joy, Berkeley 1996, p. 27.

265 Grün A., Vergiss das Beste nicht, Freiburg im Breisgau, 2000, S. 116.

266 Grün A., Vergiss das Beste nicht, Freiburg im Breisgau, 2000, S. 117.

267 Grün A., Vergiss das Beste nicht, Freiburg im Breisgau, 2000, S. 11.

268 Frei nach Brantschen N., Der Weg ist in Dir, Zürich / Düsseldorf, 1996. Vgl. Nietzsche, Schopenhauer als Erzieher: «Es gibt in der Welt einen einzigen Weg, auf welchem niemand gehen kann ausser dir: wohin er führt? Frage nicht, gehe ihn!»

Alkan, M. L., *Viral Epidemics: Past and Future, Managing Crisis: Threats, Dilemmas, Opportunities Rosenthal, U., Boin, R. A., and Comfort, L. K, 267–280, Charles C. Thomas, Springfield 2001.*

Anheim, H. K., *When Things Go Wrong: Organizational Failures and Breakdowns,* Sage Publications, 2003.

Axelrod, A., *Nothing to Fear: Lessons in Leadership from FDR,* Portfolio, 2003.

Axelrod A., *Edison on Innovation,* Jossey-Bass, 2008.

Badaracco, J. L. Jr., *Leading Quietly: An Unorthodox Guide to Doing the Right Thing,* Harvard Business School Press, Boston 2002.

Barner, R. W., *Team Troubleshooter: How to Find and Fix Team Problems,* Davies-Black, Palo Alto 2000.

Below, P. J., Morrisey, G. L., and Acomb, B. L., *The Executive Guide to Strategic Planning,* Jossey-Bass, San Francisco 1987.

Bennett, P. and Calman, K., *Risk Communication and Public Health,* Oxford University Press, 2001.

Bennis, W., *Why Leaders Can't Lead: The Unconscious Conspiracy Continues,* Jossey-Bass, San Francisco 1989.

Berland M. J., *What Makes You Tick?* Harper Business, 2009.

Bernhardsdóttier, Á. E., *Learning from Past Experiences: The 1995 Avalanches in Iceland,* Försvarshögskolan, 2001.

Bindschedler, G., Frick, B., and Zwygart, U., *Alexander oder Die Aufforderung an Führungskräfte, Grenzen zu überwinden,* Paul Haupt, Bern 1998.

Blackard, K. and Gibson, J. W., *Capitalizing on Conflict: Strategies and Practices for Turning Conflict to Synergy in Organizations,* Davies-Black, Palo Alto 2002.

Blanchard K., Meyer P. J., Ruhe D., *Know Can Do!* Berrett-Koehler Publishers, 2007.

Boin, R. A. and Otten, M., *Beyond the Crisis Window for Reform: Some Ramifications for Implementation,* Journal of Contingencies and Crisis Management, 4 (3) 149–161, 1996.

Boin, R. A. and t'Hart, P., *Institutional Crises and Reforms in Policy Sectors, Government Institutions: Effects, Changes and Normative Foundations,* Wagenaar, H., 9–32, Kluwer Academic Publishers, Dordrecht 2000.

Bopp, J., Bopp, M., Brown, L., and Lane, P. Jr., *The Sacred Tree: Reflections on Native American Spirituality,* Lotus Light, Twin Lakes, WI 1984.

Bossidy, L. and Charan, R., *Execution: The Discipline of Getting Things Done,* Random House, 2002.

Brache, A. P., *How Organizations Work: Taking a Holistic Approach to Enterprise Health,* John Wiley & Sons, New York 2002.

399

Brander, G., *Decision making observed during high level wargames,* Defence Research Agency DRA/CIS(SS5)/CR94040/1.0., 1994.

Brantschen, N., *Der Weg ist in Dir: Anregungen zur Meditation,* Benzinger, Zürich 1992.

Brantschen, N., *Erfüllter Augenblick: Wege zur Mitte des Herzens,* Herder, Freiburg im Breisgau 1999.

Brenninkmeijer, O., *International Security Beyond Borders,* Peter Lang, Bern 2001.

Bussmann, W., Klöti, U., and Knoepfel, P., *Einführung in die Politikevaluation,* Helbling & Lichtenhahn, Basel 1997.

BUWAL, *Lothar: Der Orkan 1999,* Eidg. Forschungsanstalt WSL, Birmensdorf; Bundesamt für Umwelt, Wald und Landschaft BUWAL, Bern, 2001.

Canfield, J., Hansen, M. V., and Hewitt, L., *The Power of Focus: How to Hit your Business, Personal and Financial Targets with absolute Certainty,* Health Communications, Inc., Deerfield Beach 2000.

Caponigro, J. R., *The Crisis Counselor: The executive's guide to avoiding, managing and thriving on crises that occur in all businesses,* Barker Business Books, 1998.

Carnegie, D., Levine, S. R., and Crom, M. A., *The Leader in You: How to Win Friends, Influence People and Succeed in a Changing World,* Simon & Schuster, New York 1993.

Carrel L. F., *Leadership in Krisen, Ein Handbuch für die Praxis,* NZZ-Buchverlag, Zürich, 1. Aufl. 2004.

Champy, J. and Nohria, N., *The Arc of Ambition: Defining the Leadership Journey,* Perseus Books, Cambridge 2000.

Charles, M. T. and Kim, J. C. K., *Crisis Management: A Casebook,* Charles Thomas Publisher, 1988.

Cherniss, C. and Adler, M., *Promoting Emotional Intelligence in Organizations,* ASTD, 2000.

Cherniss, C. and Goleman, D. Ed., *Emotionally Intelligent Workplace,* Jossey-Bass Wiley, 2001.

Chopra, D., *The Seven Spiritual Laws of Success: A Practical Guide to The Fulfillment of your Dreams.* New World Library, Novato 1994.

Coburn P., *The Change Function,* Portfolio, The Pinguin Group, 2006.

Cohn, R., *The PR Crisis Bible: How to Take Charge of the Media When All Hell Breaks Loose,* St. Martins Press, 2001.

Collins, J., *Good to Great: Why Some Companies Make the Leap … And Others Don't,* HarperBusiness, New York 2001.

Conner, D. R., *Leading at the Edge of Chaos: How to Create The Nimble Organization,* John Wiley & Sons, New York 1998.

Cooper, R. K. and Sawaf, A., *Executive EQ: Emotional Intelligence in Leadership and Organizations,* Grosset/Putnam, 1997.

Cooper, R. K. and Sawaf, A., *EQ – Emotionale Intelligenz für Manager,* Heyne, 1999.

Covey, S. R., *The 7 Habits of Highly Effective People: Powerful Lessons in Personal Change,* Simon & Schuster, New York 1989.

Covey, S. R., *Principle-Centered Leadership,* Simon & Schuster, New York 1991.

Covey, S. R., *First Things First,* Simon & Schuster, New York 1994.

Covey S. R., Whitman B., England B., *Predictable Results in Unpredictable Times,* Franklin Cover, 2009.

Covey S. M. R.,Merrill R. R., *The Speed of Trust,* Simon & Schuster, 2006.

Csikszentmihalyi, M., *Flow: The Psychology of Optimal Experience,* Harper& Row, 1990.

Daniels, A. C., *Bringing Out the Best in People: How to Apply the Astonishing Power of Positive Reinforcement,* McGraw-Hill, 1994.

David, A. *Getting Things Done: The Art of Stress-Free Productivity.* Penguin Books, New York 2001.

De Bono, E., *De Bono's Thinking Course.* Facts on File, New York 1994.

De Bono, E., *Simplicity,* Penguin, London 1998.

De Bono, E., *New Thinking for the New Millennium,* Penguin Books, London 1999.

De Marco, T., *Slack: Getting Past Burnout, Busywork And the Myth of Total Efficiency,* Doubleday Broadway, New York 2001.

Di Bella, A. J. and Nevis, E. C., *How Organizations Learn: An Integrated Strategy for Building Learning Capability,* Jossey-Bass, San Francisco 1998.

Di Piazza, Jr. and Eccles, R. G., *Building Public Trust,* John Wiley & Sons, 2002.

Dotlich, D. L. and Cairo, P. C., *Why CEOs Fail,* Josey-Bass, San Francisco 2003.

Dörner, D., *Die Logik des Misslingens: Strategisches Denken in komplexen Situationen,* Rororo, Hamburg 1989.

Dror, Y., *The Capacity to Govern,* Frank Class, 1994.

Drösser, C., *Fuzzy Logic: Methodische Einführung in krauses Denken,* Rowohlt, Hamburg 1994.

Dudik, E. M., *Strategic Renaissance: New Thinking and Innovative Tools to Create Great Corporate Strategies,* AMACOM, New York 2000.

Eblin S., *The Next Level,* 2006.

Eliot, R. S., *From Stress to Strength: How to Lighten Your Load and Save Your Life,* Bantam Books, New York 1994.

Enomiya-Lassalle, H. M., *Weisheit des Zen,* Kösel, München 1998.

Eppler, M., *The Wright Way,* AMACOM, 2003.

Ernst & Young, *Ernst&Young-Bericht in Sachen Swissair: Untersuchungsergebnisse.* Ernst & Young, 2003.

Eschenbach, R. and Kunesch, H., *Strategische Konzepte: Management-Ansätze von Ansoff bis Ulrich,* Schäffer- Poeschel, Stuttgart 1994.

Europäische Kommission, *Vade-mecum of civil protection in the European Union,* European Commission, Brussels 1999.

Europäische Kommission, *EU-Brennpunkt-Katastrophenschutz,* Bundesanzeiger, Köln 2002.

Farwick, D., *Krisen, die grosse Herausforderung unserer Zeit,* Report, Frankfurt am Main/Bonn 1994.

Fäh, D., *Im Visier der Erdbebenforschung – die Stadt Basel,* Uni ETH Nr. 279, 2000.

Feldmann, D. A., *The Handbook of Emotionally Intelligent Leadership: Inspiring Others to Achieve Results,* LPS, 1999.

Finkelstein, S. and Hambrick, D. C., *Strategic Leadership: Top Executives and Their Effects on Organizations,* West Publishing Company, St. Paul 1996.

Finkelstein, S., *Why Smart Executives Fail,* Portfolio, 2003.

Flin, R., Slaven, G., and Stewart, K. *Emergency Decision Making in the Offshore Oil and Gas Industry.* Human Factors 38(2), 262-277, 1996.

Flin, R., *Sitting in the Hot Seat: Leaders and Teams for Critical Incident Management,* John Wiley and Sons, Chicester 1996.

Flin, R., Salas, E., Strub, M., and Martin, L., *Decision Making under Stress,* Ashgate, 1998.

Flin, R., O'Connor, P., Mearns, K., and Gordon, R., *Crew Resource Management for Offshore Teams: Lessons From Aviation,* Society of Petroleum Engineers SPE 46429 1998.

Flin, R. and Arbuthnot, K., *Incident Command: Tales From the Hot Seat,* Ashgate 2001.

Flin, R. H and Slaven, G. M., *Identifying the Right Stuff: Selecting and Training On-Scene Emergency Commanders,* Blackwell Publishers, 1995.

Fornsted, A., *Civil Security and Crisis Management in the Baltic Sea Region: The 1999 Strömsborg Workshop in Stockholm and the 2000 Tallinn Conference, Revised Edition.* The Swedish National Defence College, 2003.

Foster, C., *What Do I Do Now? Dr. Foster's 30 Laws of Great Decision Making,* Simon & Schuster, New York 2001.

Freedman, M. and Tregoe, B. B., *The Art and Discipline of Strategic Leadership,* McGraw-Hill, 2003.

Fröhlich, M., *Dag Hammarskjöld und die Vereinten Nationen. Die politische Ethik des Uno-Generalsekretärs,* Verlag Ferdinand Schöningh, Paderborn 2002.

Galford, R. and Drapeau, A. S., *The Trusted Leader: Bring Out the Best in Your People and Your Company,* Free Press, 2003.

Garratt, B., *Thin on Top: How to Measure, Manage and Improve Board Performance,* Nicholas Brealey, Yarmouth 2003.

Garvin, D. A., *Learning in Action: A Guide to Putting the Learning Organization to Work,* Harvard Business School Press, Boston 2000.

Gay, F., *DISG- Persönlichkeits-Profil,* GABAL, 1999.

Gerber, R., *Leadership the Eleanor Roosevelt Way,* Prentice Hall, 2003.

Gerstner, L. V. Jr., *Who Says Elephants Can't Dance? Inside IBM's Historic Turnaround,* Harper Business, 2002.

Godard, O., Henry, C., Lagadec, P., and Michel-Kerjan, E., *Traité des nouveaux risques,* Folio, 2002.

Godet, M., *De l'anticipation à l'action: Manuel de prospective et de stratégie,* Dunod, Paris 1991.

Gold, P., *Navajo & Tibetan Sacred Wisdom: The Circle of The Spirit,* Inner Traditions Int., Rochester, VT 1994.

Goldsmith, M., Govindarajan, V., Kaye, B., and Vicere, A., *The Many Facets Of Leadership,* Prentice Hall, 2003.

Goldsmith, M., Lyons, L., and Freas, A., *Coaching for Leadership: How the World's Greatest Coaches Help Leaders Learn,* Jossey-Bass, 2003.

Goldsmith M., Reiter M., *What Got You Here Won't Get You There,* Hyperion, 2007.

Goleman, D., *EQ Emotionale Intelligenz,* dtv, 1995.

Goleman, D., *Emotional Intelligence: Why it can matter more than IQ,* Bantam Books, 1995.

Goleman, D., *EQ2 Der Erfolgs Quotient,* dtv, 2000.

Goleman, D., *Die heilende Kraft der Gefühle: Gespräche mit dem Dalai Lama über Achtsamkeit, Emotion und Gesundheit,* dtv, 2000.

Goleman, D., Boyatzis, R., and McKee, A., *Primal Leadership: Realizing the Power of Emotional Intelligence,* Harvard Business School Press, Boston 2002.

Gomez, P. and Probst, G., *Die Praxis des ganzheitlichen Problemlösens: Vernetzt denken, unternehmerisch handeln, persönlich überzeugen,* Paul Haupt, Bern 1997.

Gonschorrek, U., *Emotionales Management. Erfolgsfaktoren sozial kompetenter Führung,* FAZ, 2001.

Graf, H. G. and Klein, G., *In die Zukunft führen: Strategieentwicklung mit Szenarien,* Rüegger, Zürich 2003.

Griswell B. J., Jennings B., *The Adversity Paradox,* St. Martin's Press, 2009.

Grönvall, J., *Managing Crisis in the European Union: The Commission and «Mad Cow Disease»,* Överstyrelsen för civil beredskap, 2000.

Grün, A., *50 Engel für das Jahr: Ein Inspirationsbuch,* Herder, Freiburg im Breisgau 1997.

Grün, A., *Vergiss das Beste nicht: Inspiration für jeden Tag,* Herder, Freiburg im Breisgau 2000.

Grün, A., *Das kleine Buch vom wahren Glück,* Herder, Freiburg im Breisgau 2001.

Grün, A., *Menschen führen, Leben wecken,* Vier-Türme, Münsterschwarzach 2001.

Grüning, R. and Kühn, R., *Process-based Strategic Planning,* Springer, Berlin 2001.

Guilhou, X. and Lagadec, P., *La fin du risque zéro,* Eyrolles, 2002.

Guliani, R. W. and Kurson, K., *Leadership,* Little Brown, London 2002.

Guntern, G., *Maskentanz der Mediokratie: Mittelmass versus kreative Leadership,* Orell Füssli, 2000.

Guttman, H. M., *When Goliaths Clash: Managing Executive Conflict To Build a More Dynamic Organization,* Guttman Development Strategies Inc., 2003.

Hackman, J. R., *Leading Teams: Setting the Stage for Great Performances,* Harvard Business School Press, Boston 2002.

Haggai, J., *Lead On! Leadership That Endures in a Changing World,* Word Publishing, 1986.

Hagman, H., *European Crisis Management and Defence: The Search for Capabilities,* The International Institute for Strategic Studies (IISS), 2002.

Hammarskjöld, D., *Zeichen am Weg,* Droemer Knaur, 1963.

Hanh, T. N., *Mit dem Herzen Führen,* Theseus, Zürich 1988.

Hanh, T. N., *Peace is Every Step: The Path of Mindfulness in Everyday Life,* Bantam Books, New York 1991.

Hanh, T. N., *Touching Peace: Practicing the Art of Mindful Living,* Parallax Press, Berkeley, CA 1992.

Hanh, T. N., *Worte der Achtsamkeit,* Herder, Freiburg 1997.

Hanh, T. N., *Vierzehn Tore der Achtsamkeit zu einem spirituellen Engagement in der Welt,* Theseus, Berlin 1998.

Hanh, T. N., *Going Home: Jesus and Buddha as Brothers,* Riverhead Books, New York 1999.

Harari, O., *The Leadership Secrets of Colin Powell,* McGraw-Hill, 2002.

Harrell, K. *Attitude is Everything: 10 Life-Changing Steps to Turning Attitude into Action,* Harper Collins, New York 2003.

Harrison, F. C., *Spirit of Leadership: Inspiring Questions for Leaders,* Leadership Education and Development, Columbia 1989.

Harvard Business Review, *On Leadership,* Harvard Business School Press, Boston 1998.

Harvard Business Review, *On Effective Communication,* Harvard Business School Press, Boston 1999.

Harvard Business Review, *On Crisis Management,* Harvard Business School Press, Boston 2000.

Harvard Business Review, *On Leading in Turbulent Times,* Harvard Business School Press, Boston 2003.

Harvard Business Review, *On Corporate Ethics,* Harvard Business School Press, Boston 2003.

Harvard Manage Mentor, *On Leading a Team,* Harvard Business School Publishing, Boston 2002.

Have, S. T., *Key Management Models: The Management Tools and Practices that will Improve your Business,* Portfolio, 2003.

Hawkins, D. R., *The Eye of The I, From Which Nothing is Hidden,* Veritas, Sedona 2001.

Hawkins, D. R., *Power vs. Force: The Hidden Determinants of Human Behavior,* Hay House, Carlsbad 2002.

Hayward, S. F., *Churchill on Leadership: Executive Success in the Face of Adversity,* Forum, 1998.

Heifetz, R. A. and Linsky, M., *Leadership on the Line: Staying Alive through the Dangers of Leading,* Harvard Business School Press, Boston 2002.

Hesselbein F., Goldsmith M. (Editors), *The Leader of the Future,* John Wiley & Sons, 2006.

Hrebiniak L. G., *Making Strategy Work,* Wharton School Publishing, 2005.

Herman, R., Olivo, T., and Gioia, J., *Impending Crisis: Too Many Jobs, Too Few People,* Oakhill Press, 2003.

Hesselbein, F., Goldsmith, M., and Beckhard, R., *The Leader of the Future,* Jossey-Bass, San Francisco 1996.

HH The Dalai Lama and Cutler, H. C., *Die Regeln des Glücks.* Lübbe, Bergisch Gladbach 1990.

HH The Dalai Lama, *The Dalai Lama's Book of Wisdom,* Thorsons, London 1999.

Hicks, G., *LeaderShock ... and How to Triumph Over It,* McGraw-Hill, 2003.

Hiebert, M. and Klatt, B., *The Encyclopedia of Leadership: A Practical Guide to Popular Leadership Theories and Techniques,* McGraw-Hill, New York 2001.

Hofmeister, A., *Krisenmanagement im öffentlichen Bereich – Eigengesetzlichkeit oder Folgewirkung?* Verlag SGVW, 1995.

Hoover, G., *Hoover's Vision: Original Thinking For Business Success,* Texere, New York 2001.

Humes, J. C., *Speak like Churchill, Stand like Lincoln,* Prima Publishing, 2002.

International Committee of the Red Cross (ICRC), *Coping With Stress,* ICRC Publications, 1994.

Jackson, P. Z. and McKergow, M., *The Solutions Focus: The Simple Way to Positive Change,* Nicholas Brealey, London 2002.

Jacobson, R., Setterholm, K., and Vollum, J., *Leading for a Change: How to Master the Five Challenges Faced by Every Leader,* Butterworth-Heinemann, 2000.

Johansen B., *Leaders Make the Future,* Berrett-Koehler Publishers, 2009.

Jones, C., *Winning the News Media: A Self-Defence Manual When You're the Story,* Video Consultants, 2001.

Jost, H. R., *Komplexitäts-Fitness. Wandel erfolgreich gestalten,* A & O des Wissens, 2000.

Kastner, M., *Erfolgreich mit sozialer Kompetenz,* Herder, 2001.

Katzenbach, J. R., *Peak Performance: Aligning the Hearts and Minds of Your Employees,* Harvard Business School Press, Boston 2000.

Kälin, K. und Müri, P., *Führen mit Kopf und Herz: Psychologie für Führungskräfte und Mitarbeiter,* Ott Verlag, Thun 1995.

Kälin, K. und Müri, P. *Sich und andere Führen: Psychologie für Führungskräfte und Mitarbeiter,* Ott Verlag, Thun 1995.

Kelly E. *Powerful Times,* Wharton School publishing, 2006.

King, C. S. *The Words of Martin Luther King, Jr.* Newmarket Press, New York 1987.

Kissinger, H., *Crisis: The Anatomy of Two Major Foreign Policy Crises,* Simon & Schuster, New York 2003.

Klein, G., *Intuition at Work: Why Developing Your Gut Instincts Will Make You Better at What You Do,* Currency/Doubleday, 2003.

Klein, M. and Napier, R., *The Courage to Act,* Davies-Black, 2003.

Kohlrieser G., *Gefangen am runden Tisch,* Wiley-VCH Verlag, 2008, S. 152.

Kotter, J. P and Cohen, D., *The Heart of Change: Real-Life Stories on How People Change Their Organizations,* Harvard Business School Press, Boston 2002.

Kotter, J. P., *Leading Change,* Harvard Business School Press, Boston 1996.

Kotter, J. P., *John P. Kotter on what Leaders Really Do,* Harvard Business School Press, 1999.

Kotter J. P., *A Sense of Urgency,* Harvard Business Press, 2008.

Kotler J. A., Caslione J. A., *Chaotics,* AMACOM, 2009.

Königsweiser, Haller, Maas, and Jarmai, *Risiko-Dialog: Zukunft ohne Harmonieformel,* DIV, Köln 1996.

Krass, P. and Wiley, J., *The Book of Management Wisdom: Classic Writings by Legendary Managers,* John Wiley & Sons, 2000.

Kühn, R. and Grüning, R., *Grundlagen der Strategischen Planung: Ein integraler Ansatz zur Beurteilung von Strategien,* Paul Haupt, Bern 1998.

Lagadec, P., *Ruptures créatrices,* Les Echos, 2000.

Laye, J. E. and Torre-Enciso, M. I. M., *Strategies to reduce the impact of disasters on business processes: the case of business continuity,* International Journal of Risk Assessement and Management 2, 3/4, 2001.

Leeds, D., *The 7 Powers of Questions: Secrets to Successful Communication in Life and Work,* Perigee, New York 2000.

Leigh, A. and Maynard, M., *Leading Your Team: How to Involve and Inspire Teams,* Nicholas Brealey, 2003.

Leimbacher, U., *Krisenmanagement – Die Herausforderung der neunziger Jahre,* Europa-Archiv Folge 17, 1993.

Lencioni P., *Silos, Politics, and Turf War,* Jossey-Bass, 2006.

Lerbinger, O., *The Crisis Manager: Facing Risk and Responsibility,* Lawrence Erlbaum Associates, 1997.

Lipman-Blumen J., *The Allure of Toxic Leaders,* Oxford, 2005.

Loehr, J. and Schwartz, T., *The Power of Full Engagement,* Free Press, 2003.

Lombriser, R. und Abplanalp, P. A., *Strategisches Management: Visionen entwickeln, Strategien umsetzen, Erfolgspotentiale aufbauen,* Versus, Zürich 1998.

Lynch, D. and Kordis, P., *Delphin-Strategien: Management Strategien in chaotischen Systemen,* Paida, 1992.

MacLaine, S., *Going Within,* Bantam Books, New York 1989.

Maister, D. H., *Practice What You Preach: What Managers Must Do To Create A High Achievement Culture,* Free Press, 2001.

Malik, F., *Führen, Leisten, Leben: Wirksames Management für eine neue Zeit,* DVA, Düsseldorf 2000.

Maltz, M., *Erfolg kommt nicht von ungefähr: Durch Psychokybernetik positiv denken und handeln,* Econ Taschenbuch-Verlag, 1993.

Mandela N., *Long Walk to Freedom,* Back Bay Books, Little, Brown & Co., 2008.

Manske, F. A. Jr., *Secrets of Effective Leadership: A Practical Guide to Success,* Leadership Education and Development, Columbia 1987.

Manz, C. C., *The Leadership Wisdom of Jesus: Practical Lessons for Today,* Berret-Koehler Publishers, 1998.

March, J. G., *A Primer on Decision Making: How Decisions Happen,* The Free Press, 1994.

Markopolos H., *And No One Would Listen, A True Financial Thriller,* John Wiley & Sons, 2010.

Marquardt, M. J., *Building the Learning Organization: Mastering the 5 Elements of Corporate Learning,* Davies-Black, 2003.

Martin, R. L., *The Responsibility Virus,* Perseus Books, 2002.

Maxwell, J. C., *The 21 Irrefutable Laws of Leadership: Follow Them and People Will Follow You,* Thomas Nelson, Nashville 1991.

Maxwell, J. C., *The 21 Indispensable Qualities of a Leader: Becoming the Person Others Will Want to Follow,* Thomas Nelson, Nashville 1999.

Maxwell, J. C., *Attitude 101,* Thomas Nelson, Nashville 2003.

Maxwell J. C. *Leadership Gold,* Thomas Nelson, Nashville, 2008.

McCormack, M. H., *Never Wrestle With a Pig: And Ninety other Ideas to Build Your Business and Career,* Penguin, New York 2000.

McGraw, P., *Life Strategies: Doing What Works, Doing What Matters,* Hyperion, New York 1999.

McKenna, P. J. and Maister, D. H., *First Among Equals: A Guidebook for how Group Leaders Can Manage the Unmanageable,* Free Press, New York 2002.

Meyer, P. J., House, R. C. and Slechta, R., *Bridging the Leadership Gap,* The Summit Publishing Group, Arlington 1998.

Meyer, P. J. and Slechta, R., *The 5 Pillars of Leadership: How to Bridge the Leadership Gap,* Insight Publishing Group, Tulsa 2002.

Millman, D., *The Laws of Spirit: A Tale of Transformation,* New World Library, Novato 1995.

Millman, D., *Living on Purpose: Straight Answers to Life's Tough Questions,* New World Library, Novato 2000.

Mitroff, I. I. and Pearson, C. M., *Crisis Management: A Diagnostic Guide for Improving Your Organizations Crisis-Preparedness,* Jossey- Bass, 1993.

Mitroff, I. I. and Anagnos, G., *Managing Crises Before They Happen: What Every Executive and Manager Needs to Know About Crisis Management,* AMACOM, 2001.

Mitroff I. I., *Why Some Companies Emerge Stronger and Better from a Crisis,* American Management Association, 2005.

Morfill, G. and Scheingraber, H., *Chaos ist überall ... und es funktioniert,* Ullstein, Frankfurt 1991.

Morgan M., Levitt R. E., Malek W., *Executing Strategy,* Harvard Business School Press, 2007.

Mukherjee A. S., *The Spider's Strategy,* Pearson Education, Inc., 2009.

Müller, U., *Katastrophen als Herausforderung für Verwaltung und Politik,* Hochschulverlag an der ETH, Zürich 1997.

Müri, P., *Chaos Management: Die kreative Führungsphilosophie,* Wilhelm Heyne, München 1993.

Neuhold, H. und Heinemann, H., *Krise und Krisenmanagement in den internationalen Beziehungen,* Franz Steiner, Wiesbaden 1989.

Nutt, P. C., *Why Decisions Fail: Avoiding the Blunders and Traps That Lead to Debacles,* Berrett-Koehler, San Francisco 2002.

Obama B., *The Audacity of Hope. Thoughts on reclaiming the American dream*, Vintage Books, 2008.

O'Loughlin, J., *The Real Warren Buffett,* Nicholas Brealey, 2003.

O'Neil, J., *Führen aus der Mitte: Durch Aikido Meisterübungen zum inneren Gleichgewicht,* Fischer Media, Bern 2000.

O'Toole, J., *Leading Change: Overcoming the Ideology of Comfort and the Tyranny of Custom,* Jossey-Bass, San Francisco 1995.

Organization for Economic Co-Operation and Development (OECD), *Emerging Risks in the 21st Century: An Agenda for Action,* OECD Publications, Paris 2003.

Paine, L. S., *Value Shift: Why Companies Must Merge Social and Financial Imperatives to Achieve Superior Performance,* McGraw-Hill, 2002.

Paret, P., *Makers of Modern Strategy from Machiavelli to the Nuclear Age,* Princeton University Press, Princeton 1986.

Patterson, K., Grenny, J., McMillan, R., and Switzler, A., *Crucial Conversations: Tools for Talking when Stakes are High,* McGraw-Hill, 2002.

Patterson K., Grenny J., McMillan R., Switzler A., *Crucial Confrontations*, McGraw-Hill, 2004.

Peale, N. V., *The Power of Positive Thinking,* Ballantine Books, New York 1952.

Peale, N. V., *Du kannst, wenn Du glaubst Du kannst,* Wilhelm Heyne, München 1974.

Peale, N. V., *Have a Great Day,* Ballantine Books, New York 1985.

Peale, N. V., *Der Leuchtende Stern: Was uns zu Gewinnern macht,* Oesch, Zürich 1987.

Perlow, L. A., *When You Say Yes But Mean No: How Silencing Conflicts Wrecks Companies,* Crown Business, 2003.

Peterson, O. and Egger, H., *Gesundheit ist Chefsache. Leistungssteigerung und Stressbewältigung in Unternehmen,* Kilchberg 1999.

Pink D. H., *A Whole New Mind. Why Right-Brainers will rule the Future*, Riverhead Books, 2005.

Pfister, C., *Am Tag danach: Zur Bewältigung von Naturkatastrophen in der Schweiz 1500–2000,* Paul Haupt, Bern 2003.

Poirier, L., *Essais de Stratégie Théorique,* Les cahiers de la fondation pour les études de défense nationale n° 22, Paris 1983.

Porras J., Emery S., Thompson M., *Success Built to Last. Creating a Life that Matters*, Wharton Scholl Publishing, 2007.

Poscente V., *The Age of Speed*, Bard Press, 2008.

Price, B. and Ritcheske, G., *True Leaders: How Exceptional CEO's and Presidents Make a Difference by Building People and Profits,* Dearborn Financial Publishing, 2001.

Probst, P., Raub, S., und Rombardt, K. *Wissen managen,* Verlag Neue Zürcher Zeitung, 1997.

Puryear, E. F. Jr., *American Generalship. Character is Everything: The Art of Command,* Presidio Press, 2002.

Reichheld, F. F., *Loyalty Rules! How Today's Leaders Build Lasting Relationships,* Harvard Business School Press, Boston 2001.

Richard, W., *I Ging: Text und Materialien,* Eugen Diederichs, München 1996.

Robbins, A., *Unlimited Power,* Ballantine Books, 1986.

Robbins, A., *Awaken the Giant Within,* Simon & Schuster, 1991.

Robbins, A., *Notes from a Friend: A Quick and Simple Guide to Taking Charge of Your Life,* Fireside, New York 1995.

Roberto M. A*., Why Great Leaders don't take Yes for an Answer*, Pearson Education, 2005.

Rolfe, J., Saunders, D., and Powell, T., *The International Simulation& Gaming Research Yearbook, Vol. 6: Simulations and Games for Emergency and Crisis Management,* Kogan Page, 1998.

Romig, D. A., *Side by Side Leadership,* Bard Press, 2001.

Rosenthal, U. and Pinjnenburg, B., *Crisis Management and Decision Making: Simulation Oriented Scenarios,* Kluwer Academic Publishers, 1991.

Roth, G., *Fühlen, Denken, Handeln: Wie das Gehirn unser Verhalten steuert,* Suhrkamp, Frankfurt am Main. 2001.

Ryan, F. J. Jr., *Ronald Reagan: The Wisdom and Humor of The Great Communicator,* Collins Publishers, San Francisco 1995.

Ryback, D., *Emotionale Intelligenz im Management. Wege zu einer neuen Führungsqualität,* GwG, 2000.

Ryter, M. A., *Managing Contemporary Crises: A Challenge for the European Union,* National Defence College- Department of Strategic and Defence Studies, Helsinki 2002.

Sample, S. B., *The Contrarian's Guide to Leadership,* Jossey-Bass, New York 2002.

Sandys, C. and Littman, J., *We Shall Not Fail: The Inspiring Leadership of Winston Churchill,* Portfolio, 2003.

Schumacher, E., *Umgang mit Menschen und Menschenführung,* Huber & Co., Frauenfeld 1962.

Skriver, J. and Flin, R., *Decision Making in Offshore Emergencies: Are Standard Operating Procedures the Solution?* Society of Petroleum Engineers SPE 35940, 1996.

Smith, P. G. and Merritt, G. M., *Proactive Risk Management: Controlling Uncertainty in Product Development,* Productivity Press, New York 2002.

Smith, P. M., *Rules and Tools for Leaders: A Down-to-Earth Guide to Effective Managing,* Avery Publishing Group, Garden City Park 1998.

Stadelmann, J., *Führung unter Belastung,* Huber, Frauenfeld 1998.

Steiner, C. and Berry, P., *Emotionale Kompetenz,* dtv, 2001.

Steiner, P., *Das Büchlein über den Mut,* Benker & Steiner, 1996.

Steiner, V., *Exploratives Lernen: Der persönliche Weg zum Erfolg. Ein Arbeitsbuch für Studium, Beruf und Weiterbildung,* Pendo, 2000.

Steinmann, M., Gattlen, R., Arber, C., and Hafner, K., *Zur Informationspolitik des VBS in der Affäre Belasi,* Universität Bern, Institut für Medienwissenschaft 2000.

Steinmüller A. und K., *Ungezähmte Zukunft – Wild Cards und die Grenzen der Berechenbarkeit,* 2003.

Stern, E. K., *Crisis Decisionmaking: A Cognitive-Institutional Approach,* Försvarshögskolan, 2001.

Sternberg, R. J., *Successful Intelligence: How Practical and Creative Intelligence Determine Success in Life,* Plume, 1997.

Sullivan, G. R and Harper, M. V., *Hope is not a Method: What Business Leaders can Learn from America's Army,* Broadway Books, New York 1996.

Swedish Emergency Management Agency, *International CPE Handbook 2003: Civil Emergency Planning in the NATO/ EAPC Countries,* SEMA, 2003.

Taleb N. N., The Black Swan, Random House, 2007, in: Featured Book Review, October 2007.

Tepperwein, K., *Kraftquelle Mentaltraining: Eine umfassende Methode das Leben selbst zu gestalten,* Ariston, Genf 1986.

Tichy N. M., Bennis W. G., *Judgment, How winning leaders make great calls,* Portfolio, 2008.

Tierney, K. J., Lindell, M. K, and Perry, R. W., *Facing the Unexpected: Disaster Preparedness and Response in the United States,* Joseph Henry Press, Washington, D. C. 2001.

Tobias, R., *Put the Moose on the Table: Lessons in Leadership from a CEO's Journey through Business and Life,* Indiana University Press, Bloomington 2003.

Toffler, B. L and Reingold, J., *Final Accounting: Ambition, Greed and the Fall of Arthur Andersen,* Broadway Books, 2003.

Tracy, B., *Goals! How to Get Everything You Want-Faster Than You Ever Thought Possible,* Berrett-Koehier, San Francisco 2002.

Tracy, B., *Focal Point,* AMACOM, 2002.

Uldrich J., *Into the Unknown,* AMACOM, 2004.

Ullberg, S., *Environmental Crisis in Spain: The Boliden Dam Rupture,* Försvarshögskolan, 2001.

Universität Bern, *Bewältigung und Verdrängung spiritueller Krisen: Esoterik als Kompensation von Defiziten der Wissenschaft und der Kirchen,* Peter Lang, 1998.

Useem, M., *Leading Up: How to Lead Your Boss So You Both Win,* Crown Business, 2001.

van Praagh, J., *Talking to Heaven,* Dutton, New York 1997.

Vester, F., *Unsere Welt- Ein vernetztes System,* dtv, München 1983.

Vester, F., *Leitmotiv vernetztes Denken: Für einen besseren Umgang mit der Welt,* Wilhelm Heyne, München 1988.

Vester F., *Die Kunst vernetzt zu denken. Ideen und Werkzeuge für einen neuen Umgang mit Komplexität,* Deutscher Taschenbuch Verlag, 7. Auflage 2008.

Volckmann, R., *Phoenix Rising: Embracing and Transcending Failure,* 1stBooks Library, 2002.

Volz, T., *Mut zur Kritik. Vorgesetztenbeurteilung einsetzen und durchführen,* Orell-Füssli, Zürich 1998.

Watkins, M. and Rosegrant, S., *Breakthrough International Negotiation,* Jossey-Bass, 2001.

Weisinger, H., *Emotional Intelligence at Work,* Jossey-Bass, 2000.

Weissman, J., *Presenting to Win: The Art of Telling your Story,* Financial Times Prentice Hall, Upper Saddle River 2003.

Welch J., Welch S., *Winning,* Harper Business, 2005.

Williamson, M., MacGregory, K., and Bernstein, A., *The Making of Strategy: Rulers, States, and War,* Cambridge University Press, Cambridge 1994.

Witkin, G., *The Male Stress Survival Guide,* Newmarket Press, New York 2002.

Witt, J. L., *Stronger in the Broken Places: Nine Lessons for Turning Crisis into Triumph,* Times Books, 2002.

Zander, R. S. and Zander, B., *The Art of Possibility: Transforming Professional and Personal Life,* Penguin, 2000.

Zohar, D. and Marshall, I., *SQ Spirituelle Intelligenz,* Scherz, Bern 2000.

Während der monatelangen Überarbeitung erhielt ich mannigfache Unterstützung und Hilfestellungen durch meine Frau Rebecca, ihr sei an dieser Stelle herzlich gedankt.

> Laurent F. Carrel

(*1945) Prof. Dr. iur. und Rechtsanwalt/Attorney-at-Law; Professional Certified Coach (International Coach Federation), eigene Firma seit 2006: Carrel & Partner für Leadership Coaching, Crisis Management Training, Research. Büros in Bern und Biel-Bienne. Hochschuldozent seit 1985. Der Autor hat sich als Praktiker seit über 25 Jahren im In- und Ausland mit Führung in Krisen und Strategiegestaltung auseinandergesetzt, er verfügt über persönliche Krisenerfahrung in vielfältigsten Bereichen. Seit über zehn Jahren ist er praktizierender Leadership Coach. Zu erwähnen ist seine langjährige Ausbildungstätigkeit in der strategischen Schulung und im Krisenmanagement auf höchster Bundesebene (u.a. 1996–2006 als Chef der Strategischen Führungsausbildung), in nationalen und global tätigen Unternehmen und als Generalstabsoffizier. Von ihm stammen viele Veröffentlichungen und Buchbeiträge im In- und Ausland, Video- und CD-Produktionen, Radio- und TV-Interviews.

Kontakt zum Autor

Wir freuen uns auf Ihren Kontakt unter: carrel@carrel-partner.ch
Wer sich über die Angebote von Carrel & Partner orientieren will, sei auf folgende Homepage verwiesen: www.carrel-partner.ch